图学基础教程

（含习题集）

主　编　张东梅　李玉菊
副主编　杨丽婕　王伟冰

科学出版社
北京

内 容 简 介

本书是以教育部高等学校工程图学教学指导委员会 2004 年提出的"普通高等院校工程图学课程教学基本要求"为依据，结合 21 世纪对高校人才培养的需求，在对工程图学的教学本质和功能再认识的基础上，以培养学生综合素质及创新能力为出发点，结合编者多年教学经验和教改成果编写而成的。

全书由教程、配套习题集组成，内容包括制图的基本知识和技能、投影法、物体几何要素的投影、几何元素间的相对位置、投影变换、基本立体、平面与立体相交、两立体相交、组合体、轴测图、计算机绘图，共 11 章。

本书主要针对普通高等院校的"图学基础"课程编写，作为高等院校教材，主要适合于 38～68 学时的高校工科类各专业的本科图学基础教学，为下一阶段的专业绘图基础的学习打下牢固的基础；同时也可供广大技术人员业务学习参考。

图书在版编目(CIP)数据

图学基础教程（含习题集）/张东梅，李玉菊主编. —北京：科学出版社，2012
 ISBN 978-7-03-035197-5

Ⅰ.①图… Ⅱ.①张… ②李… Ⅲ.①工程制图-教材 Ⅳ.①TB23

中国版本图书馆 CIP 数据核字(2012)第 185264 号

责任编辑：朱晓颖 于俊杰 张丽花/责任校对：宋玲玲
责任印制：徐晓晨/封面设计：迷底书装

科学出版社出版
北京东黄城根北街 16 号
邮政编码：100717
http://www.sciencep.com

新科印刷有限公司 印刷
科学出版社发行 各地新华书店经销

*

2012 年 8 月第 一 版　开本：787×1092　1/16
2021 年 8 月第十次印刷　印张：24 3/4
字数：571 000

定价：59.80 元(含习题集)
（如有印装质量问题，我社负责调换）

前　言

伴随着高等教育的全面改革，工程制图也面临着教学内容、教学体系及教学手段的改革。近年来，工程制图课程的教育思想、教育理念发生了很大的变化，未来对人才的素质要求、学生的智力开发都对图学教育提出了更新更高的要求。因此，如何适应新时期人才培养模式，紧跟时代步伐，培养高素质的人才，是每个图学教育者必须思考和面对的问题。

本书是以教育部高等学校工程图学教学指导委员会 2004 年提出的"普通高等院校工程图学课程教学基本要求"为依据，结合 21 世纪对高校人才培养的需求，在对工程图学的教学本质和功能再认识的基础上，以培养学生综合素质及创新能力为出发点，结合编者多年教学经验和教改成果编写而成的。

本书全部采用最新颁布的《技术制图》与《机械制图》国家标准，坚决维护标准的权威性，贯彻标准化思想。在书中，综合考虑了当前师生状况，使教学内容、教学方法及教学手段相协调，力求在不增加师生负担的前提下，充分利用有限的教学资源，最大限度地调动学生学习的主动性和积极性，使学生在规定的学时内，掌握好图学基础的基本理论和方法，努力使图学教育向"知识、技能、方法、能力、素质"综合培养的教育方向转化。在教材体系的编排和内容的选取上，突出基础知识、基本理论和基本技能，注重理论联系实际，力求简明扼要、重点突出、思路清晰。可较好地启发学生的思维，提高学生的空间分析能力和想象能力。

本书配套的习题集含有难易程度不同且数量适中的习题，可供学生练习。经审定，本书可作为普通高等院校教材，也可供广大工程技术人员业务学习参考。

本书由长春理工大学制图教研室"工程图学编写组"编写，张东梅、李玉菊担任主编，杨丽婕、王伟冰担任副主编。参加本书编写的有张东梅、李玉菊（绪论、第二、五、九、十、十一章）；薛珊（第一、三章）；王伟冰、杨丽婕（第四、六章）；张宝庆、李俊烨（第七、八章）。此外，张学忱、赵峻彦、弯艳玲、朱立峰和高伟也参与了部分编写工作。

本书由吉林省工程图学学会理事长侯洪生教授主审，在此谨对侯洪生教授表示衷心的感谢。

在本书的编写过程中得到了长春理工大学光电信息学院于洪老师的指导和帮助，在此表示衷心的感谢。

书中内容参考了国内同类教材和文献资料，在此一并向出版者和著作者表示衷心的感谢。

由于编者水平所限，书中难免存在缺点和疏漏之处，恳请广大读者和有关专家学者批评指正。

编　者
2012 年 5 月

目 录

前言
绪论 …………………………………………………………………………………… 1
第一章 制图的基本知识和技能 …………………………………………………… 3
    1.1 制图国家标准简介 …………………………………………………………… 3
    1.2 常用绘图工具及仪器的使用方法 …………………………………………… 18
    1.3 几何制图 ……………………………………………………………………… 20
    1.4 平面图形的分析、画图方法及尺寸标注 …………………………………… 26
    1.5 徒手绘图 ……………………………………………………………………… 32
第二章 投影法 ………………………………………………………………………… 35
    2.1 投影法的基本知识 …………………………………………………………… 35
    2.2 工程上常用的投影图 ………………………………………………………… 36
    2.3 正投影法的特性 ……………………………………………………………… 40
第三章 物体几何要素的投影 ……………………………………………………… 42
    3.1 点的投影 ……………………………………………………………………… 42
    3.2 直线的投影 …………………………………………………………………… 47
    3.3 平面的投影 …………………………………………………………………… 57
第四章 几何元素间的相对位置 …………………………………………………… 70
    4.1 几何元素间的平行问题 ……………………………………………………… 70
    4.2 几何元素间的相交问题 ……………………………………………………… 72
    4.3 几何元素间的垂直问题 ……………………………………………………… 79
第五章 投影变换 ……………………………………………………………………… 86
    5.1 概述 …………………………………………………………………………… 86
    5.2 换面法 ………………………………………………………………………… 87
    5.3 旋转法 ………………………………………………………………………… 97
第六章 基本立体 …………………………………………………………………… 108
    6.1 平面立体 …………………………………………………………………… 108
    6.2 常见回转体 ………………………………………………………………… 113
    6.3 组合回转体和拉伸体 ……………………………………………………… 120
第七章 平面与立体相交 …………………………………………………………… 124
    7.1 平面与平面立体相交 ……………………………………………………… 124
    7.2 平面与常用回转体相交 …………………………………………………… 128
    7.3 平面与组合回转体相交 …………………………………………………… 137

| 第八章 | 两立体相交 | 139 |

8.1 两平面立体相交 ………………………………………………………………… 139
8.2 平面立体与回转体相交 …………………………………………………………… 141
8.3 两回转体相交 ……………………………………………………………………… 143

第九章 组合体 …………………………………………………………………………… 160

9.1 形体分析法和线面分析法 ………………………………………………………… 160
9.2 组合体的组合方式及表面的过渡关系 …………………………………………… 162
9.3 组合体视图的绘制 ………………………………………………………………… 165
9.4 组合体的尺寸标注 ………………………………………………………………… 171
9.5 组合体视图的阅读 ………………………………………………………………… 179
9.6 组合体的构形设计 ………………………………………………………………… 189

第十章 轴测图 …………………………………………………………………………… 200

10.1 轴测图的基本知识 ………………………………………………………………… 200
10.2 正等轴测图的画法 ………………………………………………………………… 202
10.3 斜二等轴测图的画法 ……………………………………………………………… 214
10.4 轴测图的尺寸标注 ………………………………………………………………… 217

第十一章 计算机绘图 …………………………………………………………………… 220

11.1 AutoCAD 2011 基础知识 ………………………………………………………… 220
11.2 常用的二维绘图命令 ……………………………………………………………… 224
11.3 常用的图形编辑命令 ……………………………………………………………… 238
11.4 图形显示、图层操作及辅助绘图命令 …………………………………………… 248
11.5 尺寸编辑与标注 …………………………………………………………………… 257
11.6 图形数据的查询、设计中心、图形打印 ………………………………………… 263

参考文献 …………………………………………………………………………………… 273

绪　　论

一、本课程研究的对象及性质

本课程是基于投影理论，研究空间几何问题图示法和图解法的学科，是工科学生学习的一门技术基础课，是进行专业绘图学习的基础。

在工程技术中为了正确地表示出机器、部件、零件的形状、大小、规格和材料等内容，通常将这些物体按照一定的投影方法和技术规定表达在图纸上，这称为机械工程图样。在设计和改造机器设备时，要通过图样来表达设计思想和要求，在制造机器过程中，无论是制作毛坯还是加工、检验、装配等各个环节，都要以图样作为依据。在使用时，也要通过图样来帮助了解机器的结构与性能。因此，图样与语言、文字一样，是人类表达设计思想，交流技术经验必不可少的重要工具，是制造、使用机器过程中的一种主要的技术资料，被称为"工程的语言"。

二、本课程的学习任务

（1）学习投影法（主要是正投影法）的基本理论及其应用。

（2）培养对三维形状与相关位置的逻辑思维和形象思维能力，以及空间想象和空间分析能力。

（3）培养绘制和阅读一般复杂程度的组合体三视图和绘制轴测图的能力。

（4）培养徒手绘图、尺规绘图及计算机绘图的基本技能。

（5）培养认真负责的工作态度和严谨细致的工作作风。

三、本课程的学习方法

1. 理论联系实际，提高两个能力

本课程以图示、图解贯穿始终，在学习理论基础部分即画法几何时，要把基本概念理解透彻，做到融会贯通，紧紧抓住"图形"不放，理论联系实际，勤于思考，多看多画，不断地"由物画图"、"由图想物"，逐渐提高逻辑思维和形象思维的能力，以及空间想象和空间分析能力。

2. 重视实践

绘图和读图的能力培养主要通过一系列的绘图和读图实践来实现。完成一定数量的习题和作业，是巩固基本理论和培养绘图、读图能力的基本保证。因此，对习题和作业应高度重视，认真、按时、独立、优质地完成。

3. 掌握正确的画图、读图步骤和方法

在学习中，一般对图学基础理论的理解并不难，难的是图示、图解过程，以及画图和读图的实际应用。因此，必须分析已知条件，明确解题思路，掌握正确的画图步骤，以便准确、快速地画出图形。

4. 要注意培养自学能力

在自学中，要循序渐进和抓住重点，把基本概念、基本理论、基本知识掌握好，深入理解好有关理论内容，不断扩展知识面。

5. 严格遵循国家标准

国家标准是评价机械工程图样是否合格的重要依据，因此，要认真学习和掌握国家标准的相关内容，并严格遵守。

第一章 制图的基本知识和技能

本章主要介绍绘制机械图样时必须遵守的一些国家标准以及常见几何图形的作图方法和徒手作图的基本技能。

1.1 制图国家标准简介

工程图样是工程技术人员表达设计思想，进行技术交流的工具，是指导生产的重要技术文件。为了便于生产和进行技术交流，必须对图样的表达方式、尺寸注法以及所采用的符号等建立一个统一的标准，《技术制图》与《机械制图》国家标准起到了统一工程语言的作用。国家标准分强制性国家标准（代号为"GB"）、推荐性国家标准（代号为"GB/T"）和国家标准化指导性技术文件（代号为"GB/Z"）。每一个工程技术人员，都必须树立标准化的观念，严格遵守和认真执行国家标准。

一、图纸幅面和格式（技术制图 GB/T 14689—2008）

1. 图纸幅面

图纸幅面是指图纸宽度与长度组成的幅面。绘制图样时，应优先采用表 1-1 中规定的基本幅面。必要时，也允许选用表 1-1 中规定的加长幅面。加长幅面的尺寸是由基本幅面的短边成整数倍增加后形成的，如图 1-1 所示。图中粗实线所示为基本幅面（第一选择），细实线所示为加长幅面（第二选择），虚线所示为加长幅面（第三选择）。

表 1-1　图纸幅面　　　　　　　　　　　（单位：mm）

图纸幅面	幅面代号	尺寸 $B \times L$
基本幅面 （第一选择）	A0	841×1189
	A1	549×841
	A2	420×549
	A3	297×420
	A4	210×297
加长幅面 （第二选择）	A3×3	420×891
	A3×4	420×1189
	A4×3	297×630
	A4×4	297×841
	A4×5	297×1051

续表

图纸幅面	幅面代号	尺寸 $B\times L$
加长幅面 （第三选择）	A0×2	1189×1682
	A0×3	1189×2523
	A1×3	841×1783
	A1×4	841×2378
	A2×3	594×1261
	A2×4	594×1682
	A2×5	594×2102
	A3×5	420×1486
	A3×6	420×1783
	A3×7	420×2080
	A4×6	297×1261
	A4×7	297×1471
	A4×8	297×1682
	A4×9	297×1892

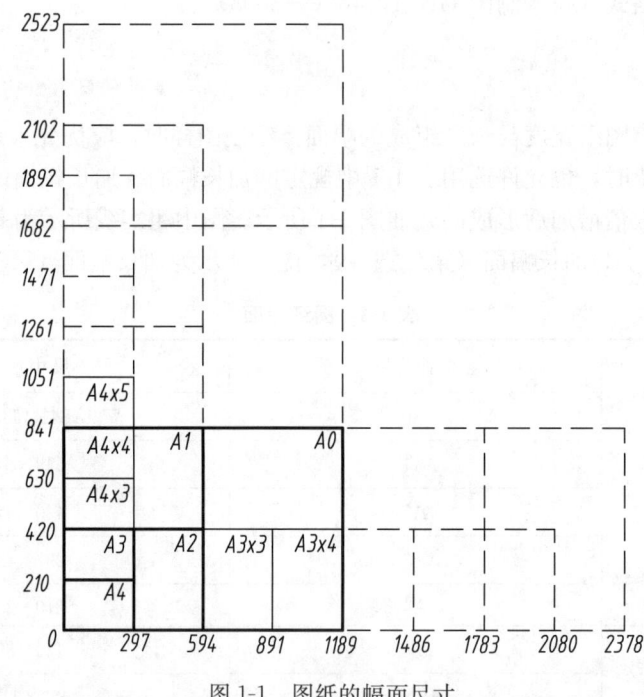

图 1-1 图纸的幅面尺寸

2. 图框格式

在图纸上必须用粗实线画出图框，其格式分为不留装订边（图 1-2）和留装订边（图 1-3）两种，其尺寸按表 1-2 的规定。同一产品图样只能采用一种格式。装订时可采用 A4 幅面竖装或 A3 幅面横装。

为了复制或微缩摄影时定位方便，应在图纸各边长的中点处绘制对中符号。对中符号是从图纸边界画入图框内 5mm 的一段粗实线（其线宽不小于 0.5mm），如图 1-4（a）所示。当对中符号处在标题栏范围内时，则深入标题栏部分省略不画，如图 1-4（b）所示。

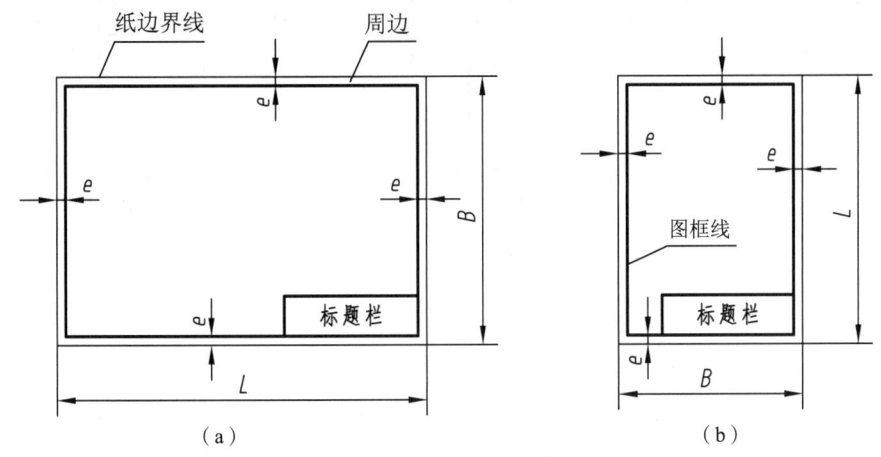

图 1-2　不留装订边的图框格式

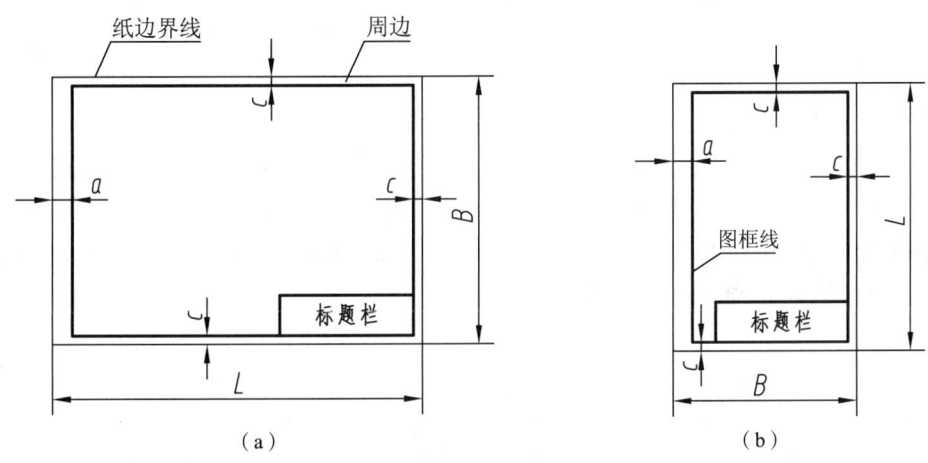

图 1-3　留装订边的图框格式

表 1-2　图框尺寸　　　　　　　　　　　　（单位：mm）

幅面代号	A0	A1	A2	A3	A4
$B×L$	841×1189	594×841	420×594	297×420	210×297
e	20			10	
c	10			5	
a	25				

加长幅面的图框尺寸，按所选用的基本幅面大一号的图框尺寸确定。例如 A2×3 的图框尺寸，按 A1 的图框尺寸确定，即 e 为 20mm，c 为 10mm。

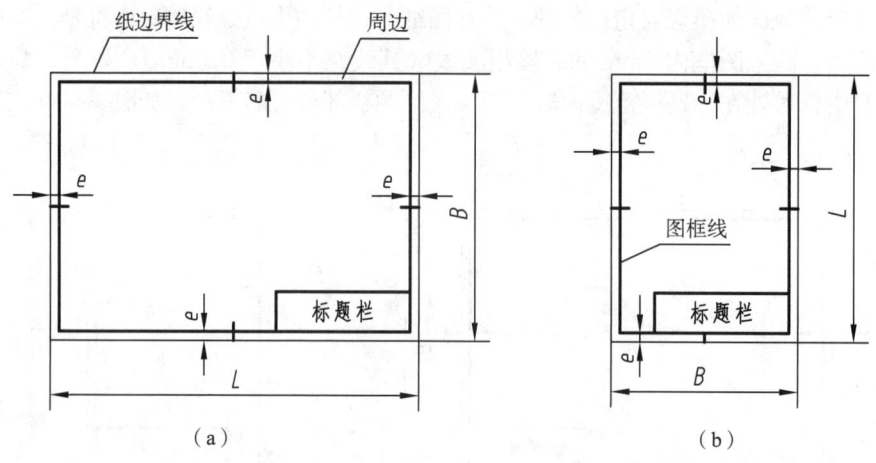

图 1-4 不留装订边、带对中符号的图框格式

3. 标题栏及明细栏

标题栏及明细栏是机械图样不可缺少的内容。标题栏及明细栏的基本要求、内容、尺寸和格式和应按国家标准 GB/T 10609.1—2008《技术制图 标题栏》及 GB/T 10609.2—1989《技术制图 明细栏》的规定。标题栏一般位于图纸的右下角，如图1-2～图 1-4 所示。

标题栏的长边置于水平方向与图纸的长边平行时，则构成 X 型图纸，如图 1-2（a）和 1-3（a）所示；若标题栏的长边与图纸的长边垂直时，则构成 Y 型图纸，如图 1-2（b）和 1-3（b）所示。在此情况下，看图的方向与看标题栏中的文字方向一致。各单位可根据需要增减标题栏和明细栏的内容。国家标准规定的标题栏及明细栏和制图作业建议用标题栏及明细栏，如图 1-5 所示。

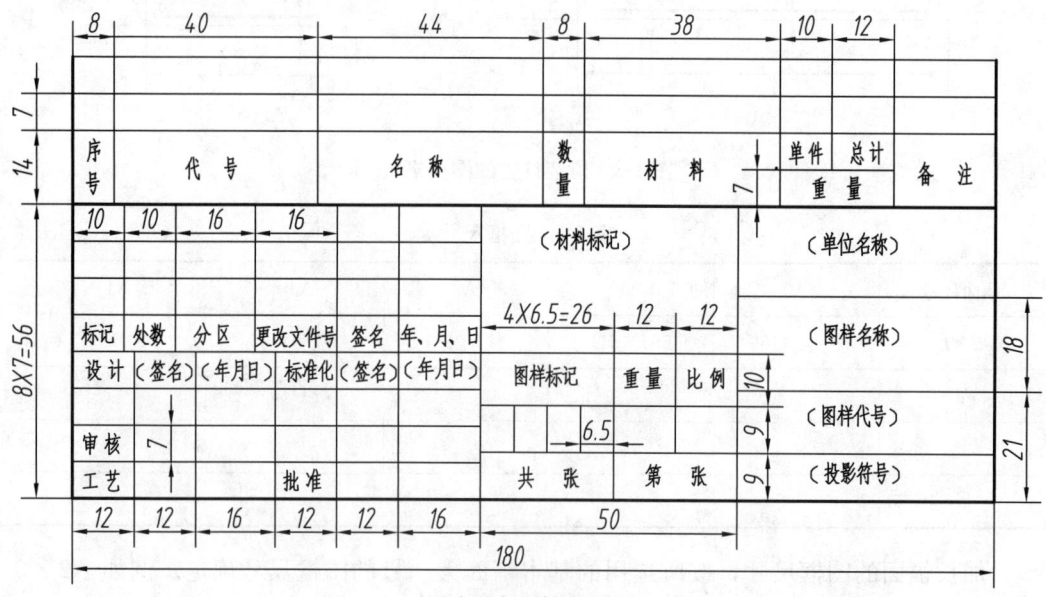

（a）标准标题栏及明细表

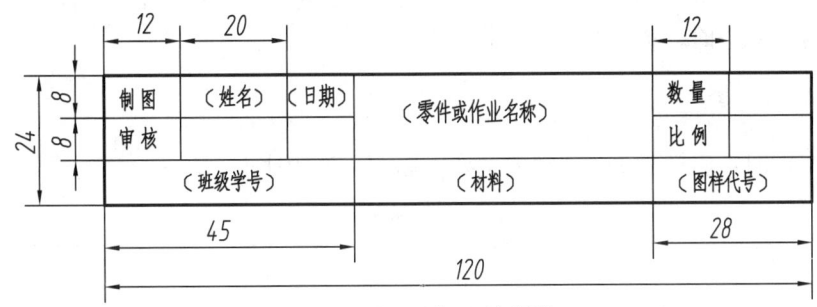

（b）制图作业零件图用标题栏

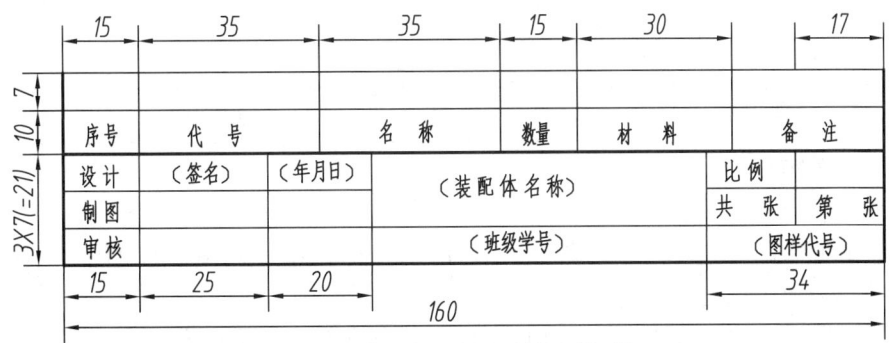

（c）制图作业装配图用标题栏及明细栏

图 1-5　标题栏及明细栏

4．投影符号

第一角画法或第三角画法的投影识别符号如图 1-6（a）、（b）所示。符号的尺寸比例如图 1-6（c）所示。投影符号中的线型用粗实线（线宽不小于 0.5mm），用细点画线绘制。

投影符号一般放置在标题栏中名称及代号区的下方。如采用第一角画法时，可以省略不画。

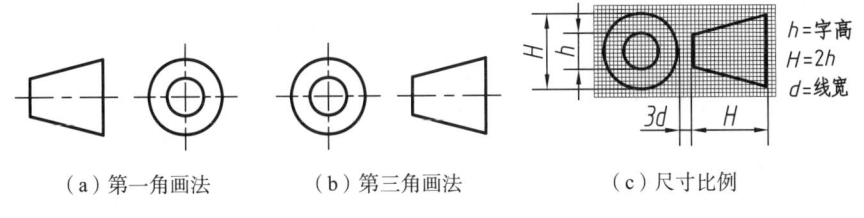

（a）第一角画法　　　（b）第三角画法　　　（c）尺寸比例

图 1-6　投影识别符号

二、比例（技术制图 GB/T 14690—1993）

1．比例的概念

比例是指图中图形与其实物相应要素的线性尺寸之比。

图形画得与相应实物大小一样时,称为原值比例;比相应实物大时,称为放大比例;比相应实物小时,称为缩小比例。

2. 比例的选择

绘制图样时,应按表1-3规定的系列中选取适当的比例。

表1-3 绘图的比例

种类	比例
原值比例	1:1
放大比例	2:1　　2.5:1　　4:1　　5:1 $2\times 10^n:1$　$2.5\times 10^n:1$　$4\times 10^n:1$　$5\times 10^n:1$　$1\times 10^n:1$
缩小比例	1:1.5　1:2　　1:2.5　　1:3　　1:4　　1:5　　1:6　　1:10 $1:1.5\times 10^n$　$1:2\times 10^n$　$1:2.5\times 10^n$　$1:3\times 10^n$　$1:4\times 10^n$　$1:5\times 10^n$　$1:6\times 10^n$　$1:1\times 10^n$

注:1. n为正整数。
　　2. 粗字体为优先选用的比例,其他比例为必要时允许选用的比例。

为了方便看图,建议尽可能按机件形体的实际大小1:1画图,如机件太大或太小,则采用缩小或放大比例。

不管采用哪种比例,图中的尺寸均应按照实物的实际大小进行标注,与图形大小无关,图1-7所示为不同比例绘图的效果。

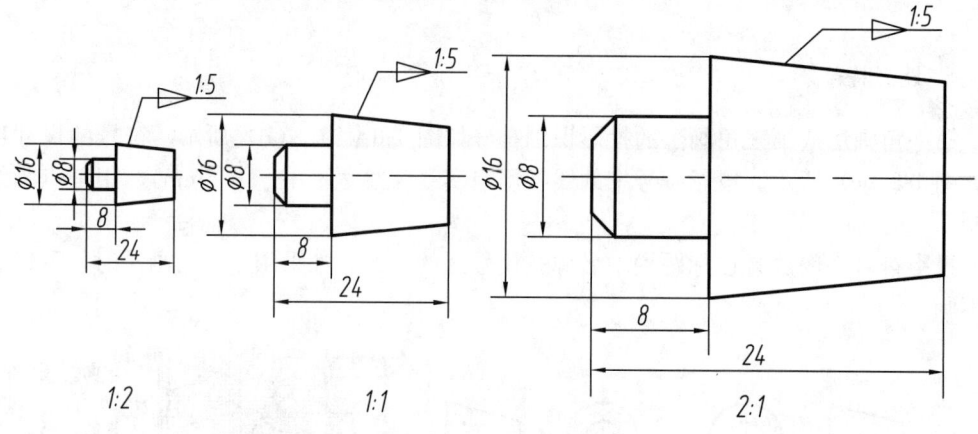

图1-7 不同比例绘制的图形

3. 比例的标注方法

绘制同一物体的各个视图时,应尽可能采用同一比例,此时可将比例值统一填写在标题栏的比例栏中。当某个视图需要采用不同比例绘制时,可在视图名称下方或右侧标注出来,如 $\dfrac{\mathrm{I}}{2:1}$、$\dfrac{A-A}{2:1}$ 等。

三、字体(技术制图 GB/T 14691—1993)

字体是技术制图中的一个重要组成部分。国家标准规定了图样上汉字、字母、数字的书写规范。

书写字体的基本要求与原则是：字体工整，笔画清楚，间隔均匀，排列整齐。

1. 字高

字体的号数代表了字体的高度（h），其公称尺寸系列有：1.8、2.5、3.5、5、7、10、14、20mm。当还需要更大时，其字体高度按$\sqrt{2}$的比率递增。

2. 汉字

应写成长仿宋体，应采用中华人民共和国和国务院正式公布推行的《汉字简化方案》中规定的简化字。汉字高度不应小于 3.5mm，其字宽一般为 $h/\sqrt{2}$。

3. 字母和数字

字母和数字可写成直体与斜体两种。斜体字头向右倾斜，与水平线成 75°，分 A 型（笔画宽为 $h/14$）和 B 型（笔画宽为 $h/10$）。

在同一图样中，只允许选用一种型式的字体。

其书写字体的范例如下。

（1）汉字示例：

10 号字

字体工整笔画清楚间隔均匀排列整齐

7 号字

横平竖直注意起落结构均匀填满方格

5 号字

技术制图机械电子汽车航空船舶土木建筑矿山井坑港口纺织服装

3.5 号字

螺纹齿轮端子接线飞行指导驾驶舱位挖填施工引水通风闸阀坝棉麻化纤

（2）拉丁字母和希腊字母示例：

ABCDEFGHIJKLMNOPQRSTUVWXYZ

ABCDEFGHIJKLMNOPQRSTUVWXYZ

abcdefghijklmnopqrstuvwxyz

abcdefghijklmnopqrstuvwxyz

αβγδεζηθικλμνξοπρστυφχψω

(3) 阿拉伯数字和罗马数字示例：

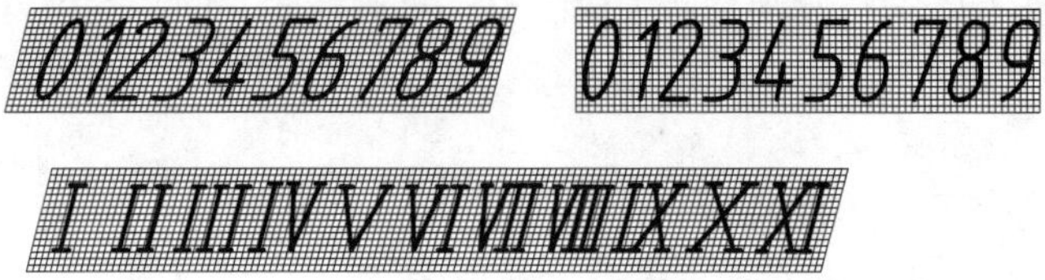

四、图线（技术制图 GB/T 17450—1998 和机械制图 GB/T 4457.4—2002）

1. 基本线型

技术制图 GB/T 17450—1998 所规定的基本线型见表 1-4。

表 1-4　基本线型

代码	基本线型	名称
01	———————————	实线
02	- - - - - - - - - - -	虚线
03	— — — — — —	间隔画线
04	—·—·—·—·—	点画线
05	—··—··—··—	双点画线
06	—···—···—···	三点画线
07	·············	点线
08	—-—-—-—-	长画短画线
09	—--—--—--	长画双短画线
10	—·—·—·—	画点线
11	—··—··—··	双画单点线
12	—··—··—··	画双点线
13	—··—··—··	双画双点线
14	—···—···—	画三点线
15	—···—···—	双画三点线

机械制图 GB/T 4457.4—2002 所规定的线型及其应用见表 1-5。
绘制机械工程图样应使用表 1-5 中规定的线型。

表 1-5 机械制图的线型及其应用

图线名称	线型	图线宽度	主要用途及线素长度	
粗实线	———————	d	可见轮廓线、可见棱边线等	
细实线	———————	$0.5d$	尺寸线和尺寸界限、剖面线、重合断面的轮廓线	
细虚线	— — — — —	$0.5d$	不可见轮廓线、不可见棱边线	画长 $12d$,短间隔长 $3d$
粗虚线	— — — — —	d	允许表面处理的表示线	
细点画线	—·—·—·—	$0.5d$	轴线、对称中心线	长画长 $24d$,短间隔长 $3d$,点长 $0.5d$
粗点画线	—·—·—·—	d	限定范围的表示线	
细双点画线	—··—··—··	$0.5d$	相邻辅助零件的轮廓线、极限位置的轮廓线、轨迹线	
波浪线	～～～～	$0.5d$	断裂处的边界线、视图和剖视图的分界线	
双折线	—/\—/\—	$0.5d$	断裂处的边界线、视图和剖视图的分界线	

2. 图线的尺寸

(1) 图线的宽度。机械工程图样中应采用两种图线宽度,称为粗线与细线。粗线的宽度为 d,细线的宽度约为 $d/2$,线宽 d 的尺寸系列为 0.13、0.18、0.25、0.35、0.5、0.7、1、1.4、2mm,在同一图样中,同类图线的宽度应一致。

(2) 线素的长度。不连续线的独立部分称为线素,如点,长度不同的画(短画、画、长画)和间隔(短间隔、间隔)。手工绘图时线素的长度应符合表 1-6 中的规定。

表 1-6 线素的长度

线素	线型代码	长度
点	04～07,10～15	$\leqslant 0.5d$
短间隔	02,04,04～15	$3d$
短画	08,09	$6d$
画	02,03,10～15	$12d$
长画	04～06,08,09	$24d$
间隔	03	$18d$

3. 图线的应用

图 1-8 所示为图线的应用举例。

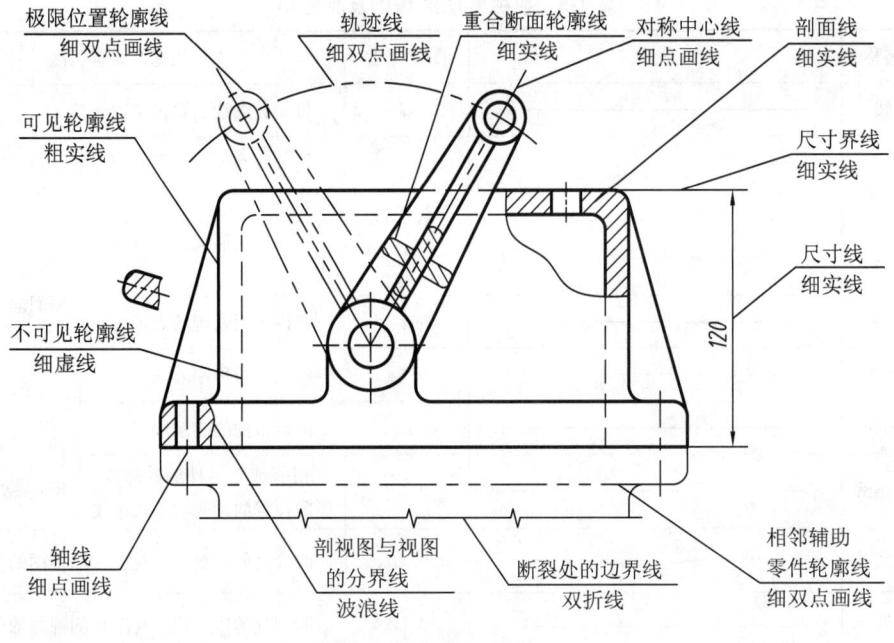

图 1-8 图线的应用

4．画图线时注意事项

画图线时的注意事项如图 1-9 所示。

（1）虚线、点画线、双点画线的线段长度和间隔各自大致相同。

（2）点画线首末两端是长画，并超出轮廓线 2～3mm，当该图线较短时，可用细实线代替。

（3）画圆的中心线时，圆心应为线段与线段相交。虚线、点画线与其他图线相交时，都应交到线段处。

（4）当虚线为实线延长线时，虚线与粗实线应留间隙。

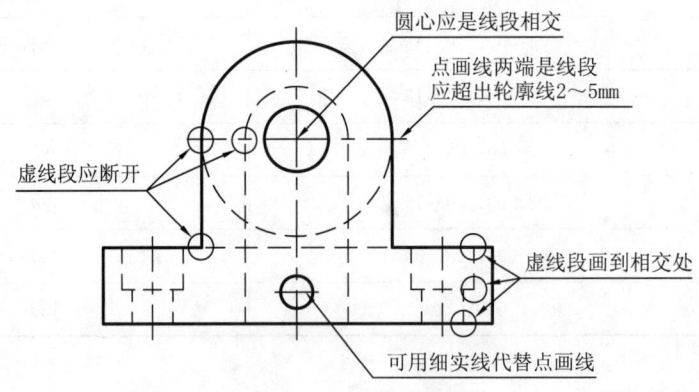

图 1-9 画图线注意事项

五、尺寸注法（机械制图 GB/T 4458.4—2003 和技术制图 GB/T 16675.2—1996）

图样中的视图只能表示物体的形状，物体各部分的真实大小及各部分的准确位置要靠标注尺寸来确定。尺寸也可以配合图形来表达物体的形状。

1. 基本规则

（1）机件的真实大小应以图样上所注尺寸为依据，与绘图比例及绘图的准确度无关。

（2）图样中（包括技术要求和其他说明）的尺寸，以毫米为单位时，不需标注单位符号（或名称）。若采用其他单位，则必须注明相应单位符号（或名称）。

（3）图样中所注的尺寸，为该图样所示机件的最后完工尺寸，否则应另加说明。

（4）机件的每一个尺寸，一般只标注一次，应标注在反映该结构最清晰的图形上。

2. 尺寸的组成

组成尺寸的要素有尺寸界线、尺寸线和尺寸数字。

（1）尺寸界线。尺寸界线表明尺寸标注的范围，用细实线绘制。尺寸界线应由图形的轮廓线、轴线或对称中心线引出，也可利用轮廓线、轴线或对称中心线作为尺寸界线，如图 1-10 所示。

尺寸界线一般应与尺寸线垂直，必要时才允许倾斜，如图 1-11 所示。

当表示曲线轮廓上各点的坐标时，可将尺寸线或其延长线作为尺寸界限，如图1-12所示。

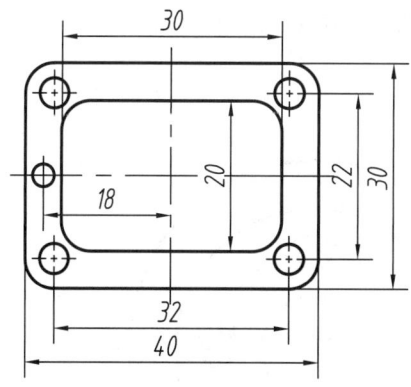

图 1-10　尺寸界限的画法

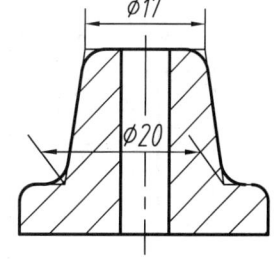

图 1-11　尺寸界限与尺寸线斜交的注法

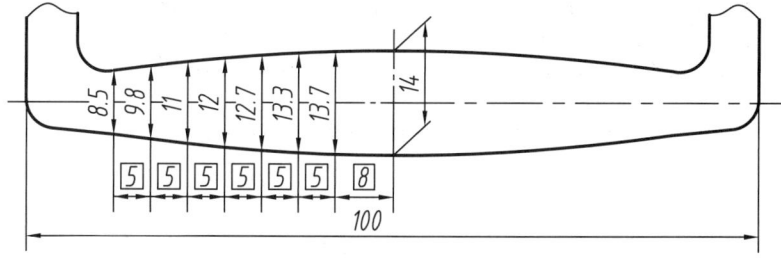

图 1-12　曲线轮廓的尺寸注法

（2）尺寸线。尺寸线表明尺寸度量的方向，必须单独用细实线画出，不能用其他图线代替。标注线性尺寸时，尺寸线必须与所标注的线段平行。同一图样中，尺寸线与轮廓线以及尺寸线与尺寸线之间的距离应大致相同，一般为7mm左右。尺寸线的终端可以有下列两种形式。

① 箭头：箭头的形状如图1-13（a）所示，适用于各种类型的图样；

② 斜线：斜线用细实线绘制，其方向和画法如图1-13（b）所示。当尺寸线的终端采用斜线时，尺寸线与尺寸界线应互相垂直。

机械图样中一般采用箭头作为尺寸线的终端，其尖端应与尺寸界线接触。

当尺寸线与尺寸界线互相垂直时，同一张图样中只能采用一种尺寸线终端的形式。

（a）箭头　　　　　　　（b）斜线

图1-13　尺寸线的终端

（3）尺寸数字。尺寸数字表明尺寸的大小，应按国家标准规定的字体形式书写，尺寸数字不可被任何图线通过，否则应将图线断开，如图1-14所示。同一张图样中，尺寸数字的字高要一致。

尺寸界线、尺寸线和尺寸数字的综合标注方法和要求如图1-15所示。

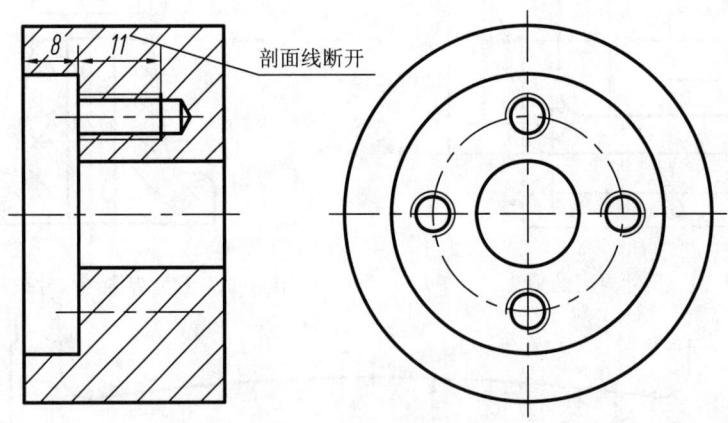

图1-14　尺寸数字不被任何图线通过的注法

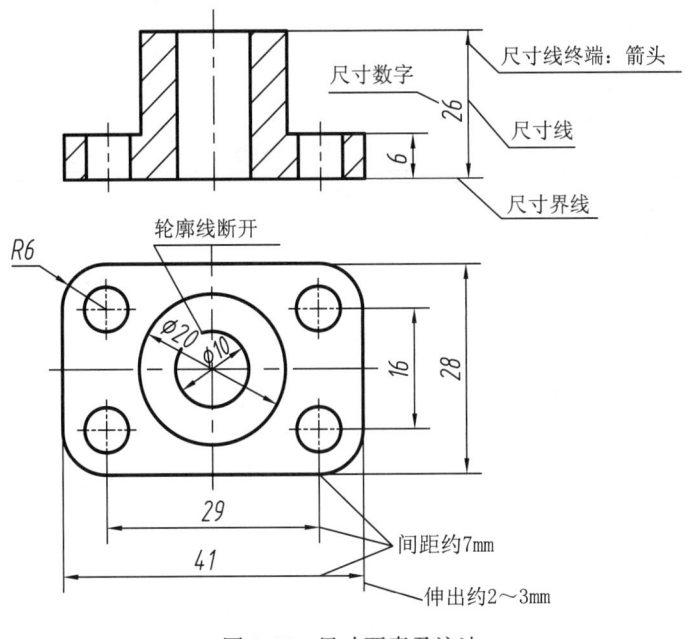

图 1-15 尺寸要素及注法

3. 标注尺寸的符号及缩写词

国家标准还规定了一些注写在尺寸数字旁边的符号及缩写词，见表 1-7。

表 1-7 标注尺寸的符号及缩写词

符号	含义	符号	含义
ϕ	直径	▽	深度
R	半径	∨	埋头孔
$S\phi$、SR	球直径、球半径	⊔	沉孔或锪平
EQS	均布	⌒	弧长
C	45°倒角	∠	斜度
t	厚度	◁	锥度
□	正方形	⌢	展开长

4. 尺寸标注示例

尺寸标注示例见表 1-8。

表 1-8 尺寸注法示例

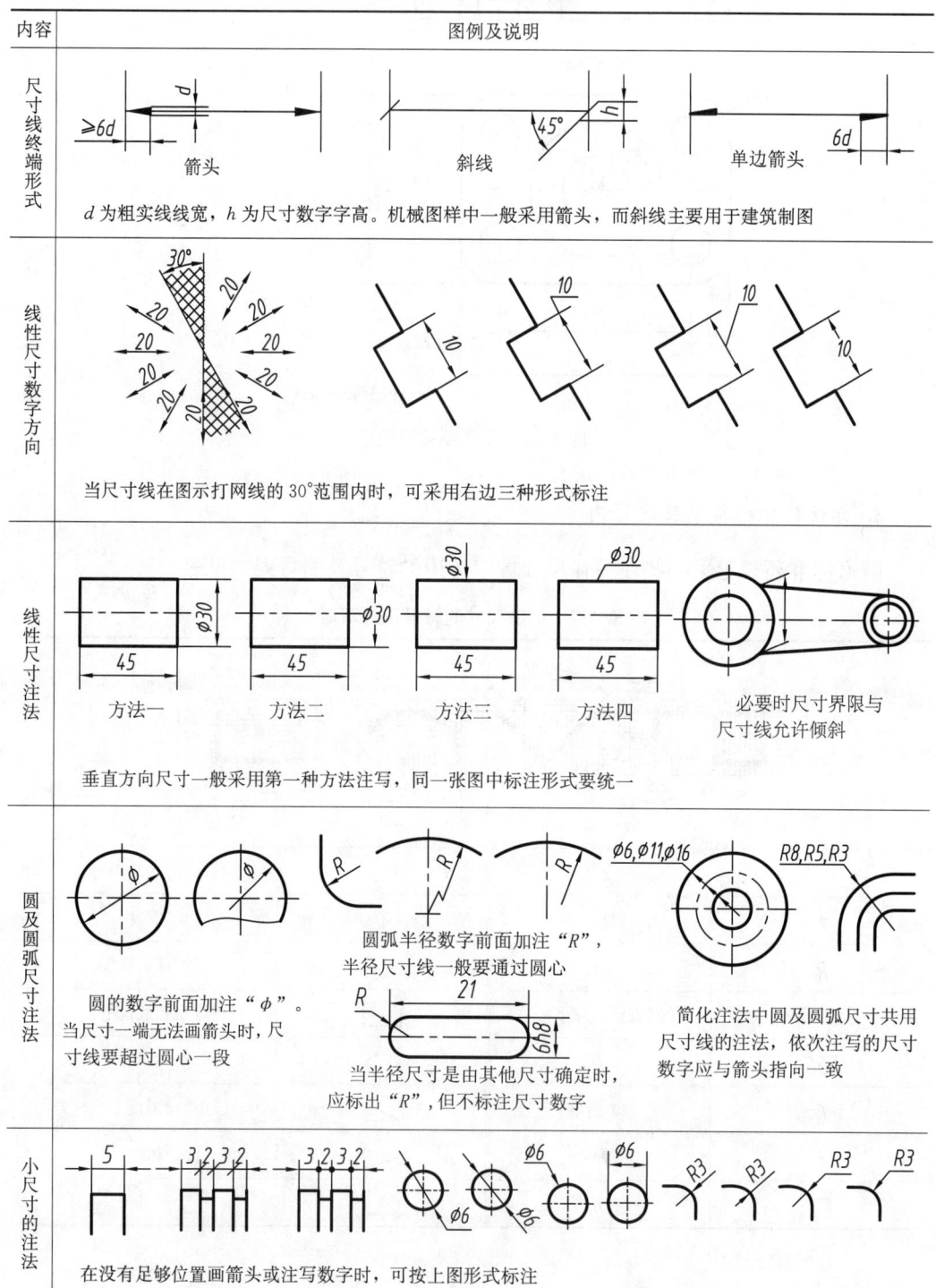

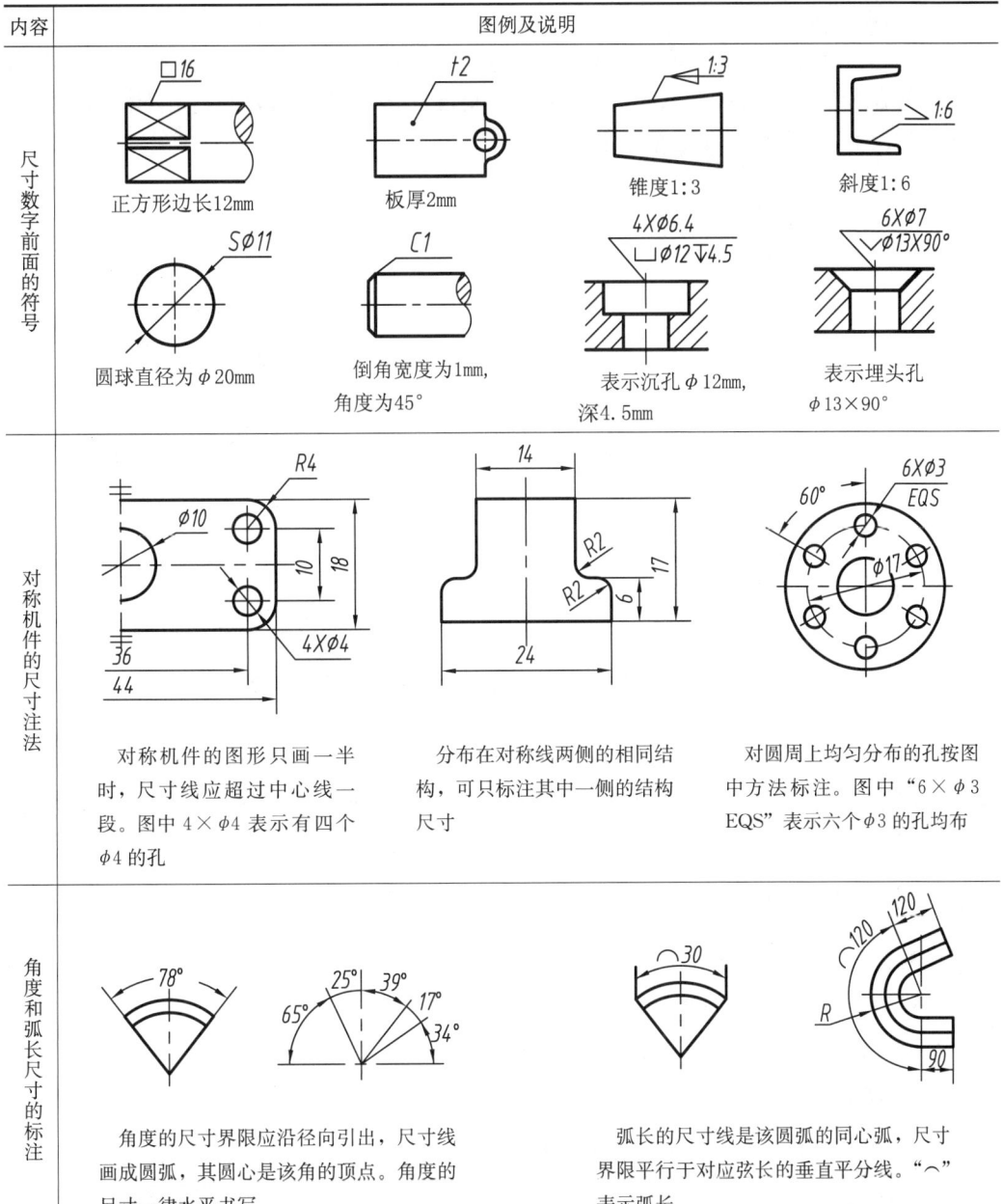

5. 不需标注的尺寸

1) 图示尺寸

由图形所表明的一些理想状态的几何关系，如表面的相互平行和垂直、轮廓的相切、几个圆柱的共轴线以及形状和位置的对称、相同要素的均匀分布等，可视为图示已表明了尺寸。若无特殊要求，均按图示几何关系处理，不必标注。

如图 1-16 所示，半圆柱与两侧面相切，两侧面平行，$\phi 15$ 孔与 $R13$ 圆弧同心，两个

φ6小孔对称于中轴线都不必标注或说明。下部板宽尺寸自然应为30mm，也不必标注。

2）自明尺寸

图1-17所示机件用 $t2$ 标注方式表明其厚度为2mm的薄板，可不再画第二个视图，圆板上的孔均理解为通孔。八个φ4孔的分布情况在图中已明确表明，可不标出孔的角度的定位尺寸和"EQS"（均布）字样。

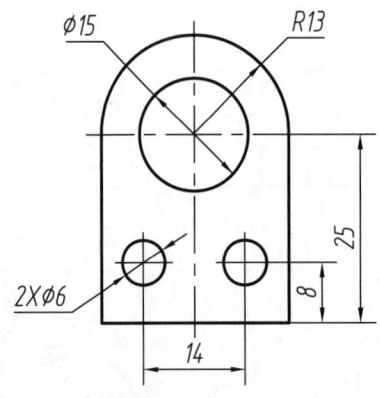
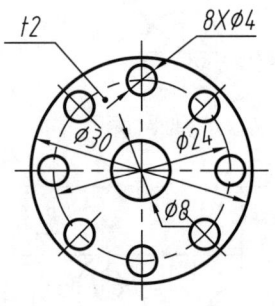

图1-16　不需标注的图示尺寸　　　　　图1-17　不需标注的自明尺寸

1.2　常用绘图工具及仪器的使用方法

绘制图样按使用工具的不同，可分为尺规绘图、徒手绘图和计算机绘图。尺规绘图是借助图板、丁字尺、三角板和绘图仪器进行手工绘图的一种方法，为保证绘图质量，提高绘图速度，必须掌握绘图工具及仪器的正确使用方法。

一、图板、丁字尺和三角板

图板是用来铺放图纸的矩形木板，要求表面平坦光洁，因左右两边为导边，所以必须平直，如图1-18（a）所示。

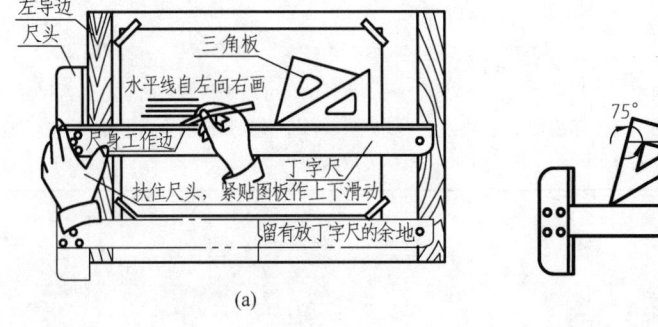
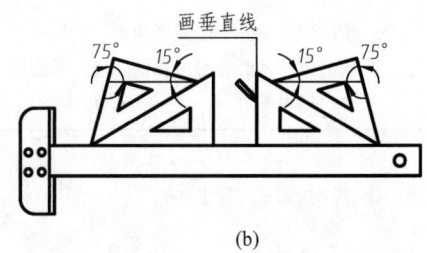

图1-18　图板、丁字尺、三角板的配合使用

丁字尺由尺头和尺身构成。尺头的内侧和尺身工作边必须垂直。画图时，应使尺头始终紧靠图板左侧的导边，上下移动可画出一组水平线。画水平线必须自左向右画。

三角板可用于画直线，也可与丁字尺配合画出与水平线成 90°、60°、45°、30°、15°、75°的直线，如图 1-18（b）所示。

二、圆规和分规

在使用圆规前，应先调整针脚，使针尖略长于铅芯，圆规的铅心最好磨成铲状，如图 1-19（a）所示。画圆弧时，应将圆规向前进方向稍微倾斜；画较大圆弧时，可加上延长杆，应使圆规两脚都与纸面垂直，如图 1-19（b）所示。

分规的两腿均装有钢针，当分规两脚合拢时，两针尖应合成一点，分规主要用于量取尺寸和截取线段，如图 1-19（c）所示。

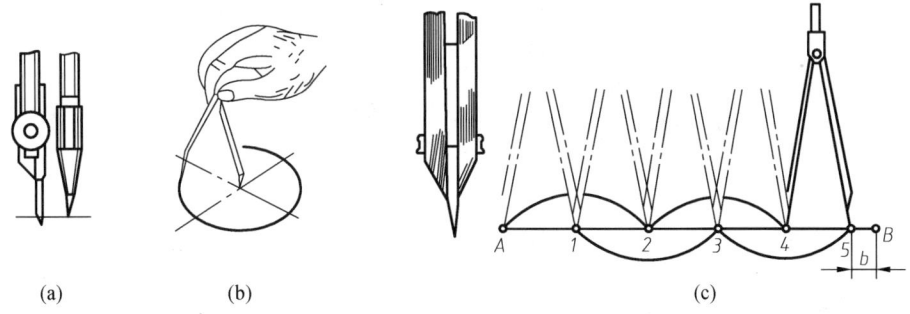

图 1-19　圆规、分规的用法

三、曲线板

曲线板用来描绘非圆曲线。首先徒手用铅笔把曲线上的一系列点顺次连接起来，然后选择曲线板上曲线率合适的部分与徒手连接的曲线重合。分几段逐步描深，每段应至少通过曲线上三个点。每两段曲线之间应有一小段搭接，这样才能使所画曲线光滑过渡，如图 1-20 所示。

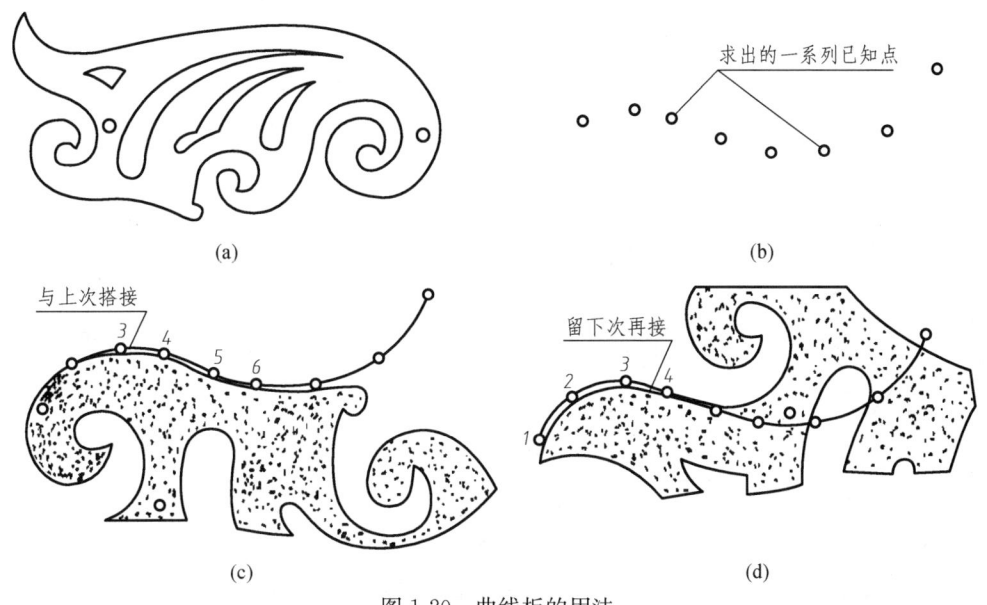

图 1-20　曲线板的用法

四、铅笔

铅笔是绘制图线的主要工具。根据铅芯软硬程度不同分为 B～6B、HB 和 H～6H 共 13 种规格。

画图时，建议用 2H 或 H 铅笔画细线或打底稿，用 HB 铅笔写字，用 B 铅笔画粗实线，画圆的铅芯应比画线的铅芯软一号。

削铅笔应削没有标号的一端，铅笔常用的削制形状有锥形和矩形，圆锥形用于写字和画细实线，矩形用于画粗实线，如图 1-21 所示。

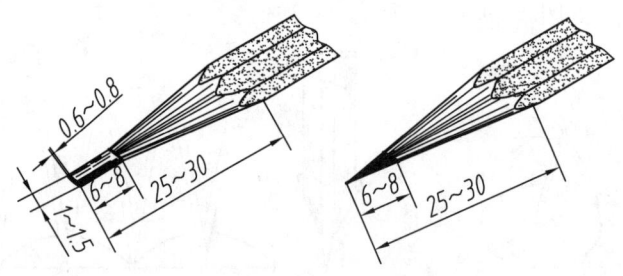

图 1-21　铅笔的削制形状

1.3　几　何　制　图

工程图样的图形是由直线、圆弧和其他曲线组成的几何图形。因此，熟练掌握几何图形的作图方法，是提高绘图速度，保证图面质量的基本条件之一。

一、圆内接正多边形

如图 1-22（a）所示，作水平半径 ON 的中点 M，以 M 为圆心，MA 为半径作圆弧得点 H，以 AH 为边长即可作出圆内接正五边形。

如图 1-22（b）所示，用 60°三角板配合丁字尺通过水平直径的端点作四条边，再用丁字尺作上、下水平边即可得到圆内接正六边形。也可以圆的半径用圆规等分圆周得到。

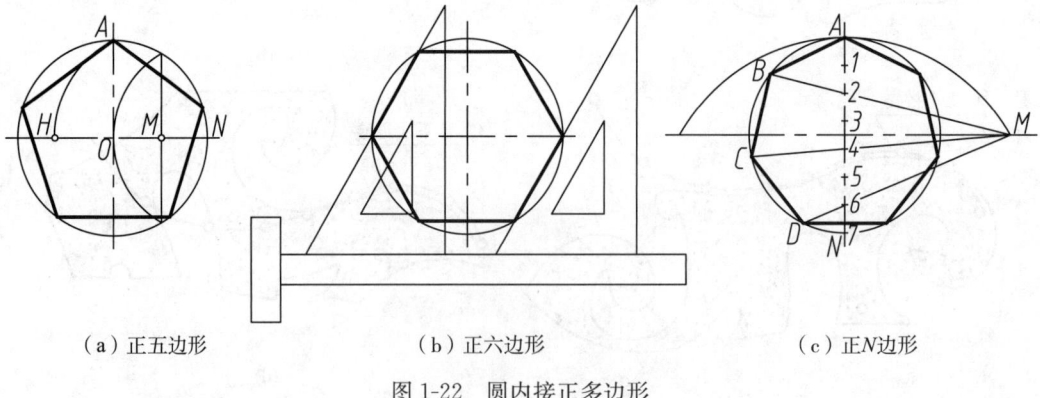

（a）正五边形　　　　　（b）正六边形　　　　　（c）正 N 边形

图 1-22　圆内接正多边形

如图 1-22（c）所示，n 等分铅垂直径 AN（图中 $n=7$）以 N 为圆心，AN 为半径作圆弧得点 M，连接 M 点与等分偶数点（或奇数点）并延长得正 n 边形顶点 B、C、D，即可作出圆内接正 n 边形。

二、斜度与锥度

1. 斜度

斜度是指一直线（平面）对另一直线（平面）的倾斜程度，其大小一般是用两直线（或两平面）间夹角的正切来表示，如图 1-23（a）所示，即

$$\tan\alpha = \frac{H}{L}$$

通常在图样上都是将比例化成 $1:n$ 的形式加以标注，如图 1-23（c）所示，并在其前面加上斜度符号"∠"，画法如图 1-23（b）所示，图中 h 为字体高度，且符号斜线的方向应与斜度方向一致。

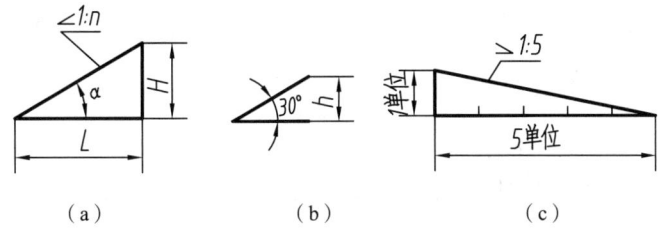

图 1-23　斜度定义、画法、标注

2. 锥度

锥度是正圆锥体底圆直径与高度之比。如果是圆台，则是底圆直径和顶圆直径之差与高度之比，如图 1-24（a）所示，即

$$锥度 = \frac{D}{L} = \frac{D-d}{l}$$

通常，锥度也可以 $1:n$ 的形式加以标注，如图 1-24（c）所示，并在前面加上锥度符号，如图 1-24（b）所示。

图 1-24（d）为锥度 1∶5 的作法。先作锥度为 1∶5 的圆锥 sab，再过点 A、B 作直线分别平行于 sa、sb，然后以尺寸 48 截取。

三、圆弧连接

圆弧连接在机械零件的外形轮廓中常常见到。用一已知半径的圆弧（连接弧）同时光滑连接两已知线段（直线或圆弧），称为圆弧连接。

圆弧连接作图要点是根据已知条件，准确地定出连接弧的圆心和连接点（切点）。

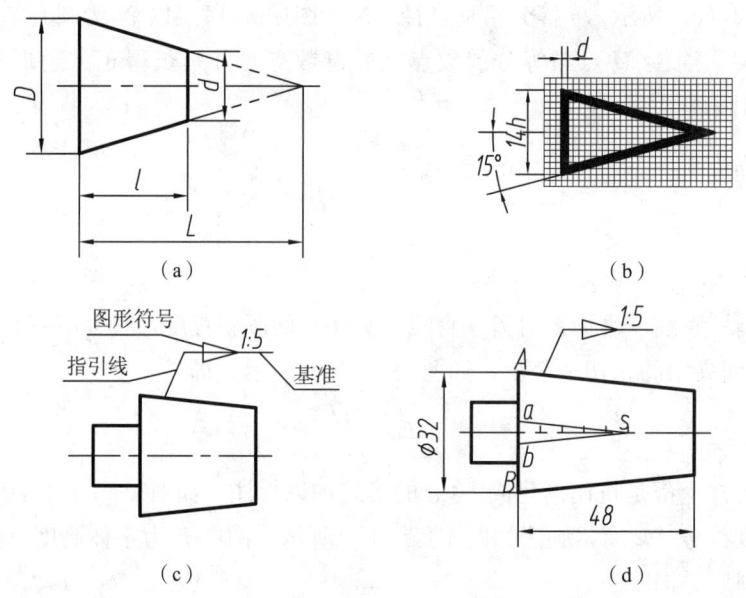

图 1-24 锥度定义、画法、标注

1. 圆弧连接的基本作图原理

（1）与已知直线相切，半径为 R 的圆弧，其圆心轨迹是与已知直线平行且距离等于 R 的平行直线，其切点是选定的圆心向已知直线所作垂线的垂足，如图 1-25（a）所示。

（2）与已知圆弧（圆心 O_1，半径 R_1）外切（或内切）的半径为 R 的圆弧，其圆心轨迹是以 O_1 为圆心，以 R_1+R（或 R_1-R）为半径的已知圆弧的同心圆。切点是选定圆心 O 与 O_1 的连心线（或其延长线）与已知圆弧的交点，如图 1-25（b）、（c）所示。

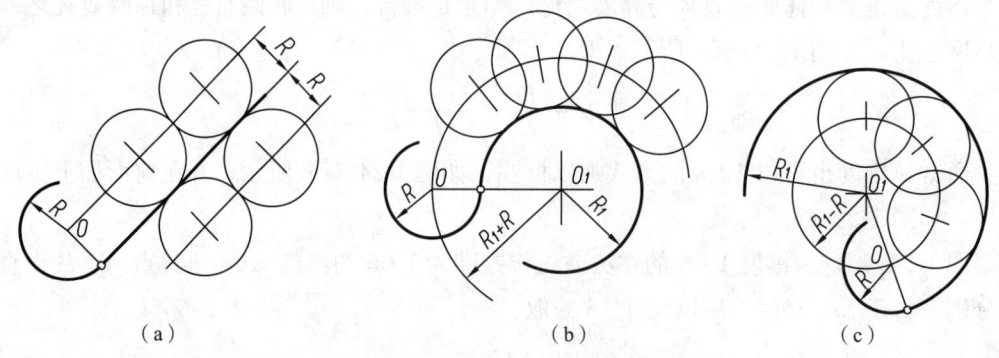

图 1-25 圆弧连接的作图原理

2. 圆弧连接的作图方法

各种圆弧连接的作图方法见表 1-9。

表 1-9 圆弧连接

连接要求	作图方法和步骤		
	求圆心	求切点 M、N	画连接圆弧
连接相交两直线	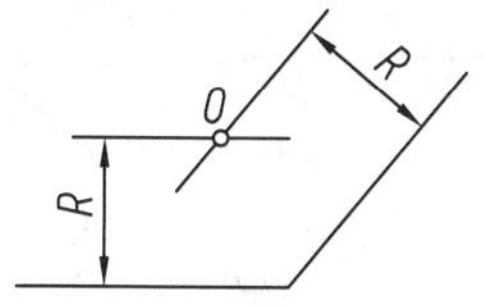	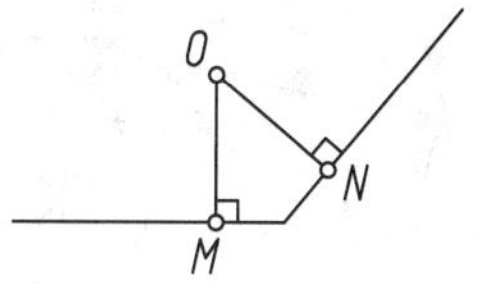	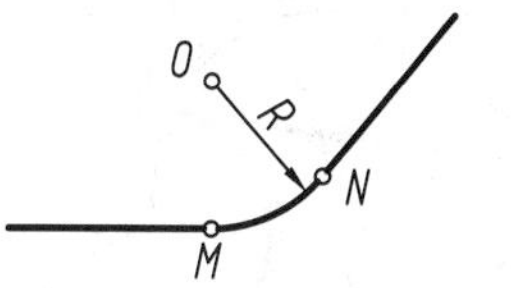
连接一直线和一圆弧	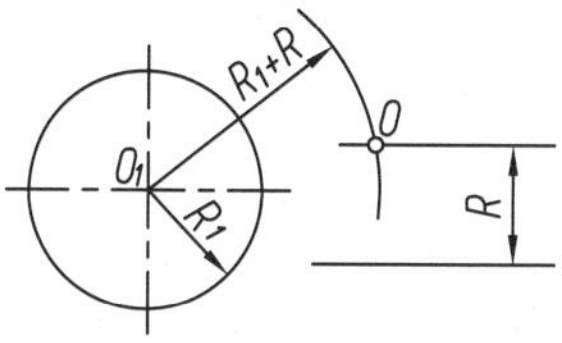	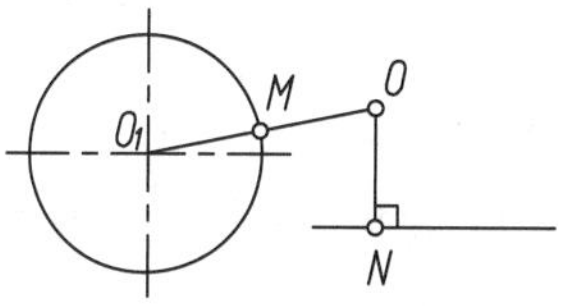	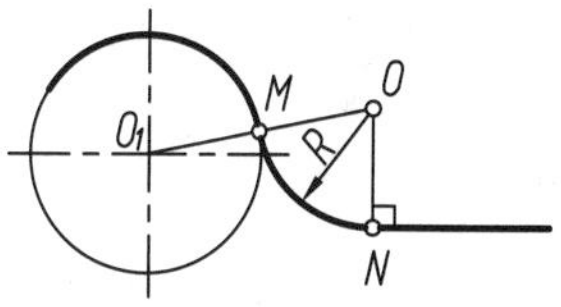
外接两圆弧	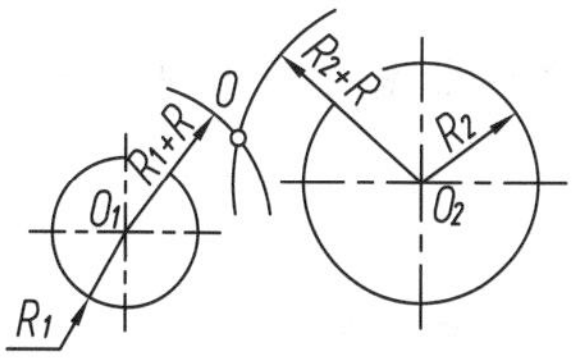	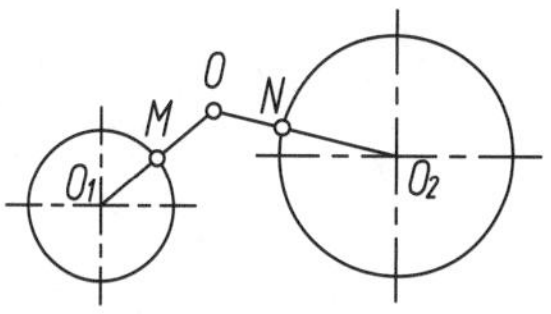	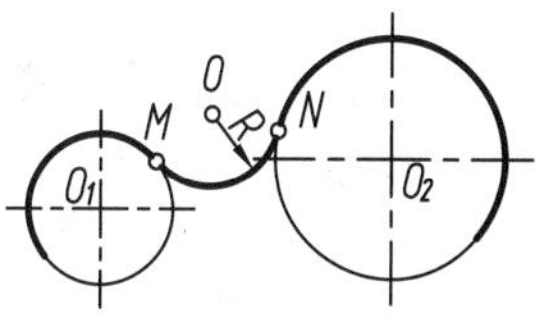
内接两圆弧	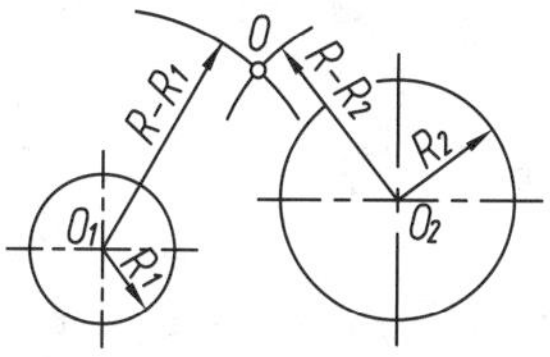	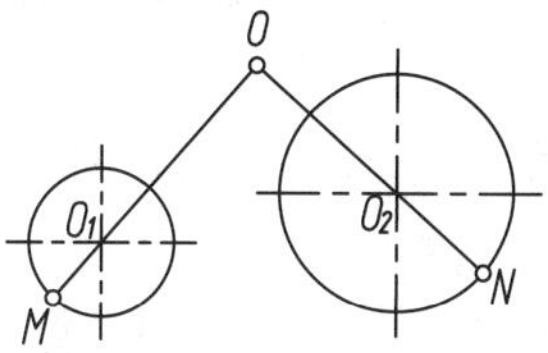	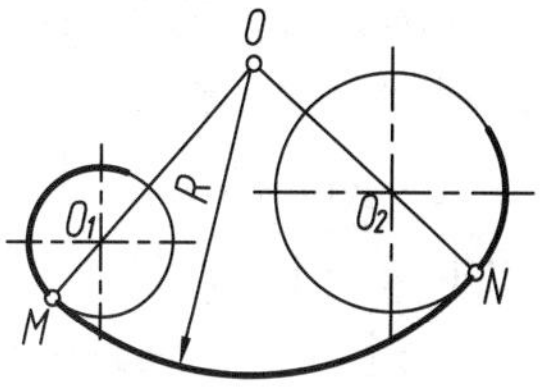
内外接两圆弧	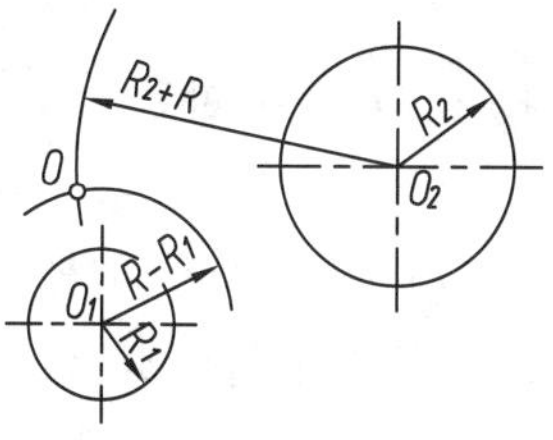	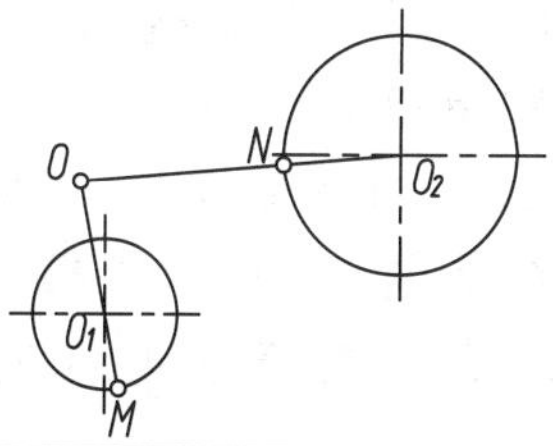	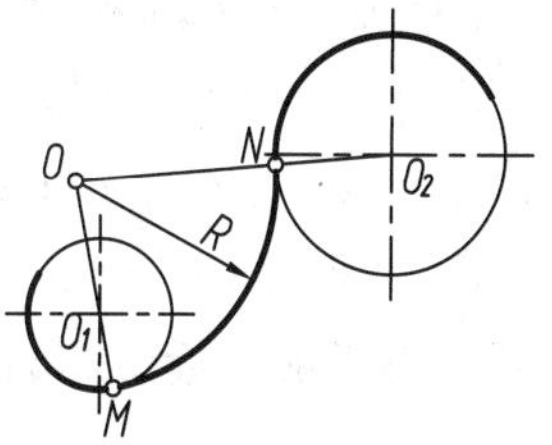

3. 用直线连接已知圆弧的作图方法

用直线连接已知圆弧，可用平面几何法求作，也可直接用直角三角板用近似的方法求作。

(1) 过已知点 P 作已知圆的切线。如图 1-26（a）所示，连 PO 的中垂线交于点 A，然后以 A 为圆心，AP 为半径画弧交圆弧于点 M 即为切点，连接 PM，即为切线。

(2) 作两已知圆的外公切线。如图 1-26（b）所示，以 O_2 为圆心，R_2-R_1 为半径画圆；以 O_1O_2 中点 A 为圆心，$O_1A=O_2A$ 为半径画圆与前面所作的圆交于点 T，连 O_2T 延长交圆 R_2 于点 M 即为切点；连 O_1T，过 O_1 作 O_1T 的垂线，与 R_1 圆交于点 N，即为切点，连接 NM，即为切线。

(3) 作两已知圆的内公切线（用直角三角板近似的方法求作）。如图 1-26（c）所示,用一个三角板的边与两圆相切;将另一三角板的直角边靠拢移动,另一直角边分别过圆心得切点 M、N,连接 NM,即为切线。

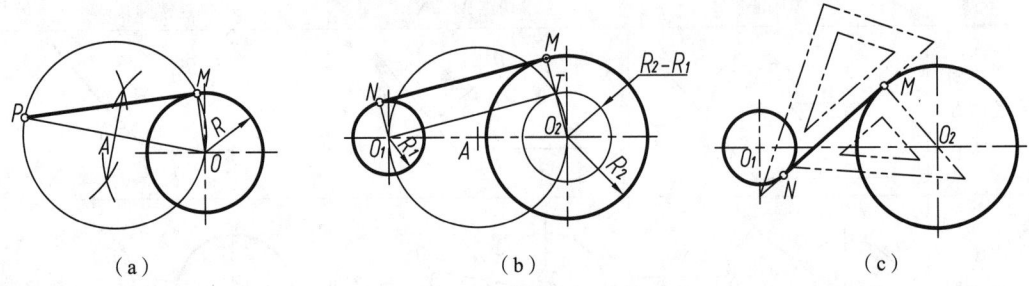

图 1-26 用直线连接已知圆弧

四、平面曲线

非圆的平面曲线种类很多,下面介绍三种常用的平面曲线——椭圆、渐开线、阿基米德螺线。

1. 椭圆的画法

椭圆为常见的非圆曲线。在已知长、短轴的条件下,通常采用四心圆法和同心圆法作椭圆。

(1) 四心圆法作图。如图 1-27 所示,若已知椭圆长、短轴 AB、CD,用四心圆法作图步骤如下:

① 过 O 作长轴 AB 和短轴 CD,连长短轴端点 AC;截取 $OA=OE$,然后以 C 为圆心,CE 为半径画弧交 F,如图 1-27(a)所示。

② 作 AF 的中垂线交长轴于 O_1,交短轴为 O_2,找出 O_1、O_2 对称点 O_3、O_4,连 O_2O_1、O_2O_3、O_4O_1、O_4O_3 并延长,如图 1-27(b)所示。

③ 分别以 O、O_2、O_3、O_4 为圆心,以 $O_1A=O_3B$,$O_2C=O_4D$ 为半径画弧,这四段圆弧就拼成了近似椭圆。K、L、M、N 为大小圆弧的切点,如图 1-27(c)所示。

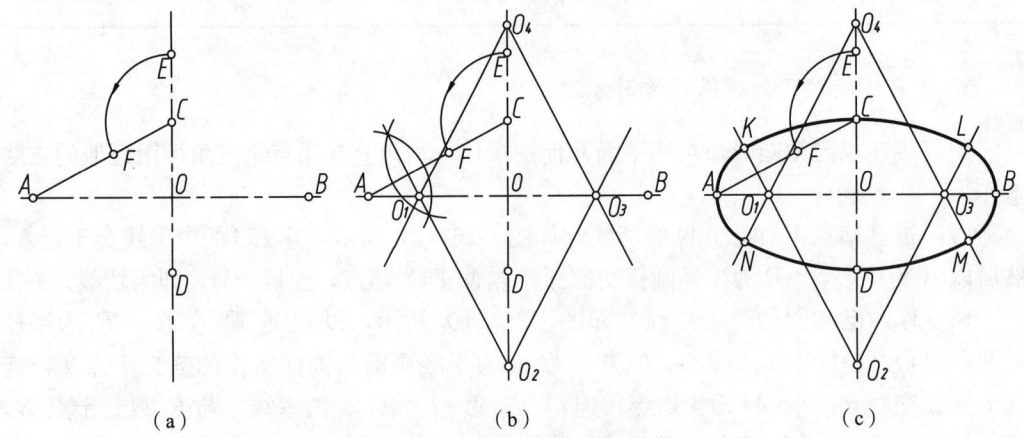

图 1-27 四心圆法近似椭圆

(2) 同心圆法作图。如图 1-28 所示，若已知椭圆长、短轴 AB、CD，用同心圆法作图步骤如下：

① 分别以长轴 AB 和短轴 CD 为直径作两同心圆，过圆心 O 作一系列放射线交大圆为 Ⅰ、Ⅱ、⋯各点，交小圆为 1、2、⋯各点，如图 1-28（a）所示。

② 分别过 Ⅰ、Ⅱ、⋯各点引垂线。过 1、2、⋯各点作水平线，与相应的垂线交于 M_1、M_2、⋯各点，如图 1-28（b）所示。

③ 用曲线连接 M_1、M_2、⋯ 及 A、B、C、D 各点即完成作图，如图 1-28（c）所示。

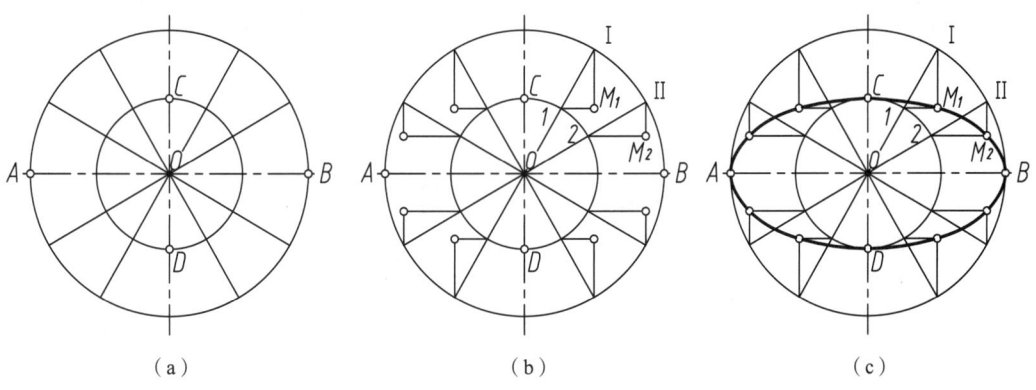

图 1-28 同心圆法作椭圆

2. 渐开线的画法

将一切线绕某圆的圆周连续无滑动地滚动，则切线上任一点的轨迹称为渐开线，该圆称为基圆。

若已知基圆的直径为 d，其作图步骤如图 1-29 所示。

（1）画直径为 d 的基圆，将圆周展成长度为 πd 的直线，将其分成若干等分（图 1-29 中为 12 等分），将圆周也分成 12 等分。

（2）过圆周上各等分点作圆的切线，并自圆周上切点 1 开始截取线段，使其长度依次等于展开长度的 1/12、2/12、⋯、12/12，得到点 Ⅰ、Ⅱ、⋯、Ⅻ。

（3）用曲线光滑连接各点即得渐开线。

3. 阿基米德螺线的画法

一动点在平面上沿直线作等速运动，同时该直线又绕线上一定点作等角速度转动，则该动点的轨迹即为阿基米德螺线。直线旋转一周，动点沿直线移动的距离称为导程。

若已知导程，其作图步骤如图 1-30 所示。

（1）以导程为半径画圆，将圆周和半径分成相同的若干等分（图 1-30 中为八等分）。

（2）在等分圆周的各条辐射线上依次截取线段，分别等于导程的 1/8、2/8、⋯、8/8，得到 Ⅰ、Ⅱ、⋯、Ⅷ等点。

（3）用曲线光滑连接各点即得阿基米德螺线。

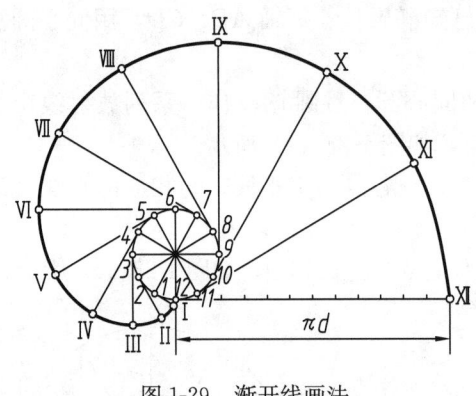
图 1-29 渐开线画法

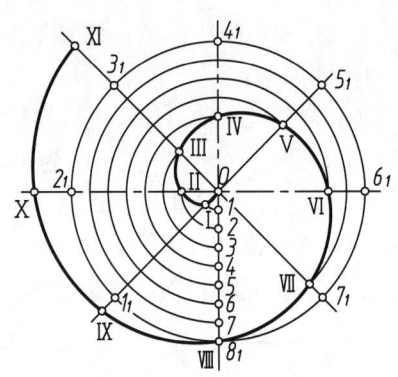
图 1-30 阿基米德螺线画法

1.4 平面图形的分析、画图方法及尺寸标注

平面图形通常由很多线段连接而成，画图时，从哪儿着手画起并不明确。所以画图前要进行尺寸分析和线段分析，以便确定平面图形是否可以画出，以及确定画图的先后顺序。

一、平面图形的尺寸分析

平面图形的尺寸按其作用不同，分为定形尺寸和定位尺寸。

1. 尺寸基准

标注定位尺寸的起点称为基准。一般以图形的对称中心线、较大圆弧的对称中心线、较大圆的圆心或图形中的主要直线作为基准，如图 1-31（a）所示。

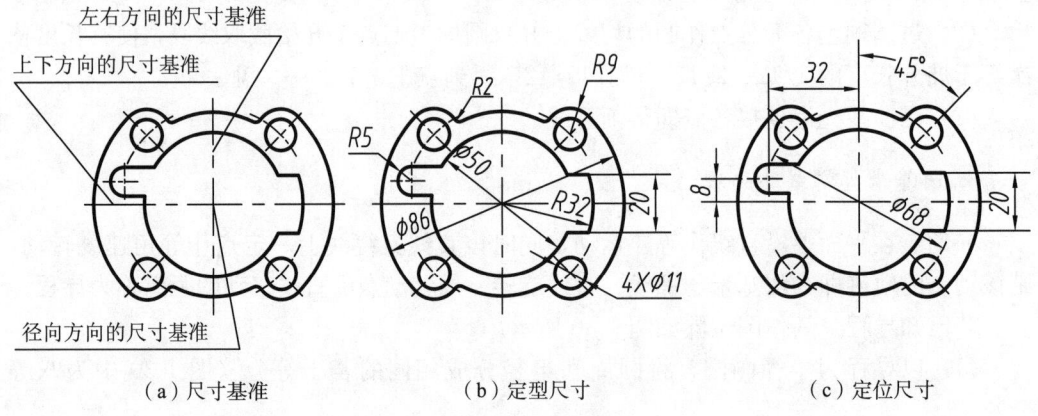

（a）尺寸基准　　　　　　（b）定型尺寸　　　　　　（c）定位尺寸

图 1-31　平面图形的尺寸分析和标注

2. 定形尺寸

它是确定组成平面图形中各部分形状大小的尺寸，如图 1-31（b）中 $R2$、$R5$、$R9$、

R32、φ86、φ50、4×φ11、20。

3. 定位尺寸

它是确定平面图形中各部分之间相对位置的尺寸，如图1-31（c）中8、32、φ68、45°、20。有的尺寸既可看做是定形尺寸，又可看做是定位尺寸，具有两种功能，如图1-31（c）中的20。

一般情况下，一个简单的平面图形需要两个方向上的定位尺寸，如果某一图形的对称中心线，在某一方向与全图的对称中心线重合，这时的基准就是该对称中心线，此时图形在该方向的定位尺寸为零，不进行标注，见表1-10。

表1-10 定位尺寸标注示例

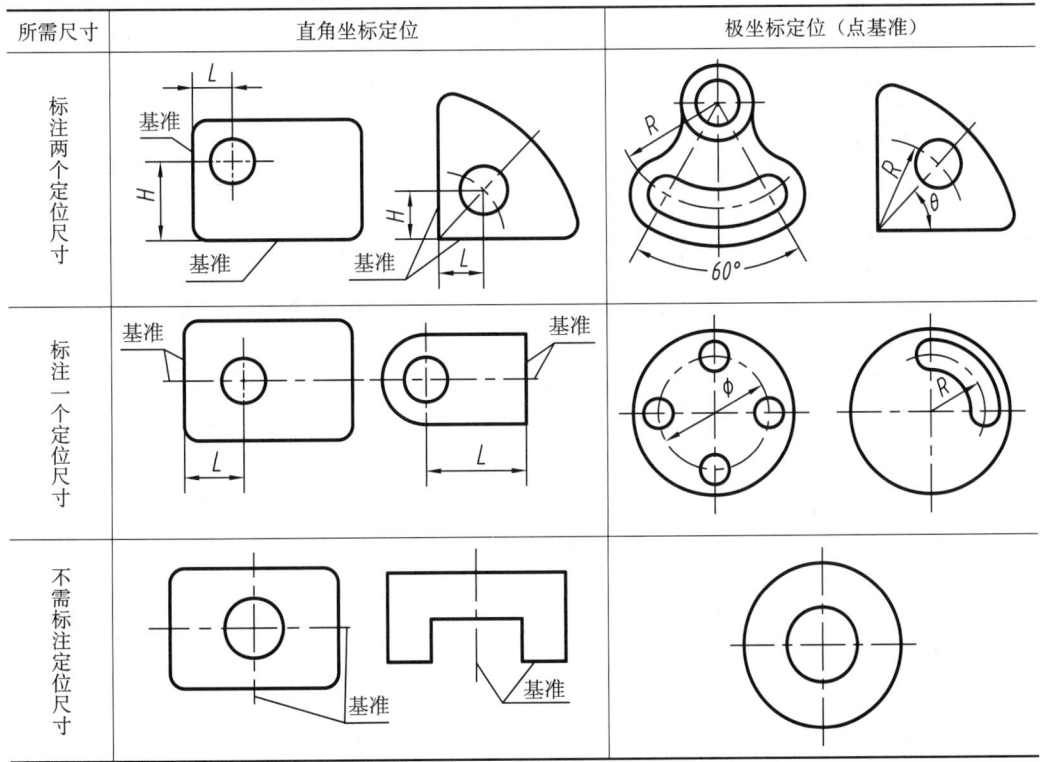

二、平面图形的线段分析

平面图形是根据给定的尺寸绘成的。图形中线段的类型与给定的尺寸密切相关，根据给出其定位尺寸的完整与否，可分为三大类。

1. 已知线段

定形尺寸和定位尺寸齐全的线段，称为已知线段，如图1-32（a）中φ5、R15、R10、φ20、15。已知线段可以直接画出，如图1-32（b）所示。

2. 中间线段

给出定形尺寸，而定位尺寸不全的线段，称为中间线段，如图 1-32（a）中 $R50$。中间线段不能直接画出，但可根据与其他线段的连接关系画出，如图 1-32（c）所示。

3. 连接线段

只给出定形尺寸，没有定位尺寸的线段，如图 1-32（a）中 $R12$。连接线段只能在与其两端相连的线段画出后，根据连接关系才能画出，如图 1-32（d）所示。

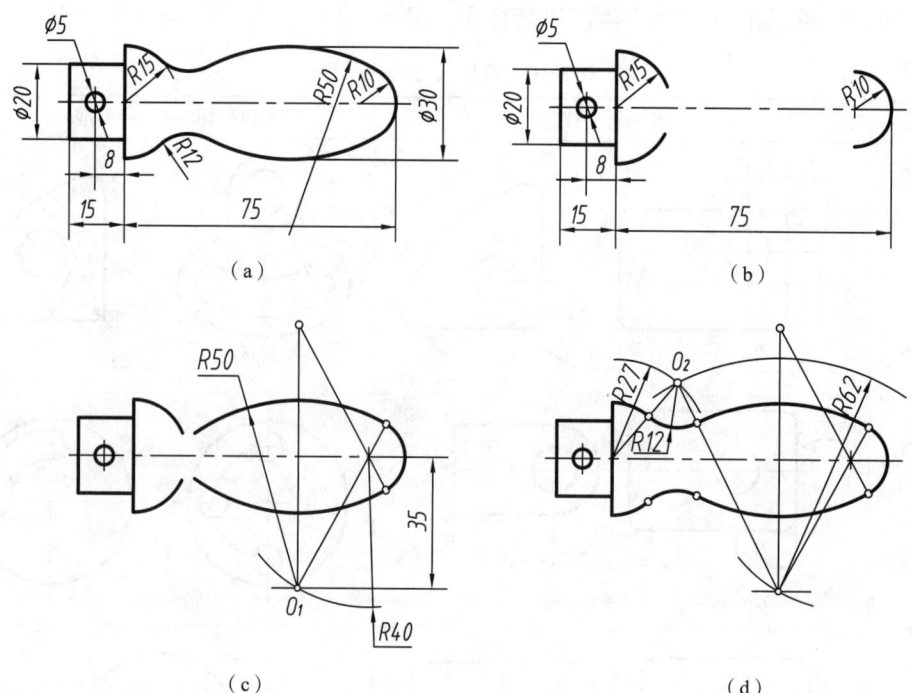

图 1-32 手柄的线段分析及作图

三、平面图形的画法

现以图 1-33 所示起重钩为例说明平面图形的画图方法及步骤。

（1）根据所标注的尺寸，分析构成起重钩的各条线段的类型，确定画图的先后顺序，并画出基准线和定位线。

（2）画出各已知线段 $\phi40$、$R48$ 以及上半部分的圆柱体。

（3）画出中间线段 $R23$、$R40$。

（4）画出连接线段 $R40$、$R60$、$R4$。

在作图过程中，要分清圆弧连接的类型，按圆弧连接的各种方法，快速地确定连接弧的圆心位置，找准切点，光滑地连接各线段。具体作图过程见表 1-11。

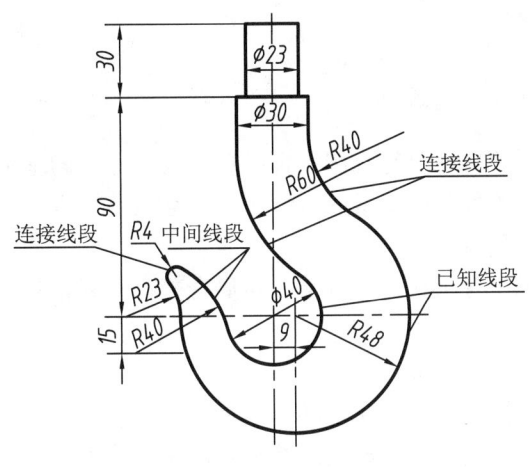

图 1-33 起重钩

表 1-11 起重钩的作图步骤

① 定图形的中心线，画已知线段	② 画中间线段 R40、R23
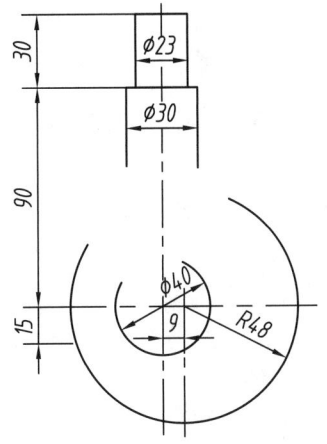	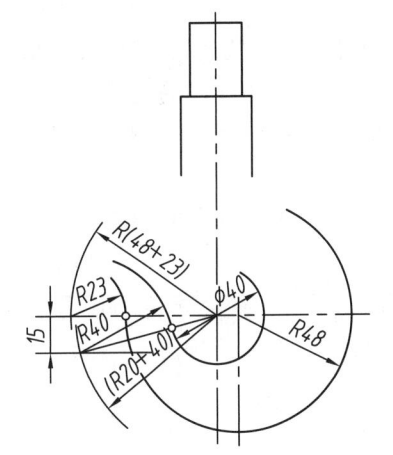
③ 画连接线段 R40、R60、R4	④ 擦掉多余线段，描深，完成全图，标注尺寸
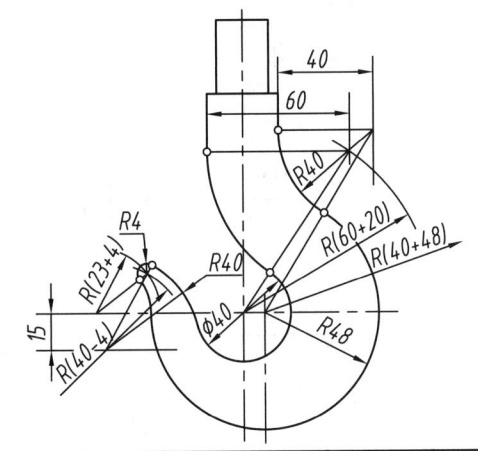	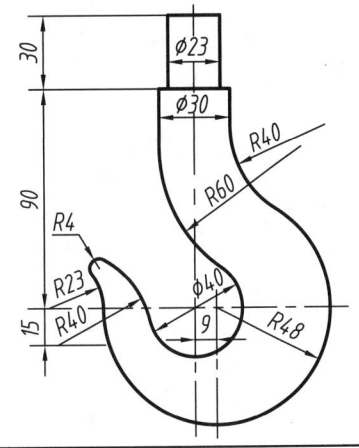

四、平面图形的尺寸标注

1. 标注平面图形尺寸的基本要求

（1）正确。所标注的尺寸要符合国家标准关于尺寸标注的基本规定。
（2）完整。所标注的各几何要素的定形尺寸和各几何要素之间的定位尺寸要齐全，不重复，不遗漏，不多不少正好。
（3）清晰。尺寸标注在明显的位置上，布局合理，排列整齐，醒目易找。

2. 标注平面图形尺寸的步骤

（1）根据图形的特征，确定尺寸基准。
（2）分析确定线段的类别，根据线段的类别来考虑给定尺寸。
线段连接的一般规律是：在两个已知线段之间可以有任意条中间线段（也可没有），但必须有，也只能有一个连接线段。
（3）标注已知线段的定形尺寸和两个定位尺寸（含图示自明尺寸，定位尺寸为零时不标）。
（4）标注中间线段的定形尺寸和一个定位尺寸。
（5）标注连接线段的定形尺寸。

表 1-12 给出了标注支架轮廓形状尺寸的分析过程。最终标注结果须符合线段连接的一般规律。

一些常见的、典型的平面图形尺寸标注示例见表 1-13，供学习参考。

表 1-12　支架轮廓的尺寸标注

① 支架以孔支撑轴，工作时以水平面和侧平面定位在机座上，因此将这两个面作为尺寸基准	② 两同心圆为支架的主要工作部分，设为已知线段。下部 L 形板也设为已知线段，定形、定位尺寸直接标出
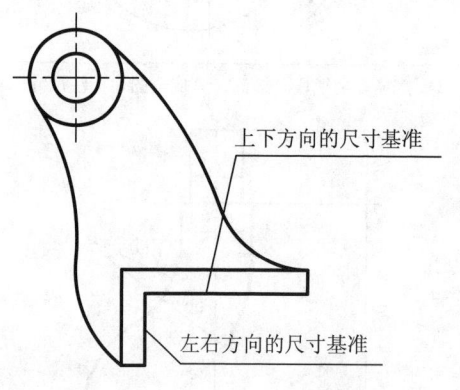	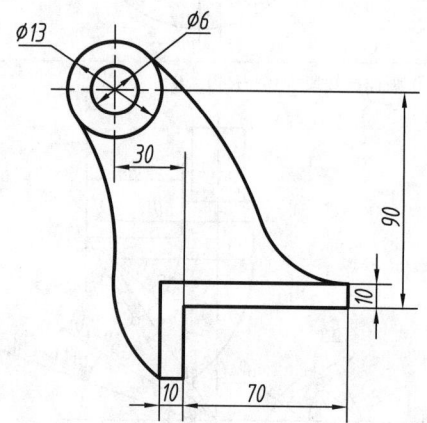

③ 左侧 R50 设计通过点 A，圆心位于过点 B 的水平线上，则认为给定了一个圆心定位尺寸，可选作中间线段，右侧 R40 情况与上述类似

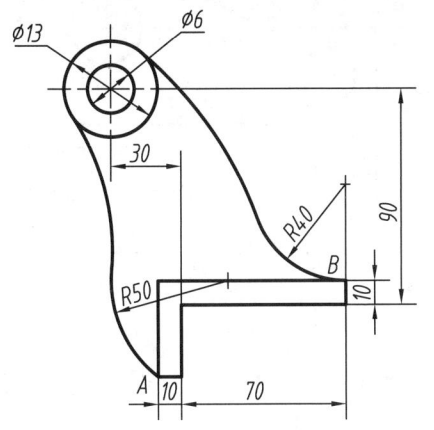

④ 圆弧 R160，R100 都与已知弧和中间弧相切，为连接圆弧，不再标出定位尺寸

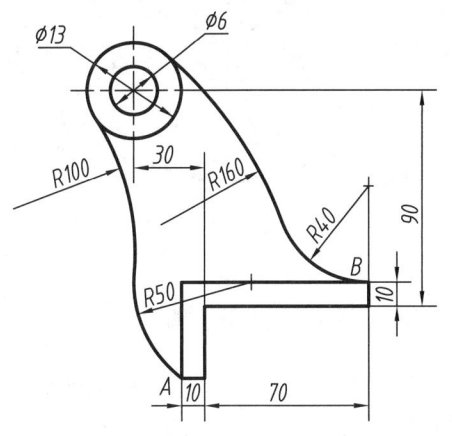

表 1-13　平面图形尺寸标注示例

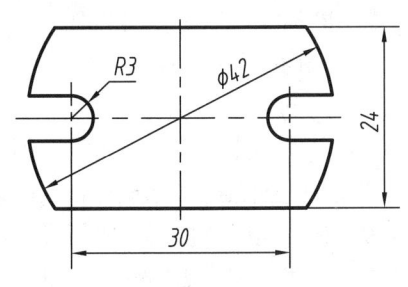

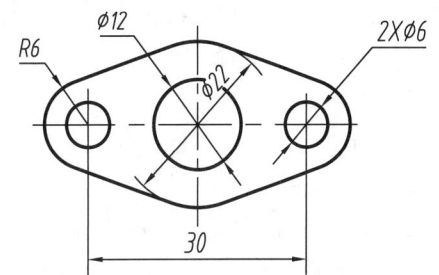

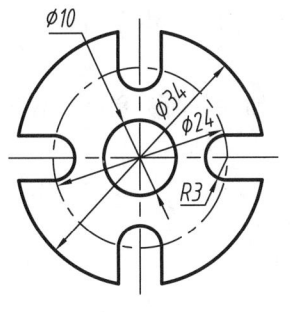

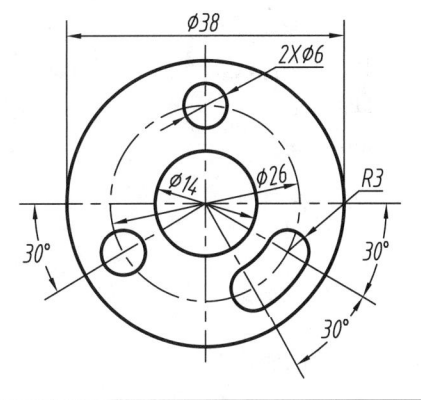

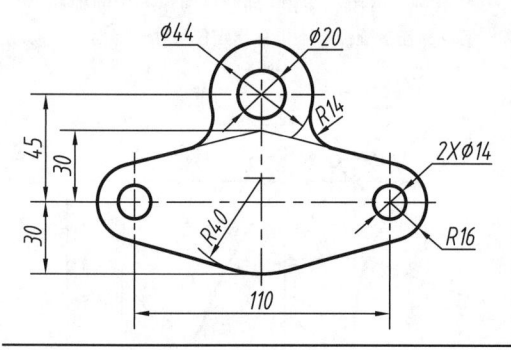
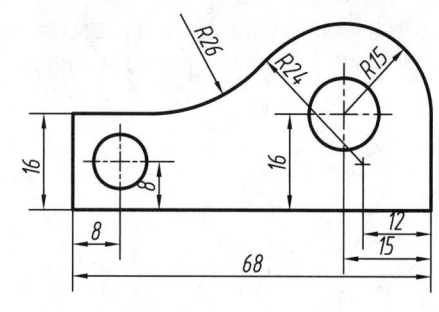

五、尺规绘图的方法及步骤

(1) 绘图前的准备工作。首先准备好绘图用的图板、丁字尺、三角板并擦干净，将铅笔及圆规铅芯按绘制不同的线型削好。

(2) 固定图纸。确定要绘制的图样以后，按其大小和比例，选择图纸幅面。用三角板和丁字尺对准图纸的水平边与竖直边，然后用胶带纸固定四个角，如图 1-18（a）所示。

(3) 画图框和标题栏。按表 1-1 和图 1-5 的要求画出图框和标题栏。注意不要急于将图框和标题栏中的粗实线描黑，留与图中的粗实线一同描深，以免抹黑弄脏图纸。

(4) 布置图形位置。布置图形要美观、均匀，注意留有标注尺寸的位置。画基准线、定位线。

(5) 画底稿图。先画图形主要轮廓线，最后画细节，如小孔、槽和圆角等。画底稿时要做到"轻、准、快"。"轻"要用 H 或 2H 的铅笔削尖轻轻画出全部图形，切记不要边画边描深；"准"是各视图的表达要准确，投影关系要正确；"快"是要尽量提高绘图速度，点画线、虚线可用极淡的细实线代替以提高绘图速度和描黑的图纸质量。

(6) 检查加深。加深前，应仔细检查图形是否有画错、漏画的图线，并及时修正，擦去多余线，确定无误后再加深，加深的顺序一般是自上而下，由左向右，先加深粗线后加深细线，先加深曲线后加深直线。

(7) 标注尺寸。尺寸线、尺寸界线可先打底稿，再加深。箭头和尺寸数字要一次完成，不要先打底稿。

(8) 书写其他文字，填写标题栏。

1.5 徒手绘图

一、徒手绘图的概念

不使用绘图工具，徒手画出的图形叫徒手图（或草图）。这种图主要用于初步设计阶段，如现场测绘、设计方案讨论或技术交流。工程技术人员必须具备徒手绘图的能力。由于计算机绘图的普及，草图的应用也越来越广泛。尺规绘图、计算机绘图、徒手绘图成为三种主要绘图手段。

二、徒手绘图的要求与方法

徒手绘图的要求为：画线要稳，图线要清晰；目测尺寸要准，各部分比例匀称；绘图速度要快；尺寸标注无误，字体要工整。

1. 直线的画法

画较短的直线时，手腕运笔。画较长线段时，眼睛要看着线段终点，小手指及手腕不宜紧贴纸面，以手臂动作。

画水平线时，图纸微微左倾，自左向右画线，如图1-34（a）所示。画铅垂线时，应由上往下运笔画线，如图1-34（b）所示。斜线一般不好画，可转动图纸，使图线正好处于顺手方向，如图1-34（c）所示。

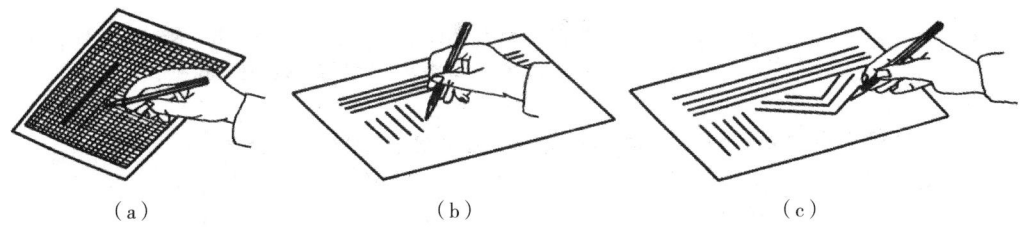

图 1-34 徒手画直线

2. 圆及圆弧的画法

画圆时首先过圆心画出水平、垂直中心线，按半径大小在中心线上定出四点，然后过四点画圆，如图1-35（a）所示。画较大圆时，可通过圆心轻轻加两条45°斜线，在斜线上再定四点，然后过八点画圆，如图1-35（b）所示。画圆角时，首先画出两直线边，确定切点，然后在分角线上确定圆心和圆上点，然后画出与两边相切的圆弧，如图1-36所示。

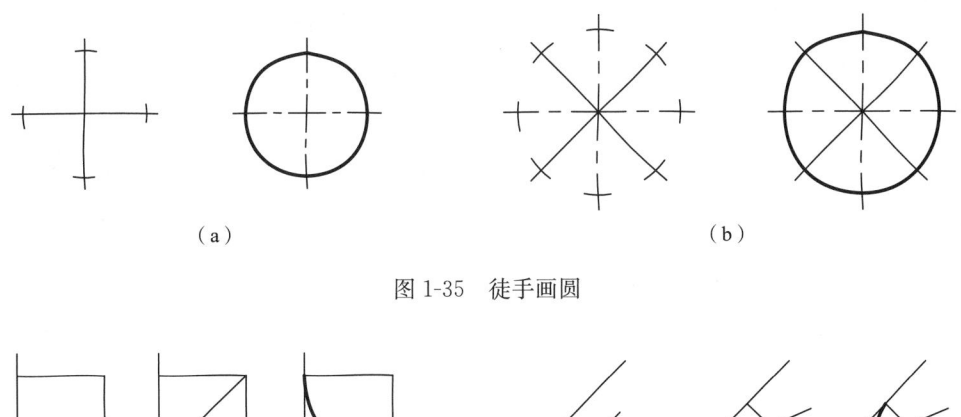

图 1-35 徒手画圆

图 1-36 徒手画圆角

3. 椭圆的画法

可根据椭圆的长、短轴，利用外切长方形或外切平行四边形画出，如图 1-37 所示。

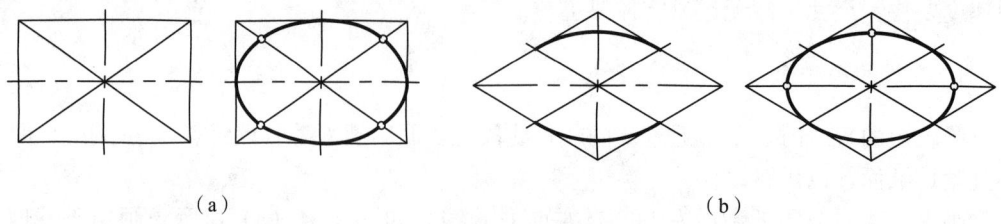

(a)　　　　　　　　　　　(b)

图 1-37　徒手画椭圆

4. 角度的画法

画 30°、45°、60°的斜线时，可按直角三角形的近似比例定出端点后连成直线的角度，如图 1-38 所示。

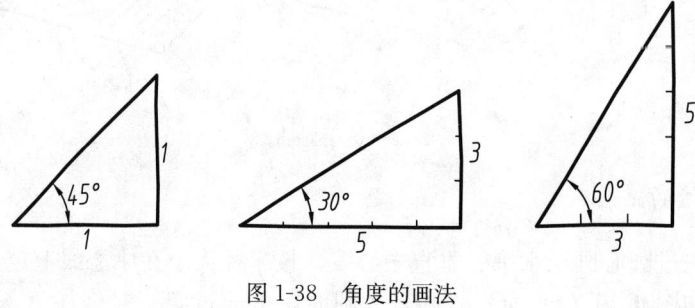

图 1-38　角度的画法

第二章 投影法

2.1 投影法的基本知识

一、投影法

我们生活在三维空间里，一切物体都有长、宽、高。如何才能在一张平面图纸上，准确、全面地表达出物体的形状和大小呢？投影法可以解决这个问题。

如图 2-1 所示，投射线均由投射中心 S 发出，通过空间点向选定的投影面投射。通过空间点 A 的投射线与投影面相交于点 a，则 a 称为空间点 A 在投影面 P 上的投影。同样 b 称为空间点 B 在投影面 P 上的投影。

由这种投射线通过物体，向选定的平面投射，在该平面上得到空间几何图形的方法叫投影法。投影法是画法几何学的基本理论。

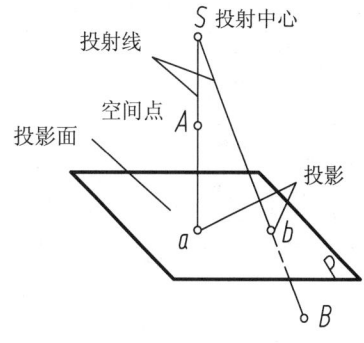

图 2-1 投影法

二、投影法分类（技术制图 GD/T 14692—2008）

投影法分类是根据投射线的类型是否平行或汇交，投影面与投射线的相对位置是否垂直或倾斜，物体的主要轮廓与投影面的相对关系是否平行、垂直或倾斜来设定的，其基本分类如图 2-2 所示。

体系表由六个层次构建。

第一层为分类体系表的总称，即投影法。

第二层是根据投射线之间是否平行或汇交将投影法分为平行投影法和中心投影法。

投射线互相平行的投影法叫平行投影法，如图 2-3 所示。投射线汇交于一点的投影法叫中心投影法，如图 2-4 所示。

第三层是根据投影面与投射线的相对位置是否垂直或倾斜，将平行投影法分为正投影法和斜投影法（不含中心投影法）。

投射线垂直于投影面，用正投影法得到的图形称为正投影图，简称正投影，如图 2-3（a）所示。投射线与投影面倾斜，用斜投影法得到的图形称为斜投影图，简称斜投影，如图 2-3（b）所示。

第四层是根据所需投影面的数量细分出单面及多面的各类投影。

第五层是第四层中各种投影在工程中的相应名称。

第六层是画法的具体名称。

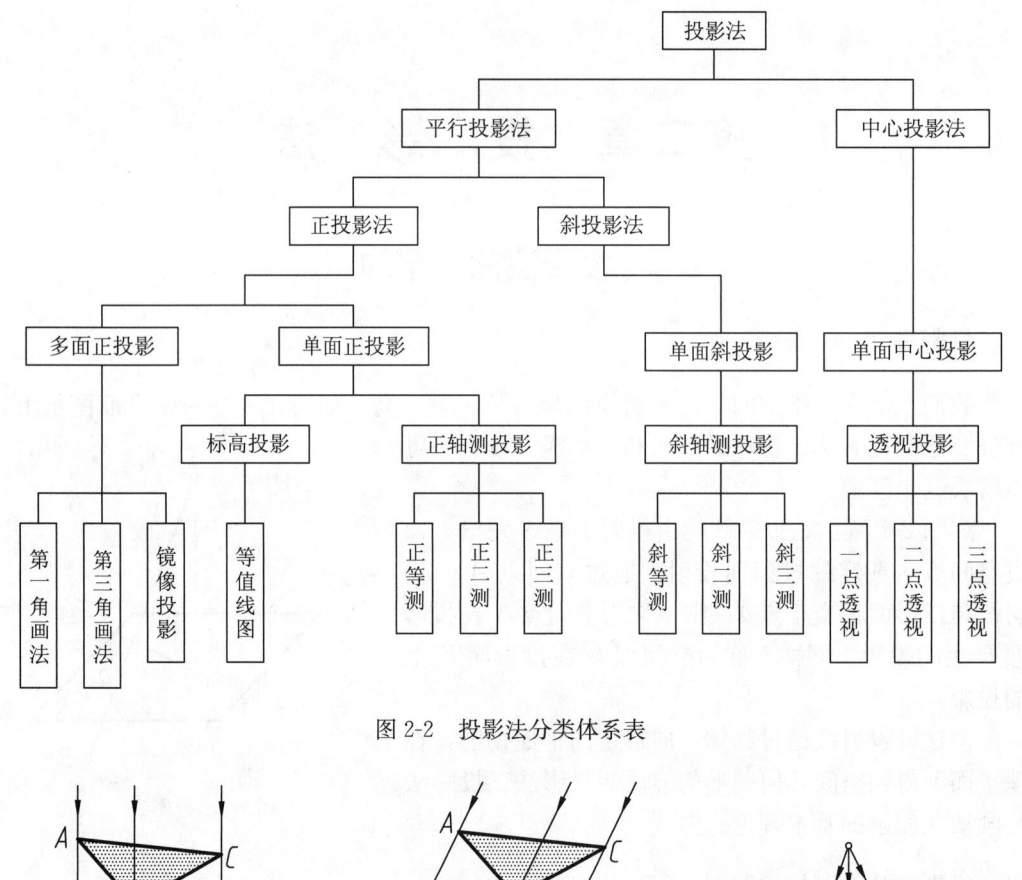

图 2-2 投影法分类体系表

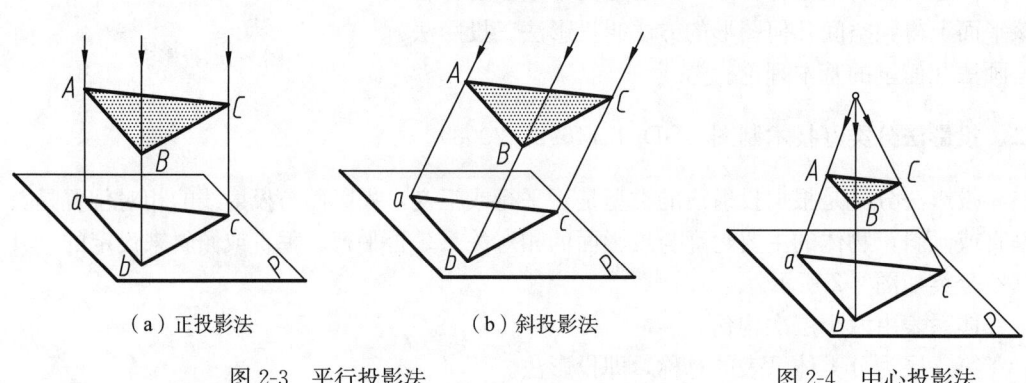

（a）正投影法　　　（b）斜投影法

图 2-3 平行投影法　　　　图 2-4 中心投影法

2.2 工程上常用的投影图

工程上常用的投影图有正投影图、轴测投影图、标高投影图和透视投影。

一、多面正投影图

工程上无论采用哪一种投影法，必须能准确、唯一地反映空间的几何形状和几何关系。从图 2-5、图 2-6 和图 2-7 中可以看出，只凭一个投影，不能反映唯一的空间情况。例如图 2-5 所示投影图表示的空间几何体不是唯一的；例如图 2-6 所示的投影图中相互平行的两直线 ab 和 cd，可能是空间平行两直线 AB 和 CD 的投影，如图 2-6（a）所示，也可能不是，如图 2-6（b）所示；再例如图 2-7 所示的投影图中 $c \in ab$，可能在空间

$C \in AB$,如图 2-7(a)所示,也可能 $C \notin AB$,如图 2-7(b)所示。

因此,工程上采用增补投影面的方法,设定两个或两个以上相互垂直的投影面,在每个投影面上分别用正投影法获得几何形体的多面正投影,然后将这些投影面旋转展开在同一图面上,使各面正投影图有规则地配置,并相互之间形成对应关系。由这些投影便可能唯一确定这些几何形体的空间形状。

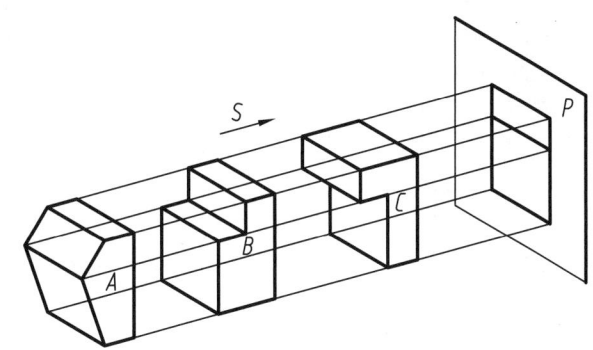

图 2-5 物体的单面投影

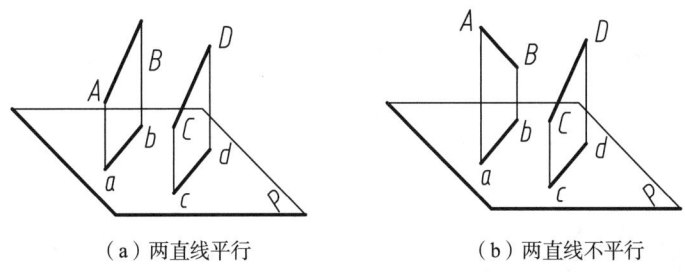

(a)两直线平行　　　　　　　(b)两直线不平行

图 2-6 两直线的单面投影平行

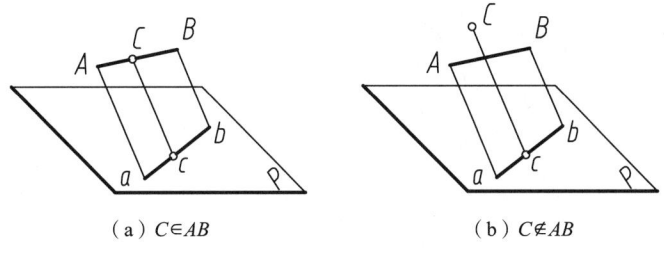

(a)$C \in AB$　　　　　　　(b)$C \notin AB$

图 2-7 点与直线的单面投影重合

图 2-8(a)表示了一个几何体用正投影法分别对三个投影面投射的直观图。图 2-8(b)是投影面展开后的三个正投影图。采用正投影法时,通常将几何体的主要平面放置于与投影面平行的位置,这样得到的投影图能反映这些平面的实形。因此从投影图上可以直接得到空间几何形体的尺寸,具有很好的度量性。虽然正投影图的立体感不强,直观性差,但由于其度量性好的突出优点,在机械工程中得到广泛的应用。

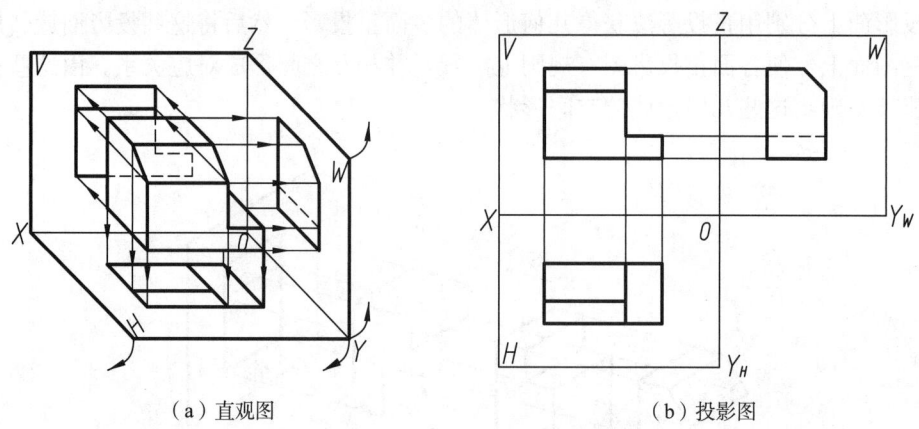

(a)直观图　　　　　　　　　　　　　（b）投影图

图 2-8　多面正投影

二、轴测投影

轴测投影是将物体连同其参考直角坐标系，沿不平行于任一坐标面的方向，用平行投影的方法将其投射到单一投影面上所得的具有立体感的图形，如图 2-9 所示。

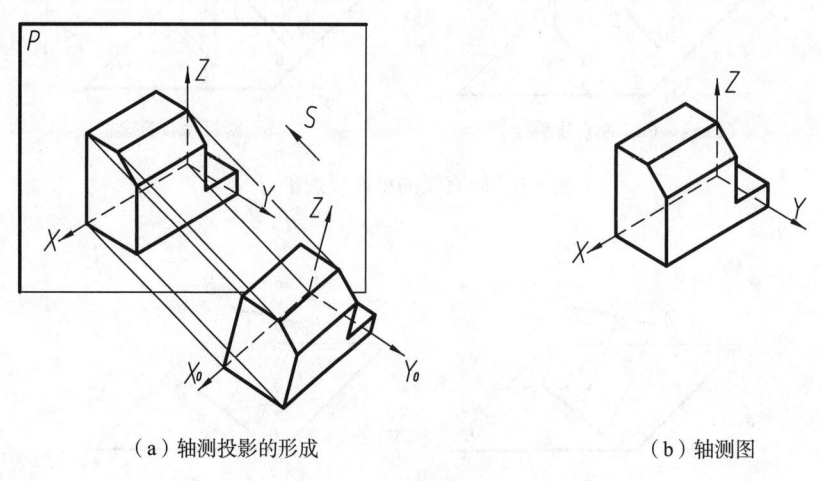

（a）轴测投影的形成　　　　　　　　　　　（b）轴测图

图 2-9　轴测投影

轴测图能同时反映出物体长、宽、高三个方向的形状和尺寸，富有立体感和良好的直观性，常用于工程图样中的辅助图样以及书籍中的插图。

常用的轴测投影见表 2-1。

表 2-1 常用的轴测投影

特性		正轴测投影 投射线与轴测投影面垂直			斜轴测投影 投射线与轴测投影面倾斜		
轴测类型		等测投影	二测投影	三测投影	等测投影	二测投影	三测投影
简称		正等测	正二测	正三测	斜等测	斜二测	斜三测
应用举例	伸缩系数	$p_1=q_1=r_1=0.82$	$p_1=r_1=0.94$ $q_1=\dfrac{p_1}{2}=0.47$	视具体要求选用	无	$p_1=r_1=1$ $q_1=\dfrac{p_1}{2}=0.5$	视具体要求选用
	简化系数	$p=q=r=1$	$p=r=1$ $q=0.5$				
	轴间角	X轴与Y轴各120°,Z轴向上	97°,131°,132°			90°,135°,135°	
	例图	立方体 l	立方体 $l/2, l$			立方体 $l/2, l$	

三、透视投影

透视投影（又称透视图）是用中心投影法将物体投射在单一投影面上所得到的具有立体感的图形。

投射视点的位置应符合人眼观看物体时的位置。视点离开物体的距离一般应使物体位于正常视锥范围内，正常视锥的顶角约为60°。

根据画面对物体的长、宽、高三组主方向棱线的相对关系（平行、垂直、倾斜），透视图分为一点透视、二点透视和三点透视，可根据不同的透视效果分别选用。

透视图符合人眼的视觉效果，看起来比较自然，尤其是表示庞大的物体时更为优越。但是，由于它不能明显地把真实形状和度量关系表示出来，同时作图较麻烦，所以目前主要用于建筑工程上作辅助性的效果图使用。随着计算机图形显示和绘图技术的进步及应用的普及，透视图的应用日趋广泛。图 2-10 所示为采用二点透视画出的透视图。

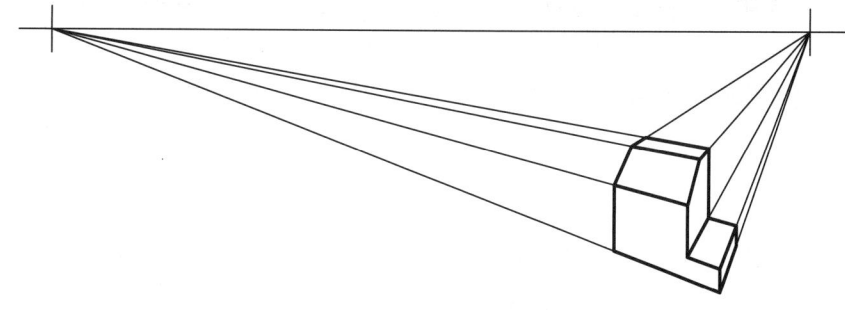

图 2-10　透视投影

四、标高投影

标高投影是在物体的水平投影上加注某些特征面、线以及控制点的高程数值的单面正投影。标高投影中应标注比例和高程。比例可采用比例尺（附有其长度单位）的形式，也可采用标注比例的形式（如1∶1000）。常用的高程单位为米。

作图时，应设某一水平面作为基准面，其高程为零，基准面以上的高程为正，基准面以下的高程为负。用标高投影绘制的地形图主要是用等高线表示。

标高投影主要用来表达形状较复杂的曲面。这种投影多用于水利、土木工程中绘制地形图，如图 2-11 所示。

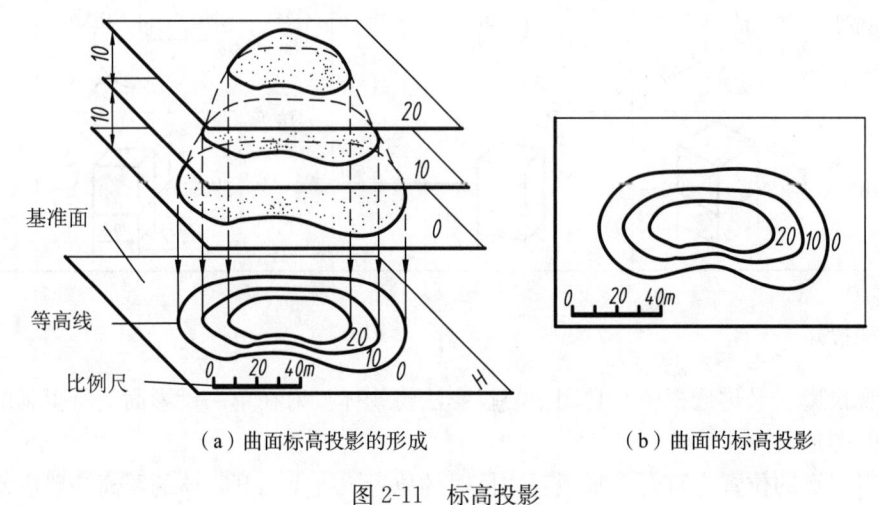

（a）曲面标高投影的形成　　　　（b）曲面的标高投影

图 2-11　标高投影

2.3　正投影法的特性

用正投影法得到的正投影能准确表达物体形状和大小，且作图比较简单，因此，国家标准（GB/T 14692-2008）《技术制图、投影法》中明确规定，机件的图样采用正投影法绘制。

本课程主要研究正投影。为叙述简便起见，本书中如未加说明，所述投影均指正投影。

正投影的基本特性见表 2-2。

表 2-2 正投影的基本特性

投影特性	平行性	从属性	定比性
图例	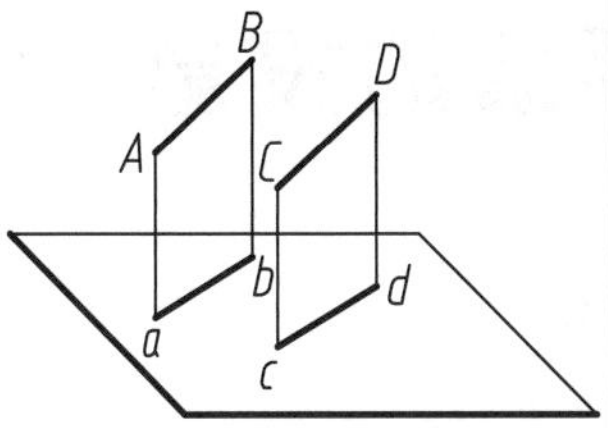	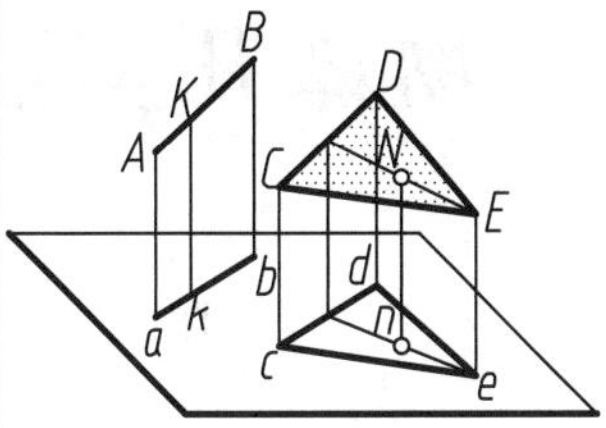	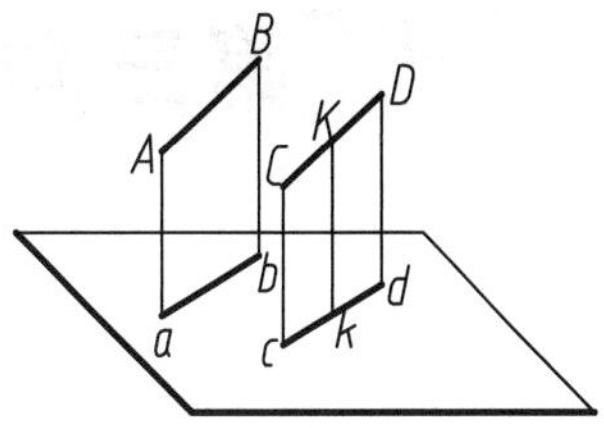
说明	空间平行两直线，在其同一投影面上的投影一定相互平行	点在直线（或平面）上，则该点投影一定在直线（或平面）的同面投影上	点分割线段之比投影后该比例不变；空间平行的两线段之比投影后该比例不变
投影特性	实形性	积聚性	类似性
图例	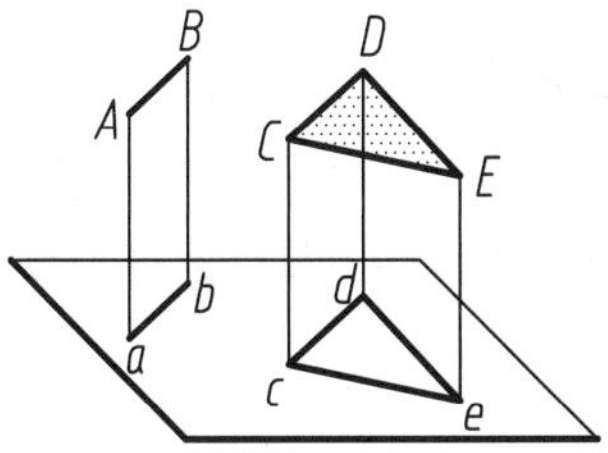	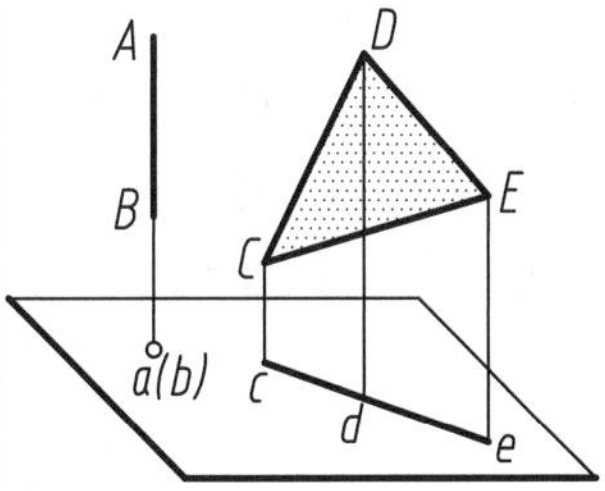	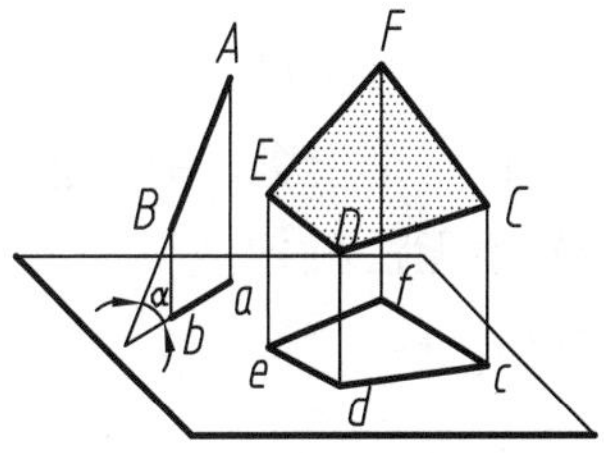
说明	直线、平面平行于投影面时，则在该投影面上的投影反映直线的实长或平面的实形	直线、平面垂直于投影面时，则在该投影面上直线的投影积聚成一点，平面的投影积聚成一直线	直线、平面倾斜于投影面时，则在该投影面上直线的投影长度缩短，平面的投影面积缩小，其形状为原形的类似形

第三章 物体几何要素的投影

3.1 点的投影

为了迅速而准确地画出物体的视图,必须分析组成物体的几何要素(点、线、面)的投影规律和投影特性。点是最基本的几何要素,研究点的投影性质和规律是掌握其他几何要素投影的基础。

一、点在三投影面体系中的投影

点的投影仍为点,如图 3-1 所示,空间点 A 在投影面 P 有唯一投影 a;反之,若只有点的一个投影,则不能确定空间点 A 的位置(如 A_1、A_2)。同理,仅有物体的单面投影也无法确定空间物体的真实形状,如图 2-5 所示,因此,工程上常采用多面正投影。

1. 三投影面体系

以相互垂直的三个平面作为投影面,便组成了三投影面的体系,如图 3-2 所示。正立放置的 V 面称为正立投影面,简称正平面;水平放置的 H 面称为水平投影面,简称水平面;侧立放置的 W 面称为侧立投影面,简称侧平面,投影面的交线 OX、OY、OZ 称为投影轴,三根投影轴交点 O 称为投影原点。

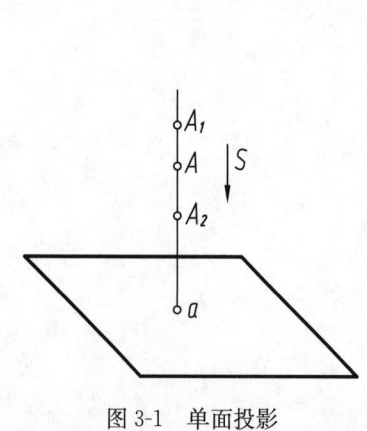

图 3-1 单面投影

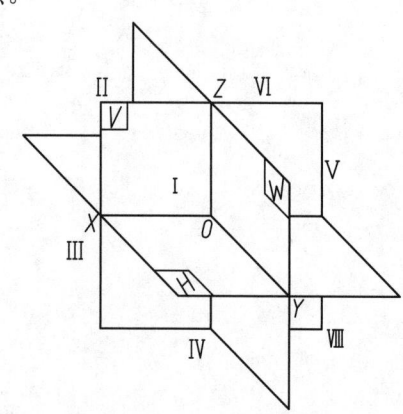

图 3-2 三投影面体系

三投影面体系将空间分为八个区域,分别称为第一分角、第二分角……第八分角,将物体置于第一分角内,使其处于观察者与投影面之间得到正投影的方法叫做第一角画法,若将物体置于第三分角内,使投影面处于物体与观察者之间而得到投影的方法叫做第三角画法。我国标准规定工程图样采用第一角画法。

2. 点的三面投影

如图 3-3（a）所示，在三投影体系中的第一分角内，由空间点分别作垂直于 H、V 和 W 面的投射线，得点 A 的三个投影 a、a'、a''，分别称为点的水平投影、正面投影和侧面投影。这样，空间点 A 的位置就唯一确定了。该图称为点 A 的三面投影直观图。

为了使点的三个投影表示在同一张图面上，规定 V 面不动，将 H 面绕 OX 轴向下旋转 $90°$，将 W 面绕 OZ 轴向后旋转 $90°$，使 H、V、W 面共面。在投影面展开过程中，Y 轴先随 H 面往下旋转，再随 W 面往后旋转，为了便于标记，分别用 Y_H 及 Y_W 来表示，如图 3-3（b）所示。

画图时，则不必画出投影面的边框线或标出投影轴上的 a_X、a_{Y_H}、a_{Y_W}、a_Z。为作图方便，表示 $aa_X=a''a_Z$ 的关系，常用过原点 O 的 $45°$ 斜线或以 O 为圆心的圆弧，把 a、a'' 关系联系起来，如图 3-3（c）所示。该图称为点 A 的三面投影图。

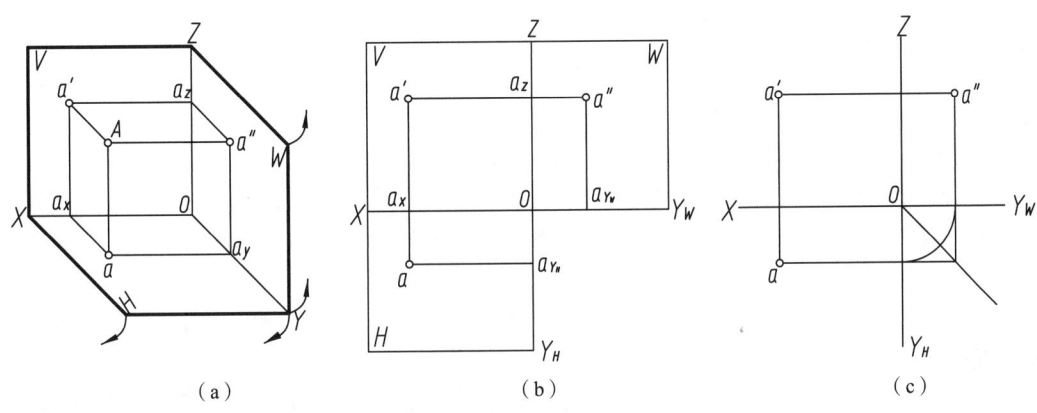

图 3-3 点的三面投影

3. 点的投影与直角坐标的关系

若将三投影面体系看做直角坐标系，则投影轴、投影面、投影原点 O 分别看做是坐标轴、坐标面、坐标原点 O，则空间点 A 的位置可以用三个坐标值（X_A、Y_A、Z_A）表示，如图 3-4（a）所示，则点的投影与坐标之间的关系为

$$Aa''=oa_X=aa_Y=a'a_Z=X_A$$
$$Aa'=oa_Y=aa_X=a''a_Z=Y_A$$
$$Aa=oa_Z=a'a_X=a''a_Y=Z_A$$

由此可见，点 A 的水平投影 a 由 X_A、Y_A 确定，正面投影 a' 由 X_A、Z_A 确定，侧面投影 a'' 由 Y_A、Z_A 确定，如图 3-4（b）所示。

4. 点的三面投影特性

（1）点的投影连线垂直于投影轴，即：$a'a \perp OX$，$a'a'' \perp OZ$，$aa_{Y_H} \perp OY_H$，$a''a_{Y_W} \perp OY_W$。

（2）点的投影到投影轴的距离，等于点的坐标，也等于该点到相邻投影面的距

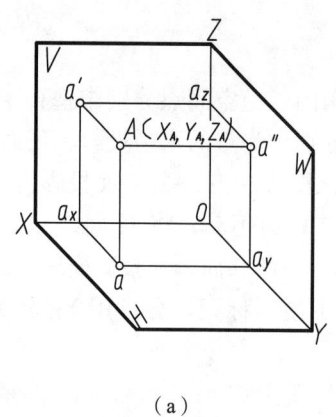
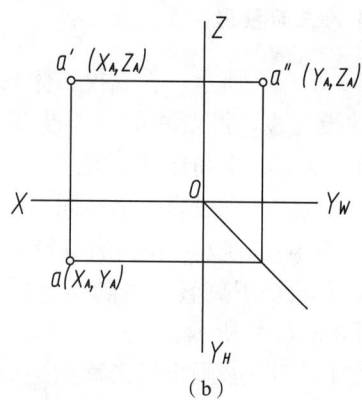

(a)　　　　　　　　　　　　(b)

图 3-4　点的投影与直角坐标的关系

离，即

$$aa_Y = a'a_Z = X_A 等于点 A 到 W 面的距离$$
$$aa_X = a''a_Z = Y_A 等于点 A 到 V 面的距离$$
$$a'a_X = a''a_Y = Z_A 等于点 A 到 H 面的距离$$

根据点的投影特性，只要知道点的任意两个投影，就确定了点的三个坐标，第三个投影即可方便地求出，知道了空间点的坐标 $A(X_A, Y_A, Z_A)$，点 A 的三面投影也可方便地求出。

[**例 3-1**]　已知点 A 的坐标为 (15，10，20)，作出其三面投影和直观图。

解：

(1) 由点 A 的 X 坐标 15 和 Y 坐标 10 确定 a，过点 a 作 OX 轴的垂线，在垂线上以 OX 轴为起点量 Z 坐标 20 确定 a'。按点的投影规律作出 a''，如图 3-5（a）所示。

(2) 画出三投影面体系，用上述方法确定 a 和 a'。分别过点 a 和点 a' 作垂线交于点 A，分别过 a、a'、A 作平行四边形得到 a''，即完成作图，如图 3-5（b）所示。

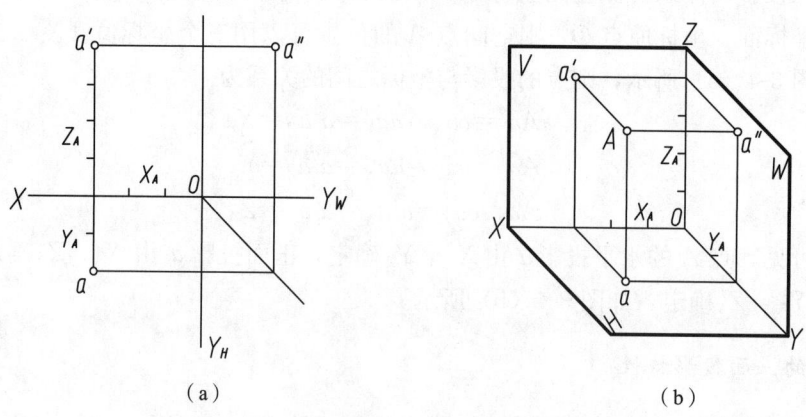

(a)　　　　　　　　　　　　(b)

图 3-5　由点的坐标作出点的投影图和直观图

5. 特殊位置点的投影

图 3-6 是 V 面上的点 B，H 面上的点 C，OX 轴上点 D 的立体图和投影图。从图中可以看出投影面和投影轴上的点的坐标和投影具有下述特性：

(1) 投影面上的点有一个坐标为零，其在该投影面上的投影与该点重合，另两个投影在相应的投影轴上（如点 B、点 C）。

(2) 投影轴上的点有两个坐标为零，其在包含这条轴的两个投影面上的投影都与该点重合，另一个投影在原点 O（如点 D）。

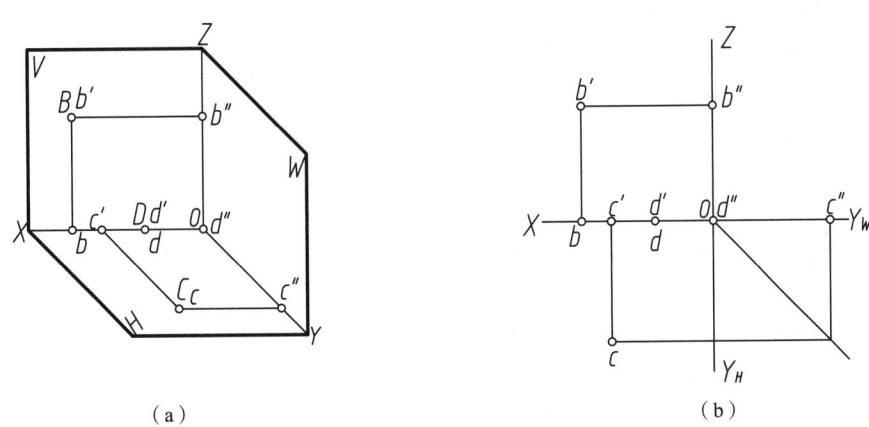

(a)　　　　　　　　　　　　(b)

图 3-6　特殊位置点

6. 点在其他分角的投影

前面讨论的点的投影都是在的第一分角内进行的。我国和欧洲国家多采用第一角投影法绘制工程图样，美国和英国等一些国家采用第三角投影法。

点在第一、二、三、四分角内的投影情况，如图 3-7 所示。

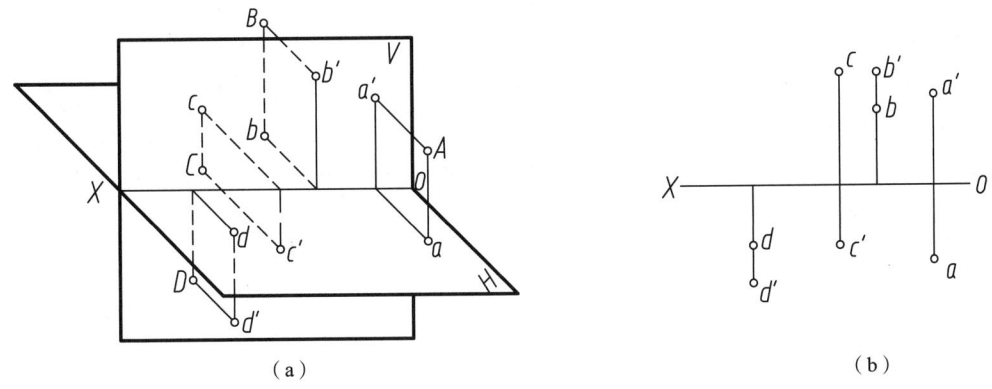

(a)　　　　　　　　　　　　(b)

图 3-7　点在四个分角内的投影

从图中可以得出下列规律：

(1) 点的正面投影在 OX 轴上方（或下方），表示空间点在 H 的上方（或下方）；

(2) 点的水平投影在 OX 轴下方（或上方），表示空间点在 V 的前方（或后方）。

由点在其他分角内的投影特性得知，点 A 属于第一分角，点 B 属于第二分角，点 C 属于第三分角，点 D 属于第四分角。

二、两点的相对位置

两点的相对位置指空间两点的上下、前后、左右位置关系。这种位置关系可以通过两点的同名投影的相对位置或坐标的大小来判断，如图 3-8 所示，即

沿 OX 方向，X 坐标大者在左；

沿 OY 方向，Y 坐标大者在前；

沿 OZ 方向，Z 坐标大者在上。

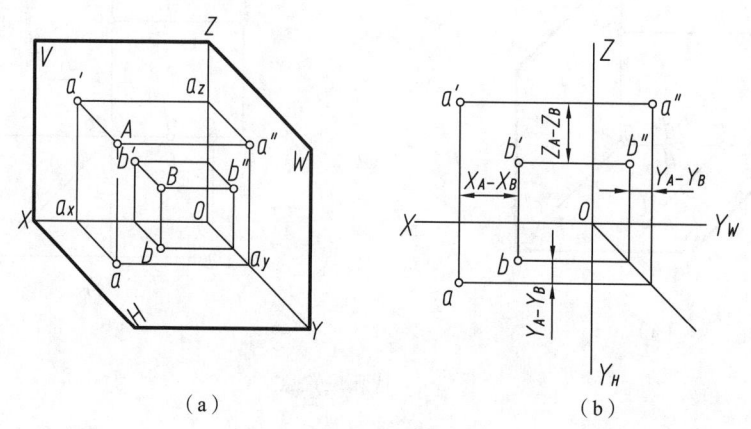

图 3-8 两点的相对位置

图 3-8 中，由于 $X_A > X_B$，故点 A 在点 B 的左方，同理可判断点 A 在点 B 的上方、前方。必须注意对水平投影而言，由 OX 轴向下就代表向前；对侧面投影而言，由 OZ 轴向右也代表向前。

[例 3-2] 已知点 A 的三面投影，点 B 在点 A 右边 10mm、前面 5mm、下面 15mm，作出点 B 的三面投影。

解： 由点 a 向右量 10mm，向下量 5mm 得点 b，过点 b 作 OX 轴的垂线，再由 a′ 向下量 15mm，在垂线上截得 b′，按点的投影规律作出 b″，如图 3-9 所示。

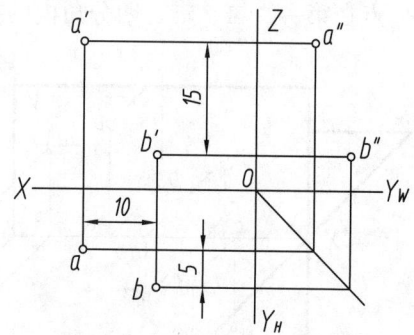

图 3-9 点 B 相对点 A 的位置

三、重影点及其投影的可见性

若空间两点在某个投影面上的投影重合，则称空间两点相对该投影面的投影具有重影性，投影重合的点称为重影点。如图 3-10（a）所示，点 C 与点 A 位于垂直于 V 面的同一条投射线上，点 C 在点 A 之后 $Y_A - Y_C$ 处，两点无左右、上下距离差，故点 C 在点 A 的正后方。它们的正面投影互相重合，点 A 和点 C 称为对正面投影的重影点。

对重影点需要表示可见性,沿投射方向进行观察,看到者可见,被遮挡者为不可见,不可见的点的投影加括号,如图3-10(b)所示。

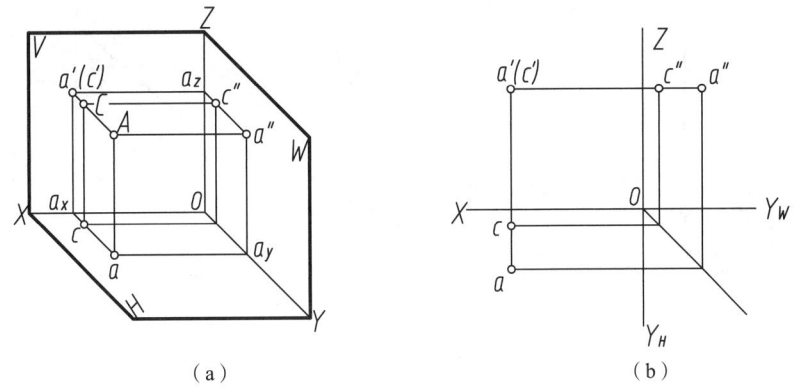

图3-10 重影点

对正面投影、水平投影、侧面投影的重影点的相互重合的投影的可见性,分别应该是前遮后、上遮下、左遮右,如图3-11所示。

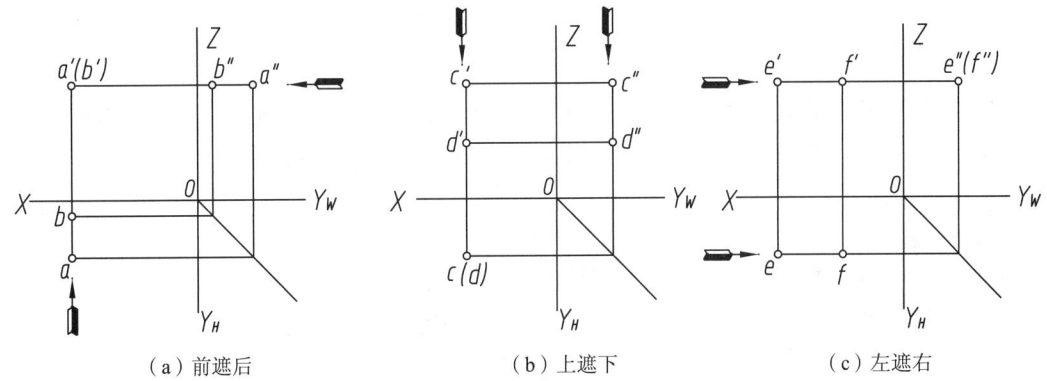

(a)前遮后　　　　　　　(b)上遮下　　　　　　　(c)左遮右

图3-11 重影点可见性判断

3.2 直线的投影

任意两点相连为一条直线,在熟练掌握点的投影的基础上,须掌握各种位置直线的投影规律以及直线上的点、两直线的相对位置在投影图中的投影特性。

一、直线相对一个投影面的投影特性

直线相对一个投影面的投影特性,有下列三种情况:

(1)当直线 AB 垂直于投影面,其投影重合为一点,而且位于直线上所有点的投影都重合在这一点上,如图3-12(a)所示。

(2)当直线 CD 平行于投影面,其投影反映 CD 实长,即 $cd=CD$,如图3-12(b)所示。

（3）当直线 EF 倾斜影面，其长度比 EF 实际长度缩短了，即 $ef=EF\cos\alpha$，如图 3-12（c）所示。

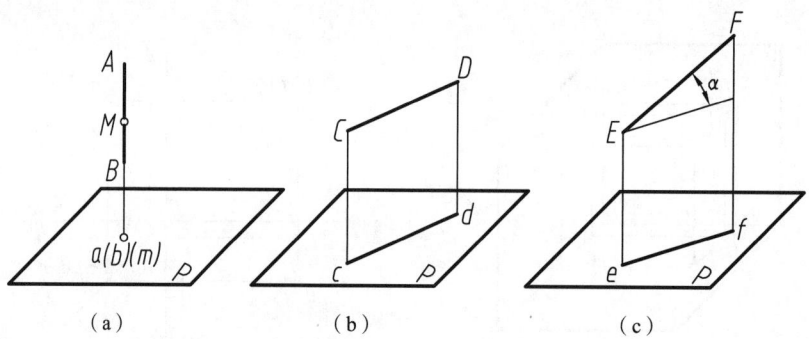

图 3-12 直线相对一个投影面的投影

二、三投影面体系中各种位置直线的投影特性

根据直线与三个投影面之间的相对位置不同可将直线分为三类：一般位置直线、投影面平行线、投影面垂直线。投影面平行线和投影面垂直线又称为特殊位置直线。

1. 一般位置直线

与三个投影面都倾斜的直线叫做一般位置直线，如图 3-13（a）所示，直线与 H、V、W 面的倾角分别为 α、β、γ，按正投影特性有 $ab=AB\cos\alpha$，$a'b'=AB\cos\beta$，$a''b''=AB\cos\gamma$。

如图 3-13（b）所示，一般位置直线的投影特性为：

（1）三个投影都倾斜于投影轴，长度都小于实长；

（2）其投影与投影轴的夹角不反映空间直线对投影面的真实倾角。

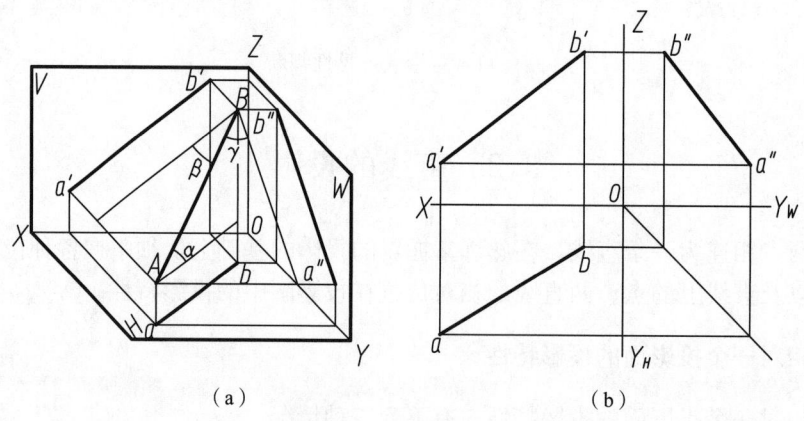

图 3-13 一般位置直线

2. 投影面平行线

平行于某一个投影面，而且与其余两个投影面倾斜的直线叫做投影面平行线，按所

平行的投影面不同又分为三类：水平线（只平行 H 面）；正平线（只平行 V 面）；侧平线（只平行 W 面），其投影特性见表 3-1。

表 3-1　投影面平行线的投影特性

名称	立体图	投影图	投影特性
水平线（// H，对 V、W 面倾斜）			(1) $a'b'$//OX，$a''b''$//OY_W；(2) $ab=AB$；(3) 反映真实倾角 β、γ 大小
正平线（// V，对 H、W 面倾斜）			(1) ab//OX，$a''b''$//OZ；(2) $a'b'=AB$；(3) 反映真实倾角 α、γ 大小
侧平线（// W，对 H、V 面倾斜）			(1) ab//OY_H，$a'b'$//OZ；(2) $a''b''=AB$；(3) 反映真实倾角 α、β 大小

归纳表 3-1 的内容，投影面平行线的投影特性如下：

(1) 在直线所平行的投影面上的投影反映实长，该投影与投影轴的夹角分别反映直线对另两个投影面的真实倾角。

(2) 另两个投影面上的投影分别平行于相应的投影轴，且长度小于实长。

3. 投影面垂直线

垂直于某一投影面，从而与其余两个投影面平行的直线叫做投影面垂直线，按所垂直的投影面不同又分为三类，铅垂线（⊥H 面）；正垂线（⊥V 面）；侧垂线（⊥W 面），其投影特性见表 3-2。

表 3-2 投影面垂直线的投影特性

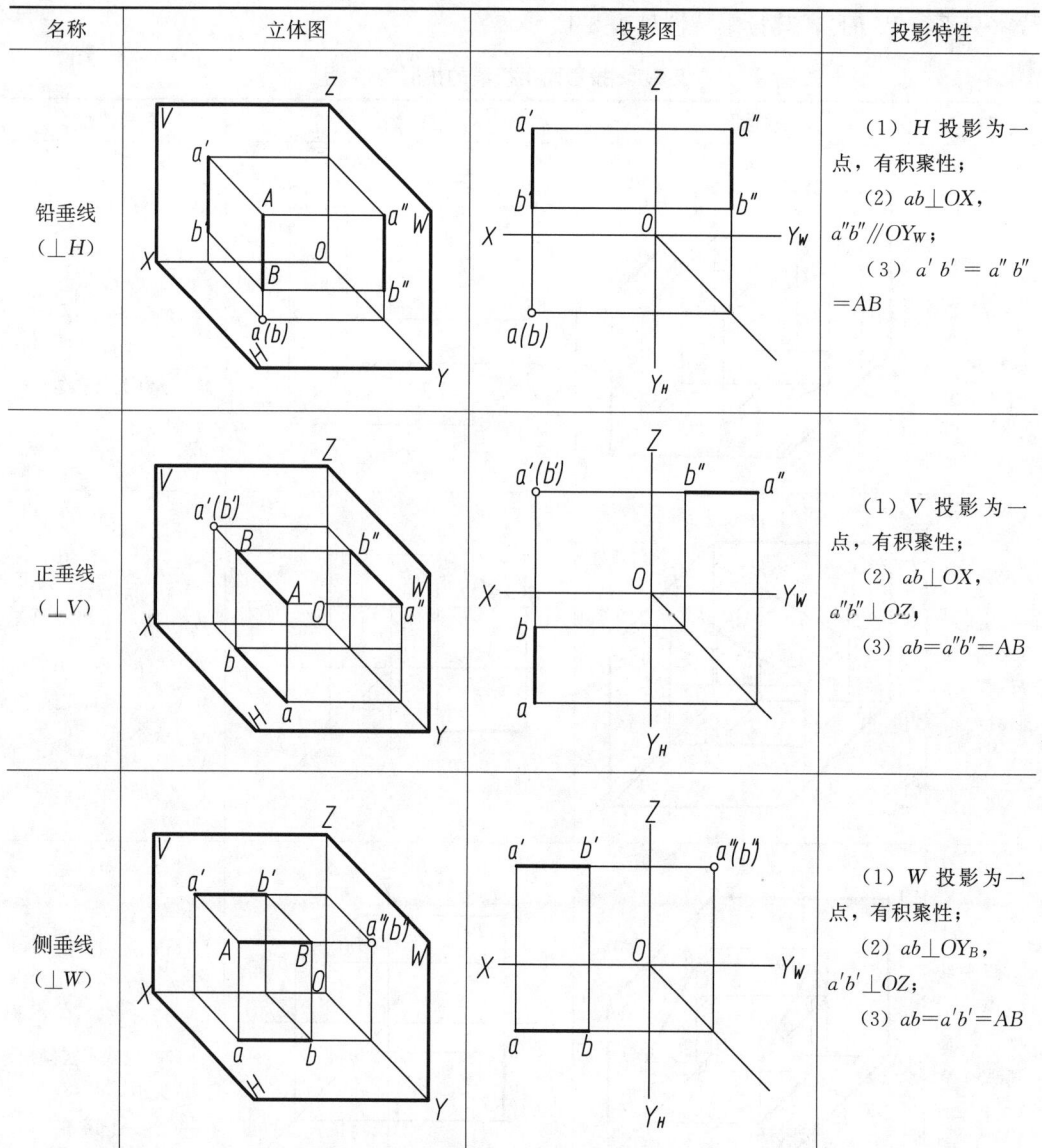

归纳表 3-2 的内容，投影面垂直线的投影特性如下：

（1）在直线所垂直的投影面上投影积聚为一点。

（2）另两个投影面上的投影分别垂直于相应的投影轴，且长度反映空间线段的实长。

三、两直线的相对位置

空间两直线的相对位置有三种：平行、相交和交叉。平行和相交两直线都是位于同一平面内的直线，而交叉两直线则不在同一平面内，又称异面直线。其投影特性见表 3-3。

表 3-3 两直线的相对位置

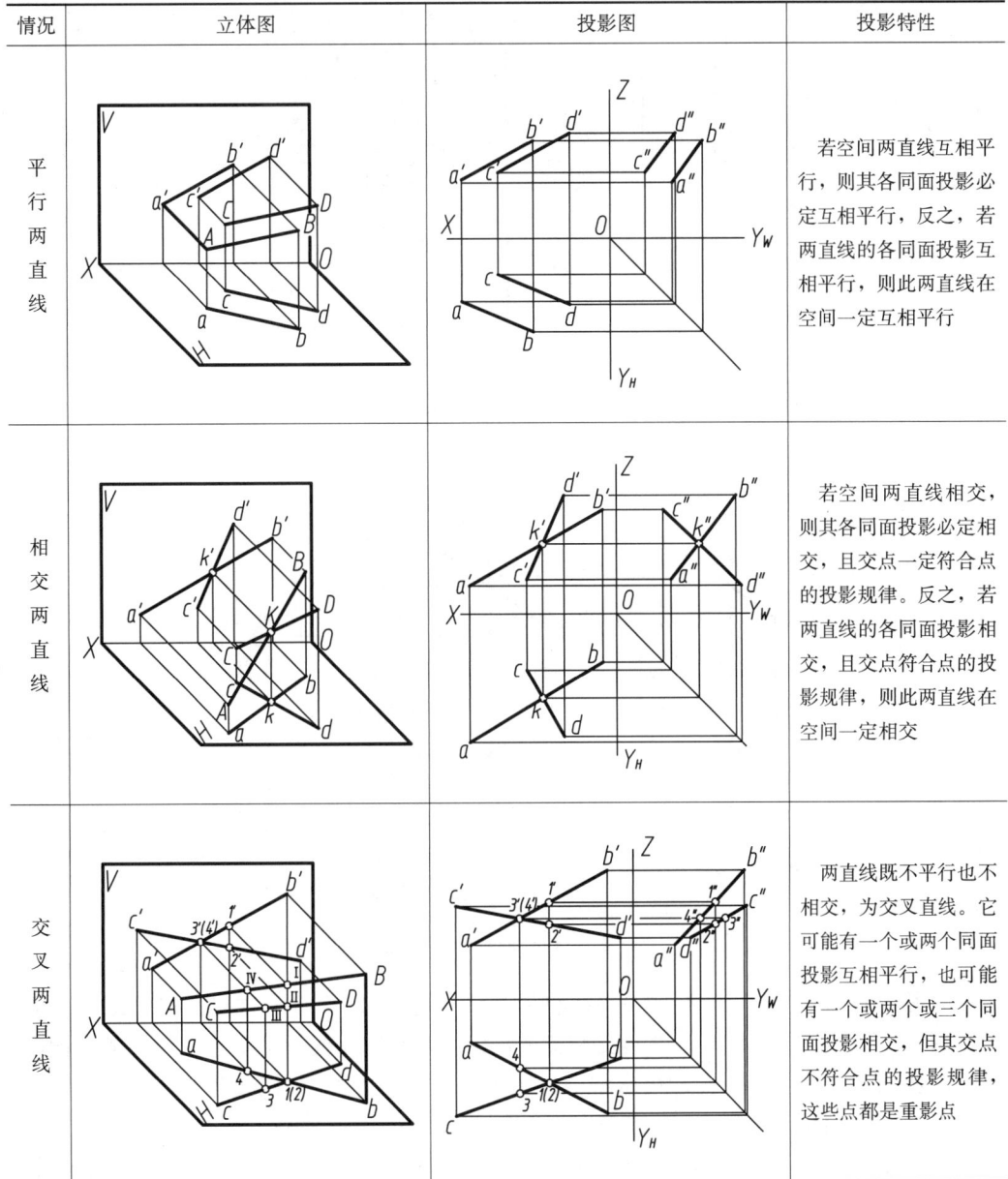

在一般情况下，当两直线都是一般位置直线时，只需判断两直线的任意两对同名投影是否平行或相交即可判断两直线的相对位置，但有下列两种特殊情况：

(1) 当两直线均平行于某一投影面时，则必须观察两直线所平行的那个投影面的投影是否平行。如图 3-14 所示，虽然 $ab/\!/cd$、$a'b'/\!/c'd'$，但因 AB、CD 均为侧平线，故需观察其侧面投影，因 $a''b''$ 不平行 $c''d''$，故 AB 与 CD 不平行，它们是交叉两直线。

(2) 当两直线之一平行于投影面时，则必须观察该直线所平行的那个投影面的投影，才能确定两直线是否相交。如图 3-15 所示，虽然三对投影都相交，但其交点的投影不符合点的投影规律，故此两直线不相交，而是交叉两直线。

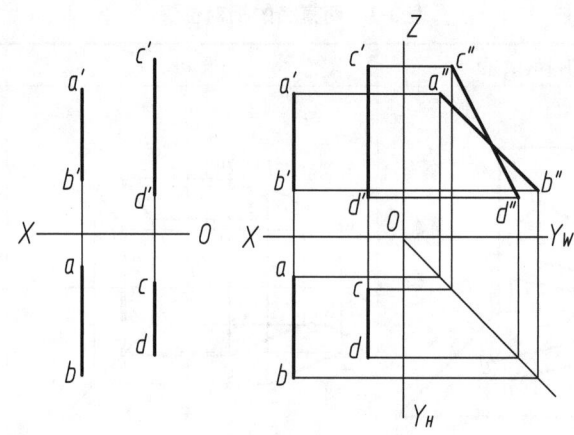

图 3-14 判断两直线是否平行

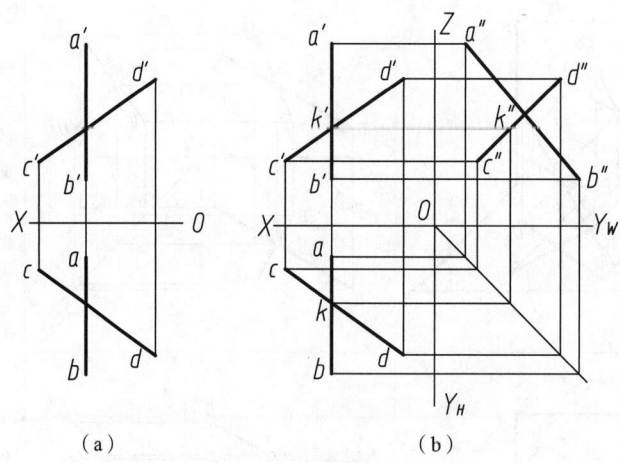

(a) (b)

图 3-15 判断两直线是否相交

[**例 3-3**] 过点 C 作 AB 的平行线 CD，CD 的实长为 20mm，如图 3-16（a）所示。

解：AB 是侧平线，侧面投影反映实长，则 CD 的侧面投影平行于 AB 的侧面投影，且反映实长，根据已知条件即可求解。如图 3-16（b）所示，作图过程如下：

(1) 作 AB 的侧面投影 $a''b''$ 和作点 C 的侧面投影 c''。

(2) 过 c'' 作 $a''b''$ 的平行线，由 c'' 为起点量取 20mm 得 d''。

(3) 完成 CD 的三面投影。

四、直角投影定理

空间两直线成直角（相交或交叉），若两边都与某投影面平行，则在该投影面的投影成直角；若两边都与某投影面倾斜，则在该投影面上的投影不是直角。除了这两种情况外，下面要讨论的情况，是作图中经常遇到的，它是解决一般垂直问题的基础。

空间两直线成直角（相交或交叉），若其中一边平行于某一投影面，则在该投影面上的投影仍是直角。此投影特性也称为直角投影定理。

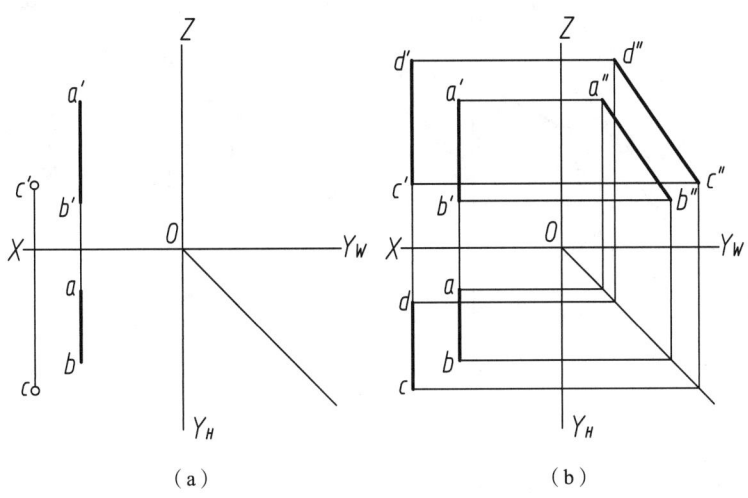

图 3-16 过定点作已知直线的平行线

反之，若相交（包括交叉）两直线在某一投影面上的投影互相垂直，若其中一条为该投影面的平行线，则这两直线在空间是互相垂直的两直线。

如图 3-17 所示，$AB \perp AC$，$AB \perp DE$，其中直线 AB 为水平线，直线 AC 和 DE 均为一般位置直线，由 $AB \perp AC$，$AB \perp DE$ 就必有 $AB \perp ACca$，$AB \perp DEed$，且 $ab \parallel AB$，故 $ab \perp ac$，$ab \perp de$。

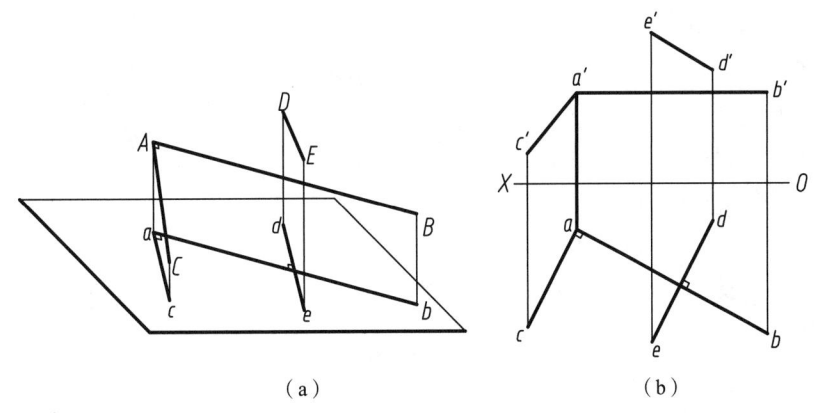

图 3-17 直角投影定理

[例 3-4]　过定点 A 作直线 AB 和 AC 垂直于 EF，如图 3-18（a）所示。

解：EF 是一般位置直线，与之垂直的直线可作无数条，但根据目前所学知识，只能利用直角投影定理求解，因此能解的与之垂直的直线应为投影面平行线。

过点 A 作一正平线 AB，使 $a'b' \perp e'f'$，$ab \parallel OX$ 轴；作一水平线 AC，使 $ac \perp ef$，$a'c' \parallel OX$ 轴，如图 3-18（b）所示。

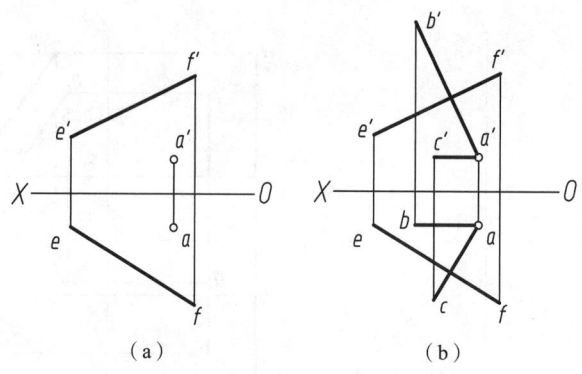

图 3-18 过定点作已知直线的垂线

五、用直角三角形求直线的实长及对投影面的倾角

当直线在三投影面体系中处于一般位置时,它的三面投影均不能反映直线的实长和直线对投影面的真实倾角。用直角三角形法可求直线的实长和对投影面的倾角。

如图 3-19(a)所示,AB 为一般位置直线,过 A 作 $AB_1 \parallel ab$,即得一直角三角形 ABB_1,它的斜边 AB 是实长,一直角边 $AB_1=ab$,另一直角边 BB_1 为两端点 A、B 的 Z 坐标差(Z_B-Z_A),AB 与 AB_1 的夹角为 AB 对 H 面的倾角 α。设法求作出这个直角三角形 ABB_1 的实形,就能确定实长和倾角 α。

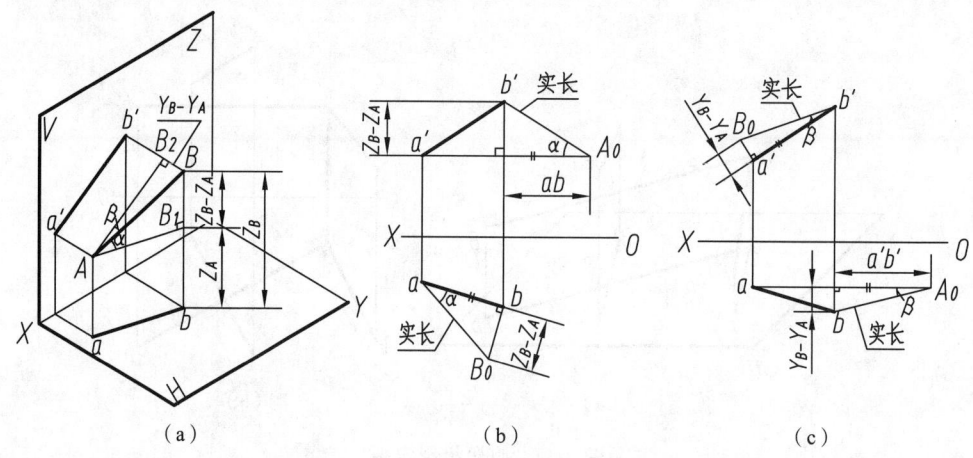

图 3-19 用直角三角形法求一般位置直线实长和倾角

同理,过 A 作 $AB_2 \parallel a'b'$,可得另一直角三角形 ABB_2,它的斜边 AB 是实长,$AB_2=a'b'$,BB_2 为两端点 A、B 的 Y 坐标差(Y_B-Y_A),AB 与 AB_2 的夹角即为 AB 对 V 面的倾角 β。因此,设法作出这个直角三角形 ABB_2 的实形,就能确定 AB 的实长和倾角 β。同理也可求出 AB 对 W 面的倾角 γ。

这种利用一般位置直线的投影求作实长和倾角的方法就称为直角三角形法。

作图过程如图 3-19(b)所示:

(1) 以 ab 为一直角边,过 a 或 b 作 ab 的垂线;

(2) 在此垂线上取 $bB_0=|Z_B-Z_A|$，得 B_0b 即为另一直角边；

(3) 连 aB_0，aB_0 即为所求直线段 AB 的实长，$\angle B_0ab$ 即为 α 角。

同理，如图 3-19（c）所示，以 $a'b'$ 为直角边，以 $|Y_B-Y_A|$ 为另一直角边，也可求出 AB 的实长和倾角 β。

由此可归纳出用直角三角形法求实长和倾角的方法：从直线在某一投影面上，投影长为一直角边，以直线两端点与这个投影面的距离差为另一直角边，形成的直角三角形的斜边是直线的实长，投影长与斜边的夹角就是直线对这个投影面的倾角。

[**例 3-5**] 已知 AB 是等腰直角三角形 ABC 的一个腰，AB、BC 为直角边，BC 属于已知正平线 MN，完成等腰直角三角形的投影，如图 3-20（a）所示。

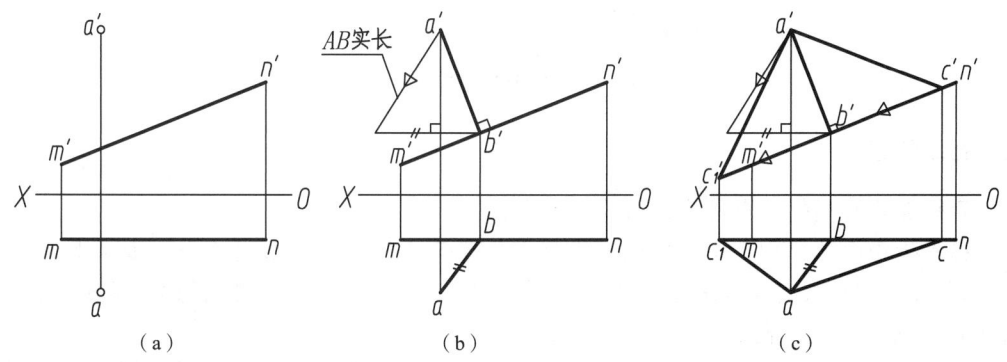

图 3-20 完成等腰直角三角形的投影

解：等腰直角三角形的两个腰是相互垂直的，一直角边在 MN 上，MN 为正平线，因此可利用直角投影定理和直角三角形法可求解。本题有两解，作图过程如下：

(1) 求 AB 的投影。过点 a' 作 $m'n'$ 的垂线交于 b'，作投影线得 b，连 $a'b'$，ab。

(2) 求 AB 实长。以 ab 长及 $a'b'$ 的 Z 坐标差为直角边作直角三角形，得 AB 实长，如图 3-20（b）所示。

(3) 求 BC。在 $m'n'$ 上分别取 $b'c'=b'c'_1=AB$ 实长，求出 C，C_1，连 $a'c'$、$a'c'_1$ 和 ac、ac_1，得 $\triangle ABC$，$\triangle ABC_1$ 的两面投影，即为所求，如图 3-20（c）所示。

六、直线上的点

由正投影的基本特性可知：直线上点的投影，必在直线的同名投影上；直线上点分割直线段之比等于其投影长度之比。

[**例 3-6**] 如图 3-21 所示，试在直线 AB 上取一点 C，使 $AC:CB=3:2$，求分点 C 的投影。

解：分点 C 的投影必在直线 AB 的同名投影上，且 $ac:cb=a'c':c'b'=3:2$，可用比例作图法作图。

作图步骤如下：

(1) 过 a（或 b）任作一直线，在其上量取五个单位长，得 B_0；

(2) 在 aB_0 上取 C_0，使 $aC_0:C_0B_0=3:2$；

(3) 连 B_0b，作 $C_0c/\!/B_0b$，与 ab 交于 c；

(4) 由 c 作 OX 轴的垂线，与 $a'b'$ 交于 c'，则 c、c' 即为所求分点 C 的投影。

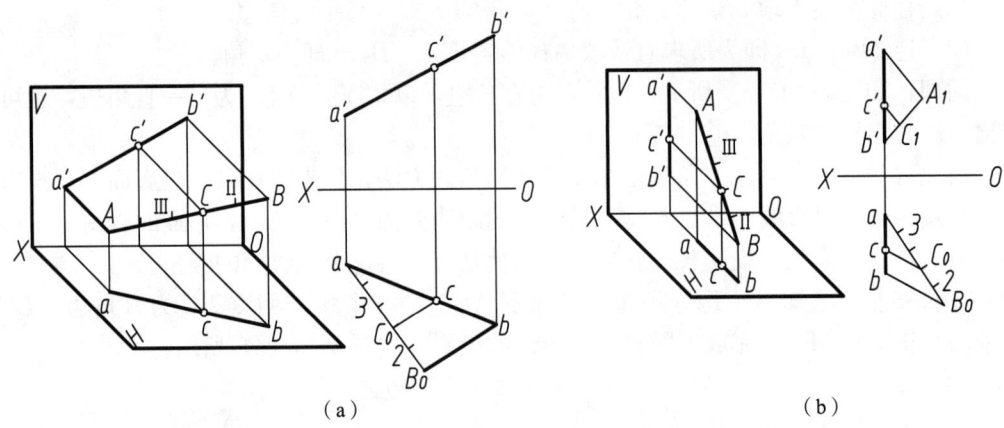

(a) (b)

图 3-21 作 $AC:CB=3:2$

七、直线的迹点

直线与投影面的交点称为该直线的迹点。

在三投影面体系中，一般位置直线有三个迹点，直线与 H 面的交点称为水平迹点，常以 M 表示；直线与 V 面的交点称为正面迹点，常以 N 表示；直线与 W 面的交点称为侧面迹点，常以 S 表示。

迹点是直线上的点，又是投影面上的点。应用这个特性，就可以从投影图上确定直线的各个迹点的投影。现以图 2-22 为例说明直线的迹点的求法。

由于水平迹点 M 是 H 面上的点，则 m' 必在 OX 轴上；同时 M 是直线 AB 上的点，则 m' 必在 $a'b'$ 上，而 m 在 ab 上，m'' 在 $a''b''$ 上，因此，求水平迹点 M 的方法为：

(1) 延长 $a'b'$ 与 OX 轴交于 m'；
(2) 过 m' 作 OX 轴的垂线与 ab 的延长线相交，即得 $m\equiv M$。

同理，可求出正面迹点 N 和侧面迹点 S。

一般位置直线有三个迹点，如图 3-22 (b) 所示。投影面平行线只有两个迹点，如图 3-23 所示。投影面垂直线只有一个迹点，如图 3-24 所示。

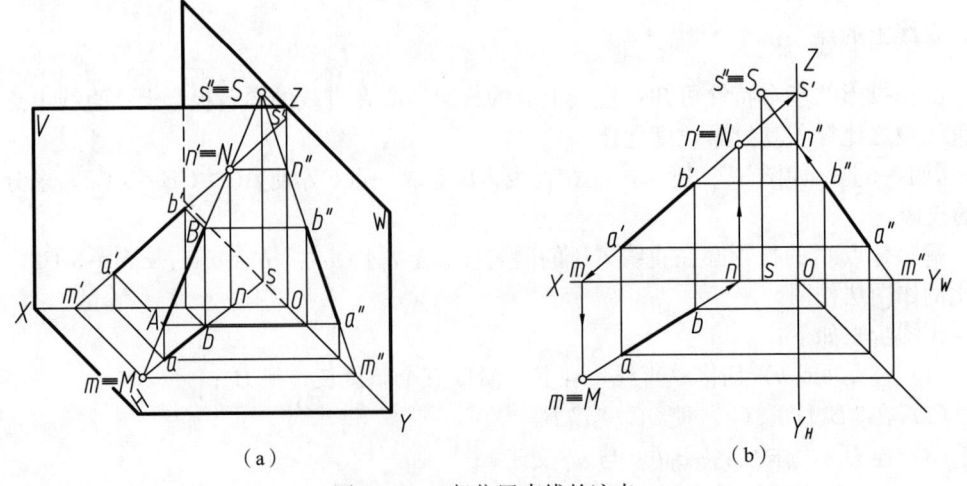

(a) (b)

图 3-22 一般位置直线的迹点

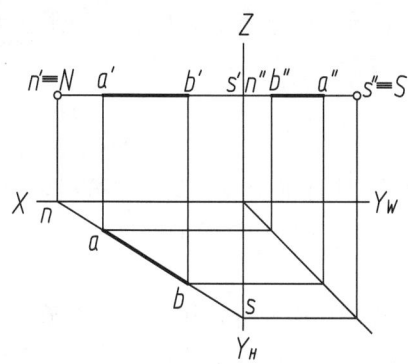
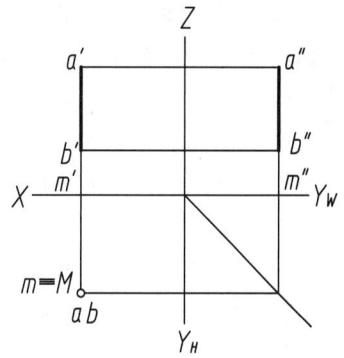

图 3-23 投影面平行线的迹点　　　　图 3-24 投影面垂直线的迹点

3.3　平面的投影

本节在点和直线投影的基础上，介绍各种位置平面的投影特性，在投影图上表示平面，在平面上求点、线的作图方法，根据平面的投影如何想象平面对投影面的相对位置。

一、平面的表示法

在投影图上，可以用几何元素表示平面，也可用平面的迹线表示平面。

1. 用几何元素表示平面

根据不在一条直线上的三点确定一个平面，用几何元素表示平面可有下列五种方法：

(1) 不在直线上的三点，如图 3-25（a）所示；
(2) 一直线和线外的一点，如图 3-25（b）所示；
(3) 两相交直线，如图 3-25（c）所示；
(4) 两平行直线，如图 3-25（d）所示；
(5) 平面图形，如图 3-25（e）所示。

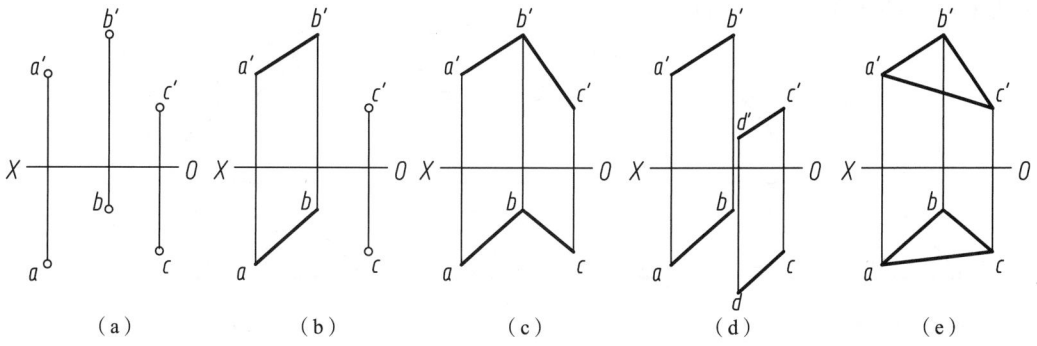

图 3-25　几何元素表示的平面

以上用几何元素表示平面的五种形式彼此之间是可以互相转换的。同一平面无论其表示形式如何演变,平面在空间的位置始终不会改变。

2. 用迹线表示平面

平面与投影面的交线称为平面的迹线。平面与 H 面的交线称为水平迹线,用 P_H 标记,平面与 V 面的交线称为水平迹线,用 P_V 标记,平面与 W 面的交线称为水平迹线,用 P_W 标记,如图 3-26(a)所示。

迹线是投影面上的直线,它在该投影面上的投影位于原处,用粗实线表示,并注出相应的迹线标记;它在另外两个投影面上的投影,分别在相应的投影轴上,不需作任何表示和标注,如图 3-26(b)所示。

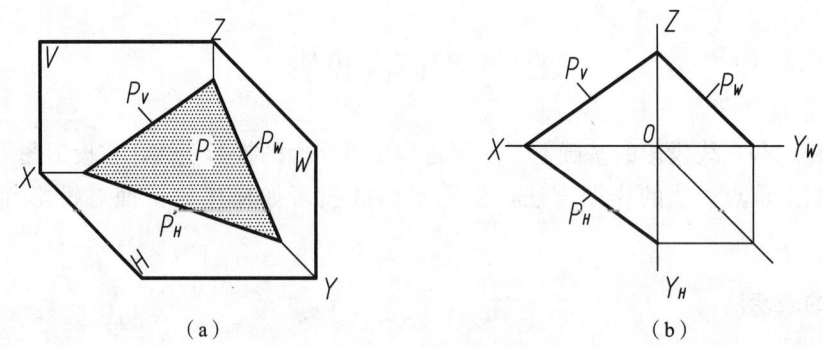

图 3-26 用迹线表示平面

二、平面相对一个投影面的投影特性

平面相对一个投影面的投影特性,有以下三种情况:

(1)当△ABC平面垂直于投影面时,其投影积聚为一条直线,这种投影特性称为积聚性,如图 3-27(a)所示;

(2)当△ABC平面平行于投影面时,其投影反映该三角形实形,这种投影特性称为实形性,如图 3-27(b)所示;

(3)当△ABC平面倾斜于投影面,其投影为该三角形的类似形,这种投影特性称为类似性,如图 3-27(c)所示。

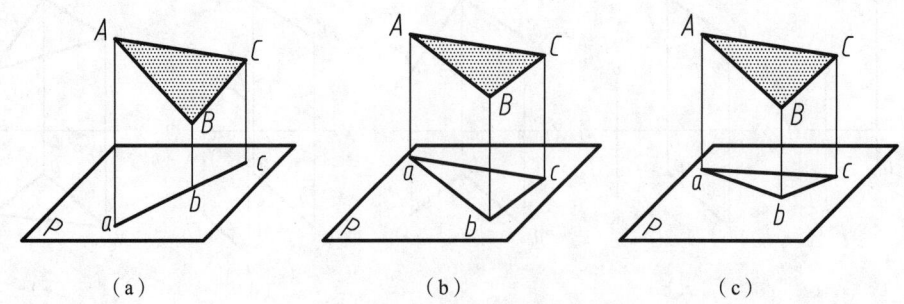

图 3-27 平面相对一个投影面的投影特性

三、三投影面体系中各种位置平面的投影特性

根据平面与三个投影面之间的相对位置不同，可将平面分为三类：一般位置平面、投影面垂直面和投影面平行面。投影面垂直面和投影面平行面又称为特殊位置平面。

1. 一般位置平面

与三个投影面都倾斜的平面叫做一般位置平面，平面与 H、V、W 面的倾角分别为 α、β、γ，如图 3-28 所示。一般位置平面的投影特性如下：

（1）三个投影都是原形状的类似形，而且面积缩小；

（2）投影不反映平面对投影面的倾角；

（3）用迹线表示的平面，其三条迹线都倾斜于投影轴，如图 3-26（b）所示。

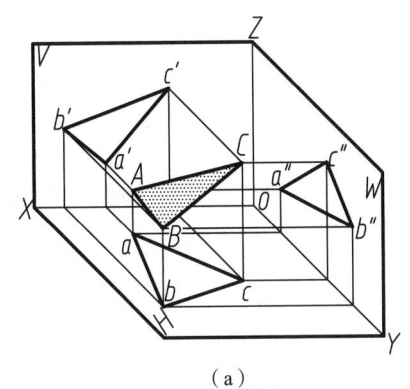
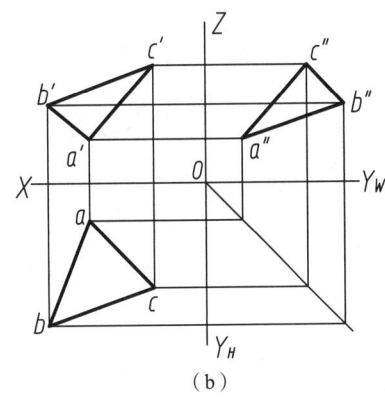

（a）　　　　　　　　　　　（b）

图 3-28　一般位置平面

2. 投影面垂直面

垂直于某一投影面而与其余两投影面都倾斜的平面叫做投影面垂直面。按所垂直的投影面不同又分为三类：铅垂面（只垂直 H 面）、正垂面（只垂直 V 面）和侧垂面（只垂直 W 面），其投影特性见表 3-4。

归纳表 3-4 的内容，投影面垂直面的投影特性如下：

（1）在平面所垂直的投影面上投影积聚为一条直线，其投影与投影轴的夹角分别反映平面对另两个投影面的真实倾角。

（2）在另两个投影面上的投影为原形的类似形，面积缩小。

表 3-4　投影面垂直面的投影特性

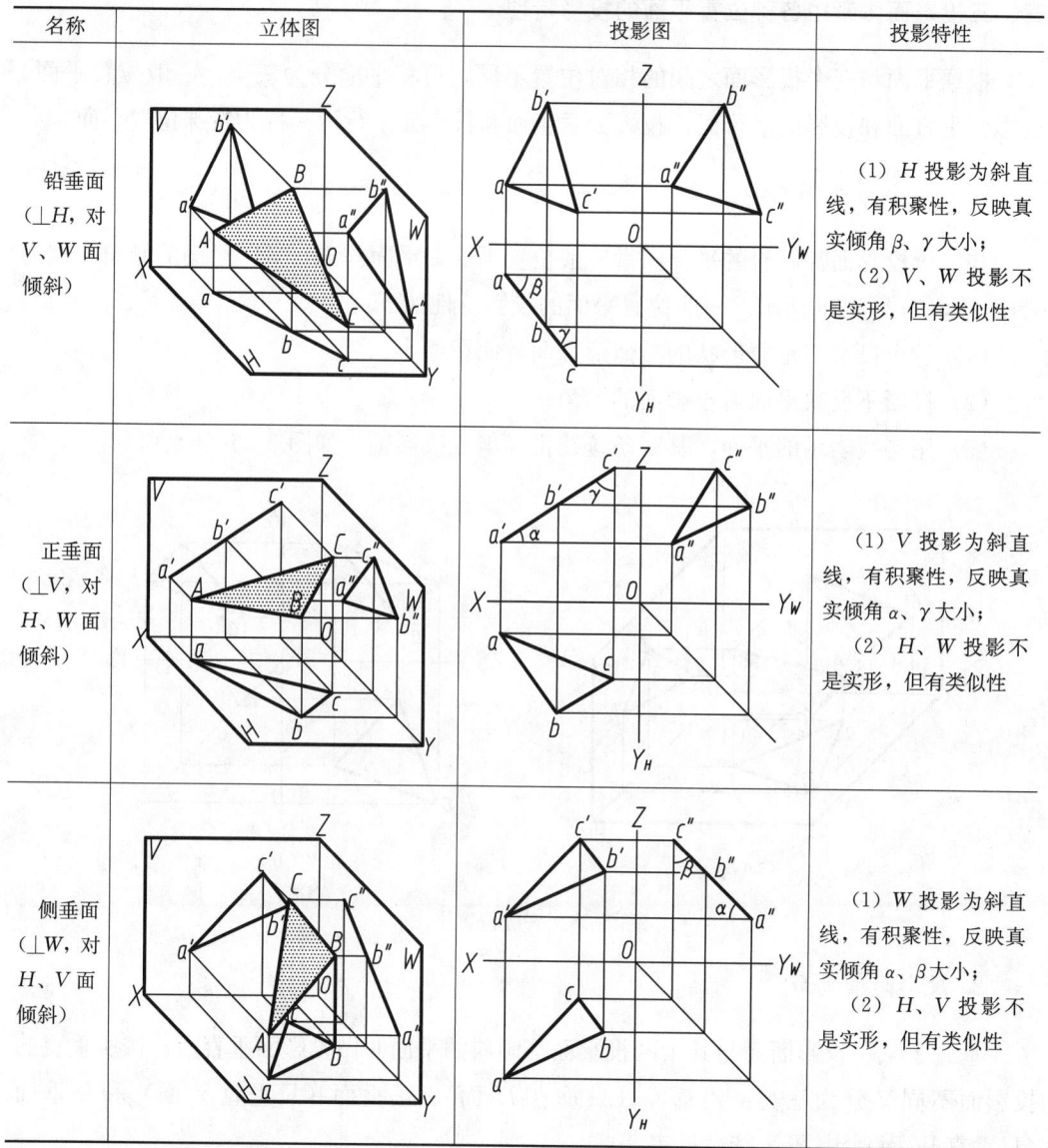

3. 投影面平行面

平行于一个投影面，从而垂直于其余两个投影面的平面叫做投影面平行面。它也分为三类：水平面（//H面）、正平面（//V面）和侧平面（//W面）。其投影特性见表 3-5。

归纳表 3-5 的内容，投影面平行面的投影特性如下：

(1) 在平面所平行的投影面上投影反映实形。

(2) 在另两个投影面上的投影积聚为一直线，平行于相应的投影轴。

若用迹线表示特殊位置平面，其投影特性见表 3-6 和表 3-7。

表 3-5 投影面平行面的投影特性

名称	立体图	投影图	投影特性
水平面 (//H)	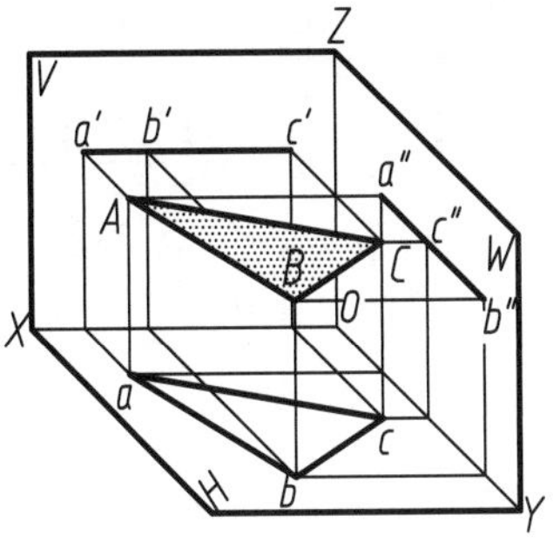	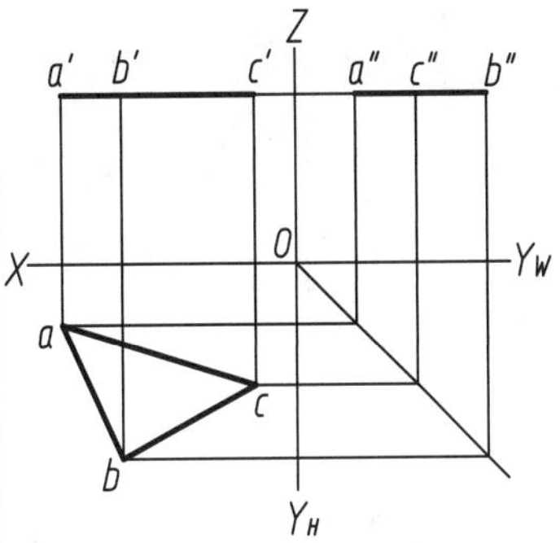	(1) H 投影反映实形； (2) V、W 投影分别为平行于 OX、OY_W 轴的直线段，有积聚性
正平面 (//V)	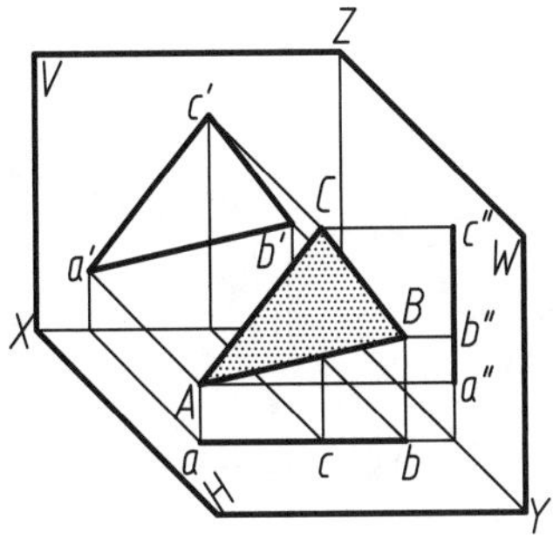	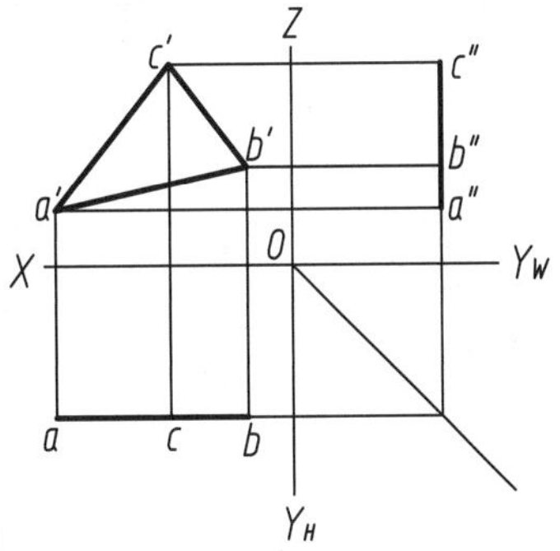	(1) V 投影反映实形； (2) H、W 投影分别为平行于 OX、OZ 轴的直线段，有积聚性
侧平面 (//W)	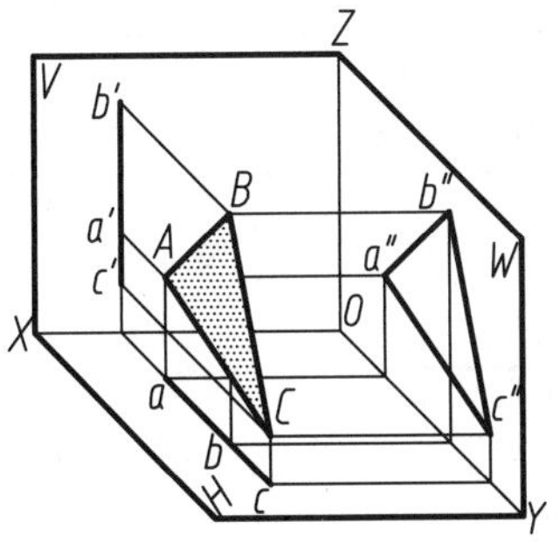	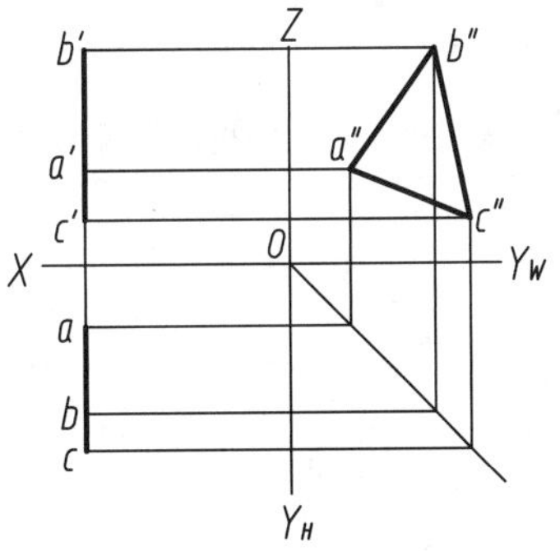	(1) W 投影反映实形； (2) V、H 投影分别为平行于 OZ、OY_H 轴的直线段，有积聚性

归纳表 3-6 的内容，用迹线表示的投影面垂直面的投影特性如下：

(1) 在所垂直的投影面上的迹线倾斜于投影轴，有积聚性，与投影轴的夹角分别反映平面对另两个投影面的真实倾角；

(2) 另两个投影面上的迹线平行于相应的投影轴。

表 3-6　用迹线表示的投影面垂直面的投影特性

名称	立体图	投影图	实用迹线
铅垂面 （$\perp H$，对 V、W 面 倾斜）	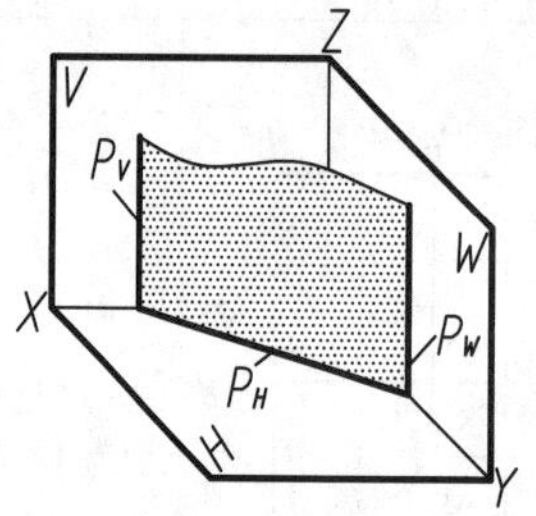	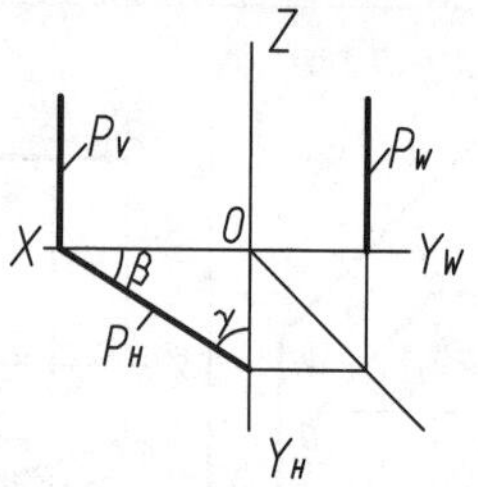	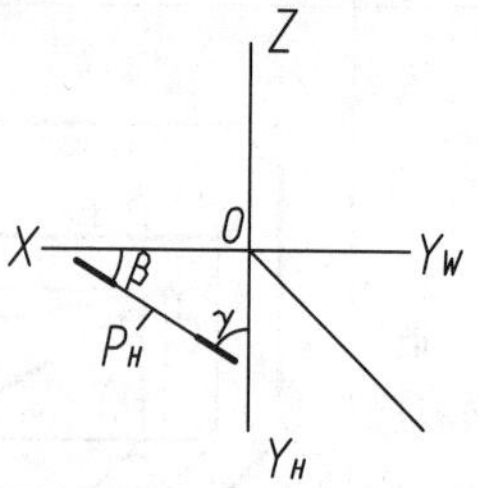
正垂面 （$\perp V$，对 H、W 面 倾斜）	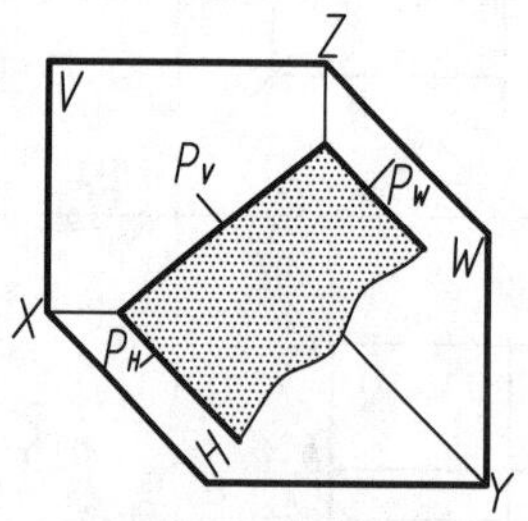	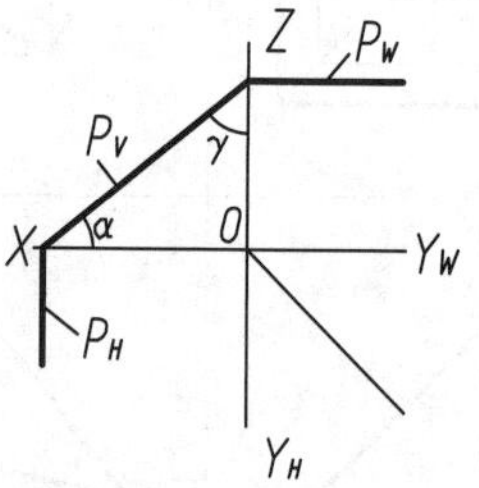	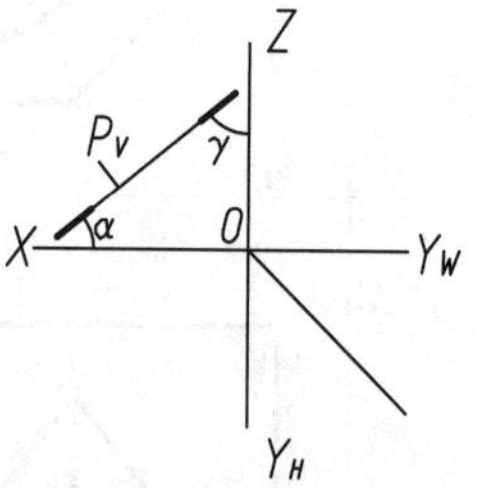
侧垂面 （$\perp W$，对 H、V 面 倾斜）	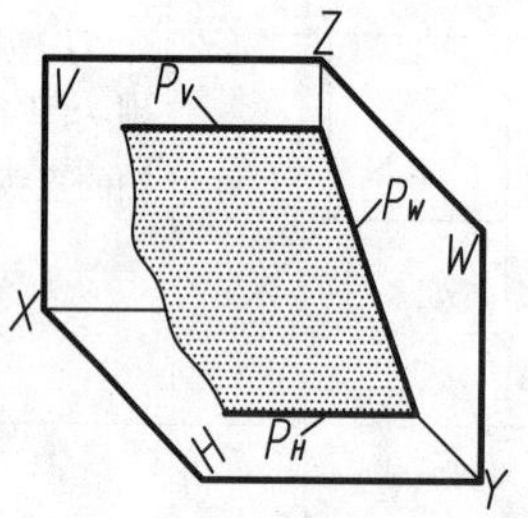	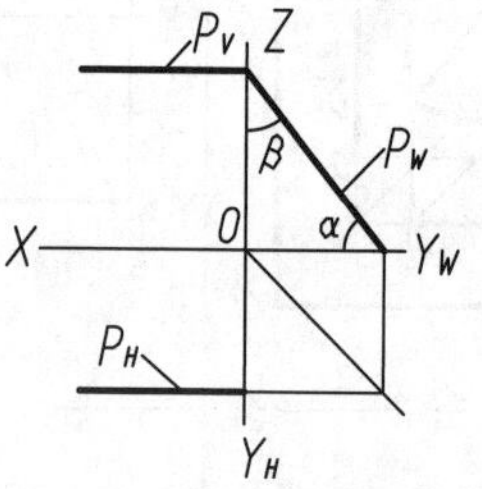	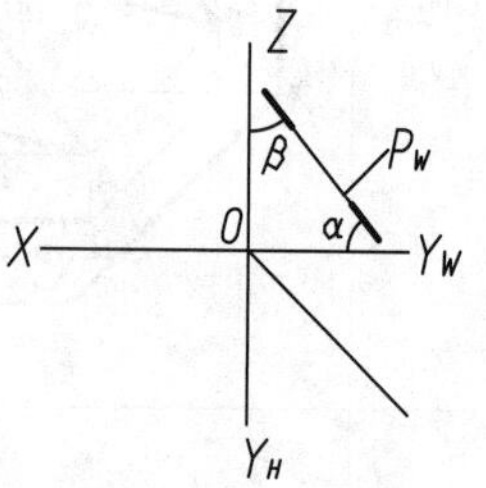

表 3-7　用迹线表示的投影面平行面的投影特性

名称	立体图	投影图	实用迹线
水平面 （$/\!/H$）	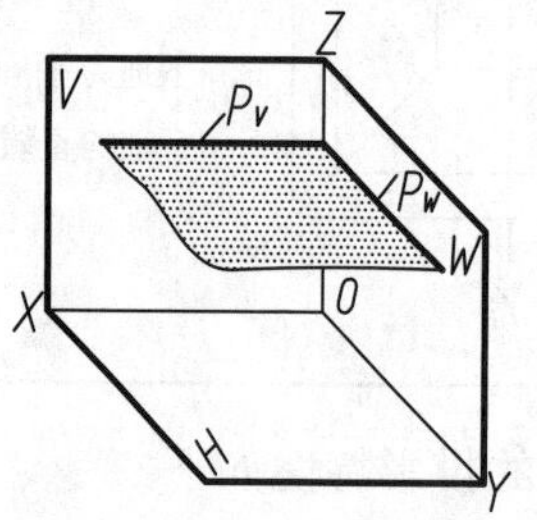	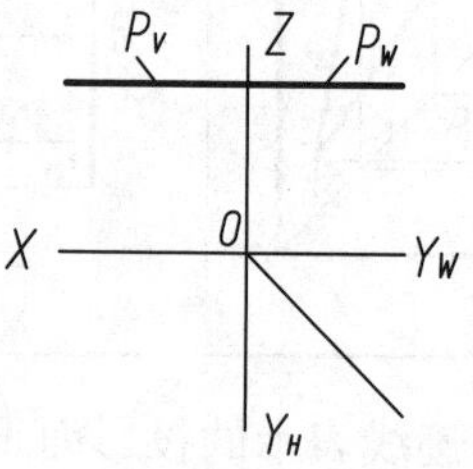	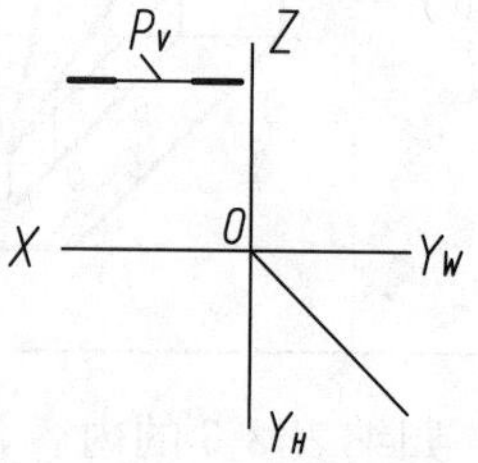
正平面 （$/\!/V$）	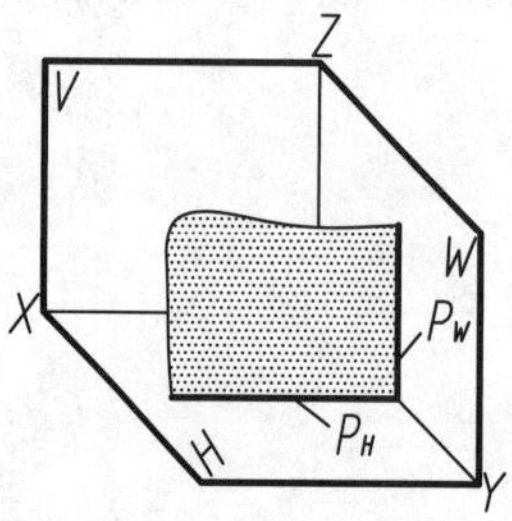	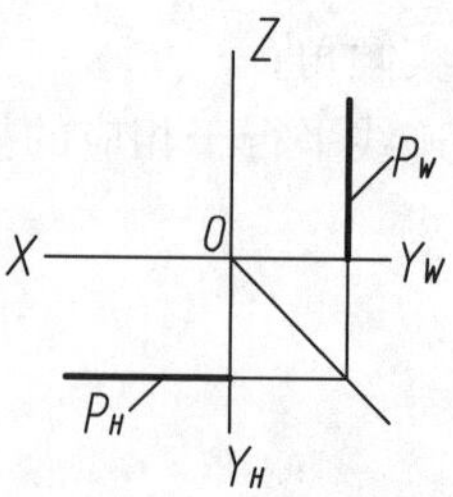	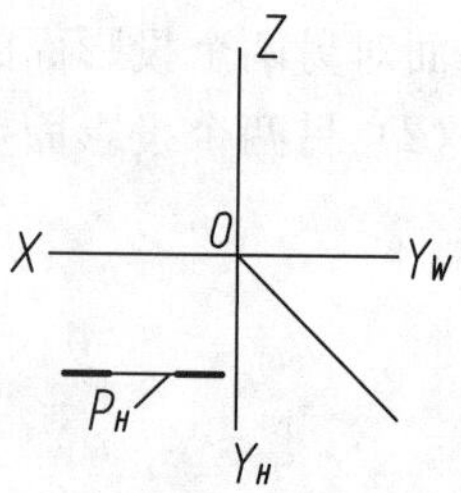

续表

名称	立体图	投影图	实用迹线
侧平面（∥W）	（图示：V、Z、P_V、W、O、X、P_H、H、Y）	（图示：P_V、X、O、Y_W、P_H、Y_H）	（图示：P_V、X、O、Y_W、Y_H）

归纳表 3-7 的内容，用迹线表示的投影面平行面的投影特性如下：

(1) 在所平行的投影面上没有迹线；

(2) 另两个投影面上的迹线平行于相应的投影轴，有积聚性。

在工程实际问题的图解和图示中，特殊位置平面经常被使用，在解题的过程中往往用迹线来表示，而且只需画出投影有积聚性的一条迹线，称之为实用迹线，见表 3-6 和表 3-7。

[**例 3-7**] 将△ABC 表示的平面转换或用迹线表示的平面，如图 3-29（a）所示。

解：平面上任何直线的迹点，必在该平面的同名迹线上。直线 AB 和 BC 的正面迹点 N 和 N_1 在平面的正面迹线 P_V 上；直线 AB 和 BC 的水平迹点 M 和 M_1 在平面的水平迹线 P_W 上。因此，求平面的迹线的问题可以归结为求平面上任意两直线的迹点问题，如图 3-29（b）所示。

作图过程如图 3-29（c）所示。

(1) 用求直线迹点的方法，求出两直线 AB、CD 的正面迹点 N（n'，n）、N_1（n_1'，n_1），连 $n'n_1'$ 即得平面的正面迹线 P_V；

(2) 同理，求出两直线 AB、CD 的水平迹点 M（m'，m）、M_1（m_1'，m_1），连 mm_1 即得平面的水平迹线 P_H。

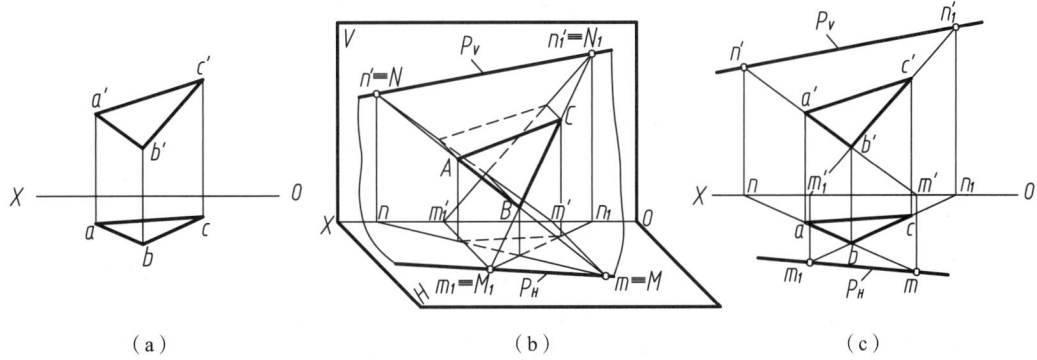

图 3-29 将用几何元素表示的平面转换成用迹线表示的平面

四、属于平面内的点和直线

1. 属于一般位置平面的点和线

1) 取属于平面的直线

直线属于定平面的几何条件是：直线通过平面内的两点，如图 3-30（a）所示；或者通过平面内的一个点，且平行于平面内的某条直线，如图 3-30（b）所示。

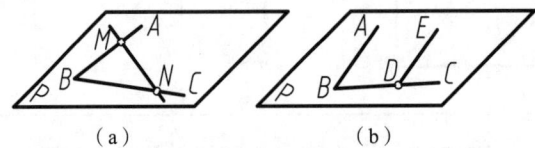

图 3-30　直线属于平面的条件

[例 3-8]　已知平面由相交二直线 AB、AC 组成，如图 3-31（a）所示。在平面内任意作一条直线。

解： 可用以下两种作图方法。

（1）在平面内任找两个点连线，如图 3-31（b）所示。

在直线 AB 上任取一点 M（m，m'），在直线 AC 上任取一点 N（n，n'），用直线连 M、N 的同名投影，直线 MN 即为所求。

（2）过平面内一点作平面内已知直线的平行线，如图 3-31（c）所示。

过点 C 作直线 CM∥AB（cm∥ab，c'm'∥a'b'），直线 CM 即为所求。

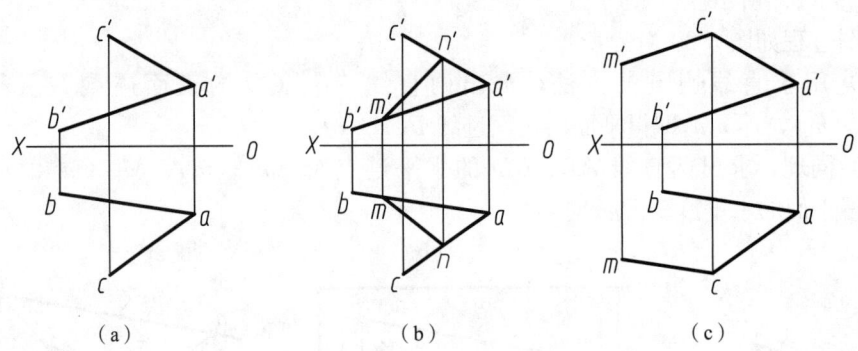

图 3-31　取属于平面内的直线

2) 取属于平面的点

点属于平面的几何条件是：点位于该平面内的某一条直线上，如图 3-32 所示。

[例 3-9]　已知平面内 K 的正面投影，如图 3-33（a）所示，求点的水平投影。

解： 过点 K 任意作一条平面内的辅助直线，点 K 的投影必须在该直线的同名投影上，如图 3-33（b）所示，连 b'k' 与 a'c' 交于 d'，求出直线 AC 上点 D 的水平投影 d，按投影关系在 bd 上求得点 K 的水平投影 k。

[例 3-10]　完成平面图形 ABCDE 的正面投影，如图 3-34（a）所示。

解： 平面图形中 A、B、C 三点的水平投影和正面投影为已知，平面的空间位置已

· 64 ·

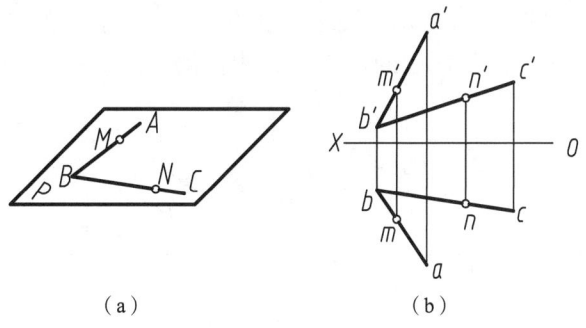

图 3-32 点属于平面的条件

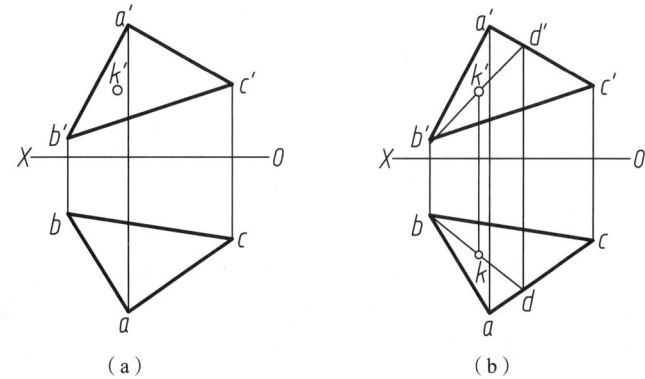

图 3-33 取属于平面的点

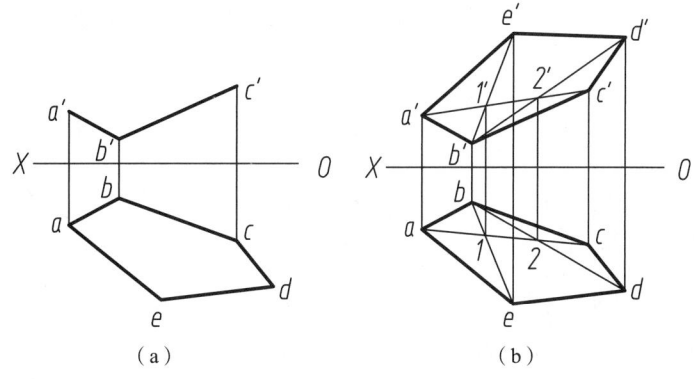

图 3-34 完成平面图形的投影

经确定，E、D 两点应在 △ABC 平面上，故可利用平面内取点的方法作图，连 $a'c'$ 和 ac，连接 be 交 ac 于 1 点，求出 $1'$，再连 $b'1'$，并延长与过 e 点的投影连线交于 e'。同理求出平面图形上点 D 的投影 d'，依次连接 $c'd'$、$d'e'$、$e'a'$ 得平面图形 ABCDE 的正面投影，如图 3-34 (b) 所示。

2. 属于特殊位置平面的点和线

1）取属于特殊位置平面的点和线

属于特殊位置平面的点和线，它们至少有一个投影必重合于平面有积聚性的投影或具有积聚性的迹线，如图 3-35 所示。图中点和直线有一个投影重合于平面有积聚性的投影或具有积聚性的迹线，故图中的点和直线属于给定平面。

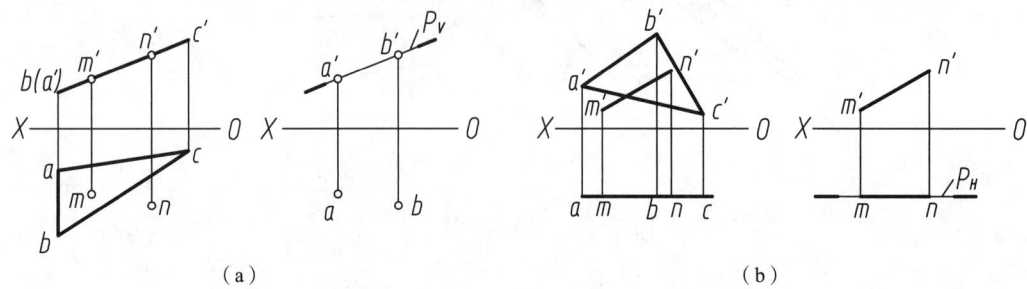

图 3-35 属于特殊位置平面的点和线

2) 过一般位置直线作投影面垂直面

过一般位置直线作投影面垂直面，总是可能的。如图 3-36（a）所示，欲过一般位置直线 AB 作铅垂面。证明如下：

过点 A 作铅垂线 AC，则 AC 垂直于 H 面，因此，包含 AC 的所有平面均垂直于 H 面，那么由相交两直线 AB 和 AC 确定的 P 平面必垂直于 H 面，即平面 P 是铅垂面。

用几何元素 AB 和 AC 表示该铅垂面，如图 3-36（b）所示；若用迹线表示该平面，则水平迹线 P_H 必与直线的水平投影 ab 重合。因此，过 ab 引作 P_H 便是，如图 3-36（c）所示。

同理，过一般位置直线 AB 总可作正垂面和侧垂面。

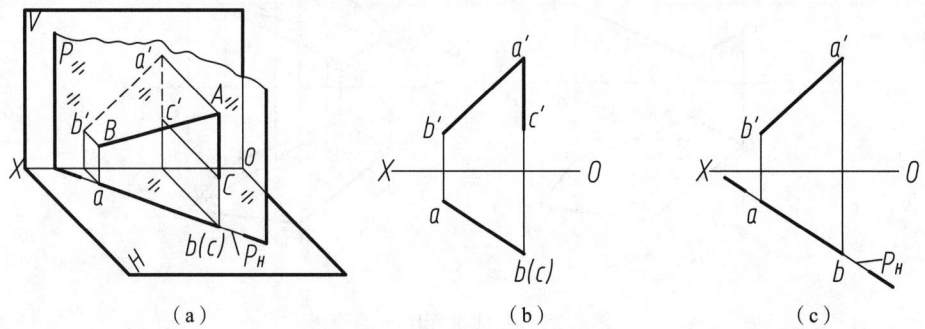

图 3-36 过一般位置直线作铅垂面

3. 属于平面的投影面平行线

属于平面的投影面平行线具有表 3-1 所述投影面平行线的投影特性，又具备属于平面的直线的投影特性。

属于一般位置平面或投影面垂直面的投影面平行线其方向是一定的。如图 3-37 所示，属于 P 平面的水平线平行于水平迹线 P_H，属于 P 平面的正平线平行于正面迹线 P_V。

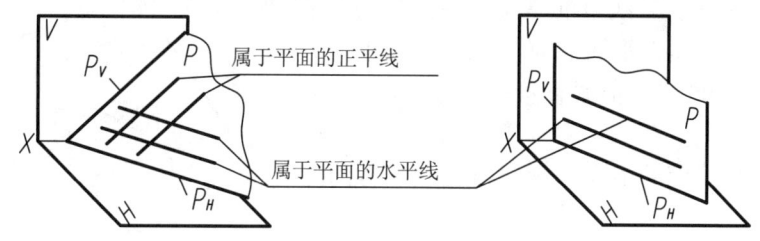

图 3-37 属于平面的投影面平行线

[例 3-11] 已知△ABC 平面，作属于该平面的水平线，该线距 H 面为 10mm；作属于该平面的正平线，该线距 V 面为 15mm，如图 3-38（a）所示。

解： 根据水平线的正面投影平行于 OX 轴，作一条与 OX 轴平行且相距为 10mm 的直线交△ABC 正面投影于点 $1'$ 和点 $2'$，定出水平投影点 1 和点 2，连 $1'2'$、12，ⅠⅡ（$1'2'$，12）即为所求水平线。同理，作一条与 OX 轴平行且相距为 15mm 的直线交△ABC 水平投影于点 3 和点 4，定出正面投影点 $3'$ 和点 $4'$，连 34、$3'4'$，ⅢⅣ（34，$3'4'$）即为所求正平线，如图 3-38（b）所示。

我们还可再作属于该平面的另一水平线，以验证属于平面的水平线是相互平行的。

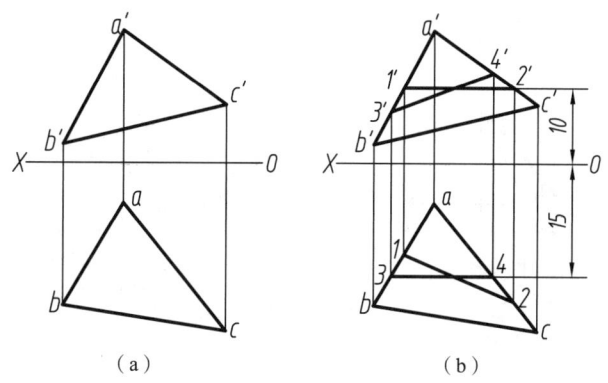

图 3-38 作属于平面的水平线和正平线

4. 属于平面的最大斜度线

由于属于一般位置平面的投影面平行线平行于该平面的相应迹线，利用投影面平行线的方向可作出平面的最大斜度线，从而求出平面与投影面的倾斜角度。

1）最大斜度线定义

平面上相对投影面倾角最大的直线称为最大斜度线，它是属于平面且垂直于该平面的投影面平行线的直线。

平面内对投影面的最大斜度线有三种：平面内对 H 面的最大斜度线、平面内对 V 面的最大斜度线和平面内对 W 面的最大斜度线。

2）最大斜度线投影特性

平面内对 H 面的最大斜度线，其水平投影垂直于平面内水平线的水平投影；

平面内对 V 面的最大斜度线，其正平投影垂直于平面内正平线的正面投影；

平面内对 W 面的最大斜度线，其侧面投影垂直于平面内侧平线的侧面投影。

如图 3-39 所示，直线 AN 是属于平面 P 的水平线，垂直于 AN 且属于平面 P 的直线 AB 是平面 P 对 H 面的最大斜度线，根据直角投影定理，AB 的水平投影 ab 必垂直于 AN 的水平投影 an。显然，一平面对某个投影面的最大斜度线有互相平行的无数多条。

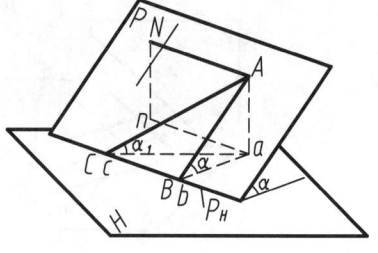

图 3-39 属于平面的最大斜度线

3）最大斜度线对投影面的角度最大

如图 3-39 所示，最大斜度线 AB 对 H 面的角度为 α。过点 A 作属于平面 P 的任意直线 AC，它对 H 面的角度为 α_1，$\triangle AaB$ 与 $\triangle AaC$ 为等高直角三角形，AB、AC 分别为斜边，斜边最短，对投影面的角度就最大，故 $\alpha > \alpha_1$，即最大斜度线对投影面的角度最大。

4）平面内最大斜度线对投影面的角度代表了该平面对投影面的倾角

最大斜度线的几何意义是可以用它来求平面对投影面的倾角。如图 3-39 所示，因为 $\triangle AaB$ 垂直 H 面，也垂直 P 面，H 面与 P 面构成了两面角，α 角就是 H 面对 P 面的倾角。

[例 3-12] 求 $\triangle ABC$ 平面与 H 面的倾角 α，$\triangle DEF$ 平面与 V 面的倾角 β，如图 3-40 所示。

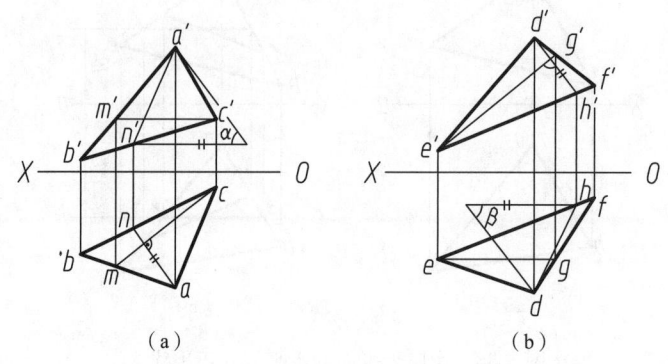

图 3-40 求平面对投影面的倾角

解：欲求平面对投影面的倾角，先任作一属于该平面的对投影面的最大斜度线，再用直角三角形法求出最大斜度线对投影面的倾角即是。作图过程如下：

（1）在平面内作水平线 CM（$c'm'$，cm），在平面内取最大斜度线 AN（an，$a'n'$）垂直于 CM，需满足 $an \perp cm$。用直角三角形法求 AN 对 H 面的倾角 α 即为所求，如图 3-40（a）所示。

（2）在平面内作正平线 EG（$e'g'$，eg），在平面内取最大斜度线 DH（dh，$d'h'$）垂直于 FG，需满足 $d'h' \perp e'g'$。用直角三角形法求 DH 对 V 面的倾角 β 即为所求，如图 3-40（b）所示。

5）最大斜度线给定，平面则唯一确定

如图 3-41（a）所示，若已知 AB 为某平面对 V 面的最大斜度线，要求作该平面。属于该平面的正平线定与 AB 垂直，因此过直线 AB 任一点 C 作一正平线 $DE \perp AB$，则相交二直线 AB 与 DE 所确定的平面即为所求，如图 3-41（b）所示。

若过 AB 上另外一点 F 作正平线 $MN \perp AB$，则 $MN // DE$，因而 MN 和 AB 组成的平面与 AB 和 CD 组成的平面是同一平面。这说明最大斜度线给定，平面则唯一确定。

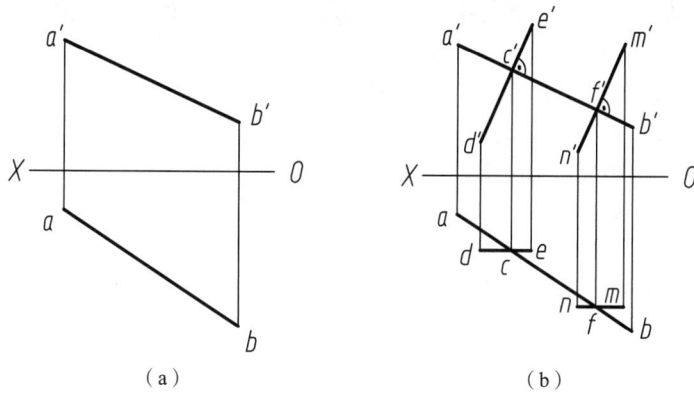

图 3-41 作最大斜度线所确定的平面

[**例 3-13**] 试过水平线 AB 作一与 H 面成 30°倾角的平面，如图 3-42（a）所示。

解：因平面内对 H 面的最大斜度线与 H 面的夹角反映该平面与 H 面的倾角，只要作出任意一条线与水平线 AB 垂直相交，且与 H 面成 30°的最大斜度线，问题可得解。

为此，在 AB 上任取一点 $C(c, c')$。过 c 作与 AB 垂直的线段 cd，过 d 作 30°的直线与 ab 交于 Ⅰ，Ⅰc 即为 CD 的 z 坐标差，由此得 d'，连 $c'd'$。线段 CD 与水平线 AB 组成的平面即为所求。

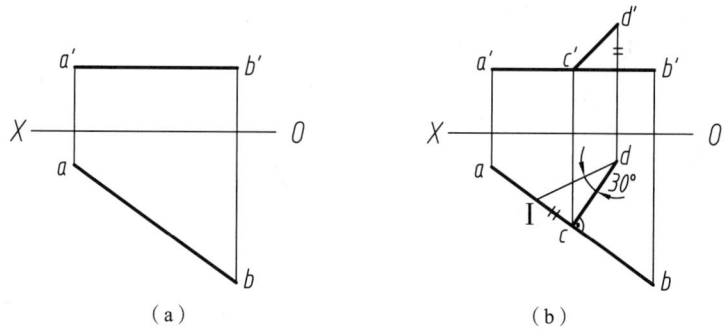

图 3-42 作与 H 面成 30°的倾角的平面

第四章 几何元素间的相对位置

在第三章中我们学习了物体几何要素点、线、平面的投影规律和作图方法。在此基础上，本章着重讨论几何元素之间的平行、相交、垂直等相关问题。熟练掌握这些内容，有助于进一步掌握画法几何中的图示法和图解法，同时，对培养空间想象能力和空间分析能力，也有重要的作用。

当直线、平面都处于一般位置时，几何元素之间的平行、相交、垂直问题，称为一般情况；当直线、平面垂直于投影面时，在它所垂直的投影面上的投影有积聚性，能较明显和简捷地图示和图解有关平行、相交、垂直等问题，这种情况称为特殊情况。

4.1 几何元素间的平行问题

一、一般情况下平行问题

1. 直线与平面平行

若直线平行某平面内一直线，则直线与该平面平行。这是作直线平行于平面或判断直线是否平行于平面的依据。

在图 4-1 中，因为直线 MN 平行于相交两直线 AB 和 BC 确定的 P 平面上的直线 EF，所以 EF∥平面 P。

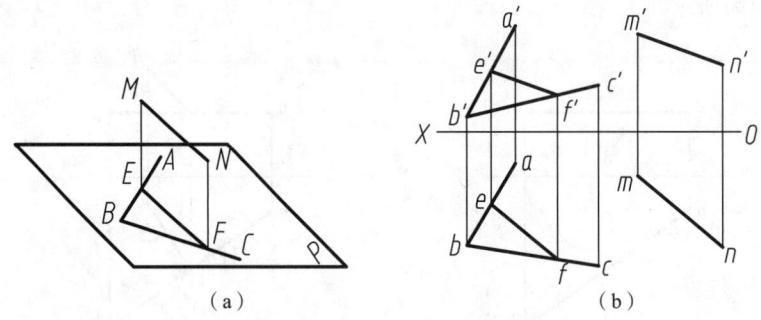

图 4-1 直线与一般位置平面平行

[例 4-1] 判断直线 MN 是否与 $\triangle ABC$ 平面平行，如图 4-2 所示。

解：如果能在平面内取一条直线与 MN 平行，则直线 MN 与 $\triangle ABC$ 平面平行；若不能，则直线 MN 与 $\triangle ABC$ 平面不平行。

为此，在 $\triangle ABC$ 平面的正面投影上作直线 $a'd'$ ∥ $m'n'$，作水平投影 ad，这时，ad 不平行于 mn，则直线 MN 与 $\triangle ABC$ 平面不平行。

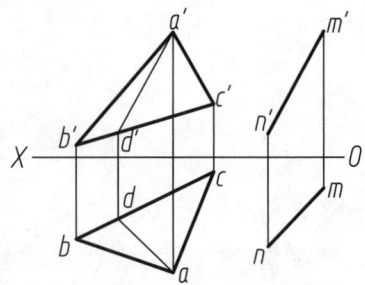

图 4-2 判断直线与平面是否平行

2. 平面与平面平行

若一平面上的两相交直线对应平行于另一平面上的两相交直线，则这两平面相互平行。

在图 4-3 中，因为 P 平面上两相交直线 AB 和 BC 对应平行 Q 平面上两相交直线 DE 和 EF，所以这两个平面相互平行。

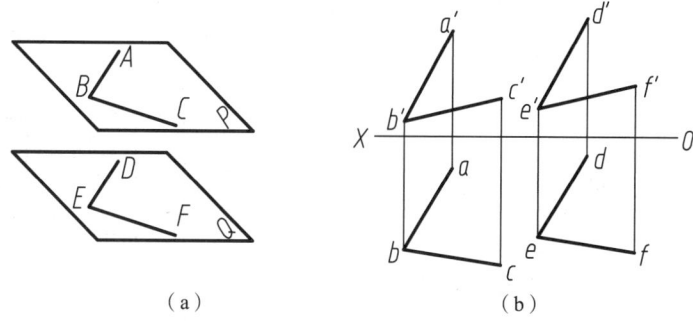

图 4-3 平面与平面相互平行

[**例 4-2**] 过点 M 作平面平行于平行两直线 AB 和 CD 所确定的平面，如图 4-4（a）所示。

解：连接点 A 与点 C，然后过点 M 引直线 MN 和 MF 与直线 AC 和 CD 相互平行，则 MN 和 MF 两相交直线所确定的平面即为所求，如图 4-4（b）所示。

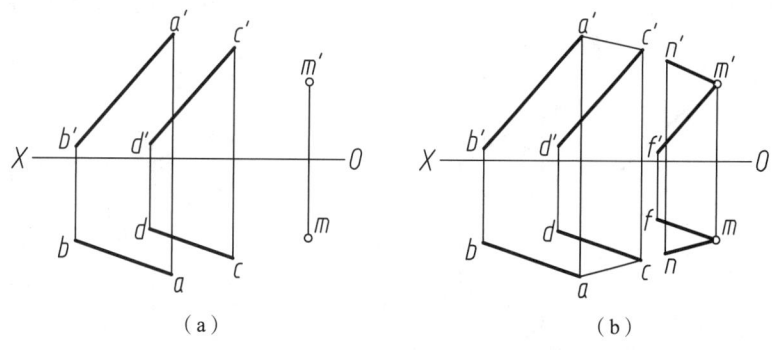

图 4-4 过定点作平面与已知平面平行

[**例 4-3**] 判断两已知平面△ABC 和 △DEF 是否平行，如图 4-5 所示。

解：可先在第一平面内取两条相交直线，再看是否能在第二平面内取与之对应的两相交直线。为此，在△ABC 内取水平线 CM 和正平线 BN，在△DEF 内取水平线 DK 和正平线 EG，由于 CM∥DK，BN∥EG，则两平面平行。

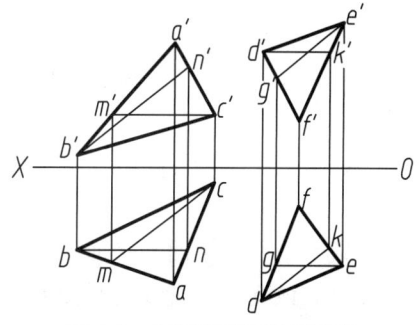

图 4-5 判断两平面是否平行

二、特殊情况下平行问题

1. 直线与平面平行

当直线与垂直投影面的平面平行时，则直线的投影平行于平面具有积聚性的同面投影，或者直线、平面在同一投影面上投影都有积聚性。如图 4-6 所示，$AB /\!/ CDEF$ 平面，$ab /\!/ cdef$，以及 $MN /\!/ CDEF$ 平面，mn、$cdef$ 都有积聚性。

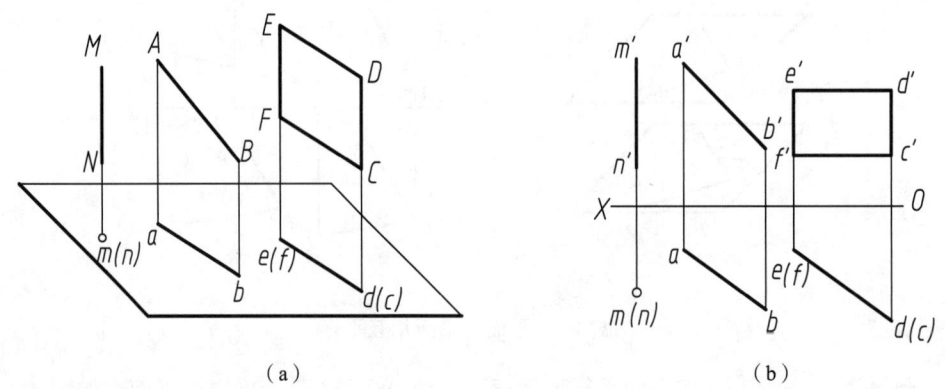

图 4-6　直线与投影面垂直面平行

2. 平面与平面平行

若两特殊位置平面相互平行，则它们有积聚性的那组同面投影必然相互平行。如图 4-7 所示，平面 $ABCD /\!/$ 平面 $EFGH$，$abcd /\!/ efgh$。

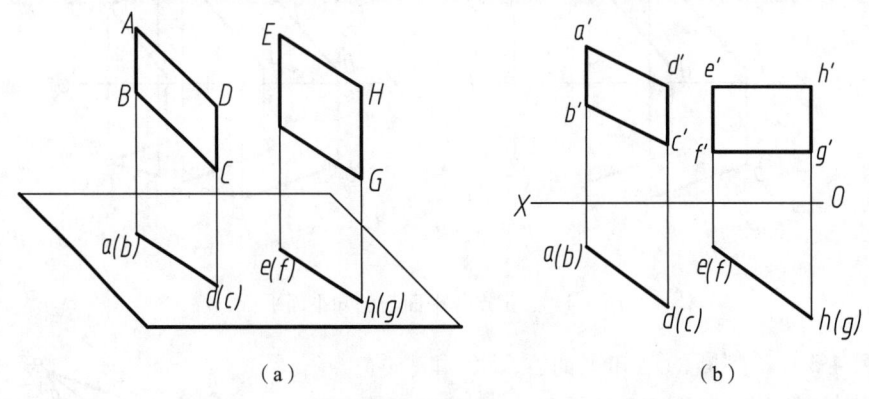

图 4-7　投影有积聚性的平面相互平行

4.2　几何元素间的相交问题

若直线与平面、平面与平面不平行，则一定相交，直线与平面交于一点称为直线与平面的交点，该交点是直线与平面的共有点；平面与平面交于一线称为直线与平面的交线，该交线是两平面的共有线。

一、特殊情况下相交问题

1. 一般位置直线与投影面垂直面相交

由于投影面垂直面在所垂直的投影面上的投影有积聚性,又因为交点是直线与平面的共有点,因此,交点在平面所垂直的投影面上的投影可直接得出。

如图 4-8 所示,已知一般位置直线 AB 与铅垂面 EFGH 的两面投影,求作交点 K 的投影,并判别可见性。

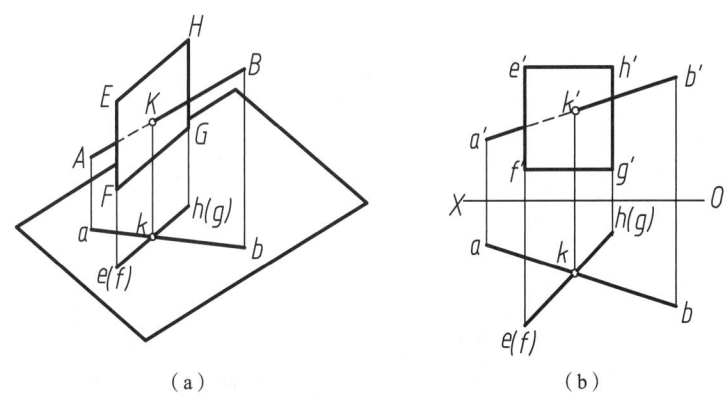

(a)   (b)

图 4-8 求一般位置直线与铅垂面的交点

因铅垂面的水平投影 $e(f)g(h)$ 有积聚性,故交点 K 的水平投影 k 在 $e(f)g(h)$ 积聚性的直线上,又因交点 K 也在直线 AB 上,$e(f)g(h)$ 和 ab 的交点 k 就是交点 K 的水平投影,又 k' 必然在 $a'b'$ 之上,故可求出 K 的正面投影 k'。

从图 4-8(a) 所示的直观图中可以想象出:k' 将是 $a'b'$ 的可见段与不可见段的分界点。

假设平面是不透明的,由于交点 K 把直线分成两部分,则直线总有一部分被平面遮住看不见,所以还要检查它的可见性问题。对照直线 AB 和平面 EFGH 的两面投影可知:直线 AB 在交点 K 右方的线段位于平面 EFGH 之前,因此 $k'b'$ 是可见的,应画成粗实线;而直线 AB 在交点 K 左方的线段位于平面 EFGH 之后,于是 $a'k'$ 在 $e'f'g'h'$ 内的部分是不可见的,应画成虚线。

由此可见:直线与特殊位置平面相交,平面有积聚性的投影与直线的同面投影的交点,就是交点的一个投影,从而可以作出交点的其他投影;并可在投影图中直接判断直线投影的可见性。

2. 投影面垂直线与一般位置平面相交

如图 4-9(a) 所示,求正垂线 AB 与一般位置平面△CDE 的交点 K,并标明 ab 在△cde 内的可见性。

由于直线 AB 是正垂线,其正面投影具有积聚性,交点 K 是直线 AB 上的一个点,所以 K 点的正面投影 k' 和 $a'(b')$ 重影,又因交点 K 也在三角形平面上,故可利用平面上取点的方法,作出交点 K 的投影水平 k。作图方法如下。

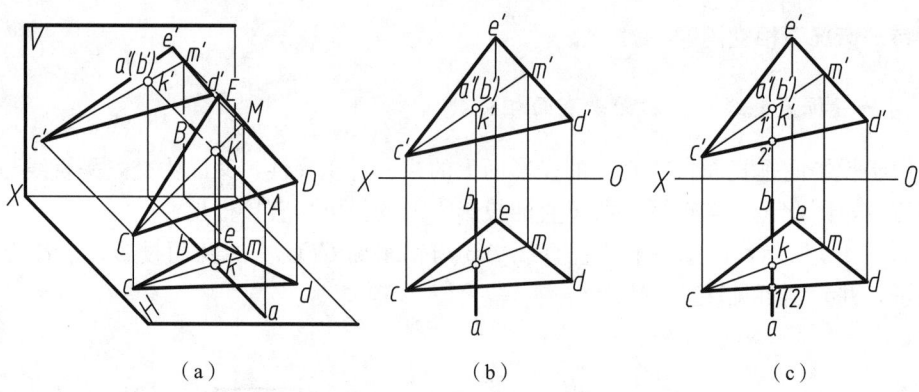

图 4-9 求正垂线与一般位置平面的交点

连接 $c'k'$ 并延长至与 $d'e'$ 相交于 m'；求出直线 CM 的水平投影 cm，cm 与 ab 的交点 k 即为交点 K 的水平投影，如图 4-9（b）所示。

可见性判别：如图 4-9（c）所示，直线 AB 和 $\triangle CDF$ 的三条边都交叉，取交叉直线 AB 和 CD 水平投影中的重影点（AB 上的点 I 和直线 CD 上的点的 II），从正面投影中可以看出 $1'$ 在 $2'$ 的上面，所以在水平投影中 I 点可见而 II 点不可见。因此，直线 AB 上的 $K\mathrm{I}$ 线段位于平面上方是可见的，其水平投影画成粗实线，相反交点 K 的另一侧位于平面下方是不可见的，其水平投影画成虚线。正面投影 AB 积聚为一点，不需判别可见性。

由此可知，投影面垂直线与平面的交点的一个投影，就积聚在该直线投影积聚成一点的同面投影上，其他的投影可按平面上取点的方法作出，并利用交叉线重影点来判别直线投影的可见性。

3. 投影面垂直面与一般位置平面相交

由于投影面垂直面在所垂直的投影面上的投影有积聚性，又因为交线是两平面的共有线，因此，交线在平面所垂直的投影面上的投影可直接得出。

如图 4-10（a）所示，求正垂面 $DEFG$ 与一般位置平面 $\triangle ABC$ 的交线 MN，并判别可见性。

由于正垂面 $DEFG$ 的正面投影有积聚性，故交线的正面投影必定在其上，同时交线又在 $\triangle ABC$ 上，据此可求出交线的水平投影。作图步骤如图 4-10（b）所示。

先根据 $DEFG$ 在正面投影中的积聚性，求出 AB 与正垂面 $DEFG$ 的交点 M 的两面投影 m' 和 m；同理求出 AC 与正垂面 $DEFG$ 的交点 N 的两面投影 n' 和 n；连接 m 与 n；而 $m'n'$ 就积聚在 $d'e'f'g'$ 上。mn、$m'n'$ 即为所求交线 MN 的两面投影。

可见性判别：交线 MN 是水平投影重影部分可见与不可见的分界线，水平投影的可见性可利用 V 面的投影判断。以 $m'n'$ 为界，因 $c'b'm'n'$ 部分在积聚性投影 $d'e'f'g'$ 的上方，故在水平投影中 $\triangle ABC$ 的 $bcmn$ 为可见，应画成实线，随之可确定 $\triangle ABC$ 的另一部分在 $defg$ 轮廓范围内为不可见，应画成虚线，在 $bcmn$ 范围内的 $defg$ 的轮廓线为不可见。

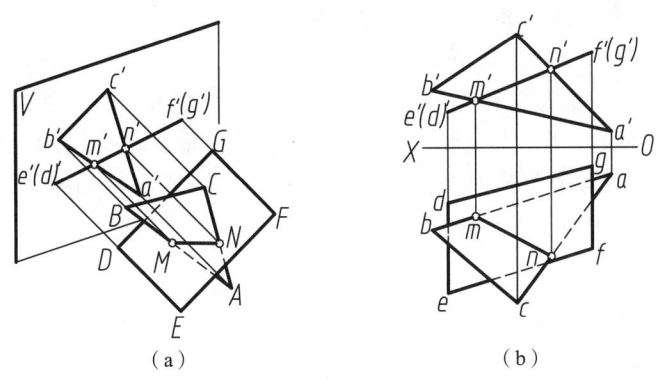

图 4-10 求正垂面与一般位置平面的交线

由此可知,一般位置平面与垂直于投影面的平面相交,可以作出前者的任意两直线与后者的交点,然后连接成交线,并可在投影图中直接判断投影图的可见性。对于同一平面,交线异侧可见性相反;对于不同平面,交线同侧可见性相反。

4. 两投影面垂直面相交

1) 两同名投影面垂直面相交

如图 4-11 (a) 所示,求两铅垂面△ABC 和△DEF 交线的 MN,并判别可见性。

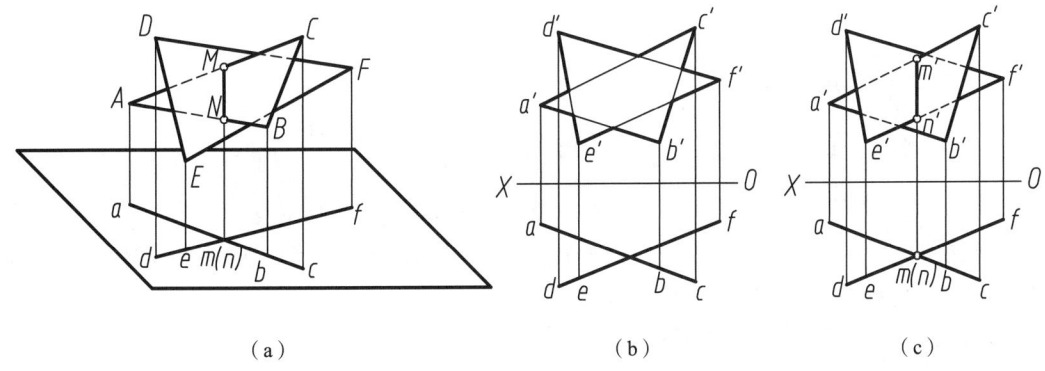

图 4-11 求两铅垂面的交线

因为△ABC 和△DEF 都是铅垂面,所以交线为铅垂线,且交线的水平投影积聚为一点,是 abc 和 def 的交点,作图步骤如图 4-11 (c) 所示。

在 abc 和 def 的交点处,定出积聚成一点的 mn;由 mn 引投影连线,在两个三角形的正面投影相重合范围内作出 m'n',就得到交线 MN 的两面投影。

可见性判别:从直观图中可以看出,mn 是可见与不可见的分界线,看水平投影,在交线 MN 的左侧,△DEF 在△ABC 的前方,故△d'e'f' 在 m'n'左侧可见,而△a'b'c' 在 m'n'左侧的△d'e'f' 范围内不可见,而右侧则相反。于是就可判定两三角形重合处正面投影的可见性。

由此可见,两个垂直于同一个投影面的平面的交线,一定是这个投影面的垂直线,两平面的有积聚性的投影的交点,就是交线有积聚性的投影,从而作出交线的其他投影；并可在投影图中直接判断投影重合处的可见性。

2）两不同名投影面垂直面相交

如图 4-12（a）所示，求铅垂面△ABC 和正垂面△DEF 的交线 MN。因为△ABC 是铅垂面，交线的水平投影为已知，又因△DEF 是正垂面，交线的正面投影也是已知的，最后取两平面在有限范围内相交的那段交线 MN 为所求，如图 4-12（c）所示。由于两平面的投影无重影部分，因此，无可见性判断。

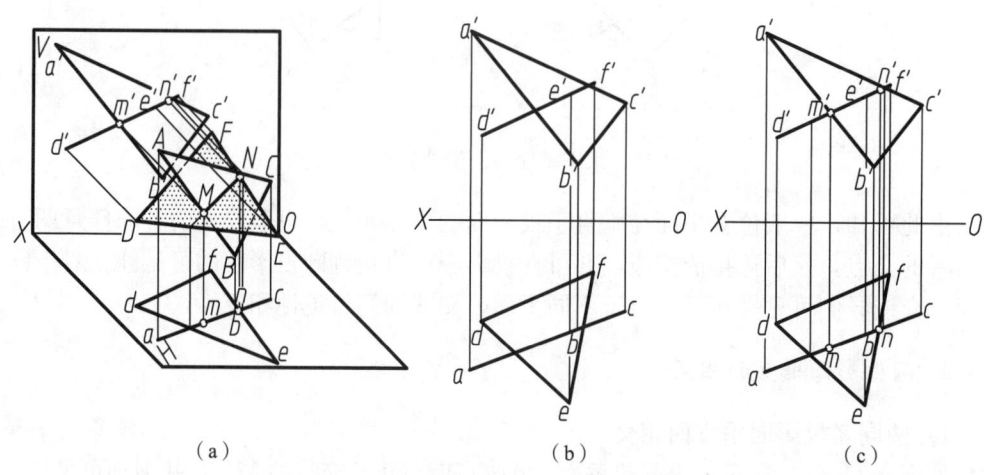

图 4-12　求正垂面与铅垂面的交线

二、一般情况下相交问题

1. 一般位置直线与一般位置平面相交

一般位置直线和一般位置平面的投影都没有积聚性，不能在投影图上直接定出交点来，只能应用作辅助平面的方法，把一般情况下的相交问题转化成特殊情况下相交问题，交点就能方便地求出。

辅助平面法的作图原理如图 4-13 所示。包含直线 MN 作一辅助平面 P，则辅助平面 P 与△ABC 平面必有一交线 DE，它是两个平面的共有线，必然与 P 平面内的 MN 交于一点 K，则点 K 就是直线 MN 与△ABC 平面的交点。由此，用辅助平面法求一般位置直线与一般位置平面的交点的一般步骤为：

（1）包含已知直线作一辅助平面（作投影面垂直面）；

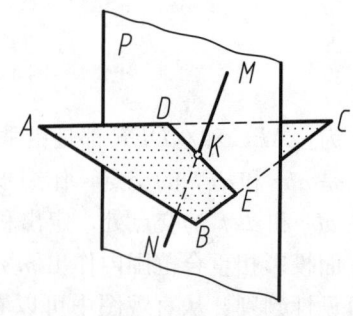

图 4-13　用辅助平面法求直线与平面的交点

（2）求出辅助平面与已知平面的交线；

（3）求出此交线与已知直线的交点，即为直线与平面的交点。

我们可以将这种方法总结为："线面交点法"。

[例 4-4]　求直线 MN 与△ABC 平面的交点 K，如图 4-14（a）、（b）所示。

解：如图 4-14（c）所示，作图过程如下：

（1）包含直线 MN 作铅垂面 P 作为辅助平面。因为铅垂面的水平投影有积聚性，所以 P_H 与 mn 重合。

（2）求 P 平面与 $\triangle ABC$ 平面的交线 DE。交线 DE 的水平投影 de 与 P_H 重合，是 ac 和 bc 与 P_H 的交点的连线，由此可求出交线的正面投影 $d'e'$。

（3）求交线 DE 与直线 MN 的交点。根据 $d'e'$ 与 $m'n'$ 的交点 k'，在 de 上求出 k，则 K（k，k'）即为所求。

（4）判别直线 MN 与 $\triangle ABC$ 平面投影重合部分的可见性。由于直线与平面都处于一般位置，不好用直观的方法来判别，可以利用"重影点"来判别。例如，判别水平投影的重影性，取交叉直线 MN 和 AC 水平投影中的重影点（MN 上的点Ⅰ和直线 AC 上的点的Ⅱ），从正面投影中可以看出 $1'$ 在 $2'$ 的上面，所以在水平投影中Ⅰ点可见而Ⅱ点不可见。因此，以交点 K 为界，MN 的左侧位于平面的上方是可见的，其水平投影画成粗实线，MN 的右侧位于平面的下方是不可见的，其水平投影画成虚线。用同样的方法，可判别正面投影的可见性。

也可以包含直线 MN 作正垂面 Q 作为辅助平面，其作图过程如图 4-14（d）所示。

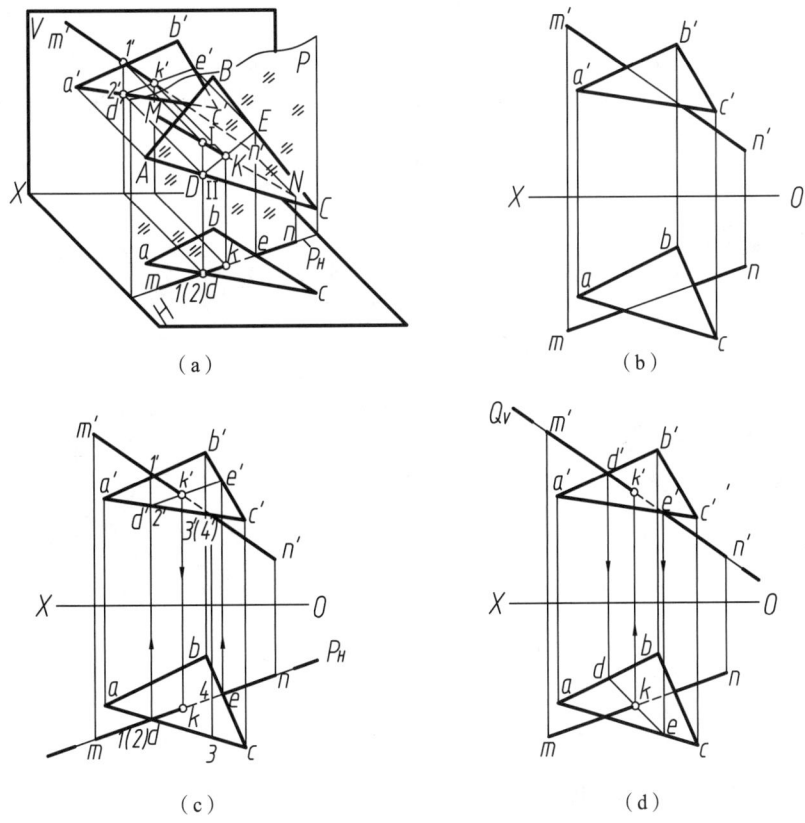

图 4-14 求一般位置直线与一般位置平面的交点

2. 两个一般位置平面相交

1) 用线面交点法求两平面的交线（用求直线与平面的交点的方法）

当两平面在实形范围内相交时，可采用线面交点法求两平面的交线。但需要在一平面上任取两条直线，分别用线面交点法求出这两条直线与另一平面的两个交点，连接此两交点即为两平面的交线。

如图 4-15 所示，两平面 △ABC 与 △DEF 相交。可分别求出边 DE 和 DF 与 △ABC 的两个交点 $M(m, m')$ 和 $N(n, n')$，MN 便是两三角形平面的交线。

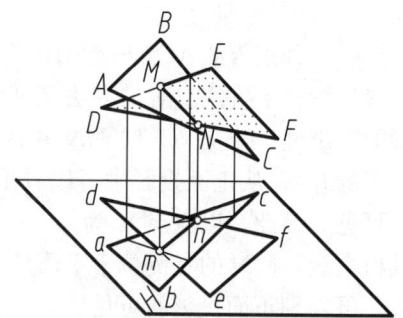

图 4-15 两一般位置平面的相交

[**例 4-5**] 求两平面 △ABC 与 △DEF 的交线，并表明可见性，如图 4-16（a）所示。

解：如图 4-16（b）所示，作图过程如下：

(1) 包含直线 DE 作正垂面 Q，求出直线 DE 与 △ABC 平面的交点 $M(m, m')$，再包含直线 DF 作正垂面 P，求出直线 DF 与 △ABC 平面的交点 $N(n, n')$。

(2) 连接 $MN(mn, m'n')$，即为两三角形平面的交线。

(3) 判别两平面投影重合部分的可见性。同样可以利用前面所讲的"重影点"来判别，如图 4-16（c）所示。

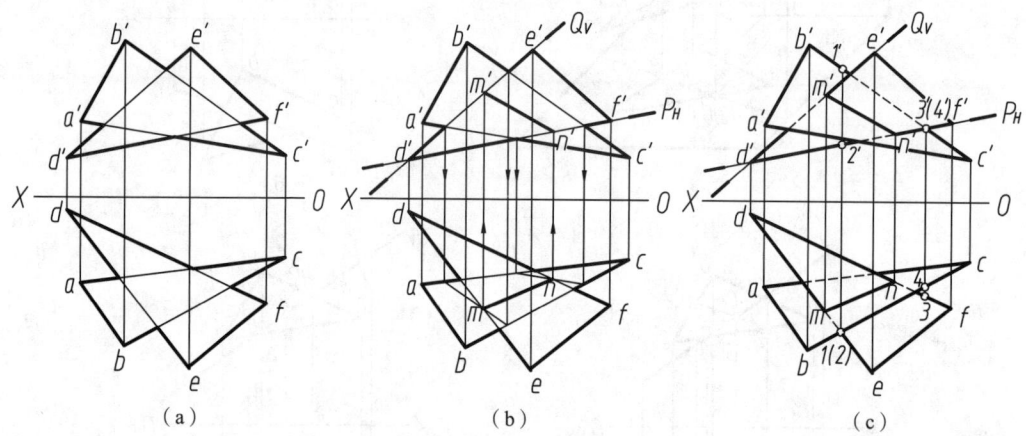

图 4-16 求两个一般位置平面的交线

2) 用三面共点法求两平面的交线

当两平面在实形范围内不相交时，可采用三面共点法求两平面的交线。三面共点法的作图原理如图 4-17 所示。图中给出两个平面，一个是由三角形确定的 R 平面，一个是两平行直线确定的 S 平面。为求两平面的共有点，在适当位置上作辅助平面 P 与两平面相交，它与 R 平面交于ⅠⅡ，与 S 平面交于ⅢⅣ，ⅠⅡ与ⅢⅣ必交于一点 M。点 M 为三面共有点，它属于 P 平面，也属于 R、S 平面。同理，再作一个辅助平面 Q，又可求得一个三面共有点 N，连 MN 即为 R、S 两平面的交线。

[例 4-6]　求 $\triangle ABC$ 平面与四边形平面 $DEFG$ 的交线，如图 4-18（a）所示。

解：如图 4-18（b）所示，作图过程如下：

（1）在适当位置作辅助水平面 P，求出它与三角形 ABC 平面的交线 ⅠⅡ（$1'2'$，12），与四边形平面 $DEFG$ 的交线 ⅢⅣ（$3'4'$，34），延长 12 和 34 交于 m，由此求出 m'。

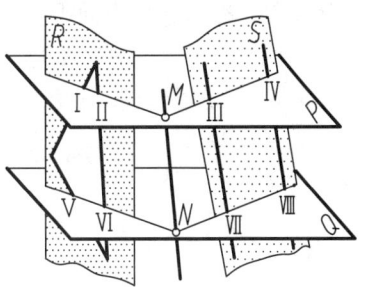

图 4-17　三面共点法示意图

（2）再在适当位置作辅助水平面 Q，求出它与三角形 ABC 平面的交线 ⅤⅥ（$5'6'$，56），与四边形 $DEFG$ 平面的交线 ⅦⅧ（$7'8'$，78），延长 56 和 78 交于 n，由此求出 n'。

（3）连接 mn，$m'n'$，即为两平面交线的投影。

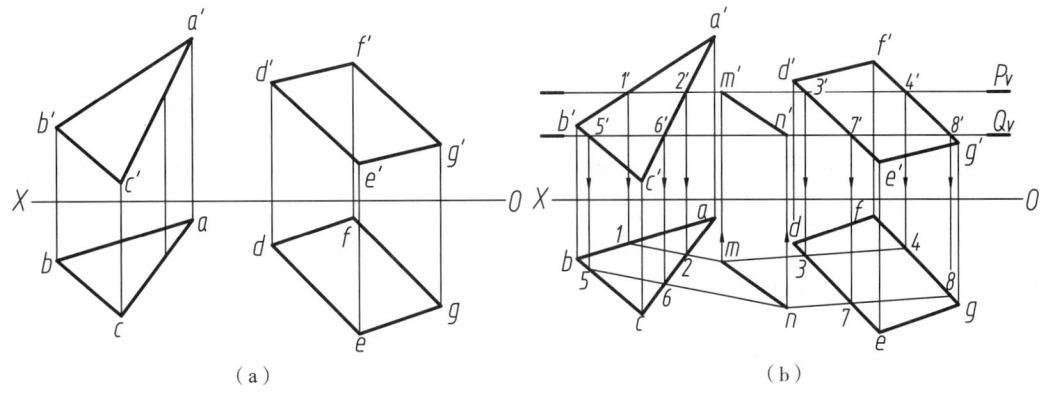

图 4-18　用三面共点法求两平面的交线

4.3　几何元素间的垂直问题

一、特殊情况下垂直问题

1. 一般位置直线与特殊位置直线垂直

这种情况在第三章第二节已讲到，可应用直角投影定理。

[例 4-7]　根据投影图判断下列四组图形中，分别表示的空间两直线是否垂直，如图 4-19 所示。

解：根据直角投影定理，判别如下：

（1）图 4-19（a）中，$AB \perp BC$。因为 AB 为正平线，又 $a'c' \perp a'b'$，符合直角投影定理。

（2）图 4-19（b）中，AB 不垂直 BC。虽然水平投影 $ac \perp ab$，但 AB 和 BC 都不是水平线，不符合直角投影定理。

（3）图 4-19（c）中，AB 不垂直 BC。虽然水平投影 $ac \perp ab$，正面投影 $a'c' \perp a'b'$，

但 AB 和 BC 都不是投影面平行线，不符合直角投影定理。

（4）图 4-19（d）中，$AB \perp CD$。因为 AB 为水平线，又 $ab \perp bc$，符合直角投影定理。AB 与 CD 属于交叉垂直。

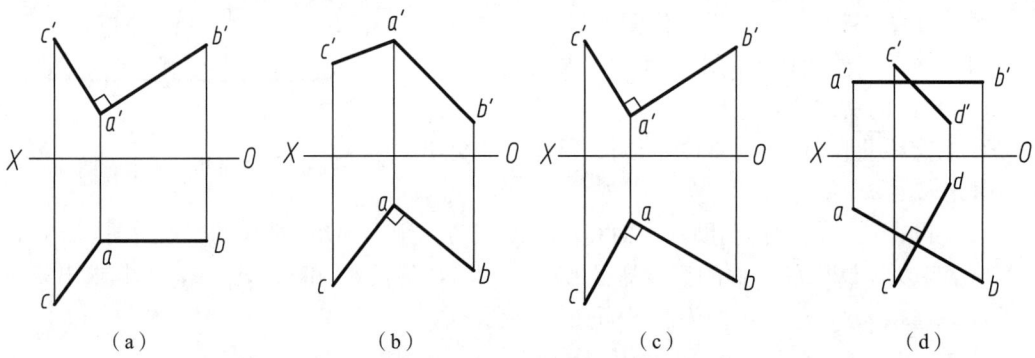

图 4-19　根据投影判断空间两直线是否垂直

2. 直线与投影面垂直面垂直

当直线与投影面垂直面垂直时，直线一定平行于该平面所垂直的投影面，而且直线的投影垂直于平面有积聚性的同面投影。

如图 4-20 所示，直线 AB 垂直于铅垂面 CDEF，AB 必定是水平线，且 $ab \perp cdef$。

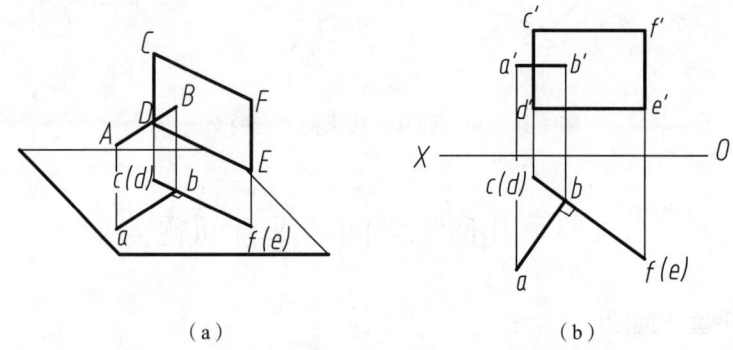

图 4-20　直线与投影面垂直面垂直

[**例 4-8**]　已知点 A 和 BCDE 的投影，过点 A 向平面 BCDE 作垂线，作出垂足 F 以及点 A 到平面 BCDE 的真实距离，如图 4-21（a）所示。

解：过一点向一个平面只能作一条垂线，由于平面 BCDE 是正垂面，AF 应为正平线，且 $a'f' \perp b'c'd'e'$。

为此，作 $a'f' \perp b'c'd'e'$，$a'f'$ 与 $b'c'd'e'$ 的交点即为垂足 F 的正面投影；又根据 $af // OX$ 及 f' 可求出 F 的水平投影 f，$a'f'$ 即为点 A 到平面 BCDE 的真实距离，如图 4-21（b）所示。

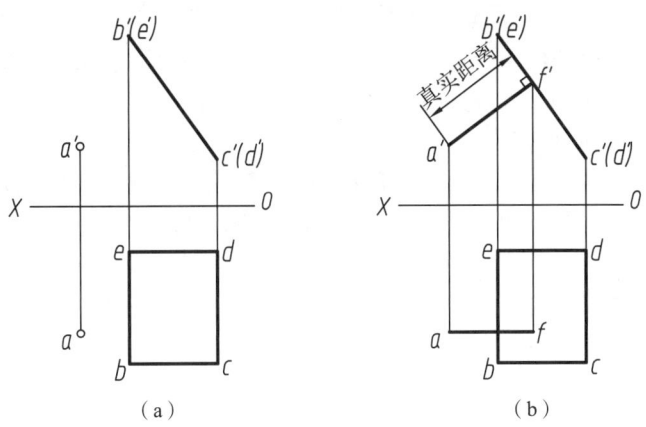

图 4-21 求点到平面的真实距离

3. 平面与平面垂直

如图 4-22 所示，特殊情况下平面与平面垂直有以下几种情况。

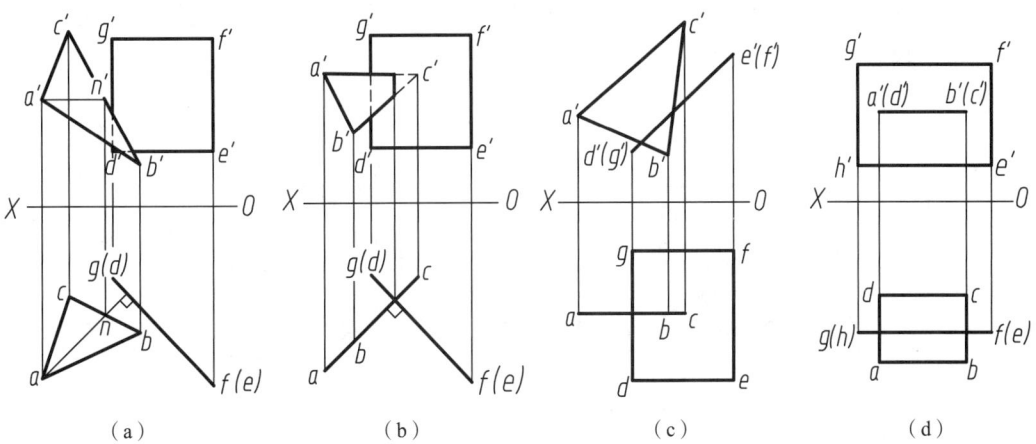

图 4-22 平面与平面垂直的特殊情况

1）一般位置平面与投影面垂直面垂直

根据立体几何可知，在一般位置平面上必定包含了投影面垂直面的垂线，根据直线与投影面垂直面垂直的情况，垂线一定是投影面垂直面所垂直的投影面的平行线，且垂线的投影垂直于投影面垂直面有积聚性的同面投影。

如图 4-22（a）所示，△ABC 平面为一般位置，四边形 DEFG 平面为铅垂直，两平面垂直，在△ABC 平面内的水平线 AH 必垂直于四边形 DEFG 平面，其水平投影 ah 必垂直于四边形 DEFG 平面有积聚性的水平投影。

2）两投影面垂直面垂直

这两个平面必定垂直于同一投影面，并且两个平面有积聚性的投影相互垂直，如图 4-22（b）所示。△ABC 平面与四边形 DEFG 平面都是铅垂面，相互垂直，在其水平面上有积聚性的投影必相互垂直。

3）投影面平行面与投影面垂直面垂直

投影面平行面必定平行于投影面垂直面所垂直的投影面，如图 4-22（c）所示。四边形 DEFG 平面是正垂面，与它垂直的平面一定是正平面，△ABC 为正平面。

4）两投影面平行面垂直

则一个平面必定平行于另一平面所垂直的投影面，如图 4-22（d）所示。四边形 ABCD 为水平面，垂直于正平面，与它垂直的四边形 EFGH 平面一定是正平面。

二、一般情况下垂直问题

1. 直线与平面相互垂直

垂直于平面的直线，称为平面的垂线或法线。

由初等几何知道，直线若垂直于平面内的两相交直线，则直线垂直于该平面；反之，若直线垂直于一平面，则必垂直于该平面内的一切直线。

如图 4-23（a）所示，直线 KL 垂直于平面 P，则必垂直于属于平面 P 的一切直线，其中包括水平线 AB 和正平线 CD。根据直角投影定理，投影图上必表现为直线 LK 的水平投影垂直于水平线 AB 的水平投影，即 $lk \perp ab$，直线 LK 的正面投影垂直于正平线 CD 的正面投影，即 $l'k' \perp c'd'$，如图 4-23（b）所示。

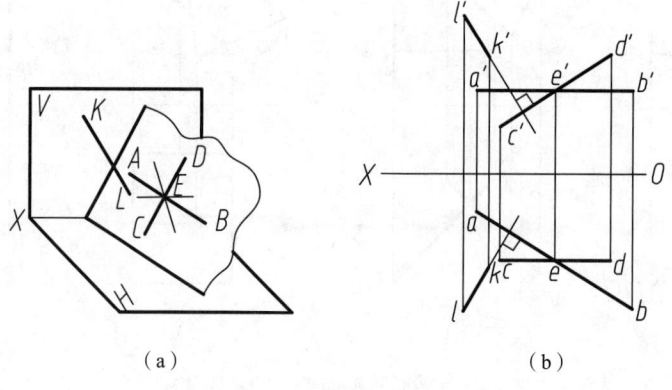

图 4-23　直线与平面垂直

由上述投影关系可以总结出直线垂直投影面的投影特性：

直线的水平投影垂直于该平面内水平线的水平投影，直线的正面投影垂直于该平面内正平线的正面投影。

反之，若直线的水平投影垂直于该平面内水平线的水平投影，直线的正面投影垂直于该平面内正平线的正面投影，则直线必垂直于该平面。

［例 4-9］　过点 S 作△ABC 平面的垂线 ST，如图 4-24（a）所示。

解：只要求出平面的垂线的两个投影就可以了，不必求出垂足。为此，在△ABC 平面内取水平线 BE（be，b'e'）和正平线 CD（cd，c'd'）。过 s' 作 c'd' 的垂线 s't'，便是所求垂线的正面投影；过 s 作 be 的垂线 st，便是所求垂线的水平投影。

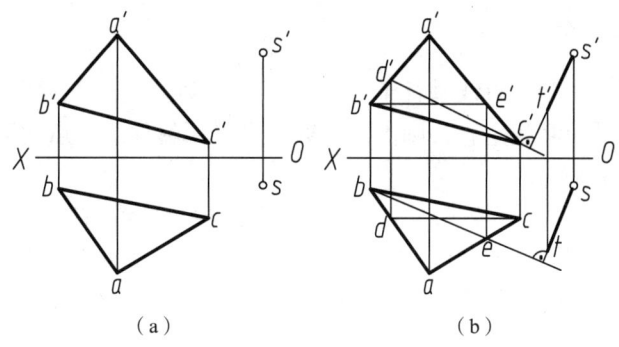

图 4-24 过点作定平面的垂线

2. 两一般位置直线相互垂直

两一般位置直线相互垂直，其投影不能反映直角关系，投影都倾斜于投影轴。在这里可以通过求点到直线的距离，利用直线垂直平面的特性，从而作出一条一般位置直线垂直已知的一般位置直线。

如图 4-25（a）所示，求点 A 到直线 BC 的距离。由立体几何可知，所求直线一定位于过点 A 且垂直于直线 BC 的平面 Q 上，垂足 K 就是直线 BC 与平面 Q 的交点，连接点 A 和点 K 即为所求。AK 必垂直于 BC，如图 4-25（b）所示。其作图过程如图 4-25（c）所示。

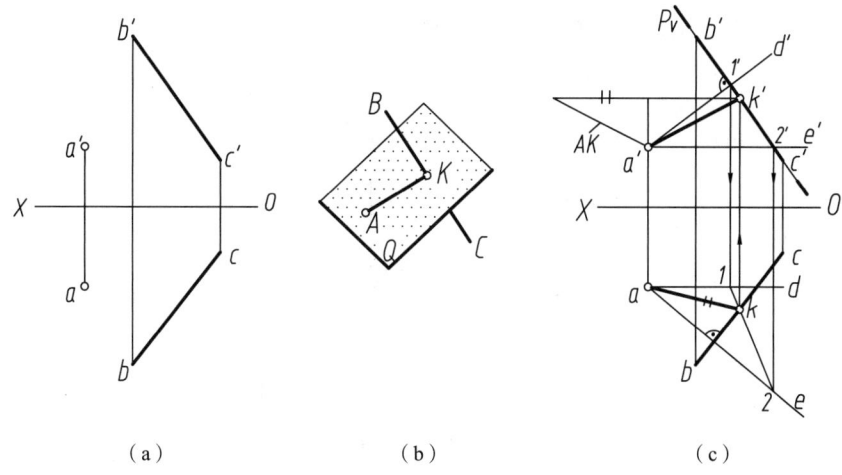

图 4-25 求点到直线的距离

（1）过点 A 作一平面 Q 垂直于直线 BC。为此，过点 A 作水平线 AE 和正平线 AD 组成平面 Q，使 $a'd' \perp b'c'$，$ae \perp bc$。

（2）用线面交点法求出直线 BC 与平面 Q 的交点 K（k'，k）。

（3）连接点 A 和点 K（$a'k'$，ak），AK 即为所求。

（4）用直角三角形法求出 AK 实长。

3. 两平面相互垂直

从立体几何可知：若一直线垂直于一平面，则包含这条直线的所有平面都垂直于该平面。反之，若两平面互相垂直，则由属于第一个平面的任意一点向第二个平面所作的垂线一定属于第一个平面。

如图 4-26（a）所示，直线 AB 垂直 P 平面，则包含直线 AB 的 R 平面和 Q 平面都垂直于 P 平面；从 R 平面内的点 C 向 P 平面作垂线 CD，则 CD 一定在 R 平面内。

由此得出绘制相互垂直平面的两种方法：作平面经过已知平面的垂线，如图 4-26（a）所示；作平面垂直已知平面内的直线，如图 4-26（b）所示。

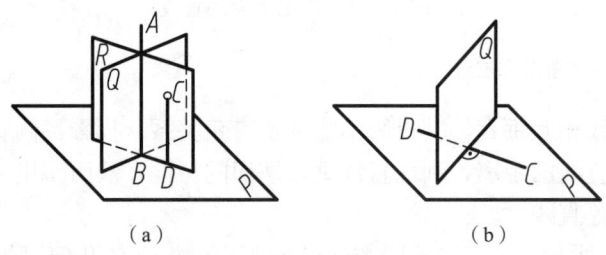

图 4-26　平面与平面相互垂直

[**例 4-10**]　过点 S 作△ABC 平面的垂面，如图 4-27（a）所示。

解：先过点 S 作△ABC 平面的垂线 ST（作法同图 4-24）。包含直线 ST 的所有平面都垂直于△ABC 平面。因此本题有无数解。为此，任作一条直线 SN（sn，$s'n'$）与 ST 相交，则 ST 与 SN 所确定的平面为所求，如图 4-27（b）所示。

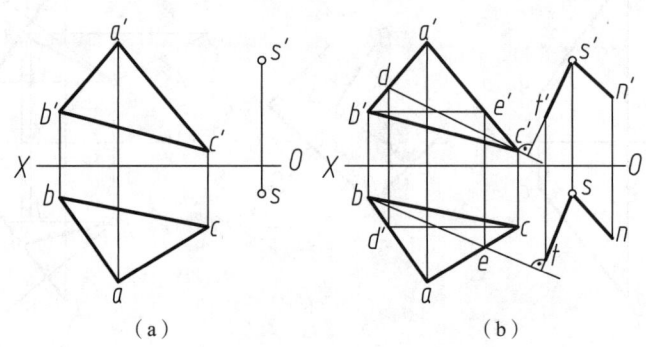

图 4-27　过点作定平面的垂面

[**例 4-11**]　试判断△ABC 平面与平行两直线 DE 和 FG 所确定的平面是否垂直，如图 4-28（a）所示。

解：检查在△ABC 平面能否有一条直线垂直与另一平面。作图过程如图 4-28（b）所示。

两平行直线是正平线，过△ABC 上点 B 的正面投影 b' 作直线 $b's'⊥d'e'$，作出水平投影 bs；

在平行两直线 DE 和 FG 所确定的平面内取水平线 GN（$g'n'$，gn），检查结果，bs

不垂直 gn，说明在△ABC 平面内没有一条直线垂直于平行两直线 DE 和 FG 所确定的平面，故两平面不垂直。

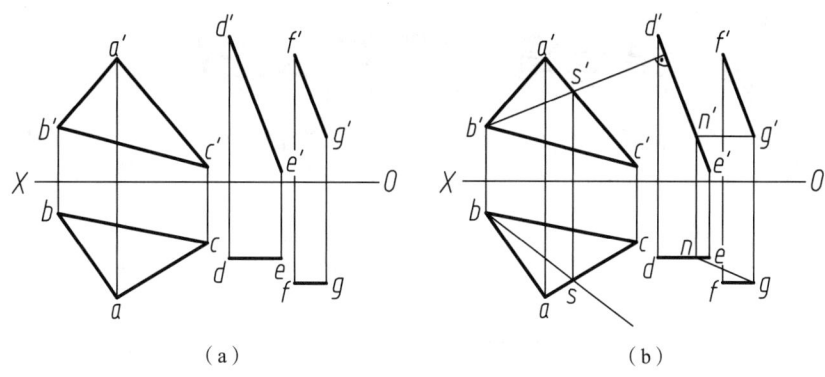

图 4-28 判断两平面是否垂面

[例 4-12] 已知直角△ABC 中的一个直角边 AB 的两个投影及另一直角边 BC 的水平投影，试完成直角△ABC 的投影，如图 4-29（a）所示。

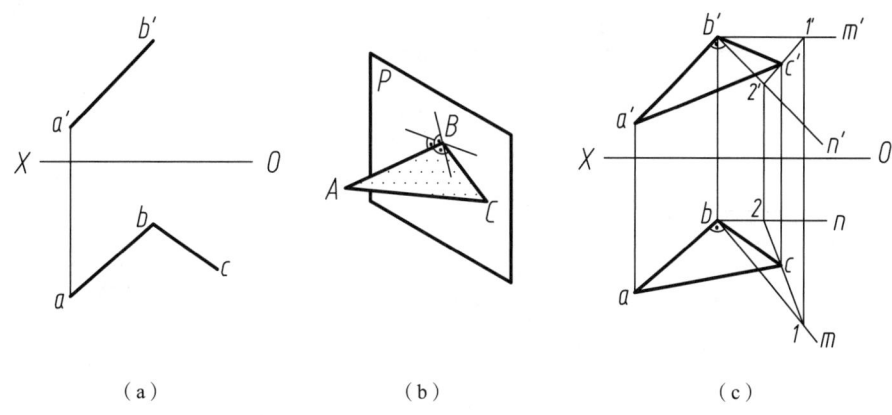

图 4-29 完成直角△ABC 的投影

解： 空间分析如图 4-29（b）所示，在直角△ABC 中 AB⊥BC 且交于点 B。因此 BC 必在过 B 且垂直于 AB 的垂面 P 内。作图过程如图 4-29（c）所示：

（1）先过点 B 作 AB 的垂面 P，该垂面由水平线 BM（$b'm'$，bm）和正平线 BN（$b'n'$，bn）所确定，点 C 必属于此平面。

（2）利用平面内取点、取线的方法，求出点 C 的正面投影。

（3）连接 $b'c'$，$a'c'$，ac，则完成直角△ABC 的两面投影。

第五章 投 影 变 换

投影变换是研究如何通过改变空间几何元素对投影面的相对位置或改变投射方向达到简化解题的目的。

5.1 概 述

从前面的第三章中对直线和平面的投影分析可知,当直线或平面相对于投影面处于特殊位置时,其投影具有实形性或积聚性,可能反映实长、实形或实角,比较容易解决其定位和度量问题。这时我们称这些几何元素处于有利于解题位置,而当直线或平面相对于投影面处于一般位置时,其投影没有积聚性,不反映实长、实形或实角,不太容易解决其定位和度量问题。这时我们称这些几何元素处于不利于解题位置,见表5-1。

表 5-1 几何元素对投影面的相对位置

相对位置	求距离	求实形	求夹角	求共有点
特殊位置	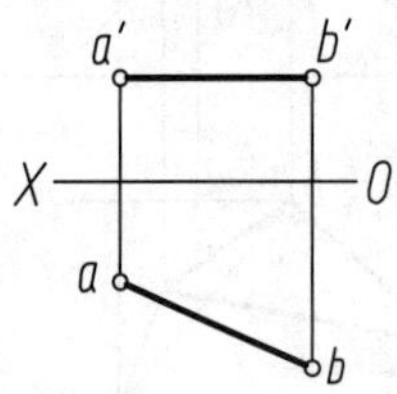 反映实长、实距	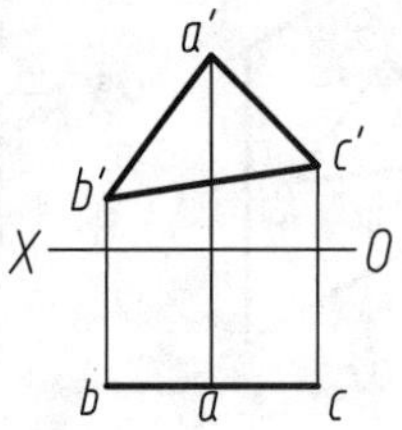 反映三角形实形	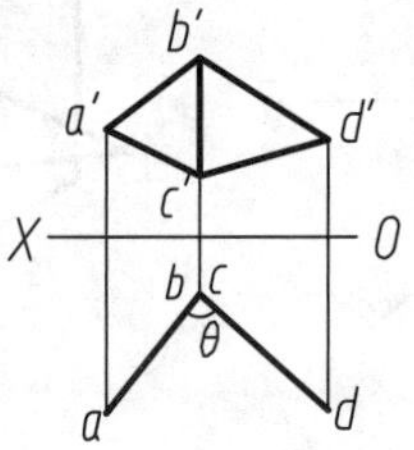 反映两平面夹角	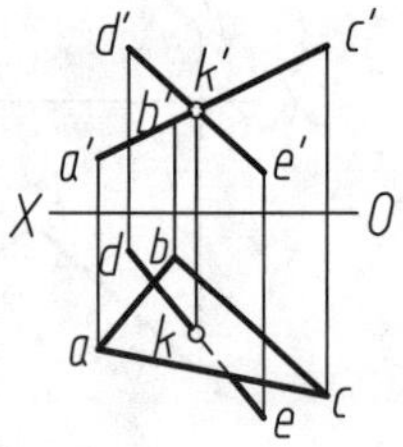 交点的正面投影已知
一般位置	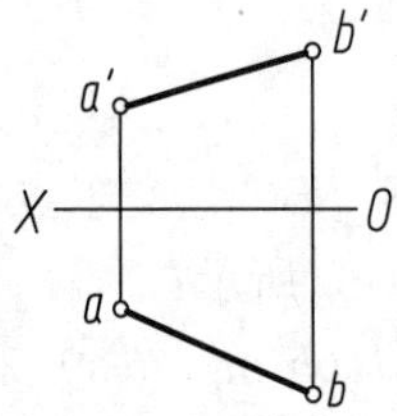 不反映实长、实距	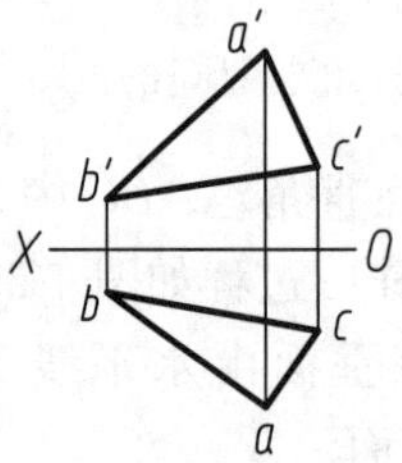 不反映三角形实形	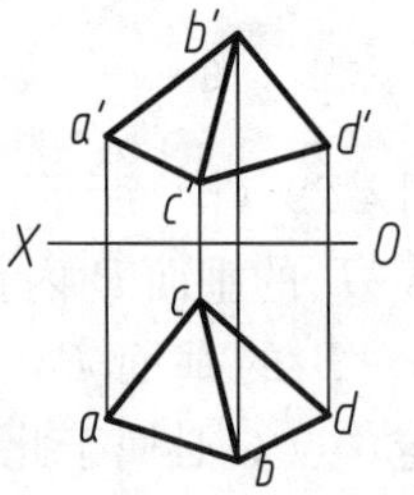 不反映两平面夹角	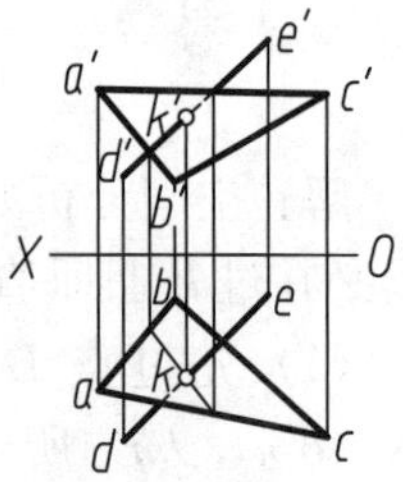 需作辅助平面求交点

1. 投影变换的目的

当空间几何元素处于不利于解题位置时,就需要进行投影变换。投影变换的目的就是要改变空间几何元素对投影面的相对位置或改变投射方向,使空间几何元素处于有利于解题位置,从而达到简化解题的目的。

2. 投影变换的方法

为了达到上述投影变换的目的，方法有很多，而换面法和旋转法是投影变换的基本方法。本书将介绍这两种方法。

5.2 换 面 法

一、换面法的基本概念

1. 换面法的定义

换面法是保持空间几何元素位置不动，用新的投影面来代替旧的投影面，使空间几何元素对新的投影面的相对位置处于有利于解题的位置，然后求出空间几何元素在新投影面上的投影。

如图 5-1（a）所示，图中的 $\triangle ABC$ 为铅垂面，在 V 面和 H 面的投影体系（简称 V/H 体系）中的两个投影都不反映实形。为了求得 $\triangle ABC$ 的实形，取一个平行于三角形垂直于 H 面的 V_1 面来代替 V 面，则新的 V_1 面和不变的 H 面构成一个新的两投影面体系 V_1/H。$\triangle ABC$ 在 V_1/H 体系中的 V_1 面上的投影 $\triangle a_1'b_1'c_1'$ 就反映三角形的实形。再以 V_1 面和 H 面的交线 X_1 轴（称为新投影轴）为轴旋转至与 H 面重合，就得出 V_1/H 体系的投影图，如图 5-1（b）所示。

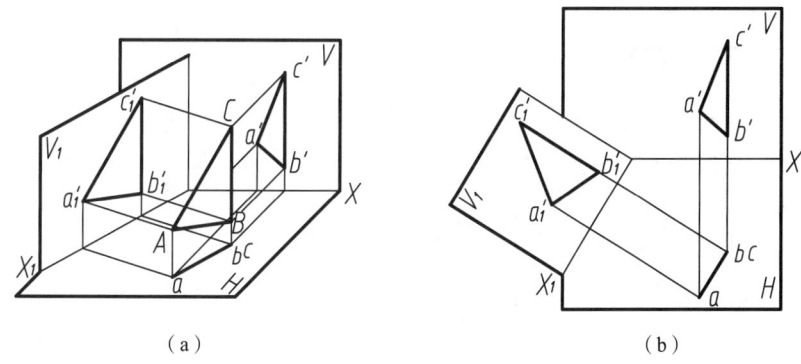

图 5-1 换面法

显然，新投影面 V_1 是不能任意选择的，要使空间几何元素在新投影面上的投影能够帮助我们更方便地解决问题。因此，新投影面选择必须符合一定的原则。

2. 新投影面选择原则

（1）新投影面必须与空间几何元素处于有利于解题的位置；
（2）新投影面必须垂直于一个不变的投影面。

二、点的投影变换规律

点是最基本的几何元素，必须首先掌握点的投影变换规律。

1. 点的一次变换

如图 5-2（a）所示，点 A 在 V/H 体系中，它的两个投影为 a'、a，现在用一个与 H 面垂直的新投影面 V_1 代替 V 面，形成新的 V_1/H 投影面体系。将点 A 向 V_1 投影面投射，得到新投影面上的投影 a_1'。这样点 A 在新、旧两体系中的投影都为已知，其中 a_1' 为新投影，a' 为旧投影，a 为新旧体系中共有的不变投影。它们之间的关系如下：

(1) 由于 H 面是新旧两个体系中公共的水平面，因此，点 A 到 H 面的距离在新旧两个体系中是相同的，即 $a'a_x = Aa = a_1'a_{x1}$。

(2) 当 V_1 面绕 X_1 轴旋转至与 H 面重合时，根据点的投影规律可知 aa_1' 必定垂直于 X_1 轴。这与 $aa' \perp X$ 轴的性质是一样的。

根据上述分析，可以得出点的投影变换规律如下：

(1) 点的新投影和不变投影的连线，必垂直于新投影轴。

(2) 点的新投影到新投影轴的距离等于被替换的旧投影到旧投影轴的距离。

根据点的投影变换规律，点的投影变换投影图就不难作出。图 5-2（a）表示了点 A 在 V_1/H 体系中投影的直观，其投影图的作图步骤如图 5-2（b）所示：

(1) 作新投影轴 X_1。以 V_1 代替 V 面，形成新的 V_1/H 投影面体系（X_1 轴与 a 距离以及 X_1 轴的倾斜位置与 V_1 面对空间几何元素的相对位置有关，可根据需要确定）。

(2) 过点 a 作新投影轴 X_1 的垂线。

(3) 在垂线上截取 a_1' 到 X_1 轴的距离等于 a' 到 X 轴的距离，即得点 A 在 V_1/H 体系中得新投影 a_1'。

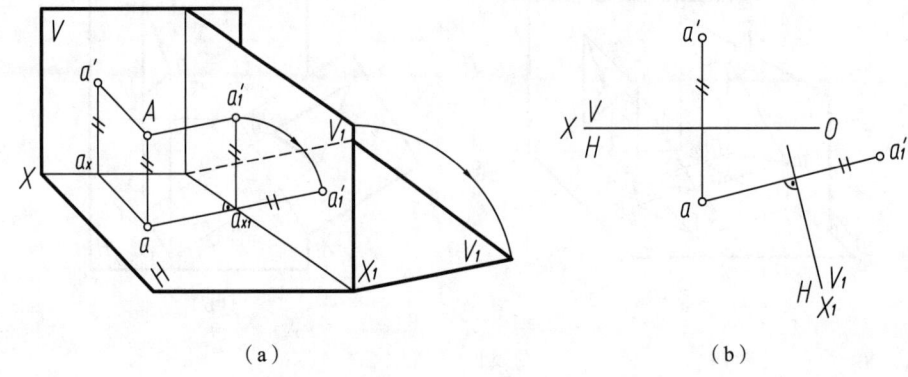

图 5-2 点在 V_1/H 体系中的投影

图 5-3（a）表示了点 A 在 V/H_1 体系中投影的直观图，其投影图的作图步骤如图 5-3（b）所示。

(1) 作新投影轴 X_1。以 H_1 代替 H 面，形成新的 V/H_1 投影面体系（X_1 轴与 a' 距离以及 X_1 轴的倾斜位置与 H 面对空间几何元素的相对位置有关，可根据需要确定）。

(2) 过点 a' 作新投影轴 X_1 的垂线。

(3) 在垂线上截取 a_1 到 X_1 轴的距离等于 a 到 X 轴的距离，即得点 A 在 V/H_1 体系中得新投影 a_1。

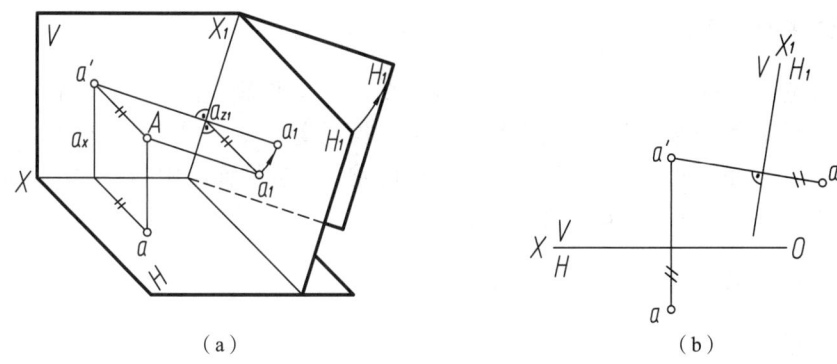

图 5-3 点在 V/H_1 体系中的投影

2. 点的两次变换

在运用换面法去解决实际问题时，更换一次投影，有时不能解决问题，而必须变换两次或多次。其作图原理和更换一次投影面是相同的。但必须指出：在更换多次投影面时，新投影面的选择除了须符合新投影面选择原则外，还必须是在一个投影面更换完以后，交替地更换另一个投影面，再形成新投影面体系。

如图 5-4（a）所示，先由 V_1 面代替 V 面，构成新体系 V_1/H；再以这个体系为基础，取 H_2 代替 H 面，又构成新体系 V_1/H_2。

图 5-4（a）表示了点 A 的两次变换在 V_1/H 体系中和 V_1/H_2 体系中投影的直观图，其投影图的作图步骤如图 5-4（b）所示：

（1）作新投影轴 X_1，以 V_1 代替 V 面，形成新的 V_1/H 投影面体系，作图方法与点的一次变换相同。

（2）作新投影轴 X_2，以 H_2 代替 H 面，形成新的 V_1/H_2 投影面体系。

（3）过点 a_1' 作新投影轴 X_2 的垂线。在垂线上截取 a_2 到 X_2 轴的距离等于 a（旧投影）到 X_1（旧投影轴）轴的距离，即得点 A 在 V_1/H_2 体系中得新投影 a_2。

要注意在第二次换面时，a_1' 成了不变投影，a 成了旧投影，X_1 轴成了旧投影轴。

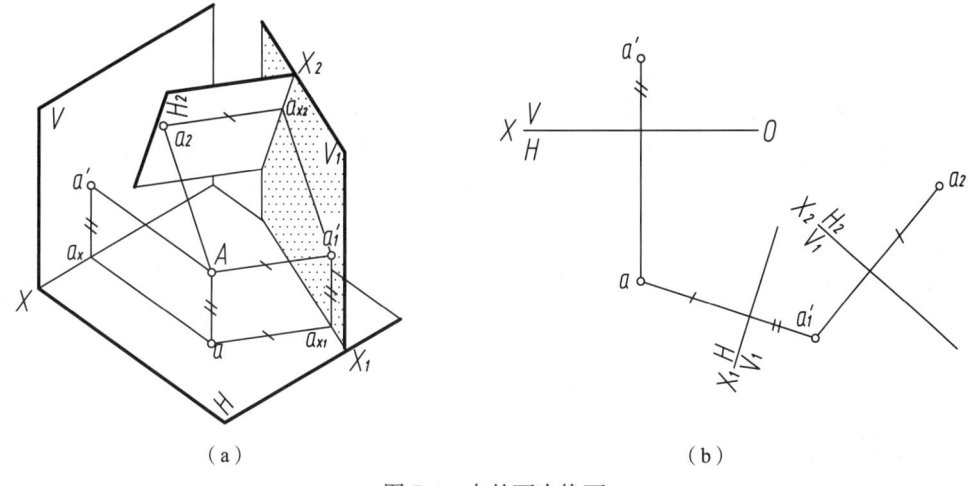

图 5-4 点的两次换面

三、换面法中四个基本问题

以上讨论了点的投影变换,那么,直线的变换以及平面的变换在这里不需讨论,掌握了点的投影变换,就自然掌握了直线和平面的投影变换。

在解决实际问题的时候,会遇到各种作图问题,掌握换面法中的各种作图方法,是解决这些作图问题的基础。我们把换面法中遇到的作图问题归结为四个基本问题。

1. 把一般位置直线变为投影面平行线

1)空间分析

图 5-5(a)所示中 AB 为一般位置直线,在 H 面和 V 面的投影 ab 和 $a'b'$ 均不反映实长。为此,取一个新投影面 V_1,使 V_1 与 AB 平行且垂直于 H 面,AB 在新体系 V_1/H 中变为 V_1 的平行线,它在 V_1 上的投影 $a_1'b_1'$ 反映实长,同时,在投影图中,还可以反映出 AB 与水平面的夹角 α。

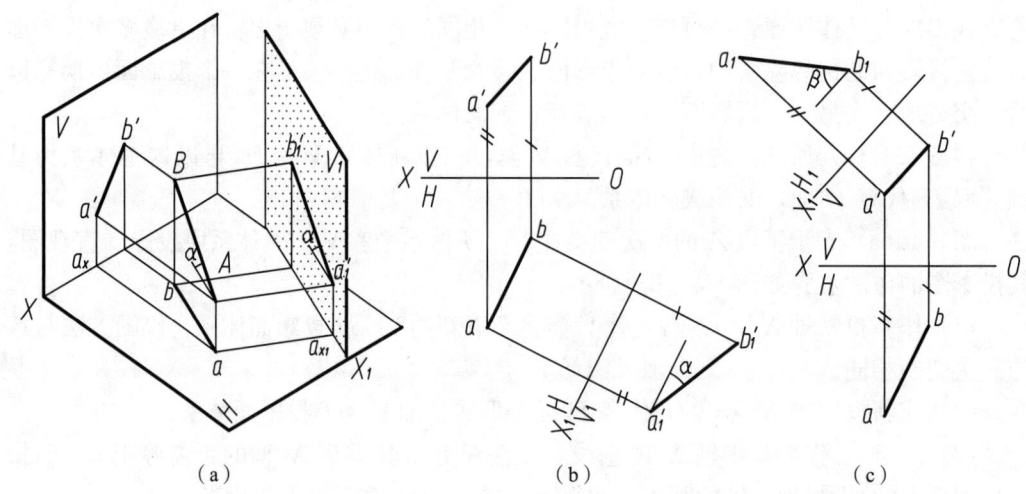

(a)   (b)   (c)

图 5-5 把一般位置直线变为投影面平行线

2)投影作图

如图 5-5(b)所示,作图过程如下:

(1)作新投影轴 $X_1 /\!/ ab$,轴 X_1 与 ab 的距离可任取,任取并不影响作图结果。

(2)按点的投影变换规律作出 AB 两端点 A 和 B 的新投影 a_1' 和 b_1'。

(3)连接 $a_1'b_1'$ 即为直线 AB 的新投影(实长),同时得到直线 AB 与 H 面的夹角 α。

如果仅为求线段的实长,当给出正面投影和水平投影时变换 H 面或 V 面均可,但如果要求线段 AB 与正平面的夹角 β,这时,必须变换 H 面,如图 5-5(c)所示。

2. 把一般位置直线变为投影面垂直线

1)空间分析

图 5-6 所示中 AB 为一般位置直线,如果把一般位置直线变为投影面垂直线,变换

一次显然是不行的。因为假如直接取 P 平面垂直于 AB，则 P 平面一定是一般位置平面，它与 V 面或 H 面都不垂直，不能与原投影面中任何一个构成相互垂直的新投影面体系。而如果是投影面平行线变换为投影面垂直线，则只需变换一次投影面即可，如图 5-7 所示。由于 CD 为正平线，则 H_1 必定垂直于 V 面，构成新的 V/H_1 投影面体系，CD 在新体系中成为垂直于 H_1 面的垂直线。按照投影面垂直线的投影特性，新轴 X_1 必垂直 $c'd'$，求出的在 H_1 面上的新投影 c_1d_1 必积聚为一点。

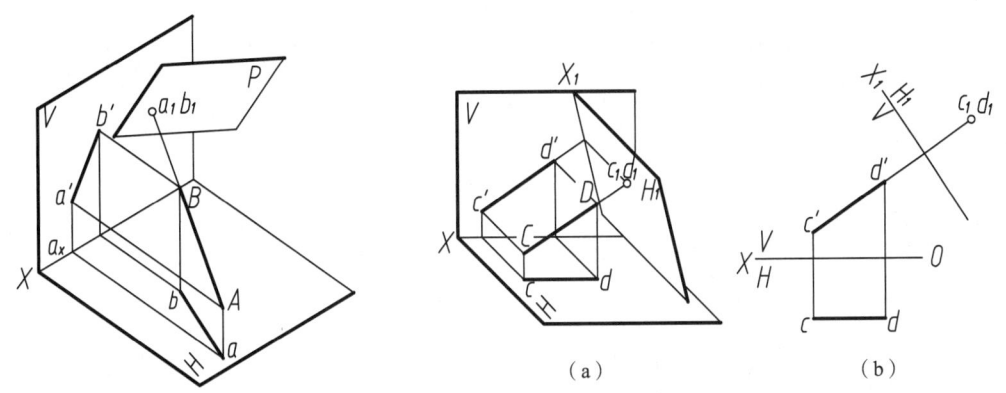

图 5-6　P 面与 V 面不垂直　　　　图 5-7　把投影面平行线变为投影面垂直线

所以，要把一般位置直线变为投影面垂直线，必须按顺序变换两次：首先把一般位置直线变成投影面平行线，然后再把它变为投影面垂直线，如图 5-8（a）所示。

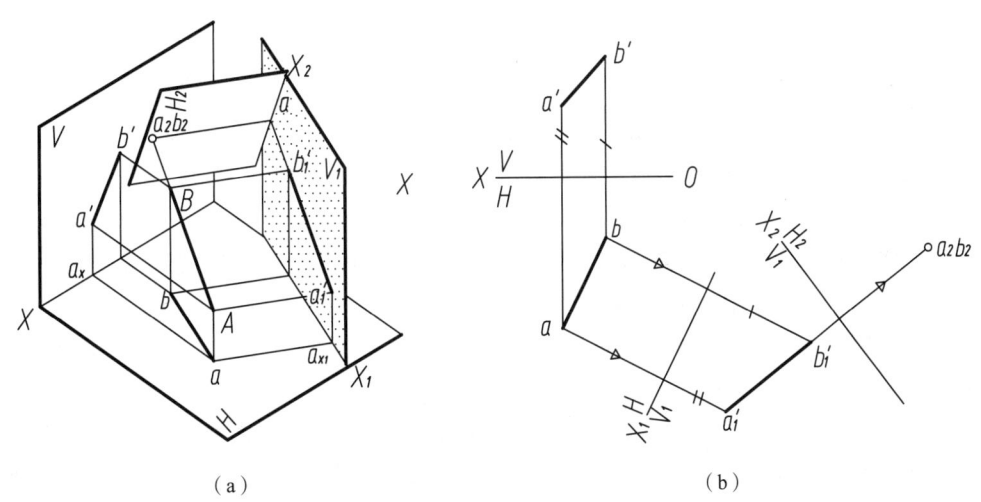

图 5-8　把一般位置直线变为投影面垂直线

2）投影作图

如图 5-8（b）所示，作图过程如下：

（1）先参照前面所述用把一般位置直线变为投影面平行线的方法，作出直线 AB 在 V_1/H 体系中 V_1 平面上的投影 $a_1'b_1'$。

（2）作新投影轴 $X_2 \perp a_1'b_1'$，直线 AB 在 V_1/H_2 体系中 H_2 平面上的投影 a_2b_2 必然

积聚于一点。

（3）截取 a_2b_2 到 X_2 轴的距离等于 a 到 X_1 轴的距离，即完成作图。

3. 把一般位置平面变为投影面垂直面

1) 空间分析

如图 5-9（a）所示，△ABC 为一般位置平面，要将它变为新投影面的垂直面。根据两平面互相垂直的几何条件知道，△ABC 内的某一条直线应垂直于新投影面。如果将 △ABC 内的一般位置直线变为新投影面的垂直线需变换两次，如果在 △ABC 内取投影面平行线则只需变换一次就可以将其变为新投影面的垂直线，而 △ABC 平面就变成了新投影面的垂直面。这样达到了简化作图的目的。

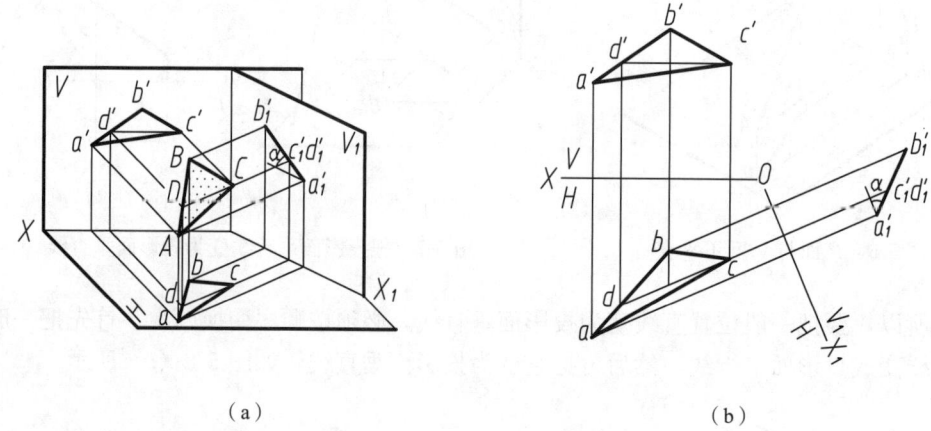

（a）　　　　　　　　　　（b）

图 5-9　把一般位置平面变为投影面垂直面，求 α 角

2) 投影作图

如图 5-9（b）所示，作图过程如下：

（1）在 △ABC 平面内取一条水平线 CD（$c'd'$，cd）。

（2）作新投影轴 $X_1 \perp cd$。求出各点在 V_1/H 体系中 V_1 面上的投影，CD 必积聚为一点，△ABC 平面必积聚为一直线。

（3）求出 △ABC 有积聚性的投影与 X_1 轴的夹角，就是 △ABC 平面与 H 面的夹角 α。

如果要求 △ABC 平面与 V 面的夹角 β，则需在 △ABC 平面内取正平线，换 H 面，求出各点在 V/H_1 体系中 H_1 面上的投影，然后求出 △ABC 有积聚性的投影与 X_1 轴的夹角，就是 △ABC 平面与 V 面的夹角 β。如图 5-10 所示。

4. 把一般位置平面变为投影面平行面

1) 空间分析

图 5-11 所示中 △ABC 为一般位置平面，如果把一般位置平面变为投影面平行面，变换一次显然是不行的。因为假如直接取 P 平面平行于 △ABC，则 P 平面一定是一般位置平面，它与 V 面或 H 面都不垂直，不能与原投影面中任何一个构成相互垂直的新

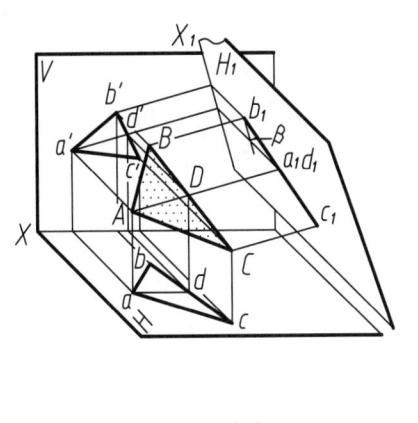
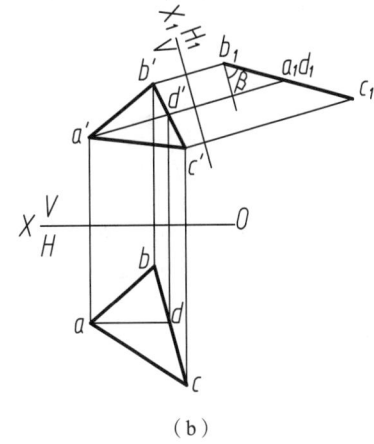

(a)   (b)

图 5-10 把一般位置平面变为投影面垂直面，求 β 角

投影面体系。

如果是投影面垂直面，将其变换为投影面平行面，则只需变换一次投影面即可，如图 5-12 所示。由于 $\triangle ABC$ 平面是铅垂面，H 面上投影积聚为一条线，作 X_1 轴平行于该平面有积聚性的投影，$\triangle ABC$ 变成了 V_1 的平行面，在构成的新的 V_1/H 体系中的投影 $\triangle a_1'b_1'c_1'$ 必反映 $\triangle ABC$ 的实形。

所以，要把一般位置平面变为投影面平行面，必须按顺序变换两次：首先把一般位置平面变成投影面垂直面，然后再把它变为投影面平行面。

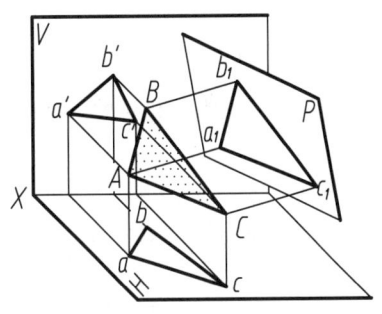

图 5-11 P 面与 V 不垂直

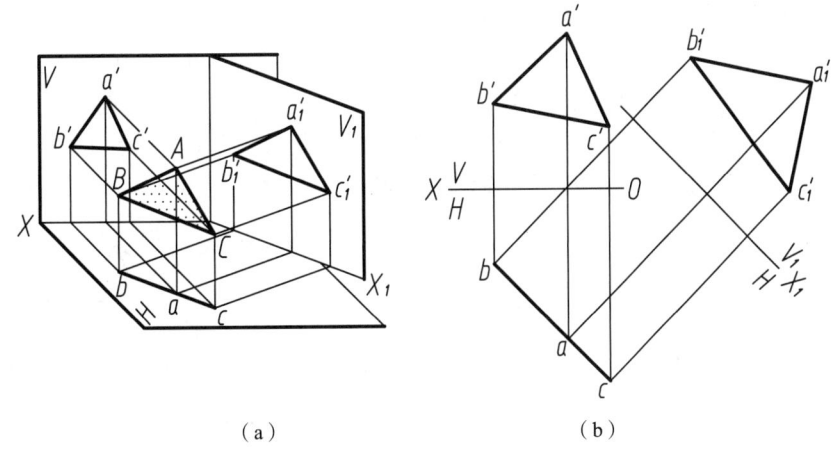

(a)   (b)

图 5-12 把投影面垂直面变为投影面平行面

2) 投影作图

如图 5-13（a）所示，作图过程如下：

(1) 在 $\triangle ABC$ 上取正平线 BD（bd, $b'd'$），作 X_1 轴 $\perp b'd'$，求出 $\triangle ABC$ 在 H_1 面

上的新投影 $a_1b_1c_1$，它积聚为一条线。该直线与 X_1 轴的夹角，就是 △ABC 平面与 V 面的夹角 β。

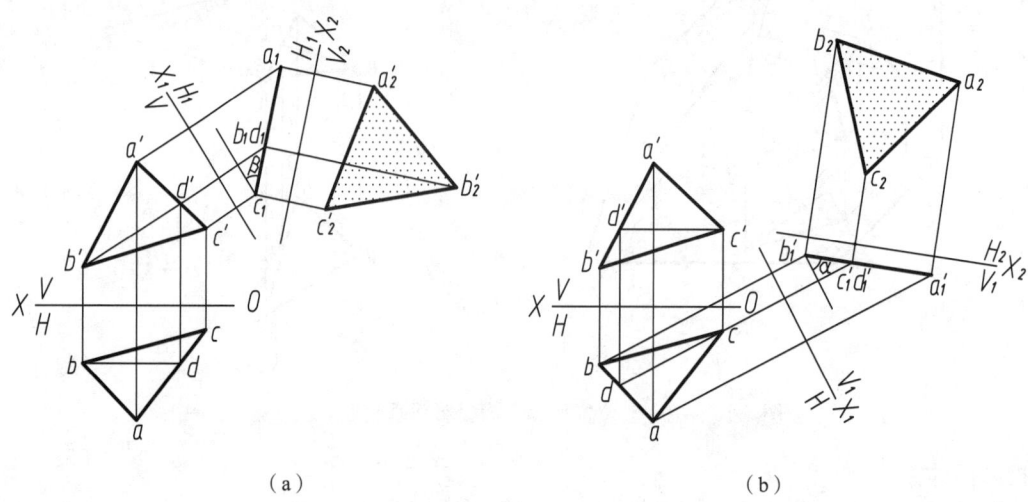

图 5-13 把一般位置平面变为投影面平行面

(2) 作 X_2 轴 $// a_1b_1c_1$，求出 △ABC 在 V_2 面上的新投影 $a_2'b_2'c_2'$，△$a_2'b_2'c_2'$ 反映 △ABC 的实形。

如果要求 △ABC 的实形和与 H 面的夹角 α，必须先在平面内取水平线，将其变为投影面垂直线，后面的作图与前面类似，如图 5-13（b）所示。这两种作图结果，求得的 △ABC 的实形是完全相同的，即 △$a_2'b_2'c_2'$ ≌ △$a_2b_2c_2$。

四、换面法的应用实例

[**例 5-1**] 求点 C 到直线 AB 的距离 CD。

解：点到直线的距离就是点到直线的垂线的实长。如图 5-14（a）所示，为便于作图，先将直线 AB 变为投影面平行线，然后利用直角投影定理从点 C 向 AB 作垂线，得垂足 D，再求出 CD 实长。也可将 AB 变为投影面垂直线，点 C 到 AB 的垂线 CD 为投影面平行线，在投影图上反映实长。作图过程如图 5-14（c）所示。

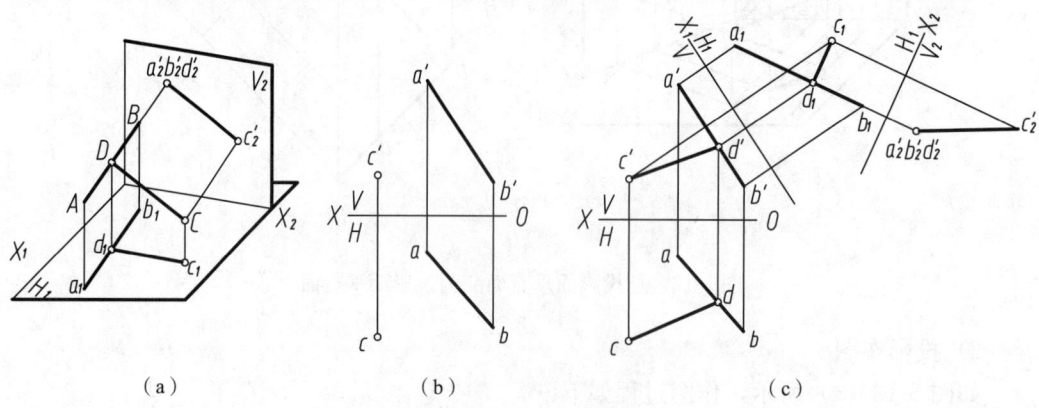

图 5-14 求点到直线的距离

(1) 先将直线 AB 变为 H_1 的平行线，AB 在 H_1 面上的投影为 a_1b_1，点 C 在 H_1 在面上的新投影为 c_1。

(2) 再将直线 AB 变为 V_2 的垂直线，AB 在 V_2 面上的投影积聚为一点 $a_2'(b_2')$，垂足点 D 在 V_2 在上的投影 d_2' 与该点重合，点 C 在 V_2 面上的投影为 c_2'。连 $c_2'd_2'$ 即为距离 CD 的实长。

(3) 需将距离 CD 的新投影返回到原投影面体系中。为此，过 c_1 作 a_1b_1 的垂线或作 X_2 轴的平行线交 a_1b_1 得 d_1，按投影关系，再将 CD 投影返回到 V/H 体系中。

[**例 5-2**] 求交叉两直线 AB、CB 间的距离 MN。

解：求交叉两直线间的距离就是求它们的公垂线。如图 5-15（a）所示，为便于作图，若将交叉两直线之一（如直线 AB）变为投影面垂直线，则公垂线 MN 必平行于新投影面，在该投影面上的投影反映实长，并与另一直线 CD 在该投影面上的投影互相垂直。作图过程如图 5-15（c）所示。

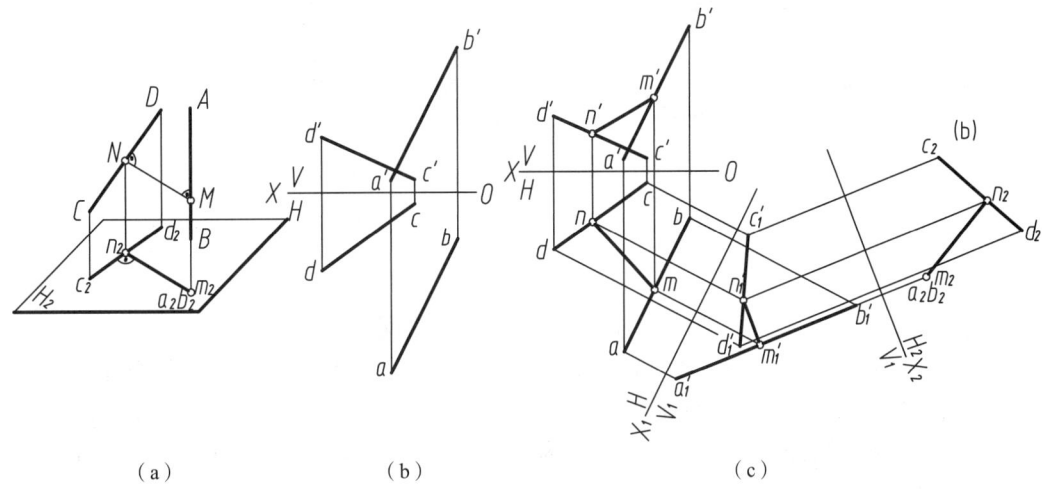

（a） （b） （c）

图 5-15 求交叉两直线间的距离

(1) 先将直线 AB 经过二次变换成为 H_2 面的垂直线，在 H_2 面上的投影积聚为一点 $a_2(b_2)$。直线 CD 也随之变换，在 H_2 面上的投影为 c_2d_2。

(2) 过 $a_2'(b_2')$ 作 $m_2n_2 \perp c_2d_2$，m_2n_2 即为公垂线 MN 在 H_2 面上的投影，它反映 AB、CD 间的距离实长。

(3) 需将距离 MN 的新投影返回到原投影面体系中。为此，作出点 N 在 V_1 面上的投影 n_1'，然后过 n_1' 作 $a_1'b_1'$ 的垂线或作 X_2 轴的平行线交 $a_1'b_1'$ 得 m_1'，按投影关系，再将 MN 的投影返回到 V/H 体系中。

[**例 5-3**] 求点 M 到 $\triangle ABC$ 平面的距离 MN。

解：点到平面的距离就是点到平面的垂线的实长。如图 5-16（a）所示，先将 $\triangle ABC$ 平面变为投影面垂直面，点到平面的垂线为该投影面的平行线，在该投影面上的投影反映点到平面距离的实长，然后利用直线垂直投影面垂直面的投影特性，从点 M 向 $\triangle ABC$ 平面作垂线，得垂足 N，MN 即为所求。作图过程如图 5-16（c）所示。

(1) 先将 $\triangle ABC$ 平面变为 H_1 的垂直面，$\triangle ABC$ 平面在 H_1 面上的投影积聚为一条

线 $a_1b_1c_1$，点 M 也随之变换，它在 H_1 在面上的新投影为 m_1。

(2) 过 m_1 作 $m_1n_1 \perp a_1b_1c_1$，m_1n_1 即为距离线 MN 在 H_1 面上的投影，它反映 MN 的实长。

(3) 需将距离 MN 的新投影返回到原投影面体系中。为此，作出点 N 在 V 面上的投影 n'，即过 m' 作 X_1 轴的平行线，该平行线与由 n_1 向 X_1 轴所作的垂线相交于 n'。再由投影关系求出 n。

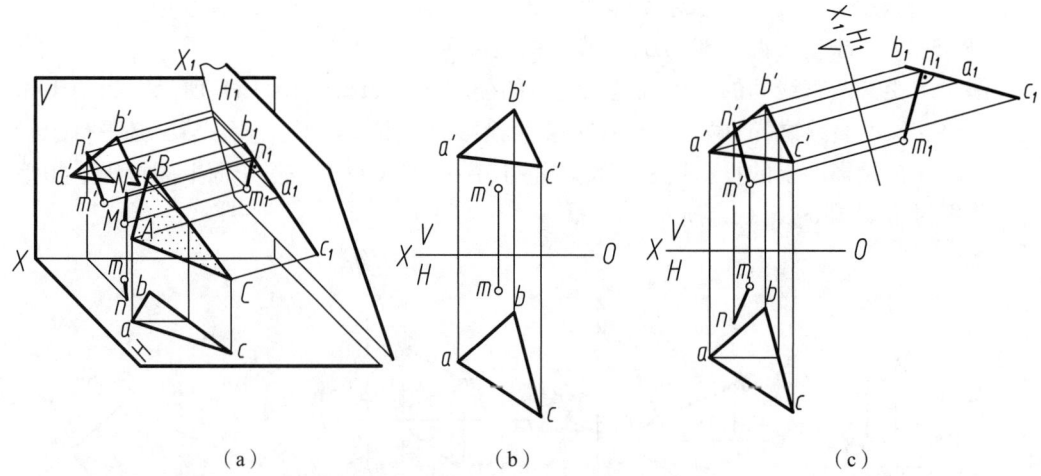

图 5-16 求点到平面的距离

[例 5-4] 求变形接头两侧面 $ABCD$ 和 $ABEF$ 之间的夹角 θ。

解： 如果将两平面均变为投影面垂直面，在该投影面上两平面的投影各积聚为一条线，该两条线之间的夹角即为两平面的夹角，如图 5-17（a）所示。而要把两平面同时变为投影面垂直面，只需将两平面的交线变为投影面垂直线即可。作图过程如图 5-17（b）所示。

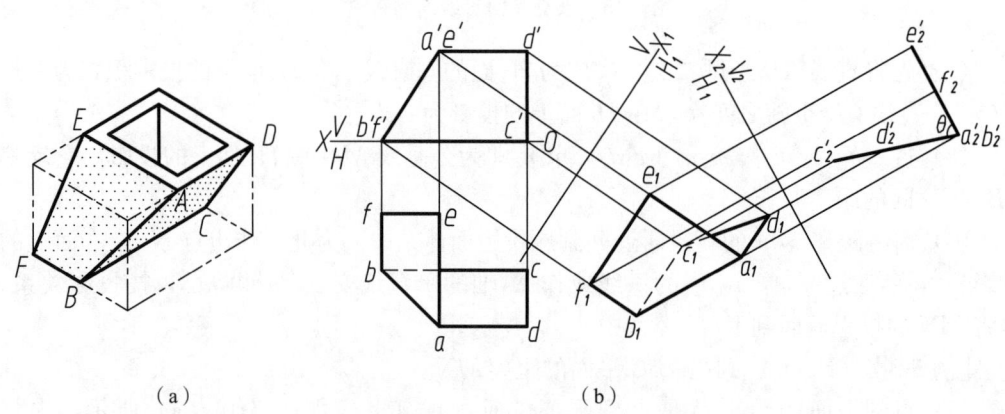

图 5-17 求两平面之间的夹角

(1) 将平面 $ABCD$ 和 $ABEF$ 之间的交线 AB 经过二次变换成为 V_2 面的垂直线，在 V_2 面上的投影积聚为一点 b_2'（a_2'）。

(2) 平面 ABCD 和 ABEF 在 V_2 面上的投影分别积聚为直线段 $(a_2')\,b_2'c_2'd_2'$ 和 $(a_2')\,b_2'f_2'e_2'$。

(3) $\angle e_2'a_2'c_2'$ 即反映变形接头两侧面的夹角 θ。

5.3 旋 转 法

一、旋转法的基本概念

1. 旋转法的定义

旋转法是投影面保持不动，使空间几何元素绕某一轴旋转，使其旋转到有利于解题的位置，然后求出旋转后的新投影。

如图 5-18 所示，铅垂面△ABC，它的水平投影积聚为一直线 abc，AB 为铅垂线，水平投影积聚为一点 a（b），它的正面投影为△a'b'c'，不反映实形。若要求实形，让投影面不动，使△ABC 绕垂直于 H 面的轴（使该轴通过 AB）旋转到平行于正平面的位置，则在正面的新投影△$a_1'b_1'c_1'$ 反映△ABC 的实形。

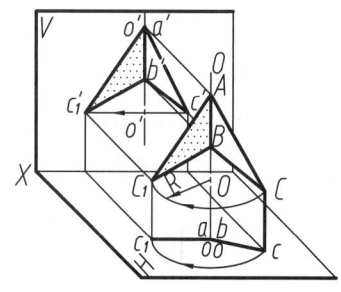

图 5-18　将△ABC 旋转为正平面

2. 旋转法的五要素

为了保证旋转法作图的正确性，必须将旋转过程中参与的元素分析清楚。通常我们把旋转对象、旋转轴、旋转平面、旋转中心和旋转半径叫做旋转法的五要素。

如图 5-18 所示中的旋转对象为△ABC，旋转轴是垂直于 H 面的 OO 轴，旋转平面为与旋转点 C 等高的垂直于 OO 轴的水平面，旋转中心为旋转平面与 OO 轴的交点，旋转半径为旋转点 C 到旋转中心的距离。

二、绕投影面垂直轴旋转法

1. 点的旋转规律

同换面法一样，先讨论点的投影变换规律。

图 5-19（a）表示点 A 绕垂直于 V 面的轴 OO 旋转时的情况。当点 A 旋转时，它必在垂直于旋转轴 OO 且平行于 V 面的平面内作圆周运动，它的旋转运动轨迹是一个正平圆。在正面投影中反映圆轨迹的实形，即以旋转轴的投影 o'o' 为中心，旋转半径 R 为半径的圆。在水平投影中为一垂直于旋转轴 OO 且平行于 OX 轴的直线，长度等于圆的直径。若点 A 旋转任意角 θ 到新的位置点 A_1 时，则它的 V 面投影同样旋转 θ 角，其旋转的轨迹在 V 面的投影为一段圆弧 $a'a_1'$，在 H 面上的投影为一线段 aa_1。

作图过程如图 5-19（b）所示。

图 5-20（a）、(b) 表示点 A 绕垂直于 H 面的轴 OO 旋转时的情况。同样情况，点

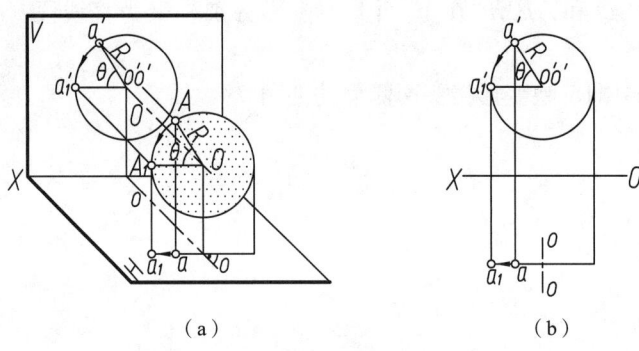

图 5-19 点绕正垂轴旋转

A 的旋转轨迹垂直于轴 OO 且平行于 H 面的水平圆。在水平投影中反映圆轨迹的实形,即以旋转轴的投影 oo 为中心,旋转半径 R 为半径的圆。在正面投影中为一垂直于旋转轴 OO 且平行于 OX 轴的直线,长度等于圆的直径。

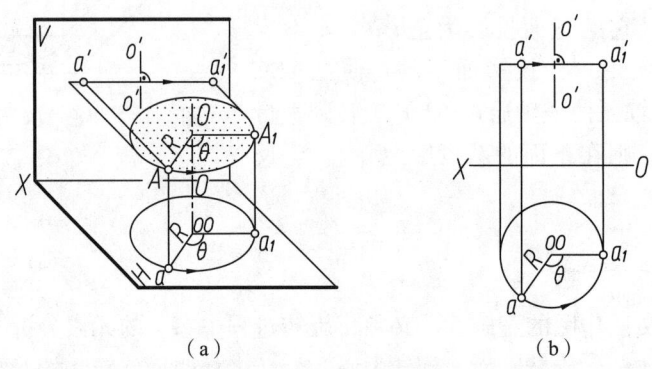

图 5-20 点绕铅垂轴旋转

由上述分析可得出点绕投影面垂直轴旋转的规律为:当点绕垂直于某一投影面的轴旋转时,点在该投影面上的投影也作以旋转轴的投影为圆心,以旋转半径为半径的圆周运动;而在另一投影面上的投影则作直线运动,该直线必垂直于旋转轴在该投影面上的投影。

2. 直线和平面的旋转规律

1) 旋转时要遵循"三同"原则

直线和平面旋转时,为了保证组成直线、平面的各点的相对位置不被改变,旋转时,各点必须遵循:绕同一根轴、向同一个方向、旋转同一角度的"三同"原则。

图 5-21 所示为直线 AB 绕铅垂轴 OO 旋转 θ 角后的投影,作图过程如下:

(1) 确定铅垂轴 OO 的位置,以旋转轴的水平投影 oo 为圆心,分别以 oa、ob 为半径同方向旋转 θ 角求得 a_1b_1。作图时,连 ob 后,可先以 oa 为半径画圆弧 $1a_1$,a 旋转 θ 角到 a_1 后,再截取 $12=aa_1$,连接 $o2$ 并延长使 $ob_1=ob$,就得到新投影 b_1。

(2) 正面投影 a' 和 b' 分别作 OX 轴的平行线,再由水平投影按点的投影规律定出 a_1' 和 b_1' 的位置。

(3) 连接 a_1b_1 和 $a_1'b_1'$ 即为直线 AB 旋转 θ 角后的新投影。

图 5-22 所示为△ABC 平面绕铅垂轴 OO 旋转 θ 角的作图过程。从图中可以看出,只要根据点的投影规律及点绕垂直轴旋转的投影规律,将三角形的 A、B、C 三个顶点绕同一铅垂轴 OO,按同方向旋转同一 θ 角后,依次连接即可得到△ABC 平面绕铅垂轴 OO 旋转 θ 角后的新投影△$a_1b_1c_1$。

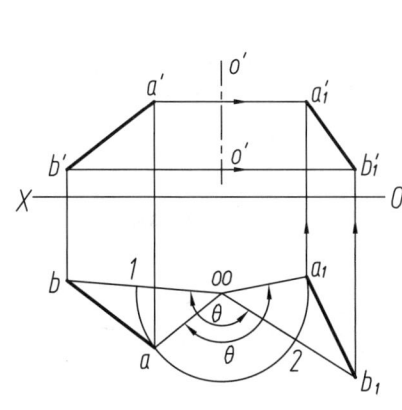

图 5-21 直线的旋转

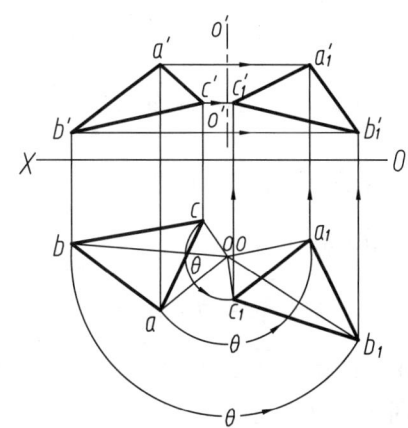

图 5-22 平面的旋转

2) 旋转时的不变性

从图 5-22 可知,由于△ABC 平面各边在旋转过程中对旋转轴所垂直的投影面的夹角不变,则它们旋转后在该投影面的投影长度也不变,即 $a_1b_1=ab$,$a_1c_1=ac$,$b_1c_1=bc$,△$a_1b_1c_1 \cong$ △abc。

由此得出结论:直线和平面绕垂直于某一投影面的轴旋转时,在该投影面上的投影形状和大小不变。

3) 不指明轴旋转法

为作图简练和使图形清晰,根据旋转时的不变性可以按解题需要,把某个投影在保持形状和大小不改变的情况下旋转到适当的位置,另一个投影只要将各点向平行投影轴的方向作直线移动就可以求出新投影。如图 5-23 所示,在水平投影中将△abc 放在的 △$a_1b_1c_1$ 位置,使△$a_1b_1c_1 \cong$ △abc。在正面投影中由 a'、b'、c' 分别作平行 OX 轴的直线,在由 a_1、b_1、c_1 按点的投影规律求出 a_1'、b_1'、c_1'。这时旋转轴在图中未画出,解题时也不需要,这种方法称为不指明旋转轴法。

不指明旋转轴并不是没有旋转轴,旋转轴总是可以通过作图定出,如图 5-24 所示。在图中,连 cc_1、aa_1 后,分别作它们的垂直平分线,两垂直平分线交于 oo 点即为铅垂轴的水平投影。

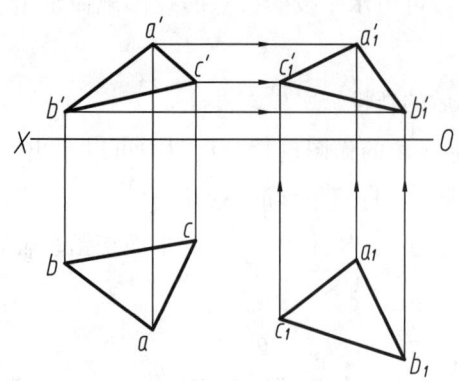
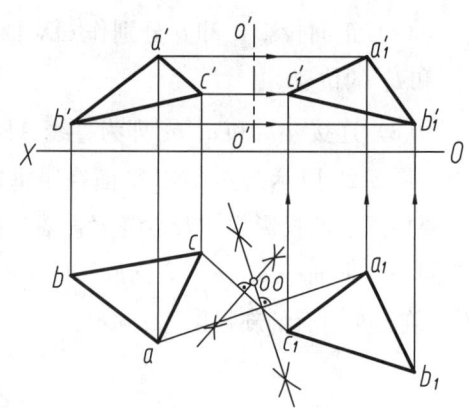

图 5-23 不指明轴旋转法　　　　　　图 5-24 作图定出旋转轴

三、旋转法中四个基本问题

解决实际问题的时候，同样可以用旋转法来解决以下四个基本问题。

1. 把一般位置直线变为投影面平行线

求一般位置直线的实长和对投影面的夹角可以将直线绕垂直轴旋转为投影面平行线。图 5-25（a）所示为将一般位置直线 AB 变为正平线，图中直线 AB 绕过点 A 的铅垂面旋转。作图时水平投影以 a 为圆心，ab 为半径，将 ab 旋转到平行于 OX 轴的位置得 ab_1，正面投影由 b' 作平行 OX 轴的直线，与过 b_1 所作的 OX 轴垂线交于 b_1'，连 $a'b_1'$。此时直线 AB_1 处于正平线的位置，故 $a'b_1'$ 反映实长，$a'b_1'$ 与 OX 轴的夹角反映直线 AB 与 H 面的夹角 α，如图 5-25（b）所示。

若要求直线 AB 的实长及对 V 面的夹角 β，则可使直线 AB 绕正垂轴旋转为水平线，如图 5-25（c）所示。

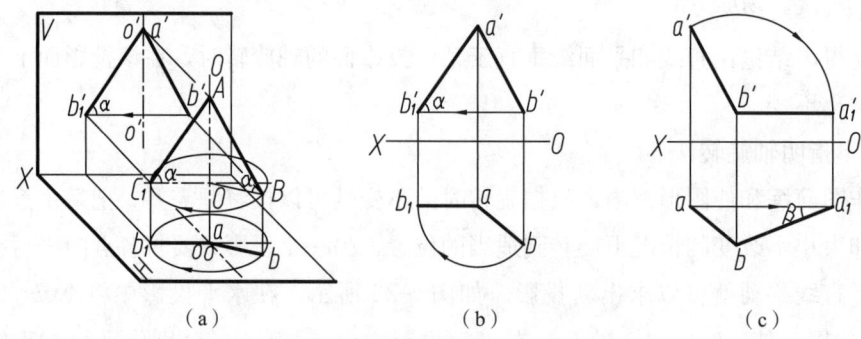

图 5-25 把一般位置直线变为投影面平行线

2. 把一般位置直线变为投影面垂直线

要把一般位置直线变为投影面垂直线，旋转一次是不行的。如图 5-25 所示，直线 AB 绕铅垂轴旋转，AB 对 H 面的夹角 α 始终不变，只能改变对 V 面的夹角 β，只有将 AB 旋转为成正平线以后，再绕正垂轴旋转才能改变对 H 面的夹角。

因此，要把一般位置直线旋转为投影面垂直线必须绕不同的轴旋转两次。

如图 5-26（a）所示，要把一般位置直线 AB 变为铅垂线。先将 AB 绕过点 A 的铅垂轴旋成正平线 AB_1（ab_1，$a'b_1'$），再绕过点 B_1 的正垂轴旋转为铅垂线 $A_2 B_1$（$a_2 b_1$，$a_2'b_1'$）。

图 5-26（b）表示了把一般位置直线 AB 变为正垂线的作图过程（图中未画出旋转轴）。

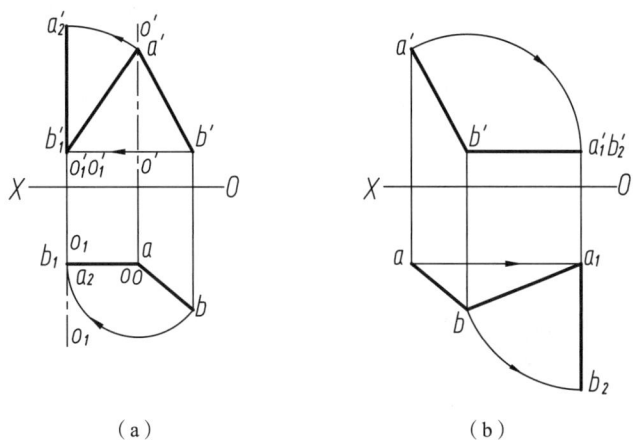

图 5-26 把一般位置直线变为投影面垂直线

3. 把一般位置平面变为投影面垂直面

把一般位置平面变为投影面垂直面，只要将平面内投影面平行线经一次旋转为投影面垂直线即可。

如图 5-27（a）所示，要将处于一般位置的 △ABC 平面变为正垂面，为此，在 △ABC 内取水平线 AN（an，$a'n'$）为辅助线，将水平线 AN 与 △ABC 一同旋转，使水平线 AN 旋转为正垂线（$a_1 n_1 \perp OX$）位置，△ABC 则成为正垂面，正面投影积聚为一条直线 $a_1'b_1'c_1'$，直线 $a_1'b_1'c_1'$ 与 OX 轴的夹角反映 △ABC 与 H 面的夹角 α。

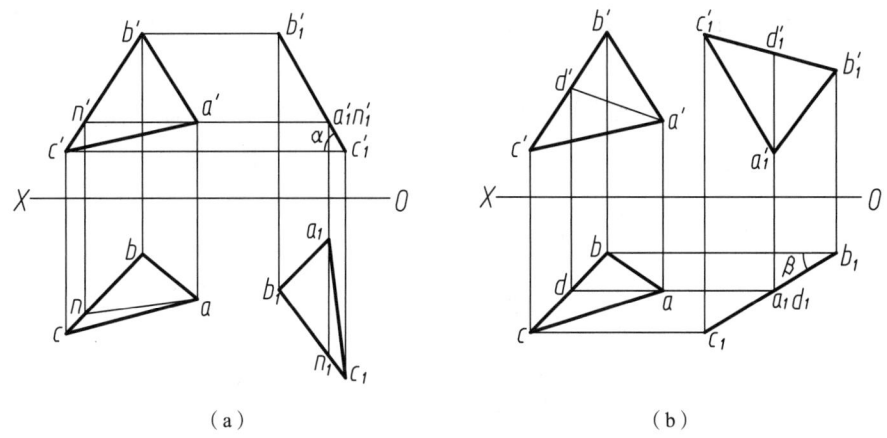

图 5-27 把一般位置平面变为投影面垂直面

如图 5-27（b）所示，要将处于一般位置的 $\triangle ABC$ 平面变为铅垂面，为此，在 $\triangle ABC$ 内取正平线 AD（ad，$a'd'$）为辅助线，将正平线 AD 与 $\triangle ABC$ 一同旋转，使正平线 AD 旋转为铅垂线（$a_1'd_1' \perp OX$）位置，$\triangle ABC$ 则成为铅垂面，水平投影积聚为一条直线 $a_1b_1c_1$，直线 $a_1b_1c_1$ 与 OX 轴的夹角反映 $\triangle ABC$ 与 V 面的夹角 β。

4. 把一般位置平面变为投影面平行面

把一般位置平面变为投影面平行面必须绕不同轴旋转两次。先旋转为投影面垂直面，再旋转为投影面平行面。

如图 5-28 所示，要将处于一般位置的 $\triangle ABC$ 平面变为水平面。为此，先将 $\triangle ABC$ 绕铅垂轴旋转为正垂面，再绕正垂轴旋转为水平面（$a_2'b_2'c_2' \parallel OX$），则水平投影 $\triangle a_2b_2c_2$ 反映 $\triangle ABC$ 的实形。

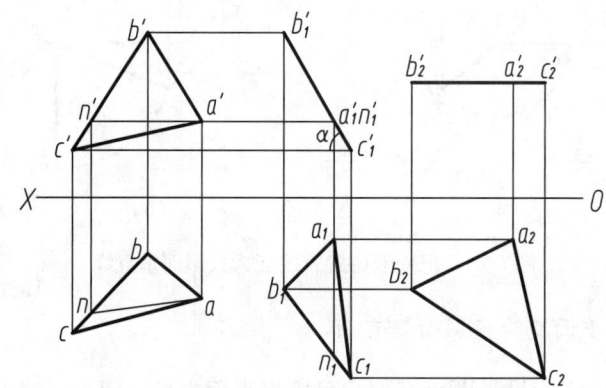

图 5-28 把一般位置平面变为投影面平行面

四、旋转法的应用实例

[例 5-5] 求两平行直线 AB 和 CD 间的距离。

解： 如图 5-29（a）所示，当两平行直线变为投影面的垂直线时，它们在该投影面上的投影各积聚为一点，此两点之间的距离即为两平行直线的距离。作图过程如图 5-29（b）所示。

（1）将直线 AB 和直线 CD 绕铅垂轴旋转为正平线。为作图方便，使旋转后水平投影 ab 和 cd 的相对位置不变，作一条辅助线 ce，使 $ce \perp ab$。按投影关系求出旋转后的新投影 a_1b_1、$a_1'b_1'$ 和 c_1d_1、$c_1'd_1'$。

（2）将直线 AB 和直线 CD 绕正垂轴旋转为铅垂线。为作图方便，使旋转后正面投影 $a_1'b_1'$ 和 $c_1'd_1'$ 的相对位置不变，作一条辅助线 $d_1'f_1'$，使 $d_1'f_1' \perp a_1'b_1'$。按投影关系求出旋转后的新投影 a_2b_2、$a_2'b_2'$ 和 c_2d_2、$c_2'd_2'$。

（3）点 a_2、b_2 和点 c_2、d_2 间的距离即为两平行直线 AB 和 CD 间的距离。

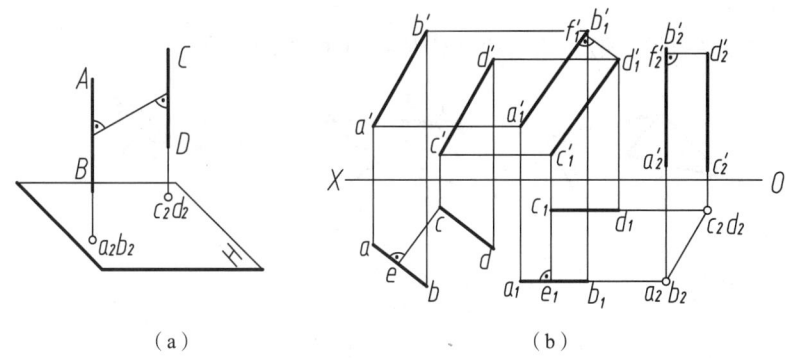

图 5-29 求两平行平面间的距离

[**例 5-6**]　已知点 M 距 $\triangle ABC$ 为 10mm，AC 为水平线，求点 M 的正面投影 m'。

解：当平面为投影面垂直面时，在该投影面上点到平面的距离垂直于平面有积聚性的投影并反映实长。在该投影面上可求得点 M 的新投影 m_1'。作图过程如图 5-30 所示。

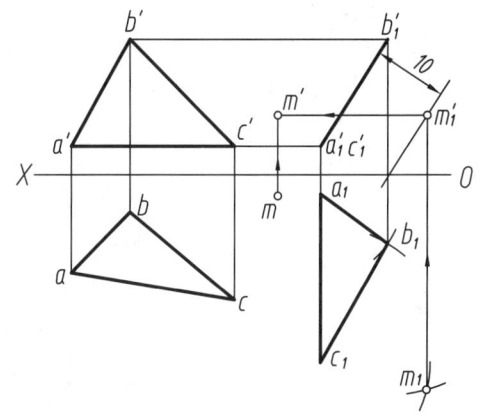

图 5-30　求点 M 的正面投影

(1) 将 $\triangle ABC$ 旋转为投影面垂直面。图中 AC 为水平线，将 AC 绕铅垂轴旋转为正垂线（$a_1c_1 \perp OX$），则 $\triangle ABC$ 变为正垂面，点 M 旋转后得 m_1。

(2) 由于点 M 距 $\triangle ABC$ 为 10mm，因此作一条距 $a_1'b_1'c_1'$ 为 10mm 的平行线，该线与由 m_1 向 OX 轴所作的垂线交于 m_1'。

(3) 按点的旋转规律，由 m_1' 作 OX 轴的平行线与由 m 向 OX 轴所作的垂线交于 m'，则 m' 为所求点 M 的正面投影。

[**例 5-7**]　求 $\triangle ABC$ 和 $\triangle DBC$ 两平面之间的夹角 θ。

解：在前面的作图中已经讨论过，若要求两平面的夹角，只需将两平面的交线变为投影面垂直线即可。作图过程如图 5-31 所示：

(1) 将 $\triangle ABC$ 和 $\triangle DBC$ 两平面之间的交线 BC，先绕正垂轴旋转，使 B_1C_1 成为水平线，求出旋转后的新投影 $\triangle a_1'b_1'c_1'$、$d_1'b_1'c_1'$ 和 $\triangle a_1b_1c_1$、$d_1b_1c_1$。

(2) 再将两平面的交线 BC 绕铅垂轴旋转，使 B_2C_2 成为正垂线，求出旋转后的新投影，在 H 面上的投影为 $\triangle a_2b_2c_2$、$\triangle d_2b_2c_2$，在 V 面上的投影分别积聚为直线 $a_2'b_2'c_2'$、

$d_2'b_2'c_2'$。

(3) $\angle a_2'b_2'd_2'$ 即反映△ABC 和△DBC 两平面之间的夹角 θ。

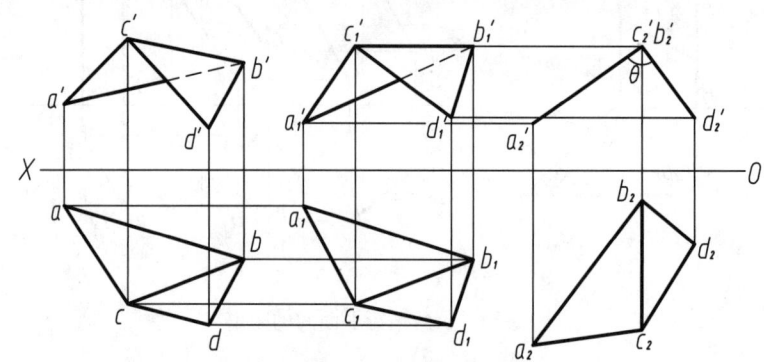

图 5-31 求两平面间的夹角 θ

[**例 5-8**] 将点 M 绕所设 OO 轴旋转到已知平面 ABC 上。

解： 点 M 绕所设 OO 轴旋转时的轨迹为水平圆。该圆所确定的平面与已知平面 ABC 必交于与点 M 距 H 面等高的水平线 EF 上，如图 5-32（a）所示。因此欲求旋转后的点 M_1 必先作水平线 EF。作图过程如图 5-32（b）所示。

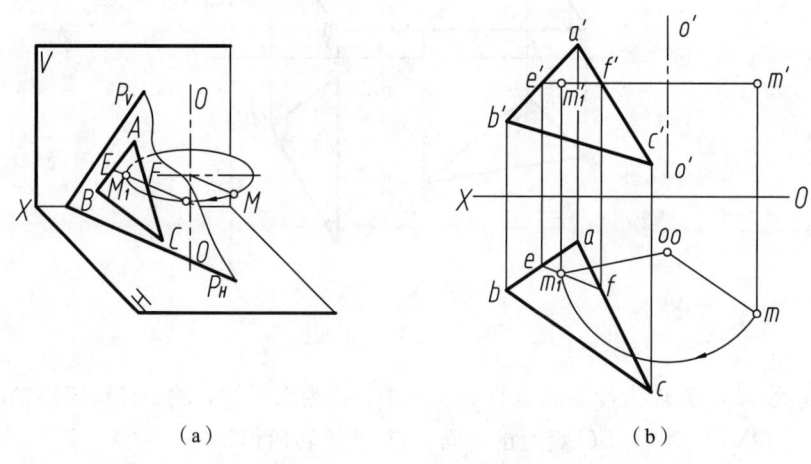

图 5-32 将点 M 旋转到平面 ABC 上

(1) 在平面 ABC 上取一条与点 M 等高的水平线 EF（$e'f'$，ef）。

(2) 将点 M 绕所设铅垂轴 OO 旋转到水平线 EF 上。为此，在水平投影中以 oo 为圆心，om 为半径画弧交 ef 于 m_1 点，按点的投影规律求出正面投影 m_1'。由于 EF 属于平面 ABC，则点 M_1 必属于平面 ABC。

五、绕投影面平行轴旋转法

1. 绕投影面平行轴旋转法的优点

用换面法和绕投影面垂直轴旋转法来求一般位置平面的实形，必须经过两次换面或两次旋转。如果在一般位置平面内任取一条水平线，并使该平面绕此水平线旋转，则只需旋转一次即可将该平面旋转成水平面而求得实形。

如图 5-33 所示，△ABC 为一般位置平面。取属于该平面的水平线 BD 为轴，使△ABC 绕 BD 轴旋转到水平位置，其水平投影△a_1bc_1 就反映实形。

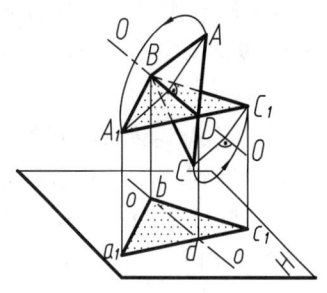

图 5-33 绕投影面平行轴旋转

2. 点绕投影面平行轴旋转规律

绕平面内投影面平行轴旋转时，将轴外的一点旋转到其旋转半径平行于旋转轴所平行的投影面的位置时，就可以将该平面旋转为该投影面的平行面。

如图 5-34（a）所示，点 A 绕水平轴 OO 旋转，点 A 在垂直于旋转轴的铅垂面内做圆周运动，旋转半径为 AN。旋转轨迹在 H 面的投影是一垂直于旋转轴投影的线段，长度为旋转半径 AN 的两倍；轨迹在 V 面的投影为一个椭圆，解题时不用，不必画出。

绕水平轴旋转的目的是求平面的实形。只需画旋转半径转到水平位置时的点 A_1 的水平投影 a_1。从图中可知，要求 a_1 只要求出旋转半径的实长 R，使 $na_1=R$ 即可。而不必求 A_1 旋转后的正面投影 a_1'。作图过程如图 5-34（b）所示。

（1）过点 a 作 oo 的垂线交于旋转中心 N 的水平投影 n，作出 n'，连旋转半径 AN（an，$a'n'$）。

（2）求旋转半径 AN 的实长，图中用绕投影面垂直轴旋转法求出实长 an_2。图 5-34（c）中是用直角三角形法求得旋转半径 AN 的实长 aa_0。

（3）在 an 的延长线上截取 $na_1=na_2=R$。

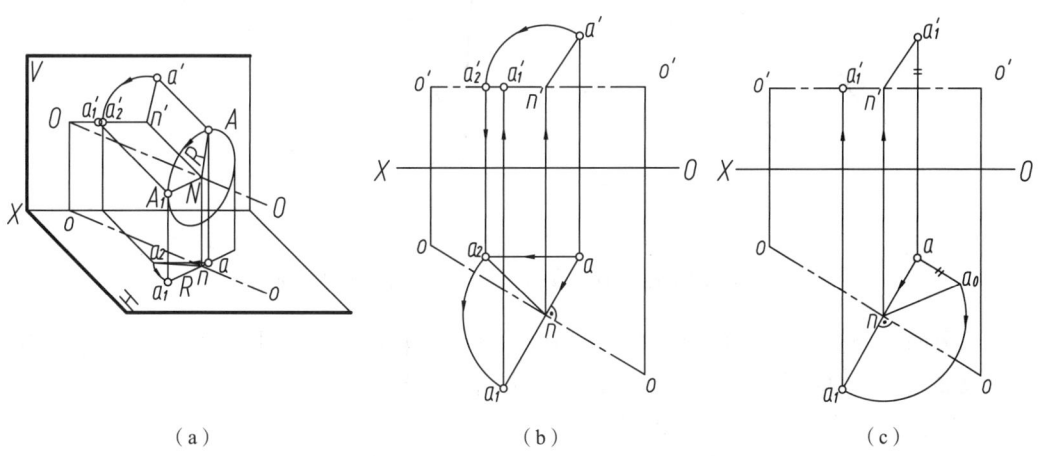

(a)   (b)   (c)

图 5-34 点绕水平轴旋转

[例 5-9] 求△ABC 的实形，如图 5-35 所示。

解：先在△ABC 取一水平线 CD（cd、$c'd'$）作为旋转轴，然后分别求出 A、B 两个顶点旋转到水平位置时的新投影 a_1、b_1，点 C、D 位于旋转轴上，位置不变。$\triangle a_1 b_1 c$ 即为 $\triangle ABC$ 的实形。

图中点 A 旋转后的新投影 a_1 是用求旋转半径实长的方法得到的，点 B 旋转后的新投影 b_1 是通过连 $d a_1$ 延长与过点 b 向 oo 所作垂线相交的方法得到的。

[**例 5-10**] 求直线 MN 与 $\triangle ABC$ 的夹角 θ（图 5-36（a））。

解： 如图 5-36（a）所示，假设直线 MN 与 $\triangle ABC$ 平面交于点 K，过直线上任一点 E 向 $\triangle ABC$ 平面作垂线与它相交于点 F。连接 KF，则 $\angle EKF$ 即为所求的 θ 角。图中看出，$\theta = 90° - \delta$，求出 δ 角，也就知道了 θ 角。所以当 δ 角绕平面 EFK 内的某一水平轴旋转到与水平面平行时，即可求出 δ 的实际大小。

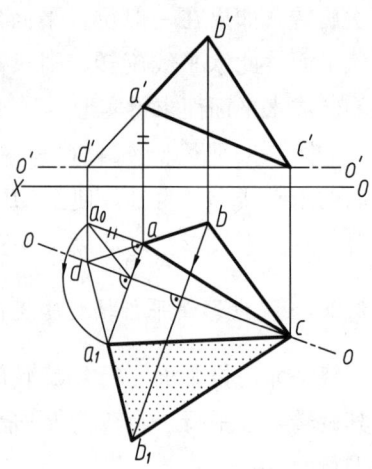

图 5-35 求三角形平面实形

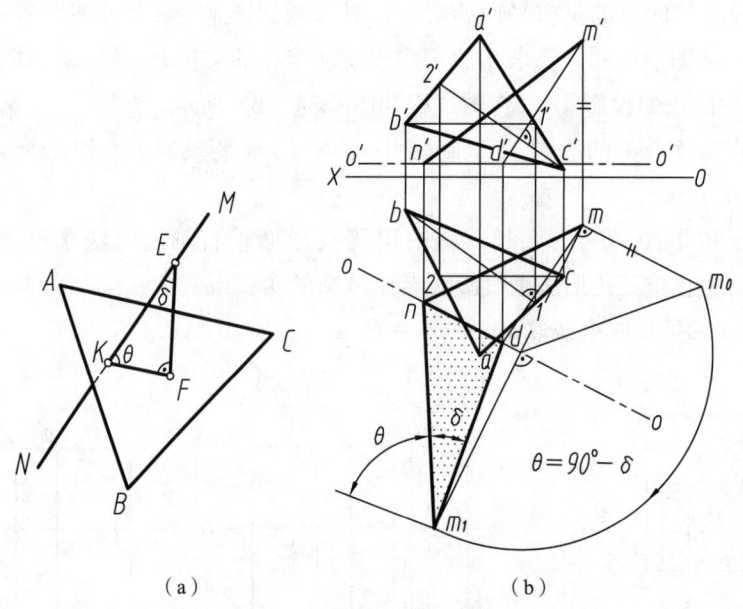

(a)   (b)

图 5-36 用绕投影面平行轴旋转法求直线与平面的夹角

从上面的分析可知，在作图时只要用绕水平轴旋转的方法求出直线 EK 和只需 EF 所组成的余角 δ 的真实大小，即可据此得出夹角 θ 得大小。至于交点 K 和 F 不用求出，可使作图大为简化。作图过程如图 5-36（b）所示。

(1) 过点 M 作 $\triangle ABC$ 平面的垂线 MD。为此，作 MD 的正面投影 $m'd'$ 垂直于正平线的正面投影 c'_2，MD 的水平投影 md 垂直于水平线的水平投影 $b1$。

(2) 过点 n' 作平行于 OX 轴的直线交于 d'，得 $\triangle MDN$（mnd、$m'n'd'$），选水平旋转轴通过水平线 ND（nd、$n'd'$）。

（3）求出点 M 绕水平轴旋转后的新投影 m_1，点 N、D 位于旋转轴上，位置不变。则△ndm_1 就是△MDN 的实形，∠nm_1d 就是 δ 角。

如果此题采用绕垂直轴旋转的方法来作，需要旋转三次，作图过程如图 5-37 所示。

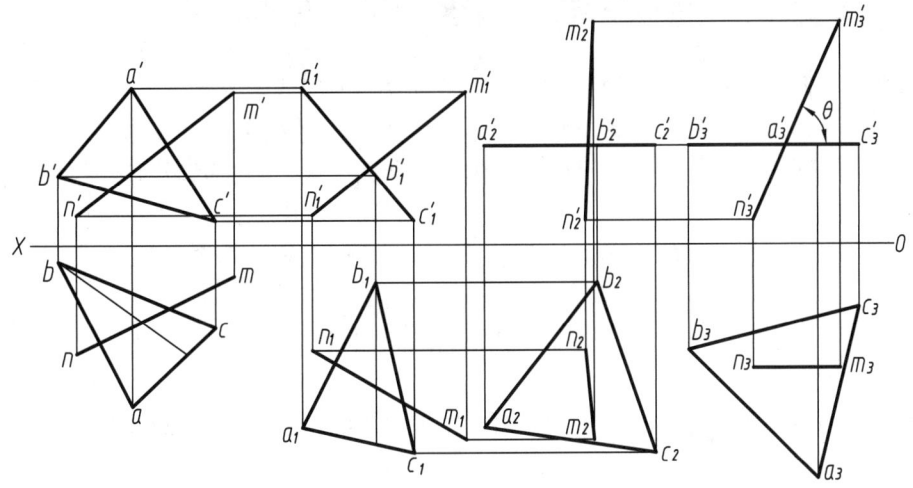

图 5-37　用绕垂直轴旋转法求直线与平面的夹角

第六章 基本立体

大多数机器零件都可以看做是由若干个基本立体所组成,基本立体是由若干表面所围成的几何体,按其表面的几何形状不同分为两类:表面全部为平面的立体叫做平面立体;表面为曲面或既有曲面又有平面的立体叫做曲面立体,当曲面为回转面时又叫做回转体。

本章将讨论基本立体的投影及三视图、立体表面取点等基本作图问题。

6.1 平面立体

表面全部为平面围成的立体叫做平面立体,常用的是棱柱体和棱锥体。平面立体包含了下列几何元素:

表面——一组封闭的多边形平面。

棱线——直线段,为表面的边界线及两相邻表面的交线。

顶点——棱线的端点及相关表面的公共点。

因此,绘制平面图形的投影就是正确地绘制一组平面图形、棱线和顶点的投影。

一、棱柱体

1. 棱柱的形成

棱柱体可以看成是由一个平面多边形沿某一与其相交或垂直的直线移动一段距离 L (称为拉伸)形成,如图6-1所示。

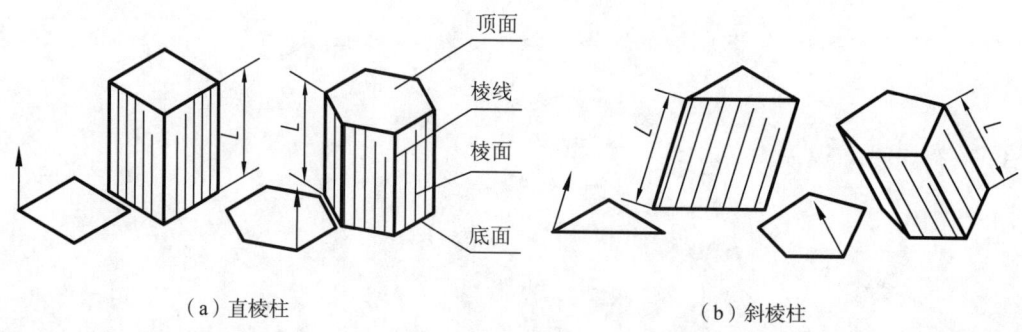

(a) 直棱柱　　　　　　　　　　　(b) 斜棱柱

图6-1 棱柱的形成

形成棱柱的原平面多边形称为底面和顶面,其余各面称为棱面,相邻两棱面的交线称为棱线,各棱线相互平行且相等。棱线垂直于底面的称为直棱柱,如图6-1(a)所示。棱线与底面斜交的称为斜棱柱,如图6-1(b)所示。

2. 棱柱的投影

图 6-2（a）所示为一正五棱柱，当它与投影面相对位置确定后，棱柱上几何元素相对投影面的位置就确定了。这时，它的顶面和底面都是水平面，分别由四条水平线 EA、AB、BC、CD 和一条侧垂线 DE 组成，其水平投影反映实形，正面投影和侧面投影积聚为直线，平行于投影轴；它的棱面是由四个铅垂面和一个正平面组成，其水平投影分别积聚为直线，与顶面五边形的水平投影重合，四个铅垂面的正面投影和侧面投影都是矩形，面积缩小，那个正平面的正面投影反映实形，侧面投影积聚为一直线；它的棱线如五条铅垂线，水平投影分别积聚在五边形的顶点上，正面投影和侧面投影反映实长，平行于投影轴，图 6-2（b）所示为正五棱柱的投影图。

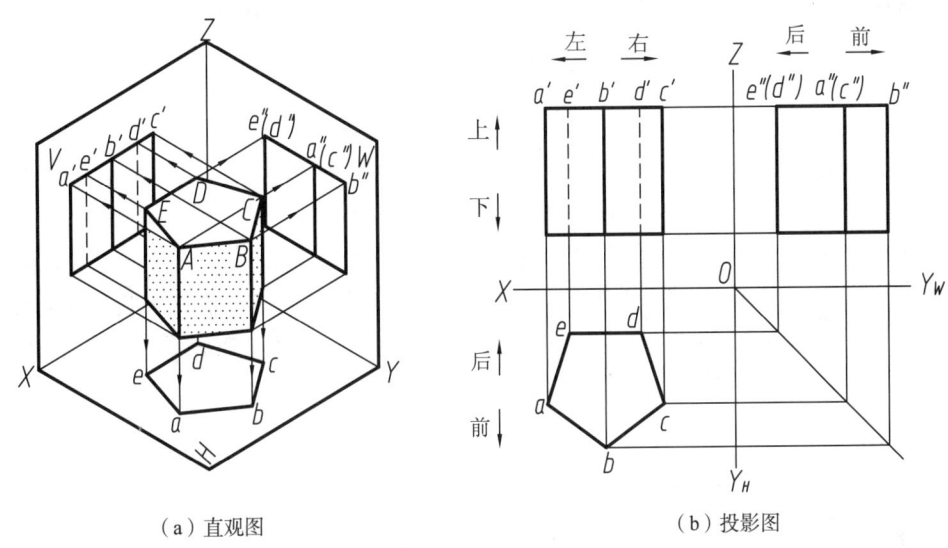

（a）直观图　　　　　　　　（b）投影图

图 6-2　五棱柱的投影

在绘制和阅读立体的投影图时，除了要遵守点、线、面的投影规律外，应特别注意以下几点：

（1）以平面图形为线索，重点分析各表面的形状、位置及投影关系。
（2）根据立体的投影，分析立体的上下、左右、前后关系。
（3）利用投影关系和重影点的作图方法，分清表面的可见性与棱线的可见性。

还要注意可见表面的边界棱线一定可见，两个不可见表面的交线（棱线）一定不可见。

国家标准规定，可见轮廓线用粗实线画出，不可见轮廓线用虚线画出。

3. 棱柱的三视图及投影规律

国家标准规定，用正投影法绘制的物体的图形称为视图，因此，物体的三面投影又叫做三视图，即主视图、俯视图、左视图。三视图与三面投影之间的对应关系如下：

主视图——物体的 V 面投影，为由前向后投射得到的视图；
俯视图——物体的 H 面投影，为由上向下投射得到的视图；

左视图——物体的 W 面投影，为由左向右投射得到的视图。

由于三视图的形状和大小是由物体的形状和大小决定的，与物体到投影面距离的大小无关，因此，画三视图时，投影轴可以省略不画，如图 6-3 所示。虽然不画投影轴，画图时必须严格遵守三视图的投影规律，即：

主视图与俯视图——长对正，即沿 OX 轴方向的长度尺寸相等且对正；

主视图与左视图——高平齐，即沿 OZ 轴方向的高度尺寸相等且平齐；

俯视图与左视图——宽相等，即沿 OY 轴方向的宽度尺寸相等。

如果按三视图的投影规律作图，三视图所反应的物体的位置关系一定为如下关系：

主视图——反映物体上下、左右的位置，反映物体的高度和长度尺寸；

俯视图——反映物体前后、左右的位置，反映物体的宽度和长度尺寸；

左视图——反映物体上下、前后的位置，反映物体的高度和宽度尺寸。

4. 棱柱表面上取点

在平面立体表面上取点，首先必须分清它们位于哪一个表面，所对应的已知投影在视图中哪一个封闭线框内，是可见还是不可见，然后利用平面内取点取线的作图方法，求出点在其他投影面上的投影，并表明可见性。

如图 6-4 所示，已知表面上点 K 的 V 面投影 k'，且 k' 可见，故点 K 必在前面左边的棱面上，利用该平面投影的积聚性，由 k' 求出 k；利用宽相等，高平齐投影关系由 k、k' 求出 k''。又已知点 M 的水平投影 m，且 m 不可见，故点 M 必在底面上，利用该平面投影的积聚性，由 m 求出 m'，利用宽相等，高平齐投影关系由 m、m' 求出 m''。

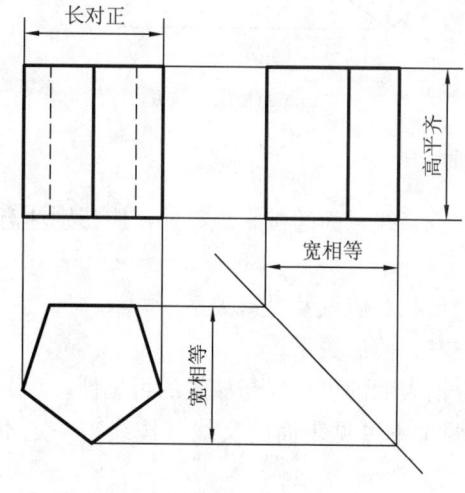

图 6-3 五棱柱的三视图

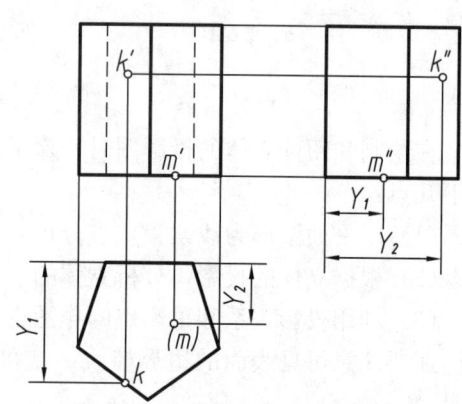

图 6-4 五棱柱表面取点

二、棱锥体

1. 棱锥的形成

棱锥体可以看成是由一个平面多边形沿某一与其相交或垂直的直线移动，同时各边按各自相同的比例线性缩小或放大（称为变截面拉伸）而形成，如图 6-5 所示。

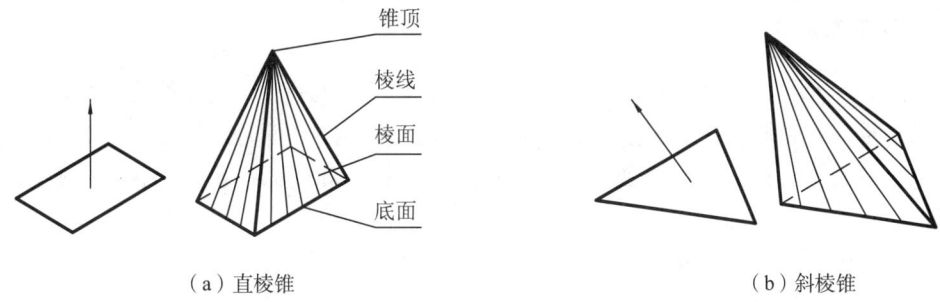

（a）直棱锥　　　　　　　　　　　　　（b）斜棱锥

图 6-5　棱锥的形成

形成棱锥的原平面多边形称为底面，其余各面称为棱面，相邻两棱面的交线称为棱线，各棱线交于一点，称为锥顶。当移动方向垂直于底面的称为直棱锥，如图 6-5（a）所示。当移动方向倾斜于底面的称为斜棱锥，如图 6-5（b）所示。

2. 棱锥的投影及三视图

图 6-6（a）所示为一正三棱锥，当它与投影面相对位置确定后，棱锥上几何元素相对投影面的位置就确定了。这时，它的底面是水平面，其中 AB、BC 为水平线，AC 为侧垂线，水平投影反映水平面等边三角形 ABC 的实形，正面投影和侧面投影积聚为一条线，平行于投影轴；三个棱面中，三角形 SAB、SBC 为一般位置平面，三面投影具有类似形。SAC 为侧垂面，侧面投影积聚为一条直线，正面投影和水平投影具有类似形；三条棱线中，SA、SC 为一般位置直线，三面投影都倾斜于投影轴，SB 为侧平线，侧面投影反映实长，正面投影和水平投影平行于投影轴，长度缩短。如图 6-6（b）所示为正三棱锥的投影图，图 6-7 所示为正三棱锥的三视图。

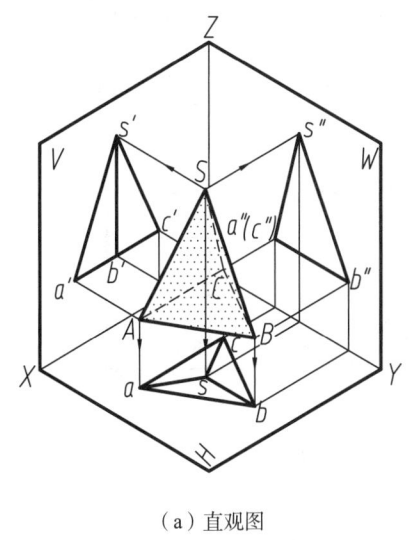

（a）直观图

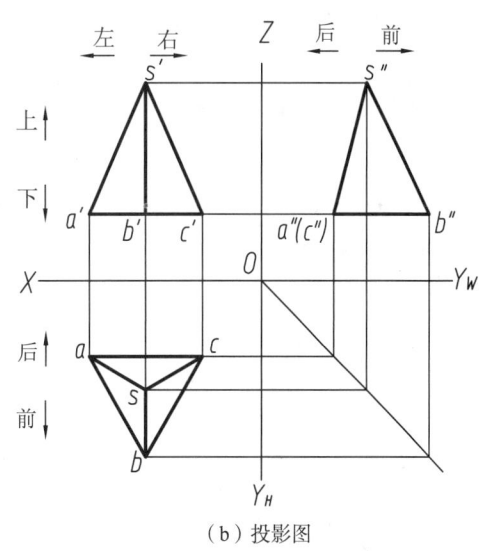

（b）投影图

图 6-6　棱锥的投影

3. 棱锥表面取点

如图 6-8 所示,给出了三棱锥的三视图,已知表面上点 K 的正面投影 k' 可见,求出其水平投影 k 和侧面投影 k''。从图中可见,正三棱锥的底面是水平面,左、右棱面是一般位置平面,后棱面为侧垂面。除了底面的正面投影和侧面投影、后棱面的侧面投影有积聚性外,三个棱面的水平投影都可见,底面的水平投影不可见;左右棱面的正面投影可见,后棱面的正面投影不可见;左棱面的侧面投影可见,右棱面的侧面投影不可见。根据 k' 的位置和在正面投影的可见性,故点 K 在 SAB 棱面上。

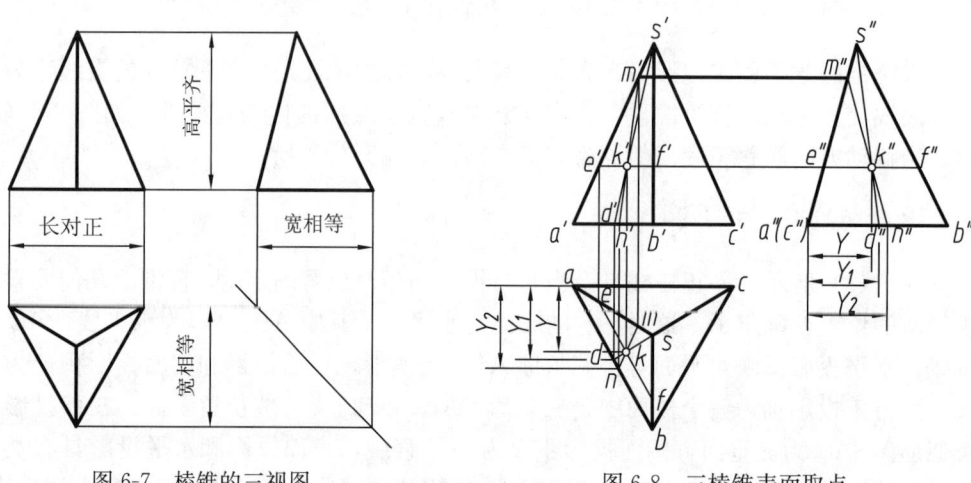

图 6-7 棱锥的三视图　　　　图 6-8 三棱锥表面取点

因此,该立体表面取点的问题转化成了在平面 SAB 上求点 K 的投影作图问题。故可利用面上辅助线 SD(过锥顶的直线)或 EF(平行于底边 AB 的直线)或 MN(平面内任意直线)来求得点 K 的水平投影 k,根据宽相等,高平齐投影关系由 k、k' 求出 k''。

[例 6-1] 补画斜三棱柱的左视图,并求作表面 M、N 两点的其他两个投影,如图 6-9(a)所示。

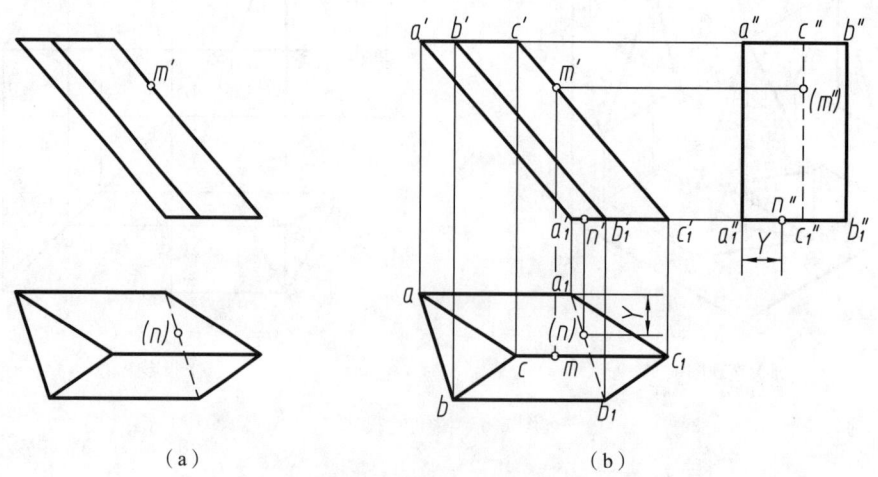

(a)　　　　　　　　　(b)

图 6-9 斜三棱锥三视图及表面取点

解：从已知视图中可以看出：斜三棱柱的顶面和底面都是水平面，三个棱面都是一般位置平面，三条棱线都是正平线，点 M 在 CC_1 棱线上，点 N 在底边直线 A_1B_1 上。作图过程如图 6-9（b）所示：

（1）按点、线、面的投影规律作出斜三棱柱的左视图。

（2）由点 M 的正面投影 m' 作投影线，使点 M 的水平投影 m 投在 cc_1 上，侧面投影 m'' 投在 $c''c_1''$ 上，为不可见。

（3）由点 N 的水平投影（n）作投影线，使点 N 的正面投影 n' 在 $a_1'b_1'$ 上，根据高平齐、宽相等，由 n、n' 求出侧面投影 n''。

[**例 6-2**] 补画斜四棱锥的左视图，并求作表面 M、N 两点的其他两个投影，如图 6-10（a）所示。

解：从已知视图中可以看出：斜四棱锥的底面是水平面，四个棱面都是一般位置平面，前后对称；四条棱线中，SA、SC 为正平线，SB、SD 为一般位置直线；点 M 的水平投影可见，在棱面 SAD 上，点 N 的水平投影不可见，在底面。作图过程如图 6-10（b）所示。

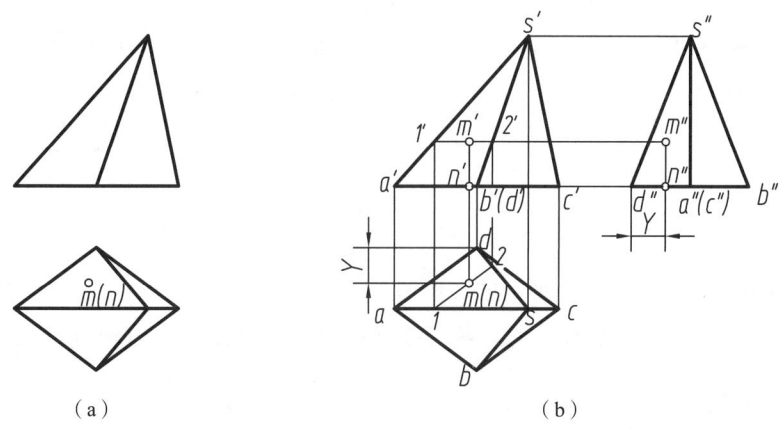

图 6-10 斜四棱锥三视图及表面取点

（1）按点、线、面的投影规律作出斜四棱锥的左视图。

（2）过点 M 的水平投影 m 作平行于底边的平行线ⅠⅡ（12，$1'2'$），作投影线使点 M 的正面投影 m' 投在 $1'2'$ 上，根据高平齐、宽相等由 m、m' 求出侧面投影 m''。

（3）由点 N 的水平投影（n）作投影线，使点 N 的正面投影 n' 投在底平面有积聚性的投影上，根据"三等"关系，由 n、n' 求出侧面投影 n''。

6.2 常见回转体

表面由曲面围成或由曲面和平面围成的立体叫曲面立体，曲面立体常用的是回转体，常用的回转体是圆柱体、圆锥体、圆球和圆环。

回转体是表面有回转面的立体，回转面是直线或曲线以一直线为轴旋转所形成的曲面。回转体可以看成是以直线或曲线为封闭边界的平面（称为动平面）绕与其共面的轴线回转一周所形成的立体。运动的直线或曲线称为母线,处于回转面上任意位置的母线称为素线,素线上每一点的运动轨迹都是垂直于旋转轴的圆,称为纬圆,如图 6-11 所示。

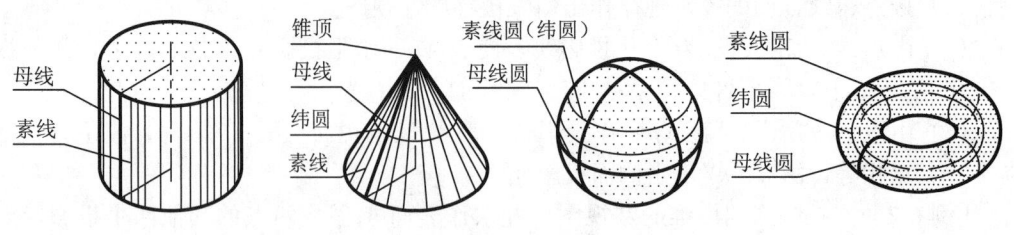

图 6-11 常见回转体

绘制回转体的视图,就是绘制回转体的轮廓线(如圆柱顶面与柱面的交线圆)、尖点(如圆锥的锥顶)的投影和曲面转向轮廓线的投影。

所谓转向轮廓线,即为投射线与回转面的切点的连线。相对某投影面的转向轮廓线就是离平行于该投影面的轴线两侧最远的素线,是对该投影面可见与不可见的分界线。

回转体表面没有明显的棱线,在绘图和看图时,要抓住回转体的形成规律和它们的转向轮廓线的投影。

一、圆柱体

1. 圆柱体的形成

圆柱体由圆柱面和两个底面组成。圆柱面可看成由一条直母线 AA_1 绕与它平行的轴 OO_1 旋转而成,圆柱的素线是与轴线相平行的直线,如图 6-12(a)所示。

2. 圆柱体的三视图

如图 6-12(b)所示,当圆柱体的轴线垂直于 H 面时,圆柱面在 H 面上的投影积聚为一个圆,在 V 面上的投影为圆柱面上最左轮廓素线 AA_1 和最右轮廓素线 BB_1(称为正视转向轮廓线)的投影,在 W 面上的投影为圆柱面上最前轮廓素线 CC_1 和最后轮廓素线 DD_1(称为侧视转向轮廓线)的投影;圆柱体的上、下底面为水平圆,H 面上投影反映实形,另两个面上的投影积聚为直线,平行于投影轴。从图中可以看出,曲面的转向轮廓线是曲面投影可见与不可见的分界线。

如图 6-12(c)所示为圆柱体的三视图。正视转向轮廓线 AA_1、BB_1 把圆柱面分为前、后两半,前半可见,后半不可见,它在主视图中用粗实线画出,它在左视图中与轴线的侧面投影重合,不必画出,它在俯视图中积聚在圆周的最左、最右点;侧视转向轮廓线 CC_1、DD_1 把圆柱分为左、右两半,左半可见,右半不可见,它在左视图中用粗实线画出,它在主视图中与轴线的正面投影重合,不必画出,它在俯视图中积聚在圆周的最前、最后点。

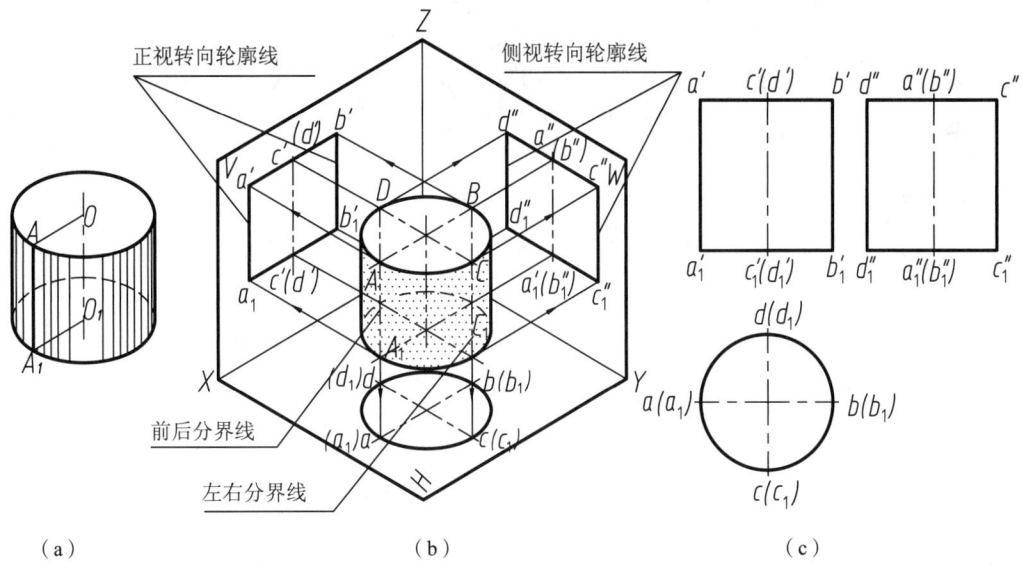

图 6-12 圆柱体的形成及三视图

3. 圆柱体表面取点

如图 6-13 所示,已知圆柱面上点 M 的正面投影 m' 和点 N 的侧面投影 (n''),要求 M、N 的其余二面投影。

由 m' 可见和 (n'') 的不可见得知,点 M 位于前半圆柱面的左边,点 N 位于右半圆柱面的后边。利用圆柱面的水平投影的积聚性由 m' 求出 m,再利用"三等"关系求得 m''。同理利用积聚性和"三等"关系由 n'' 求出 n,再由 n、(n'') 求得 (n')。

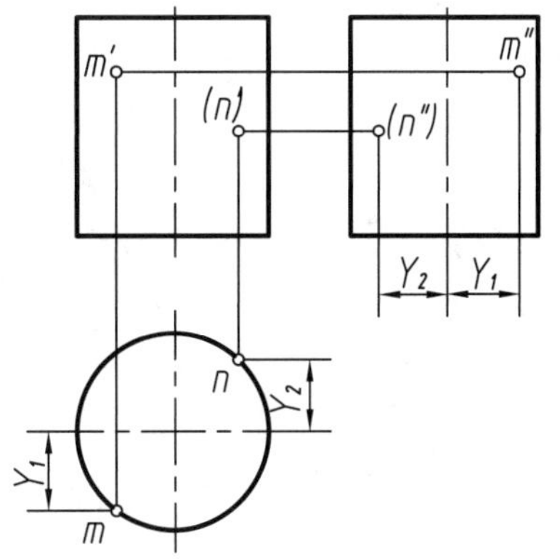

二、圆锥体

图 6-13 圆柱体表面上取点

1. 圆锥体的形成

圆锥体由圆锥面和一个底面组成。如图 6-14(a)所示,圆锥面可看成是直母线 SA 绕与它相交的轴线 SO 旋转而成。圆锥的素线是过锥顶的任一直线。

2. 圆锥体的三视图

如图 6-14(b)所示,当圆锥体的轴线垂直于 H 面时,其俯视图为圆,主视图及左视图为两个全等的等腰三角形,三角形的底边为底圆的投影,两个腰分别为圆锥面转向轮廓线的投影。圆锥面的三个投影都没有积聚性。图 6-14(c)所示为圆锥体的三视图。圆锥面可见性判断问题与圆柱面的分析方法相同。

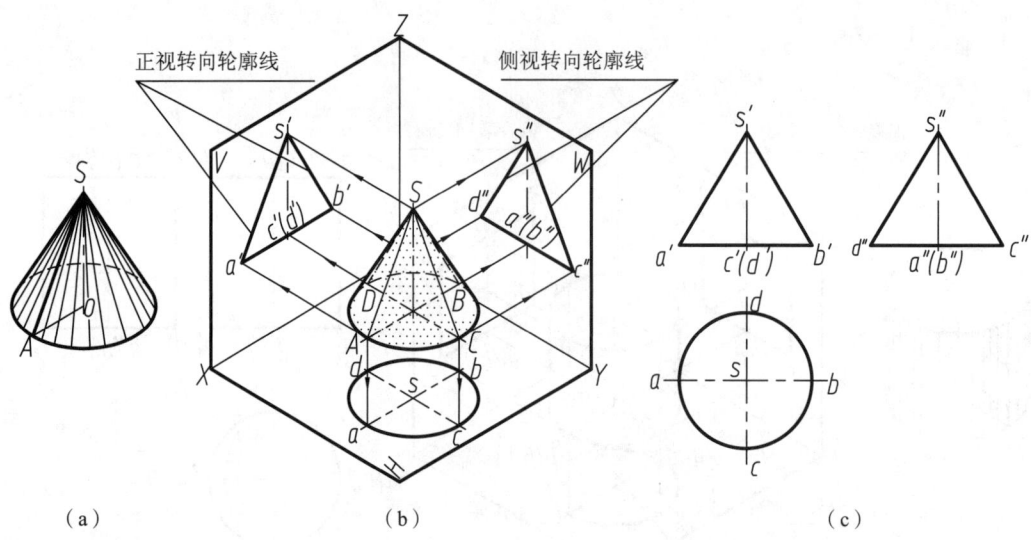

图 6-14 圆锥体的形成及三视图

3. 圆柱体表面取点

已知圆锥面上点 K 的正面投影 k'，求点 K 的其余两个投影。点 K 位于前半个锥面的左边的锥面上，由于圆锥面的三个投影没有积聚性，不能直接求得其他投影，但点 K 一定位于过锥顶的一条直线上，或在一个垂直于轴线平行于底面的纬圆上，如图 6-15（a）所示。因此，在圆锥表面取点可采用以下两种方法。

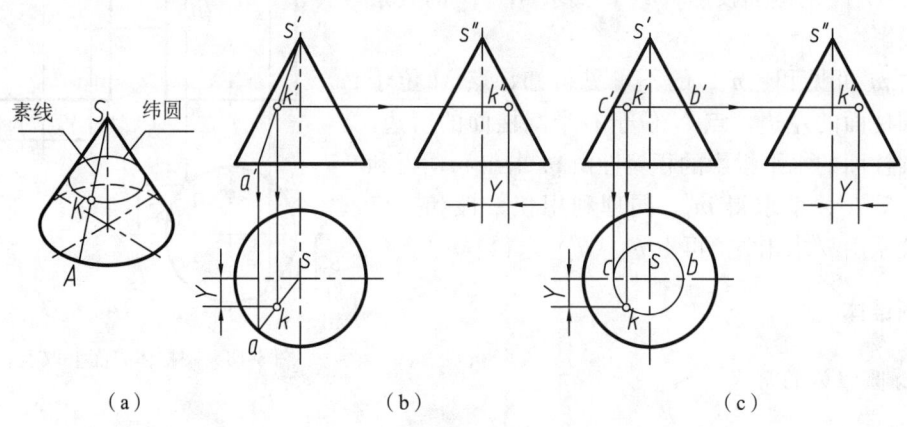

图 6-15 圆锥体表面取点

（1）辅助素线法：如图 6-15（b）所示，通过点 K 和锥顶 S 作素线 SA 的正面投影 $s'a'$ 和水平投影 sa，利用直线上点的投影特性，求出 k。利用"三等"关系求出 k''。

（2）辅助纬圆法：如图 6-15（c）所示，通过点 K 在圆锥面上作直径为 CD 的纬圆的正面投影 $c'd'$ 和水平投影（圆），再作出点 K 在该纬圆上的水平投影 k，利用"三等"关系求出 k''。

三、圆球

1. 圆球的形成

圆球由球面围成。如图 6-16（a）所示，球面可看成是圆母线绕其直径 OO_1 旋转而成。

2. 圆球的三视图

如图 6-16（b）、(c) 所示，圆球的三个视图均为大小相等的圆（圆的直径和球的直径相等），它们分别是球的三个方向的转向轮廓圆 A、B、C 的投影。从图 6-16（c）中可看出，球的正视转向轮廓线 a' 是主视图上球面前半球与后半球可见部分与不可见部分的分界线，其对应投影 a 和 a'' 都与相应视图上的中心线重合不必画出；球的水平转向轮廓线 b 是俯视图上球面上半球与下半球可见部分与不可见部分的分界线，其对应投影 b' 和 b'' 都与相应视图上的中心线重合不必画出；球的侧视转向轮廓线 c'' 是左视图上球面左半球与右半球可见部分与不可见部分的分界线，其对应投影 c 和 c' 都与相应视图上的中心线重合不必画出。

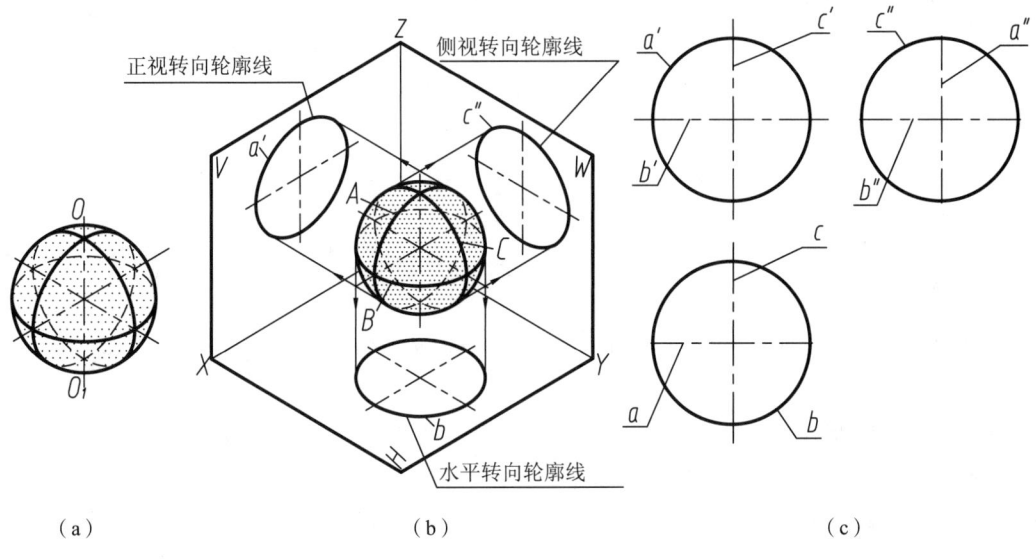

图 6-16 圆球的形成及三视图

3. 圆球表面取点

如图 6-17 所示，已知球面上点 D 的正面投影 d'，求点 D 的其余两个投影。根据点 D 的正面投影 d' 的位置和可见性判断，点 D 在球的上半部的右边的前面的表面上。其水平投影可见，侧面投影不可见。

在圆球面上取点只能采用辅助纬圆法。通过点 D 可以作无数个纬圆，为了便于作图，可以用平行于 H 面的水平圆、平行于 V 面的正平圆、平行于 W 面的侧平圆作为辅助纬圆。其作图过程如下：

(1) 如图 6-17（a）所示，作平行于 H 面的辅助水平圆。过 d' 作该水平圆的正面投影 $1'2'$，$1'2'$ 为水平圆的直径，作出反映水平圆实形的水平投影，点 D 的水平投影 d 在该圆上，利用"三等"关系，求出 d、(d'')。

(2) 如图 6-17（b）所示，作平行于 V 面的辅助正平圆。以正面投影圆的中心到 d' 的距离为半径画圆交水平直径于 $3'4'$，根据投影关系作正平圆的水平投影 34 直线，点 D 的水平投影 d 在该直线上，利用"三等"关系，求出 d、(d'')。

(3) 如图 6-17（c）所示，作平行于 W 面的辅助侧平圆。作图过程请读者对照图自行分析。

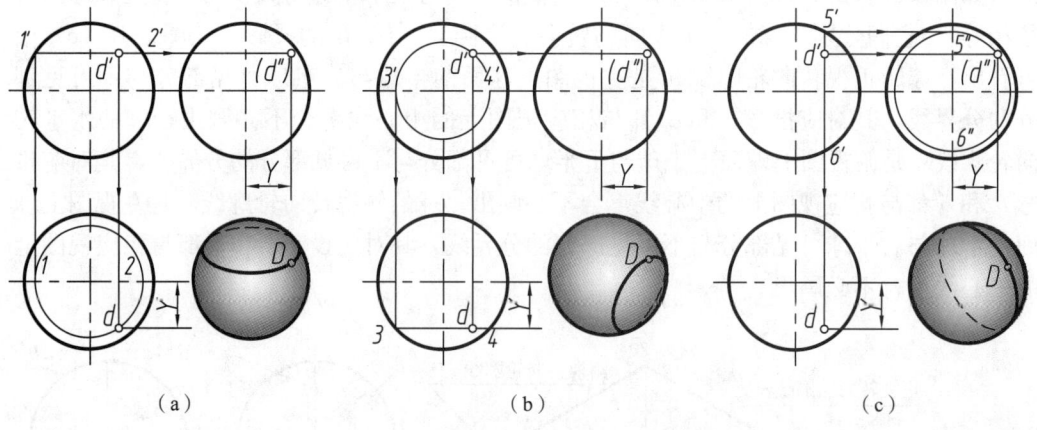

图 6-17　圆球表面取点

四、圆环

1. 圆环的形成

圆环面由一圆母线绕与其共面但不通过圆心的轴线 OO_1 旋转而成，如图 6-18 所示，由远离轴线的半圆 ABC 形成的表面，称为外环面，由靠近轴线的半圆 ADC 形成的表面称为内环面。由 BAD 半圆形成的表面称为上环面，由 BCD 半圆形成的表面称为下环面。

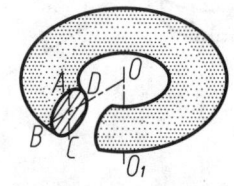

图 6-18　圆环的形成

2. 圆环的三视图

图 6-19（a）所示为铅垂轴线的圆环，在旋转过程中，其圆母线始终处于铅垂位置且与轴共面，母线上各点的运动轨迹均为垂直于轴线的水平纬圆。

图 6-19（b）所示为圆环的三视图：圆环的俯视图，是圆母线上离轴线最远点和最近点旋转形成的最大和最小纬圆的投影，中心线圆表示圆母线的圆心运动轨迹；圆环的主视图中左右两个小圆是平行于 V 面的两个素线圆的投影，而上、下两条直线则是圆母线上最高点和最低点旋转而成的水平圆的正面投影，它们都是圆环面的正面投影的转向轮廓线；圆环的左视图与主视图相似，分析略。

主视图中，前半个圆环面的外圆环面可见，俯视图中，上半个圆环面可见，左视图中左半个圆环面的外圆环面为可见。

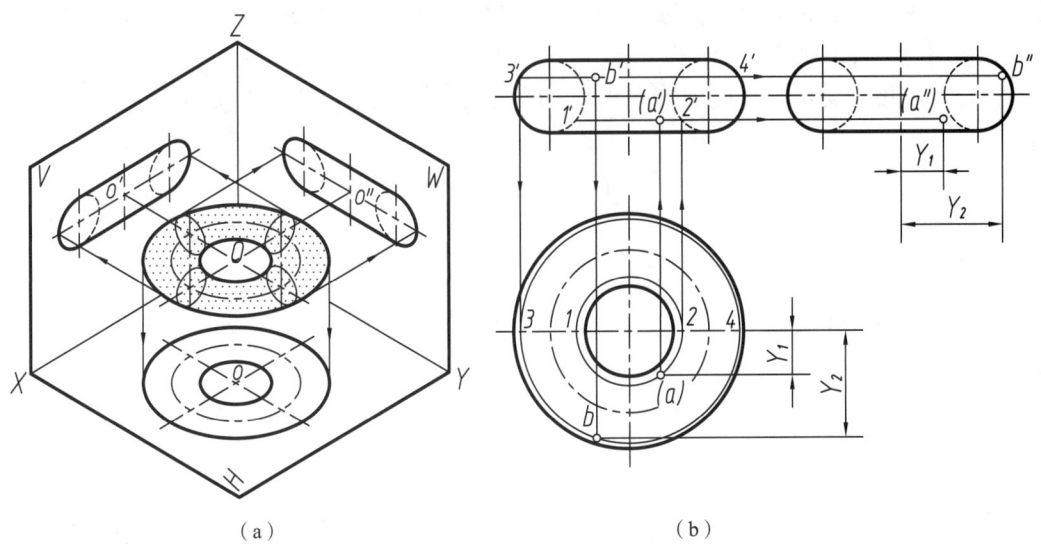

（a） （b）

图 6-19 圆环的三视图及表面取点

3. 圆环表面取点

如图 6-19（b）所示，已知圆环面上点 A 的水平投影 a，不可见，点 B 的正面投影 b'，求它们的其余两个投影。根据点 A 的水平投影（a）的位置和可见性判断，点 A 在圆环的下半环的前半环内环面的右半环面上，其正面投影不可见，侧面投影也不可见。根据点 B 的正面投影 b 的位置和可见性判断，点 B 在圆环的上半环的前半环外环面的左半环面上，其水平投影可见，侧面投影也可见。

在圆环面上取点只能采用辅助纬圆法，该纬圆一定是垂直于轴线的圆。作图过程如图 6-19（b）所示。

（1）过点 A 作辅助水平圆。过水平投影 a 作直径为 12 的圆，求出该圆的正面投影 1'2'直线，利用"三等"关系，求出（a'）、（a"）。

（2）过点 B 作辅助水平圆。过正面投影 b' 作辅助水平圆的正面投影，为 3'4' 的直线，求出辅助水平圆的水平投影，该圆的直径为 34，利用"三等"关系，求出 b、b"。

[例 6-3] 如图 6-20 所示，已知斜圆锥表面点 M 的水平投影和点 N 的正面投影，求它们的其余两个投影。

解：圆锥表面取点可采用纬圆法和素线法，在此题中，由于纬圆的圆心位置无法确定，采用素线法可方便作图。点 M 在圆锥的前半个锥面的左边部分，正面投影和侧面投影都可见。点 N 在圆锥的最后素线上，水平投影和

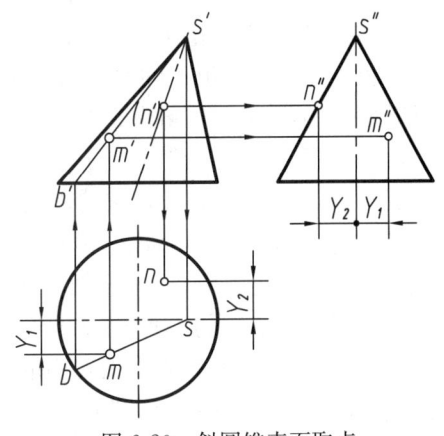

图 6-20 斜圆锥表面取点

侧面投影都可见。作图过程如下：

（1）先求出锥顶的水平投影 s，通过点 M 作过锥顶的素线 SB（sb，$s'b'$），m' 在 $s'b'$ 上，利用"三等"关系求出 m''。

（2）按投影关系，直接求出点 N 的侧面投影 n''，利用"三等"关系求出 n。

6.3　组合回转体和拉伸体

一、组合回转体

由几个回转面同轴而形成的立体称为组合回转体。这种立体广泛应用在机械工程实际中。

1. 组合回转体的形成

组合回转体可以看成是以直线和曲线组成或曲线和曲线组成的多段线为封闭边界的平面（称为动平面）绕与其共面的轴线旋转一周所形成的立体。当轴线为动平面上的一个边时，旋转成实心回转体，如图 6-21（a）所示。当轴线与动平面相离时，旋转成空心回转体，如图 6-21（b）所示。

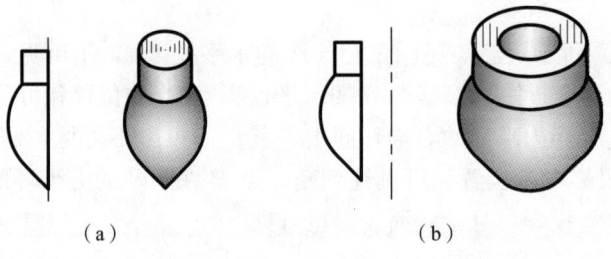

图 6-21　组合同轴回转体的形成

2. 组合回转体的视图

画组合回转体的视图与画基本回转体类似，需要画出轴线、轮廓线和转向轮廓线。当母线为圆弧和直线相切或圆弧和圆弧相切时，可以根据圆弧和直线相对于轴线的位置，判断出这些线所形成的回转面是属于哪种性质的回转面，可用细实线表示出不同性质回转面间的分界线，如图 6-22 所示。当不需判断回转面的分界面时，这些细实线不用画出。当回转面与回转面或与平面相交时，必须画出交线的投影。

图 6-23 所示为一阀杆，它的表面由小圆柱面（母线为 AB）、环面（母线为 BC，它是内环面的一部分）、中平面（由垂直于轴线的 CD 直线形成）、圆锥面（母线为 DE）、大圆柱面（母线为 EF）及顶平面、底平面组合而成。在画组合回转体视图时，在不同的视图上要画出不同的外形轮廓线，尽管有的视图是相同的（如图中的主视图和左视图），但表示的组合回转体的回转面的位置不同。对各回转面光滑过渡（相切）处的轮廓线不必画出，如图中的 C 圆的水平投影及 B 圆的正面投影。

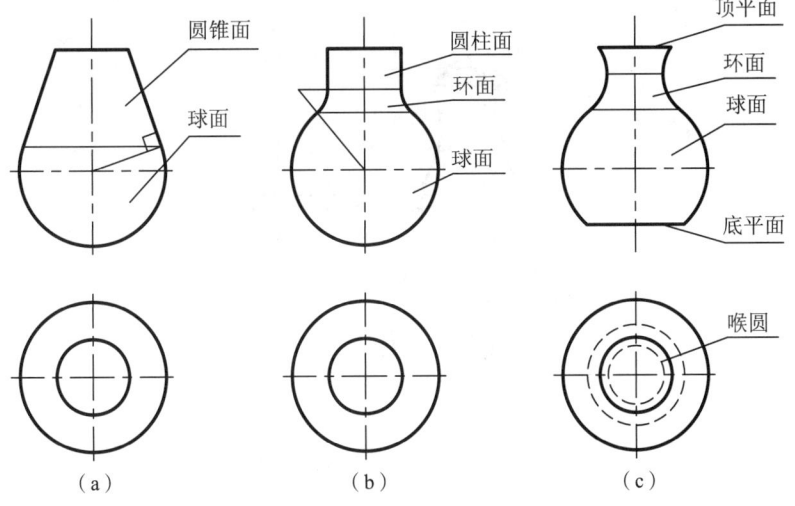

图 6-22 组合回转体的视图

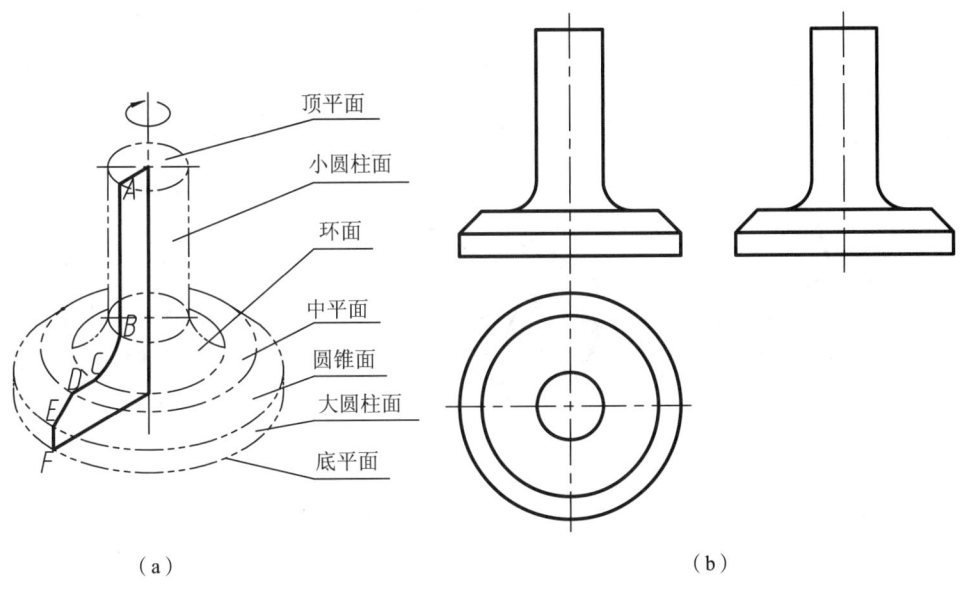

图 6-23 阀杆的三视图

3. 组合回转体表面取点

在组合回转体表面取点,可根据各回转面的基本性质和它的图示特点,参照圆锥表面纬圆法求面上点的方法。

如图 6-24 所示,已知回转面上点 A 的水平投影 a 和抛物回转面上点 B 的正面投影 (b'),可利用已知投影点在回转面上取纬圆的作图方法求出这两个点的其他两个投影。作图过程请读者自行分析。

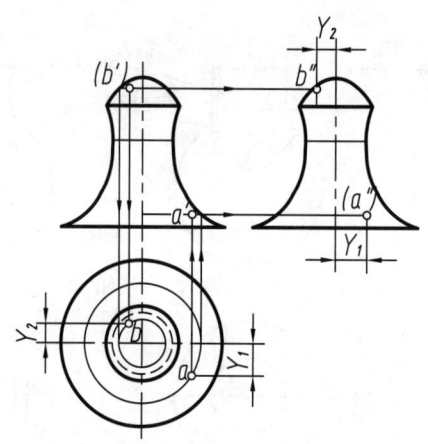

图 6-24 组合回转体表面取点

二、拉伸体

1. 拉伸体的形成

拉伸体可以看成是以直线和曲线组成的多段线为封闭边界的平面（称为动平面）沿其法线方向平移一定距离所形成的立体，如图 6-25 所示。

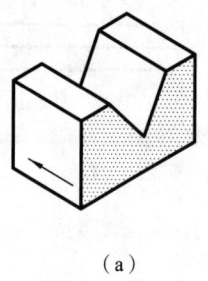（a） 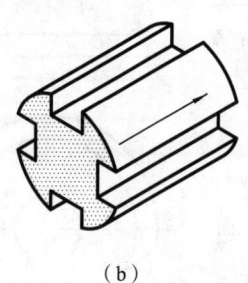（b） 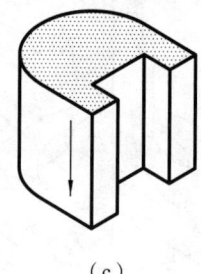（c）

图 6-25 拉伸体的形成

2. 拉伸体的三视图

拉伸体可看成是柱体，与柱体的画法相同，首先画出两端面（即动平面）的三个投影，再画出各棱线的投影，并表明判别可见性。

如图 6-26（a）所示，该拉伸体的动平面为正平面，是由八条直线段组成，拉伸后的立体有八条棱线，可看成是一个八棱柱，具体作图过程如下：

（1）画出动平面 P 的三面投影，根据沿 Y 方向的平移距离（该立体的宽度）画出动平面平移动后的投影，如图 6-26（b）所示。

（2）按投影关系画出各棱线的水平投影和侧面投影，并表明判别可见性。完成该立体的三视图，如图 6-26（c）所示。

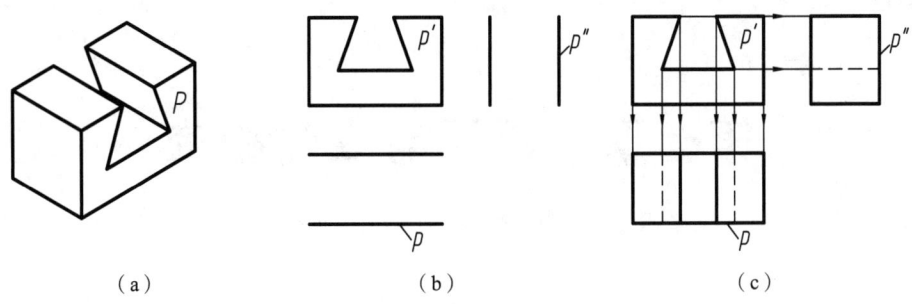

图 6-26 画拉伸体的三视图

第七章 平面与立体相交

实际的机器零件往往不是完整的基本立体,而是经截切的基本形体,如图 7-1 所示。

平面与立体表面相交,可以看成是立体被平面截切,该平面被称为截平面,在立体表面产生的交线称为截交线,由截交线围成的平面图形称为截断面。研究平面与立体相交,其目的是求截交线的投影和截断面的实形。

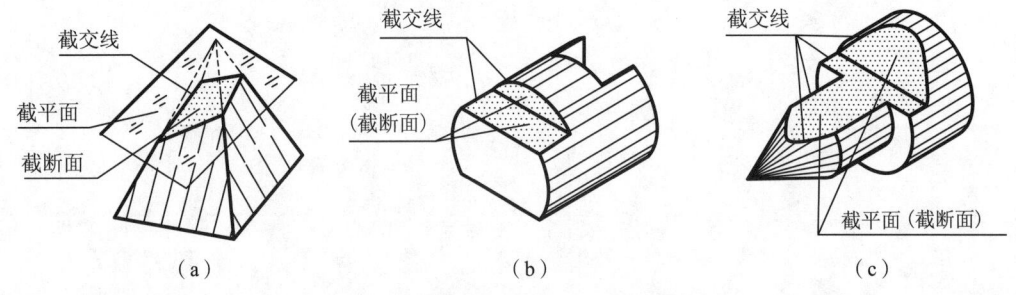

图 7-1 平面与立体相交及截交线

由于立体的形状和截平面与立体的相对位置不同,截交线的形状各不相同,但是任何截交线都具有以下两个性质:

(1) 截交线是截平面与立体表面的共有线,是截平面和立体表面共有点的集合。既在截平面上,又在立体表面上。

(2) 截交线一般是由直线、曲线或直线和曲线围成的封闭的平面图形,因此,求截交线就是求截平面与立体表面一系列的共有点,然后依次连接这些点。

7.1 平面与平面立体相交

一、平面立体截交线的特性

(1) 平面立体截交线是截平面与平面立体表面的共有线。
(2) 平面立体截交线是由直线围成的封闭的平面多边形。

多边形的每一边是平面立体的表面与截平面的交线,各顶点是立体棱线与截平面的交点,或是截平面与立体表面交线的端点。

二、求平面立体截交线的方法和步骤

1. 方法

求平面立体的截交线可用以下两种方法。

(1) 棱线交点法：即求出有关棱线与截平面的交点，判别可见性，然后依次相连。

(2) 表面交线法：即求出棱面与截平面的交线，判别各投影的可见性，即得截交线的投影。

采用这两种方法的目的实质是要求出截交线平面多边形的顶点，因此，两种方法有时要结合起来采用。

2. 步骤

求平面立体的截交线一般有下列几个步骤：

(1) 分析平面立体。

① 分析平面立体的原形；

② 分析平面立体被什么位置的平面截切；

③ 分析哪个投影上的截交线为已知，哪个投影上的截交线需要求解，截交线形状如何。

(2) 在已知的投影上直接求出截交线多边形的顶点。

(3) 按投影关系，求出这些顶点的其他投影。

(4) 判别可见性，用直线段依次连接各点。

(5) 整理轮廓线。即去掉被截掉的轮廓线，加深实体轮廓线。

[例 7-1] 图 7-2（a）、(b) 所示的四棱锥被正垂面 P 截切，求其截交线，完成三视图，并求出截断面的实形。

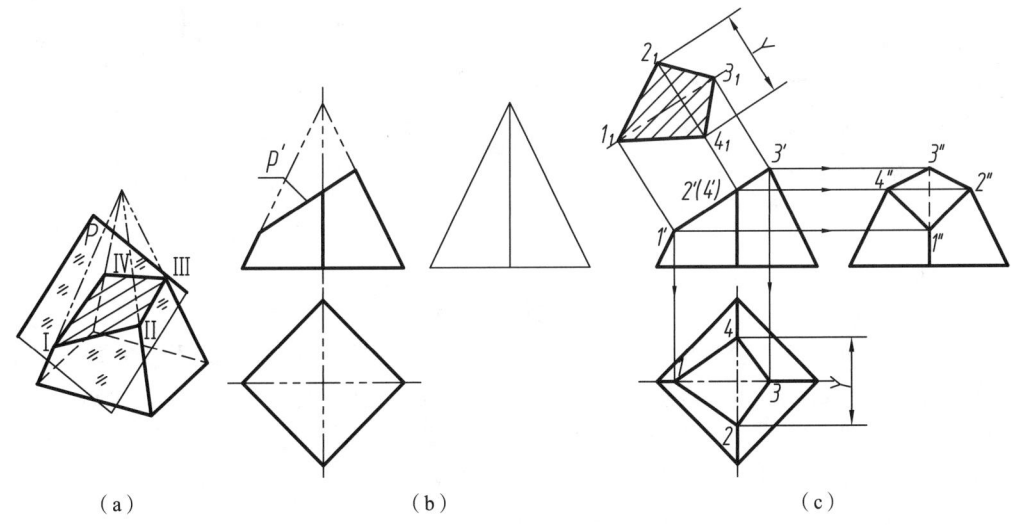

（a）　　　　　　　　（b）　　　　　　　　（c）

图 7-2　四棱锥被正垂面截切

解：截交线为四边形，其顶点是截平面与棱线的交点，可用棱线交点法求解。由于截平面 P 在主视图上有积聚性，故截交线的正面投影为已知。作图过程如图 7-2（c）所示。

(1) 用细实线画出四棱锥原形的侧面投影。

(2) 在已知的正面投影上标出多边形的四个顶点的正面投影 $1'$、$2'$、$3'$、$4'$。该四个点分别在四条棱线上。

(3) 在四条棱线上分别求出各顶点的水平投影 1、2、3、4 和侧面投影 1″、2″、3″、4″。

(4) 用直线将四个顶点的同名投影依次连接得截交线的水平投影和侧面投影，截交线的两个投影都可见。

(5) 整理轮廓线的投影。分析四条棱线的投影（哪一段被截去了，哪一段被保留了），并检查截交线的投影特性（在水平投影和侧面投影上是否为类似形）最后完成截头四棱锥的三视图。

(6) 用换面法求出截断面的实形。图中未画出投影轴，其作图方法请读者参照图自行分析。

[**例 7-2**] 图 7-3 (a)、(b) 所示的十棱柱被正垂面 P 截切，求其截交线，完成三视图，并求出截断面的实形。

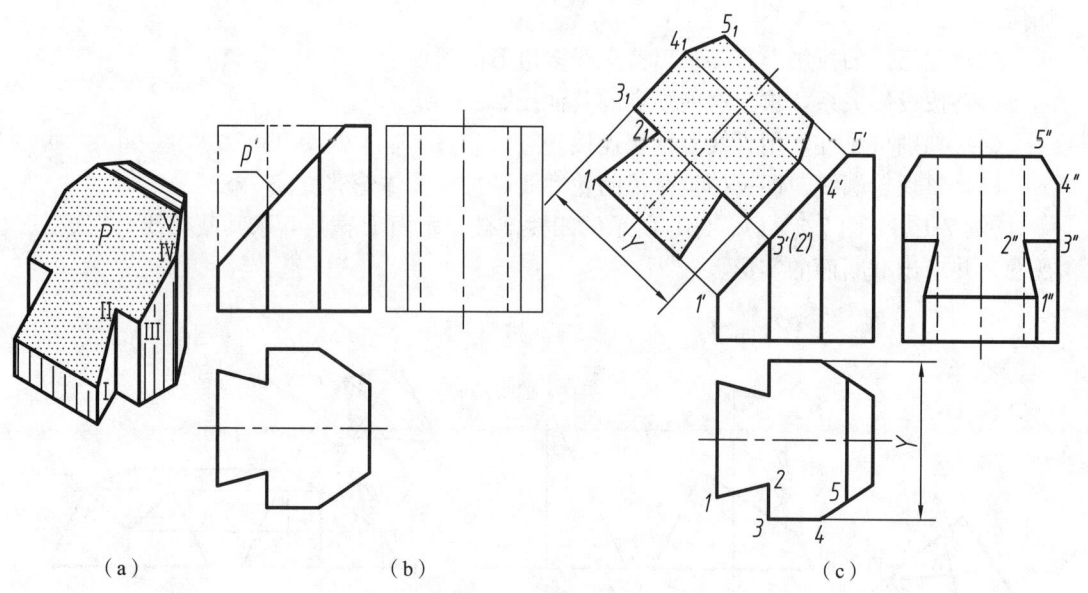

图 7-3 十棱柱被正垂面截切

解：截平面 P 与十棱柱的八条棱线相交后又交于上顶面，截平面 P 为正垂面，正面投影为已知，截交线为十边形，并前后对称，有八个点分别在棱线上，两个点在上顶面的边线上，即为平面 P 与上顶面交线的两个端点。此题可将棱线交点法和表面交线法结合起来应用。作图过程如图 7-3 (b)、(c) 所示。

(1) 用细实线画出十棱柱原形的侧面投影。

(2) 在已知的正面投影上标出多边形的五个顶点的正面投影 $1'$、$2'$、$3'$、$4'$、$5'$，另五个顶点与之对称，图中省略不标。

(3) 分别求出十边形各顶点的水平投影和侧面投影。

(4) 用直线将十个顶点的同名投影依次连接得截交线的水平投影和侧面投影，截交线的两个投影都可见。

(5) 擦掉截去的棱线的侧面投影，检查后描深，最后完成截头十棱柱的三视图。

(6) 用换面法求出截断面的实形。

三、求平面立体组合截交线的方法和步骤

1. 方法

如图 7-4 (a) 所示，当平面立体被组合截平面截切时，其截交线由各平面与平面立体相交的多组截交线组成，称为组合截交线，各组截交线不在一个平面上。求组合截交线的方法是：先按单一截平面截切立体求截交线的方法，分别求出各组交线的投影，然后求出两组截交线的结合点（两组截交线的共有点），从而得到平面立体组合截交线的投影。

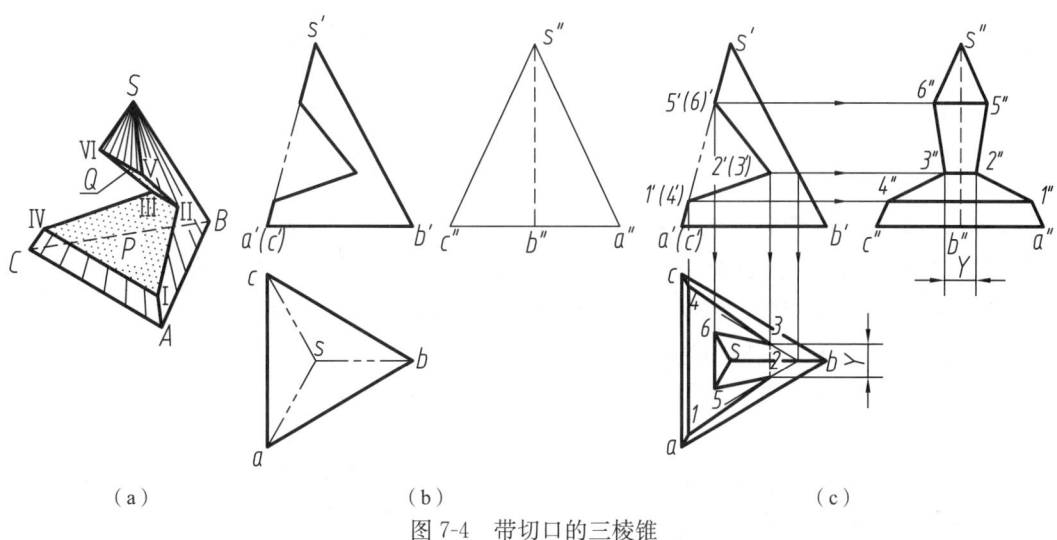

图 7-4 带切口的三棱锥

2. 步骤

求平面立体组合截交线的步骤与求平面立体截交线的步骤一样，但要特别注意分析和找准结合点的投影。

[例 7-3] 图 7-4 (a)、(b) 所示为带切口的三棱锥，求其截交线，完成三视图。

解： 切口由两正垂面 P 和 Q 截切形成，两组截交线的正面投影都为已知，两组截交线都为四边形。切口截到了 SA、SC 两条棱线，因此，截交线上Ⅰ、Ⅳ、Ⅴ、Ⅵ点在棱线上，Ⅱ、Ⅲ点在前后两个棱面上，为两组截交线的结合点。ⅡⅢ直线为两组截交线的交线。作图过程如图 7-4 (c) 所示。

(1) 用细实线画出三棱锥原形的侧面投影。

(2) 在已知的正面投影上标出截交线顶点 1′、4′、5′、6′和两个结合点 2′、3′的正面投影。

(3) 分别求出上述各点的水平投影和侧面投影。

(4) 用直线依次连接截交线的水平投影和侧面投影。注意要画出两组截交线的交线ⅡⅢ的投影，其正面投影积聚为一点 2′（3′），水平投影不可见，画成虚线，侧面投影可见。其余交线的两个投影都可见。

(5) 擦掉截去的棱线的侧面投影，检查后描深，最后完成切口三棱锥的三视图。

[例 7-4] 图 7-5（a）、(b) 所示为带切口的四棱台，求其截交线，完成三视图。

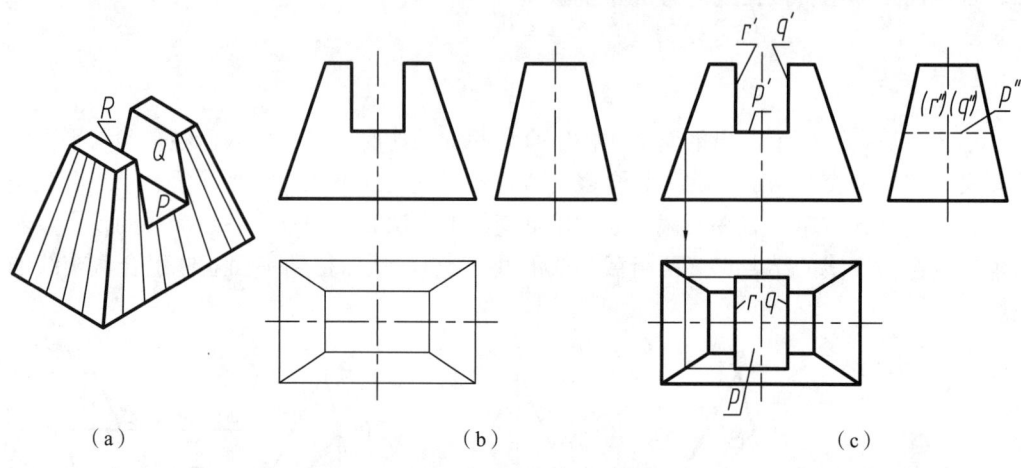

(a)　　　　　　　(b)　　　　　　　(c)

图 7-5 带切口的四棱台

解：带切口的四棱台可看做是四棱台被两个侧平面 R、Q 和一个水平面 P 截切，两侧平面与四棱台的截交线是梯形，左视图反映实形，主、俯视图积聚为直线。水平面与四棱台的截交线是矩形，俯视图反映实形，主、左视图积聚为直线，左视图不可见。可用表面交线法求解，其作图过程如图 7-5（c）所示。

用细实线完成四棱台的俯视图。先找出三组截交线的正面投影，其为已知，再求出 P 平面的侧面投影 p''，积聚为一条线，为不可见。这时 R、P 平面的侧面投影即可求出。最后利用"三等"关系求出 P 平面的水平投影 p，它反映矩形实形。R、P 平面的水平投影积聚在矩形的左右两边。整理俯视图，完成作图。

7.2　平面与常用回转体相交

一、回转体截交线的特性

（1）回转体截交线是截平面与回转体表面的共有线。
（2）回转体截交线在一般情况下是平面曲线（特殊情况下为直线）。

二、求回转体截交线的方法和步骤

1. 方法

平面与常用回转体相交时，平面可能只与其回转面相交，也可能同时与平面（端平面）相交。平面与回转体上平面相交的交线为直线，不必讨论，下面重点讨论的是平面与回转体上回转面相交时截交线为平面曲线的情况。

平面曲线可以看成是由一系列的共有点所组成，求平面曲线截交线的问题可转化为求截平面与回转体表面共有点的问题。因此，求共有点的方法就是前面所讲的在回转体表面取点的方法。

2. 步骤

求回转体的截交线一般有下列几个步骤：

(1) 分析回转体（分析的内容与分析平面立体一样）。

(2) 求特殊点的投影。

特殊点是指能确定截交线形状和范围的点，它包括曲面投影的转向轮廓线上的点，截交线在对称轴上的顶点，还有最高、最低、最左、最右、最前、最后点和可见与不可见部分的分界点。后叙述的这些特殊点一般都在曲面投影的转向轮廓线上。

(3) 求若干一般点的投影。

一般点是指除了特殊点以外曲线上的点，为了使曲线画得比较准确，需在适当位置上求若干一般点的投影。

(4) 判别可见性，用曲线依次光滑连接各点成曲线。

(5) 整理轮廓线。即去掉被截掉的轮廓线，加深实体轮廓线。

三、平面与常用回转体相交的截交线

1. 平面与圆柱相交

根据截平面与圆柱轴线相对位置不同，截交线有三种情况——两平行直线、圆、椭圆，见表 7-1。

表 7-1　平面与圆柱相交的截交线

截平面的位置	平行于轴线	垂直于轴线	侧斜于轴线
截交线的形状	两平行直线	圆	椭圆
立体图			
投影图			

[**例 7-5**]　图 7-6 所示的圆柱被正垂面截切，求其截交线。

解：截平面倾斜于圆柱轴线，截交线为椭圆。由于截平面 P 为正垂面，故截交线的正面投影积聚在 p' 上，侧面投影积聚在圆上，水平投影一般仍为椭圆，但不反映实形，其作图过程如下：

(1) 首先求出椭圆长、短轴的端点Ⅰ、Ⅱ、Ⅲ、Ⅳ的三面投影。Ⅰ、Ⅱ点在曲线正

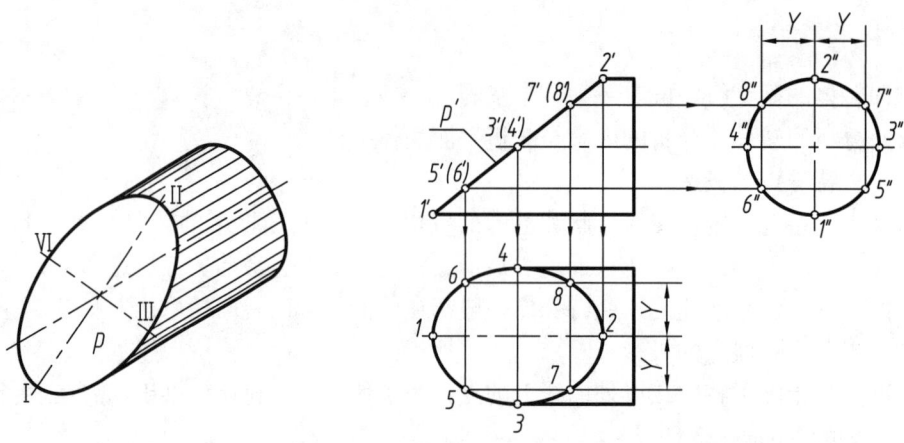

图 7-6 圆柱被正垂面截切

视转向轮廓线上,是最低、最高点,也是正面投影可见与不可见的分界点,Ⅲ、Ⅳ点在曲线水平转向轮廓线上,是最前、最后点。

(2) 在适当位置上求出一般点Ⅴ、Ⅵ、Ⅶ、Ⅷ的三面投影。

(3) 用曲线依次光滑连接这八个点的水平投影成椭圆。

[**例 7-6**] 如图 7-7(a)所示,圆柱体被两个截平面 P、Q 截切,求其截交线,完成三视图。

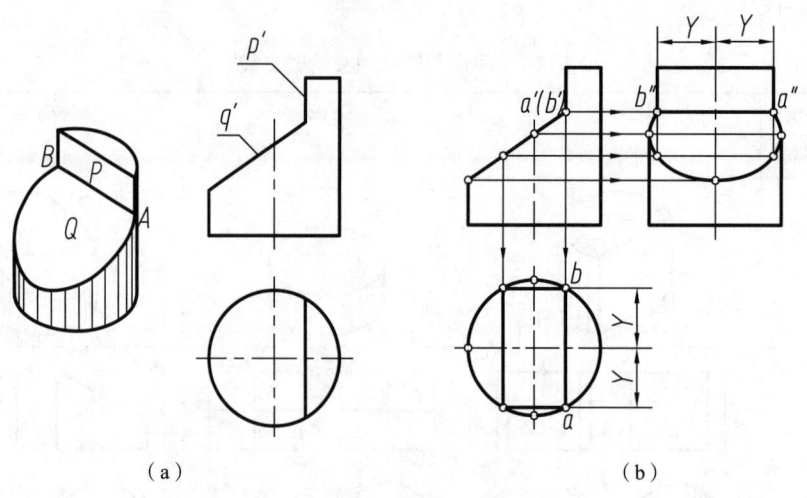

图 7-7 圆柱体被两个平面截切

解:圆柱被两个平面截切,其截交线为两组截交线组合,求解方法参照求平面立体组合截交线的方法。

截平面 P 为侧平面,交线为一矩形,其正面投影积聚在 p' 上,水平投影积聚为直线。截平面 Q 为正垂面,交线为一段椭圆弧,其正面投影积聚在 q' 上,水平投影积聚在圆上,侧面投影为一段椭圆弧,P 与 Q 的交线 AB 为一条正垂线。为此,分别求出两个截平面与圆柱的截交线。

作图过程如图 7-7(b)所示,请读者自行分析。注意:不要漏画两截平面交线 AB

的水平投影和侧面投影 ab、$a''b''$。

[**例 7-7**]　图 7-8（a）所示的圆柱接头，补全表面截交线的投影，完成三视图。

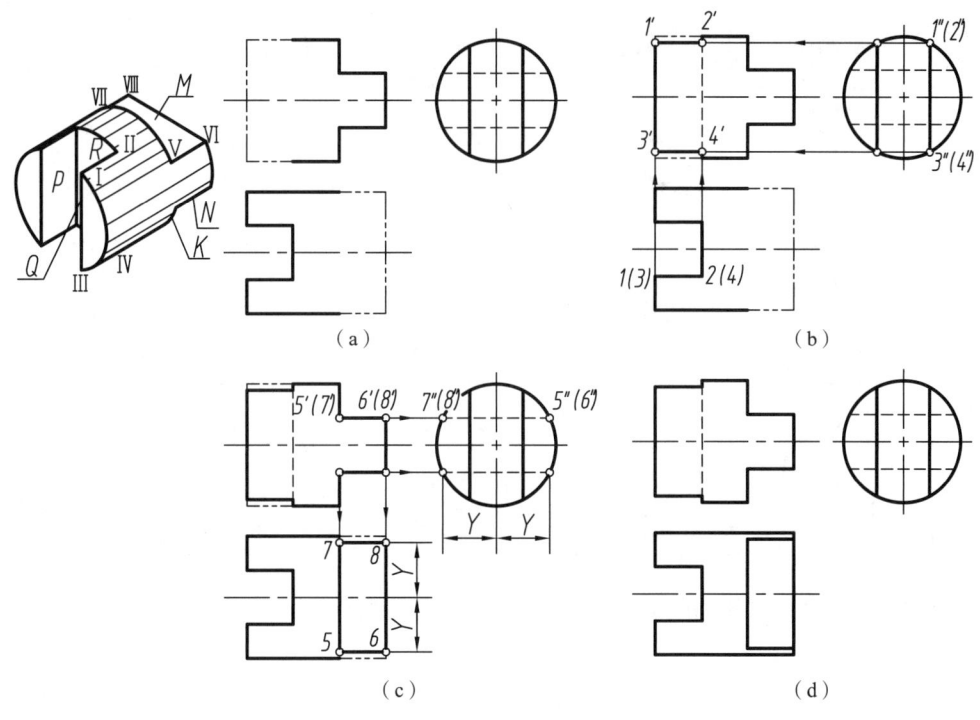

图 7-8　圆柱接头体被多个平面截切

解：圆柱接头被六个平面截切，该题重点分析平面与圆柱面相交的交线。左边部分被两个前后对称的正平面 P、Q 和一个侧平面 R 截切，其截交线在柱面上为四条侧垂线和两段侧平圆弧；右边部分被两个上下对称的水平面 M、N 和一个侧平面 K 截切，其截交线在柱面上也为四条侧垂线和两段侧平圆弧。如图过程如下：

（1）在已知投影上标出 Q 平面与圆柱面交线的水平投影 12、（3）（4）和侧面投影 $1''$（$2''$）、$3''$（$4''$），根据投影关系求出交线的正面投影 $1'2'$、$3'4'$。P 平面与圆柱面的交线作图相同。R 平面与圆柱面的交线的侧面投影和水平投影为已知，正面投影只需分别连接 $2'$、$4'$ 到正视转向线的一段直线，R 平面正面投影不可见，用虚线连接 $2'$、$4'$ 即可，如图 7-8（b）所示。

（2）圆柱接头的右端的凸榫的作法与左端的槽口相类似，如图 7-8（c）所示。

（3）整理轮廓线。即去掉被截掉的轮廓线，加深实体轮廓线，完成作图，如图 7-8（d）所示。

2. 平面与圆锥相交

根据截平面与圆锥轴线的相对位置不同，截交线有五种情况——相交两直线、圆、椭圆、抛物线、双曲线，见表 7-2。

表 7-2 平面与圆锥相交的截交线

截平面的位置	过锥顶	与轴线垂直 $\theta=90°$	与轴线倾斜 $\alpha<\theta<90°$	与一条素线平行 $\theta=\alpha$	与轴线平行或倾斜 $0°\leqslant\theta<\alpha$
截交线的形状	两相交直线	圆	椭圆	抛物线	双曲线
立体图					
投影图					

[例 7-8] 如图 7-9（a）所示，圆锥被正垂面 Q 截切，求截交线。

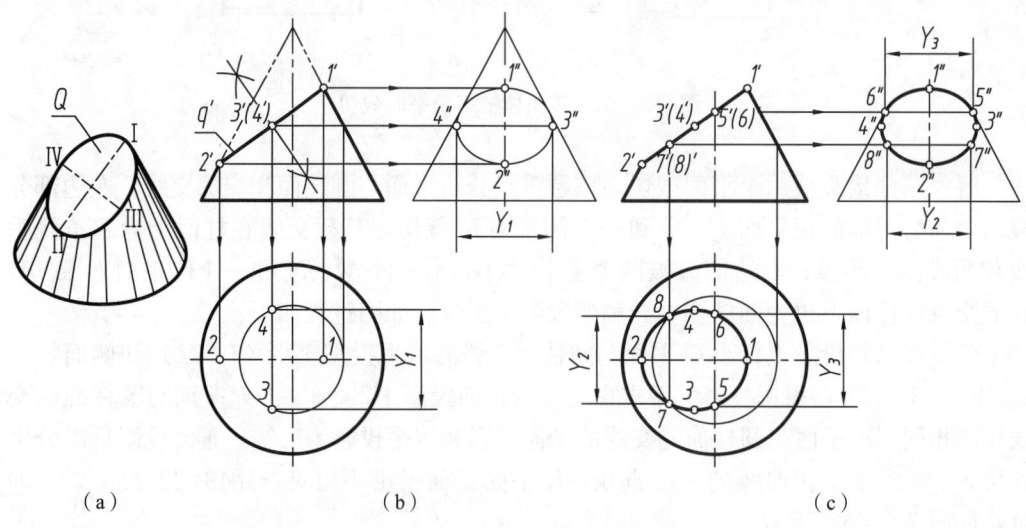

(a)   (b)   (c)

图 7-9 圆锥被正垂面截切

解： 由截平面 Q 的位置可知，其截交线为椭圆，截交线的正面投影积聚在 q' 上，水平投影和侧面投影为椭圆。为此，首先求出椭圆长、短轴的端点和曲线投影转向轮廓线上的点，再求一些一般点，然后用曲线光滑连接。作图过程如下：

（1）求出截平面与圆锥最左、最右轮廓素线的交点 Ⅰ、Ⅱ，它们是椭圆的一根轴的两端点，其正面投影 1′、2′在正视转向轮廓线上，据此可求得 1、2 及 1″、2″。1′、2′的中点 3′、4′为椭圆另一轴的两个端点，可用辅助纬圆法求得其正面投影和侧面投影 3、

4及3″、4″,如图7-9(b)所示。

(2) 求出截平面与圆锥最前、最后轮廓素线的交点Ⅴ、Ⅵ的投影(5、6,5′、6′,5″、6″)。在适当位置上用圆锥面上取点的方法求得一般点Ⅶ、Ⅷ的投影(7、8,7′、8′,7″、8″),如图7-9(c)所示。

(3) 用曲线光滑连接上述各点的同名投影,擦去多余图线,完成作图。

[例 **7-9**] 图 7-10(a)所示的圆锥被正平面 P 所截,求截交线。

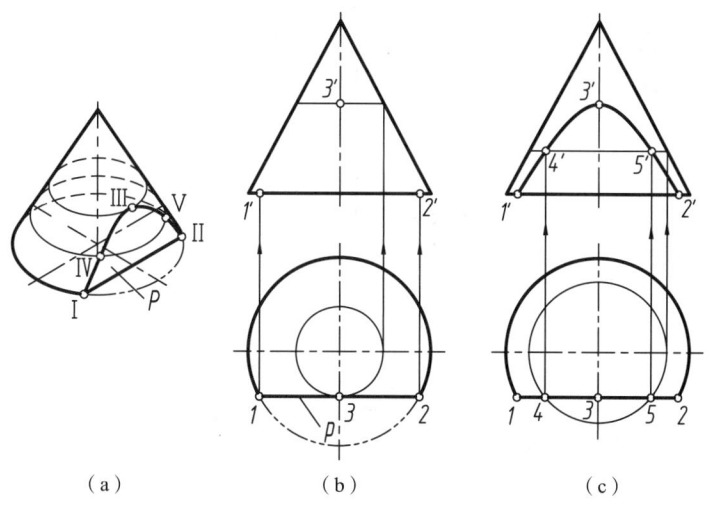

图 7-10 圆锥被正平面截切

解:由截平面 P 的位置可知,其截交线为双曲线的一叶,截交线的水平投影积聚在 p 上,正面投影反映实形。作图过程如下:

(1) 首先求出双曲线的最低点Ⅰ、Ⅱ和最高点Ⅲ。Ⅰ、Ⅱ点的水平投影为截平面 P 与圆锥底圆投影的共有点 1、2,以此求出 1′、2′。Ⅲ点的水平投影为 12 的中点 3,利用辅助纬圆法求得其正面投影 3′,如图 7-10(b)所示。

(2) 在适当位置上用圆锥面上取点的方法求得一般点Ⅳ、Ⅴ的投影(4、5,4′、5′,4″、5″),如图 7-10(c)所示。

(3) 用曲线光滑连接上述各点的正面投影,擦去多余图线,完成作图。

[例 **7-10**] 图 7-11(a)所示的圆锥被正垂面 P、R 和水平面 Q 所截,求截交线。

解:从图 7-11 中可以看出,截平面 P 通过锥顶,其截交线为交于锥顶的两段直线;截平面 Q 平行于底边,其截交线为平行于底边的两段水平圆弧;截平面 R 与轴线的夹角 θ 等于锥顶半角 α,其截交线为一段抛物线。该圆锥的截交线为组合截交线,正面投影为已知。作图过程如图 7-11(b)所示,图中省略了对称点的标注。

(1) 利用过锥顶的素线求出截平面 P 与圆锥的交线ⅠⅡ直线的投影(12,1′2′,1″2″),采用辅助纬圆法求出截平面 Q 与圆锥的交线ⅡⅢ弧的投影(23,2′3′,2″3″)。

(2) 求出截平面 R 与圆锥相交的交线的特殊点,Ⅲ点是抛物线的最低点,Ⅴ点是最高点,位于圆锥正视转向轮廓线上,作出其三面投影。在适当位置上用辅助纬圆法求得一般点Ⅳ的投影(4,4′,4″)。

(3) 画出各组截交线和各截平面交线的三面投影,完成作图。

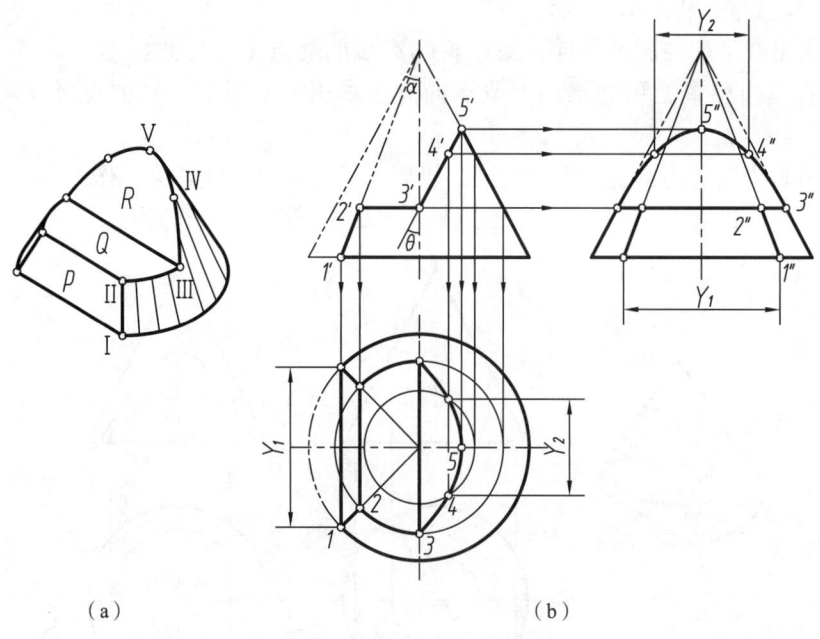

(a)　　　　　　　　　(b)

图 7-11　圆锥被多个平面截切

3. 平面与圆球相交

平面与圆球相交，其截交线的形状为圆。但由于截平面与投影面相对位置不同，截交线的投影可能为圆、直线或椭圆。当截平面平行于投影面时，截交线的投影为实形圆；当截平面垂直于投影面时，在该投影面上截交线的投影为直线，其长度等于交线圆的直径；当截平面倾斜于投影面时，在该投影面上截交线的投影为椭圆，如图 7-12 所示。

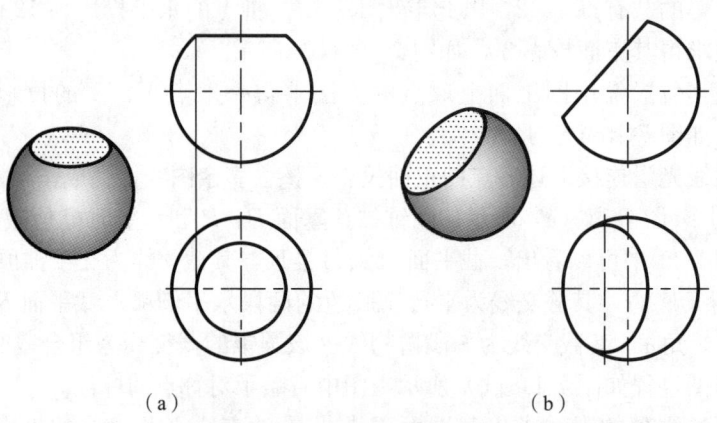

(a)　　　　　　　　　(b)

图 7-12　平面与圆球相交

[**例 7-11**]　如图 7-13 所示，圆球被正垂面所截，求截交线。

解：截平面是正垂面，所以截交线是一个正垂圆。截交线的正面投影为一直线，反映截交线圆的直径的实长。截交线的水平投影和侧面投影都为椭圆。球被截断后的水平投影和侧面投影的转向轮廓线是不完整的圆。作图过程如下：

(1) 首先求出截交线圆的投影椭圆长短轴的端点Ⅰ、Ⅱ、Ⅲ、Ⅳ的投影（1、2、3、4，1′、2′、3′、4′、1″、2″、3″、4″），如图7-13（a）所示。

(2) 再求出截交线圆的水平投影与球面水平转向轮廓线上的点Ⅴ、Ⅵ的投影（5、6，5′、6′，5″、6″）和截交线圆的侧面投影与球面侧视转向轮廓线上的点Ⅶ、Ⅷ的投影（7、8，7′、8′，7″、8″）。用曲线依次光滑连接各点的同名投影成椭圆，擦去多余图线，完成作图，如图7-13（b）所示。

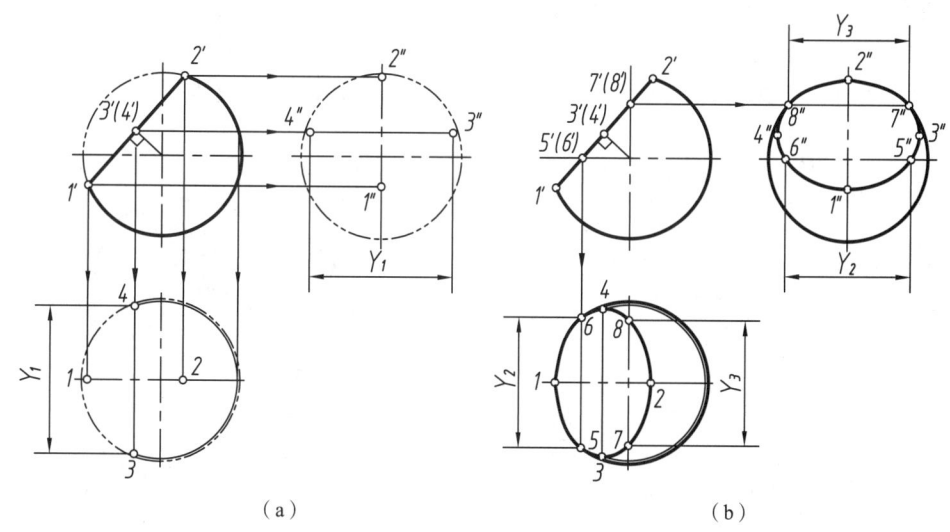

图7-13 圆球被正垂面所截切

[**例7-12**] 如图7-14（a）所示，完成开槽半圆球的俯视图并补画左视图。

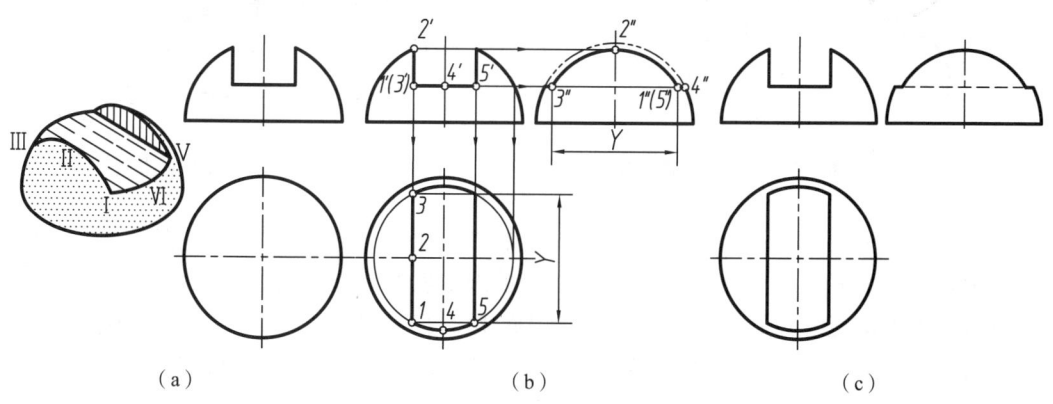

图7-14 开槽半圆球

解：半球上的通槽由一个水平面和两个侧平面（对称）截切半球而成，其交线的空间形状均为圆弧。水平面与圆半球的截交线的水平投影反映实形，正面和侧面投影积聚成直线，为此，假设水平面将圆半球截切，求出截交线的水平投影和侧面投影后，根据1′4′5′取局部得145和1″4″5″，同理，求出侧平面截切圆半球的水平投影和侧面投影123和1″2″3″，如图7-14（b）所示。

最后画出截平面间的交线，在左视图上为虚线，并注意，去掉圆半球的侧视转向轮廓线上面部分，完成作图，如图 7-14（c）所示。

4. 平面与圆环相交

平面与圆环相交，其截交线为一条封闭的平面曲线。

如图 7-15 所示，当截平面的位置处于 a'、b' 之间时，所得交线为波修斯曲线；当截平面通过 b' 时，所得交线为伯努利双纽曲线；当截平面的位置处于 b'、c' 之间时，所得交线为卡西尼卵形线。

[**例 7-13**]　　如图 7-16 所示，半圆环被一水平面截切，求截交线。

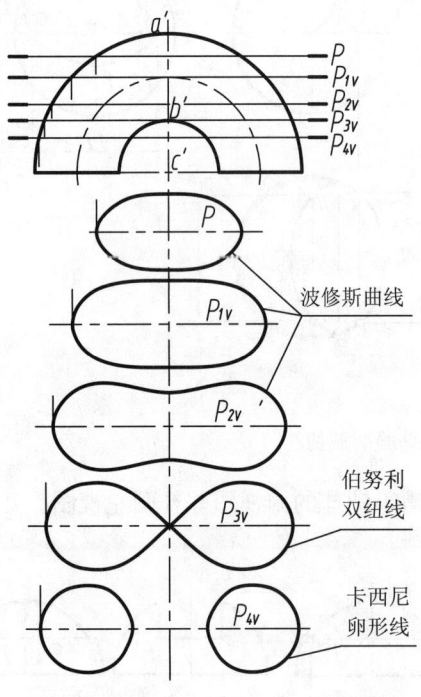

图 7-15　平面与圆环相交的几种情况

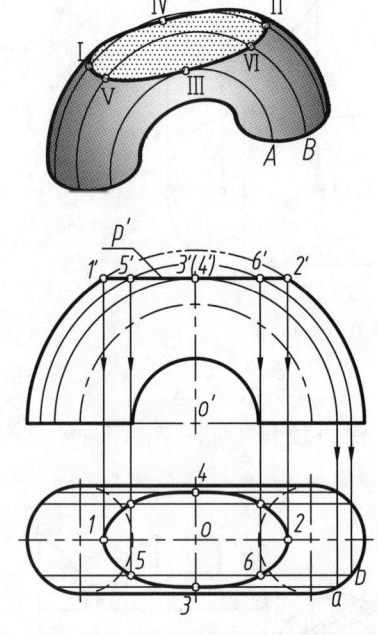

图 7-16　半圆环被水平面所截切

解： 由图 7-16 分析，截交线是一条封闭的平面曲线（波修斯曲线）。其正面投影积聚在 P 的正面投影 p' 上，水平投影则反映该曲线的实形。作图过程如下：

（1）求出截交线的最左、最右点 Ⅰ 和 Ⅱ 的投影（$1'$、$2'$，1、2），它们在圆环的正视转向轮廓线上，再求出最前、最后点 Ⅲ 和 Ⅳ 的投影（$3'$、$4'$，3、4），$3'$ 和 $4'$ 位于 $1'$、$2'$ 的中点处，3、4 点在圆环的侧视转向轮廓线上，可利用环面上取点的方法作出。为此，以 o' 为圆心，$o'3'$ 为半径，在环面上作一辅助纬圆，作出该圆对应的水平投影，它积聚在过点 a 的水平直线上，点 3 和 4 即可确定。

（2）在适当位置上再作一辅助纬圆，用同样方法求出一般点 Ⅴ、Ⅵ 的投影（$5'$、$6'$，5、6），用曲线依次光滑连各点，完成作图。

7.3 平面与组合回转体相交

当平面与组合回转体相交时，其截交线由平面分别与各回转面相交的多段截交线的组合，称为组合截交线，该组合截交线在一个平面上，为一封闭的图形，如图 7-17 所示。

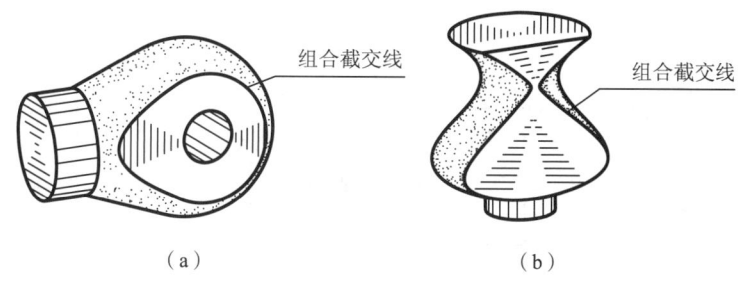

图 7-17 平面与组合回转体相交

求组合截交线的方法是：分别求出平面与组合回转体的各回转面以及诸平面表面的交线的投影，然后求出各段截交线的结合点拼成所求的完整截交线的投影。

[**例 7-14**] 如图 7-18（a）所示，已知一顶尖体被水平面 P 截切，求作俯视图。

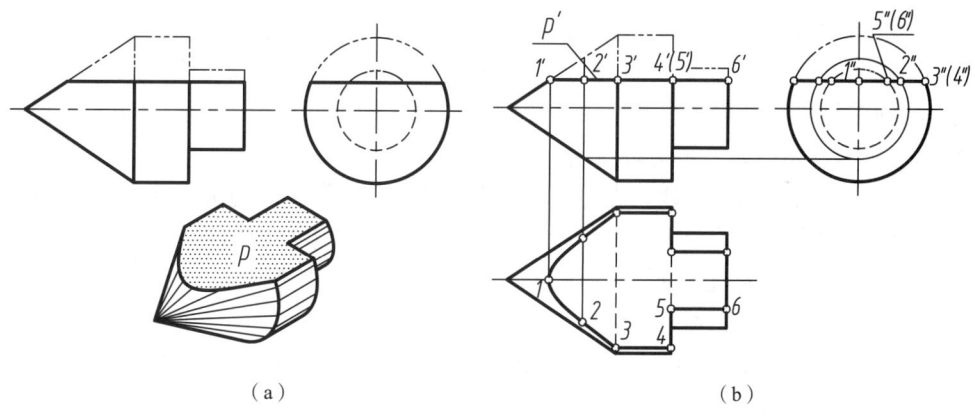

图 7-18 顶尖体被水平面所截切

解：从图 7-18 中可知，顶尖体由两同轴的大小圆柱和一个圆锥组成，截平面 P 与大小圆柱面的截交线分别为两条侧垂线，与锥面的截交线为双曲线，水平投影反映实形。该组合截交线的正面投影和侧面投影为已知。作图过程如图 7-18（b）所示，图中省略了对称点的标注。

（1）补画顶尖体俯视图的外轮廓线。

（2）在已知的投影上标出截平面 P 与大小圆柱面的交线Ⅲ Ⅳ、Ⅴ Ⅵ的正面和侧面投影（$3'4'$、$5'6'$、$3''4''$、$5''6''$），由此求出水平投影 34、56。

（3）在已知的投影上标出截平面 P 与锥面双曲线交线最左点 Ⅰ 的正面和侧面投影（$1'$、$1''$），由此求出水平投影 1。Ⅲ点为双曲线的最前点，也是结合点，前面已求出。

在适当位置上作一侧平纬圆，通过圆锥表面取点求得一般点Ⅱ的投影（2，2′，2″），用曲线光滑连接各点成双曲线。

（4）再连接截平面 P 与圆柱端平面的交线的水平投影 34，补全轮廓线的投影，完成俯视图。

［例 7-15］ 如图 7-19（a）所示，已知一拉杆头被正平面 P 截切，补全截交线的正面投影。

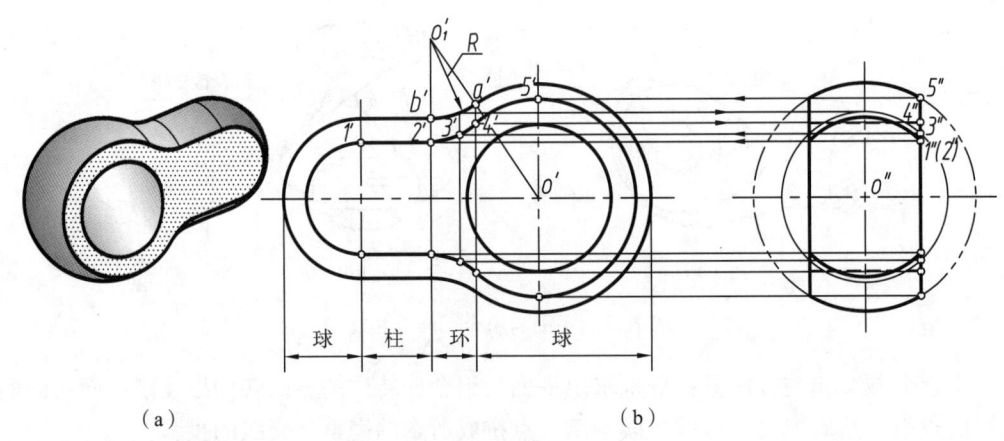

（a） （b）

图 7-19 拉杆头被正平面所截切

解： 从图中可知，拉杆头由左右两同轴的大小圆球和一个柱面、一个环面组成，截平面 P 与大小圆球面的截交线分别为两正平圆弧，与柱面的交线为侧垂线，与环面的交线为平面曲线，正面投影反映实形。该组合截交线的侧面投影为已知。作图过程如图 7-19（b）所示，图中省略了对称点的标注。

（1）求平面与球面的交线，在已知的投影上标出截平面 P 与大、小圆球面的交线圆在侧视转向轮廓线上的点Ⅰ和Ⅴ的投影 1″、5″，由此求出其正面投影 1′、5′，分别以各自的球心为圆心，通过 1′ 画半圆，通过 5′ 画圆至结合点 4′。结合点 4′ 可通过连接 $o_1'o'$ 直线与大圆交于 a'，然后由 a' 作轴线的垂线来得到。

（2）求平面与柱面的交线，通过 1′ 作水平直线交于结合点 2′。结合点 2′ 可通过由 o_1' 向轴线作垂线来得到。

（3）求平面与环面的交线，2′、4′ 点是环面截交线的两个端点，在适当位置上，利用环面取点的方法求得一般点Ⅲ的投影（3′，3″），用曲线光滑连接 2′、3′、4′。

（4）将各段截交线合拼成一组完整截交线的投影，完成作图。

第八章 两立体相交

两相交的立体叫做相贯体，其表面产生的交线叫做相贯线，由于相贯体的形状和大小各不相同，相贯的位置不同，相贯线的形状和空间位置也各不相同。但不管相贯体形状大小如何，相贯位置怎样，相贯线都是两立体表面的共有线，如图 8-1 所示。

根据参与相贯的立体的几何性质不同，两立体相贯可分为三种情况：

（1）平面立体与平面立体相贯，如图 8-1（a）所示。

（2）平面立体与回转体相贯，如图 8-1（b）所示。

（3）两回转体相贯，如图 8-1（c）所示。

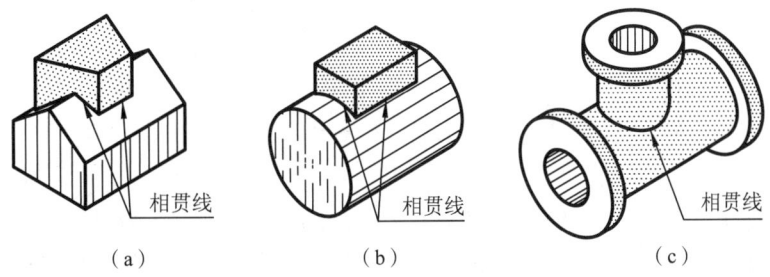

图 8-1 两立体表面的相贯线

8.1 两平面立体相交

一、两平面立体表面的相贯线性质

（1）相贯线是两平面立体表面的共有线；

（2）相贯线通常由几条封闭的空间折线组合而成。这些空间折线或相互连通或相互分离。

二、求两平面立体表面的相贯线的方法

相贯线上各段折线可看成是两平面立体相应棱面的交线，而相邻两折线的交点（结合点）可看成是某一立体的棱线与另一立体的贯穿点。因此求两平面立体相贯线的方法，可归结为求两个相邻表面的交线的问题，或者是求一立体的棱线与另一立体的贯穿点的问题。前者可用求截交线的方法求解，后者可用求直线与平面相交的交点的方法求解。

归根结底，求两平面立体的相贯线可采用前面所讲的组合截平面截切平面立体求组合截交线的方法。因此，对于实体与虚体相交（实体与实体的差集合），也可以采用此方法。

[例 8-1] 如图 8-2（a）所示，三棱柱与四棱柱相贯，已知主、俯视图，补画左视图。

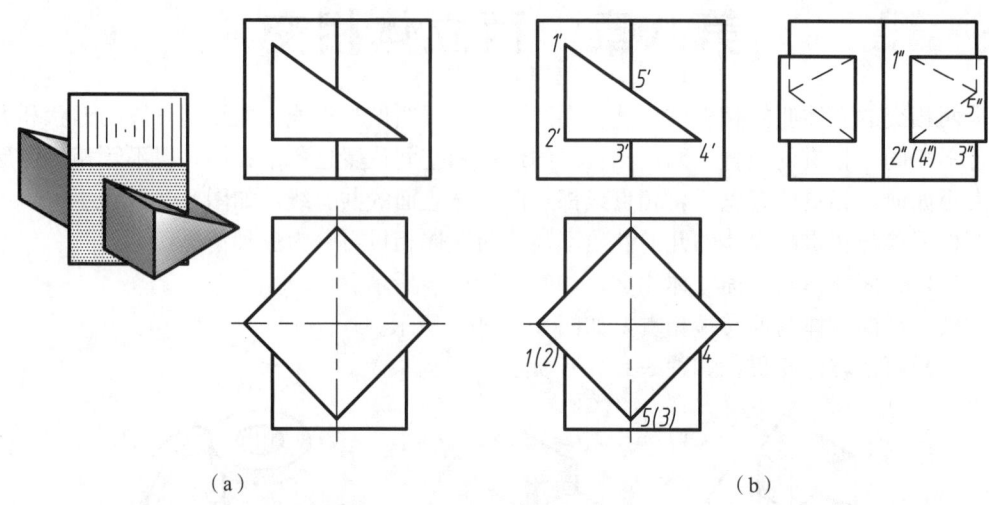

（a）　　　　　　　　　　（b）

图 8-2　三棱柱与四棱柱相交

解： 三棱柱完全贯穿于四棱柱，相贯线由三组截交线组成，为封闭的空间折线，前后对称。三组截交线分别是三棱柱侧平面与四棱柱棱面的交线ⅠⅡ；水平面与四棱棱面柱的交线ⅡⅢⅣ。正垂面与四棱柱的交线ⅣⅤⅠ，Ⅰ、Ⅱ、Ⅳ是三组截交线的结合点，也是三棱柱三条棱线与四棱柱的贯穿点。相贯线的正面投影和水平投影为已知。作图过程如图 8-2（b）所示。

（1）画出相贯体左视图的主要轮廓线。

（2）在已知视图上标出相贯线各顶点的Ⅰ、Ⅱ、Ⅲ、Ⅳ、Ⅴ正面投影和水平投影（1′、2′、3′、4′、5′，1、2、3、4、5），根据"三等"关系求出其侧面投影（1″、2″、3″、4″、5″）。

（3）判断可见性，用直线段连接各点，处于四棱柱右棱面上的交线不可见。整理轮廓线，完成作图。

[例 8-2] 如图 8-3（a）所示，空心四棱柱与四棱台的相贯，已知主视图，补全俯视图，补画左视图。

解： 空心四棱柱完全穿过四棱台，相贯线由四组截交线组成，为封闭的空间折线，前后对称。四组截交线分别是四棱柱两侧平面与四棱台棱面的交线ⅠⅡ和ⅣⅤ；两水平面与四棱台棱面的交线ⅠⅥⅤ和ⅡⅢⅣ。Ⅰ、Ⅱ、Ⅳ、Ⅴ点是四组截交线的结合点。相贯线的正面投影为已知。可根据已知的主视图标出各点的正面1′、2′、3′、4′、5′、6′，采用在棱锥面上取点的方法，求出各点的水平投影 1、2、3、4、5、6，根据"三等"关系，求出各点的侧面投影 1″、2″、3″、4″、5″、6″。作图过程如图 8-3（b）所示，请读者自行分析。

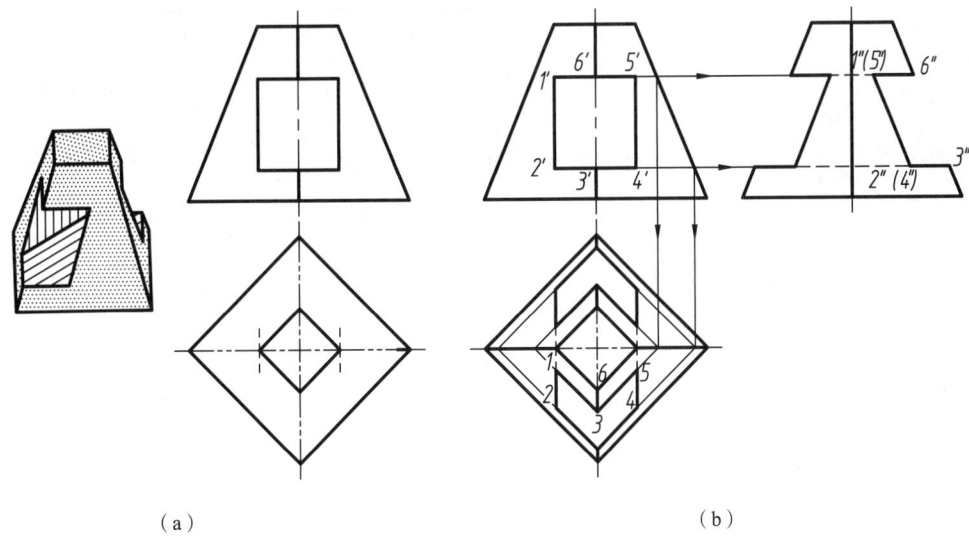

图 8-3 空心四棱柱与四棱台相交

8.2 平面立体与回转体相交

一、平面立体与回转体表面的相贯线性质

(1) 相贯线是平面立体和回转体表面的共有线。
(2) 相贯线是由若干段平面曲线（有时为直线）组成的封闭的空间折线。

二、求平面立体与回转体表面的相贯线的方法

相贯线上每段平面曲线可看成是平面体上相应棱面与回转体表面的截交线，而相邻两段截交线的交点（结合点）可看成是平面体的棱线与回转体的贯穿点。因此求平面立体与回转体相贯线的方法，也可归结为求平面体棱面与回转体表面的截交线和棱线与回转体的贯穿点的问题。前者可用求截交线的方法求解，后者可用在回转体表面取点的方法求解。

[例 8-3] 如图 8-4（a）所示，求三棱柱与半球的相贯线。

解：三棱柱的三个棱面与半球的交线均为圆弧，所以三棱柱与半球的相贯线由三段圆弧组成。三棱柱的后棱面是正平面，它与球面相交所得的圆弧的正面投影反映实形。另两个棱面为铅垂面，它们与球面相交所得的圆弧的正面投影均为椭圆弧。相贯线的水平投影为已知，积聚在三个棱面的水平投影上。作图过程如下：

(1) 求出三棱柱三条棱线与球面的交点Ⅰ、Ⅱ、Ⅲ，它们也是三段圆弧的结合点。其水平投影 1、2、3 在棱线有积聚性的投影上，正面投影可通过在球表面取点的方法求得。图中是通过 1、3 点作直径为 $o'a'$ 的辅助正平圆，根据投影关系求出它们的正面投影 1′、2′、3′。然后，直接求出球面正视转向轮廓线上的点Ⅳ、Ⅴ（4、5，4′、5′），如图 8-4（b）所示。

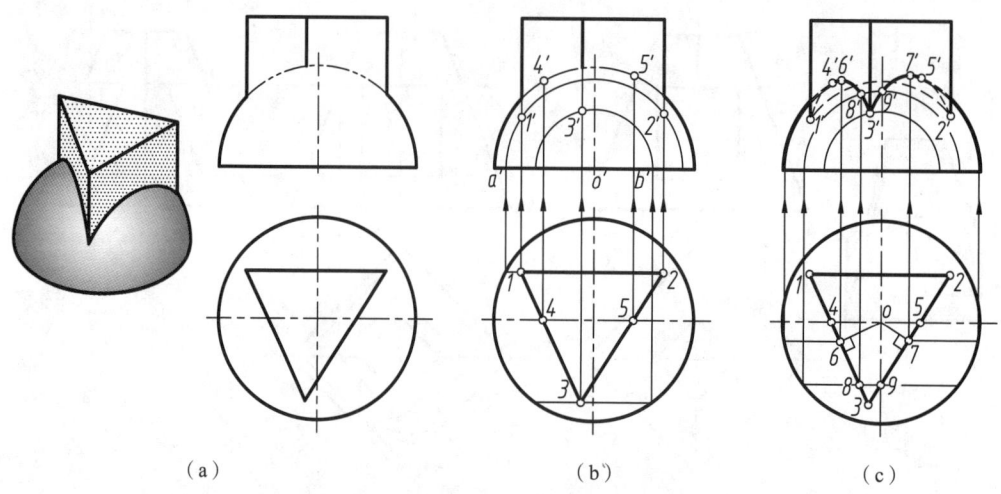

图 8-4 三棱柱与半球相交

(2) 求出椭圆弧对称轴上的端点Ⅵ、Ⅶ，其水平投影 6、7 可通过 o 分别向 13、23 作垂线得到，正面投影 6′、7′用同样的球表面纬圆法取点求得。同理，再求出一般点Ⅷ和侧视转向轮廓线上点Ⅸ的投影（8、9、8′、9′），如图 8-4（c）所示。

(3) 判别交线的可见性，对正面投影而言，4′、5′两点是可见与不可见的分界点，只有位于前半球上的点可见。分别连接各组截交线的正面投影为椭圆弧组合成三棱柱与半球相交的相贯线，并将三条棱线的正面投影延长至 1′、2′、3′点处，完成作图，如图 8-4（c）所示。

[例 8-4] 如图 8-5（a）所示，求四棱柱与圆柱孔的相贯线。

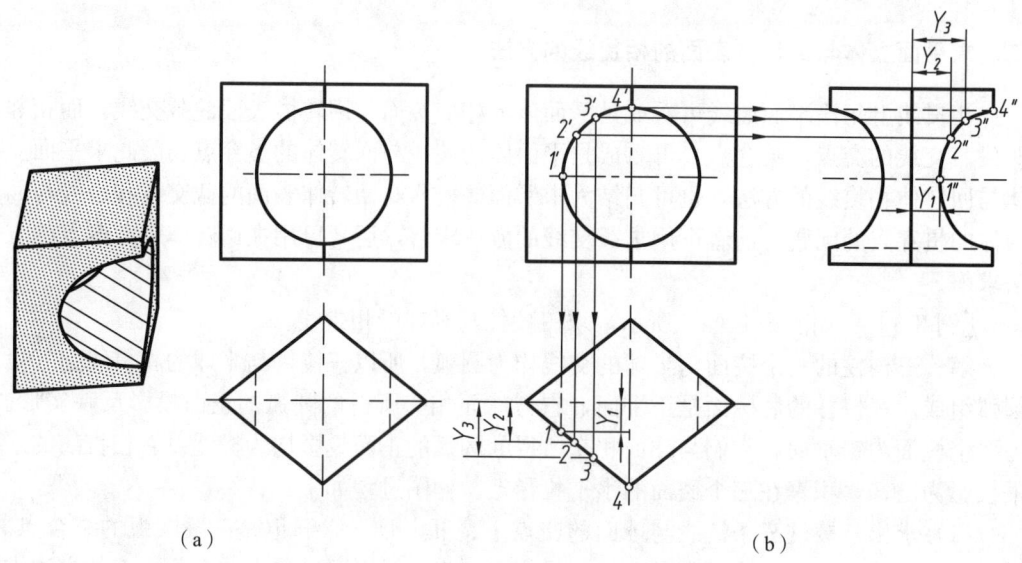

图 8-5 空心三棱柱与圆锥相交

解： 四棱柱的前面两个棱面与圆柱相交的交线为椭圆，所以，相贯线是左右对称的两段椭圆弧。后面两个棱面与圆柱相交的相贯线完全与前面相同。四棱柱的棱面是铅垂面，它们与圆柱面相交所得相贯线的正面投影积聚在圆柱的正面投影的圆上。水平投影积聚在棱面有积聚性的投影上，侧面投影为椭圆弧。作图过程如图 8-5（b）所示。图中省略了对称点的标注。

（1）在已知投影上标出特殊点Ⅰ、Ⅳ的正面投影和水平投影（1′、4′，1、4），根据投影关系求出 1″、4″。

（2）用在圆柱表面取点的方法求出一般点Ⅱ、Ⅲ的投影（2、3，2′、3′，2″、3″）。

（3）用曲线光滑连接上述点及对称点的侧面投影成椭圆弧，并用虚线补画圆柱孔侧视转向轮廓线的投影，完成作图。

8.3 两回转体相交

一、两回转体表面的相贯线性质

（1）相贯线是两回转体表面的共有线，相贯线上的点是两回转体表面的共有点。

（2）相贯线一般情况下为封闭的空间曲线，特殊情况下是平面曲线或直线。

二、相贯线的产生形式和变化趋势

1. 相贯线的产生形式

相贯线的产生形式有三种：
（1）外表面与外表面相交，如图 8-6（a）所示。
（2）外表面与内表面相交，如图 8-6（b）所示。
（3）内表面与内表面相交，如图 8-6（c）所示。

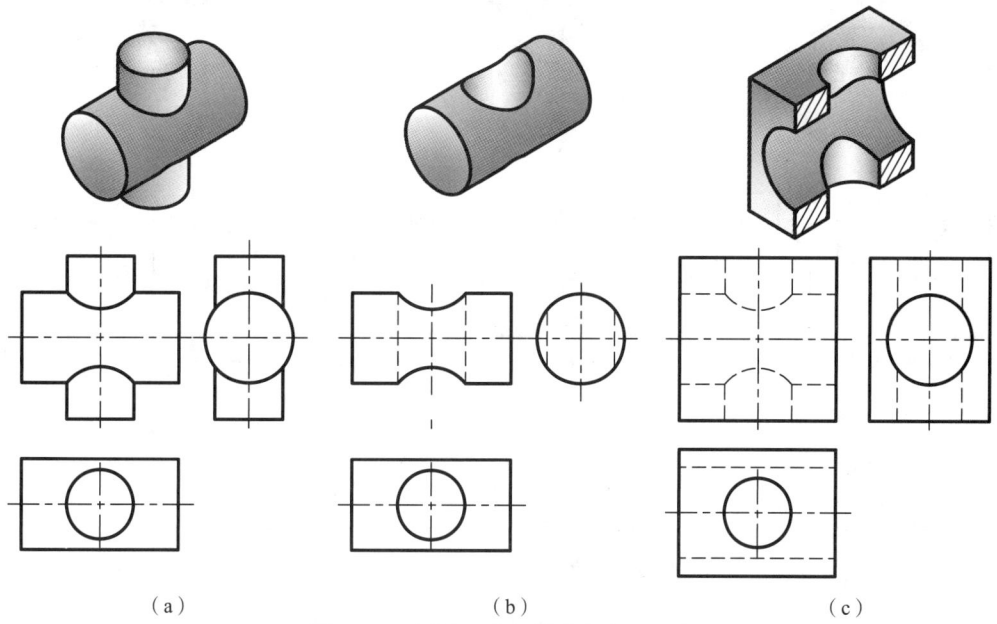

(a)　　　　　　　　(b)　　　　　　　　(c)

图 8-6　两圆柱正交相贯线的产生形式

2. 相贯线的变化趋势

（1）两相贯体相对大小的变化将影响相贯线的形状。

图 8-7 表明了两正交圆柱直径大小的变化对相贯线的影响。从相贯线非积聚性的投影中可以看出，相贯线的弯曲变化方向总是朝向较大直径圆柱的轴线，如图 8-7（a）、(b)、(d)、(e) 所示；当两圆柱直径相等时，相贯线变为两椭圆，图中投影为交叉直线，如图 8-7（c）所示。

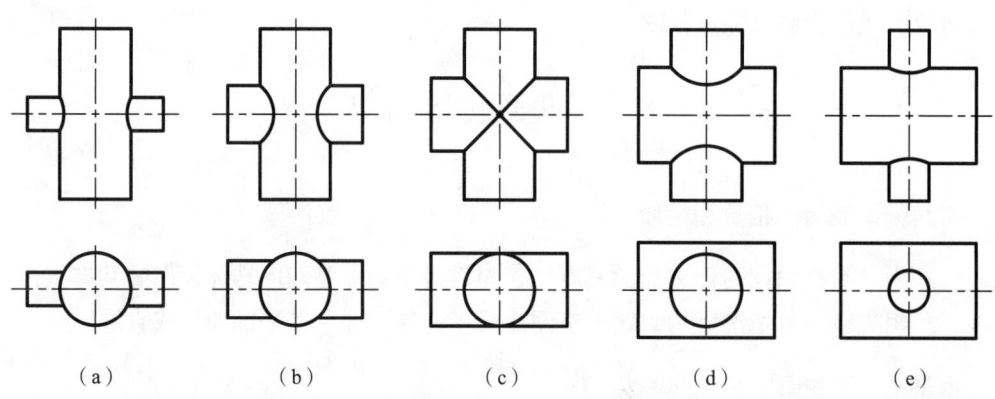

图 8-7 两圆柱正交相贯线的变化趋势

（2）两相贯体相对位置的变化将影响相贯线的形状。

图 8-8 表明了两圆柱偏交（轴线垂直交叉）相对位置的变化对相贯线的影响。从相贯线非积聚性的投影中可以看出，当小圆柱完全贯穿于大圆柱之中时，上下两组相贯线的弯曲变化方向朝向大圆柱的轴线，如图 8-8（a）所示；当小圆柱与大圆柱相切时，上

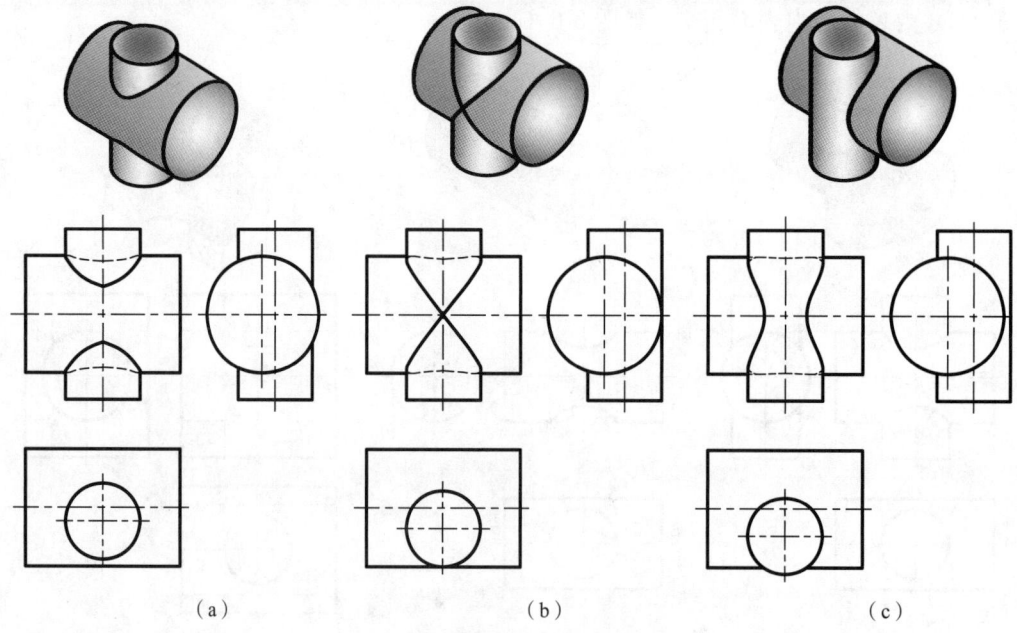

图 8-8 两圆柱偏交相贯线的变化趋势

下两组相贯线相连于大圆柱的轴线,如图 8-8(b)所示;当小圆柱与大圆柱互贯时,两组相贯线变为一条封闭的空间曲线,如图 8-8(c)所示。

三、求两回转体表面的相贯线的步骤

求两回转体的相贯线一般有下列几个步骤:
(1) 分析相贯体。
① 分析相贯体的形状以及相贯的位置;
② 分析相贯线的大致形状;
③ 分析哪个投影上的相贯线为已知,哪个投影上的相贯线需要求解。
(2) 求特殊点的投影。特殊点是指能确定相贯线形状和范围的点,它包括回转体转向轮廓线上的点,相贯线在对称面上的顶点,还有极限位置点(最高、最低、最左、最右、最前、最后点)和可见与不可见部分的分界点。后面叙述的这些特殊点一般都在曲面投影的转向轮廓线上。
(3) 求若干一般点的投影。一般点是指除了特殊点以外曲线上的点,为了使曲线画得比较准确,需在适当位置上求若干一般点的投影。
(4) 判别可见性,用曲线依次光滑连接各点成曲线。
(5) 整理轮廓线。即去掉被截掉的轮廓线,加深实体轮廓线。

四、求两回转体表面的相贯线的方法

由于两回转体的相贯线是两回转体表面的共有线,相贯线上的点是两回转体表面的共用点,相贯线可看成是由一系列的共有点组成,因此,求相贯线的问题可归结为求共有点的问题。求共有点的主要方法有表面取点法、辅助平面法和辅助球面法。

1. 表面取点法

表面取点法就是利用投影具有积聚性的特点,确定两回转体表面上若干共有点的已知投影,然后采用回转体表面取点的方法求出它们的未知投影,从而求出相贯线的投影。

表面取点法利用投影积聚性原理,决定了相交的两回转体之一应为圆柱体,且圆柱体的轴线垂直于某个投影面。

[例 8-5] 如图 8-9 所示,已知两圆柱正交求其相贯线的投影。

解:由图 8-9(a)分析可知,相贯线为一条前后、左右对称的封闭的空间曲线。小圆柱面的轴线垂直于 H 面,其水平投影有积聚性;大圆柱面垂直于 W 面,其侧面投影有积聚性,根据相贯线的共有特性,相贯线的水平投影一定积聚在小圆柱面的水平投影上,侧面投影积聚在大圆柱的侧面投影上,即为两圆柱面的侧面投影共有的一段圆弧。只需求作出其正面投影。该例可采用表面取点法求相贯线上共有点。作图过程如下:

(1) 利用积聚性的原理,首先在已知投影上直接标出能确定相贯线范围的特殊点 Ⅰ、Ⅱ、Ⅲ、Ⅳ 的水平投影和侧面投影(1、2、3、4,1″、2″、3″、4″),按投影关系求出其正面投影 1′、2′、3′、4′,如图 8-9(b)所示。

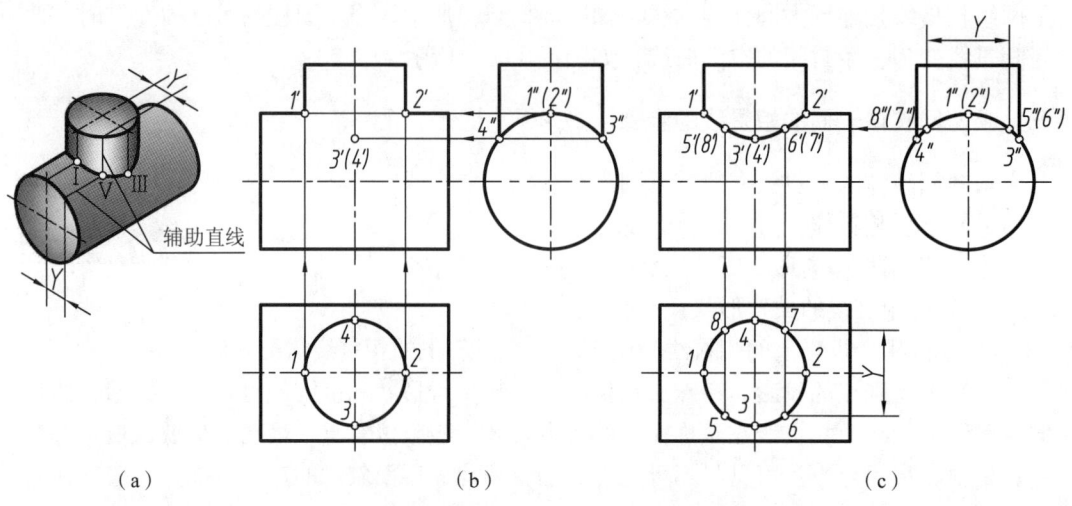

图 8-9 求两圆柱正交的相贯线

(2) 再在适当位置上取一般点Ⅴ、Ⅵ、Ⅶ、Ⅷ的水平投影 5、6、7、8，用圆柱表面上取点的方法求出它们的侧面投影和正面投影（5″、6″、7″、8″、5′、6′、7′、8′），如图 8-9（c）所示。

(3) 判别可见性，正面投影 1′、2′两点是前后可见与不可见的分界点，由于此例相贯线前后对称，可见与不可见部分重合，故只用粗实线曲线光滑连接各点即可。

[**例 8-6**] 如图 8-10 所示，已知两圆柱斜交，求其相贯线的投影。

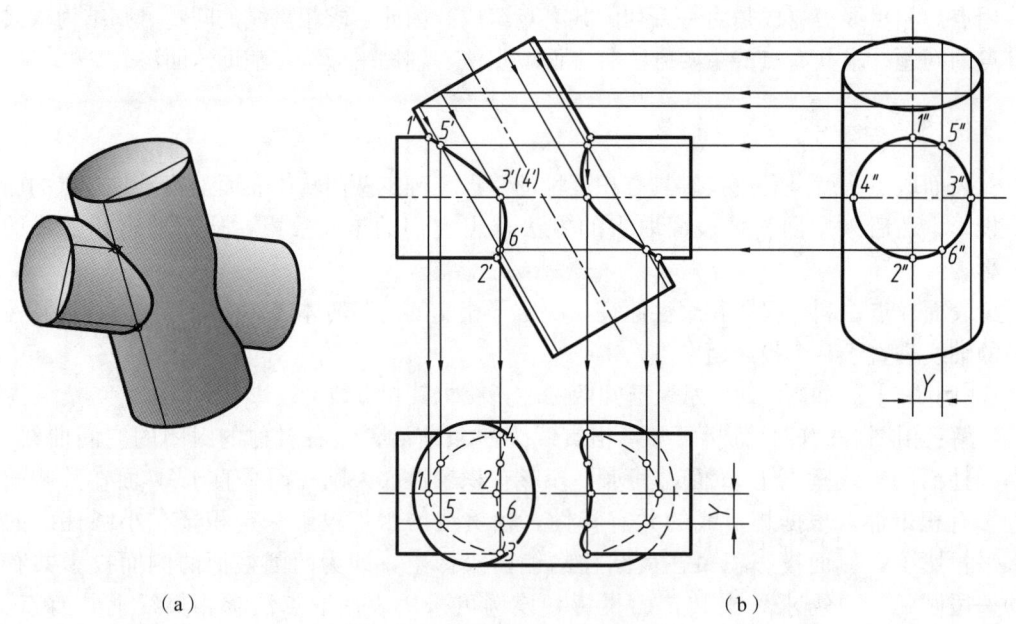

图 8-10 求两斜交圆柱的相贯线

解： 由图 8-10（a）分析可知，小圆柱左右完全贯穿于大圆柱，相贯线为左右两条封闭的空间曲线。小圆柱面的轴线垂直于 W 面，其侧面投影有积聚性为已知，正面投影和水平投影需求，该例可采用表面取点法求相贯线上共有点。作图过程如图 8-10 (b) 所示。

（1）利用积聚性的原理，首先在侧面投影直接标出能确定相贯线范围的特殊点Ⅰ、Ⅱ、Ⅲ、Ⅳ的投影 1″、2″、3″、4″，按投影关系Ⅰ、Ⅱ两点的正面投影 1′、2′ 和水平投影 1、2 也可直接作出，Ⅲ、Ⅳ两点的正面投影 3′、4′ 和水平投影 3、4 可通过在斜圆柱表面取点方法求得。

（2）在适当位置上标出Ⅴ、Ⅵ的侧面投影 5″、6″，同样通过在斜圆柱表面取点方法求得其正面投影 5′、6′ 和水平投影 5、6。

（3）判别可见性，依次连各点。正面投影 1′、2′ 两点是前后可见与不可见的分界点，由于此例相贯线前后对称，可见与不可见部分重合，故只用粗实线曲线光滑连接各点即可。水平投影只有小圆柱右端上部分的点可见，其余均不可见。

[例 8-7]　如图 8-11 所示，已知两圆柱偏交，求其相贯线的投影。

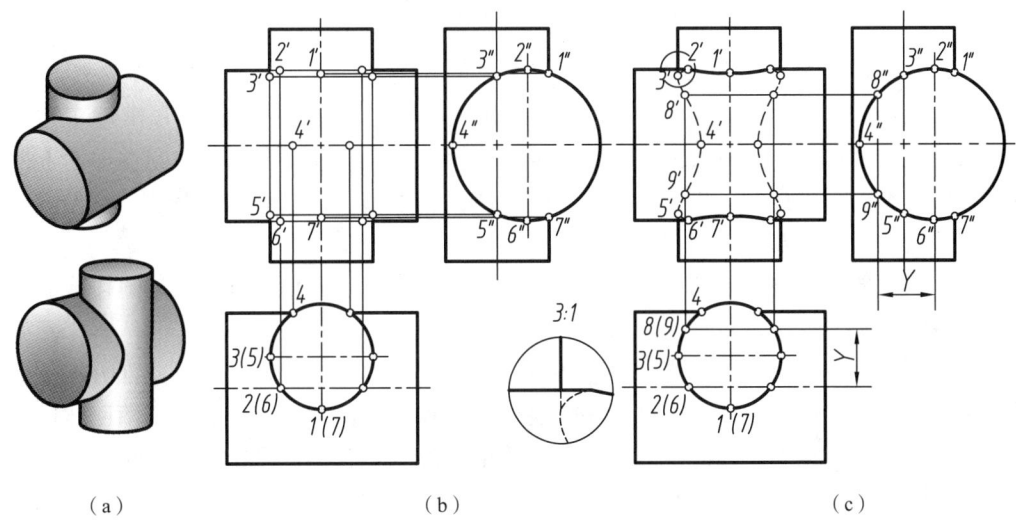

图 8-11　求两偏交圆柱的相贯线

解： 由图 8-11（a）分析可知，两圆柱偏交而且互贯，相贯线为一条上下对称、左右对称的封闭的空间曲线。相贯线的侧面投影为已知，积聚在大圆柱侧面投影的一段圆弧上，相贯线的水平投影也为已知，积聚在小圆柱水平投影的一段圆弧上。该例可采用表面取点法求相贯线上共有点。

先求出大、小圆柱转向轮廓线上的点Ⅰ、Ⅱ、Ⅲ、Ⅳ、Ⅴ、Ⅵ、Ⅶ，再求一般点Ⅷ、Ⅸ，然后判别可见性，用曲线光滑连接各点的正面投影。作图过程如图 8-11（b）、(c) 所示，请读者自行分析。

[例 8-8]　如图 8-12（a）所示，已知圆柱与半球相交求其相贯线的投影。

解： 由图 8-12（a）分析可知，相贯线为一条前后对称的封闭的空间曲线。圆柱面的轴线垂直于 H 面，其水平投影有积聚性，为已知，正面投影和侧面投影需求作。该例可采用表面取点法求相贯线上共有点。作图过程如图如下，图中省略了对称点的标注。

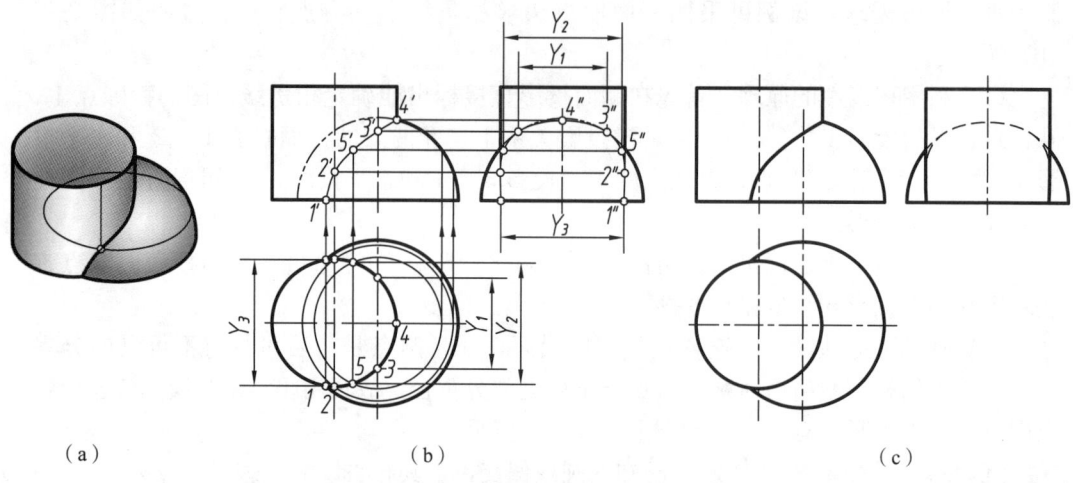

图 8-12 求圆柱与半球的相贯线

(1) 先求特殊点。标出相贯线的最低、最左点Ⅰ的水平投影 1，根据投影关系求出 $1'$，$1''$；直接求出相贯线的最高、最右点Ⅳ的投影 4、$4'$、$4''$，它在圆柱和半球正视转向轮廓线相交处；标出相贯线的最前点Ⅱ的水平投影 2，通过 2 作水平纬圆在球面上取点，根据投影关系求出 $2'$，$2''$；标出球面侧视转向轮廓线上的Ⅲ点水平投影 3，根据投影关系求出 $3'$，$3''$，如图 8-12 (b) 所示。

(2) 求一般点。在适当位置上标出Ⅴ点的水平投影 5，通过 5 作水平纬圆在球面上取点，由此求出 $5'$，$5''$，如图 8-12 (b) 所示。

(3) 判别可见性，用曲线光滑连接各点。正面投影前后对称，前面可见部分挡住后面不可见部分；对侧面投影而言Ⅱ点是可见性分界点，要注意只有同时位于两回转体可见部分的点才是可见的。因此，只有圆柱左边部分的点，其侧面投影才是可见的。最后要补全轮廓线投影，圆柱侧视转向线画至 $2''$，去掉以 $3''$ 为界的球面侧视转向轮廓线的一段投影，完成作图，结果如图 8-12 (c) 所示。

2. 辅助平面法

所谓辅助平面法，就是根据三面共点的原理，假想用一个辅助平面截切相交两立体，所得两组截交线的交点，就是相贯线上的点，它既属于两回转体表面，又属于辅助平面。作出一系列的辅助平面，求出相贯线上一系列点，依次光滑连接，即得相贯线的投影。

1) 辅助平面法求共有点的步骤
(1) 作辅助平面与两回转体相交；
(2) 求出辅助平面与两回转体的截交线；
(3) 求出两组截交线的交点，即为三面共点，也就是相贯线上的点。
要使作图简便，辅助平面的选择是很重要的。

2) 辅助平面选择原则
(1) 辅助平面必须在两回转体相交的范围截切；

(2) 辅助平面截切后，要使两回转体的截交线成为简单易画的直线或圆。

图 8-13（a）所示为圆柱与圆锥正交，图中用水平面 P 截切两回转体后，圆柱的截交线为两条水平素线，圆锥的截交线为水平圆，该水平素线与水平圆的交点就是相贯线上的点，它属于圆柱面，也属于圆锥面，同时又属于辅助平面。

又如图 8-13（b）所示，图中用过锥顶的平面 Q 截切圆柱和圆锥，得到的截交线都为直线，两组直线的交点为相贯线上的点。

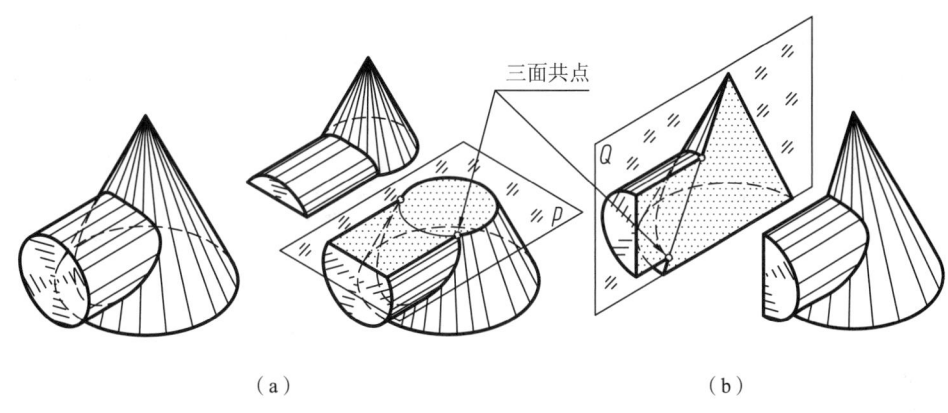

（a） （b）

图 8-13 辅助平面法作图原理

[**例 8-9**] 如图 8-14 所示，求圆柱与圆锥的相贯线。

解：圆柱的轴线为侧垂线，故相贯线的侧面投影为已知。此题可用表面取点法，也可用辅助平面法求解。由于整个图形前后对称，前半相贯线和后半相贯线的正面投影相互重合。

下面采用辅助平面法求解，为了使截交线简单易画，对圆柱而言，辅助平面应平行或垂直于圆柱轴线，对圆锥而言，辅助平面应垂直于圆锥轴线或通过锥顶，故我们可选择一系列的水平面或过锥顶的侧垂面为辅助平面，作图过程如下：

（1）求特殊点。过圆柱轴线作水平面，与圆柱相交于最前、最后的素线。与圆锥交于水平圆，在它们的水平投影的相交处，直接求出相贯线上最前、最后点Ⅲ、Ⅳ的水平投影 3、4，并由此求出 $3'$、$4'$ 和 $3''$、$4''$。

点Ⅱ（2，$2'$，2）是相贯线的最左点，可直接求得。

虽然用辅助平面法无法确定最右点，但我们可以通过确定Ⅴ、Ⅵ两点来控制曲线的走势，Ⅴ、Ⅵ两点的求法如图 8-14（b）所示：在侧面投影上，过锥顶作与圆柱面相切的侧垂面 S 与 Q，它们与圆柱相切于素线，与圆锥相交于素线，由 $5''$、$6''$，可求出 5、6，再求出 $5'$、$6'$。

（2）求一般点。如图 8-14（c）所示，在点Ⅱ与Ⅲ、Ⅳ之间的适当位置作辅助水平面 R，可由此得到Ⅶ、Ⅷ两点的侧面投影 $7''$、$8''$，求出水平投影 7、8，最后确定 $7'$、$8'$。

（3）判别相贯线的可见性，按顺序光滑连接各点。如图 8-14（d）所示，因相贯线前后对称，故在正面投影中前后重合，只需画出前半部分可见曲线。水平投影中 3、4

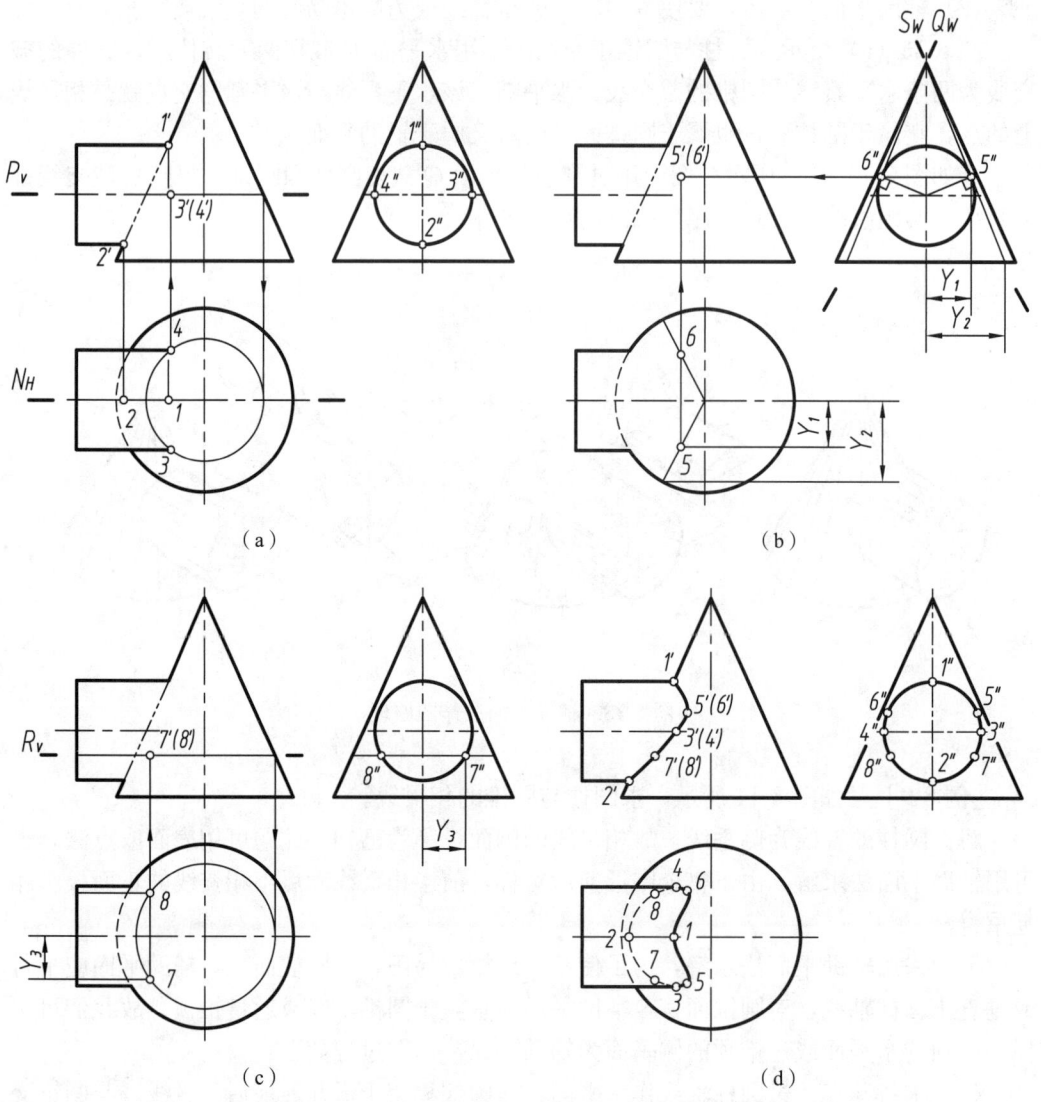

图 8-14 求圆柱与圆锥的相贯线

两点是可见与不可见的分界点,故将上半圆柱面上的 46153 段曲线连成粗实线,而 37284 在下半个圆柱面上不可见,画成虚线。水平投影的转向轮廓线应画到 3、4。

[例 8-10] 如图 8-15 (a) 所示,求圆台和半球的相贯线。

解: 从已知条件看出:圆台的轴线不通过球心,但圆台和球有公共的前后对称面,圆台从球的左上方全部穿进球体,因此,相贯线是一条前后对称的封闭的空间曲线,由于圆台和球表面的投影都没有积聚性,相贯线的三个投影都未知,不能用表面取点法,可用辅助平面法求出。

为了使辅助平面与圆台和球相交时的截交线为直线或平行于投影面的圆,对圆台而言,辅助平面应通过圆台延伸后的锥顶或垂直于圆台的轴线;对球而言,辅助平面可选用平行于投影面的平面。综合这两种情况,辅助平面除了可选用过圆台轴线的正平面和侧平面外,其他应选用水平面。

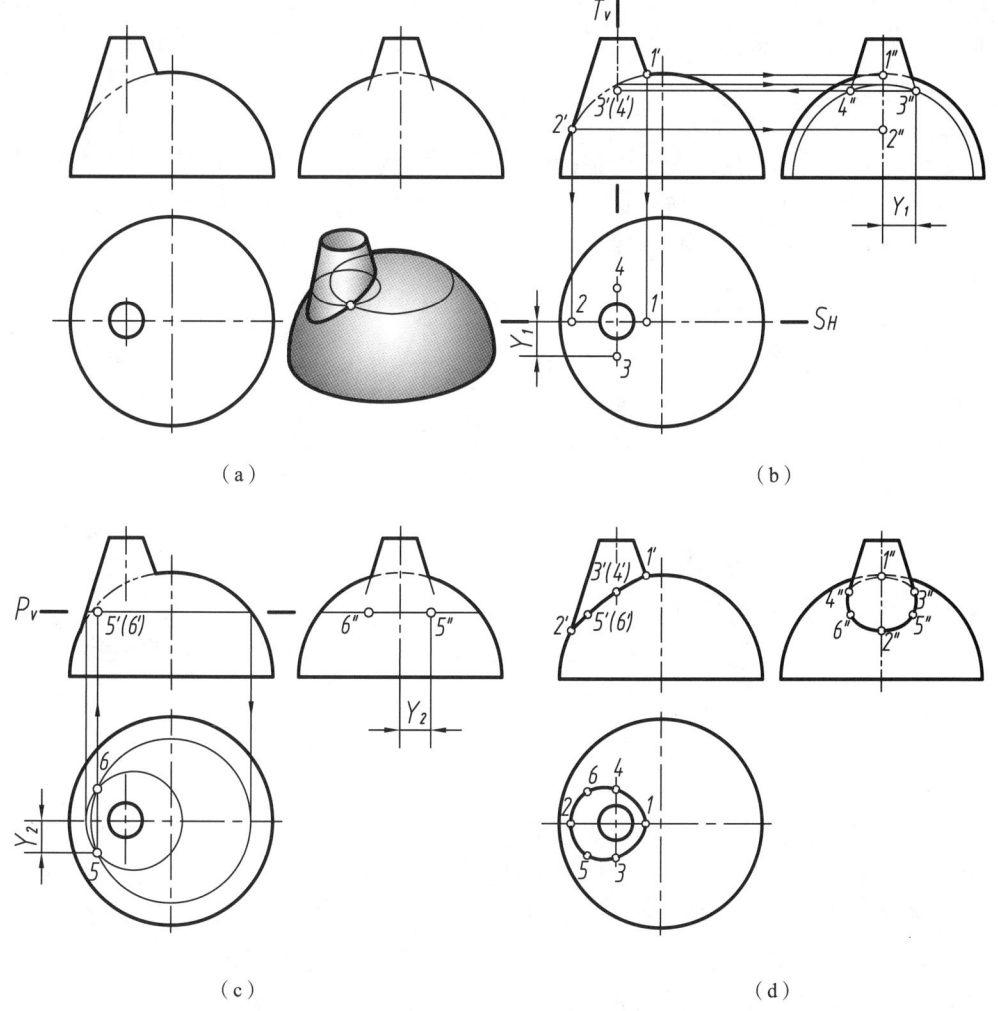

图 8-15 求圆台与半球的相贯线

其作图过程如下：

(1) 作辅助正平面 S 通过圆台和球的公共对称平面，如图 8-15（b）所示。辅助平面与圆台表面交于最左、最右素线，与球面相交于平行正面的大圆，在它们的相交处，作出圆台表面最左、最右素线上点 Ⅰ、Ⅱ 的正面投影 1′、2′，根据投影关系求出 1、2 和 1″、2″。

作通过圆台轴线的辅助侧平面 T，与圆台表面相交于最前、最后素线，与球面相交于侧平圆。在它们的相交处，作出圆台表面最前、最后素线上点 Ⅲ、Ⅳ 侧面投影 3″、4″，根据投影关系求出 3′、4′ 和 3、4。

(2) 求一般点 Ⅴ、Ⅵ，如图 8-15（c）所示。在点 Ⅱ 和 Ⅲ、Ⅳ 之间作水平面 P，与圆台表面、球面分别相交于水平的纬圆，作出两水平纬圆的交点 Ⅴ、Ⅵ 的水平投影 5、6，根据"三等"关系求出 5′、6′ 和 5″、6″。

(3) 判别相贯线的可见性，按顺序连接各点的同名投影，即得相贯线的三面投影，如图 8-15（d）所示。因为圆台表面的最前、最后素线位于球面的左右分界圆的左方，所以圆台侧视转向轮廓线和左段曲线的侧面投影可见，而右段曲线则不可见。

3. 辅助球面法

辅助球面法就是利用球面作为辅助面。辅助球面法基本作图原理是：当球与回转体相交时，其交线为垂直于回转体轴线的圆。此圆在所平行的投影面上的投影为一直线，该直线是球面与回转体转向轮廓线的交点的连线，如图 8-16 所示。

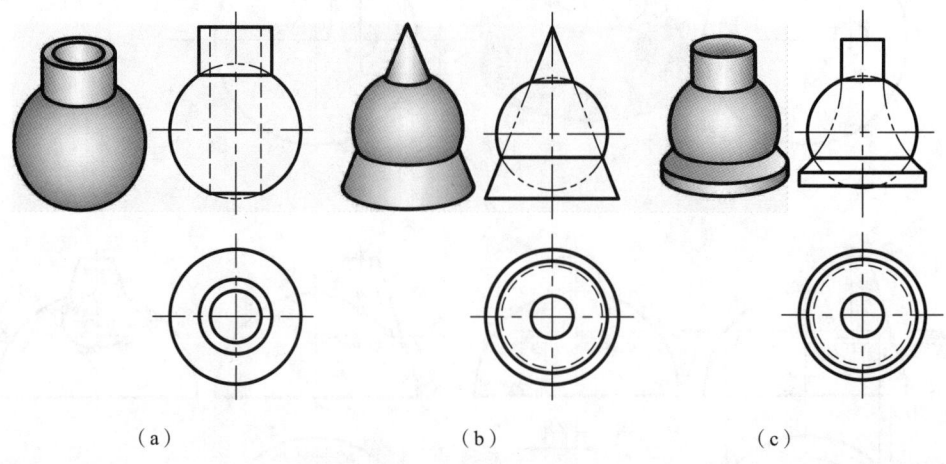

图 8-16　球与回转体相交

辅助球面法也是应用了三面共点的原理，图 8-17 所示为一圆柱与圆锥斜交。图示位置不便于采用辅助平面法，可采用辅助球面法，这时以两回转体轴线的交点为球心，以适当半径作球面，该球面与圆锥面相交于圆 A 和圆 B，与圆柱面相交于圆 C。圆 A、圆 B 与圆 C 的交点Ⅴ、Ⅵ、Ⅶ、Ⅷ即为相贯线上的点，它是两回转体和球面的共有点。若球面的半径变化可求出一系列的共有点，连接后即为所求的相贯线。为了能直接作出共有点，应使相交两圆的投影均为直线，因此两回转体轴线所确定的公共对称平面应平行于某一投影面。

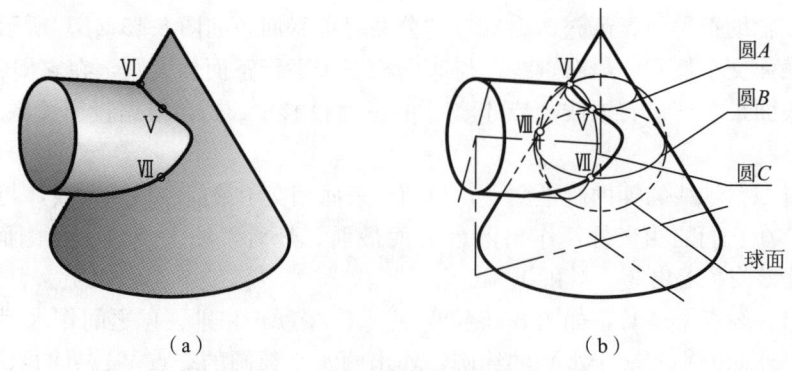

图 8-17　辅助球面法求相贯线的原理

根据以上分析，应用辅助球面法的条件是：

(1) 相交两立体为回转体；
(2) 两回转体轴线相交；
(3) 两回转体轴线所确定的公共对称平面应平行于某一投影面。

辅助球面法可利用单面投影作图，还可求某极限位置的点，弥补辅助平面法的不足，这是辅助球面法的独特优点。

1) 同心球面法

当所做的系列辅助球面的球心为同一点时，称为同心球面法。

[例 8-11] 如图 8-18 所示，求圆柱与圆锥的相贯线。

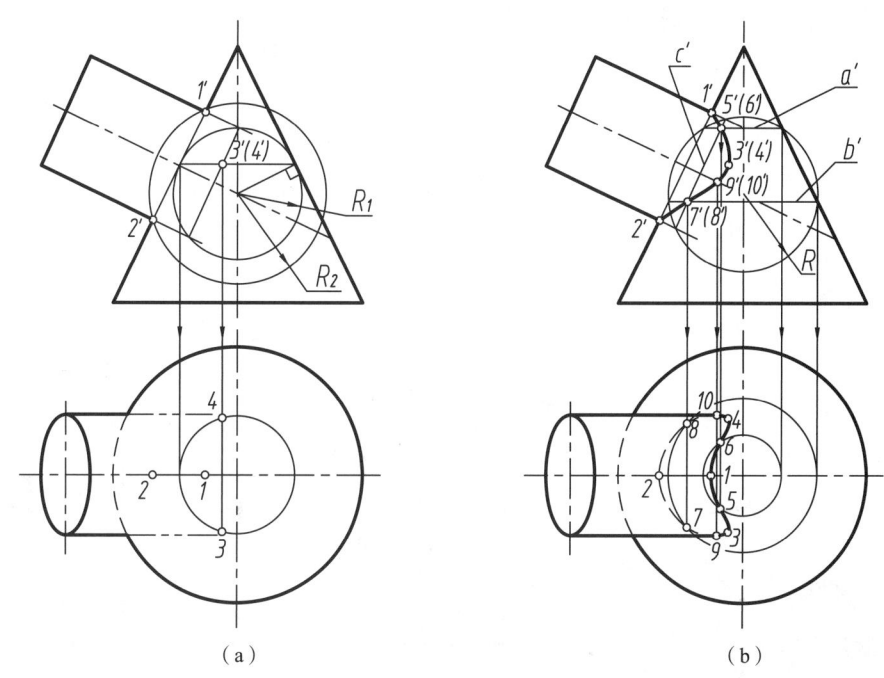

(a)　　　　　　　　　　　　(b)

图 8-18　用同心球面法求相贯线

解：圆柱与圆锥斜交，相贯线的两个投影未知。在图示条件下，除作过锥顶的辅助正平面使截交线上的点好求以外，其余作特殊位置平面均不合适。该图符合辅助球面法的条件，故可用同心球面法求相贯线上的点。参考图 8-17，作图过程如下：

(1) 由于两回转体具有公共对称平面，两轴线相交平行于 V 面，因此相贯线的最高点Ⅰ和最低点Ⅱ的正面投影 $1'$、$2'$ 可直接在正面投影上定出，它们在两回转体正视转向轮廓线的交点处，以此作出水平投影 1、2，如图 8-18（a）所示。

(2) 确定辅助球面的最小半径 R_1 和最大半径 R_2，求极限位置点。最大半径 R_2 一般是由球心的投影到两回转体转向轮廓线交点中最远那点的距离。为此，通过 $2'$ 作最大圆；最小半径 R_1 就是从球心的投影向两曲面轮廓线作垂线，两垂线中较长的哪个，为此，由球心的正面投影向圆锥正视转向轮廓线作垂线，通过垂足作最小圆。

然后作出最小球面与圆锥的交（切）线圆的正面投影（为垂直于圆锥轴线的直线）；作出最小球面与圆柱的交线圆的正面投影（为垂直于圆柱轴线的直线），两直线的交点即为Ⅲ、Ⅳ（为最右点）的正面投影 $3'$、$4'$，再通过圆锥表面取点的方法，求出其水平投影 3、4，如图 8-18（a）所示。

（3）以 R 为半径作辅助球面，求一般点。R 的选择必须满足：$R_1 \leqslant R \leqslant R_2$，因为 R 比 R_2 大求不到圆柱与圆锥的共有点，R 比 R_1 小与圆柱、圆锥都不相交。

用上述的方法，作出以 R 为半径的球面与圆锥的交线圆 A、B 的正面投影 a'、b' 和与圆柱的交线圆 C 的正面投影 c'，这两组圆的正面投影的交点 $5'$、$6'$、$7'$、$8'$ 就是共有点 V、VI、VII、VIII 的正面投影，由此求出其水平投影 5、6、7、8，如图 8-18（b）所示。

（4）用曲线连接各点的正面投影，该曲线与圆柱轴线的交点 $9'$、$10'$ 即为相贯线最前、最后点 IX、X 的正面投影，作出其水平投影 9、10，9、10 两点是水平投影可见与不可见的分界点。按可见性用曲线连接各点的水平投影，整理轮廓线，完成作图，如图 8-18（b）所示。

2）异心球面法

当所作的系列辅助球面的球心变化时，称为异心球面法。

[例 8-12]　如图 8-19 所示，求圆柱与圆环的相贯线。

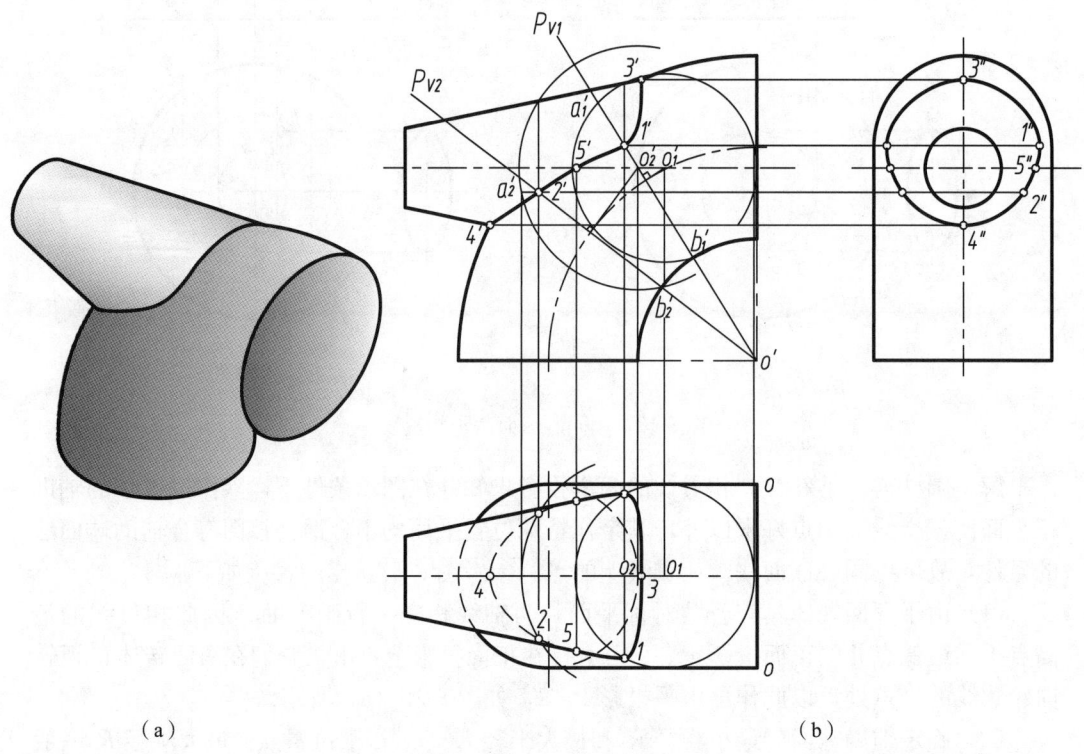

(a)　　　(b)

图 8-19　用异心球面法求相贯线

解： 由于圆锥与圆环的轴线不相交，所以不能采用同心球面法，用辅助平面法又不能同时在两回转体上截出简单的截交线。通过分析，圆环母线中心的运动轨迹圆与圆锥的轴线位于同一正平面内，可以采用异心球面法。

作图的关键是设法使辅助球面与两回转体交线的投影为直线或圆。作图的原理是先过圆环轴线作一正垂面 P_{V1}，它截圆环为圆，该圆的正面投影为 $a_1'b_1'$ 直线，假设作一辅助球面与圆环的交线圆的正面投影也为 $a_1'b_1'$ 直线，那么，该球心必定在过交线圆平面的中心并垂直于交线圆平面的直线上；若又要使该辅助球面截圆锥为圆，则球心还应在圆锥的轴线上。综合上述两个条件，球心应在交线圆平面垂线与圆锥轴线的交点 o_1' 处。作图过程如图 8-19（b）所示：

（1）在正面投影上直接定出相贯线的最高点Ⅲ和最低点Ⅳ的正面投影 $3'$、$4'$，以此作出水平投影 3、4。

（2）作辅助正垂面 P_{V1}，与圆环交于 $a_1'b_1'$，过 $a_1'b_1'$ 中点作垂线交于圆锥轴线于 o_1'，然后以 o_1' 为圆心，通过点 b_1' 作辅助球面，求得相贯线上的点Ⅰ的正面投影 $1'$，用球面取点的方法，求出其水平投影 1，再求出 $1''$。

（3）作辅助正垂面 P_{V2}，变换辅助球面球心位置，用同样的方法，求得点Ⅱ的投影 2、$2'$、$2''$。

（4）用曲线连接各点的正面投影，该曲线与圆锥轴线的交点 $5'$ 即为相贯线最前点Ⅴ的正面投影，作出其余两面投影 5、$5''$，5 是水平投影可见与不可见的分界点。按可见性用曲线连接各点的水平投影，整理轮廓线，完成作图。

五、相贯线的特殊情况

两回转体的相贯线一般情况下是空间曲线，但在特殊情况下是平面曲线或直线。下面介绍几种相贯线的特殊情况：

（1）同轴的两回转体相交，相贯线为垂直于轴线的圆，如图 8-16 所示；

（2）轴线平行的两圆柱相交，其相贯线为两条平行于轴线的直线，如图 8-20（a）所示；

（3）共锥顶的两圆锥相交，其相贯线为交于锥顶的两相交直线，如图 8-20（b）所示；

（4）当两相交回转体公切于一个球时，相贯线为两相交椭圆，如图 8-21 所示。

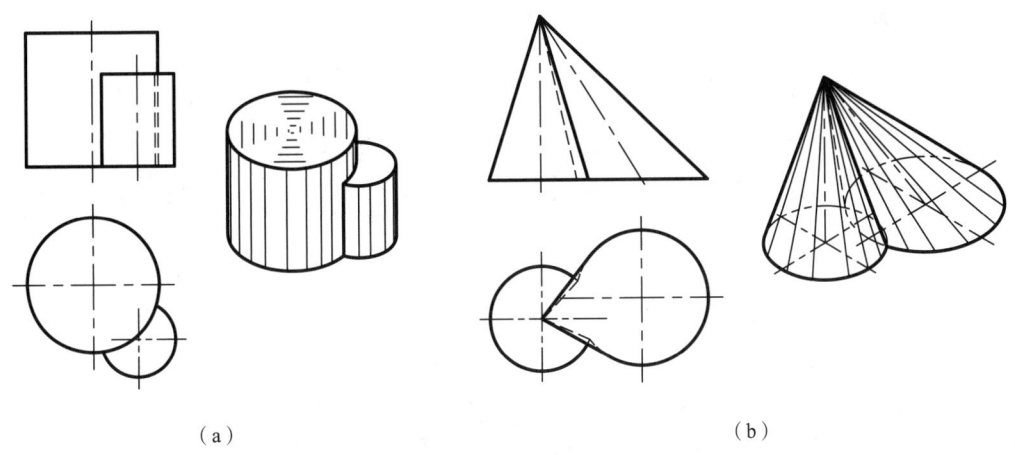

（a） （b）

图 8-20 相贯线为直线

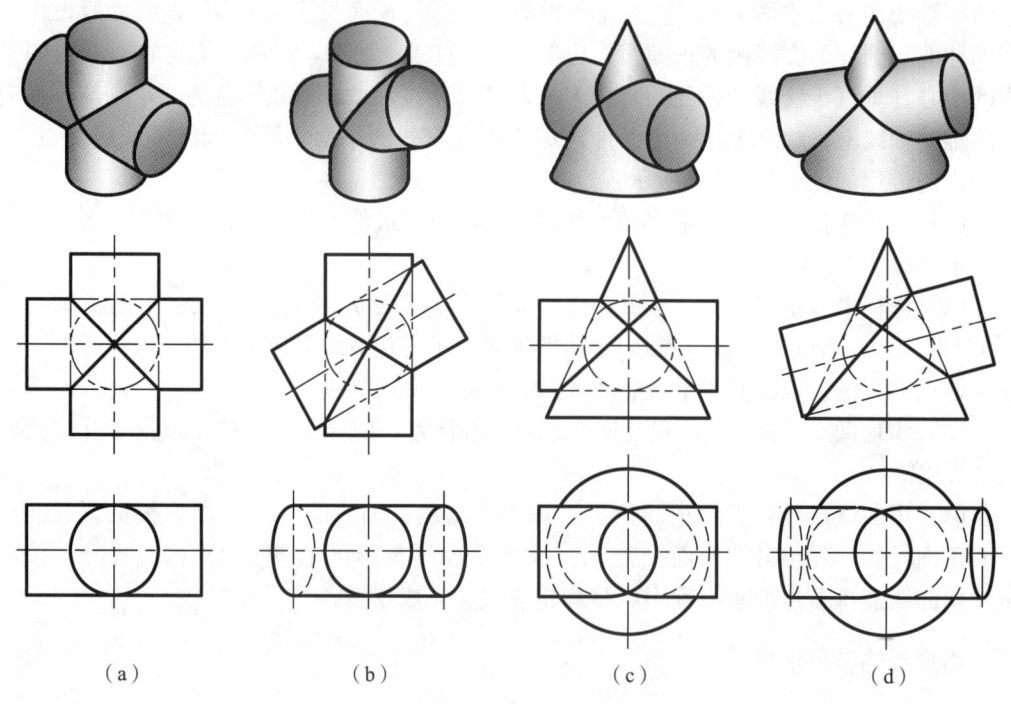

(a) (b) (c) (d)

图 8-21 相贯线为两相交椭圆

六、复合相贯线的求法

工程中经常遇到一些包含复合相贯线的零件，如图 8-22（a）所示。三个或三个以上的立体表面会交形成的交线总和称为复合相贯线，复合相贯线由若干组相贯线组成，各组相贯线的共有点称为结合点。结合点是相贯线上三个曲面的共有点，也是各组相贯线的分界点。

因此，求复合相贯线的关键是要求出各组相贯线的共有点，即结合点。

下面以图 8-2 为例，说明复合相贯线的求法。

1）分析

圆柱、圆锥和球三个表面相互相交，形成复合相贯线，由三组相贯线组合。它们分别是圆柱与球的相贯线、圆锥与球的相贯线和圆柱与圆锥的相贯线，三组相贯线会交于前后对称的两点，为复合相贯线的结合点。欲求该复合相贯线，应分别求出各组相贯线，定出结合点。

2）作图

（1）根据分析首先求出圆柱与圆球的相贯线，是垂直于圆柱轴线的水平圆 A，其正面投影 a' 和侧面投影 a'' 为直线段，水平投影 a 积聚在圆柱的水平投影上。

为便于作图，此时可先求出结合点。为此，以圆球球心的正面投影为圆心，过圆柱与圆球正视转向轮廓线的交点作半径为 R 的辅助球面，求出辅助球面与三个回转体截交线的交点 I（即结合点）的正面投影 $1'$，继而求出 1、$1''$，如图 8-22（b）所示。

（2）求圆锥与圆球的相贯线。点Ⅲ（$3'$、3、$3''$）是正视转向线上的点，可直接作

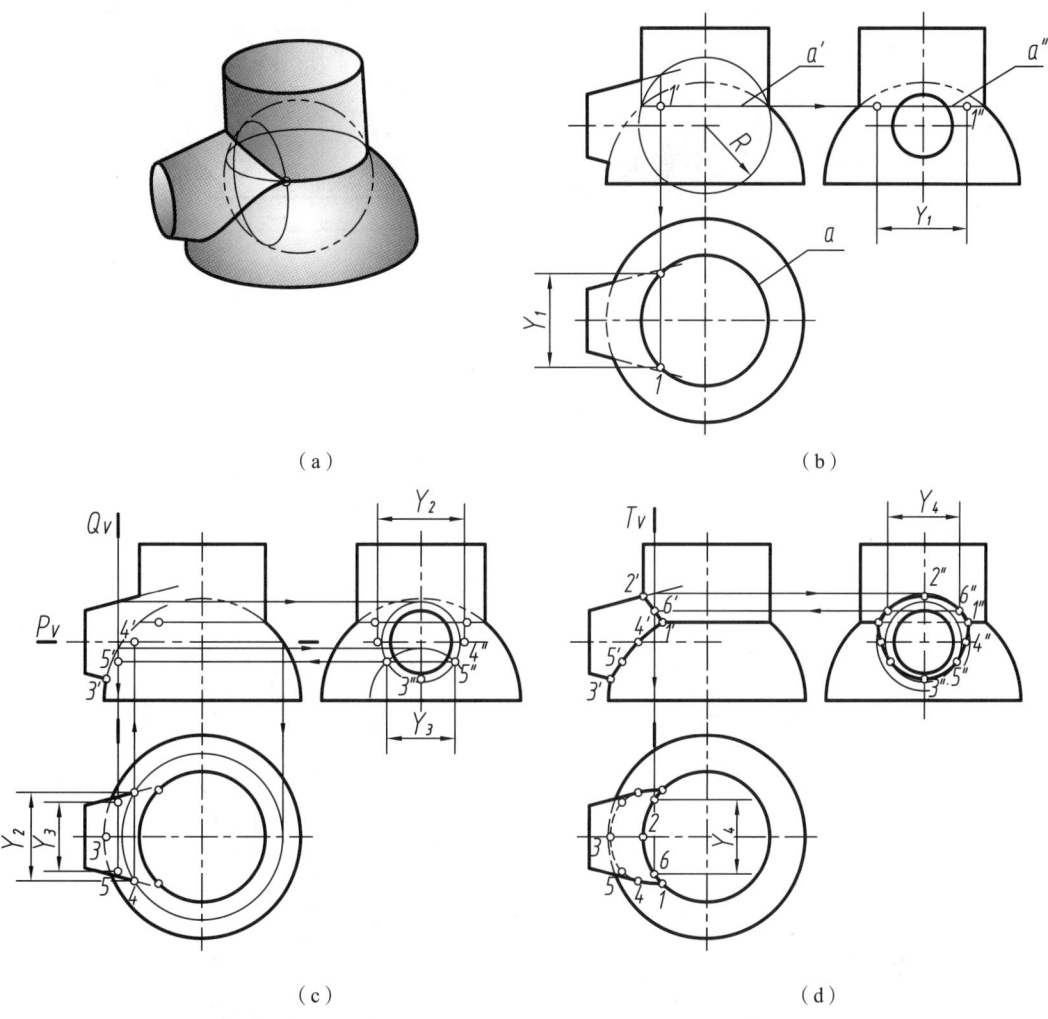

图 8-22 求复合相贯线

出。点Ⅳ（4′、4、4″）是水平转向线上的点，通过作辅助水平面 P 求得。点Ⅴ（5′、5、5″）为一般点，通过作辅助侧平面 Q 求得，如图 8-22（c）所示。

（3）求圆柱与圆锥的相贯线。Ⅱ点（2′、2、2″）是正视转向线上的点，可直接作出。Ⅵ点（6′、6、6″）为一般点，通过作辅助侧平面 T 求得。

（4）最后判可见性，用曲线连接各点，并整理轮廓线，完成作图，如图 8-22（d）所示。

[例 8-13]　如图 8-23（a）所示，圆柱与圆柱、圆柱与圆环表面相交，求其相贯线。

解： 本例实际是圆柱与组合回转体相交，轴线垂直的圆柱与圆环同轴相切，表面无交线。复合相贯线由两组相贯线组合，它们分别是圆柱与圆柱的相贯线和圆柱与圆环的相贯线。作图过程如下：

（1）首先求出圆柱与圆柱、圆柱与圆锥正视转向轮廓线交点Ⅰ、Ⅱ的投影（1′、2′，1、2）；作一辅助球面，使其半径 R_2（为斜置圆柱与圆环相交时所作最大辅助球面

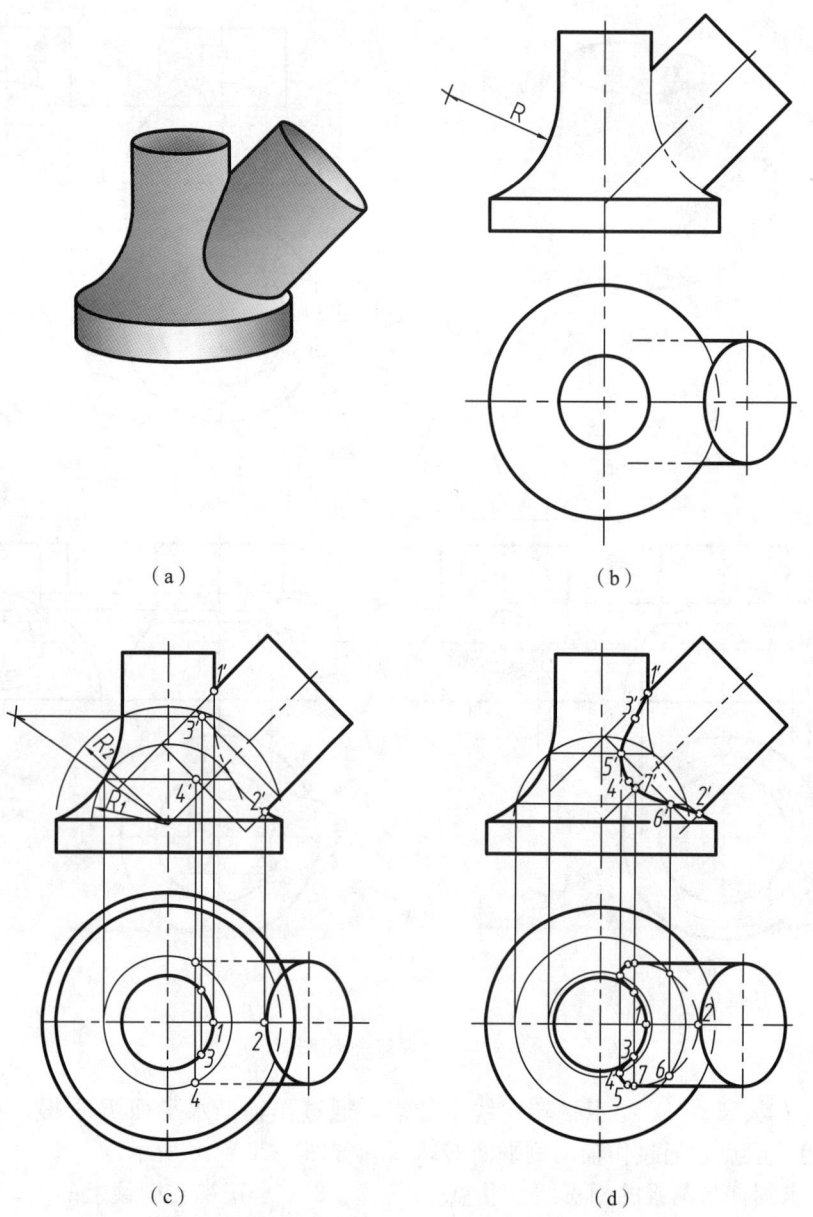

图 8-23 求圆柱与圆柱、圆柱与圆环的复合相贯线

的半径）通过垂直圆柱与圆环正面投影相切线的端点处，从而求出结合点Ⅲ的投影 3′、3。再作一辅助球面，使其半径 R_1（为斜置圆柱与圆环相交时所作最小辅助球面的半径）通过 R 圆心到球心距离的连心线与环面轮廓线相交点处，从而求出极限位置点Ⅳ的投影 4′、4，如图 8-23（b）所示。

（2）在 R_2 与 R_1 之间再作辅助球面求得一般点Ⅴ、Ⅵ的投影（5′、6′，5、6），如图 8-23（c）所示。

（3）判断可见性，用曲线连接各点，整理轮廓线，完成作图，如图 8-23（c）所示。

七、相贯线的近似画法

如果对相贯线精确度要求不高,可采用近似画法。

当两正交的圆柱的轴线平行于某个投影面,而两圆柱直径不很接近时,在所平行的投影面上的相贯线投影,可用较大那个圆柱的半径画圆弧来代替;当小圆柱与大圆柱直径相差很大时,相贯线的投影可用直线来代替,如图 8-24(a)所示。当两圆柱直径比较接近时,可用直线和圆弧代替相贯线,如图 8-24(b)所示。

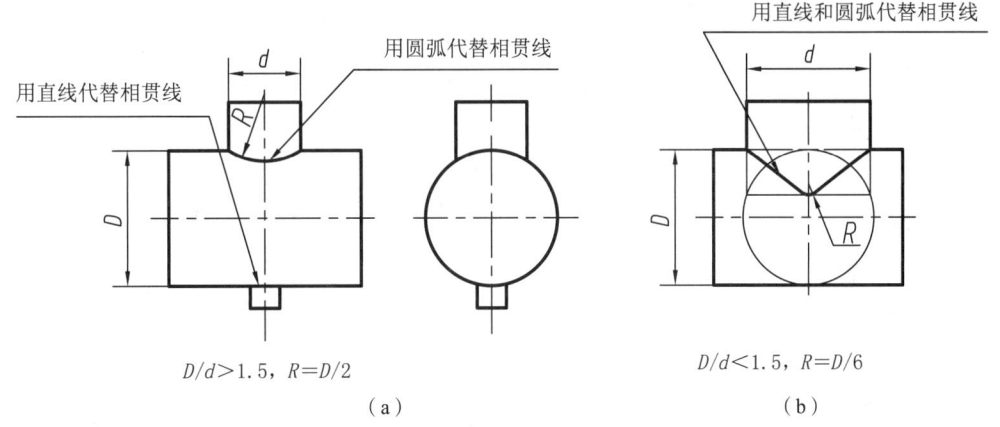

$D/d>1.5,R=D/2$ 　　　　$D/d<1.5,R=D/6$

(a)　　　　　　　　　　　　(b)

图 8-24　正交圆柱相贯线的简化画法

[**例 8-14**]　如图 8-25 所示,完成四通的主视图。

解: 主视图中重点要画出四通孔相交的相贯线。要注意特殊情况下的相贯线的画法。一般情况下的相贯线可采用近似画法,还要注意 A、B 面的投影,作图结果如图 8-25(b)所示。

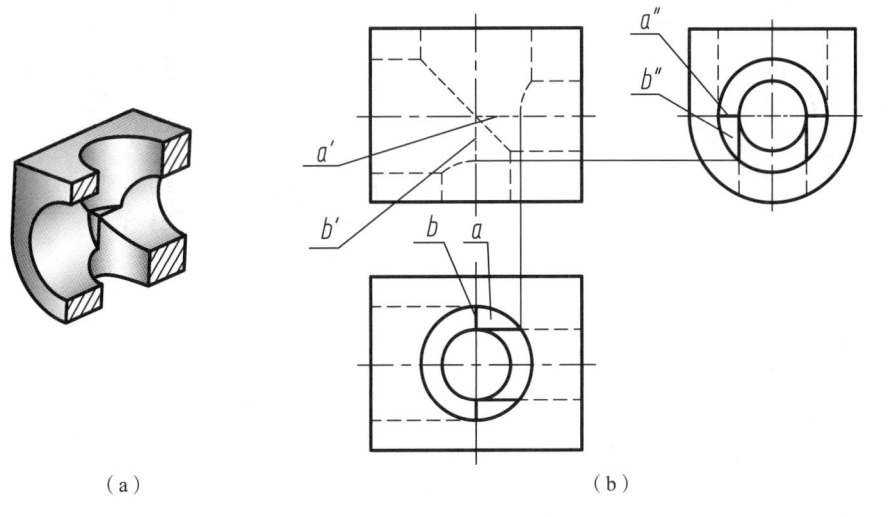

(a)　　　　　　　　　　　　(b)

图 8-25　完成四通的主视图

第九章 组 合 体

任何复杂的机器零件,从几何形体看,都是由一些简单的基本体组成的,我们称之为组合体。由于组合体是机器零件抽象出来的几何模型,因此我们在讨论组合体时,着重讨论它们的结构形状,不着重考虑它们的功能。

本章主要介绍如何应用前面介绍的投影理论来解决组合体的画图和读图以及组合体的尺寸标注等问题。提出了画图和读图的基本方法——形体分析法和线面分析法。掌握好这两种方法,才能提高画、读组合体视图的能力,最终为绘制和阅读机械图样打下重要基础。

9.1 形体分析法和线面分析法

一、形体分析法

1. 形体分析法的基本概念

任何一个较复杂的组合体均可看成是由若干基本立体经叠加和切割组成。

图 9-1 所示的轴承盖,它是由具有圆柱通孔的形体Ⅰ、Ⅱ、Ⅲ和经过切割穿孔后的形体Ⅳ组合而成。

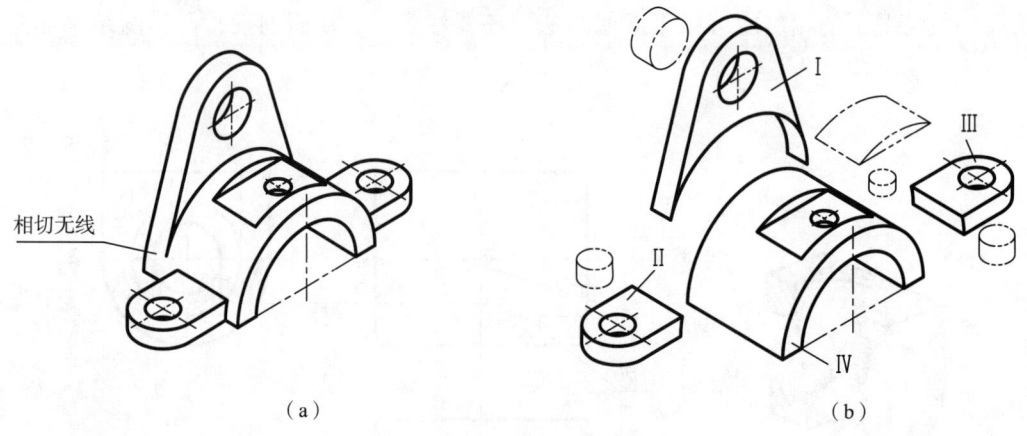

图 9-1 组合体的形体分析

为了便于准确地理解组合体的形状和结构,可假想将组合体分解为若干个基本体,分析这些基本体的形状、相对位置及表面的过渡关系,从而产生对整个组合体的完整形象,在画图和读图中运用的这种分析思维方法称为形体分析法。

2. 形体分析法的应用

在分析组合体时,可灵活应用形体分析法,可以从粗略的角度对组合体进行分解,也可从细致的角度进行分解。分解组合体为多少个基本体,则要看对组合体的整体形象的认识能力和怎样方便画图和读图。图 9-2 (a) 所示的支架,粗略分解可分解为三个基本体,如图 9-2 (b) 所示,这样分解可以提高画图和读图的速度;细致分解可分解为六个基本体,如图 9-2 (c) 所示,一般初学者采用这种细分的方法。

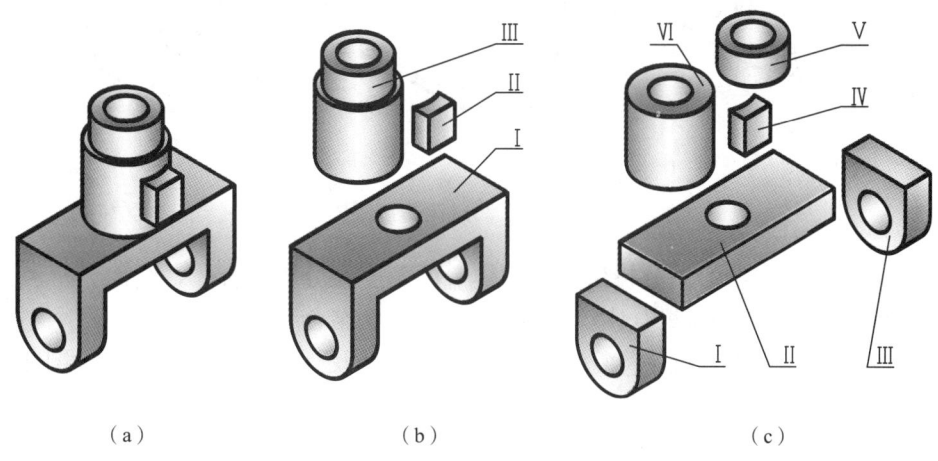

图 9-2 组合体的分解

二、线面分析法

1. 线面分析法的基本概念

在绘制和阅读组合体的视图时,对比较复杂的组合体通常在应用形体分析法的基础上,对不易表达或读懂的局部,还要结合线、面的投影分析,来帮助表达或读懂这些局部的形状,这种方法称为线面分析法。

2. 线面分析法的应用

针对不同结构的组合体,也要灵活应用线面分析法。

1) 分析面形

图 9-3 (a) 所示的撞块,重点在于分析面形。A 面的形状最为复杂,是一个七边形,求出了七边形的投影,其他面的投影就容易求出了。B、C、D 面与 A 面的交线都在该七边形上。

2) 分析面与面的交线

图 9-3 (b) 所示的垫块,重点在于分析面与面的交线。A、B 两面的交线ⅠⅡ是一般位置直线,求出交线的投影,A、B 两面的投影就容易求出了。

3) 分析面与面相对位置

图 9-3 (c) 所示的支撑块,重点在于分析面与面的相对位置。A、B、C 三个面都是正平面,长度尺寸相等,但前后的位置不同。若分清了三个面的前后位置,支撑块的视图就容易求出了。

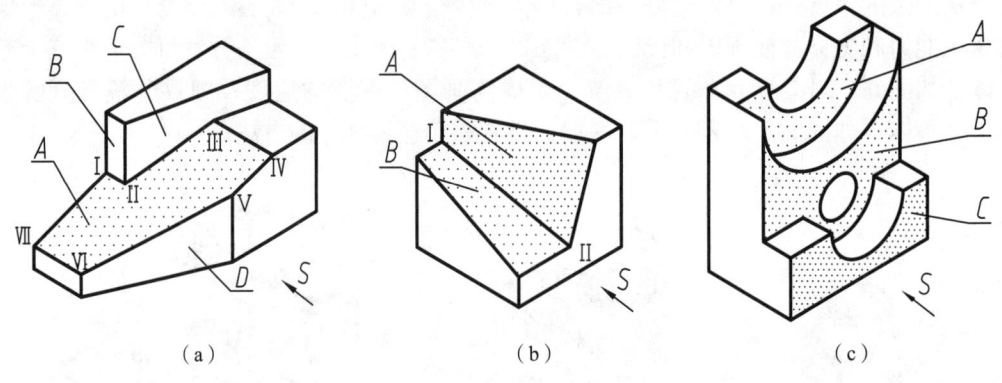

图 9-3 线面分析法的应用

从以上分析可知，形体分析法是从"体"的角度去分析组合体，线面分析法是从"线"、"面"的角度去分析组合体。经常是将两种方法结合起来用。

形体分析法和线面分析法将复杂的问题化为简单问题来处理，是画图、读图和标注尺寸过程中必须运用的基本方法。

9.2 组合体的组合方式及表面的过渡关系

一、组合体的组合方式

从工程制造成型过程和画图读图分析思考方便的角度出发，常将组合体的组合方式分为以下几种。

1. 叠加

由两个或多个基本体（或稍作变形或带孔的基本体）叠加在一起形成的组合体。

图 9-4 所示的支架，它是由底板Ⅰ、肋Ⅱ、圆柱筒Ⅲ、搭子Ⅳ、凸台Ⅴ和底圈Ⅵ六个基本体叠加而形成的，称之为叠加型组合体或以叠加为主的组合体。

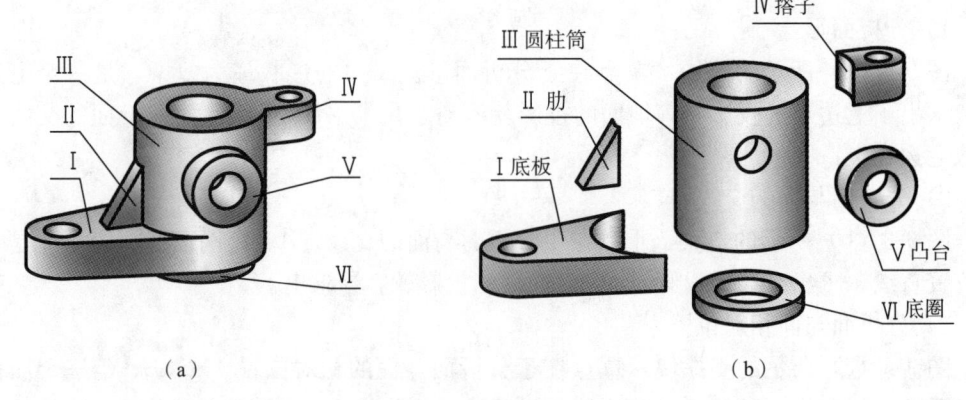

图 9-4 叠加型组合体的组合

2. 切割与穿孔

基本体经截切和穿孔可形成组合体。图 9-5 所示的导向块，可看做是由一长方体Ⅰ被切割掉Ⅱ、Ⅲ、Ⅳ部分后，再穿一个圆柱孔Ⅴ而形成的，称之为切割型组合体。

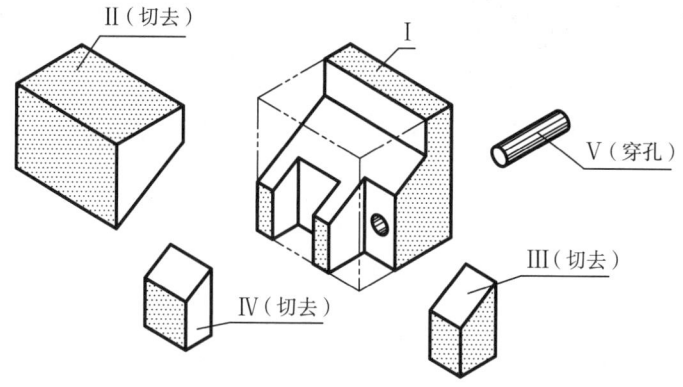

图 9-5　切割型组合体的组合

3. 叠加和切割与穿孔的组合

形状较为复杂的机器零件，常常是既有叠加又有切割与穿孔。图 9-6 所示的支架，可看成由一带半圆孔的板Ⅰ切掉I_1、I_2、I_3、I_4与肋Ⅱ和一圆柱筒Ⅲ切掉$Ⅲ_1$、$Ⅲ_2$再钻一个圆柱孔$Ⅲ_3$后叠加而成，称之为综合型组合体。

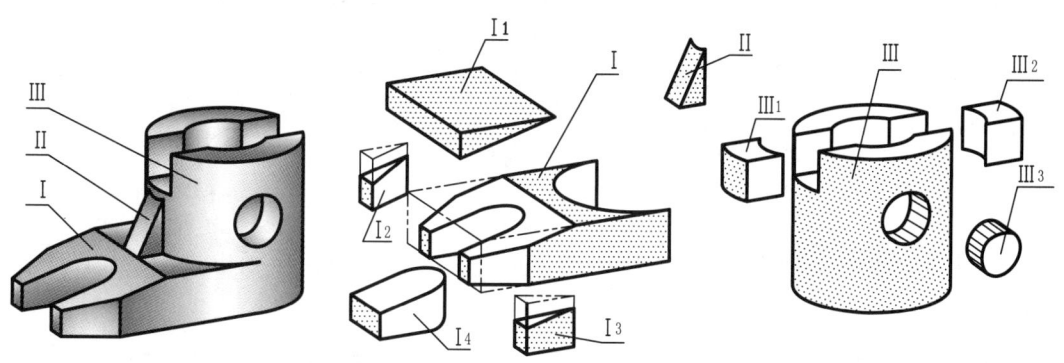

图 9-6　综合型组合体的组合

二、形体间的表面过渡关系

形体间的表面过渡关系可分为四种情况，在读图时，必须看懂形体之间的表面过渡关系，才能彻底搞清物体形状；在画图时，也必须注意这些关系，才能不多线、不漏线。

1. 不共面

当相邻两个基本体的表面不共面时，相应视图中间应该有线隔开，如图 9-7 所示。

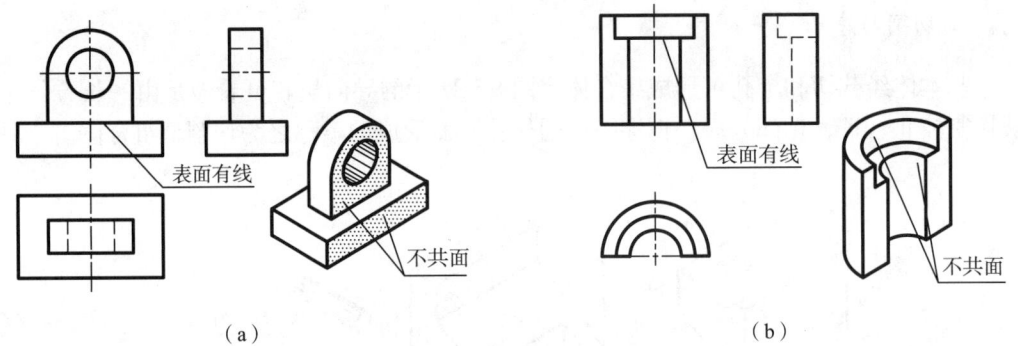

图 9-7 不共面

2. 共面

当两个基本体表面共面时，相应视图中间应无线隔开，如图 9-8 所示。

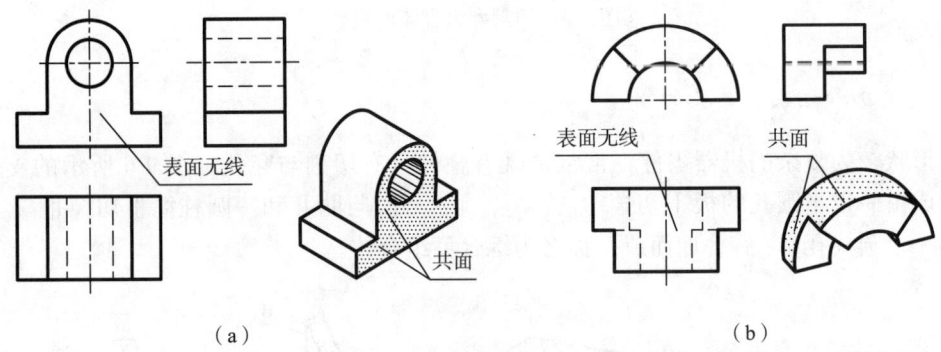

图 9-8 共面

3. 相交

两基本体的表面相交所产生的交线（截交线或相贯线）应画出投影，如图 9-9 所示。

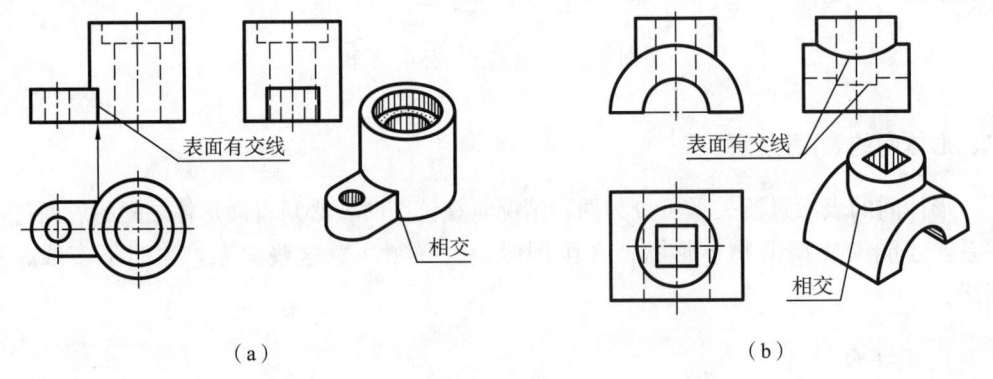

图 9-9 相交

4. 相切

当两基本体表面（平面与曲面或曲面与曲面）光滑过渡时，即为相切，如图 9-10（a）所示，相切处不存在轮廓线，在视图上不画分界线。两柱面相切，当其公切面的投影倾斜于投影面时，则相切处在该投影面上投影不画线，如图 9-10（b）所示；当其公切面的投影垂直于投影面时，则相切处在该投影面上投影要画线，如图 9-10（c）所示。

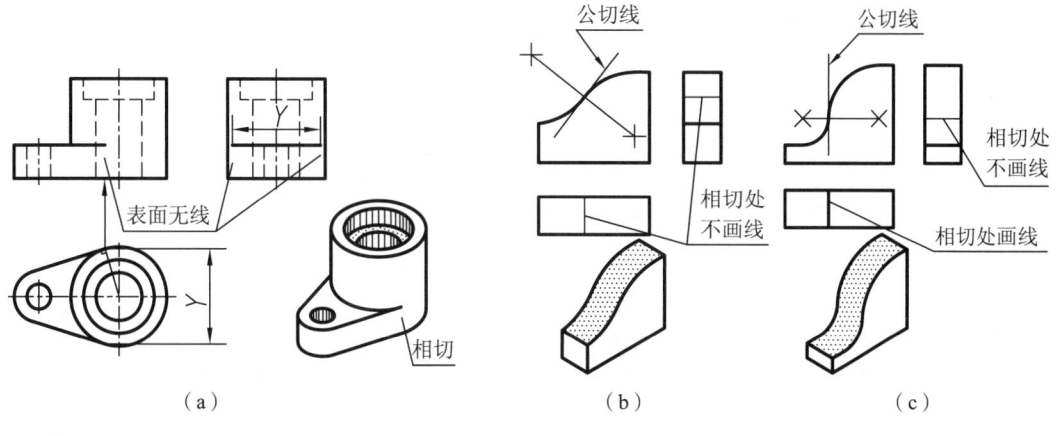

图 9-10 相切

9.3 组合体视图的绘制

本节主要介绍如何应用形体分析法和线面分析法绘制组合体三视图的步骤和方法。

画组合体的三视图仍然要符合"长对正、高平齐、宽相等"的投影规律，不仅整个形体要符合三视图的投影规律，而且形体上每一个局部形体都要符合三视图的投影规律。

一、叠加型组合体的画法

绘制叠加型组合体主要应用形体分析法。

现以图 9-11 所示的轴承座为例说明此类型的组合体的画图过程。

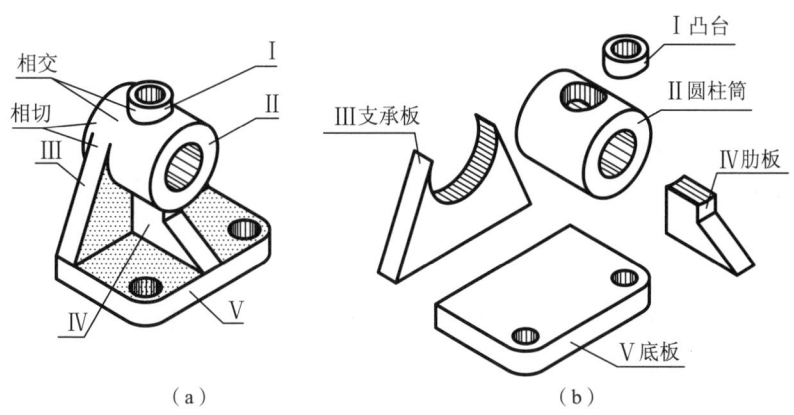

图 9-11 轴承座

1. 形体分析

应用形体分析将轴承座分为五个部分：注油用的凸台Ⅰ、支撑轴的圆柱筒Ⅱ、支撑圆柱筒的支承板Ⅲ、肋板Ⅳ和安装用的底板Ⅴ。其中，底板、支承板和肋板三部分左、右对称的叠加在一块；支承板与底板后面共面；支承板与圆柱筒相切；肋板与圆筒相交，凸台与圆筒相贯。

2. 选择主视图

选择主视图主要从以下两个方面考虑：

(1) 主视图的投射方向。要使主视图能够较多地表达出组合体的形状特征及各部分间的相对位置关系，并使其他视图中不可见形体为最少来确定投射方向。

(2) 组合体的安放状态。由画图方便和放置稳定确定组合体的安放状态。

如图 9-12 所示，将轴承座自然放置，底板在下，水平放置。对所示四个方向所得视图比较，A 方向不能很好地表达轴承座各部分轮廓特征，C 方向会造成左视图中虚线较多，D 方向上，由于支承板的缘故，肋板及底板形状在主视图中均不可见，虚线较多。所以，选用 B 方向作为主视图的投射方向较好。主视图确定后，其他视图也就确定了。

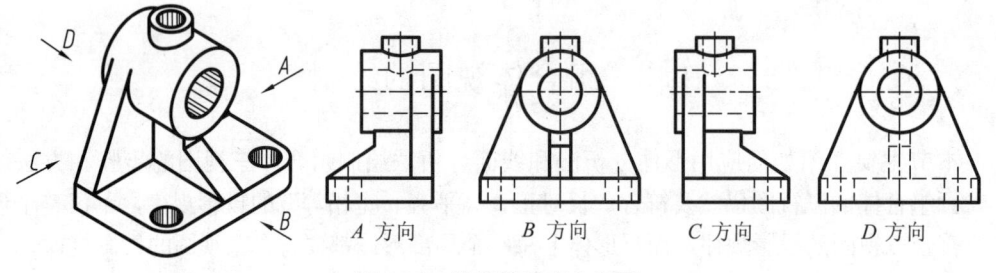

图 9-12 选择轴承座主视图

3. 布置视图

根据各视图的最大轮廓尺寸，在图纸上均匀布置这些视图。先画出各视图中的基准线、对称中心线以及主要形体的轴线和中心线，如图 9-13（a）所示。

4. 画底稿

从反映每一形体形状特征的视图开始，用细线逐个画出各形体的三视图，如图 9-13（b）～（e）所示。画图的一般顺序是：先主后次，先大后小，先整体后细节。

5. 检查加深

底稿完成后，要仔细检查有无错误，确认正确无误后，擦去多余的线，用规定的线型进行加深，如图 9-13（f）所示。

画图时应注意以下几个问题：

(1) 画图时，不要画完一个视图，再画另一个视图，而是三个视图配合起来画，以

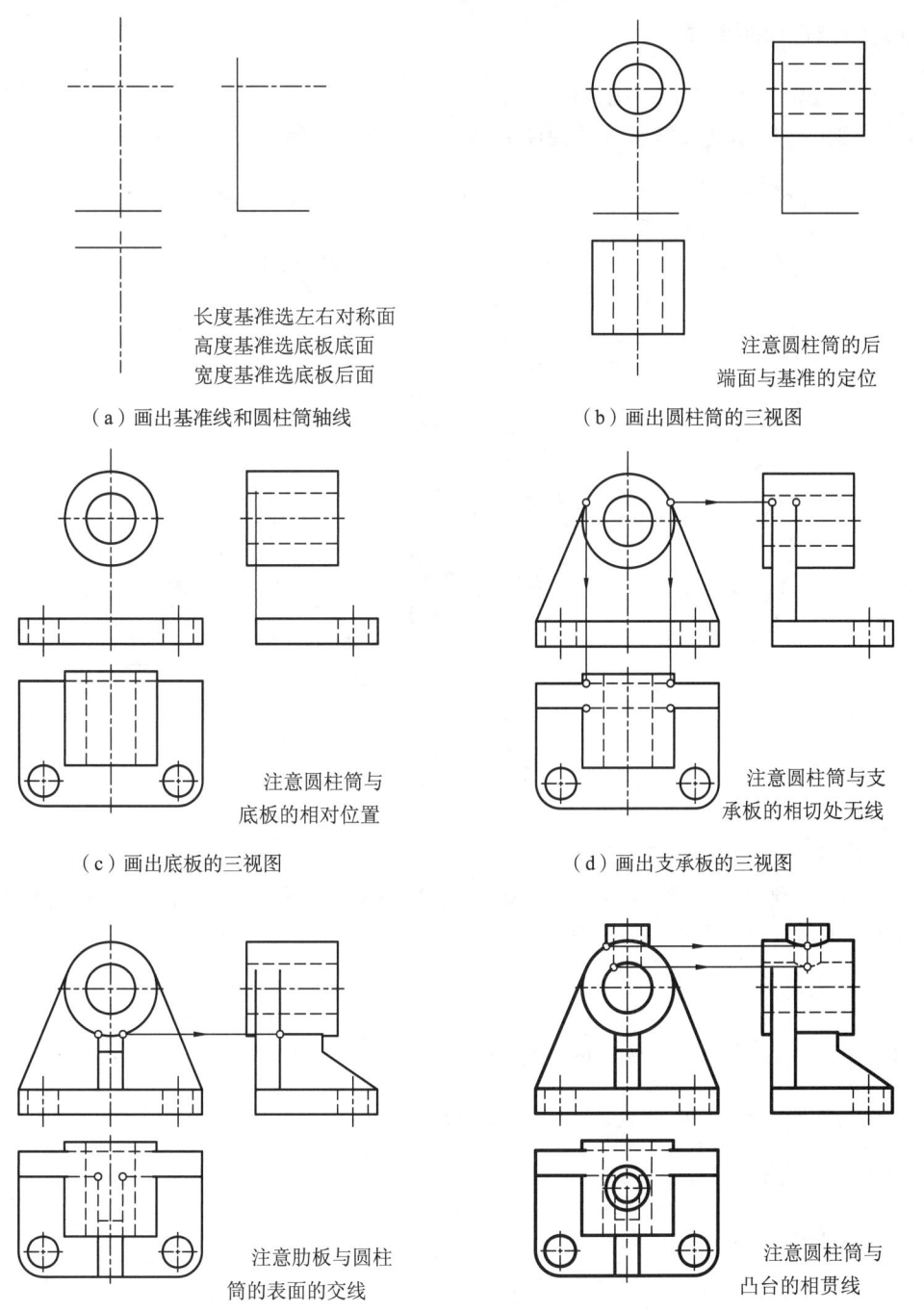

图 9-13 叠加型组合体的画图步骤

便利用投影之间的对应关系，使作图既快又准确。

(2) 画各基本体时，先从最具有形状特征的视图入手。

(3) 注意各形体之间的表面过渡关系表达要正确。

二、切割型组合体的画法

绘制切割型组合体主要应用线面分析法。

现以图 9-14 所示的夹铁块为例说明此类型的组合体的画图过程。

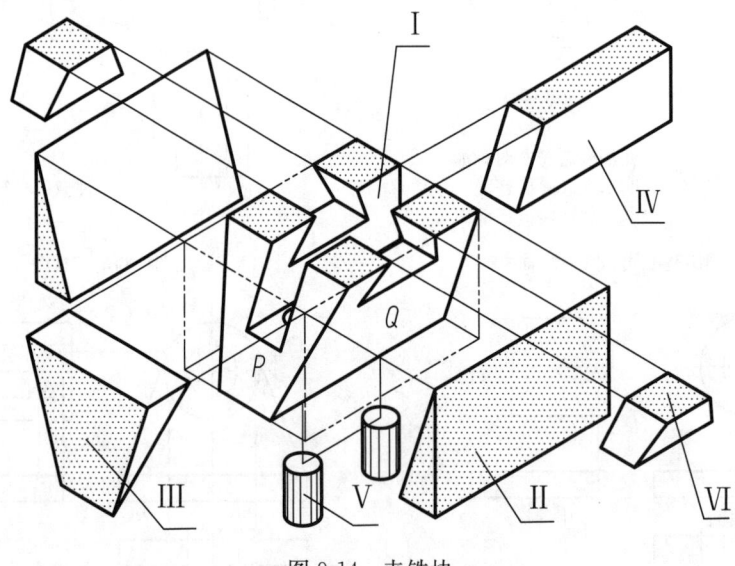

图 9-14　夹铁块

1. 线面分析

夹铁块可以看成是由长方体Ⅰ被两个侧垂面切去形体Ⅱ、被正垂面切去形体Ⅲ、被两正平面和一水平面切去形体Ⅳ、被两正垂面和一水平面切去形体Ⅵ，又钻了两个孔Ⅴ。其中正垂面 P 和侧垂面 Q 较为复杂，作图时要注意投影的类似形。

2. 画组合体原形

如图 9-15（a）所示，夹铁块的原形为长方体。

3. 按切割顺序依次画出切去每一部分后的三视图

如图 9-15（b）～（e）所示。

4. 检查加深

分析检查视图中的线、面是否符合投影规律，去掉多余线，然后加深，如图 9-15（f）所示。

画图时应注意以下几个方面的问题：

（1）对被切割后的切口，应先画出反映其形状特征的视图，例如切去Ⅱ、Ⅲ；

（2）切割型组合体的特点是斜面较多，画图时，应进行面形分析。根据平面的投影特性，平面除了有积聚性投影外，其他投影为封闭线框。当平面为投影面的垂直面时，除了有积聚性的投影外，另两个投影均为与该平面相类似的封闭图框，例如图 9-15（e）

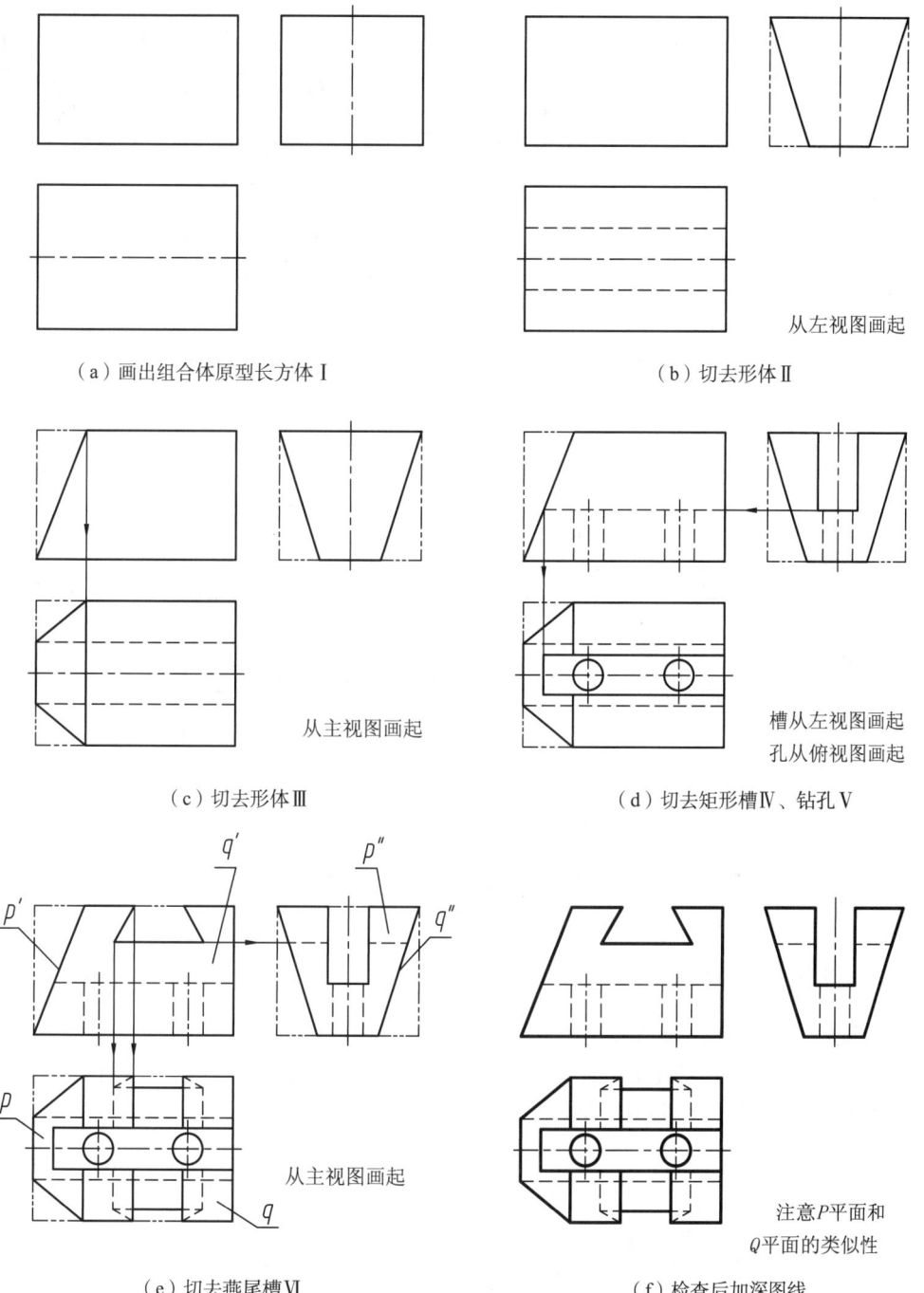

图 9-15 切割型组合体画图步骤(一)

中的 P 面和 Q 面。

(3) 画图的顺序即切割的顺序可以是不相同的,图 9-16 所示是按不同切割顺序来画的,即先切槽后切角,而图 9-15 所示是先切角后切槽。至于哪种顺序好,请读者自行分析比较。

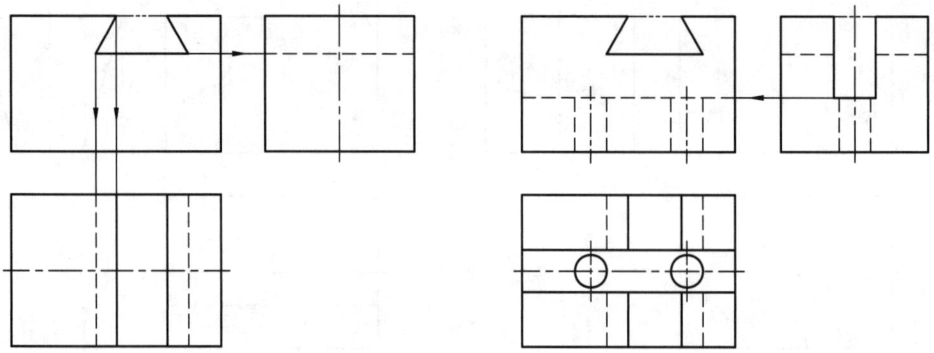

(a) 画出组合体原型长方体Ⅰ切去燕尾槽Ⅵ　　　　　(b) 切去矩形槽Ⅳ、钻孔Ⅴ

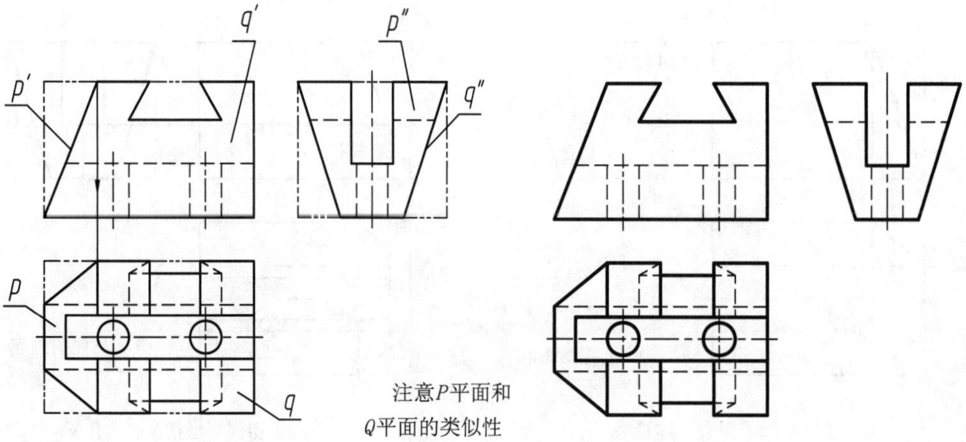

注意P平面和Q平面的类似性

(c) 切去形体Ⅱ、Ⅲ　　　　　　　　　　　　　　(d) 检查后加深图线

图 9-16　切割型组合体画图步骤（二）

三、综合型组合体的画法

绘制综合型组合体要结合应用形体分析法和应用线面分析法。

图 9-17 所示的支架说明了此类型的组合体的画图过程。先画出主要形体的外轮廓，然后逐个画出各形体被切割后的视图，再画出其他简单形体的视图，组合成支架完整的三视图。

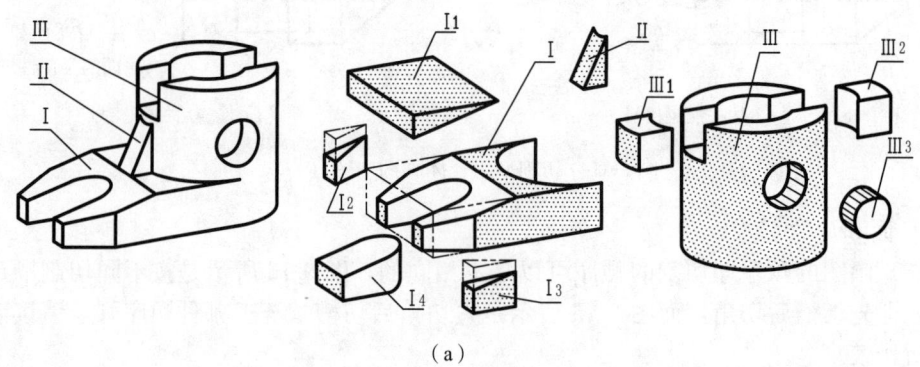

(a)

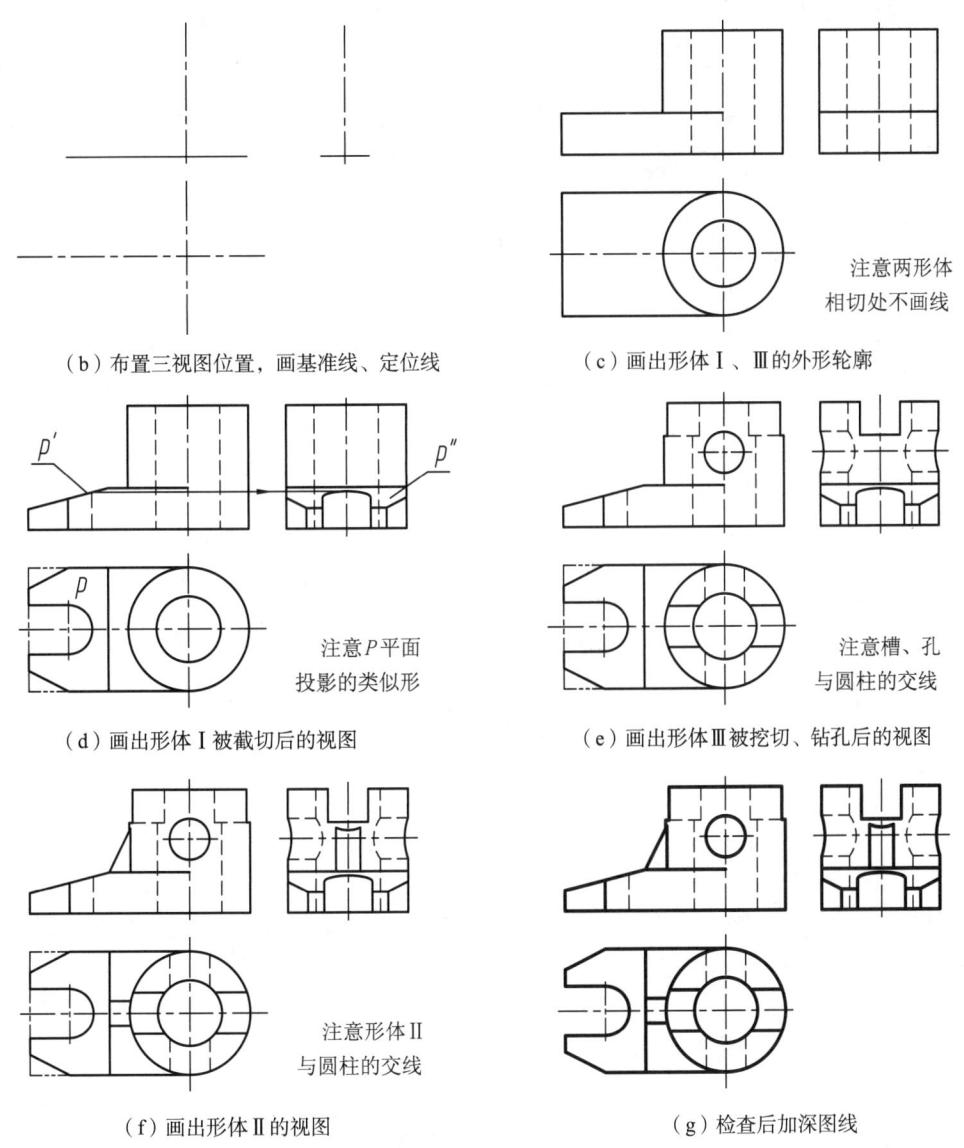

图 9-17 综合型组合体画图步骤

9.4 组合体的尺寸标注

视图只能表达物体的形状,物体的大小则用标注尺寸来确定。零件也是按照图样上的尺寸来进行加工,因此标注尺寸是表达物体的重要组成部分。标注组合体尺寸时仍然要应用形体分析法和线面分析法。

一、标注尺寸的基本要求

1. 标注尺寸要正确

图形中所标注的尺寸要按照国家标准的规定标注,尺寸数字不能写错和出现矛盾。

2. 标注尺寸要完整

图样上尺寸标注要完整,既不能遗漏,也不能重复,每一个尺寸在图中只标注一次。图样上一般要标注三类尺寸:定形尺寸、定位尺寸和总体尺寸。

1) 定形尺寸

确定各组成部分基本体的形状和大小的尺寸叫定形尺寸。图 9-18 所示是一些常用基本体的定形尺寸的注法。

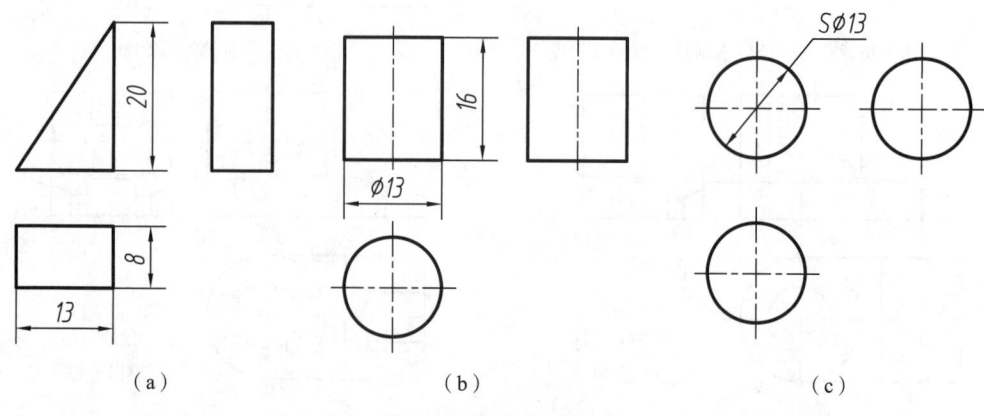

图 9-18 标注定形尺寸

2) 定位尺寸

确定组合体中各基本体之间相对位置的尺寸叫定位尺寸。

要标注定位尺寸,必须有尺寸基准。尺寸基准是标注尺寸的起始位置(可以是线或面)。物体有长、宽、高三个方向的尺寸,每个方向至少有一个尺寸基准。通常以物体的底面、端面、对称面和轴线作为尺寸基准。

图 9-19 所示是一些常见形体的定位尺寸。从图中可以看出,标注回转体的定位尺寸时,一般标注它的轴线的位置。

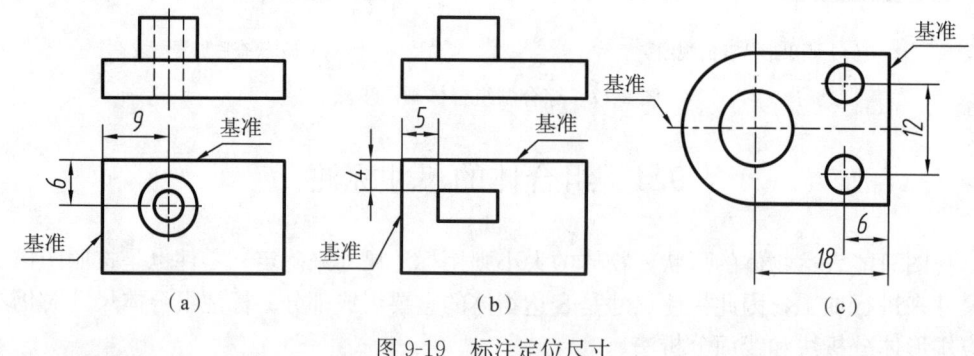

图 9-19 标注定位尺寸

对于对称结构的尺寸,无论是定形尺寸还是定位尺寸,不能只标注一半,要对称标出,如图 9-20 所示。

3) 总体尺寸

组合体的总长、总宽、总高尺寸叫总体尺寸。

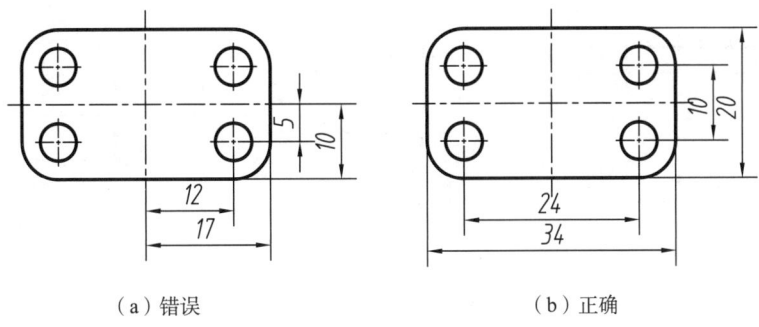

(a) 错误　　　　　　　　　　(b) 正确

图 9-20　对称结构的尺寸注法

总体尺寸有时就是某形体的定形或定位尺寸，这时一般不再标注总体尺寸。若再加注总体尺寸，就会出现多余或重复尺寸，这时就要对已标注的定形和定位尺寸作适当调整。如图 9-21（a）所示，删去了小圆柱的高度尺寸，标注了总高。

另外，当组合体的某一方向上具有回转面结构时，由于注出了其定形、定位尺寸，则该方向的总体尺寸一般不再注出，如图 9-21（b）所示。

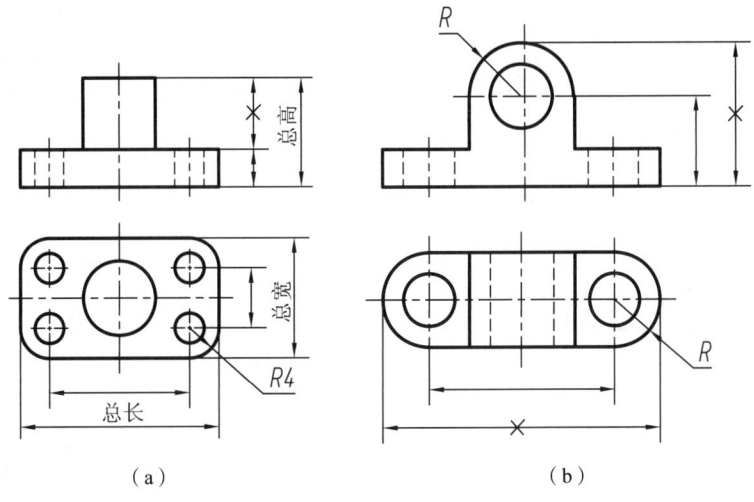

(a)　　　　　　　　　　(b)

图 9-21　标注总体尺寸

3. 标注尺寸要清晰

为了便于读图，标注尺寸还要求清晰。尺寸清晰标注的几点要求如下：

(1) 同一形体的尺寸尽量集中标注在形体特征明显的视图上，并且标注在图形的外面，如图 9-22 所示。

(2) 相平行的尺寸，小尺寸在里，大尺寸在外，避免一个尺寸的尺寸线与另一尺寸的尺寸界线相交，如图 9-23 所示。

(3) 同一方向上的连续尺寸，尽量将尺寸线布置在同一条线上，如图 9-24 所示。

(4) 回转体直径尽量标注在非圆视图上，如图 9-23（b）所示；半径尺寸应标注在反映圆弧实形的视图上，如图 9-21 所示。

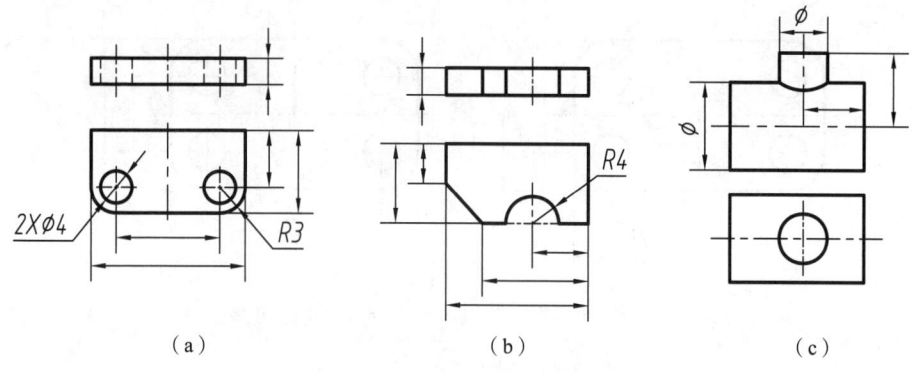

图 9-22 尺寸集中标注及标注在形状特征视图上

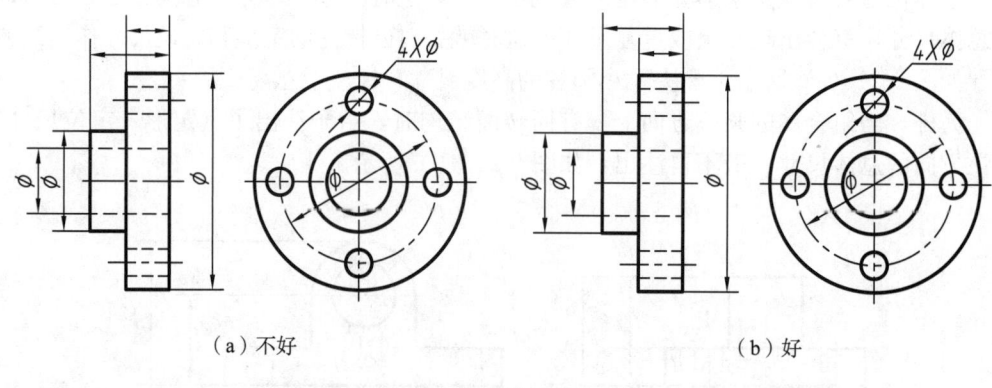

图 9-23 避免尺寸线与其他图线相交

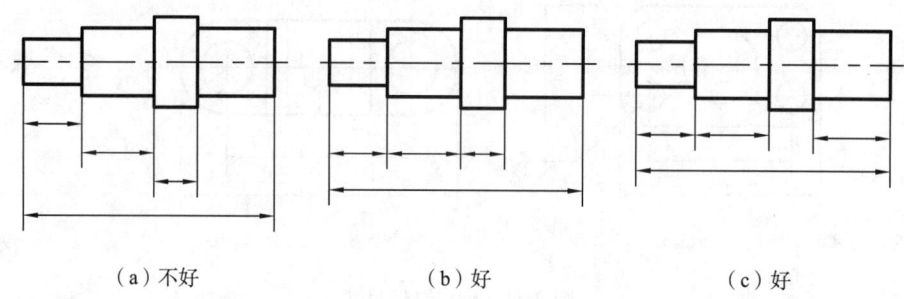

图 9-24 同方向上连续尺寸的标注

二、基本形体的尺寸标注

组合体看成是由基本体组合,组合体的尺寸需按形体分析进行,各基本体的尺寸标注是组合体尺寸标注的重要组成部分。因此要标注组合体尺寸,必须首先掌握各种基本形体的尺寸注法。

1. 简单基本形体的尺寸标注

基本体的尺寸标注形式可以不同,但数量不能增减。为了便于计算和作图,可标出参考尺寸,参考尺寸必须用括号括起来。

(1) 平面基本形体的尺寸标注如图 9-25 所示。

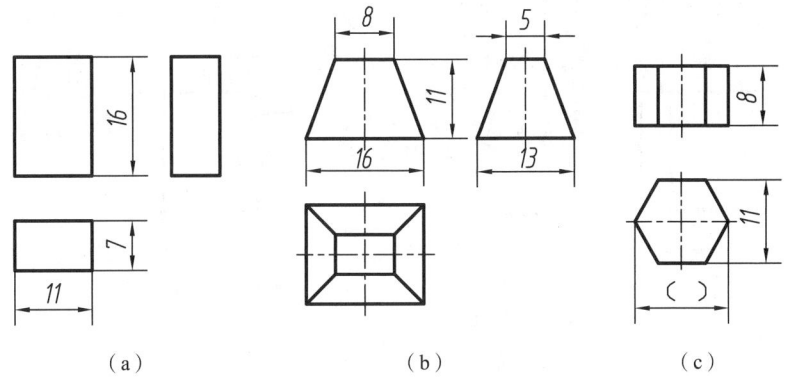

图 9-25 平面基本形体的尺寸标注

(2) 回转面基本形体的尺寸标注如图 9-26 所示。

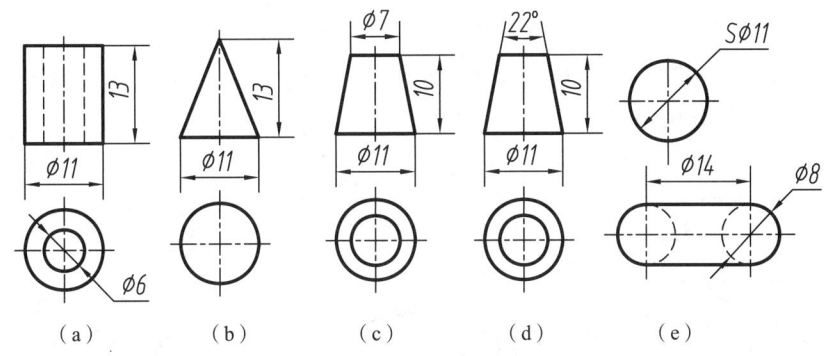

图 9-26 回转面基本形体的尺寸标注

2. 带切口基本形体和相贯体的尺寸标注

带切口的基本体除了标注基本体定形尺寸外，还需标截平面的定位尺寸。由于形体与截平面的相对位置确定后，切口的交线已确定，因此不要在截交线上标注尺寸，如图 9-27 所示。

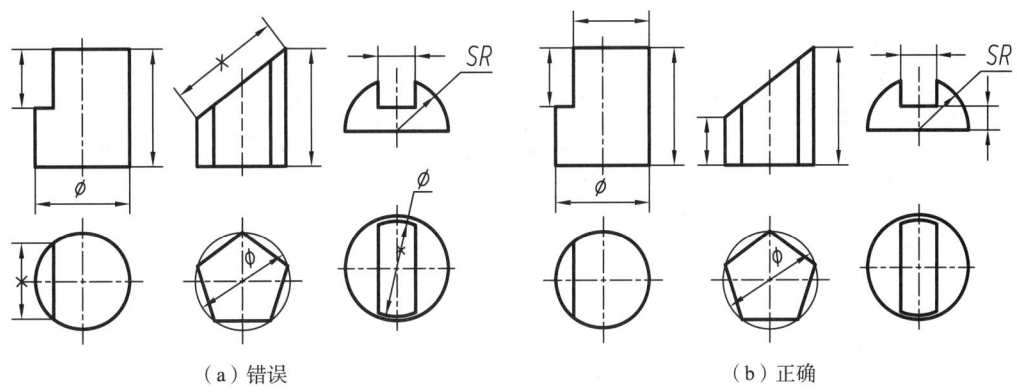

图 9-27 带切口的基本体的尺寸标注

当相贯体表面有相贯线时,应标注产生相贯线的两形体的定形、定位尺寸,而不要直接在相贯线上标注尺寸,如图9-28所示。

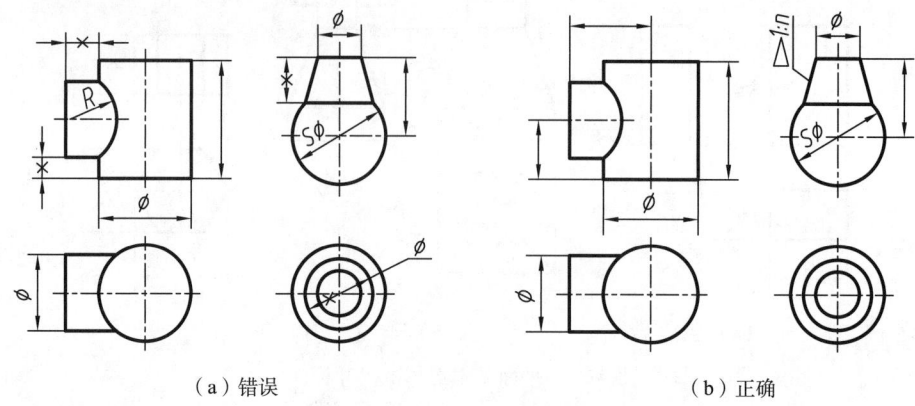

(a)错误　　　　　　　　　　　　　　(b)正确

图9-28　相贯体的尺寸标注

3. 各种板状结构的基本形体的尺寸注法

在表1-11中列出了一些平面图形的尺寸标注可作参考。各种常见板状结构的基本形体的尺寸注法如图9-29所示。

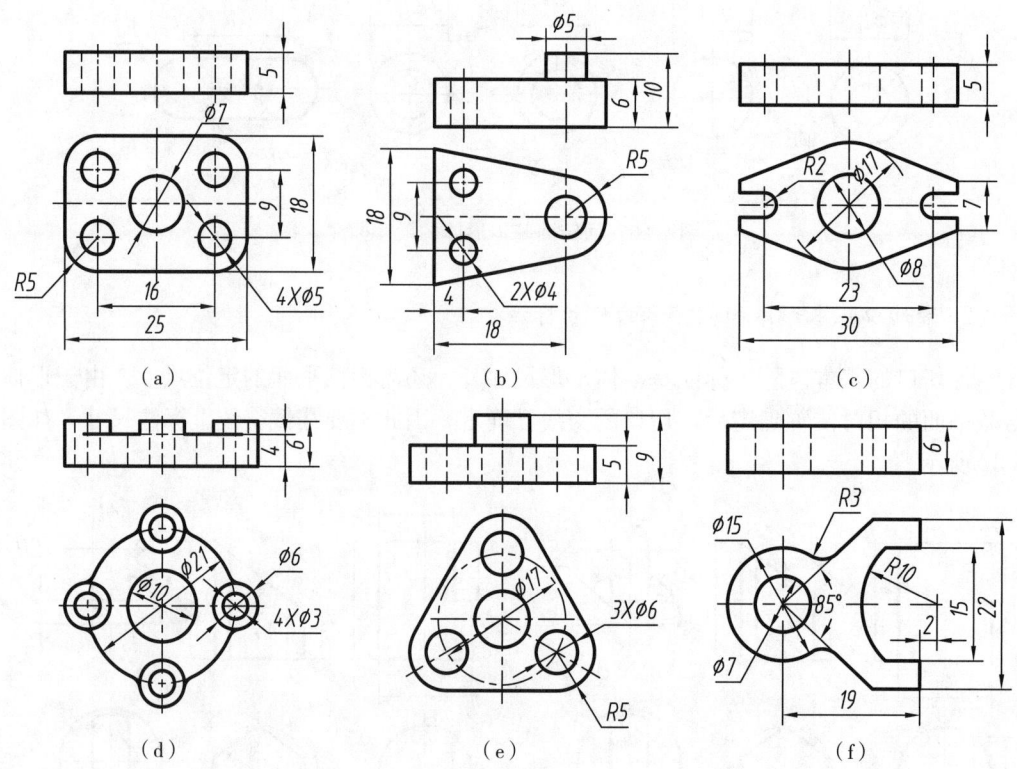

图9-29　常见板状结构的基本形体的尺寸注法

三、组合体的尺寸标注

下面以图9-30所示的轴承座为例,说明标注组合体的尺寸的方法和步骤。

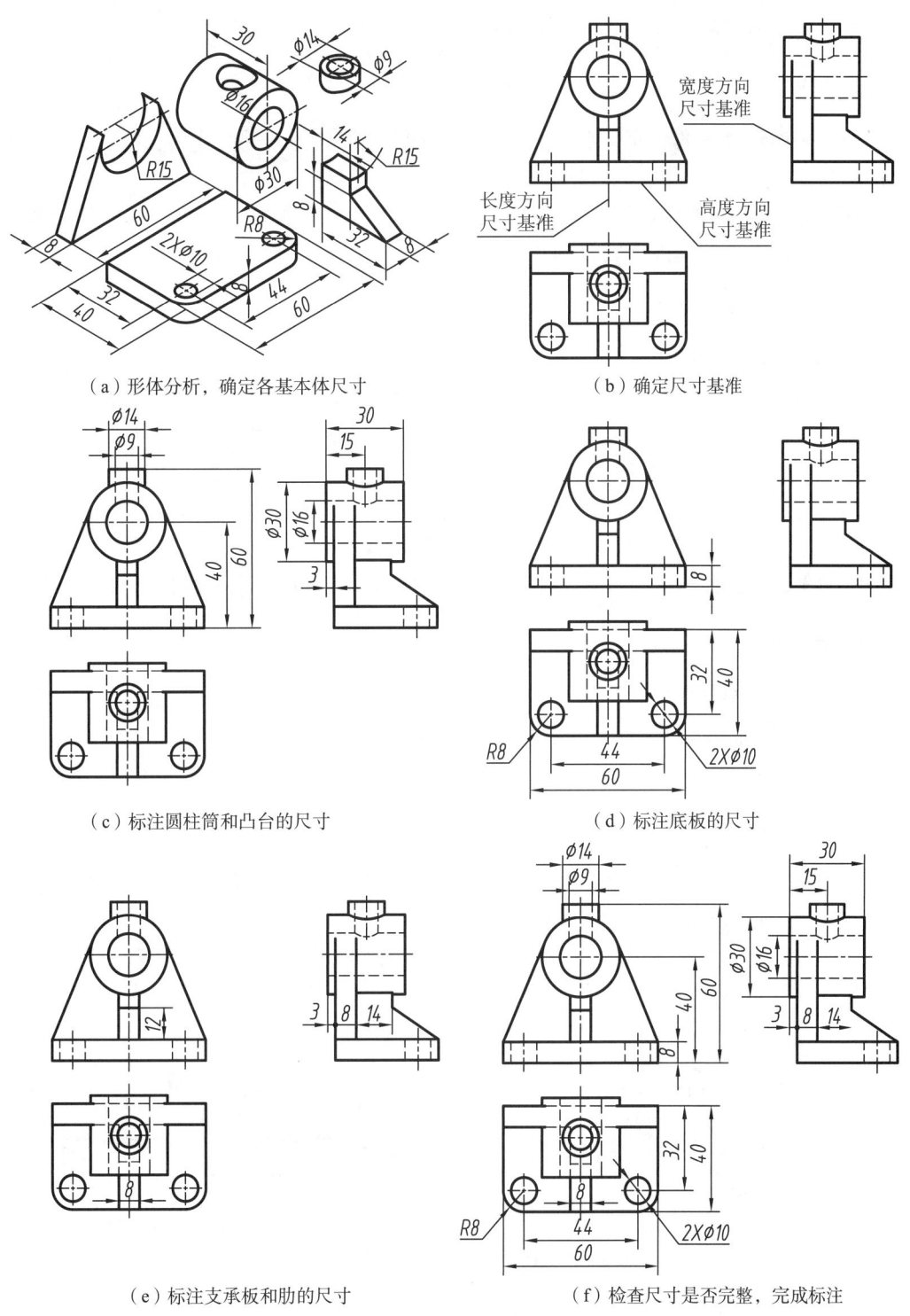

图 9-30 标注轴承座的尺寸

1. 采用形体分析法，确定各基本体的定形、定位尺寸

在绘制组合体视图时，已对组合体进行了形体分析，对各基本体的定形、定位尺寸

有了初步的分析了解，如图 9-30（a）所示。

2. 确定尺寸基准

通常采用组合体的底面、端面、对称面以及主要回转体的轴线作为长、宽、高三个方向的尺寸基准。

如图 9-30（b）所示，轴承座长度方向基准选左、右对称面，宽度方向基准选底板的后端面，高度方向基准选底板的底面。

3. 分别注出各基本体的定位、定形尺寸

标注圆柱筒和凸台的尺寸，如图 9-30（c）所示，圆柱筒高度、宽度方向定位尺寸分别为 40 和 3，长度方向定位尺寸省略，其定形尺寸为 $\phi30$、$\phi16$、30；凸台宽度、高度方向的定位尺寸分别为 15 和 60，长度方向定位尺寸省略，其定形尺寸为 $\phi14$、$\phi9$。

标注底板的尺寸，如图 9-30（d）所示，底板长、宽、高三个方向的定位尺寸省略，其定形尺寸为 60、40、8，底板上的圆柱孔的定位定形尺寸和圆弧的定形尺寸分别为 44、32、$2\times\phi10$、$R8$。

标注支承板、肋板的尺寸，如图 9-30（e）所示，支承板、肋板的尺寸自行分析。

4. 标注总体尺寸

根据需要，调整注出总体尺寸。轴承座总长为底板的长度方向定形尺寸 60、总高为凸台的高度方向定位尺寸 60、总宽为底板宽度方向尺寸 40 加上圆筒宽度方向定位尺寸 3，不再标注。

5. 检查、校核

对已标注的尺寸按正确、完整、清晰的要求进行检查，如有不妥，应作适当的调整。完成后的轴承座的尺寸标注如图 9-30（f）所示。

下面再以图 9-31 所示的支架体为例，说明标注组合体的尺寸的方法和步骤。标注过程请参照图自行分析。

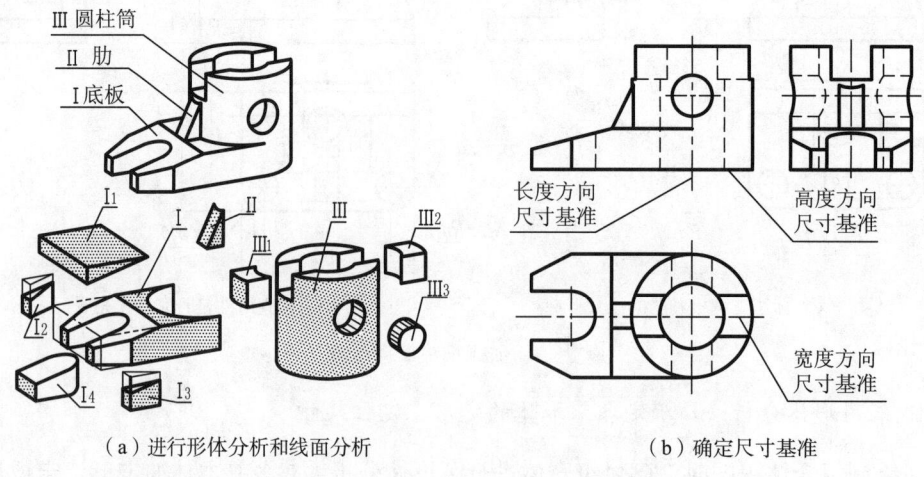

（a）进行形体分析和线面分析　　　　（b）确定尺寸基准

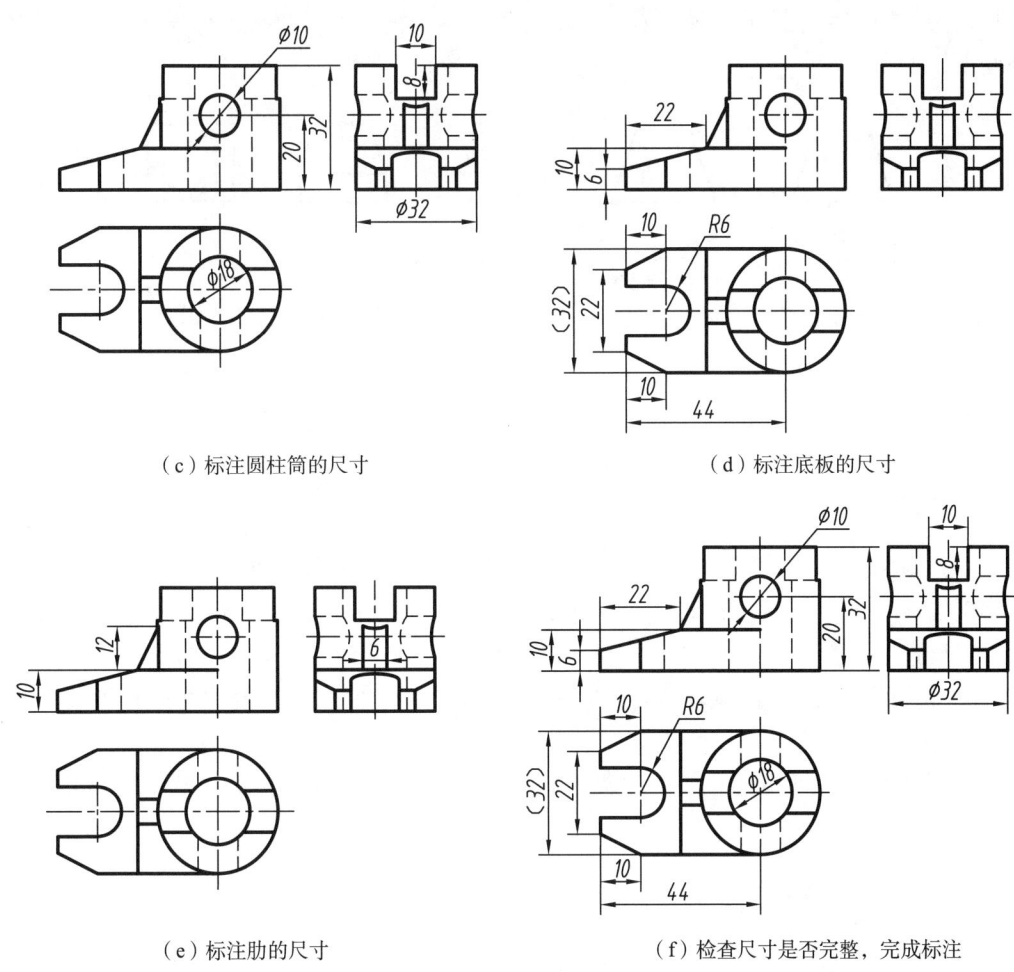

(c）标注圆柱筒的尺寸　　　　　　　（d）标注底板的尺寸

(e）标注肋的尺寸　　　　　　　（f）检查尺寸是否完整，完成标注

图 9-31　标注支架体的尺寸

9.5　组合体视图的阅读

画图和读图是本课程的两个主要环节，画图是把空间形体按正投影方法表达在平面的图纸上。而读图则是根据视图，运用正投影的规律想象出空间形体的形状。要想正确、迅速地读懂视图，必须掌握读图的基本要领和基本方法，培养空间想象能力和构思能力，通过不断实践，逐步提高读图能力。

一、读图的基本要领

1. 要将各个视图联系起来看

有时，一个或两个视图不能确定空间形体的形状和相邻表面的相对位置。如图 9-32（a）、(b）所示的主视图都为等腰梯形，如图 9-32（c）～（e）所示的俯视图都是两个同心圆，但它们却分别表示四棱锥台、三棱锥台、圆柱与圆柱叠加、圆柱与圆锥台叠加、圆柱筒五种不同的形体。看图时，必须把各个视图联系起来进行分析，才能看懂空间形体的形状。

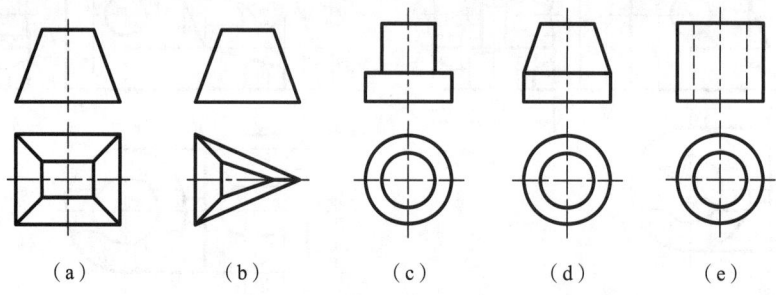

图 9-32　各个视图联系起来看

2. 要弄清视图中线条和线框的投影意义

(1) 视图中的每一条线（粗实线、虚线）可以是物体上下列要素的投影。

① 垂直于投影面的平面或曲面的投影。如图 9-33（a）所示，线 1、2 是棱面和柱面有积聚性的投影。

② 面与面的交线的投影。如图 9-33（a）所示，直线 $3'$ 是六棱柱两棱面的交线的投影。

③ 曲面转向轮廓线的投影。如图 9-33（a）所示，直线 $2'$ 是柱面正视转向轮廓线的投影。

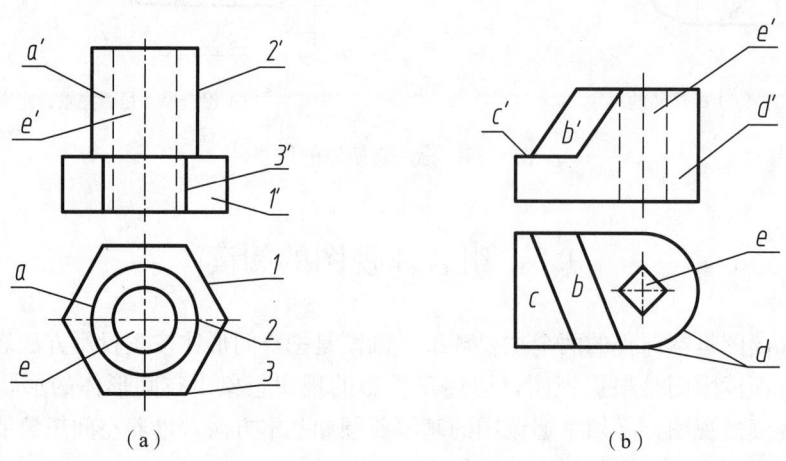

图 9-33　线条和线框的投影意义

(2) 视图中的每一个封闭线框可以是物体上不同位置的面的投影。

① 单一平面的投影。如图 9-33（b）所示，封闭图框 b'、b 表示一般位置平面 B 的投影；c 表示的是水平面 C 的水平投影。

② 单一曲面的投影。如图 9-33（a）所示，封闭图框 a' 表示柱面 A 的正面投影。

③ 曲面及其相切平面。如图 9-33（b）所示，封闭图框 d' 就是表示了正平面和柱面的投影。

④ 通孔的投影。如图 9-33（b）所示，封闭图框 e 就分别代表了圆柱孔和方孔的投影。

弄清视图中线条、线框的投影意义是线面分析法的基础。视图中的线框分析应按照"若非类似形必有积聚性"的规律进行。

3. 要善于找出特征视图

特征视图是指最能清晰表达组合体形状特征和最能清晰表达组合体形体之间的相互位置关系的视图，前者称为形状特征视图，后者称为位置特征视图。看图时，要善于抓住特征视图。图 9-34 中俯视图为形状特征视图。图 9-35 中左视图为位置特征视图。

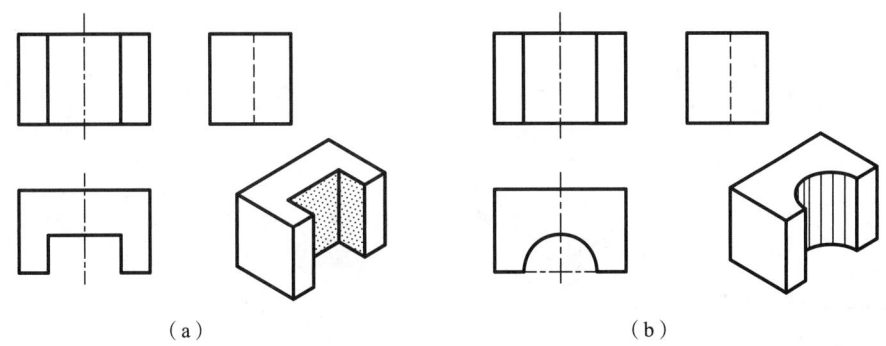

图 9-34　俯视图为形状特征视图

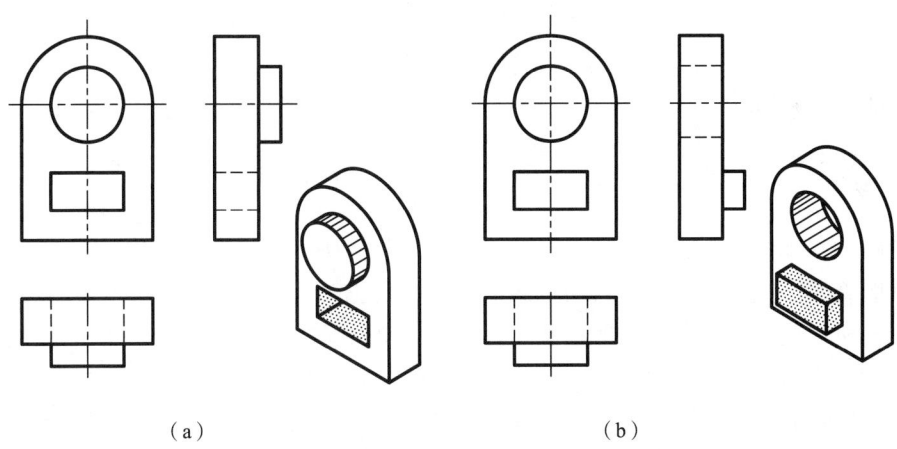

图 9-35　左视图为位置特征视图

要注意：物体的形状特征视图和位置特征视图并非完全集中在一个视图上，可能每个视图上都有一些。图 9-13（f）所示的轴承座，主视图表达了圆筒、支承板的形状特征，俯视图表达了底板、凸台的形状特征，左视图表达了肋板的形状特征。

4. 要善于构思物体的形状

通常一个视图不能确定较复杂物体的形状，因此在看图时，一般要根据几个视图运用投影规律进行分析、构思，才能想象出物体的形状。

下面以图 9-36 为例说明根据三视图构思出物体形状的过程。

(1) 图 9-36 (a) 为给出的三视图，首先根据主视图，可以构思出该物体是一个反 L 形物体，但无法确定物体的宽度，也不能判断主视图中的三条虚线和一条实线是表示什么，如图 9-36 (b) 所示。

(2) 在上一步构思的基础上，观察俯视图并进行想象，俯视图表达了物体的宽度，表明了底板的形状特征，中间开了一个长方形的槽，前后有对称的缺角。如图 9-36 (c) 所示。

(3) 此时，右端立板的形状仍没确定，于是继续观察左视图进一步想象，便能确定右端是一个顶部为半圆柱面的立板，中间开了一个圆柱孔。经过这样的构思与分析，从而完整地想象出物体的形状，如图 9-36 (d) 所示。

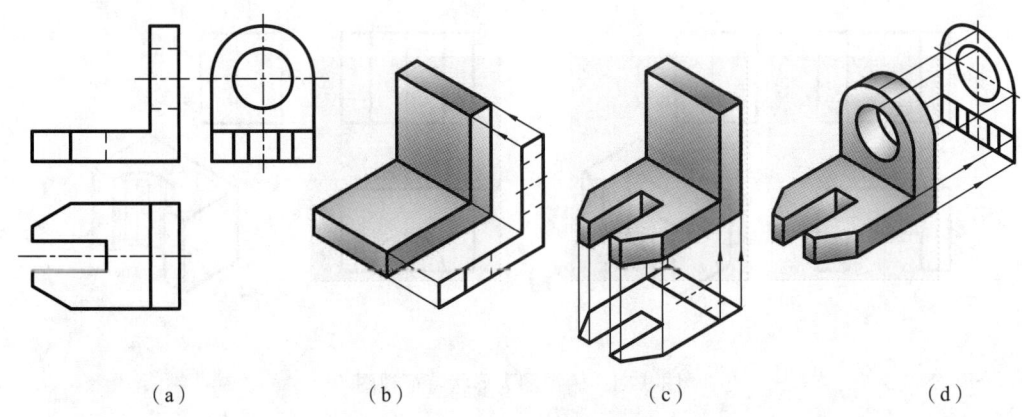

(a)　　　　　(b)　　　　　(c)　　　　　(d)

图 9-36　根据三视图构思出物体形状的过程

二、读图的基本方法

1. 形体分析法

读图的基本方法与画图一样，主要采用形体分析法。通常是从反映组合体形状特征的主视图着手，把视图分解成若干个线框，根据投影关系及特点对照其他视图，想象出这些线框所对应的各个基本体的形状，再弄清楚这些基本体的组合方式和相对位置，最后综合构思出组合体的整个形状。

采用形体分析法读图主要有以下四个步骤：

(1) 划分线框定基本体。一般从主视图入手，按线框将组合体划分为若干基本体。

(2) 分析线框识体形。根据划分的线框，分析线框所对应的视图，找出特征视图，分别想象出各基本体的结构形状。

(3) 根据方位定位置。在读懂各基本体的基础上，根据视图与物体方位的对应关系，确定各基本体的相对位置。

(4) 综合起来想整体。经过以上三个步骤的分析、判断，综合起来想象，组合体的形状也就清楚了。

下面以图 9-37 所示支撑座为例，说明用形体分析法读图的方法与步骤。

(1) 划分线框定基本体。主视图由四个封闭的图框组成，因此，把支撑座大致分为

Ⅰ、Ⅱ、Ⅲ、Ⅳ四个部分，如图 9-37（a）所示。

（2）分析线框识体形。根据划分的四个图框，分别对照投影，找出特征视图，Ⅰ、Ⅱ、Ⅲ的特征视图是主视图，Ⅳ的特征视图是左视图。想象出它们各自的形状，如图 9-37（b）、(c)、(d) 所示。

（3）根据方位定位置。根据主视图看出Ⅰ、Ⅱ、Ⅲ在Ⅳ的上方，Ⅰ在正中，Ⅱ、Ⅲ在左右对称位置；根据俯视图看出，四个基本体后面都共面，如图 9-37（e）所示。

（4）综合起来想整体。通过分析想象，综合起来就得到了图 9-37（f）所示的组合体。

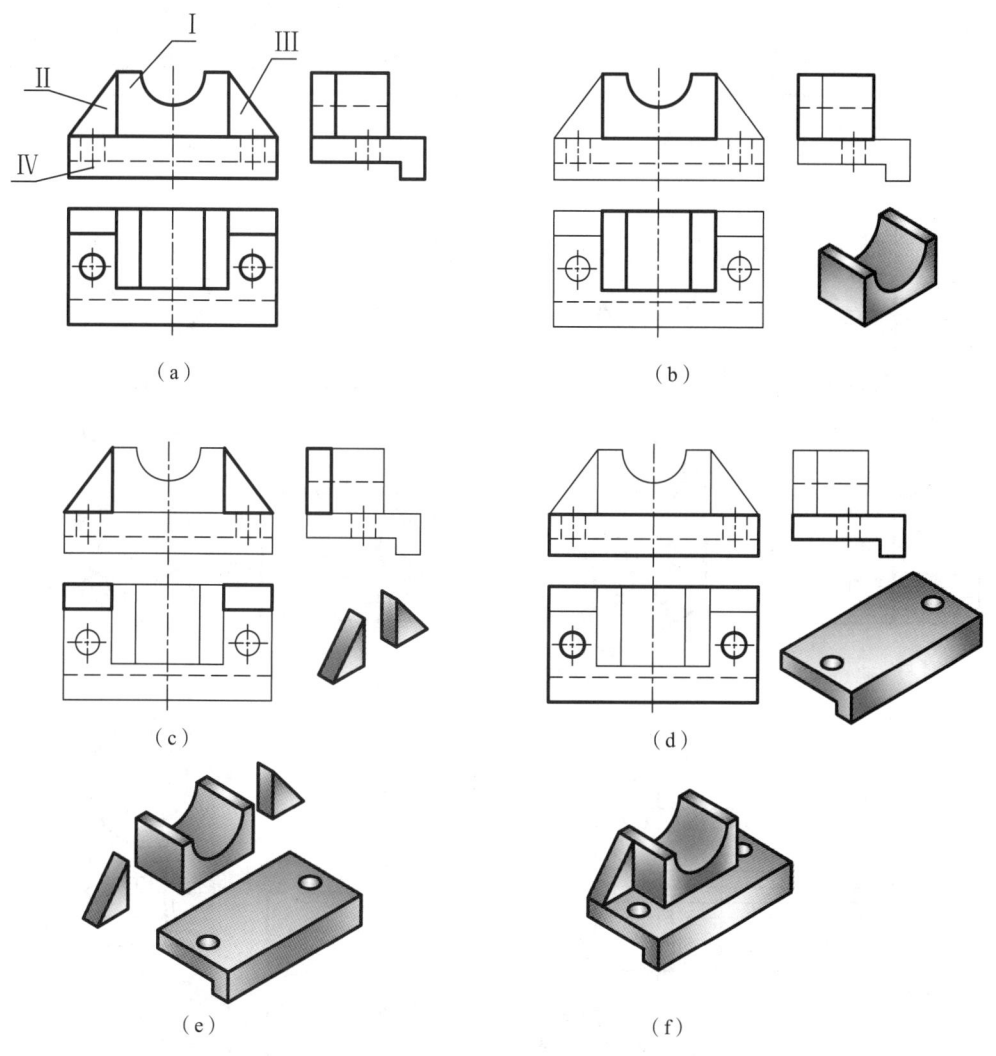

图 9-37 用形体分析法读图

在学习读图时，还经常采用给出两视图，在想象出组合体形状的基础上，补画出第三个视图。这是提高读图能力的一种重要学习手段。

［例 9-1］ 如图 9-38（a）所示，根据所给的主、俯视图，想象出整体形状，并补画左视图。

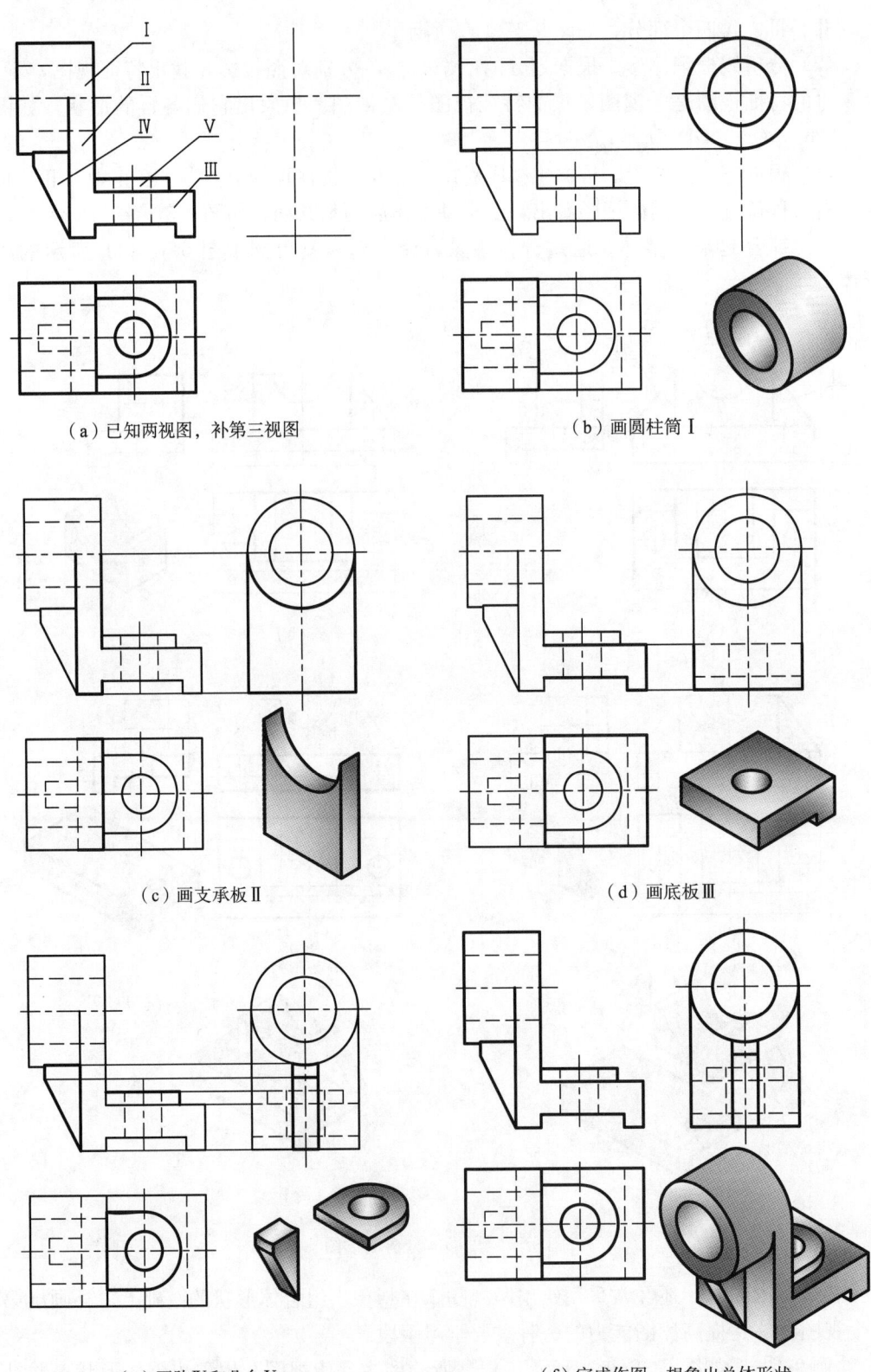

(a) 已知两视图,补第三视图　　(b) 画圆柱筒Ⅰ

(c) 画支承板Ⅱ　　(d) 画底板Ⅲ

(e) 画肋Ⅳ和凸台Ⅴ　　(f) 完成作图,想象出总体形状

图 9-38　用形体分析法补图

解： 首先粗略地看一下主、俯视图及它们间的投影关系，用形体分析分成几个部分，并分别想象出它们的形状及各形体之间的相互位置关系，从而想象出组合体的整体形状。在补画左视图时，也是结合上述看图过程进行。

根据如图 9-38（a）所示分析，该组合体是以叠加为主的方式形成的，而且前后对称，由五个部分组成。左上部有圆柱筒Ⅰ，左下部是支撑圆柱筒的支承板Ⅱ和肋Ⅳ，右边是带槽底板Ⅲ，底板上叠加一凸台Ⅴ，钻一圆柱孔。按形体分析法分别补画出它们的左视图，想象出组合体完整形状，如图 9-38（b）～（f）所示。

2. 线面分析法

读图时，在采用形体分析法的基础上，对局部较难看懂的地方，常常运用线面分析法来帮助读图。特别是对于一些切割型组合体上的交线、切口比较多的时候，采用这种方法读图，可大大提高读图速度及读图准确率。

下面以压块为例来说明用线面分析法读图的方法步骤，如图 9-39 所示。

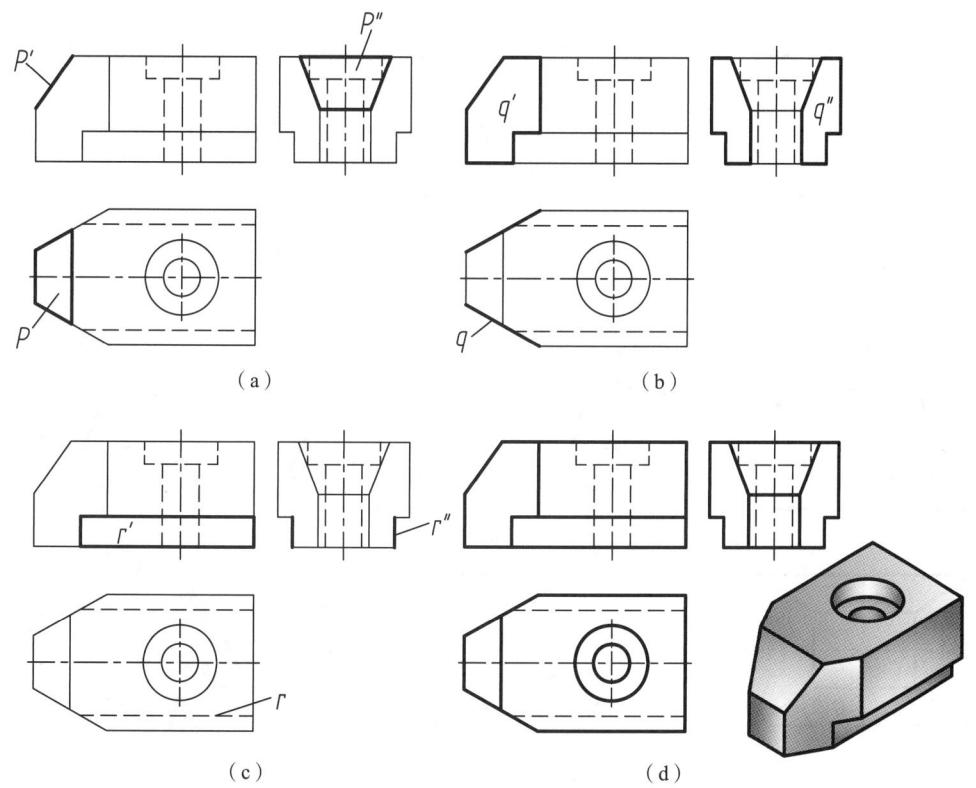

图 9-39 用线面分析法读图

先分析整体形状，压块三个视图的轮廓基本上都是长方形，故其基本形体是一个长方体。压块的左上方、左端前后分别被正垂面 P 和铅垂面 Q 截切，前后方又被正平面 R 和水平面截切。进一步进行线面分析，按视图中的封闭线框"若非类似形必有积聚性"的规律，分清视图中线条、线框的空间投影意义：

（1）从俯视图的梯形线框 P 看起，由"长对正"在主视图中找到它的对应投影为

一斜线 p'，由"高平齐、宽相等"得到侧面投影 p''，与水平投影是类似图形，如图 9-39（a）所示；

（2）从主视图的七边形 q 看起，俯视图中没有等长的七边形与之对应，其水平投影只可能对应斜线 q，其侧面投影是一个类似的七边形 q''，如图 9-39（b）所示；

（3）从主视图的长方形 r' 看起，由"长对正"在俯视图中找不到对应的类似形，它的水平投影只能是虚线 r，它的侧面投影是 r''，如图 9-39（c）所示。

压块前后对称，其余表面可自行分析。这样，我们从形体上和线面的投影上彻底弄清了压块的三视图，就可以想象出图 9-39（d）所示压块的空间形状了。

[例 9-2] 如图 9-40（a）所示，由夹铁的主、左视图，想象出整体形状，补画其俯视图。

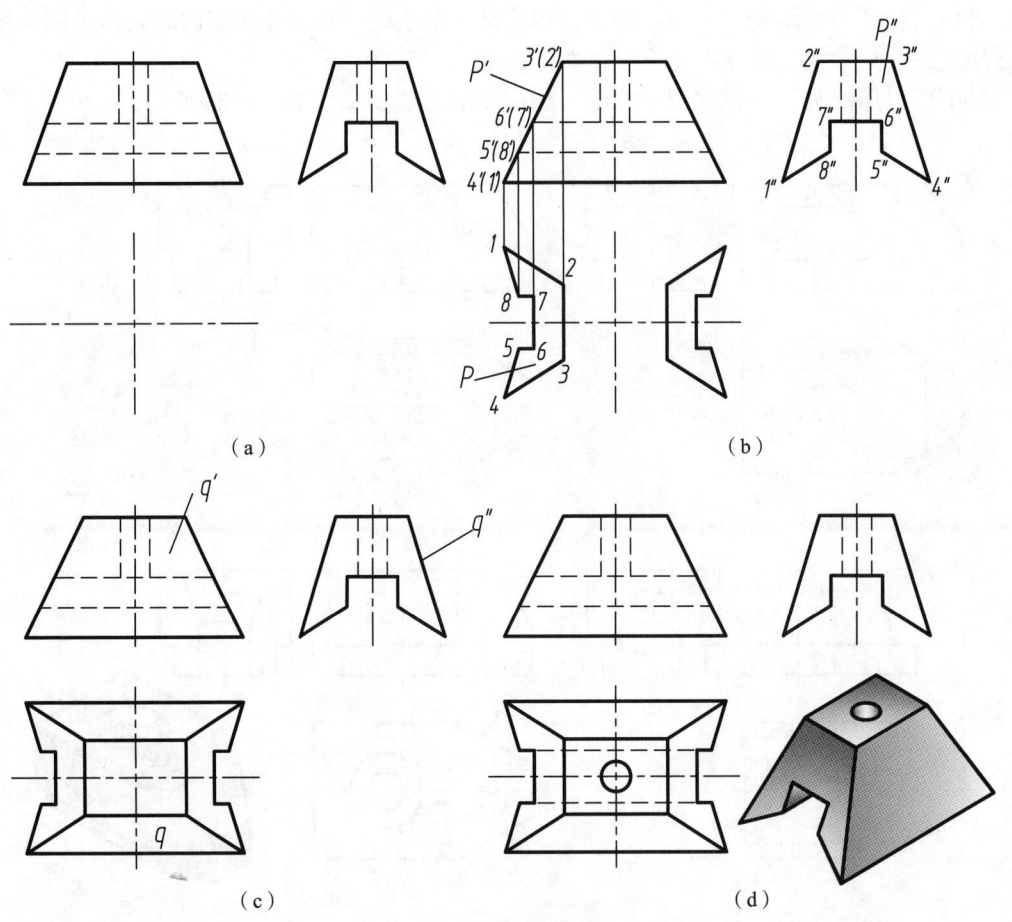

图 9-40 用线面分析法补图（一）

解：夹铁的原形为长方体，左右被正垂面 P 截切，前后被侧垂面 Q 截切，夹铁的下部被截掉带有斜面的"Ⅱ"形槽，此时对夹铁的大致形状有了初步的了解。其作图过程如下：

（1）分析正垂面 P 是一个八边形，其侧面投影和水平投影应为类似形，由左视图的 $1''\sim 8''$ 找出主视图中的 $1'\sim 8'$，再求出俯视图中的 $1\sim 8$，如图 9-40（b）所示。

（2）用同样的方法，求出侧垂面 Q 的水平投影，如图 9-40（c）所示。

（3）在俯视图中加上带斜面的"Ⅱ"形槽产生的虚线以及圆孔的投影，从而补出了整个夹铁的俯视图，对夹铁的形状也有了完整的理解，如图 9-40（d）所示。

该题在应用线面分析法时，重点分析了面的形状。

[例 9-3] 如图 9-41（a）所示，补画组合体三视图中的漏线。

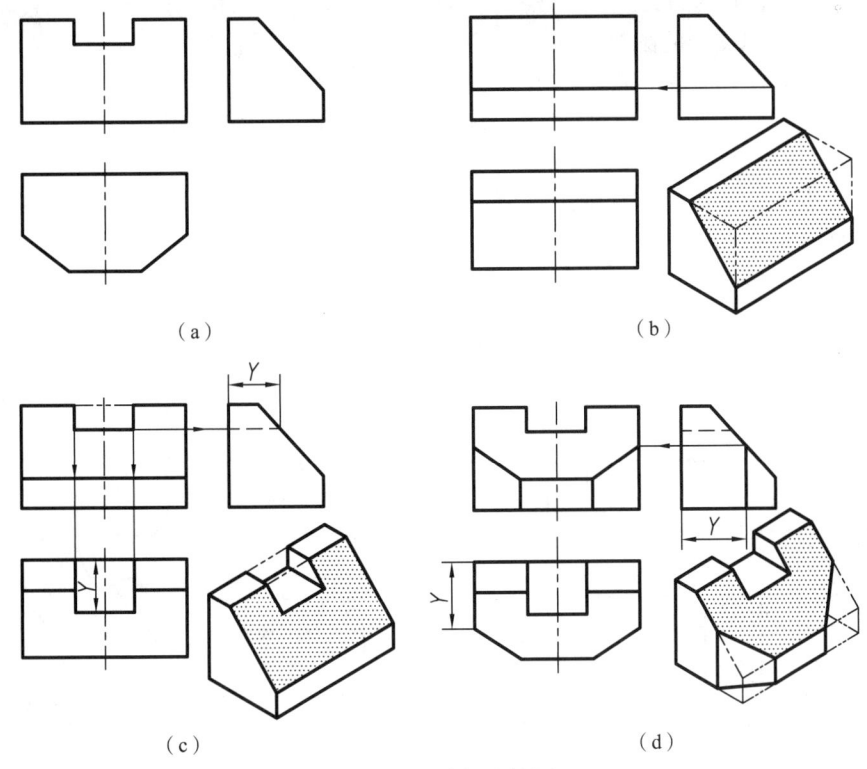

图 9-41 用线面分析法补图（二）

解： 从已知三视图的外轮廓分析，该组合体的原形是长方体，被六个不同位置的平面切割而成。主要采用线面分析法，边切割想象、边补线的方法逐个补画出三视图中的漏线。作图过程如下：

(1) 由左视图中的一条斜线，可想象出长方体被侧垂面切掉前上角，画出切割后的表面的交线，主视图和俯视图各有一条交线，如图 9-41（b）所示。

(2) 由主视图中的对称的缺口，可想象出长方体被两侧平面和一水平面在正上方切掉缺口，画出切割后的表面的交线，主视图和俯视图各三条线，左视图有一条虚线，如图 9-41（c）所示。

(3) 由俯视图中的两条斜线，可想象出长方体被左、右两铅垂面切掉前下角对称的两块，画出切割后的表面的交线，主视图两条斜线，两条铅垂线，左俯视图有一条线。最后检查描深，如图 9-41（d）所示。

该题在应用线面分析法时，重点分析了面与面的交线。

[例 9-4] 如图 9-42（a）所示，由架体的主、俯视图，想象出整体形状，补画其左视图。

解： 视图中两相邻的线框通常是两个相交平面的投影或是两平行平面的投影，要确定它们的位置，需通过其他视图来确定。从主视图看出，有四个封闭的线框，线框圆对照俯视图是通孔,其余三个线框 a'、b'、c' 长度相等,对照俯视图没有斜线与之对应,也无类似形图框与之对应,正好有三条水平直线与之对应,说明是三个 A、B、C 正平面将架体切割成前、中、后三层,A 面上钻了一半圆柱孔,B 面上钻了一圆柱小孔,C 面上切了一矩形槽。此题的关键是要分清 A、B、C 三个面的相对位置。分析作图过程如下:

(1) 根据主视图画的图框找出 A、B、C 三个面的水平投影 a、b、c,由水平投影的可见性得知,A 面在后,B 面在中,C 面在前,如图 9-42(a)所示。

(2) 根据"三等"关系,画出 A、B、C 三个面的侧面投影 a''、b''、c'',如图 9-42(b)所示。

(3) 根据投影关系,分别画出上顶、下底、后面及孔等结构的轮廓线的侧面投影,注意可见性,检查描深完成作图,如图 9-42(c)所示。

该题在应用线面分析法时,重点分析了面与面的相对位置。

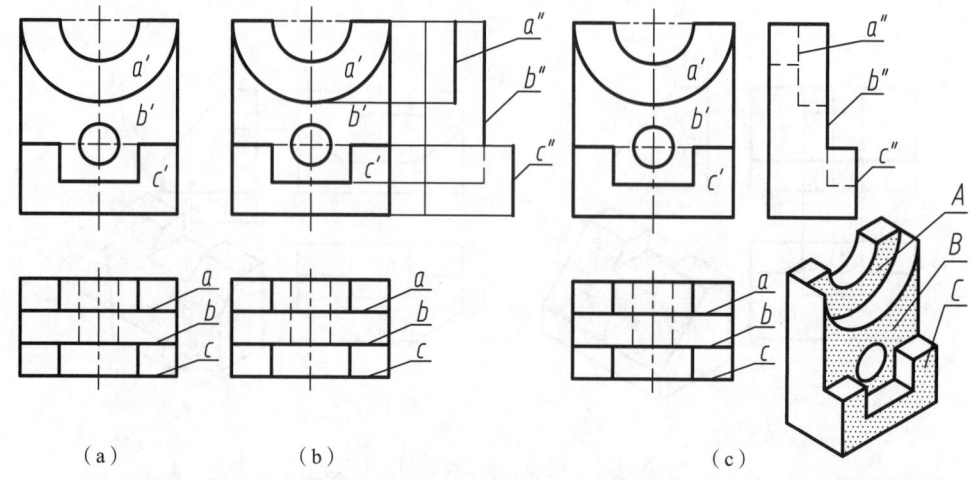

图 9-42　用线面分析法补图(三)

如果对架体的俯视图作一下改动,主视图完全一样,那么它的结构如何变化呢?分析作图过程如图 9-43 所示。

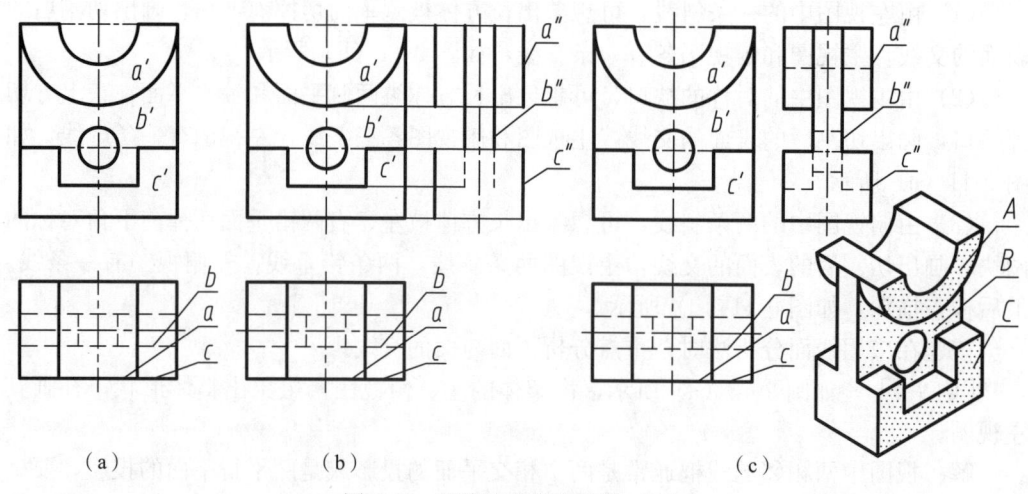

图 9-43　用线面分析法补图(四)

9.6 组合体的构形设计

组合体是实际机件抽象简化后的物体，构形设计中可以淡化专业的设计和工艺要求。本节的构形设计从两个方面加以讨论。一个是根据所掌握的各种简单形体来构建组合体，并把它表达成图样；一个是根据给定视图，构造各种与之相符合的形体，并把它表达出来。这种把空间想象、创意构形、形体表达三者结合起来的设计过程，不仅能提高画图、读图的能力，还能提高空间想象能力和发散思维、创新思维能力，为以后三维建模乃至实际机件的设计打下坚实的基础。

一、由简单基本体构建组合体

由简单基本体构建组合体，除了要具备一定的空间想象能力和空间组合能力外，还必须熟悉各种基本形体的结构形状，一些常见的基本形体如图 9-44 所示。

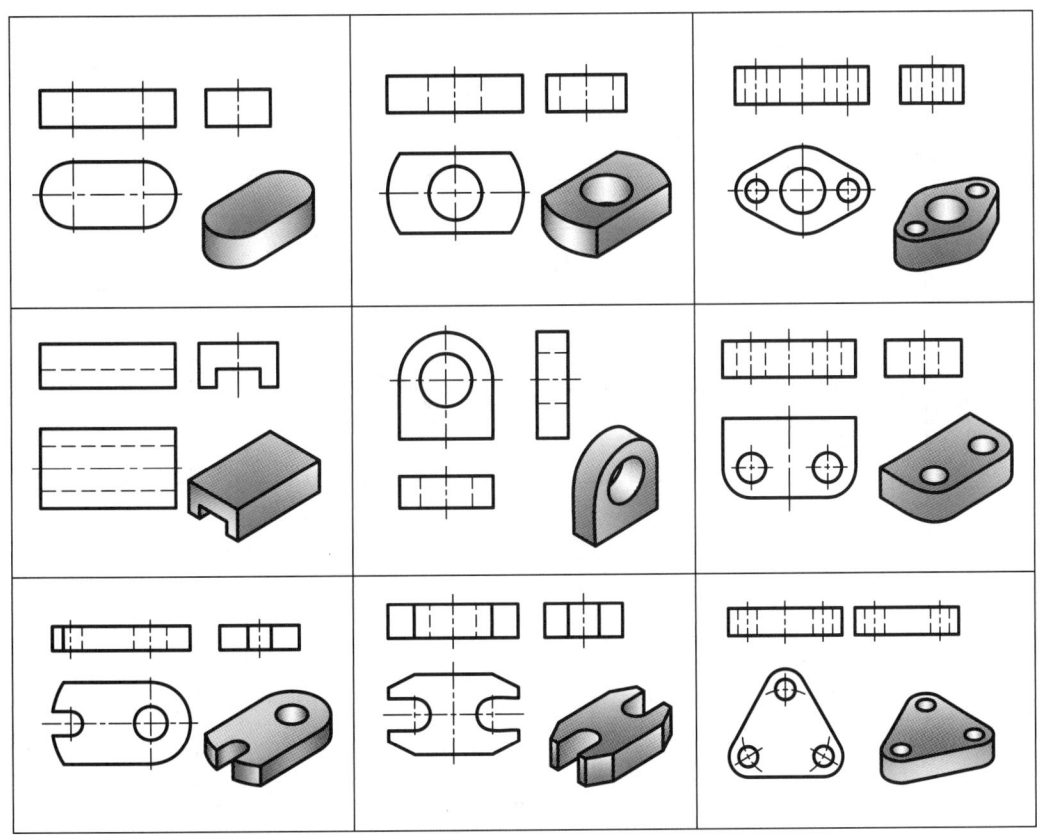

图 9-44 常见的基本形体

构建组合体要考虑以下问题。

1. 构建组合体必须是位置稳定的实体

（1）两形体之间不能只是以点接触，如图 9-45 所示。

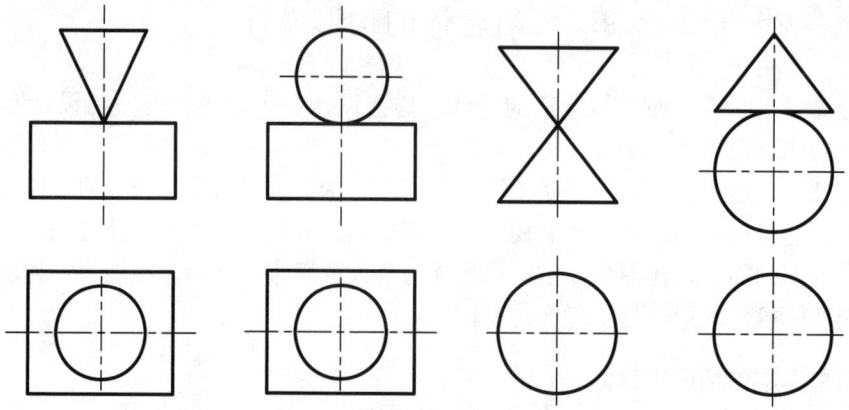

图 9-45　两基本形体以点接触

（2）两形体之间不能只是以线接触，图 9-46 所示为两基本形体以直线接触，图 9-47 所示为两基本形体以圆接触。

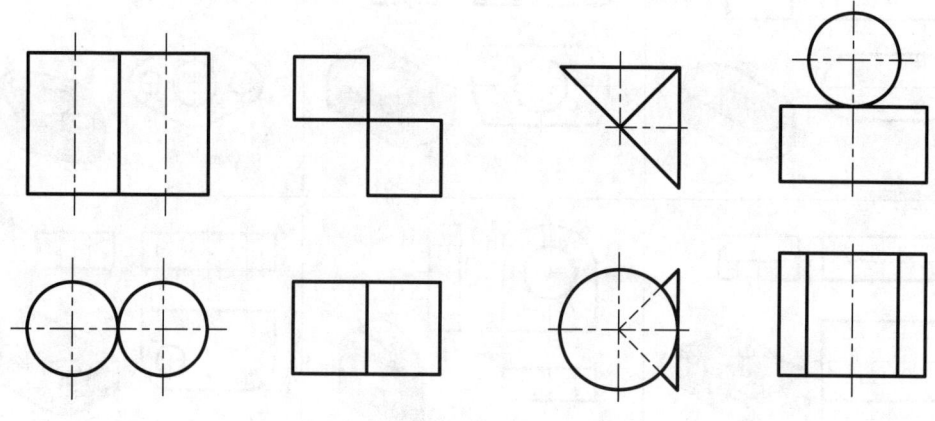

图 9-46　两基本形体以直线接触

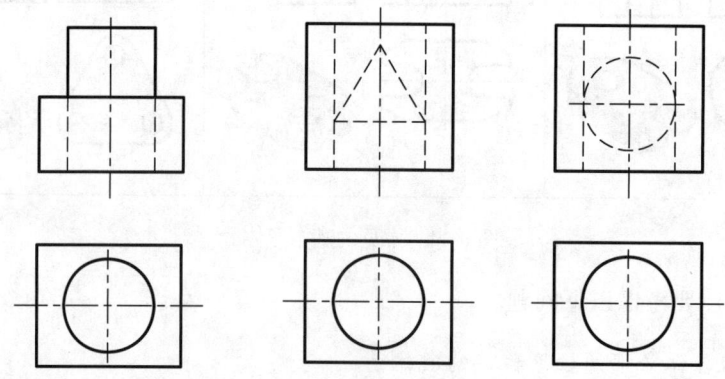

图 9-47　两基本形体以圆接触

2. 应用组合体的构形原则

随着 CAD 技术的应用发展，对产品的定义和描述方式采用了三维模型表示法。对组合体的构形也赋予了新的内涵，组合体的构成方式"叠加"，可看成是求形体的并集（∪）；"挖切"看成是求形体的差集（\），"相交"看成是求形体的交集（∩），图 9-48 所示为三种集合运算的结果。组合体的构形还有拉伸、旋转、扫掠、放样、抽壳等。图 9-49 和图 9-50 所示为形体的拉伸和旋转两种动平面轨迹运算的结果。

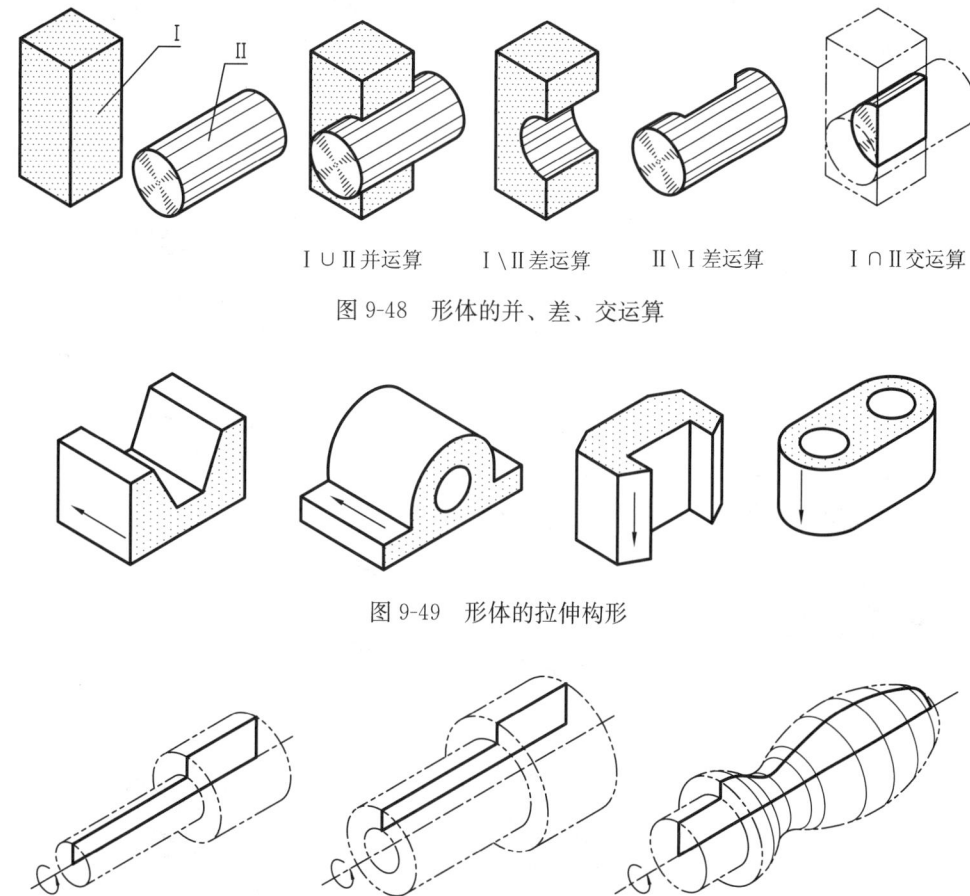

Ⅰ∪Ⅱ并运算　　Ⅰ\Ⅱ差运算　　Ⅱ\Ⅰ差运算　　Ⅰ∩Ⅱ交运算

图 9-48　形体的并、差、交运算

图 9-49　形体的拉伸构形

图 9-50　形体的旋转构形

在构形设计时，首先要确定各形体的并、差、交运算及运算的先后顺序。同样的相同个数的形体采用不同的运算顺序可能会形成不同的构形结果。

组合体的构形原则如下所述。

1）先加后减原则

在构形设计时"加（并运算）"和"减（差运算）"的运算顺序有时对构形的最后结果没有影响，如图 9-51（a）中所示的形体，图 9-51（b）采用了"先加后减"，图 9-51（c）则采用了"先减后加再减"，其构形结果都一样；有时对构形结果影响很大，如图 9-52（a）中所示的形体，采用不同构形顺序，会得出不同的构形结果，图 9-52（b）所

（a） （b） （c）

图 9-51 组合体的构造树

（a） （b）

（c） （d）

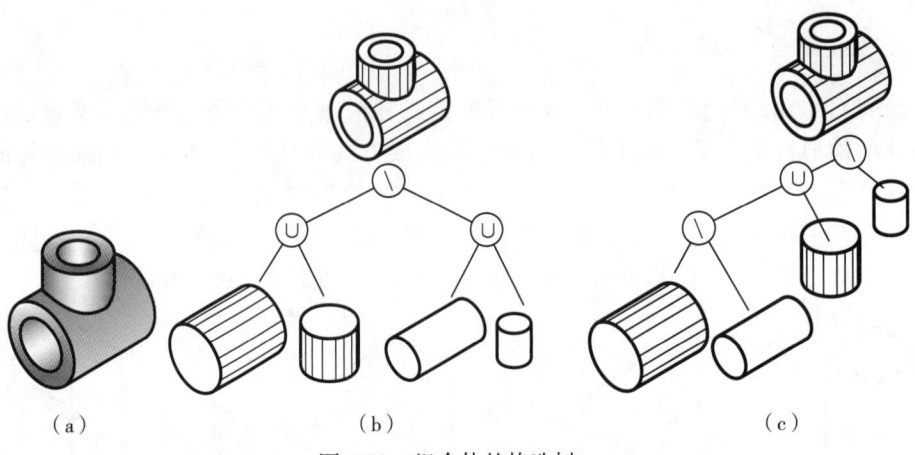

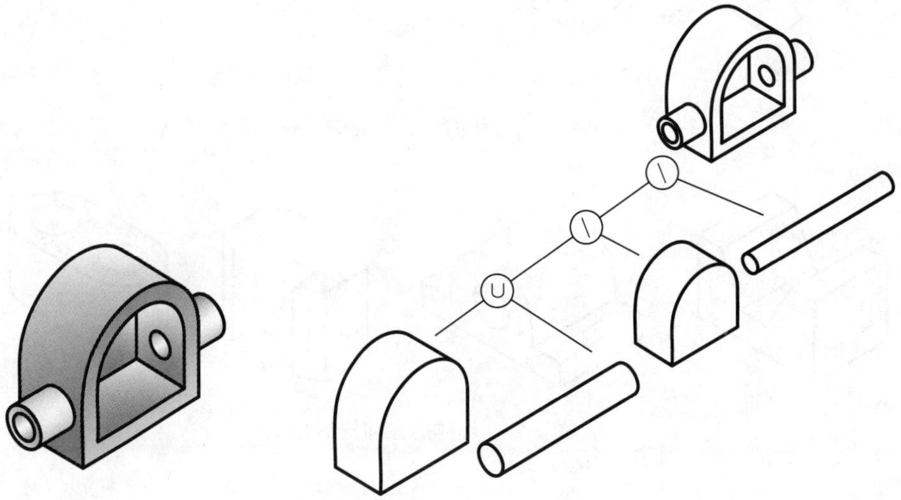

图 9-52 组合体的不同构形顺序

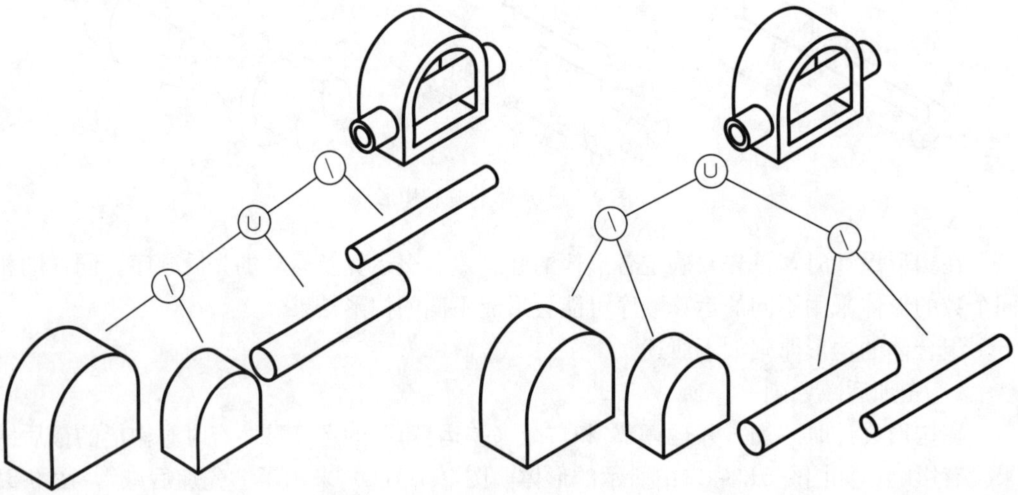

示的是组合体构形的正常运算顺序,则图 9-52 (c)、(d) 所示的组合体构形结果不符合常见的结构形状。

从图 9-52 中可以看出,对常见的机械加工零件,构形设计可采用"先加后减"原则,即把差运算放在形体的最后阶段进行,因为几个差运算之间的运算顺序是各不相关的,如图 9-52 (b) 所示。

2) 减少形体数量和最少运算数量原则

不同的组合体对应着不同的形体数量和构形运算数量,对组合体分析过程理解不同,数量则不同。要尽量减少形体数量和运算数量,可使组合体构形设计过程更简单,更清晰。如图 9-49 和图 9-50 所示,把组合体分析为拉伸体和旋转体,可减少形体数量和运算数量。

又如图 9-53 (a) 所示的组合体与图 9-52 (a) 所示的相同,但图 9-53 (b) 中没有采用减少形体数量和最少运算数量原则,其结果与图 9-52 (b) 相比形体的数量增加了两个,运算的数量也增加了两个,不是简捷的运算过程。

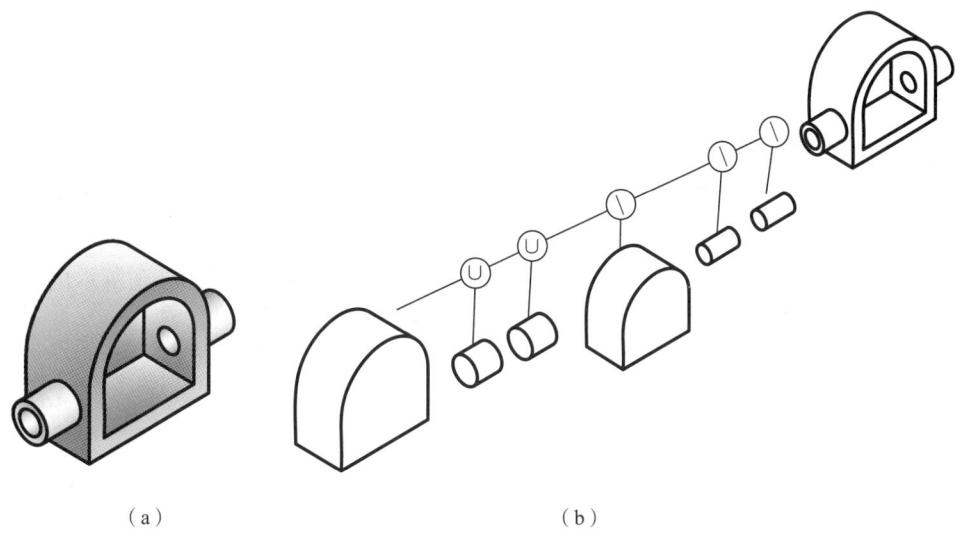

(a)　　　　　　　　　　　　　(b)

图 9-53　不是简捷的构形过程

3) 整体构形原则

整体构形原则是指在构形过程中,尽量保持形体的完整性,特别要使主要形体保持完整,这样符合机件的设计要求和制造要求。

图 9-54 (a) 所示的组合体由圆筒和两底板构成,可以有图 9-54 (b) 和 (c) 所示的不同构形分析,图 9-54 (b) 所示的分析将圆筒分成了两部分,保持了底板的完整性;图 9-54 (c) 所示的分析是将圆筒作为主要形体,保持了形体完整,而将底板分成了两部分。这时,需要保持哪个形体的完整性,就要从形体的功能和加工的角度去考虑,而图 9-54 (c) 所示的分析便于加工,能保证圆筒的功能,因此是比较合理的。但从几何建模的角度来看,图 9-54 (b)、(c) 所示的分析过程不同,虽然构形的数量和运算的数量不同,但几何建模的难易程度是相当的,最后结果也是完全相同的。

在这里要说明是组合体的构形原则对同一组合体不一定能够同时满足。现阶段在缺

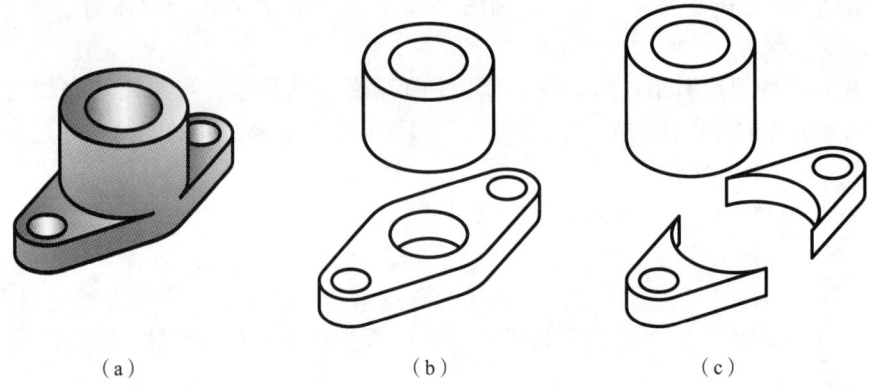

(a)　　　　　　　　(b)　　　　　　　　(c)

图 9-54　组合体构形的不同思路

乏专业知识的情况下，主要是考虑怎样快速、简捷、准确地把形体构造出来，而且便于修改，同时要逐步学习设计、工艺等方面的专业知识，使构形的过程与产品设计和制造要求相符合，使构形设计达到更高层次。

3. 采用多种构形方法

随着 CAD 技术的应用和发展，在三维造型功能方面不断强大。除了前面所讲的并、差、交、拉伸、旋转构形方法，还有放样、扫掠、抽壳、打孔、圆角、倒角等。在组合体构形的时候，要灵活应用这些构形方法。对同一组合体可能有不同的构形方式和过程，掌握这些多种构形方式，会使构形设计变得简单、快捷。图 9-55 所示的圆筒和图 9-56 所示的阶梯轴都有几种不同的构形方法。

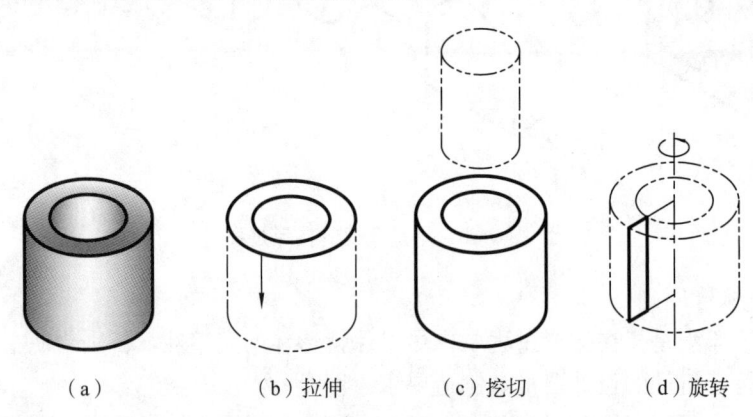

(a)　　　　(b) 拉伸　　　　(c) 挖切　　　　(d) 旋转

图 9-55　圆筒的不同构形方法

二、由给定视图构建组合体

根据给定的组合体的一个视图或两个视图构思组合体，通常可构想出多种形体。由不充分的已知条件构思出多种组合体，并表达成图，是组合体构形设计的重要内容。它可以提高构形者发散思维的能力。在构思的过程中，不仅要注意构思组合体的数量，还要注意构思组合体的类别，充分发挥联想的功能。可以从以下几个方面进行联想。

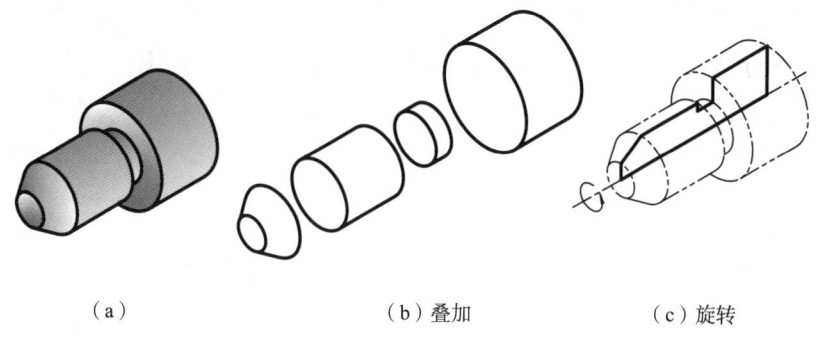

(a)　　　　　　　　（b）叠加　　　　　　　（c）旋转

图 9-56　阶梯轴的不同构形方法

1. 通过表面的凸凹、正斜、平曲变化联想构思组合体

图 9-57 所示为给定的主视图，构思过程及补画俯视图如图 9-58 所示。

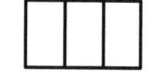

图 9-57 给定主视图

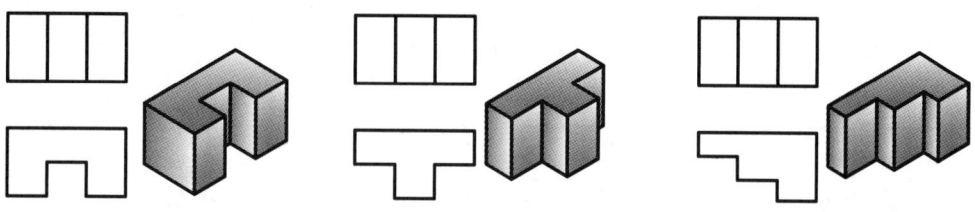

（a）通过改变表面的凸与凹联想构思组合体

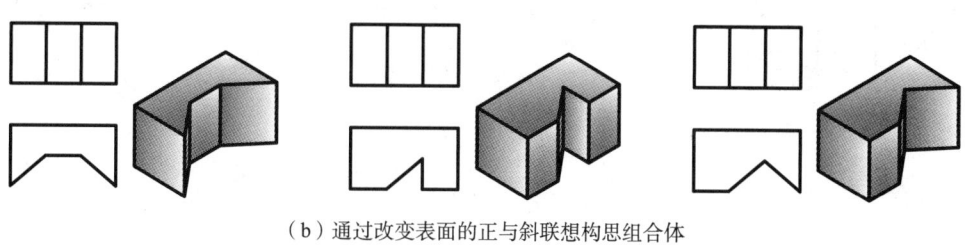

（b）通过改变表面的正与斜联想构思组合体

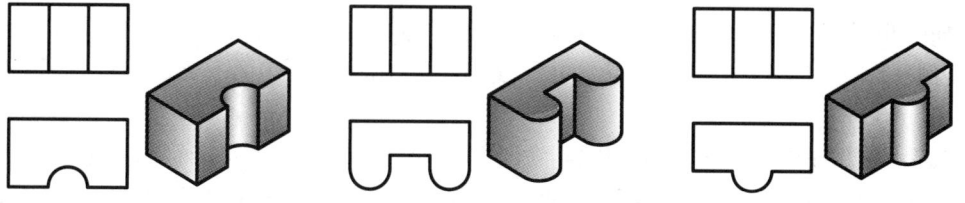

（c）通过改变表面的平与曲联想构思组合体

图 9-58　通过表面的凸凹、正斜、平曲变化联想构思组合体

2. 通过形体之间的组合方式联想构思组合体

图 9-59 所示为给定主视图，构思过程及补画俯、左视图如图 9-60 所示。

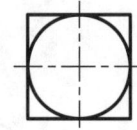

图 9-59 给定主视图

1）构思叠加型组合体

如图 9-60（a）所示，根据主视图，构思为两个基本体的叠加。

2）构思切割型组合体

如图 9-60（b）所示，根据主视图，构思为基本体被切割。

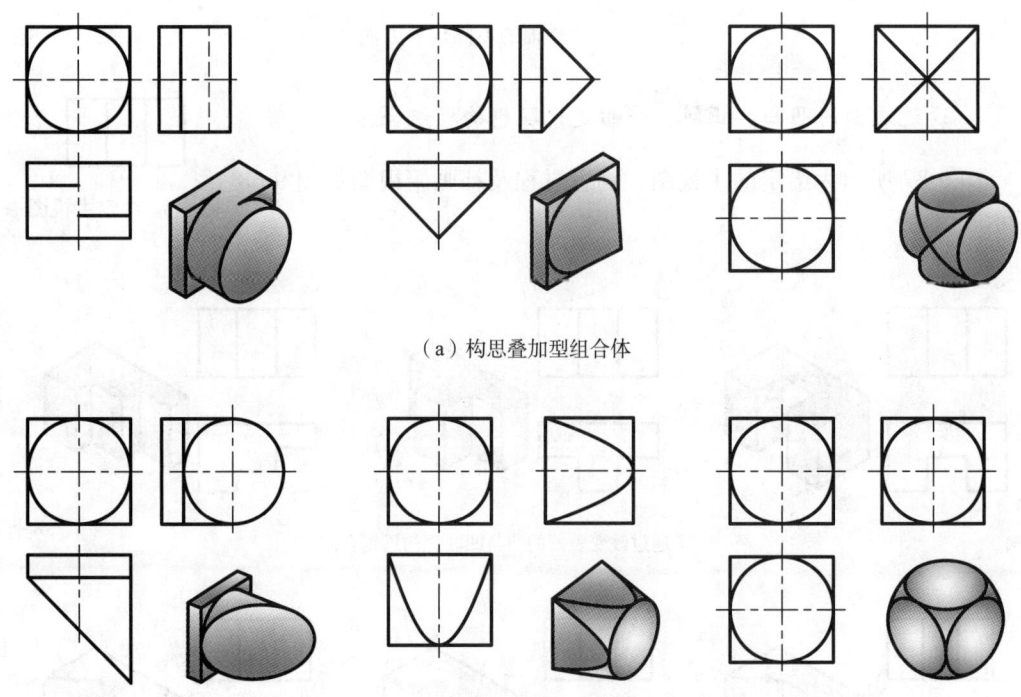

(a) 构思叠加型组合体

(b) 构思切割型组合体

图 9-60 通过形体之间的组合方式联想构思组合体

3）构思综合型组合体

如图 9-61 所示，根据主视图，构思为基本体经叠加、切割后形成的综合型组合体。

[例 9-5] 如图 9-62（a）所示题目，给出主、俯视图，构思不同的组合体后补画左视图。

解：该题主视图、俯视图都相同，为两大小不同的正方形。不能简单地理解为正立方体上钻一正方形小孔。可根据侧垂面的正面投影和水平投影具有类似形，把主要形体理解为带侧垂面的三角块，然后在主要形体上叠加或切割，如图 9-62（b）~（c）所示。也可将主要形体理解为带侧垂面的柱体。如图 9-62（f）所示。

[例 9-6] 图 9-63（a）所示题目，给出主视图，构思不同的组合体后补画俯、左视图。

解：主视图外形是一个矩形的图框，里面有四个封闭的图框，还有两条垂直的虚

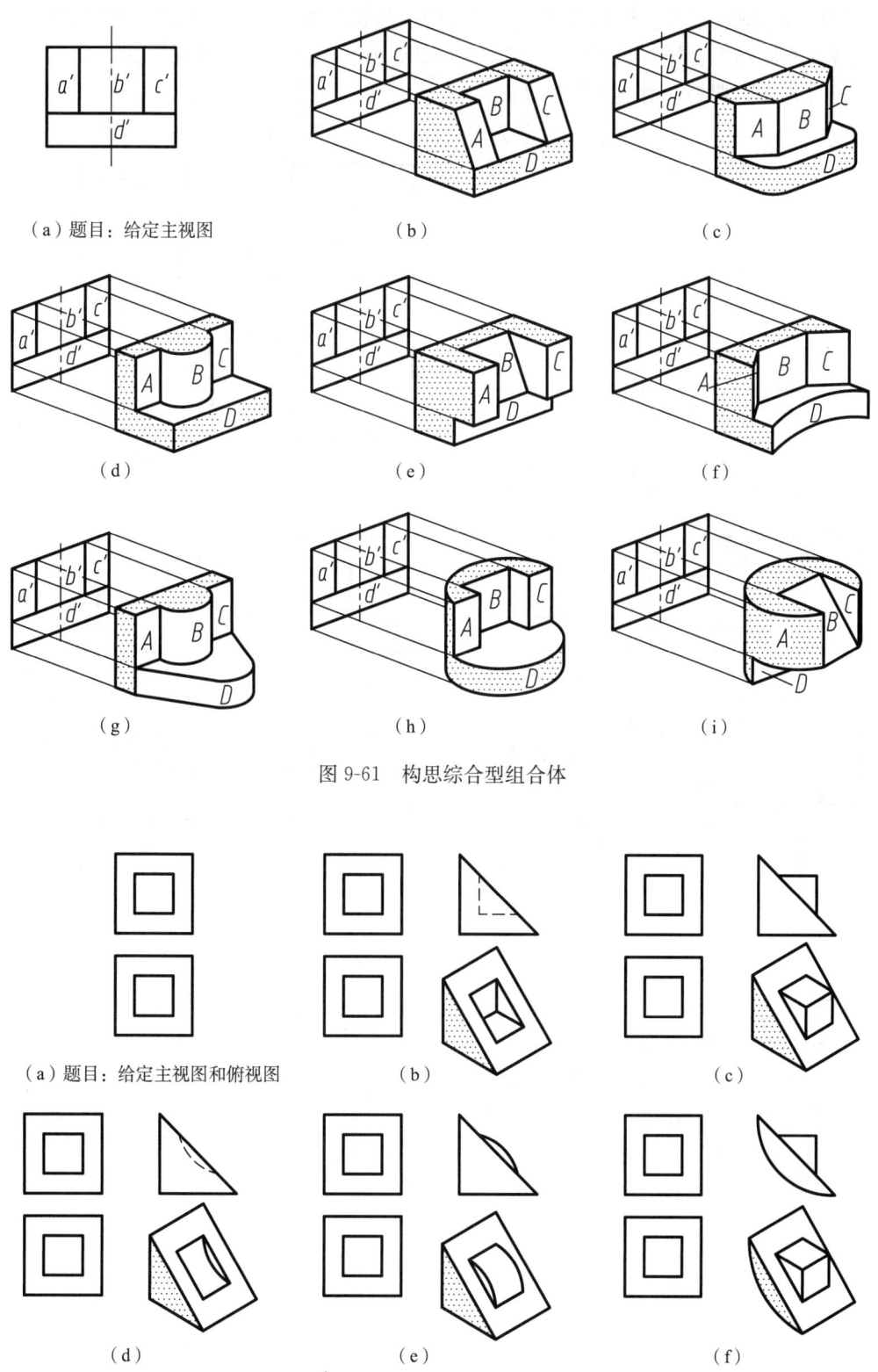

图 9-61 构思综合型组合体

图 9-62 组合体的构形设计（一）

线，图中没有倾斜的线。根据分析，主体可构形为长方体，在主体上进行叠加或切割，形成各种不同的组合体，如图 9-63（b）～（d）所示。也可将主体构形为柱体，在柱体上进行叠加或切割。请读者自行分析。

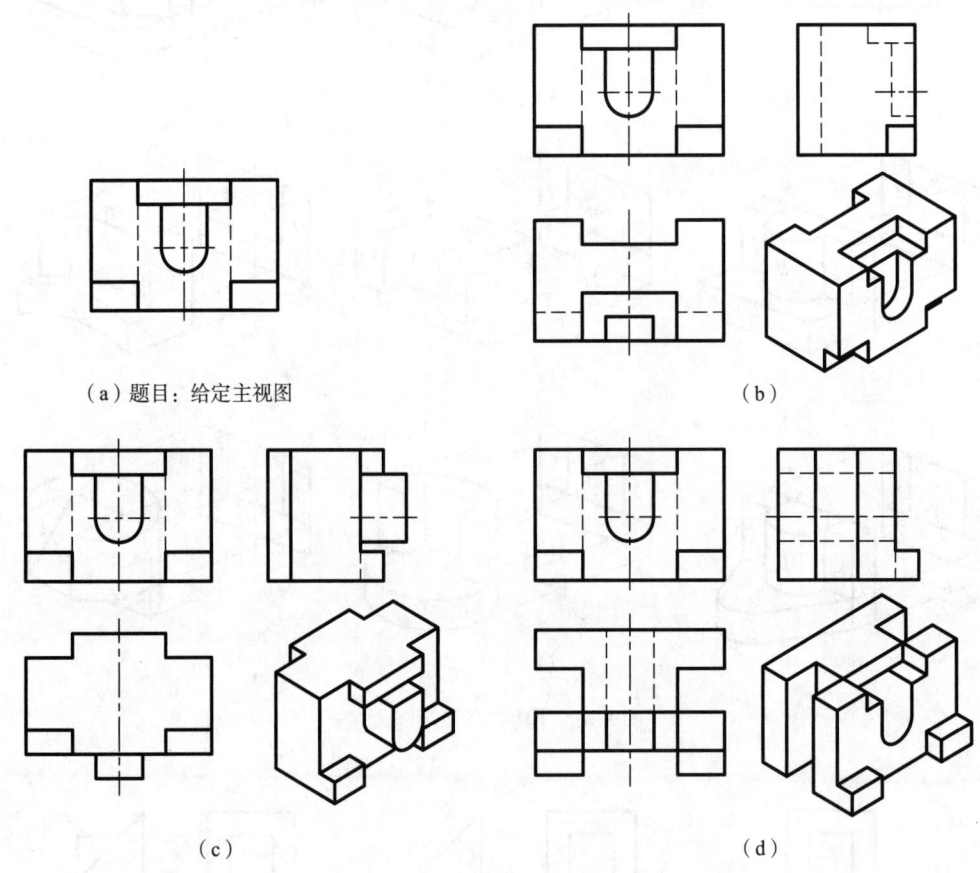

图 9-63 组合体的构形设计（二）

[**例 9-7**] 图 9-64（a）所示题目，给出基本形体的结构和尺寸，构思不同的组合体并画出组合体的三视图。

解：给出基本形体的结构和尺寸，构思不同的组合体，也是组合体构形设计的一部分。在基本形体的结构和尺寸不能改变的情况下，只能改变它们的空间位置和相对位置，构成不同的组合体，如图 9-64（b）～（d）所示。

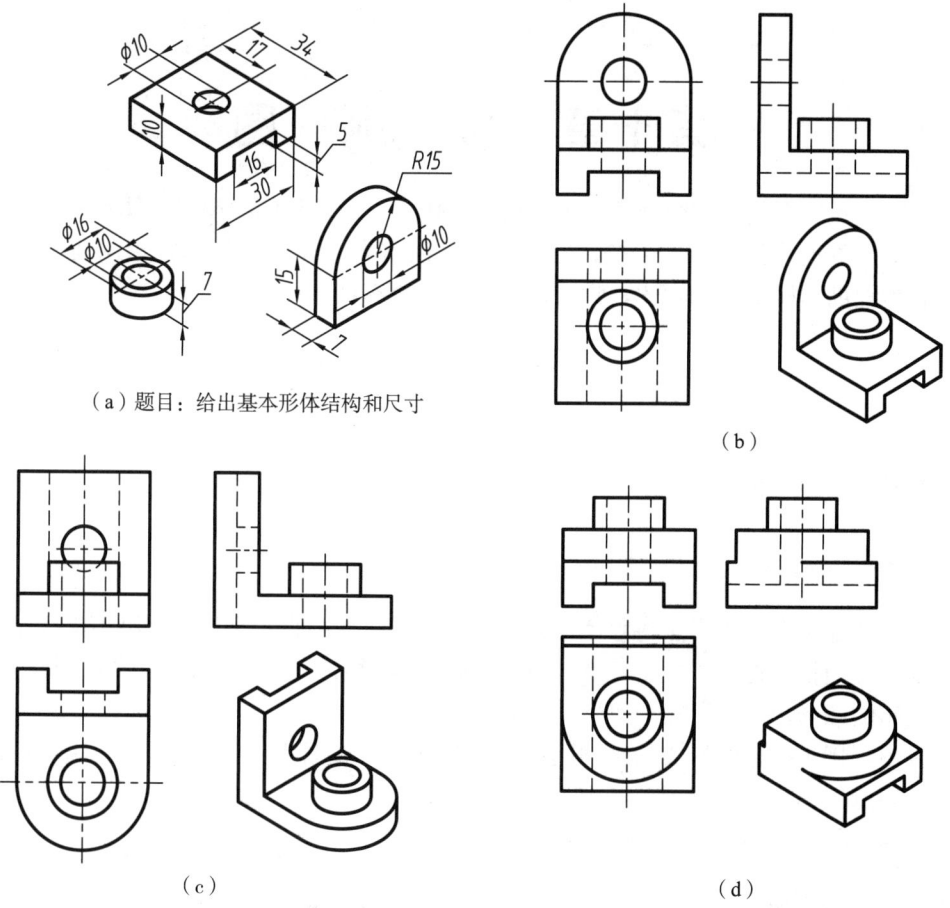

图 9-64 由给定基本形体构建组合体

第十章 轴 测 图

多面正投影图具有作图简便、度量性好等优点，但这种图样缺乏立体感，必须有一定读图能力的人才能看懂。因此，工程上还采用富有立体感的轴测投影图简称（轴测图）作为辅助图样来表达物体，弥补多面正投影的不足。

10.1 轴测图的基本知识

一、轴测图的形成和投影特性

1. 轴测图的形成

轴测图是用平行投影法将物体连同确定其空间位置的直角坐标系，沿不平行于任一坐标面的方向投射在单一投影面 P 上所得到的反映物体长、宽、高三个方向尺寸，具有立体感的图形。

其中，用正投影法形成的轴测图称为正轴测图，如图 10-1（a）所示。用斜投影法形成的轴测图称为斜轴测图，如图 10-1（b）所示。

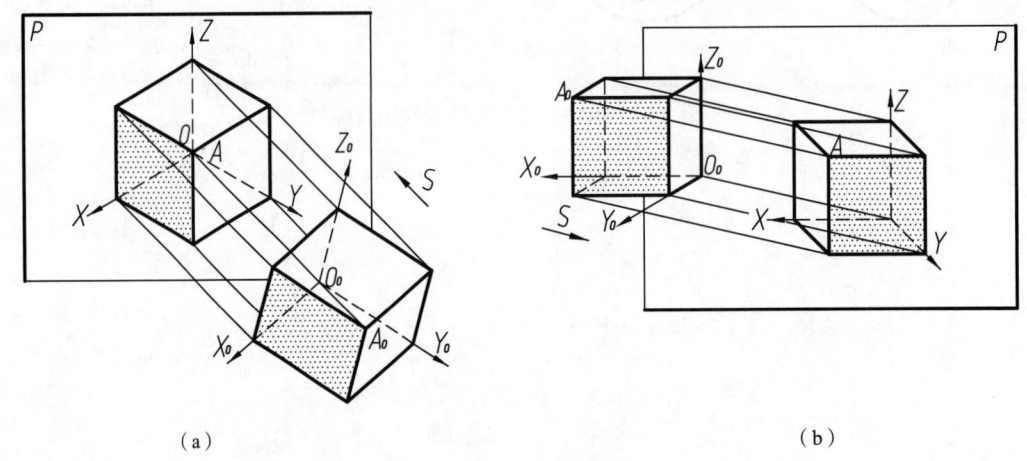

(a)　　　　　　　　　　　　　　　　　　(b)

图 10-1　轴测图的形成

2. 轴测图的投影特性

在轴测投影中，投影面 P 称为轴测投影面，投射方向 S 称为轴测投影方向。由于轴测图是用平行投影法得到的，因此，轴测投影图具有下列投影特性：

（1）空间平行于坐标轴的线段，其轴测投影长度等于该坐标轴的轴向伸缩系数与线段长度的乘积；

(2) 物体上互相平行的线段，在轴测图上仍互相平行；

(3) 物体上两平行线段或同一直线上的两线段之比，在轴测图中保持不变。

二、轴测轴、轴间角及轴向伸缩系数

轴测轴、轴间角及轴向伸缩系数如图 10-2 所示。

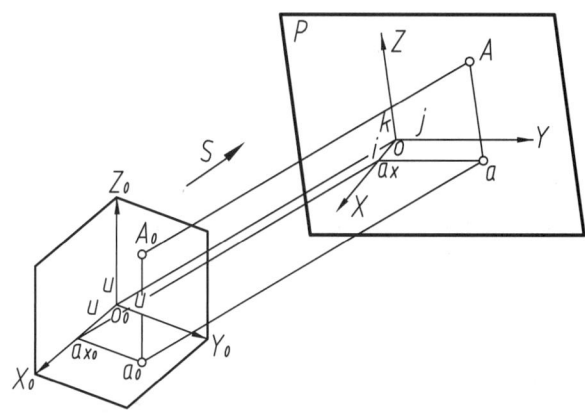

图 10-2　轴测轴、轴间角和轴向伸缩系数

(1) 轴测轴：空间直角坐标轴 O_0X_0、O_0Y_0、O_0Z_0 在轴测投影面上的投影 OX、OY、OZ 称为轴测轴。

(2) 轴间角：相邻两轴测轴之间的夹角，即 $\angle XOY$、$\angle XOZ$、$\angle YOZ$ 称为轴间角。

(3) 轴向伸缩系数：轴测轴上单位长度与相应直角坐标上单位长度之比，称为轴向伸缩系数。如在坐标轴 O_0X_0、O_0Y_0、O_0Z_0 轴上分别截取单位长度 u，其轴测投影的单位长度分别为 i、j、k，若设 OX、OY、OZ 轴的轴向伸缩系数为 p、q、r 则有：

OX 轴的轴向伸缩系数　　　　$p = \dfrac{i}{u}$

OY 轴的轴向伸缩系数　　　　$q = \dfrac{j}{u}$

OZ 轴的轴向伸缩系数　　　　$r = \dfrac{k}{u}$

在图 10-2 中，A 称为轴测投影，a 称为 A 的次投影。

三、轴测图的分类

如前所述，根据投射方向与轴测投影面是否垂直，轴测投影图可分为：正轴测图和斜轴测图。又根据轴向伸缩系数不同，每类可分为以下三种。

(1) 正（或斜）等轴测图：简称正（斜）等测，三个轴向伸缩系数相等的轴测图，即

$$p = q = r$$

(2) 正（或斜）二轴测图：简称正（斜）二测，有两个轴向伸缩系数相等的轴测图，即

$$p = q \neq r \quad 或 \quad p = r \neq q \quad 或 \quad p \neq r = q$$

（3）正（或斜）三轴测图：简称正（斜）三测，三个轴向伸缩系数均不相等的轴测图，即

$$p \neq q \neq r$$

工程上应用较多的是正等测和斜二测，其作图简便，立体感强。本章主要介绍这两种轴测图的画法。

10.2 正等轴测图的画法

正等轴测图简称正等测，是当空间直角坐标轴 O_0X_0、O_0Y_0、O_0Z_0 与轴测投影面倾斜的角度相等时，用正投影法得到的单面投影，如图 10-1（a）所示。也可看做是物体，如图 10-3（a）所示的正立方体绕 O_0Z_0 旋转 $45°$，如图 10-3（b）所示，然后再绕 O_0X_0 旋转 $35°16'$ 后所得到的正面投影，如图 10-3（c）所示。

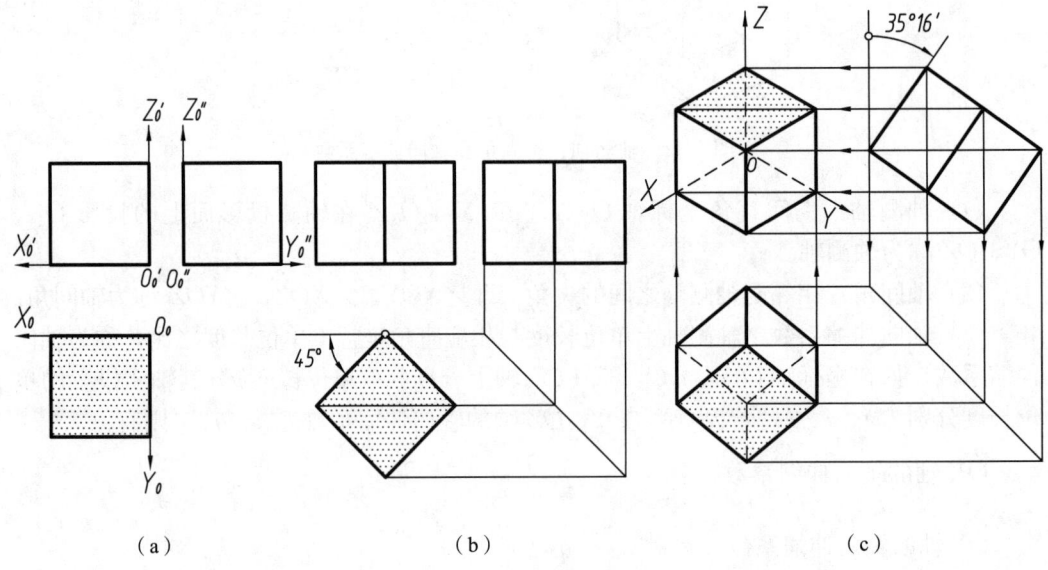

（a）　　　　　　（b）　　　　　　（c）

图 10-3 正等测的形成

一、正等测的投影特性

1. 轴间角

正等测的空间直角坐标系的三个轴 O_0X_0、O_0Y_0、O_0Z_0 与轴测投影面处于倾角相等的位置，因此，轴间角相等

$$\angle XOY = \angle XOZ = \angle YOZ = 120°$$

其中，OZ 轴规定画成垂直方向，如图 10-4 所示。

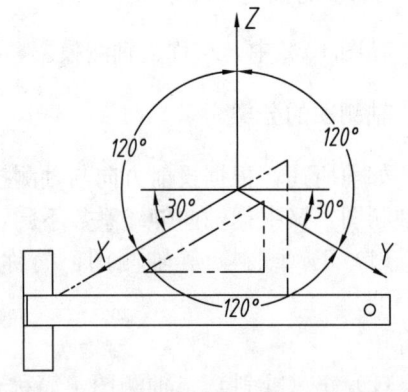

图 10-4 正等测的轴间角及轴测轴的画法

2. 轴向伸缩系数

根据轴向伸缩系数的定义，由于空间直角坐标系的三个轴与轴测投影面的倾角都为 $35°16'$，则三个轴测轴的轴向伸缩系数为

$$p_1=q_1=r_1=\cos 35°16'\approx 0.82$$

为使手工作图方便，将轴向伸缩系数取为1，得到简化伸缩系数为

$$p=q=r=1$$

这样，所绘制的正等测比采用 $p_1=q_1=r_1\approx 0.82$ 的伸缩系数绘出的轴测图大了 $1/0.82\approx 1.22$ 倍。采用简化伸缩系数绘图时，与轴测轴平行的线段的长度就可以从物体上或从正投影图上相应轴的方向直接量取了，图10-5（b）所示为采用0.82的轴向伸缩系数画出的图形，图10-5（c）所示为采用1的轴向伸缩系数画出的图形。

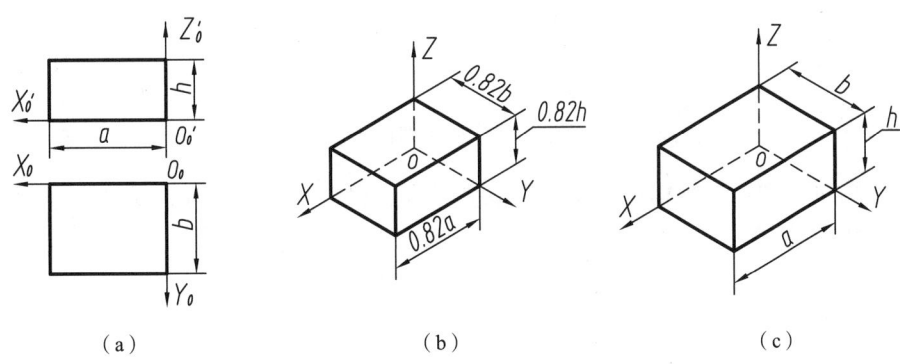

图10-5　正等测轴向伸缩系数的应用

二、平面立体的正等测

绘制平面立体的正等侧的基本方法有坐标法、切割法和叠加法三种。

1. 坐标法

坐标法是画轴测图最基本的方法。根据物体的特点，选定合适的坐标轴，按平面立体各顶点的坐标关系画出其轴测投影，并相连形成其轴测投影的方法，称为坐标法。

图10-6（a）所示为截头棱锥的主、俯视图，用坐标法画出它的正等测。其作图步骤如下：

（1）在视图上确定直角坐标系。

根据平面立体的特点，把坐标原点定在底平面的中点，如图10-6（a）所示。

（2）画出轴测轴 OX、OY、OZ。

（3）画轴测图。

① 先画出底面，然后根据 x_1、x_2 和 y_1、y_2 作Ⅰ、Ⅱ、Ⅲ、Ⅳ的次投影1、2、3、4（即Ⅰ、Ⅱ、Ⅲ、Ⅳ在坐标面 $X_0O_0Y_0$ 上的投影的轴测投影），如图10-6（b）所示。

② 再根据 z_1、z_2 得四个顶点的轴测投影Ⅰ、Ⅱ、Ⅲ、Ⅳ点。

③ 连接各点，擦去多余的线，然后描深，即可得截头四棱锥的正等测，如图10-6

(c) 所示。

在轴测图中一般不画虚线，必要时也可画出虚线。

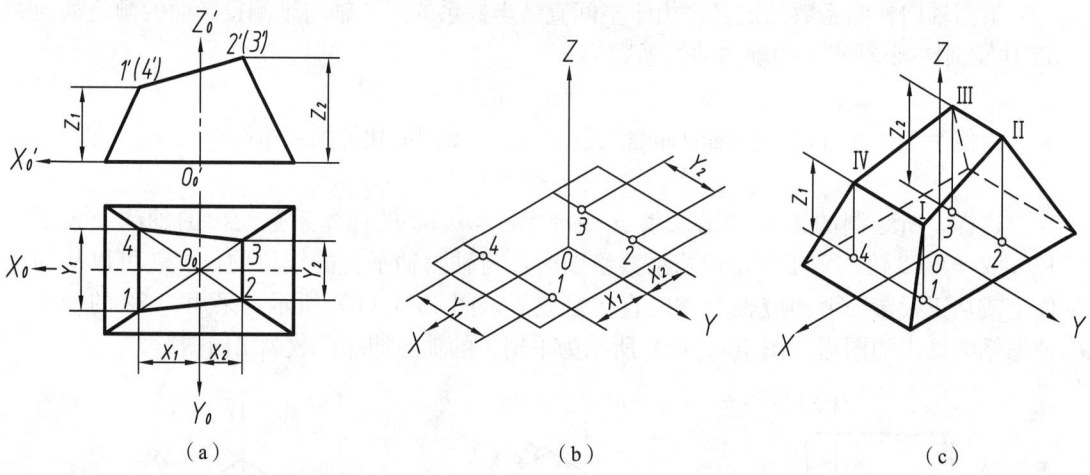

图 10-6 用坐标法作截头四棱锥体的正等测

在画图过程中，应根据形体特点选取坐标原点和坐标轴的方向，所对应的轴测轴常见形式如图 10-7 所示。

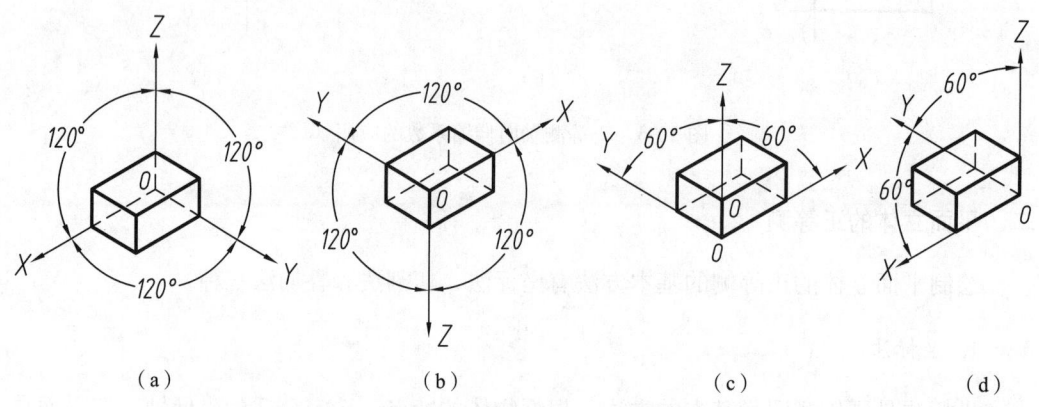

图 10-7 正等轴测轴的常见形式

2. 切割法

对切割式组合体，可先按完整的形体画出，然后按切割的方法逐一切去多余部分而得到所求的轴测图。

图 10-8（a）所示为垫块的主、俯视图，用切割法作垫块的正等测。其作图步骤如下：

(1) 在视图上确定直角坐标系

根据立体的结构，将坐标原点定在右后下方，如图 10-8（a）所示。

(2) 画出完整形体的正等侧

垫块是由长方体被一个正垂面和一个铅垂面切割而成。因此，作轴测轴按尺寸 a、

b、h 画出尚未切割时的长方体的正等测,如图 10-8(b)所示。

(3) 逐个画出被切割后的正等测

量出尺寸 c、d,画出左上角被正垂面切割后的正等测,如图 10-8(c)所示。然后再量出尺寸 e、f,画出左前角被铅垂面切割后的正等测,如图 10-8(d)所示。

(4) 擦去无用的作图线,描深,完成作图,如图 10-8(e)所示。

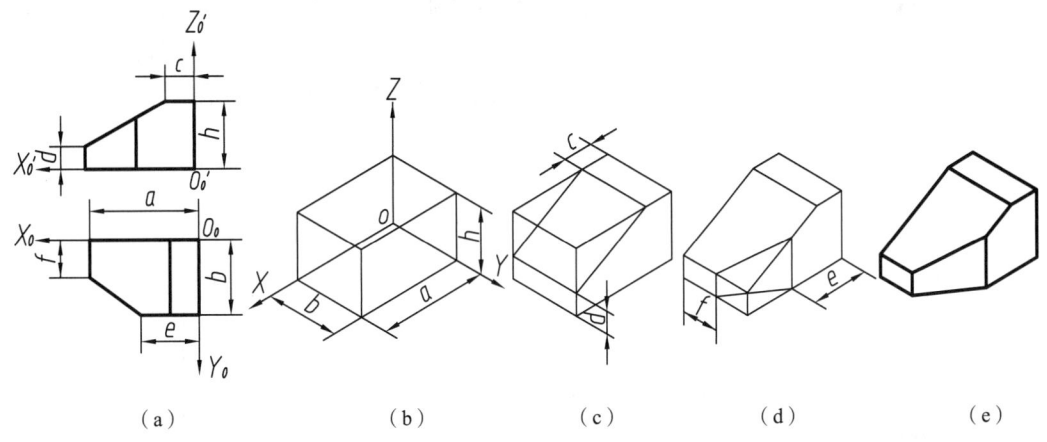

图 10-8　用切割法作垫块的正等测

3. 叠加法

叠加法是运用形体分析的方法将物体分解成几个基本体,然后按各部分的位置关系分别画出它们的轴测图,并按彼此表面的过渡关系组合起来而形成的轴测图。

图 10-9(a)所示为物体的主、俯视图,用叠加法作物体的正等测。其作图步骤如下。

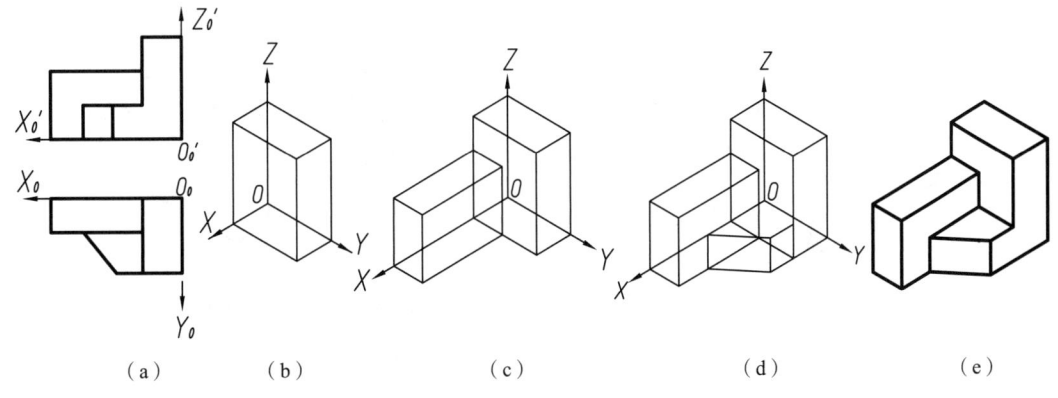

图 10-9　用叠加法作物体的正等测

(1) 在视图上确定直角坐标系。

根据物体的结构,将坐标原点定在右后下方,如图 10-9(a)所示。

(2) 逐个画出各基本体的正等测。

按照形体分析法,图 10-9(a)所示的物体可以分解成三部分,按照它们的相对位置，分别画出它们的轴测图，作图过程如图 10-9（b）～（d）所示。

（3）擦去多余的线，描深，完成物体的轴测图，如图 10-9（e）所示。

切割法与叠加法都是从坐标法引申出来，应根据物体的形状特征来选择使用，并力求使作图过程简化、准确。

[例 10-1]　图 10-10（a）所示组合体的三视图，画出组合体的正等测。

解：该组合体可看成是切割型组合体，它的原形可看成是一个楔体，被八个平面切割。可采用切割法来画。先画出组合体的原形楔体，如图 10-10（b）所示；然后画出右上角缺口的正等侧，如图 10-10（c）所示；最后画出左边的缺角及槽的正等侧，如图 10-10（d）所示。

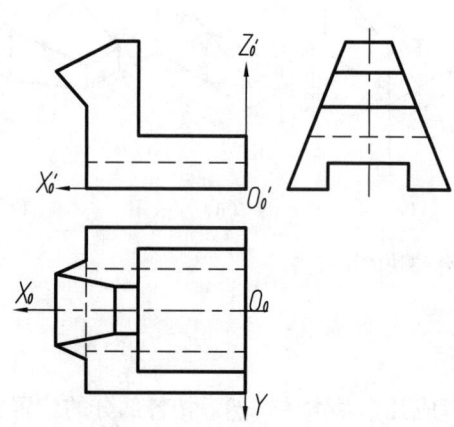

（a）给出三视图，在视图上面确定坐标系

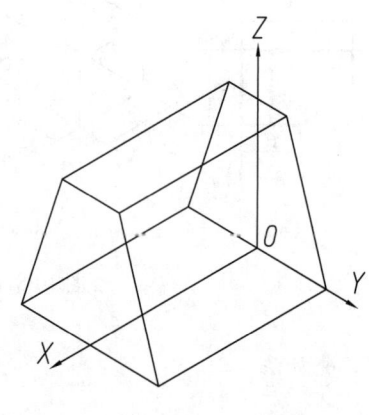

（b）画出原形楔体的正等测

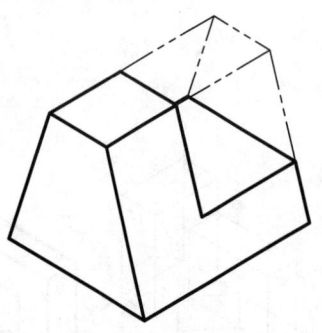

（c）画出裁掉右上角缺角后的正等测

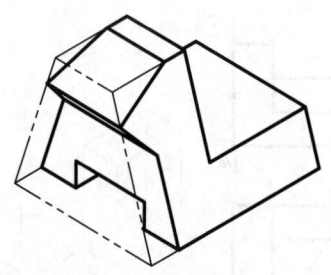

（d）画出裁掉左边缺角及槽后的正等测

图 10-10　用切割法作组合体的正等测

[例 10-2]　如图 10-11（a）所示组合体的三视图，画出组合体的正等测。

解：该组合体可看成是以叠加为主的组合体，可采用叠加法来画。先画底板的正等测，底板上的缺口一并画出，如图 10-11（b）所示；画出后立板的正等测，如图 10-11（c）所示；画出两侧板的正等测，如图 10-11（d）所示；最后，去掉多余的线，描深，完成作图，如图 10-11（e）所示。

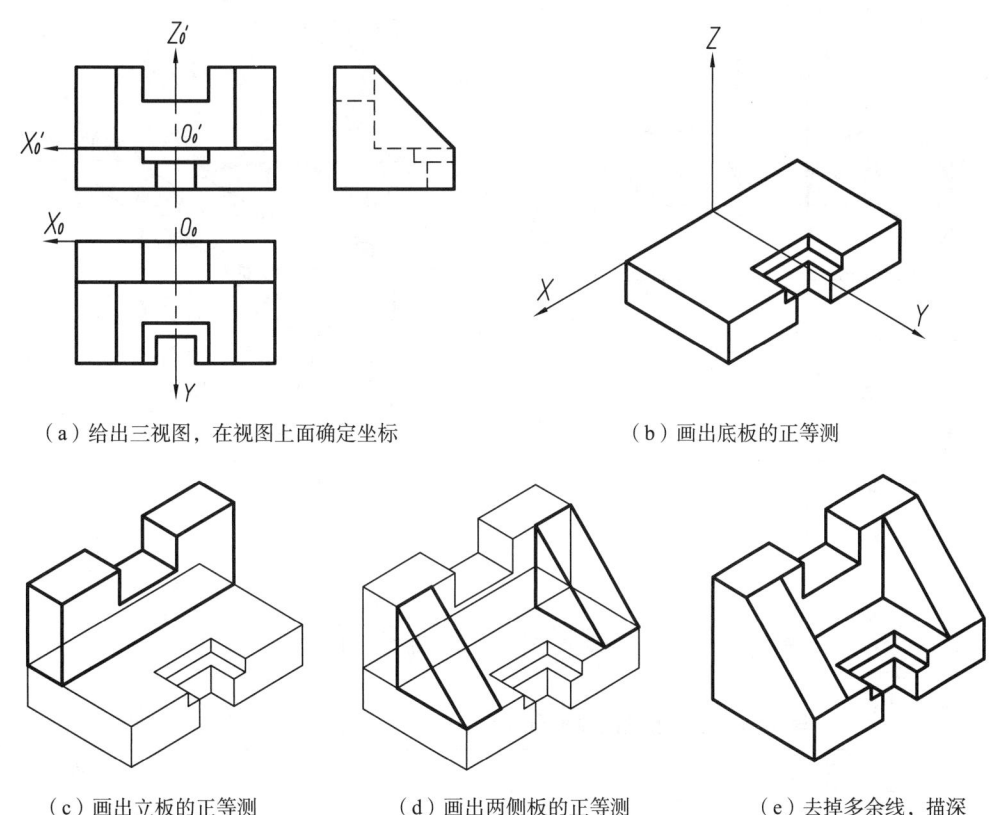

(a) 给出三视图，在视图上面确定坐标　　　　(b) 画出底板的正等测

(c) 画出立板的正等测　　　(d) 画出两侧板的正等测　　　(e) 去掉多余线，描深

图 10-11　用叠加法作组合体的正等测

三、曲面立体的正等测

画曲面立体的正等测必须首先掌握圆的正等测的画法。

1. 平行于坐标面的圆的正等测

假设在正方体的三个面上各有一个直径为 d 的内切圆，如图 10-12（a）所示，那么这三个面的正等测是三个大小相等、方向不同的菱形，而三个内切圆的正等测为内切于菱形的大小相等，方向不同的椭圆，如图 10-12（b）所示。椭圆长轴方向为菱形长对角线方向，短轴方向为菱形短对角线方向，它们与轴测轴之间的关系是：

平行于 $X_0O_0Y_0$ 坐标面的水平圆——其轴测椭圆的长轴垂直于 OZ 轴，短轴平行于 OZ 轴；

平行于 $X_0O_0Z_0$ 坐标面的正平圆——其轴测椭圆的长轴垂直于 OY 轴，短轴平行于 OY 轴；

平行于 $Y_0O_0Z_0$ 坐标面的侧平圆——其轴测椭圆的长轴垂直于 OX 轴，短轴平行于 OX 轴。

椭圆长轴的长度约为 $1.22d$，短轴的长度约为 $0.7d$。

根据圆的直径 d，画平行于坐标面的圆的正等测——轴测椭圆，本书介绍几种方法，见表 10-1。

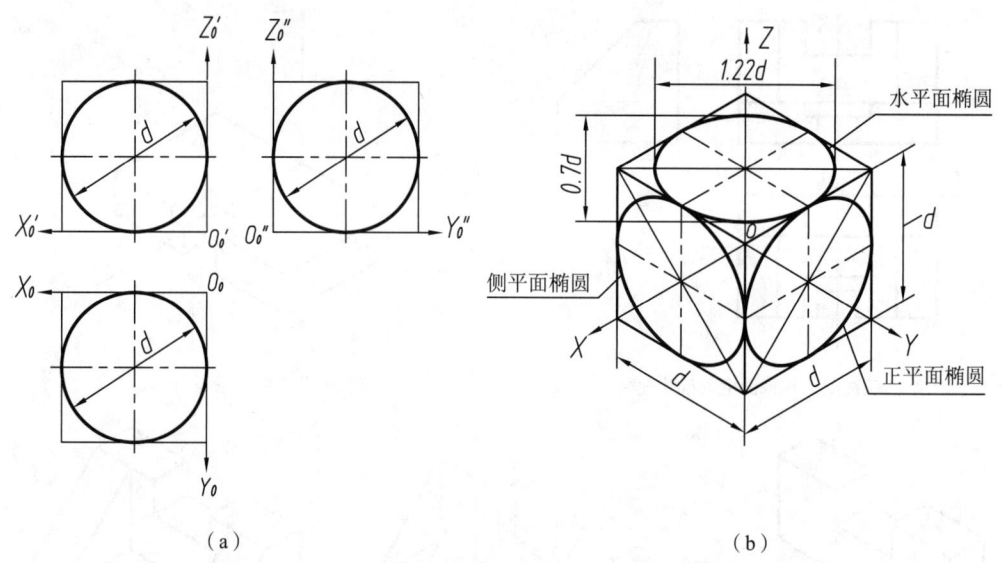

图 10-12 平行于坐标面的圆的正等测及椭圆的长、短轴

表 10-1 轴测椭圆的四种画法（以直径为 d 的水平圆为例）

步骤	第一步	第二步	第三步	说明
坐标法	在圆的投影上标出坐标轴上的点及其他若干点的投影	画出各点的轴测投影	光滑连接各点成椭圆，然后描深	此法画图比较准确，但作图较繁琐
菱形法	作圆的外切正方形的正等测—菱角，$CF=FD=d$。菱形的对角线为轴测椭圆的长短轴	连 AE、AF 交长轴于 I、II。分别以 A、B 为圆心 $R_1=BC$ 画两大圆弧 CD、EF	分别以 I、II 为圆心，$R_2=IC$ 画两小圆弧 CE、DF。C、D、E、F 为连接点	此法画图简便，易于确定长、短轴的方向，便于徒手画图，长、短轴误差大

步骤	第一步	第二步	第三步	说明
八点法	画直径为 d 的圆,该圆与 X 轴交于 E、D,与 Y 轴交于 C、F,与 Z 轴交于 A、B;连 AE、AF 与长轴交于 Ⅰ、Ⅱ,共得八个点	分别以 A、B 为圆心,R_1 = BC 画两大圆弧 CD、EF	分别以 Ⅰ、Ⅱ 为圆心,R_2 = ⅠC 画两小圆弧 CE、DF。C、D、E、F 为连接点	此法作图较菱形法更为简便,绘图结果与菱形法相同,长、短轴误差大
长短轴法	连 AB,作 AB 的中垂线;以 B 为圆心,AB 为半径画弧的 CD 为长轴,AB 为短轴	以 AB、CD 为直径作同心圆得 O_1、O_2、O_3、O_4;作连心线 O_1O_3、O_1O_4、O_2O_3、O_2O_4 并延长	以 O_1、O_2 为圆心,O_2A 为半径画大弧;以 O_3、O_4 为圆心,O_3C 为半径画小弧	此法作图较繁琐,但长、短轴误差小

2. 圆角的正等测

物体上 1/4 圆弧组成的圆角轮廓,如图 10-13(a)所示,在轴测图上为 1/4 椭圆,其简便画法如图 10-13 所示,作图步骤如下。

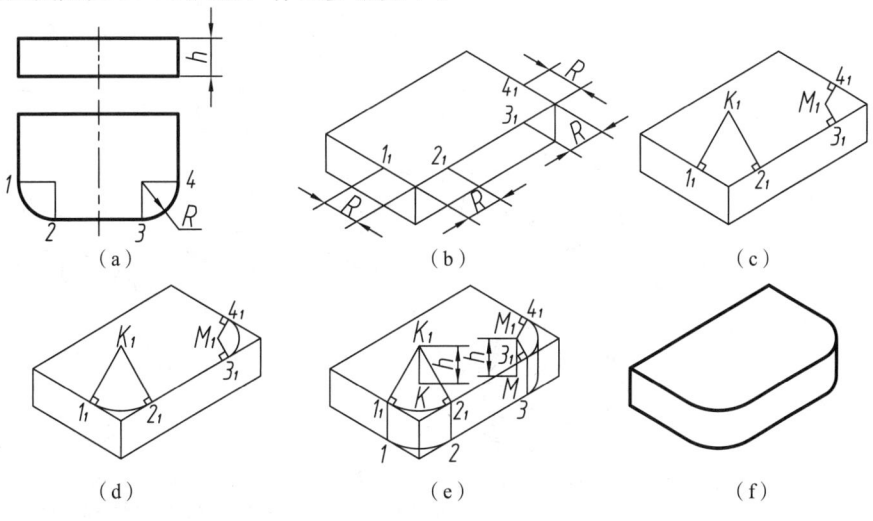

图 10-13 圆角的正等测

(1) 画出直角板的轴测图，根据半径 R 得到四个切点，过切点作相应边的垂线得上表面的圆弧的圆心 K 和 M。如图 10-13 (b)、(c) 所示。

(2) 过圆心 K 和 M 画圆弧 1_12_1 和 3_14_1。从圆心向下量取底板厚底 h，得到底面圆弧的圆心，以同样方法画出底板的圆弧，作圆心为 M、M_1 的两段圆弧的公切线，如图 10-13（e）所示。

(3) 擦掉多余作图线，然后加深完成作图，如图 10-13 (f) 所示。

3. 回转体的正等测

常见回转体正等测的画法见表 10-2。

表 10-2　常见回转体正等测的画法

圆柱体		
轴线为铅垂线	轴线为正垂线	轴线为侧垂线
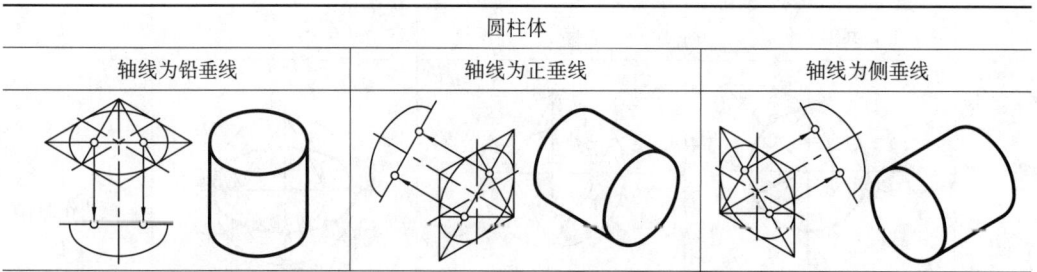		
根据圆柱的直径和高，先画出上下底面的正等测，再作椭圆的公切线（连长轴端点）		
圆台	圆球	
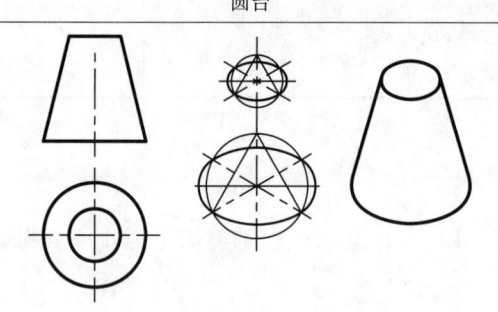	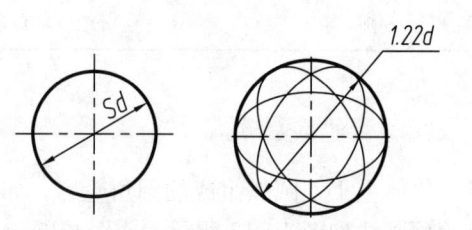	
根据圆台的上下底面直径和高，先画出上下底面的正等测，再作椭圆的公切线	球的正等测为圆，圆的直径为 $1.22d$。为使圆形具有立体感，可画出过球心的三个方向的轴测椭圆	
圆环	一般回转面	
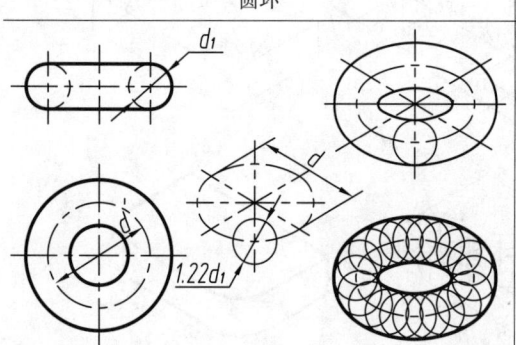	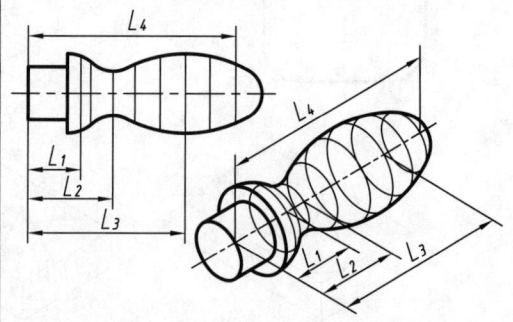	
先作出圆环中心圆的正等测——长轴直径为 $1.22d$ 的椭圆；画出一系列直径为 $1.22d$ 的圆，并使圆心都在上述椭圆上；作出这些圆的包络线，即为该圆环的正等测	由于垂直于回转体轴线的截面轮廓是圆，只要画出各截面圆的正等测椭圆，然后作出这些椭圆的包络线，即为该回转面的转向轮廓线	

[**例 10-3**] 作切槽圆柱体的正等测，如图 10-14（a）所示。

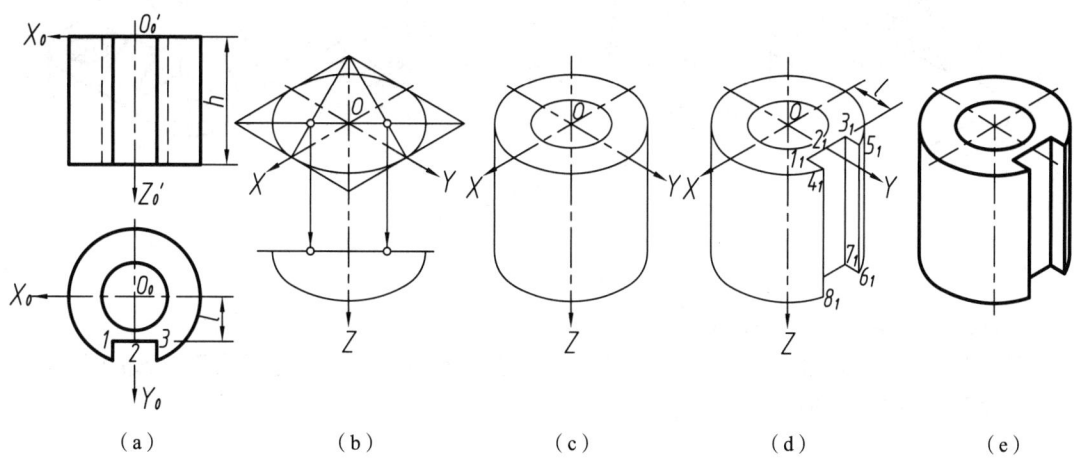

图 10-14 作切槽圆柱体的正等测

解：作图过程如下：

(1) 选上底的圆心为坐标原点，画出坐标轴，如图 10-14（a）所示。

(2) 画轴测轴，用菱形法作出上顶面椭圆，把连接圆弧的圆心向下移 h，作底面椭圆的可见部分，并作出两椭圆弧的公切线，如图 10-14（b）、（c）所示。

(3) 由 L 定出 2_1，由 2_1 定出 1_1、3_1，由 1_1、3_1 定出 4_1、5_1，再作平行于轴测轴的诸轮廓线，画全键槽，如图 10-14（d）所示。

(4) 擦掉多余作图线，描深，完成全图，如图 10-14（e）所示。

四、组合体的正等测

画组合体轴测图的方法仍是运用形体分析法和线面分析法，先对组合体进行形体分析，然后从上到下或从下到上，从前至后，按各基本体的位置逐个画出其轴测投影，最后检查描深。

图 10-15 所示为支撑座的三视图，画出支撑座的正等测。其作图过程如下：

(1) 在视图上确定直角坐标系，如图 10-15 所示。

(2) 画出底板和立板的正等测，如图 10-16（a）、（b）所示。

(3) 画出底板圆孔和中间肋板的正等测，如图 10-16（c）所示。

(4) 擦去作图线，加深完成整个作图，如图 10-16（d）所示。

[**例 10-4**] 图 10-17（a）所示支架的三视图，作出支架的正等测。

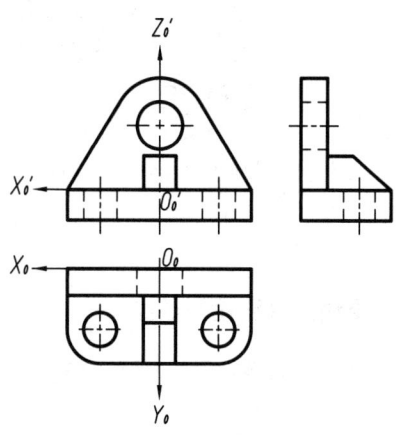

图 10-15 支撑座的三视图

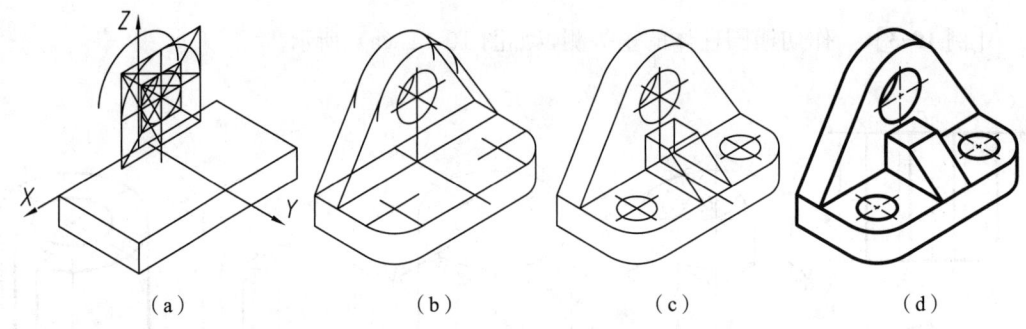

图 10-16 作支撑座的正等测

解：该物体是一个叠加型组合体，按叠加法来完成它的正等测。画图时，要注意水平面上不完整的圆和正平面上圆的正等测的画法，还要注意形体之间表面交线的画法，作图过程如图 10-17 所示。

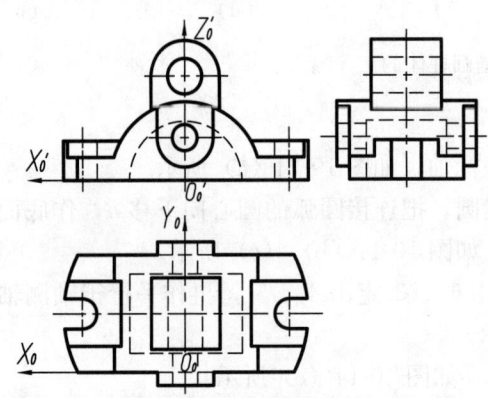

（a）给出三视图，在视图上面确定坐标系

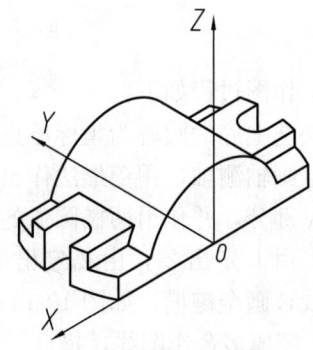

（b）画出底板、凸台、半圆柱的正等测

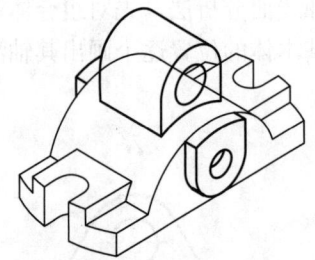

（c）画出上部带半圆柱的形体和前后凸台的正等测

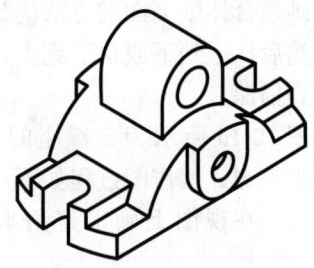

（d）去掉多余线，描深

图 10-17 作组合体的正等测

五、交线的轴测投影的绘制

交线的轴测投影可采用两种方法绘制。

1. 坐标法

根据视图中交线上的一些特殊点以及一般点的投影，画出各点的轴测投影，然后用曲线光滑连接，即可得到交线的轴测投影，如图 10-18 所示，其作图过程如下：

(1) 在视图上确定直角坐标系，标出相贯线上特殊点的投影（1、2、3、4、5、1′、2′、3′、4′、5′、1″、2″、3″、4″、5″）。点 Ⅰ、Ⅴ 是长轴上对应的点；点 Ⅱ 是 X 轴上对应的点；Ⅲ 点是短轴上对应的点；Ⅳ 点是 Y 轴上对应的点（图中只标出了轴测图可见的点），如图 10-18（a）所示。

(2) 画出两圆柱体的正等测，如图 10-18（b）所示。

(3) 在轴测图中量取各对应点的 Z 坐标得点 Ⅰ、Ⅱ、Ⅲ、Ⅳ、Ⅴ，用曲线光滑连接各点，完成作图。如图 10-18（c）所示。

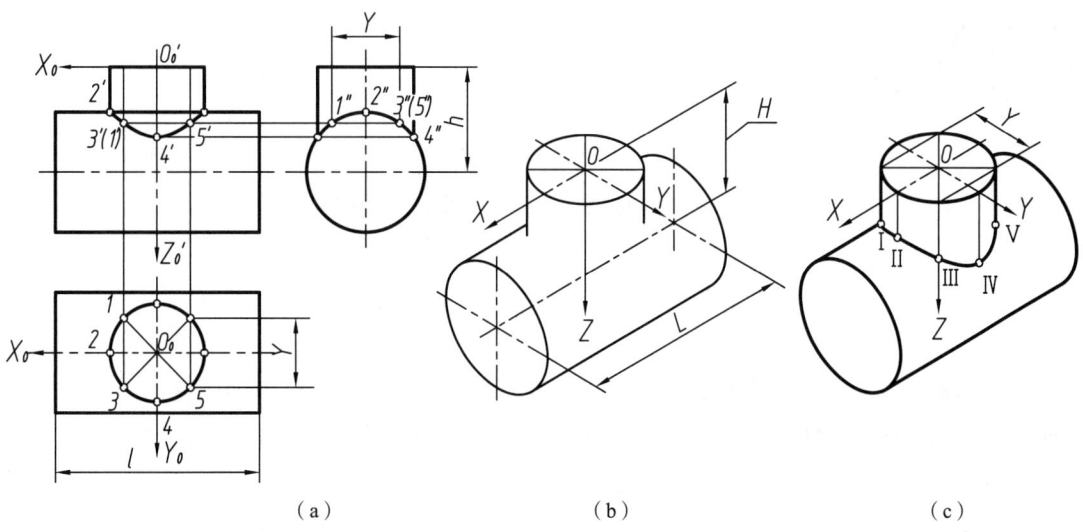

(a) (b) (c)

图 10-18 用坐标法求作交线的轴测投影

2. 辅助平面法

作两相交立体的轴测图时，可利用辅助平面法的原理，在轴测图上直接作辅助平面，从而求得交线的轴测投影，如图 10-19 所示。其作图过程如下：

(1) 首先在相贯线上标出大、小圆柱转向线上点 Ⅰ、Ⅲ、Ⅳ、Ⅶ 的投影（1、3、4、7，1′、3′、4′、7′，1″、3″、4″、7″）；然后标出小圆长轴上对应点 Ⅱ、Ⅵ$_1$ 的投影（2、6_1，2′、$6_1'$，2″、$6_1''$）和小圆短轴上对应点 Ⅵ 的投影（6，6′、6″）；再标出一般点 Ⅴ 的投影（5，5′、5″），如图 10-19（a）所示。

(2) 画出两圆柱体的正等测图，在轴测图上量取 Y_1 作辅助平面 P_1，辅助平面与大圆柱的交线为平行于轴线的直线 AA_1，与小圆柱的交线为 BB_1，两直线交于 Ⅰ 点，即为所求。同理，作辅助平面 P_2、P_3 可求出 Ⅲ、Ⅳ、Ⅶ 点，如图 10-19（b）所示。

(3) 再通过作辅助平面 P_4、P_5、P_6 求出 Ⅴ、Ⅱ、Ⅵ、Ⅵ$_1$ 点，用曲线光滑连接各点，完成作图，如图 10-19（c）所示。

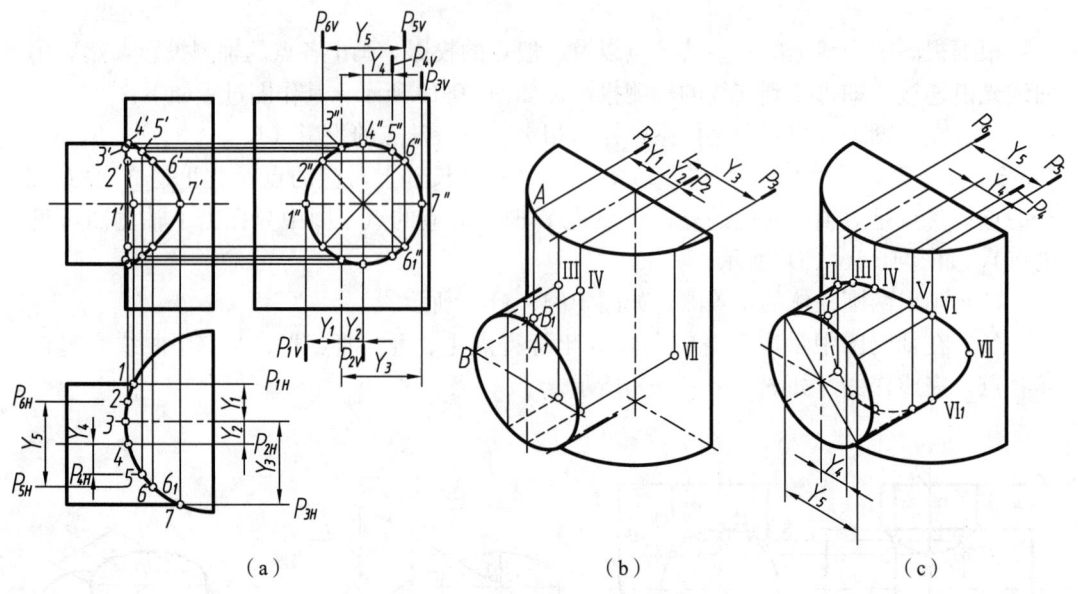

图 10-19 用辅助平面法求作交线的轴测投影

10.3 斜二等轴测图的画法

在斜轴测投影中,通常将物体放正,即使 XOZ 坐标平面平行于轴测投影面 P,因而 XOZ 坐标平面上的任何图形在 P 平面的投影总反映实形,称为正面斜二等轴测图,简称斜二测。

一、斜二测的投影特性

1. 轴间角

工程上常用的斜二测,其轴间角为

$$\angle XOZ = 90°$$
$$\angle XOY = \angle YOZ = 135°$$

2. 轴向伸缩系数

斜二测中由于 XOZ 坐标面平行于轴测投影面 P,则轴向伸缩系数为

$$p = r = 1$$
$$q = 0.5$$

如图 10-20 所示。这时,物体上与 $X_0O_0Z_0$ 坐标面平行的平面图形在轴测图上反映实形。

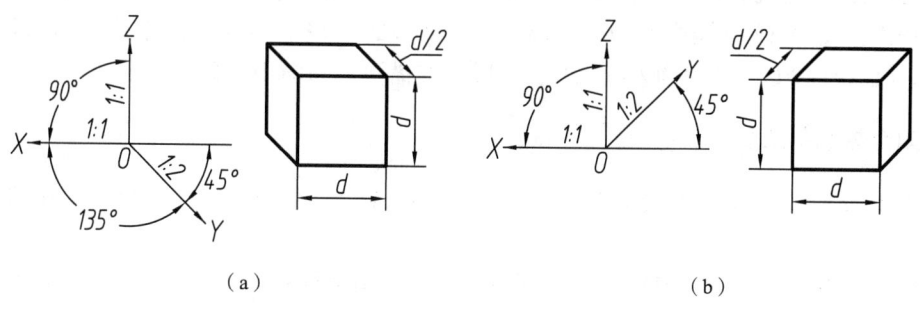

图 10-20 斜二测的轴间角及伸缩系数

二、平行于坐标面的圆的斜二测

如图 10-21 所示，与 $X_0O_0Z_0$ 坐标面平行的圆，在斜二测中反映实形圆，而水平圆和侧平圆在斜二测中则为大小相同、方向不同的椭圆，顶面上的椭圆的长轴对 OX 轴偏移 7°，侧面上的椭圆的长轴对 OZ 轴偏移 7°；它们的长轴约为 1.06d，短轴约为 0.33d。这两个椭圆画起来较繁琐，因此当物体上只有一个坐标面上有圆时，用斜二测较为方便。

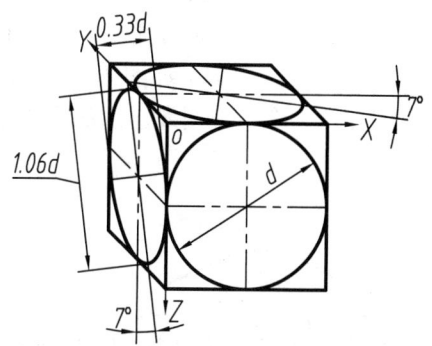

图 10-21 平行于坐标面的圆的斜二测

平行于 $X_0O_0Y_0$ 坐标面的圆的斜二测的画法，如图 10-22 所示，其作图过程如下：

(1) 确定直径为 d 的圆的直角坐标，作圆的外切正方形，如图 10-22（a）所示。

(2) 作正方形的斜二测，向 OX 轴偏移 7°作椭圆的长轴；过坐标圆点作长轴的垂线，在垂线上截取 $OO_1 = OO_2 = d$；连 O_1A 交长轴于 O_3，连 O_2B 交长轴于 O_4；连接 O_2O_3、O_1O_4 并延长，如图 10-22（b）所示。

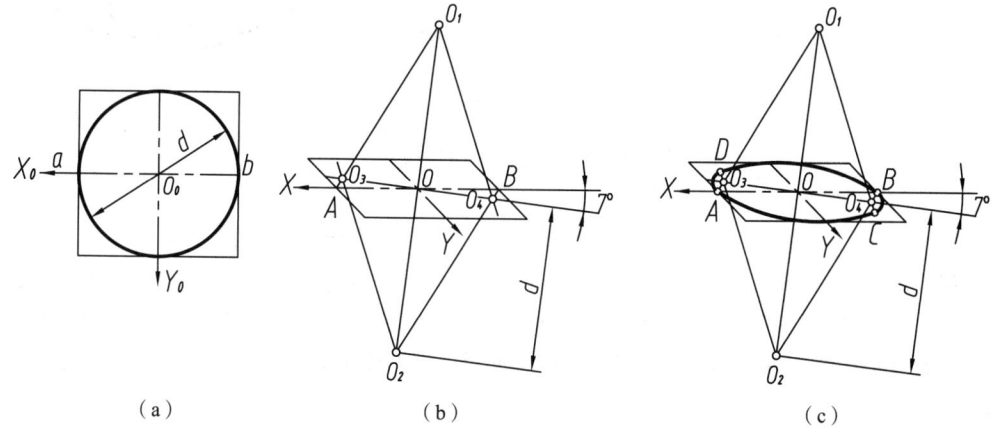

图 10-22 平行于 $X_0O_0Y_0$ 坐标面的圆的斜二测的画法

(3) 以 O_1 为圆心，O_1A 为半径画大弧交 O_1O_4 延长线于 C，以 O_2 为圆心，O_2B 为半径画大弧交 O_2O_3 延长线于 D；以 O_3 为圆心，$O_3A = O_3D$ 为半径画小弧 AD，以 O_4 为圆心，$O_4B = O_4C$ 为半径画小弧 CB。然后检查描深，如图 10-22（c）所示。

三、组合体的斜二测

图 10-23（a）所示为组合体的主、俯视图，画出组合体的斜二测。其作图过程如下：

(1) 对视图进行形体分析后，在视图上确定直角坐标系，如图 10-23（a）所示。

(2) 作轴测轴，并在 Y 轴上按 $q = 0.5$ 确定圆心 a_1、b_1，以及 c_1、d_1、e_1、f_1，如图 10-23（b）所示。

(3) 以 o_1、a_1 为圆心作底板中间的圆，以 c_1、d_1、e_1、f_1 为圆心作出两侧圆柱面及孔，然后作它们的切线，如图 10-23（c）所示。

(4) 分别以 a_1、b_1 为圆心，作直径为 ϕ_1 的圆，并作两圆的公切线；以 o_1、b_1 为圆心，作直径为 ϕ_2 的圆，如图 10-23（d）所示。

(5) 擦去多余作图线，加深完成组合体的斜二测，如图 10-23（e）所示。

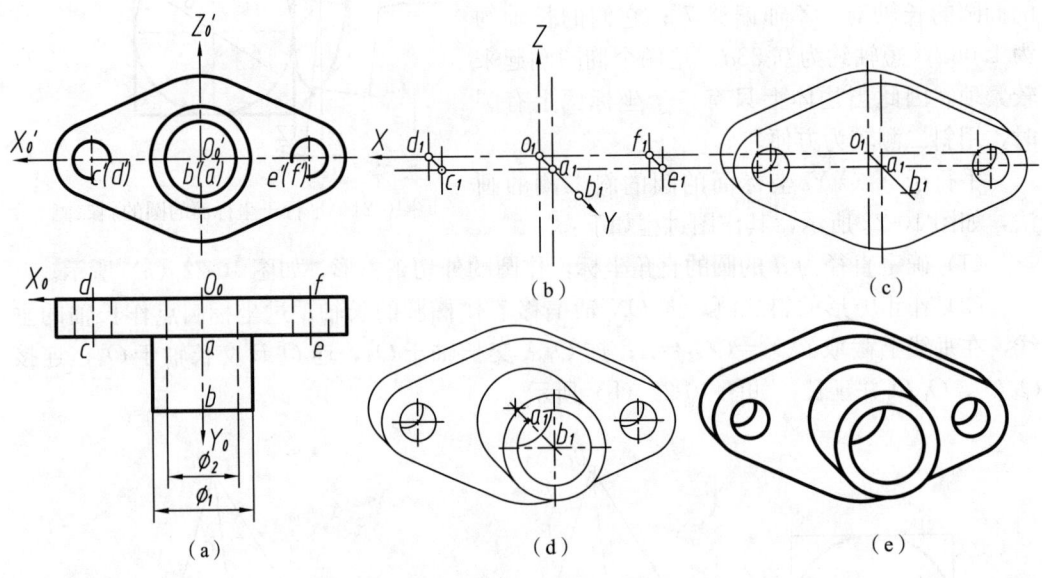

图 10-23 组合体的斜二测

[**例 10-5**] 图 10-24（a）所示为压盖的三视图，画出压盖的斜二测。

解：压盖是一个叠加型组合体，按叠加法来完成它的斜二测。由于压盖上的圆处在水平面，在确定坐标系时，选择水平面为 $X_0O_0Z_0$ 坐标面，这样凡是水平面上的圆，在斜二测中仍为圆。画图时要注意形体之间表面交线的画法，作图过程如图 10-24（b）～（d）所示。

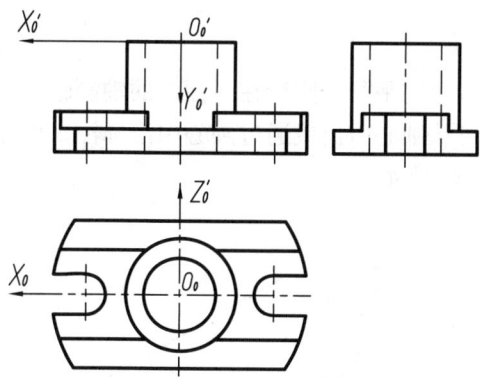
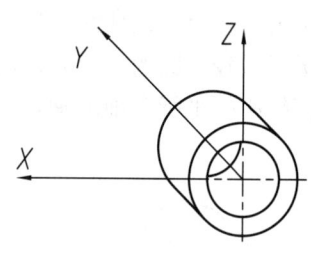

(a）给出三视图，在视图上面确定坐标系　　　　（b）画出圆柱筒的斜二测

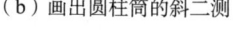

(c）画出底板的斜二测，注意画出表面
　　交线的轴测投影　　　　　　　　　　　　　（d）去掉多余线，描深

图 10-24　压盖的斜二测

10.4　轴测图的尺寸标注

一、轴测图尺寸标注的规定

1. 线性尺寸的注法

轴测图中的线性尺寸一般应沿轴测轴方向标注。尺寸数字应标注在与轴测轴平行的尺寸线的上方或左方。当标注尺寸出现字头朝下的趋势时，应引出标注，将尺寸数字按水平位置注写，如图 10-25 所示。

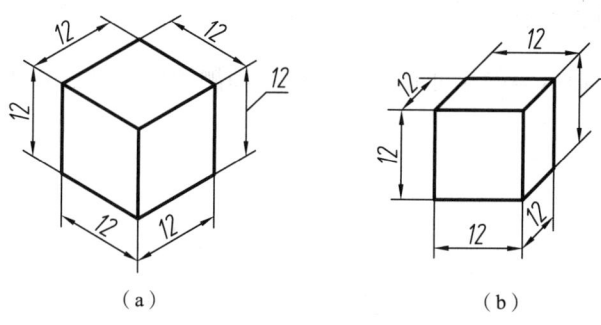

图 10-25　轴测图线性尺寸的注法

2. 圆及圆弧尺寸的注法

标注圆的直径时,尺寸线和尺寸界线应分别平行于圆所在平面内的轴测轴。

标注圆弧或较小圆的直径时,尺寸线可从圆心引出或通过圆心引出标注,但注写尺寸数字的横线必须平行于轴测轴,如图10-26所示。

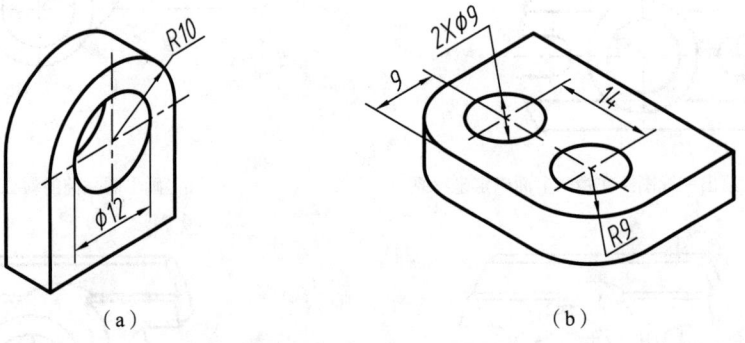

图 10-26　轴测图中圆及圆弧的注法

3. 角度尺寸的标注

标注角度尺寸时,尺寸线应画成与该角度所在平面内的轴测椭圆相应的椭圆弧,角度数字一般写在尺寸线的中断处,如图10-27所示。

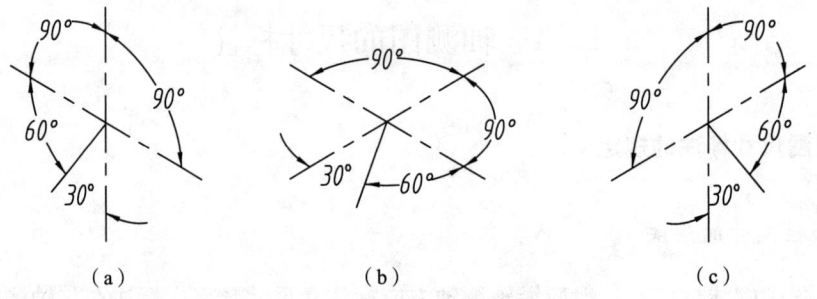

图 10-27　轴测图角度尺寸的注法

二、轴测图的尺寸标注示例

图10-28所示为轴承座的尺寸标注。在标注轴测图的尺寸时,仍然要采用形体分析法。

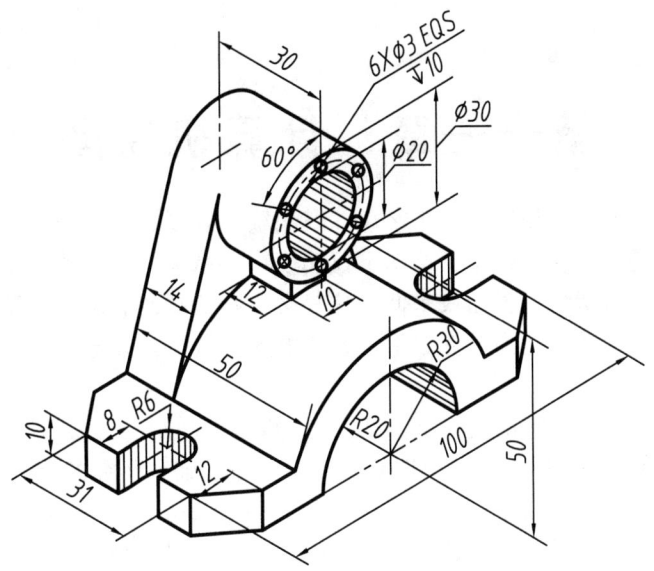

图 10-28 轴测图中尺寸的注法

第十一章 计算机绘图

长期以来，人们一直使用诸如丁字尺、三角板、圆规和铅笔等绘图工具在图板上进行各种工程图样的绘制，这种手工绘图不仅速度慢、精度低、劳动强度大，而且在更改图纸设计时同样费时费力，出图效率低，这势必会延长新产品设计开发周期，影响产品的竞争力。计算机绘图正是为了克服手工绘图的这些缺点，并随着电子工业的发展而产生的。

计算机绘图是计算机辅助设计（CAD）、计算机辅助制造（CAM）和计算机辅助工程（CAE）的重要组成部分，是 CAD/CAM 技术的基础和研究的核心内容之一。它随着 CAD/CAM 日益广泛的应用而形成一门新的学科——计算机图形学。计算机图形学将传统的图形学、几何学、应用数学同现代的计算机技术相结合，与 CAD 形成一门新兴的边缘学科。

11.1 AutoCAD 2011 基础知识

AutoCAD 是美国 Autodesk 公司开发的优秀的绘图软件，它是当今世界上最畅销的图形软件之一，也是应用最广的软件。

一、AutoCAD 2011 的启动

将 AutoCAD 绘图软件安装到计算机上后，系统自动在操作系统桌面上创建一个 AutoCAD 快捷方式图标，双击图标，即可进入 AutoCAD 工作界面。也可以通过 Windows 任务栏上的 按钮启动 AutoCAD 2011。

二、AutoCAD 工作界面

AutoCAD 2011 提供了交互绘图工作界面，使用方便。其工作界面如图 11-1 所示。

1. 标题栏

用于显示 AutoCAD 2011 的程序图标以及当前所操作图形文件的名称等。位于标题栏右侧的各个窗口管理按钮用于实现 AutoCAD 窗口的最小化、还原（或最大化）及关闭等操作。

2. 菜单栏和菜单浏览器

利用 AutoCAD 2011 提供的菜单可以执行 AutoCAD 的大部分命令。单击菜单栏中的某一项，系统会弹出相应的下拉菜单。

AutoCAD 2011 提供了菜单浏览器，单击该浏览器，AutoCAD 展开浏览器，如图 11-2 所示。在浏览器菜单中，将光标放在有小箭头的菜单上，在右侧会显示出子菜单，

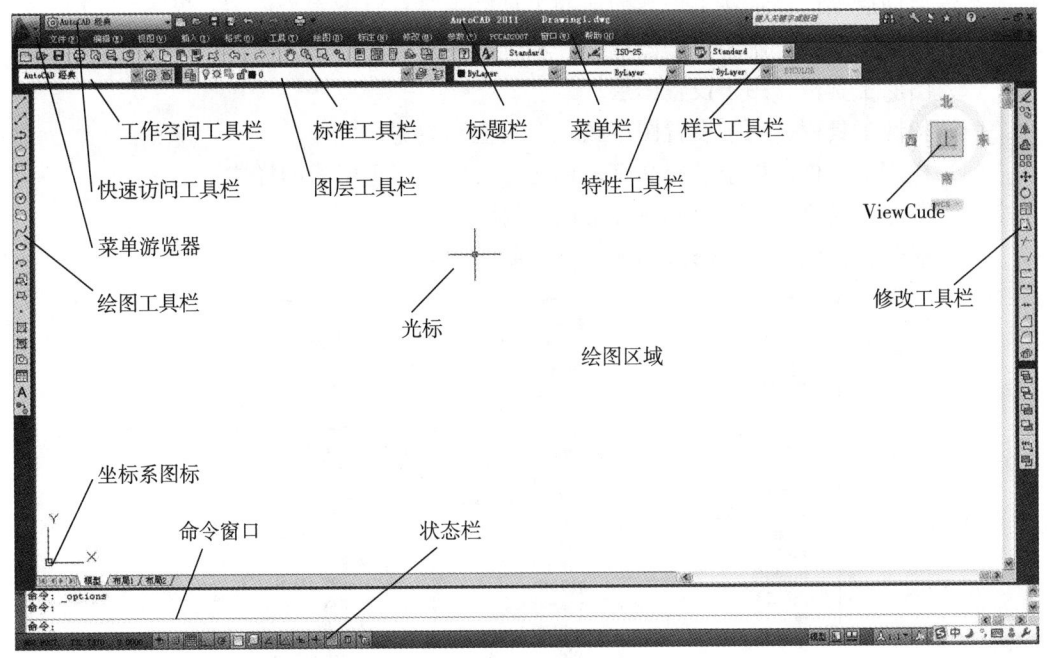

图 11-1　AutoCAD 2011 工作界面

如图 11-3 所示，通过其可执行对应的操作。

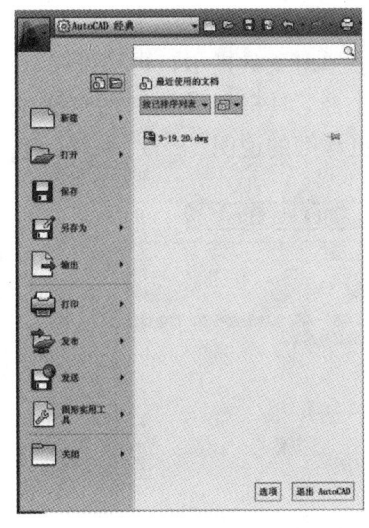

图 11-2　菜单浏览器菜单

图 11-3　菜单浏览器子菜单

3．工具栏

AutoCAD 2011 提供了 40 多个工具栏。可根据需要打开或关闭任一个工具栏。其方法是在已有工具栏上右击，就会弹出如图 11-4 所示的快捷菜单（将工具栏分三列显示）。在快捷菜单中，前面有√的菜单命令表示已打开了对应的工具栏。单击没有√的菜单命令，会打开对应的工具栏。而单击有√的菜单命令，则会关闭对应的工具栏。

· 221 ·

系统启动后默认显示在工作界面上的工具栏主要有以下六个：
(1) 标准工具栏。用于管理图形文件和进行一般的图形编辑操作；
(2) 图层工具栏。用于设置图层；
(3) 特性工具栏。用于设置图层颜色、线型和线宽；
(4) 样式工具栏。用于设置文字、标注、表格、多重引线的样式；
(5) 绘图工具栏。用于绘制各种常用几何图形；
(6) 修改工具栏。用于修改和编辑已绘制的图形。

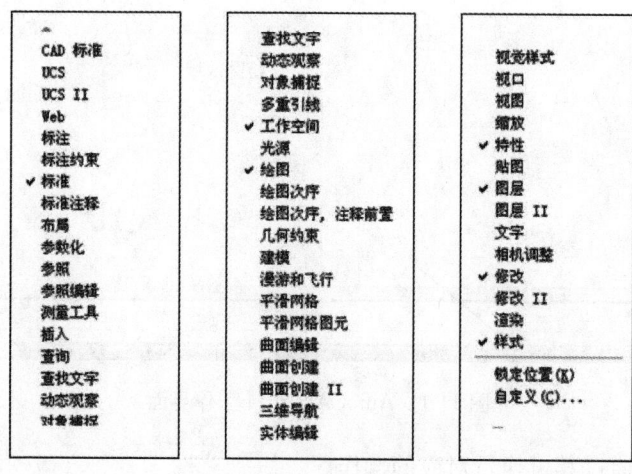

图 11-4　工具栏快捷菜单

将光标置于工具栏某个命令按钮上稍作停留会弹出工具提示，再稍作停留，又会显示出扩展的工具提示，图 11-5 所示为欲画直线时的工具提示及扩展的直线工具提示。扩展的工具提示为该按钮对应的绘图命令给出了更详细的说明。

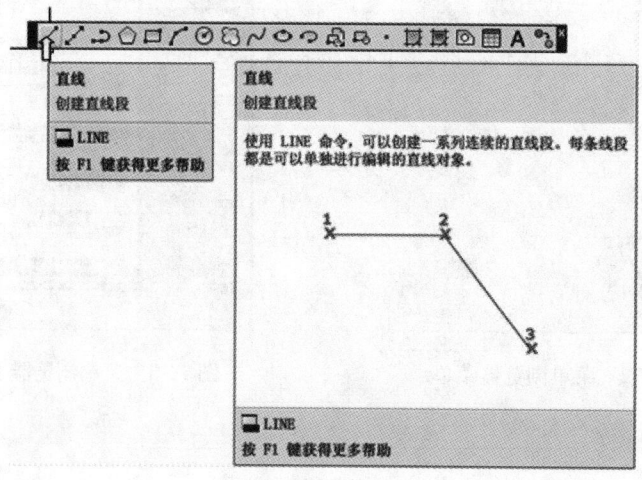

图 11-5　工具提示及扩展的工具提示

4. 命令窗口

命令窗口是显示用户从键盘键入的命令及显示命令提示和命令执行情况。缺省时显示三行，按 F2 功能键可打开（关闭）文本窗口，查看自本次打开 AutoCAD 之后执行过的所有命令。

1) 输入命令

当命令行提示为"命令："时，在此状态下才可以输入命令，并按 Enter 键，结束命令的输入。

2) 撤销命令

按键盘上 Esc 键随时终止正在执行的命令，使命令行提示为"命令："。

3) 命令提示说明

绘图时应当随时阅读和选择命令提示行的提示和选项。例如单击（偏移）命令后，命令提示为：指定偏移距离或［通过（T）/距离（E）/图层（L）］＜通过＞：

其中："［ ］"内是提供的命令选项；斜线"/"用于分隔命令选项；圆括号"（）"内的大写字母是命令选项的缩写；尖括号"＜＞"内是默认值（可重新输入或修改）或当前值。

5. 状态栏

状态栏用于显示或设置当前的绘图状态。位于左侧的一组数字反应当前光标坐标，其余按钮从左到右分别表示当前是否启用推断约束、捕捉模式、栅格显示、正交模式、极轴追踪、对象捕捉、对象捕捉追踪、允许/禁止动态 UCS、动态输入及显示/禁止线宽等按钮。可选择使用图标按钮（图 11-1 中选择了使用图标），也可选择文字按钮。

单击某一按钮实现启用或关闭对应功能的切换，按钮为蓝色时启用对应的功能，为灰色时则关闭该功能。

6. ViewCube

这是一种导航工具，可以利用它方便地将视图按不同的方位显示。AutoCAD 默认打开 ViewCube，但对于二维绘图而言，此功能的作用不大。

三、AutoCAD 命令和数据的输入

1. AutoCAD 命令的输入

利用 AutoCAD 交互式绘图时，可以用以下五种方法中的任一种输入命令。

（1）用键盘在命令行输入命令。当命令行提示为"命令："时，可通过键盘输入命令，然后按 Enter 键（书中用符号"↓"表示）或 Space 键执行该命令。

（2）通过菜单执行命令。选择下拉菜单或菜单浏览器中的某一命令，可执行相应的操作。

（3）通过工具栏执行命令。单击工具栏上的某一图标按钮，执行相应的命令。

（4）使用键盘快捷键激活命令。

（5）重复执行命令。当完成某一命令的执行后，可以直接按 Enter 键或按 Space 键重复执行该命令。也可把光标位于绘图窗口右击，在弹出的快捷菜单中，选择第一行重复执行该命令。

2. 指定点位置的方式

（1）用鼠标直接在屏幕上拾取点。
（2）利用对象捕捉方式捕捉特殊点。
（3）通过键盘输入点的坐标。

3. 角度输入

以正 X 轴为基准零度，按逆时针方向计算角度。

4. 位移量的输入

（1）给出一个基点和第二点的位置，两点间的距离为位移量。
（2）直接输入 x,y 的位移量，输入第二点，用按 Enter 键来响应。

四、图形文件的操作

1. 新建图形文件

选择【文件】菜单项下的"新建"或单击快捷按钮。

2. 打开图形文件

选择【文件】菜单项下的"打开"或单击快捷按钮，也可在命令行输入 Open。

3. 保存图形文件

选择【文件】菜单项下的"保存"或单击快捷按钮，或选择"另存为"。也可在命令行输入 Save（或 Save as）。

五、基本绘图流程

（1）设置图形界限和绘图单位。
（2）绘图和修改。
（3）编辑。
（4）存储和退出。

11.2　常用的二维绘图命令

AutoCAD 2011 的绘图命令很多，本节只介绍一些最常用的命令。读者在具体操作时，应多注意命令窗口的提示，按照提示输入相关的信息。

绘图命令均在【绘图】菜单项下。绘图命令可以从键盘输入，也可以从【绘图】菜单中选取或单点桌面上图 11-6 所示的绘图工具栏图标按钮。

一、直线命令

直线命令用于绘制直线段。

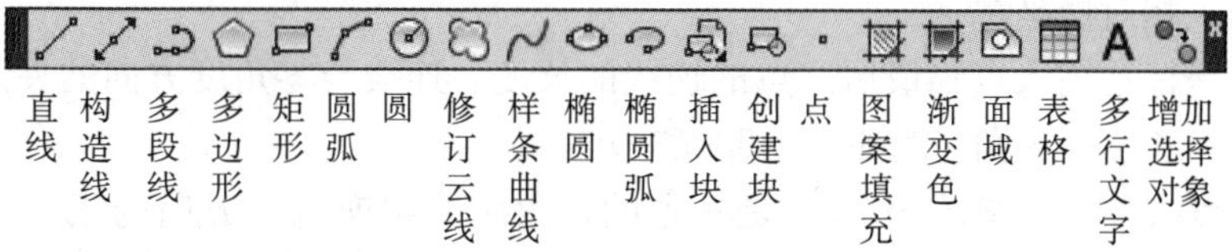

| 直线 | 构造线 | 多段线 | 多边形 | 矩形 | 圆弧 | 圆 | 修订云线 | 样条曲线 | 椭圆 | 椭圆弧 | 插入块 | 创建块 | 点 | 图案填充 | 渐变色 | 面域 | 表格 | 多行文字 | 增加选择对象 |

图 11-6　绘图工具栏

工具栏按钮。

命令：LINE ↵

指定第一点：<u>输入第一点↵</u>

指定下一点或［放弃（U）］：<u>输入第二点↵</u>或输入 U 按 Enter 键放弃该点。

……

指定下一点［放弃（U）］：<u>↵</u>，结束命令。

1. 直角坐标的输入

（1）输入绝对直角坐标。

当知道点的 X 和 Y 坐标值时，可输入绝对直角坐标。

格式：X，Y（例如：50，100）

[**例 11-1**]　画起点为（10，20），终点为（30，25）的线段。

解：操作过程如下：

命令：LINE ↵

指定第一点：<u>10，20↵</u>

指定下一点或［放弃（U）］：　<u>30，25 ↵</u>

指定下一点：<u>↵</u>，结束命令。

（2）输入相对直角坐标。

当知道要确定的点和前一个点的相对位移时，可使用相对直角坐标输入，相对坐标值是点至图中已产生的最后一个点在 X 和 Y 方向上的增量。

格式：@△X，△Y，（例如：@20，15）

[**例 11-2**]　画一条起点 A（10，10），终点 B 距点 A 的增量为 $\Delta X=20$、$\Delta Y=15$ 的线段，如图 11-7 所示。

解：操作过程如下：

命令：LINE ↵

指定第一点：<u>10，10 ↵</u>

指定下一点或［放弃（U）］：<u>@20，15 ↵</u>

指定下一点［放弃（U）］：<u>↵</u>，结束命令。

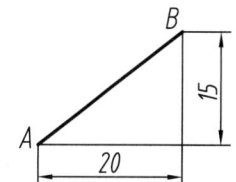

图 11-7　用相对直角坐标画直线

2. 极坐标的输入

（1）输入绝对极坐标。

绝对极坐标是输入点到坐标系原点连线的长度、连线与零角度方向的夹角。

格式：长度＜夹角（例如：100＜30）

(2) 输入相对极坐标。

相对极坐标是输入点到最后一点的连线的长度、连线与零角度方向的夹角。

格式：@长度＜夹角（例如：@50＜30）

默认零度方向与 X 轴的正方向是一致的，角度值以逆时针方向为正。如果角度是顺时针时，则在角度值前加负号。

[**例 11-3**] 画起点为点 A（10，10），末点 B 距点 A 的长度是 25，其 AB 连线与 X 轴正方向的夹角是 37°的直线，如图 11-8 所示。

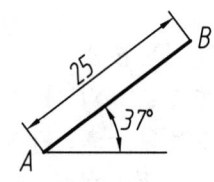

图 11-8 用相对极坐标画直线

解：操作过程如下：

命令：LINE ↵

指定第一点：10, 10 ↵

指定下一点或 [放弃（U）]：@25＜37 ↵

指定下一点 [放弃（U）]：↵，结束命令。

二、圆命令

圆命令用于画圆。

工具栏按钮⊙。

命令：CIRCLE ↵

指定圆的圆心或 [三点（3P）/两点（2P）/相切、相切、半径（T）]：输入圆心↵

指定圆的半径或 [直径（D）]：输入圆的半径↵（或输入"D"↵：输入直径↵），结束命令。

常用的画圆方式有以下三种：

(1) 3P 方式画圆：给出三点画圆，过这三点画一个圆；

(2) 2P 方式画圆：给出两点画圆，以两点连线为直径画一个圆；

(3) T 方式画圆：画与两实体相切，半径为指定值的圆。该方式用来作公切圆或连接圆。

[**例 11-4**] 画与圆弧 AB 和直线同时相切的公切圆，公切圆的半径为 12，如图 11-9 所示。

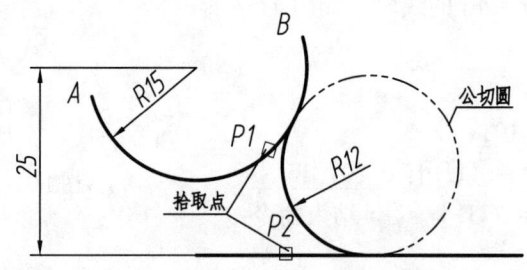

图 11-9 用圆命令画公切圆

解：操作过程如下：

命令：CIRCLE ↵

指定圆的圆心或 [三点（3P）/两点（2P）/相切、相切、半径（T）]：T↵

指定对象与圆的第一个切点：P1（拾取圆上一点）
指定对象与圆的第二个切点：P2（拾取直线上一点）
指定圆的半径：12↓，结束命令。

三、圆弧命令

圆弧命令用于画圆弧。

工具栏按钮 。

命令：ARC ↓
指定圆弧起始点或［圆心（C）］：拾取点 P1
指定圆弧的第二点或［圆心（C）/端点（E）］：拾取点 P2
指定圆弧的端点：拾取点 P3，结束命令。
上述操作是默认方式三点画弧，可以绘制出如图 11-10（a）所示的圆弧。
圆弧的画法较多，可根据需要选用，常用的画法有以下三种。

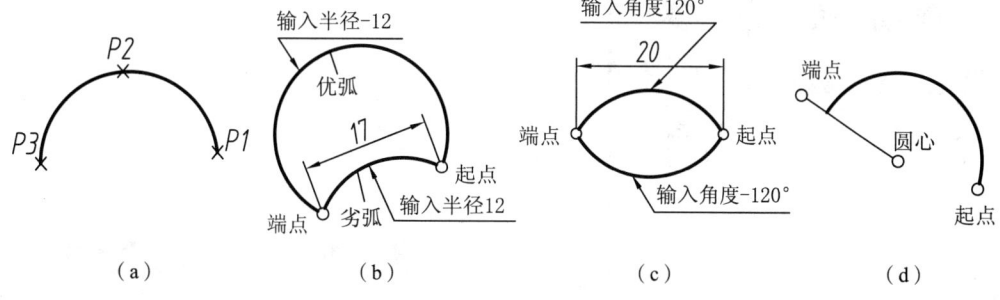

图 11-10 圆弧的常用画法

1. 起点、端点、半径

如图 11-10（b）所示。系统默认按逆时针画弧，输入的半径为正值时，画出劣弧，输入的半径为负值，画出优弧。

2. 起点、端点、角度。

如图 11-10（c）所示。输入角度（圆弧所对的圆心角）为正值时，按逆时针画弧，输入角度为负值时，按顺时针画弧。

3. 起点、圆心、端点

如图 11-10（d）所示。

四、多线命令

多线命令用于绘制多条平行线段。

［例 11-5］ 在已知中心线两侧绘制两条不同线形的平行线，如图 11-11 所示。
解：操作过程如下：
（1）设置多线样式。

选择菜单【格式】下拉菜单"多线样式",此时会出现图所示 11-12 所示的"多线样式"对话框,单击"新建"按钮;在出现的图 11-13 所示的"创建新的多线样式"对话框里,输入新样式名"A-01"后,单击"继续"按钮;

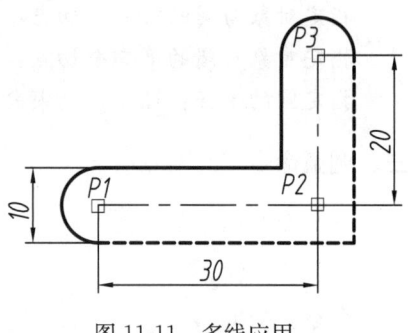

图 11-11　多线应用

在出现的如图 11-14 所示的"创建多线样式"对话框里单击"添加"按钮,增加一个图元素,选中该图元素,颜色选红色,单击"线型"按钮,在出现的图 11-15 所示的"选择线型"对话框里选"CENTER"。然后再选中图元素"－0.5 BYLATER DASHED",选择线型"DASHED"。在"封口"选项里选择"外弧"。确认后返回到多线样式对话框,将新建样式"A-01"置为当前。

用户可根据需要重新设定多线样式。

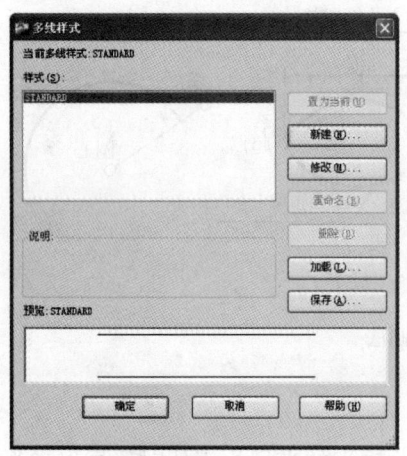

图 11-12　"多线样式"对话框　　　　图 11-13　"创建新的多线样式"对话框

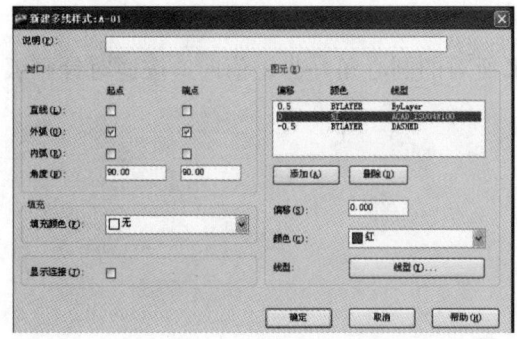

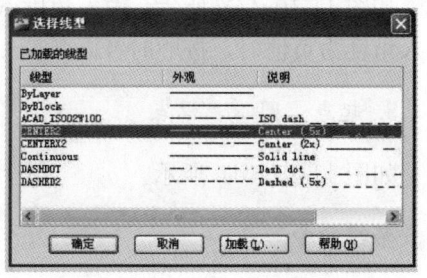

图 11-14　"创建多线样式"对话框　　　　图 11-15　"选择线性"对话框

(2) 绘制多线图样。

命令:MLINE ↓

选择菜单【绘图】下拉菜单"多线"

当前设置：对正＝无，比例＝20.00，样式＝A—01

指定起点或［对正（J）/比例（S）/样式（ST）］：S↓

输入多线比例＜20＞：10↓

指定起点或［对正（J）/比例（S）/样式（ST）］：拾取点 P1↓

指定下一点：输入水平距离 30 得点 P2↓

指定下一点或［放弃（U）］：输入垂直距离 20 得点 P3↓

指定下一点或［闭合（C）/放弃（U）］：↓，结束命令。

五、多段线命令

多段线命令用于绘制不同宽度或同宽度的直线或圆弧组成的连续线段。

工具栏按钮 。

命令：PLINE ↓

指定起点：适当位置定一点

当前线宽为 0.0000

指定下一点或［圆弧（A）/半宽（H）/长度（L）/放弃（U）/宽度（W）］：

［例 11-6］　用多段线命令绘制从 P1 到 P4 的拱门图形，如图 11-16 所示。

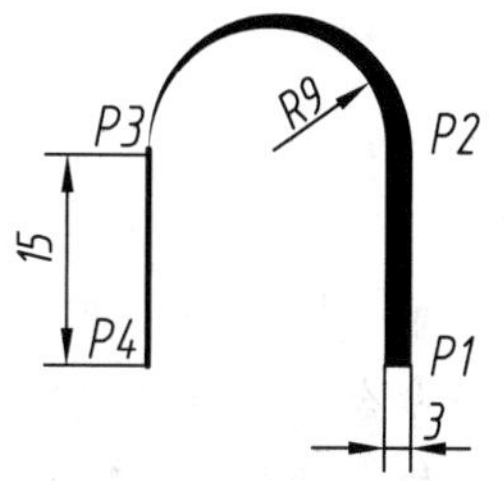

解：操作过程如下：

命令：PLINE ↓

指定起点：适当位置拾取点 P1

当前线宽为 0.0000

指定下一点或［圆弧（A）/半宽（H）/长度（L）/放弃（U）/宽度（W）］：W↓

指定起点宽度＜0.0000＞：3↓

指定端点宽度＜3.0000＞：3↓

图 11-16　用多段线命令绘制图形

指定下一点或［圆弧（A）/半宽（H）/长度（L）/放弃（U）/宽度（W）］：@0，15↓

指定下一点或［圆弧（A）/闭合（C）/半宽（H）/长度（L）/放弃（U）/宽度（W）］：A↓

指定圆弧的端点或［角度（A）/圆心（CE）/闭合（C）/方向（D）/半宽（H）/直线（L）/半径（R）/第二个点（S）/放弃（U）/宽度（W）］：W↓

指定起点宽度＜3.0000＞：3↓

指定端点宽度＜3.0000＞：0↓

指定圆弧的端点或［角度（A）/圆心（CE）/闭合（CL）/方向（D）/半宽（H）/直线（L）/半径（R）/第二个点（S）/放弃（U）/宽度（W）］：@－18，0↓

指定圆弧的端点或［角度（A）/圆心（CE）/闭合（CL）/方向（D）/半宽（H）/直线（L）/半径（R）/第二个点（S）/放弃（U）/宽度（W）］：L↓

指定下一点或［圆弧（A）/闭合（CL）/半宽（H）/长度（L）/放弃（U）/宽度（W）］：@0，-15↙

指定下一点或［圆弧（A）/闭合（CL）/半宽（H）/长度（L）/放弃（U）/宽度（W）］：↙，结束命令。

六、正多边形命令

正多边形命令用于绘制正多边形，正多边形边数可取 3～1024 之间的数字。

工具栏按钮⬠。

命令：POLYGON

输入侧面数<4>：输入边数↙

指定正多边形的中心点或［边（E）］：选择画多边形的方法

画多边形的方法有边长法、内接法、外切法。

[例 11-7] 用内接法画外接圆半径为 8 的正六边形，如图 10-17（a）所示。

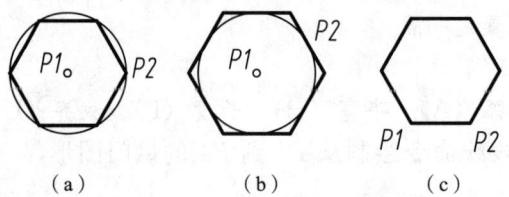

图 11-17 正多边形的绘制

解：操作过程如下：

命令：POLYGON↙

输入边的数目<4>：6↙

指定正多边形的中心点或［边（E）］：拾取点 P1

输入选项［内接于圆（I）/外切于圆（C）］<I>：↙（默认内接方式）

指定圆的半径：8↙，结束命令。

图 11-17（b）、(c) 分别为用外切法和边长法画出的正六边形。

七、面域命令

面域命令用于把现有的封闭图形对象创建成一个面域实体。

[例 11-8] 将 11-18（a）所示图形创建面域，并进行面域造型。

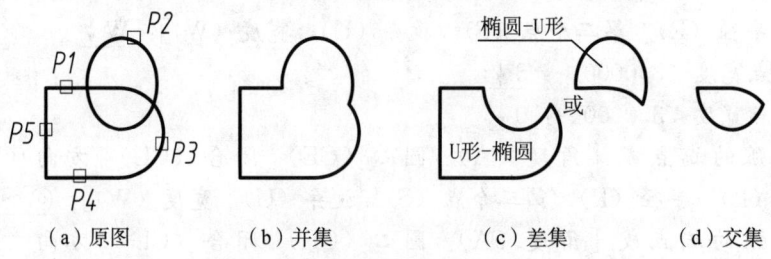

图 11-18 面域造型

解：操作过程如下：

（1）创建面域。

工具栏按钮◎。

命令：REGION ↵

选择对象：拾取点 $P1$、$P2$、$P3$、$P4$、$P5$ ↵，已创建 2 个面域（也可用交叉窗口全选后按 Enter 键）。

形成面域后的图形之间可以进行布尔运算，布尔运算工具栏按钮位于"实体编辑"工具栏。

（2）并集操作。

工具栏按钮◎。

命令：UNION ↵

选择对象：单击 U 形面域（拾取 $P1$）和 O 形面域（拾取 $P2$）↵。

其结果如图 11-18（b）所示。

（3）差集操作。

工具栏按钮◎。

命令：SUBTRACT ↵

选择对象：单击被减图形 U 形面域（拾取 $P1$）↵

选择对象：单击要剪掉的 O 形面域（拾取 $P2$）↵。

其结果如图 11-18（c）所示。

（4）交集操作。

工具栏按钮◎。

命令：INTERSECT ↵

选择对象：单击 U 形面域（拾取 $P1$）和 O 形面域（拾取 $P2$）↵。

其结果如图 11-18（d）所示。

八、点命令

点命令用于创建单个或多个点。

工具栏按钮·。

命令：POINT ↵

[**例 11-9**] 将直线定数、定距等分，如图 11-19 所示。

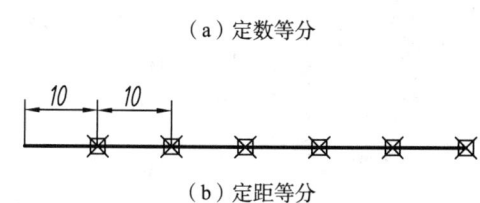

（a）定数等分

（b）定距等分

图 11-19 点等分直线方式

解：操作过程如下：

(1) 创建点样式。

选择菜单【格式】下拉菜单"点样式",此时会出现图 11-20 所示的"点样式"对话框,选择图示的点样式,在"点大小"框里输入 2,选择按绝对单位设置大小,确定完成点样式设定。

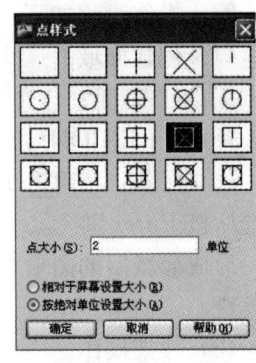

(2) 定数等分直线。

选择菜单【绘图】下拉菜单"点"命令中的"定数等分"。

选择要定数等分的对象:选中直线

输入线段数目或 [块(B)]:5↓,结束命令。

结果如图 11-19 (a) 所示。

图 11-20 "点样式"对话框

(3) 定距等分直线。

选择菜单【绘图】下拉菜单"点"命令中的"定距等分"。

选择要定距等分的对象:选中直线

输入线段长度或 [块(B)]:10↓,结束命令。结果如图 11-19 (b) 所示。

九、图案填充命令

图案填充命令是向选定的区域对象填充图案,可用于画剖面线、填充颜色或图案。

工具栏按钮 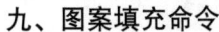。

命令:BHATCH ↓

此时会出现图 11-21 所示的"图案填充和渐变色"对话框。首先在"图案"复选框中选择要填充的图案,或单点按钮 ▭,在弹出的如图 11-22 所示的"填充图案选项板"对话框中选择样板;在"角度"、"比例"输入框里输入角度和比例值;在"颜色"输入框里选择黄色。然后单击按钮 ⊞ 添加:拾取点(K),返回绘图工作区,选择填充的区域,如图 11-23 (a) 所示,可单击"预览",经过修改,直到符合要求后,按"确定"按钮确认。

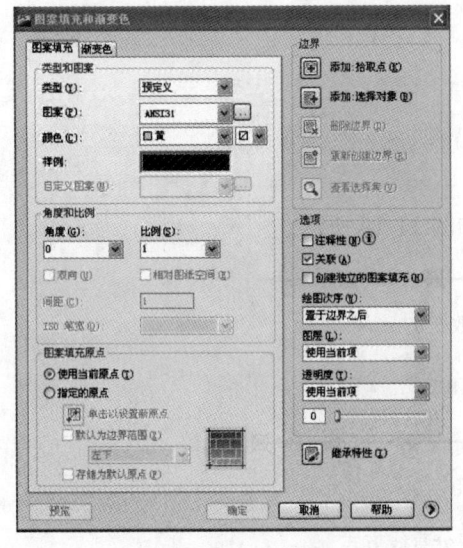

图 11-21 "图案填充和渐变色"对话框

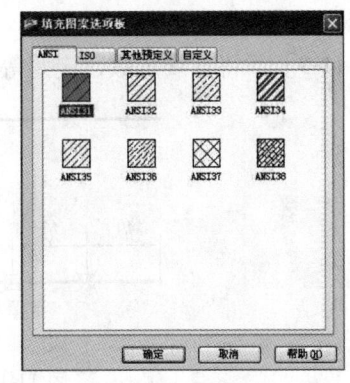

图 11-22 "填充图案选项板"对话框

选择填充的区域时也可单击按钮 ![添加:选择对象(B)]，选择围成填充区域的边界，如图 11-23（b）所示。

填充结果如图 11-23（c）所示。

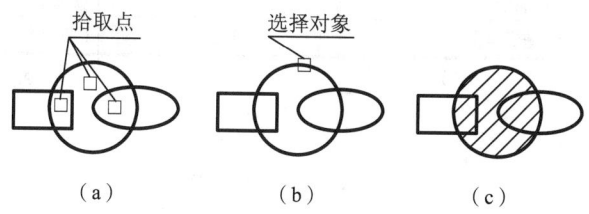

图 11-23　图案填充

十、多行文字命令

多行文字命令用于创建多行文字。

工具栏按钮 **A**。

命令：MTEXT ↵

当前文字样式："Standard"　当前文字高度：2.5

指定第一角点：用光标在屏幕上输入一对角点

指定对角点或［高度（H）/对正（J）/行距（L）/转（R）/样式（S）/宽度（W）］：用光标在屏幕上输入另一对角点。

此时可以在弹出的"文字格式"编辑器中输入和编辑文字，如图 11-24 所示。

指定对角点前可以设定文字高度、对齐、行距等格式。

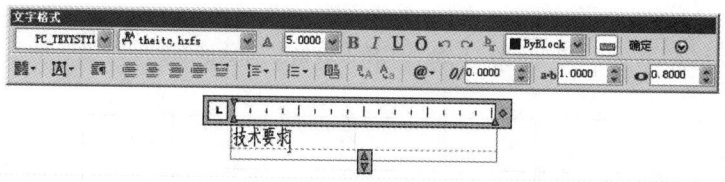

图 11-24　"文字格式"编辑器

十一、表格命令

表格命令可以直接创建表格，还可以根据需要定义和编辑表格。

工具栏按钮 ▦。

命令：TABLE ↵

［例 11-10］　创建图 11-25 所示的标题栏表格。

解：操作过程如下：

（1）创建表格。单击工具栏按钮 ▦，就打开了一个"插入表格"对话框，从中进行设定，如图 11-26 所示。

确定后在屏幕上指定表格的插入点后，在绘图区插入图 11-27 所示的表格，并显示文本编辑器，关闭该编辑器。

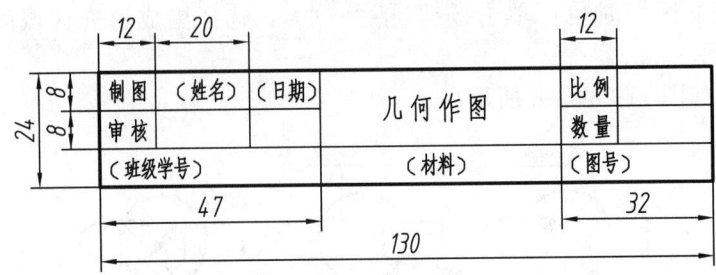

图 11-25 标题栏表格

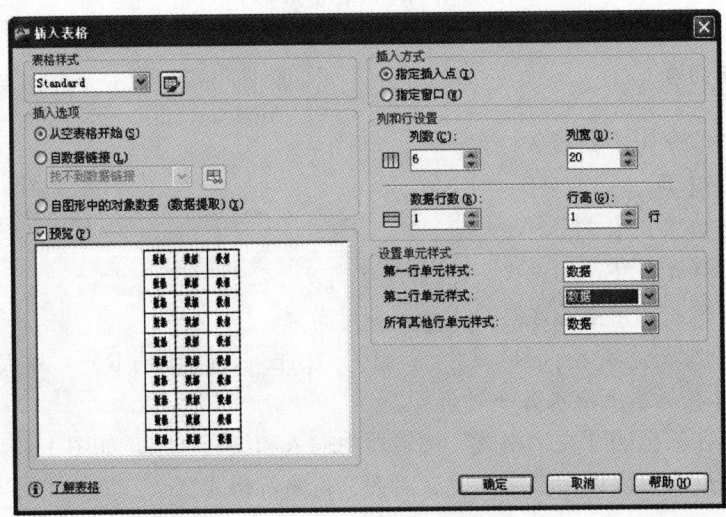

图 11-26 "插入表格"对话框

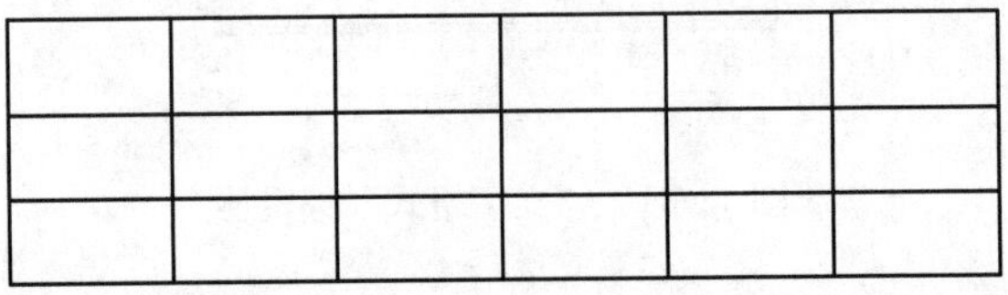

图 11-27 插入的表格

（2）修改行高和列宽。单击第一格，拖动菱形夹点选中第一列，单击标准工具栏的特性按钮，在打开的"特性"选项板中，将表格的单元宽度设为 12，单元高度设为 8，文字高度设为 3.5，如图 11-28 所示。

用类似的方法按图 11-25 标题栏表格的尺寸修改各行各列的尺寸。然后再关闭"特性"选项板。

（3）合并单元格。选中图 11-29 所示中上方的两个单元格，在打开的表格工具栏中单击按钮后选择"全部"，其结果是两单元格合并为一个单元格。

用类似的方法对位于左下方的三个单元格和右下方的两个单元格进行合并，合并结果如图 11-30 所示。

· 234 ·

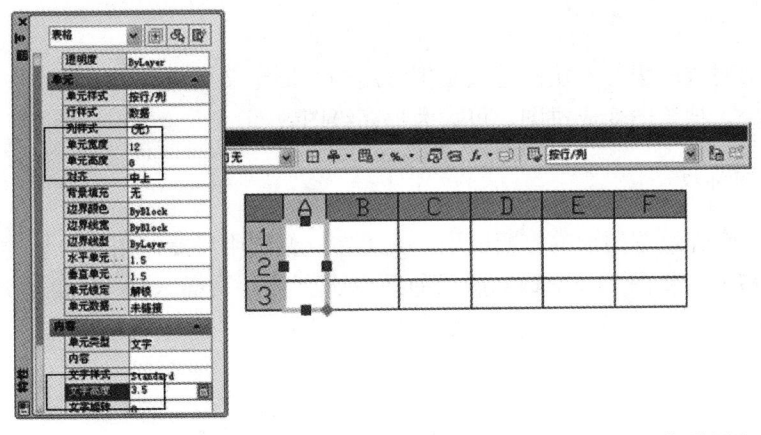

图 11-28　设置行高和行宽

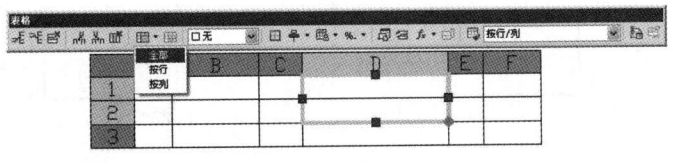

图 11-29　合并单元格

图 11-30　合并结果

(4) 填写表格。双击要填写文字的单元格，就打开了"文字格式"工具栏，进入填写表格模式，输入"几何作图"文字，并设置字体及颜色和大小。单击图标 右边的黑三角，可选择文字的垂直对齐方式，如图 11-31 所示。

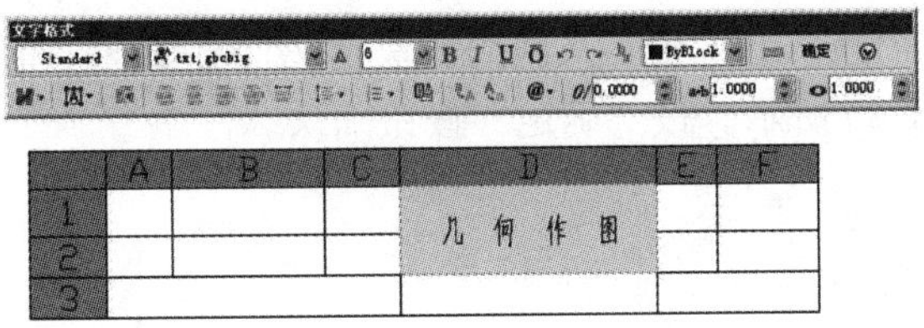

图 11-31　填写单元格

继续填写其他单元格，完成标题栏表格的填写。

完成制表以后，可对表格进行分解，分解以后可对表格线的颜色、线型等进行修改。

十二、块操作

块是图形对象的集合。块的意义是把常用的图形定义成块。当绘制这些图像时直接插入对应的块,把绘图变成拼图,可大大提高绘图效率。

1. 定义内部块

内部块是存在绘制图形的本幅图中,并可在这幅图中反复调用。

[例 11-11] 将图 11-32(a)所示的图形定义成块,插入到 11-32(b)所示图形指定的位置中。

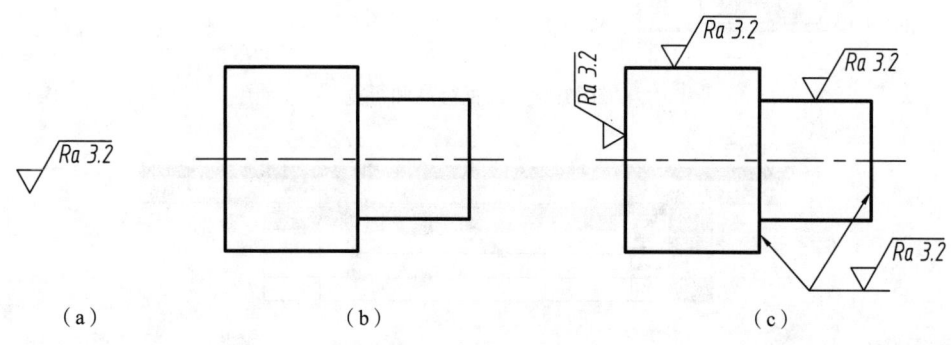

图 11-32 块操作图形

解:操作过程如下:

(1)先画出块定义对象,如图 11-32(a)所示图形;画出将要插入块的图形,如图 11-32(b)所示图形。

(2)定义块。

工具栏按钮 。

命令:BLOCK ↵

在打开的图 11-33 所示"块定义"对话框中,在"名称"框里输入"粗糙度代号"。单击按钮 选择对象,回到绘图区,选中图 11-34(a)所示的块对象后按 Enter 键,回到"块定义"对话框,单击按钮 选择基点,回到绘图区,选中图 11-34（b）所示的块的基点后按 Enter 键,又回到"块定义"对话框,此时,对话框名称右边有了一个块,如图 11-35 所示。按"确定"按钮确认。

(3)插入块。

工具栏按钮 。

命令:INSERT ↵

在打开的图 11-36 所示"插入"对话框中,在"名称"框里选择"粗糙度代号"名称。"插入点"、"旋转"选项都选择"在屏幕上指定",确定后,粗糙度代号图形就跟随先前设的基点出现在图中。可捕捉某点或输入某点坐标或旋转角度来插入这个图形。插入结果如图 11-32(c)所示。

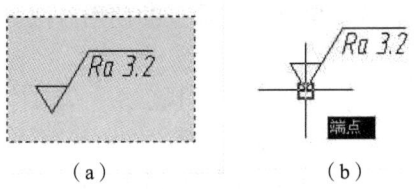

图 11-33 "块定义"对话框　　　　图 11-34 块对象

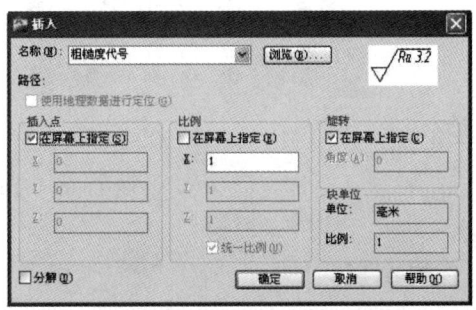

图 11-35 已创建好"块定义"对话框　　　　图 11-36 "插入"对话框

2. 定义外部块

外部块是存入硬盘中的块，在其他任何幅图中都可以调用。

命令：W（WBLOCK）↓

在打开的图 11-37 所示"写块"对话框中，在"文件名和路径"文本框里输入"粗糙度代号"名称，单击右边的按钮，打开了图 11-38 所示的"浏览图形文件"窗口，选择保存路径，单击"保存"按钮回到"写块"对话框中。其余操作与前述相同。

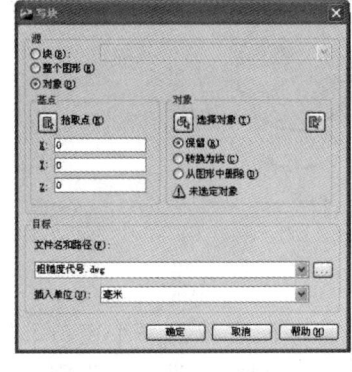
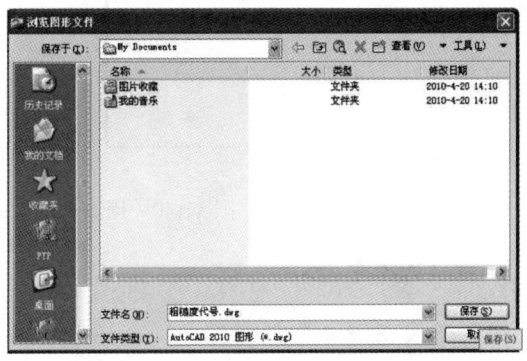

图 11-37 "写块"对话框　　　　图 11-38 浏览图形文件窗口

这里要说明的是,所有的 Dwg 文件都可以看成是外部块,可以插入到其他图形中,但这些块的插入基点为(0,0,0)。

AutoCAD2011 的绘图命令的用法大同小异,读者可以按照命令行的提示及选项进行练习,快速掌握这些命令的使用方法。

11.3 常用的图形编辑命令

图形编辑命令均在【修改】菜单项下。在进行图形编辑时,可以从键盘输入命令,也可以从【修改】菜单中选取或单击桌面上图 11-39 所示的修改工具栏图标按钮。

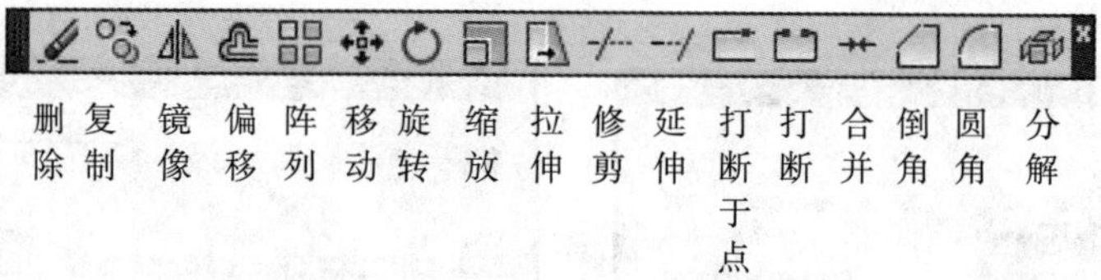

删 复 镜 偏 阵 移 旋 缩 拉 修 延 打 打 合 倒 圆 分
除 制 像 移 列 动 转 放 伸 剪 伸 断 断 并 角 角 解
　　　　　　　　　　　　　　　　　　于
　　　　　　　　　　　　　　　　　　点

图 11-39 "修改"工具栏

一、构造选择集

在启动 AutoCAD 的编辑命令后,系统通常要求用户首先"选择对象",即选择一个或多个需要编辑的实体目标,当选择完目标之后,这些实体以虚线显示,以区别于其他未被选中的实体。

下面介绍最常用的几种实体选择方法。

1. 点选方式

在选择状态下(选择对象:),系统默认用一个小方框(□)代替屏幕十字光标,我们称该小方框为目标拾取框。将拾取框移到待选目标上的任意点位置,单击即可选中目标,此时被选目标以虚线形式显示,表示可以对其进行相应的编辑,如图 11-40 所示。

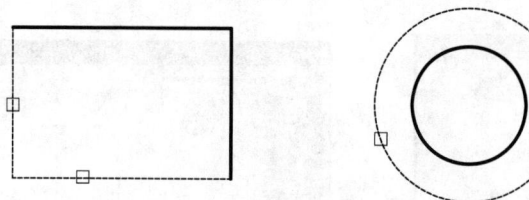

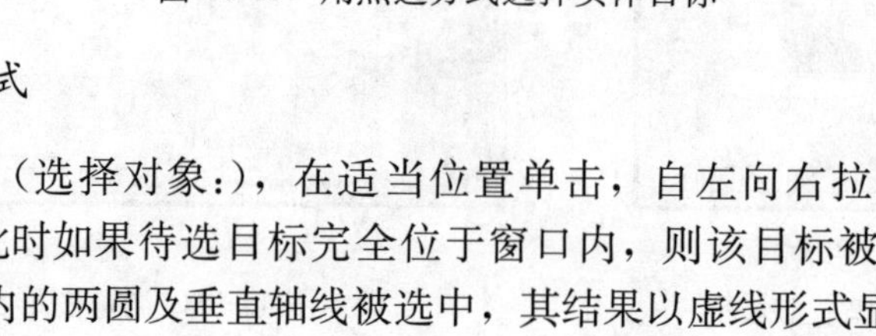

图 11-40 用点选方式选择实体目标

2. 窗口选择方式

在选择状态下(选择对象:),在适当位置单击,自左向右拉出一个窗口,如图 11-41(a)所示,此时如果待选目标完全位于窗口内,则该目标被选中,否则不被选中。完全位于窗口内的两圆及垂直轴线被选中,其结果以虚线形式显示。选择结果如图 11-41(b)所示。

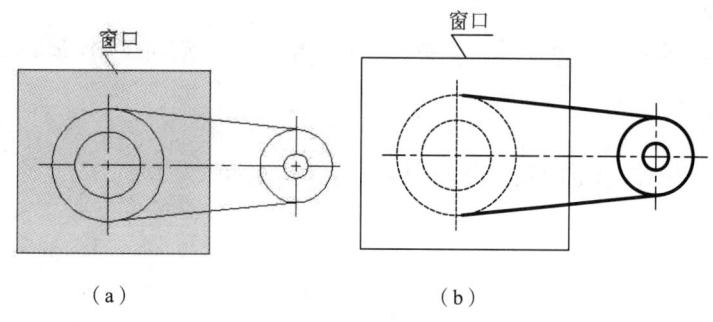

图 11-41　用窗口方式选择实体目标

3. 交叉窗口选择方式

在选择状态下（选择对象：），在适当位置单击，自右向左拉出一个窗口（注意：此时的窗口以虚线显示，称为交叉窗口），如图 11-42（a）所示，如果待选目标完全位于窗口内或者与窗口相交，则该目标被选中，否则不被选中。完全位于窗口内的两圆和垂直轴线以及与窗口相交的上下两条直线被选中，其结果以虚线形式显示。选择结果如图 11-42（b）所示。

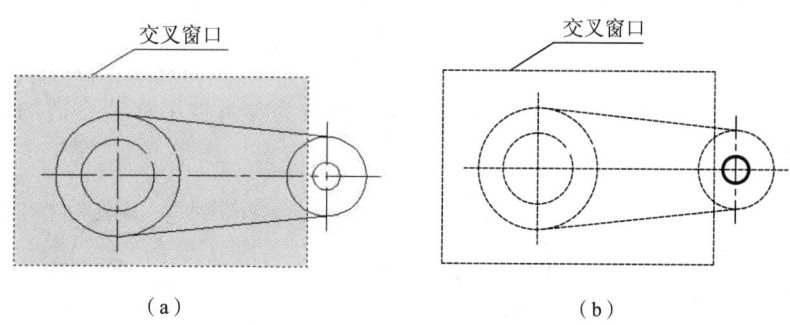

图 11-42　用交叉窗口方式选择实体目标

4. 选择所有实体方式

在选择状态下，在"选择对象："之后输入 ALL，按 Enter 键，即可选中绘图区域中的所有实体元素，全部目标以虚线形式显示。当需要对绘图区域内的所有实体进行整体编辑或删除时，该方法就显得非常方便。

另外还有几种实体选择方式，如：上一次选择（Previous）、最后选择（Last）等。在"选择对象："之后输入 P 按 Enter 键，选择上一次编辑操作所选实体；在"选择对象："之后输入 L 按 Enter 键，选择最后一次绘制的实体。

二、删除命令

删除命令用于从图中删除一个或多个实体对象。

工具栏按钮 ✐ 。

命令：ERASE ↵

选择对象：用实体选择方式选取要删除的对象，↵，选择的实体被删除并结束命令。

三、复制命令

复制命令用于将指定的实体复制到指定位置，并可多次复制，如图11-43所示。操作过程如下：

工具栏按钮 。

命令：COPY

选择对象：（选择原始图形）找到1个

选择对象：↵

当前设置：复制模式＝多个

指定基点或［位移（D）/模式（O）］＜位移＞：

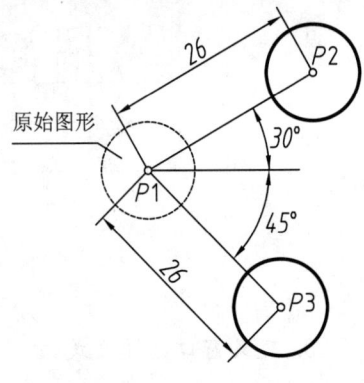

图 11-43 复制对象

指定基点 P1↵

指定第二个点或＜使用第一个点作为位移＞：@26＜30 ↵

指定第二个点或［退出（E）/放弃（U）］＜退出＞：@26＜－45 ↵

指定第二个点或［退出（E）/放弃（U）］＜退出＞：↵，结束命令。

则原始图形从 P1 点复制到 P2 点和 P3 点。

四、移动命令

移动命令用于把选中的一个或多个对象以基点为参考点平移到合适的位置，如图 11-44 所示。

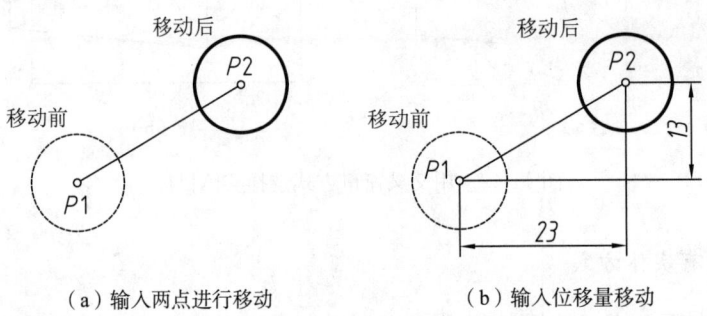

（a）输入两点进行移动　　　　（b）输入位移量移动

图 11-44 移动对象

操作过程如下：

工具栏按钮 。

命令：MOVE ↵

选择对象：（选择原始图形）找到1个

选择对象：↵

指定基点或［位移（D）］＜位移＞：指定基点 P1↵

指定第二个点或＜使用第一个点作为位移＞：@23，13（P2）↵，结束命令。

则原始图形从 P1 点移动到 P2 点。

五、修剪命令

修剪命令用于以指定的边界为修剪边来裁剪实体的一部分。修剪边可以是直线、圆弧、圆、椭圆、多线段、样条曲线或结构线等。

[**例 11-12**] 对图 11-45（a）进行修剪，分别得到图 11-45（b）、(c) 的结果。

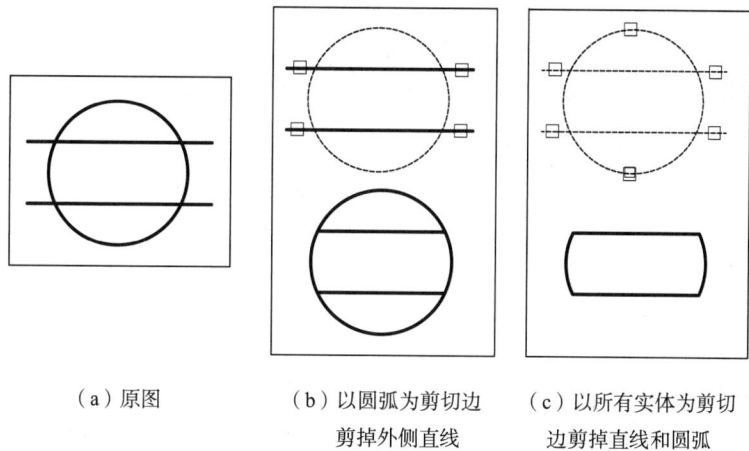

（a）原图　　（b）以圆弧为剪切边剪掉外侧直线　　（c）以所有实体为剪切边剪掉直线和圆弧

图 11-45　修剪对象

解：操作过程如下：

工具栏按钮 ⊁ 。

命令：TRIM ↵

当前设置：投影＝视图，边＝无

选择剪切边…

选择对象：选择圆为修剪边↵（可单选，可窗口方式选）

选择要修剪的对象，或按住 Shift 键选择要延伸的对象，或 ［栏选（F）/窗交（C）/投影（P）/边（E）/放弃（U）］：

单击超出圆的四处需要剪切的线段并按 Enter 键，如图 11-45（b）所示。

也可选择所有实体（图中的圆和直线）为剪切边进行修剪，如图 11-45（c）所示。用 TRIM 命令进行修剪操作时，作为修剪边的对象可以同时作为被修剪对象。

六、打断命令

打断命令通过拾取对象上的点将其断开。

打断对象有两种情况。

（1）默认状态是在对象上直接选第一个打断点并指定第二个打断点，如图 11-46（a）所示。操作过程如下：

工具栏按钮 ▯ 。

命令：BREAK

选择对象：在对象上任选一点

指定第二个打断点或［第一点（F）］：P2

（2）选择整个对象，然后指定两个打断点（使用"F"选项），如图 11-46（b）所示。操作过程如下：

选择对象：在对象上任选一点

指定第二个打断点或［第一点（F）］：F↓

指定第一个打断点或［第一点（F）］：拾取点 P1

指定第二个打断点或［第一点（F）］：拾取点 P2

如果指定第一个断点后在输入第二点时输入"@"时，在拾取点断开，则仅把此线段切成两段，如图 11-46（c）所示。

若单击工具栏按钮 ▭（打断于点）后，直接拾取打断点也可得到图 11-46（c）所示的结果。

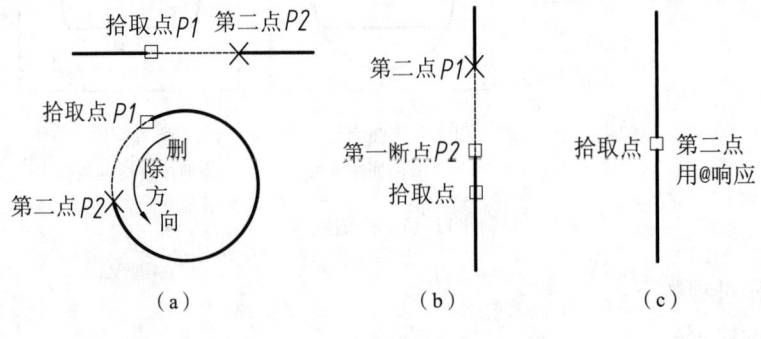

图 11-46　打断对象

七、镜像命令

镜像命令用于生成已知图形的对称图形。

工具栏按钮 ▲。

命令：MIRROR ↓

选择对象：用交叉窗口选择图 11-47（a）所示图形↓

选择镜像线第一点：拾取点 P1 选择镜像线第二点：拾取点 P2

要删除源对象吗？［是（Y）/否（N）］<N>：↓

结果如图 11-47（b）所示。

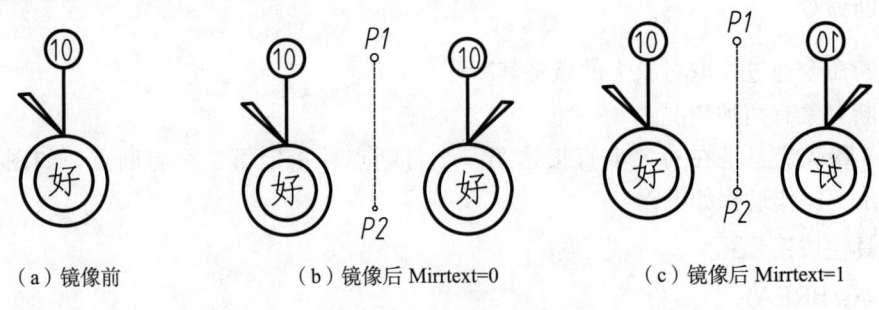

（a）镜像前　　　　　　（b）镜像后 Mirrtext=0　　　　　（c）镜像后 Mirrtext=1

图 11-47　镜像对象

在输入镜像命令前可改变系统变量。操作过程如下：

命令：MIRRTEXT ↓

输入 Mirrtest 的新值<0>：1↓

此时，再执行镜像命令，可得到如图 11-47（c）所示的结果。

八、阵列命令

阵列命令用于将用户所选择的对象复制并按矩形或环形方式排列。

工具栏按钮。

执行阵列命令，会先出现图 11-48 所示的"阵列"对话框，在该对话框中可以选择阵列对象、阵列方式和进行相应的参数设置。

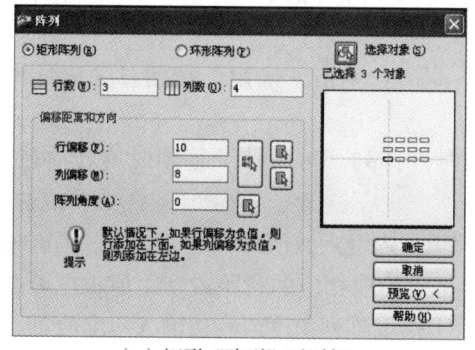
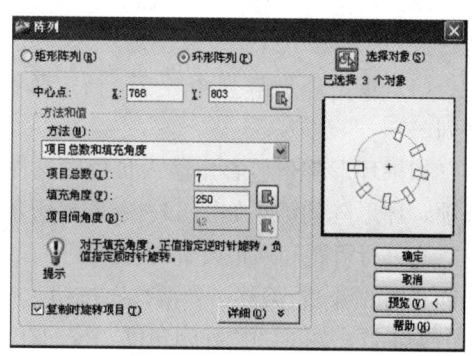

（a）矩形"阵列"对话框　　　　　（b）环形"阵列"对话框

图 11-48　阵列对话框

[例 11-13]　用阵列命令将图形进行矩形阵列和环形阵列，如图 11-49 所示。

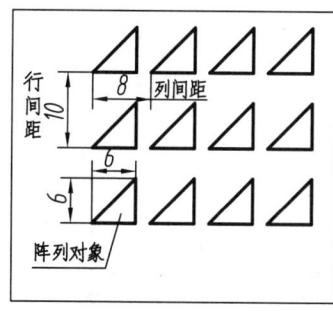
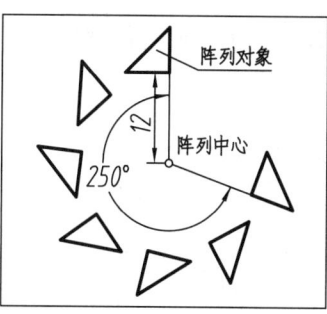
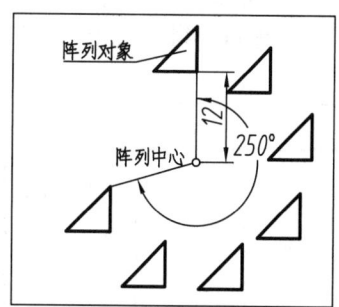

（a）矩形阵列　　　（b）环形阵列（图形旋转）　　（c）环形阵列（图形不旋转）
　　　　　　　　　　　包心角=+250°　　　　　　　包心角=-250°

图 11-49　阵列对象

解：对图 11-49（a）的三角形作三行四列的矩形阵列，行间距为 10，列间距为 8。操作过程如下：

命令：ARRAY ↓

（1）在图 11-48（a）所示的阵列对话框中，单击右上角 按钮，从绘图区域选择阵列对象三角形，按 Enter 键；

(2) 选择矩形阵列方式；

(3) 指定阵列行数 3、列数 4；

(4) 指定行间距 10、列间距 8，单击"确定"按钮，完成矩形阵列。

如果行间距、列间距输入负值，阵列由选定的目标向下、向左排列。

对图 11-49（b）所示的三角形作环形阵列，阵列数为 7，阵列包心角为 250°。操作过程如下：

命令：ARRAY ↵

(1) 在如图 11-48（b）所示的阵列对话框中，点选右上角 按钮，从绘图区域选择阵列对象三角形，按 Enter 键后又回到该对话框；

(2) 选择环形阵列方式；

(3) 单击"中心点"按钮，回到绘图区，指定环形阵列中心后，又回到该对话框；

(4) 指定环形阵列个数 7，指定阵列包心角 250°，单击"确定"按钮，完成环形阵列。

如果环形阵列包心角输入负值时，图形按顺时针排列。可去掉"复制时旋转项目"选项，环形阵列结果如图 11-49（c）所示。

在进行行距和列距设置时，除了可以直接在编辑框内输入数值外，还可以通过单击编辑框右侧的 "行偏移、列偏移"按钮，在绘图屏幕上拾取相应的行距或列距值，也可以单击编辑框右侧的 "阵列角度"按钮在绘图屏幕上拾取阵列角度或直接输入角度值。

九、倒角命令

倒角命令用于在两条线段间画倒角或对一条多段线倒角。

工具栏按钮 。

[例 11-14] 对图 11-50（a）所示图形进行倒角。

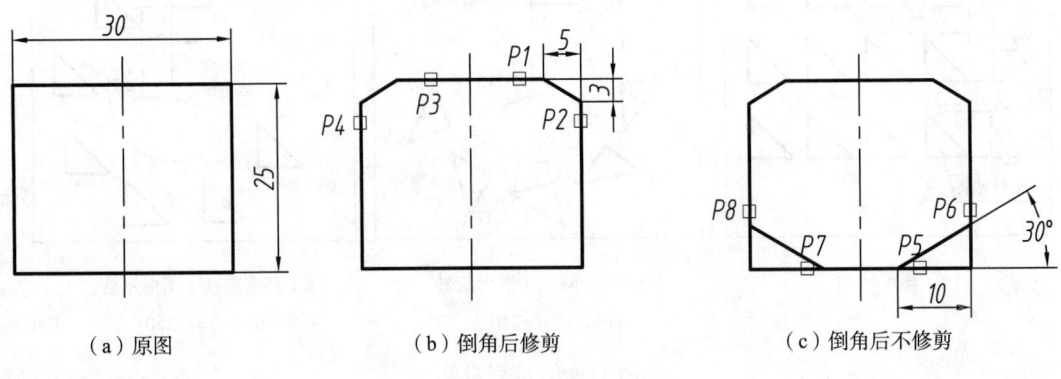

（a）原图　　　　　　（b）倒角后修剪　　　　　（c）倒角后不修剪

图 11-50　创建倒角

解：操作过程如下：

命令：CHAMFER ↵

（"修剪模式"）当前倒角距离 1＝0.0000，距离 2＝0.000

选择第一条直线或 [放弃（U）/多段线（P）/距离（D）/角度（A）/修剪

(T)/方式(E)/多个(M)]：D↵

指定第一个倒角距离<0.0000>：5↵

指定第二个倒角距离<5.0000>：3↵

选择第一条直线或［放弃(U)/多段线(P)/距离(D)/角度(A)/修剪(T)/方式(E)/多个(M)]：M↵

选择第一条直线或［放弃(U)/多段线(P)/距离(D)/角度(A)/修剪(T)/方式(E)/多个(M)]：拾取点 P1

选择第二条直线，或按住 Shift 键选择要应用角点的对象：拾取点 P2

选择第一条直线或［放弃(U)/多段线(P)/距离(D)/角度(A)/修剪(T)/方式(E)/多个(M)]：拾取点 P3

选择第二条直线，或按住 Shift 键选择要应用角点的对象：拾取点 P4。

如图 11-50(b) 所示。

若选择 (A) 选项，可设置倒角的距离和角度，如图 11-50(c) 所示。操作过程如下：

选择第一条直线或［放弃(U)/多段线(P)/距离(D)/角度(A)/修剪(T)/方式(E)/多个(M)]：A↵

指定第一条直线的倒角长度<0.0000>：10↵

指定第一条直线的倒角角度<0>：30↵

选择第一条直线或［放弃(U)/多段线(P)/距离(D)/角度(A)/修剪(T)/方式(E)/多个(M)]：T↵

选择修剪模式选项［修剪(T)/不修剪(N)]<修剪>：N↵

选择第一条直线或［放弃(U)/多段线(P)/距离(D)/角度(A)/修剪(T)/方式(E)/多个(M)]：M↵

选择第一条直线或［放弃(U)/多段线(P)/距离(D)/角度(A)/修剪(T)/方式(E)/多个(M)]：拾取点 P5

选择第二条直线，或按住 Shift 键选择要应用角点的对象：拾取点 P6

选择第一条直线或［放弃(U)/多段线(P)/距离(D)/角度(A)/修剪(T)/方式(E)/多个(M)]：拾取点 P7

选择第二条直线，或按住 Shift 键选择要应用角点的对象：拾取点 P8，按 Enter 键结束命令。

倒角命令的另一特殊应用是使两直线延长相交。如要使图 11-51(a) 中的两直线延长相交，得到图 11-51(b) 的结果，只需在用倒角命令时将倒角距设为 0，选择第一条线后，按住 Shift 键选第二条线即可。

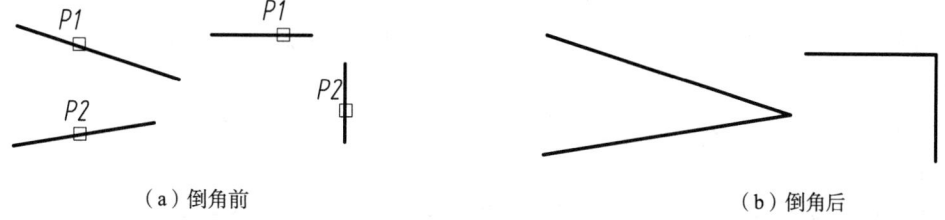

(a) 倒角前　　　　　　　　　　(b) 倒角后

图 11-51　0 距离倒角

十、圆角命令

倒圆角命令用于在两条线段交汇处创建圆角。

[**例 11-15**] 对图 11-52（a）所示图形创建圆角。

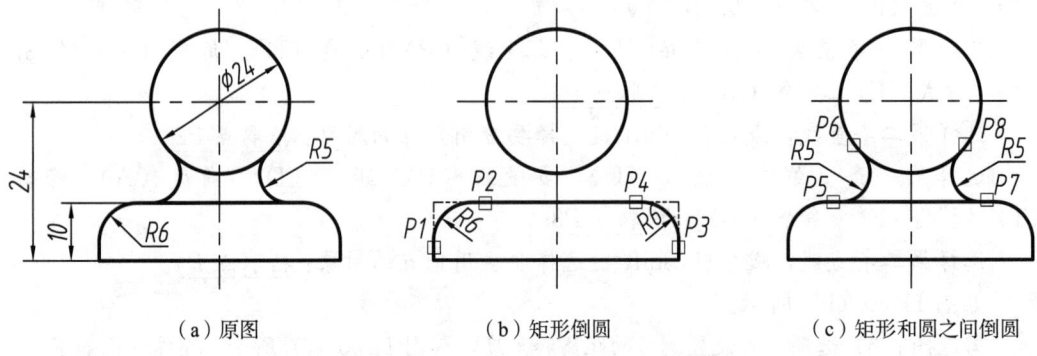

（a）原图　　　　　　（b）矩形倒圆　　　　　（c）矩形和圆之间倒圆

图 11-52　创建圆角

解：操作过程如下：

工具栏按钮 ◯ 。

命令：FILLET ↵

当前设置：模式＝修剪，半径＝0.0000

选择第一个对象或［放弃（U）/多段线（P）/半径（R）/修剪（T）/多个（M）］：R↵

指定圆角半径＜0.0000＞：6↵

选择第一个对象或［放弃（U）/多段线（P）/半径（R）/修剪（T）/多个（M）］：W↵

选择第一个对象或［放弃（U）/多段线（P）/半径（R）/修剪（T）/多个（M）］：拾取点 P1

选定第二条直线，或按住 Shift 键选择要应用角点的对象：拾取点 P2

选择第一个对象或［放弃（U）/多段线（P）/半径（R）/修剪（T）/多个（M）］：拾取点 P3

选定第二条直线，或按住 Shift 键选择要应用角点的对象：拾取点 P4

选择第一个对象或［放弃（U）/多段线（P）/半径（R）/修剪（T）/多个（M）］：R↵

指定圆角半径＜6.0000＞：5↵

选择第一个对象或［放弃（U）/多段线（P）/半径（R）/修剪（T）/多个（M）］：M↵

选择第一个对象或［放弃（U）/多段线（P）/半径（R）/修剪（T）/多个（M）］：T↵

选择修剪模式选项［修剪（T）/不修剪（N）］＜修剪＞：N↵

选择第一个对象或［放弃（U）/多段线（P）/半径（R）/修剪（T）/多个

（M）]：拾取点 $P5$

选定第二条直线，或按住 Shift 键选择要应用角点的对象：拾取点 $P6$

选择第一个对象或 [放弃（U）/多段线（P）/半径（R）/修剪（T）/多个（M）]：拾取点 $P7$

选定第二条直线，或按住 Shift 键选择要应用角点的对象：拾取点 $P8$

绘图结果如图 11-52（b）、(c) 所示。

十一、偏移命令

偏移命令用于创建平行线、同心圆和等距曲线。

[例 11-16] 对图 11-53（a）所示图形进行偏移。

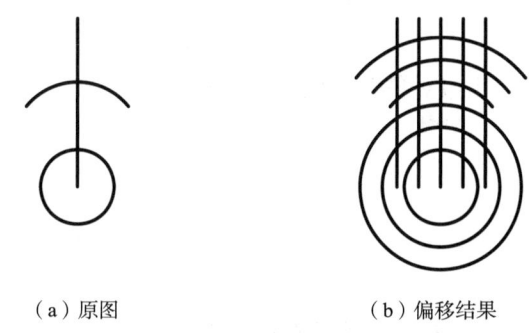

（a）原图　　　　　　（b）偏移结果

图 11-53　偏移操作

解：操作过程如下：

工具栏按钮 ⌂。

命令：OFFSET ↵

当前设置：删除源＝否　图层＝源　OFFSETGAPTYPE＝0

指定偏移距离或 [通过（T）/删除（E）/图层（L）]＜通过＞：3↵

选择要偏移的对象，或 [退出（E）/放弃（U）]＜退出＞：选择圆或圆弧或直线。

指定要偏移的那一侧上的点，或 [退出（E）/多个（M）/放弃（U）]＜退出＞：在偏移的一侧用鼠标任意确定一点。

重复操作即可完成如图 11-53（b）所示图形，按 Enter 键结束命令。

十二、延伸命令

延伸命令用于将指定的对象延伸到指定的边界。

[例 11-17] 对图 11-54（a）所示图形的图线进行延伸。

解：操作过程如下：

工具栏按钮 ⇢。

命令：EXTEND ↵

当前设置：投影＝视图，边＝无，选择边界的边…

选择对象或＜全部选择＞：选择直线和圆弧 $P1$ ↵

选择要延伸的对象，或按住 Shift 键选择要修剪的对象，或 [栏选（F）/窗交

(C) /投影（P）/边（E）/放弃（U）]：选择各直线要延伸的一端 P2。

按 Enter 键结束命令，如图 11-54（b）所示。

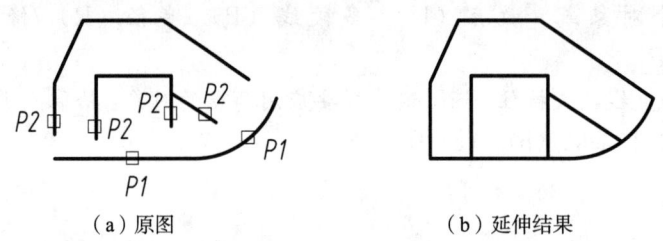

图 11-54　延伸操作

十三、合并命令

合并命令用于将多个相似对象合并成一个对象。

工具栏按钮➡️。

1. 合并直线

命令：JOIN ↓

选择源对象：选择直线 P1

选择要合并到源的直线：选择直线 P2 ↓

结果如图 11-55（b）所示。注意 P1、P2 必须是同一直线上的线段。

2. 合并圆弧

命令：JOIN ↓

选择源对象：选择圆弧 P1

选择圆弧，以合并到源或进行[闭合（L）]：L↓。

结果如图 11-56（b）所示。

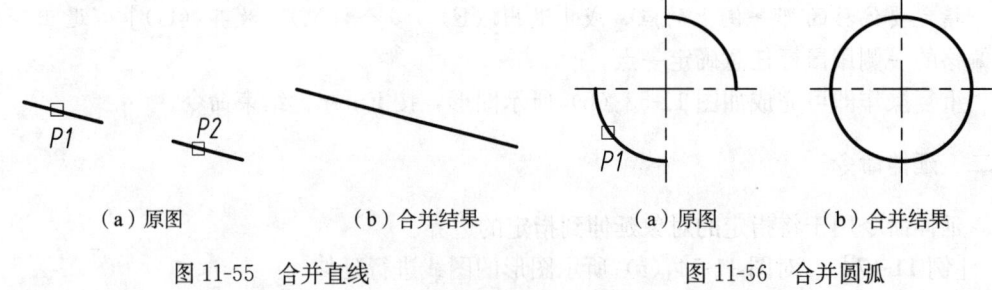

图 11-55　合并直线　　　　　图 11-56　合并圆弧

11.4　图形显示、图层操作及辅助绘图命令

一、图形显示

在绘图时，经常要对图形进行诸如放大或缩小以及平移等的操作，这些操作只是对

图形在屏幕上的显示进行控制，图形本身并没有变化。

图形显示命令均在【视图】菜单项下。在进行图形显示时，可以从键盘输入命令，也可以从【视图】菜单中选取或单击桌面上"缩放"工具栏图标按钮输入。

1. 视图缩放

工具栏按钮：。

命令：ZOOM↓

指定窗口角点，输入比例因子（nx 或 nXP），或

[全部（A）/中心（C）/动态（D）/范围（E）/上一个（P）/比例（S）/窗口（W）/对象（O）]＜实时＞：↓

此时，光标变成了，按住鼠标左键不放的情况下，从下向上拖动鼠标将放大图形，而从上向下则缩小图形。

按 Esc 或 Enter 键终止命令，或右击显示快捷菜单选择退出。

2. 视图平移

命令格式：

工具栏按钮。

命令：PAN↓

此时，光标变成了手形，在按住鼠标左键不放的情况下拖动鼠标，视图将随之平移。

按 Esc 或 Enter 键终止命令，或右击显示快捷菜单选择退出。

3. 用 3D 鼠标控制图形的显示

3D 鼠标除具有两个基本按键外，还有一个滚轮和滚轮按键。使用它可以方便地控制图形的显示，具体操作方法见表 11-1。

表 11-1　用 3D 鼠标控制图形的显示

操作	功能
转动滚轮	向前为放大视图，向后为缩小视图
双击滚轮按钮	屏幕范围缩放视图
按下滚轮按钮并拖动鼠标	实时平移视图
按下 Ctrl 键，同时按下滚轮按钮并拖动鼠标	自动平移视图

二、图层

1. 图层的基本概念

每个图形可以单独指定其颜色、线型和线宽等属性但这样逐项指定十分繁琐，利用图层可以简化对图形实体属性的控制。

图层可看成是一张透明重叠的纸，每一层纸上只用一种线型、一种线宽和一种颜

色。这样用户就可以将一张图上的不同性质的实体分别画在不同的层上,这样分层操作,既便于管理和修改,还可以提高绘图效率,节省存储空间。

2. 图层的特性

图层的特性可由"图层"工具栏(图11-57)及"对象特性"工具栏(图11-58)和"图层特性管理器"(图11-59)来设定。图层的特性如下。

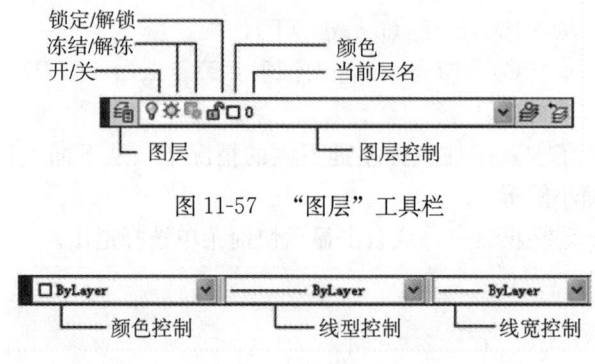

图11-57 "图层"工具栏

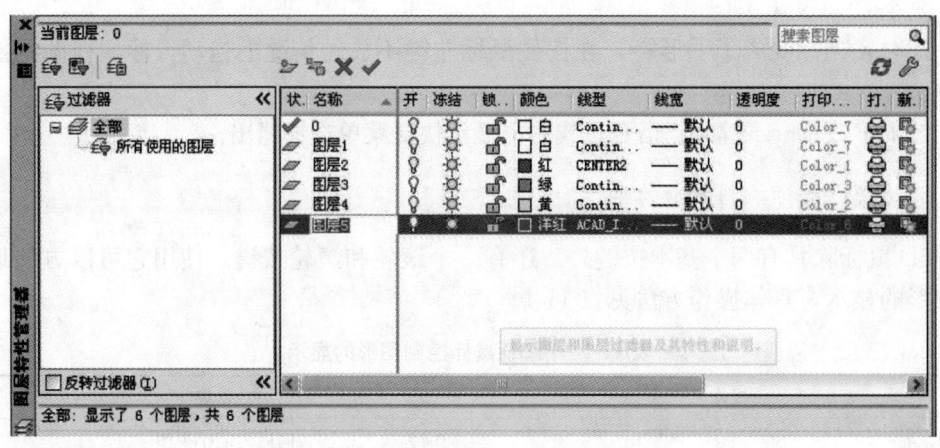

图11-58 "对象特性"工具栏

图11-59 "图形特性管理器"对话框

1)图层的数量及图层名

用户可以在一个图形文件中创建任意数量的图层,每个图层应赋名,由字母、数字和字符组成,长度不超过31个字符。缺省层是"0"层,不能改名或删除。

2)颜色、线型和线宽

AutoCAD 2011通常采用索引颜色,共有255种颜色。其中1~7号颜色为标准颜色,它们分别为:1为红色、2为黄色、3为绿色、4为青红色、5为蓝色、6为洋红色、7为白色(如果绘图背景为白色,7号颜色显示为黑色)。

一般情况下,每个图层只赋一种颜色、一种线型和一种线宽,但允许用户随时改变图层的颜色、线型和线宽。

3）打开或关闭状态

图层可以被打开或关闭。被关闭图层上的图形不能显示也不能打印输出，但仍参与图形处理过程中的运算。合理关闭一些图层，可以使绘图时看图更清楚。

4）冻结或解冻状态

图层可以被冻结或解冻。被冻结图层上的图形同样不能显示也不能打印输出，且不能参与图形处理过程中的运算。合理冻结一些图层，能大大加快系统的显示速度。

5）锁定或解锁状态

图层可以被锁定或解锁。锁定图层不影响其上的图形显示状况，但用户不能对锁定图层上的图形进行编辑。通过锁定图层可防止这些图层上的图形产生误操作。

6）当前层

绘图操作只能在当前层上进行。当前层只能有一个，不能被冻结或关闭。在当前层上，用户可以对位于不同图层上的实体同时进行编辑操作。

3. 图层的基本操作

工具栏按钮 。

命令：LAYER ↵

此时，将弹出"图层特性管理器"对话框，如图 11-59 所示。通过该对话框可以设置绘图时所需的图层、颜色、线型和线型宽度等特性。

1）新建图层或删除图层、将图层置为当前层

单击对话框上方的"新建图层"按钮 ，或在对话框上右击，在随后出现的浮动菜单中选择"新建图层"后，则在层列表中增加一个名称为"图层 n"的新图层，单击层名"图层 n"呈蓝色闪烁时，可以重新命名层名。如果需要建立多个图层，只需再单击"新建图层"按钮。

若要删除图层，只需选择一个图层，单击对话框上方的"删除图层"按钮 ，或按键盘上的 Delete 键即可。

选择一个图层，单击对话框上方的"置为当前"按钮 ，即可将该图层设置为当前层。

2）设置图层颜色

单击某一个图层中的颜色名或其前面的颜色框"□白色"，则弹出"选择颜色"对话框，如图 11-60 所示，从中选择需要的颜色后，再单击"确定"按钮，完成颜色设置。

3）设置图层线型

单击某一个图层中的"线型"项，则弹出"选择线型"对话框，如图 11-61 所示，从中选择需要的线型。若该对话框中没有所要的线型，则可单击下部的"加载"按钮，从弹出的"加载线型"对话框中加载，如图 11-62 所示。从该对话框提供的线型中选择所需的线型后，单击"确定"按钮，返回到"选择线型"对话框。单击刚才所选线型，再单击"确定"按钮，完成线型设置。

4）设置图层线宽

单击某一个图层中的"线宽"项，则弹出"线宽"对话框，如图 11-63 所示，从中选择所需的线宽后，再单击"确定"按钮，完成线宽设置。

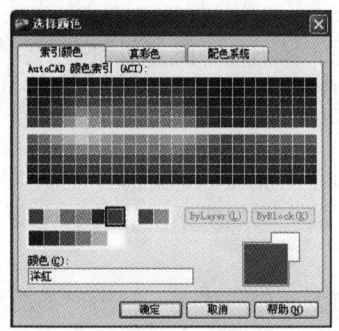
图 11-60 "选择颜色"对话框

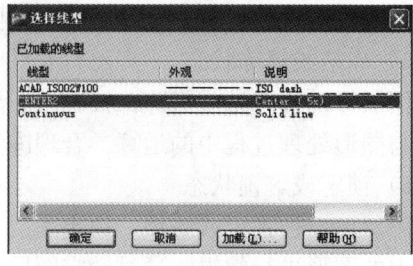
图 11-61 "选择线型"对话框

图 11-62 "加载或重载线性"对话框

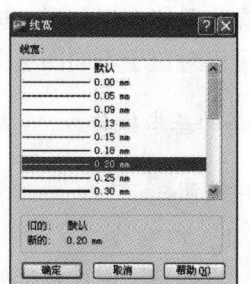
图 11-63 "线宽"对话框

三、辅助绘图工具

AutoCAD 2011 提供了一些辅助绘图工具，帮助用户更快、更精确地绘图。它们可以在执行其他命令的过程中使用。

1. 使用正交功能

利用正交功能可使光标在水平或垂直方向移动。

操作方法：单击状态栏上"正交"按钮 或按键盘的 F8 键。

如果没有使用正交功能，输入直线命令后，直线的起点向光标点会引出一条线称为橡皮筋线，如图 11-64（a）所示。如果使用了正交功能，引出的橡皮筋线则是起点与光标十字线的两条垂直线中距离较长的线，如图 11-64（b）所示。

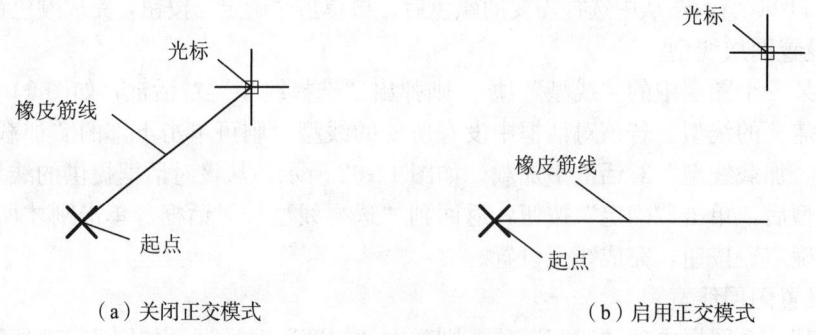

（a）关闭正交模式　　　　　　　　　　（b）启用正交模式

图 11-64　正交模式的关闭与启用效果

2. 对象捕捉

对象捕捉功能可准确捕捉实体上的某些特殊点，如直线的端点、交点、中点、圆或圆弧的圆心等。分临时捕捉和自动捕捉两种方式。

1）临时捕捉方式

临时捕捉方式使用"对象捕捉"工具栏，如图 11-65 所示。在绘图或编辑、标注尺寸等过程中，如果需要捕捉某特殊点，可单击相应的捕捉模式图标，然后将光标移至所要捕捉的特殊点附近，在该点会闪出一个黄色标记，以提示用户确定该点，不同的特殊点有不同形状的黄色标记。临时捕捉方式每执行一次后即自动退出捕捉状态。

图 11-65　"对象捕捉"工具栏

2）自动捕捉方式。

右击状态栏的"对象捕捉"按钮，弹出浮动小菜单，单击"设置…"，将弹出图 11-66 所示的"草图设置"对话框，选择所需捕捉模式，选中者前面的小方格中显示"√"，设置完后单击"确定"按钮。

打开对象捕捉按钮后，当光标移动到图线附近时，就会自动捕捉到某些特殊点。

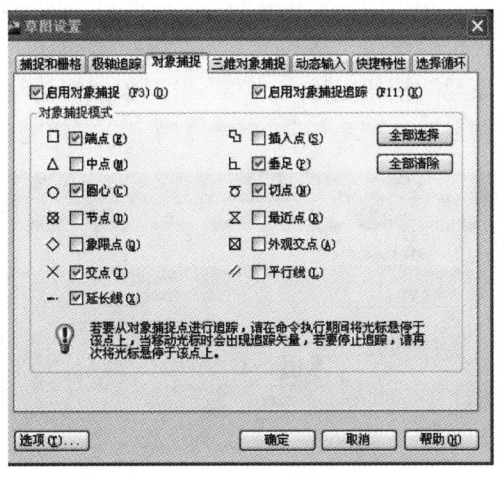

图 11-66　"草图设置"对话框

3. 自动追踪

自动追踪是指沿设定的方向进行追踪，有极轴追踪和对象捕捉追踪两种模式。

1）极轴追踪

极轴追踪是指在某些情况下，如果确定了一个点，当命令提示指定新点的位置时，此时拖动光标，使光标接近预先设定的方向（即极轴追踪方向），橡皮筋线会自动吸附到该方向上，同时在极轴追踪的方向上显示极轴追踪矢量（用虚线显示出来），已获取的点将显示一个小叉号（×），并浮出一小标签，说明当前光标位置相对于前一点的极坐标。然后在极轴追踪的方向上移动光标，在所需位置上单击或输入距离值，即可获得极轴追踪方向上新的点。

极轴追踪矢量的起始点称为追踪点。极轴追踪默认状态下是正交追踪。在图 11-67 所示的图形下，单击状态栏上"极轴"按钮或按键盘的 F10 键，输入 LINE 命令，单击矩形右上点作为追踪点，然后沿极轴追踪矢量方向输入值，即可得到起点为追踪点的水平线和垂直线。

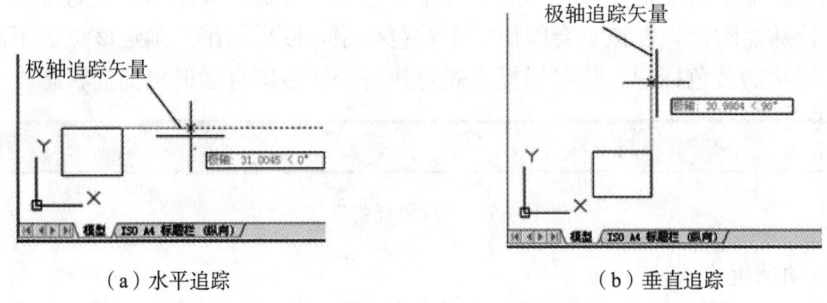

（a）水平追踪　　　　　　　　　　　（b）垂直追踪

图 11-67　正交追踪绘图

用户可根据需要设置极轴追踪方向等性能参数，设置过程如下：

选择菜单【工具】下拉菜单"草图设置"，或右击状态栏的"极轴"按钮，弹出浮动小菜单后，单击"设置…"，将弹出图 11-68 所示的"草图设置"对话框。在对话框复选框中选择"启用极轴追踪"；"极轴角设置"中"增量角"选"15"；选择"附加角"复选框之后单击"新建"按钮，输入"33"；"对象捕捉追踪设置"选"用所有极轴角设置追踪"；"极轴角测量"选"绝对"。单击"确定"按钮完成设置。

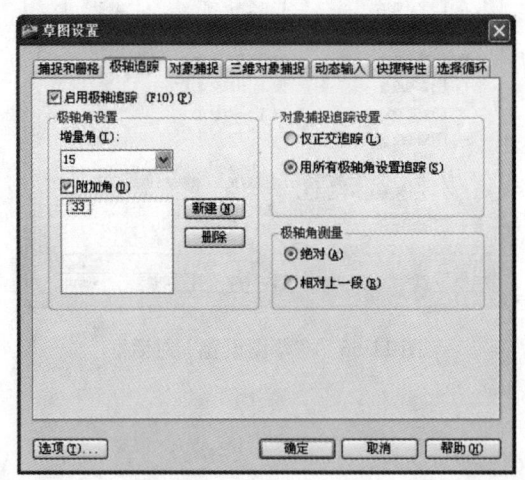

图 11-68　"草图设置"对话框中"极轴追踪"选项卡

增量角列表中有 90、45、30、22.5、18、15、10、5 多种选择，它们是确定追踪方向的角度增量。如果选择 15，追踪方向将在 0°、15°、30°等以 15°为角度增量进行极轴追踪，如图 11-69（a）所示。33°不是 15 的倍数，是附加的角度，极轴追踪结果如图 11-69（b）所示。

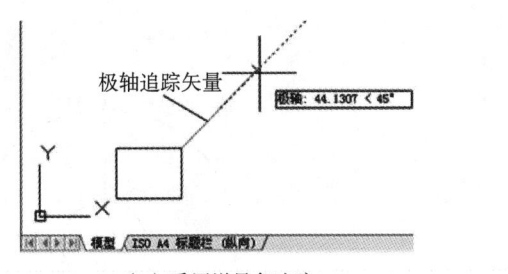 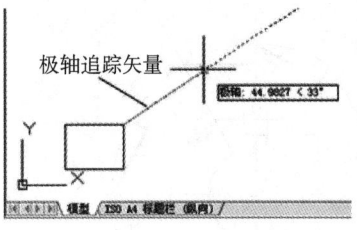

（a）采用增量角追踪　　　　　　　　（b）采用附加角追踪

图 11-69　设置极轴追踪绘图

2）对象捕捉追踪

对象捕捉追踪是对象捕捉与极轴追踪的综合应用。当设置了极轴追踪的角增量等项后，须同时启用状态栏上的"对象捕捉"和"对象捕捉追踪"。单击状态栏上"对象捕捉"按钮▭或按键盘的 F3 和"对象追踪"按钮▱或按键盘的 F11。可以找到一些特殊点，如图 11-70 所示的 $P1$ 和 $P2$ 点。

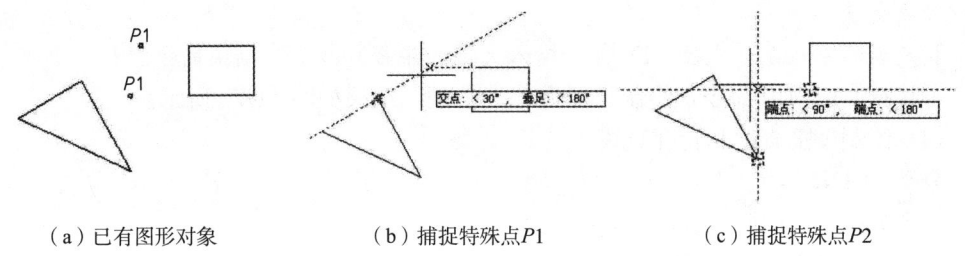

（a）已有图形对象　　　　（b）捕捉特殊点 $P1$　　　　（c）捕捉特殊点 $P2$

图 11-70　利用对象捕捉追踪确定特殊点

[例 11-18]　绘制如图 11-71 所示的图形。

解：绘图过程如下：

(1) 建立新图纸。

启动 AutoCAD 2011，单击【标准】工具栏上的"新建"按钮▱，或选择【文件】菜单中"新建"命令。从打开的"选择样板对话框"中选择样板文件 acadiso.dwt，单击"打开"按钮，打开新图纸。

选择【视图】菜单"缩放"中的"全部"命令，此时样板文件 acadiso.dwt 设置的默认绘图范围显示在绘图窗口的中间。可通过启用栅格显示的方式观看默认绘图范围。单击状态栏上的"栅格"按钮▦即可实现。

(2) 绘制中心线。

选择中心线层。打开正交模式。

命令：LINE ↵

指定第一点：（指定水平中心线的一端点）

指定下一点或 ［放弃（U）］：（指定水平中心线的另一端点）

指定下一点：↵，结束命令。

再执行 LINE 命令，绘制表示垂直中心线的直线，结果如图 11-72 所示。

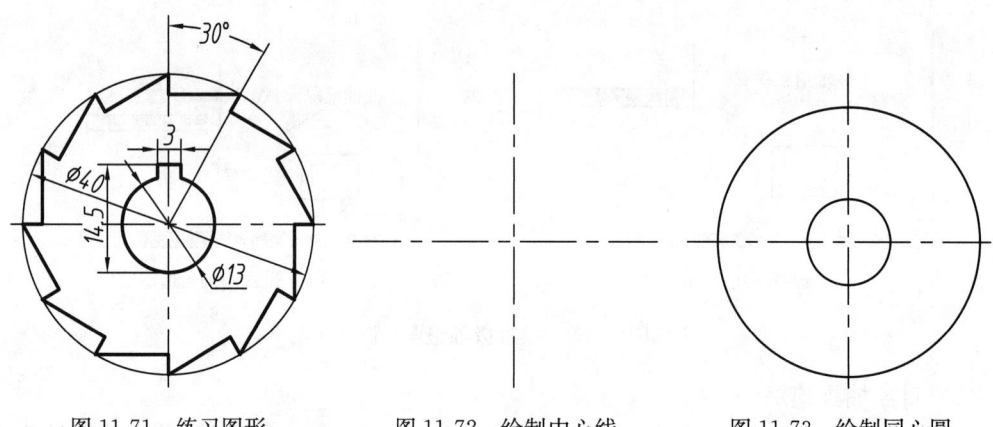

图 11-71 练习图形　　　图 11-72 绘制中心线　　　图 11-73 绘制同心圆

(3) 绘制圆。

命令：CIRCLE ↙

指定圆的圆心或 [三点（3P）/两点（2P）/相切、相切、半径（T）]：捕捉已有两中心线交点

指定圆的半径或 [直径（D）]：（输入大圆的半径）20↙，结束命令。

再执行 CIRCLE 命令，绘制直径为 $\phi 13$ 的圆，结果如图 11-73 所示。

(4) 绘制辅助直线和轮廓直线。

命令：LINE ↙

指定第一点：（捕捉已有圆的圆心）

指定下一点或 [放弃（U）]：@20＜30↙

指定下一点：↙，结束命令。如图 11-74（a）所示。

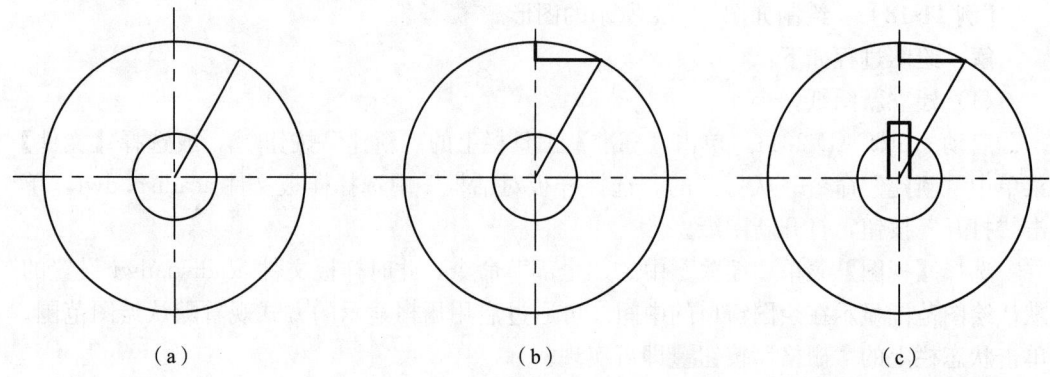

图 11-74 绘制辅助直线及轮廓直线

命令：LINE ↙

指定第一点：（捕捉辅助线与圆的交点）

指定下一点或 [放弃（U）]：（捕捉与垂直直线的垂足）

指定下一点或 [放弃（U）]：（捕捉大圆上端与垂直中心线的交点）

指定下一点：↙，结束命令。如图 11-74（b）所示。

再执行 LINE 命令，绘制小圆上表示矩形的直线，结果如图 11-74（c）所示。

（5）阵列锯齿形。

阵列命令格式为：

命令：ARRAY↵

在打开的"阵列"对话框中选择"环形阵列"设置，"项目总数"设为"12"，"填充角度"设为"360"，如图 11-75 所示。单击 [选择对象(S)] 按钮，回到图中选择锯齿形的短垂直线和水平线为阵列对象，按 Enter 键，回到"阵列"对话框单击中心点按钮 ，回到图中选择圆心。单击"确定"按钮，完成阵列，结果如图 11-76 所示。

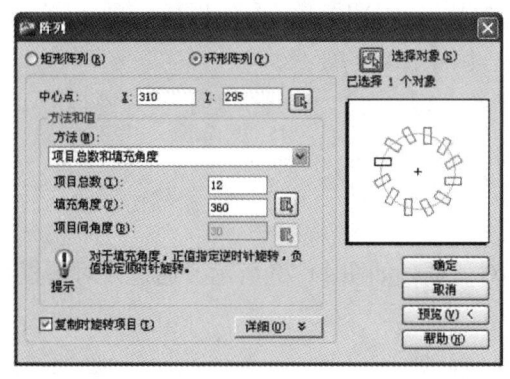
图 11-75 环形阵列设置

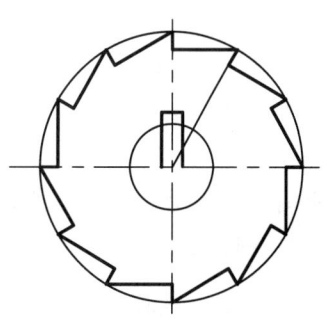
图 11-76 阵列结果

（6）删除与修剪。

删除命令格式为：

命令：ERASE↵

选择对象：（选择大圆及辅助线）↵，结束命令。

修剪命令格式为：

命令：TRIM↵

当前设置：投影＝视图，边＝无　选择剪切边…

选择对象或＜全部选择＞：↵

选择要修剪的对象，或按住 Shift 键选择要延伸的对象，或［栏选（F）/窗交（C）/投影（P）/边（E）/删除（R）/放弃（U）］：（选择小圆上多余的两段圆弧和矩形多余的两段线），结果如图 11-77 所示。

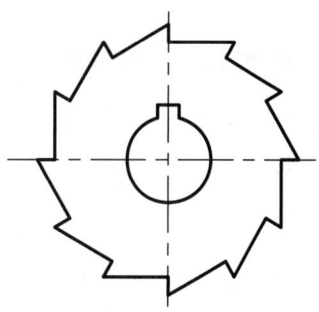
图 11-77 完成图形

11.5 尺寸编辑与标注

用 AutoCAD 绘制图样时，不仅要绘制图形、标注文字，而且还要进行尺寸标注。AutoCAD 允许用户定义尺寸标注样式，以满足不同国家、不同行业对尺寸标注的要求。"尺寸标注"工具栏如图 11-78 所示。

|线性标注|对齐标注|弧长标注|坐标标注|半径标注|圆心标注折弯标注|直径标注|角度标注|快速标注|基线标注|连续标注|公差标注|圆心标记|编辑标注|编辑标注文字|标注样式控制|标注更新|设置标注样式|

图 11-78 "尺寸标注"工具栏

一、设置标注样式

在进行尺寸标注之前，首先需要设置尺寸标注样式，以使标注的尺寸线、尺寸界线、尺寸文本、箭头等的外观和大小符合国家标准的要求。

1. 命令格式

工具栏按钮。
命令：DIMSTYLE↓

此时，将弹出"标注样式管理器"对话框，如图 11-79 所示。通过该对话框可以设置尺寸标注样式。

2. 设置新标注样式

设置一个新标注样式，样式名为"CLG－01"，操作过程如下：

（1）打开"标注样式管理器"对话框，默认状态下的标注样式是"Standard"。单击"新建"按钮，出现"创建新标注样式"对话框，在"新样式名"输入框里输入"CLG－01"，如图 11-80 所示。单击"继续"按钮，此时又出现"新建标注样式"对话框，如图 11-81 所示。

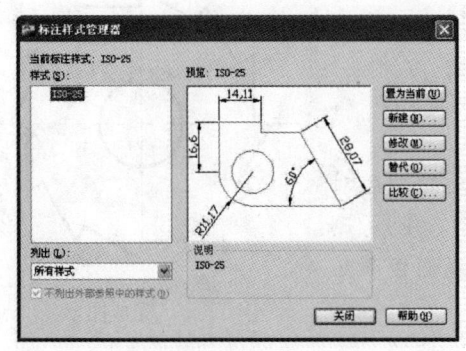
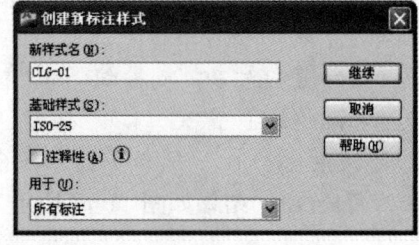

图 11-79 "标注样式管理器"对话框　　图 11-80 "创建新标注样式"对话框

（2）在"新建标注样式"对话框中单击"线"选项卡，在"颜色"、"线型"、"线宽"、"基准线"下拉列表框里都选择"Bylayer"，其余采用默认状态，如图 11-81（a）所示。

（3）单击"符号和箭头"选项卡，各选项均可采用默认状态。

（4）单击"文字"选项卡，在"文字样式"下拉列表框选择"Standard"，单击右边按钮,将弹出"文字样式"对话框,如图 11-82 所示。在"文字样式"对话框的"样式"复选框选择"Standard";"字体"选择"txt_2.shx";"大字体"选择"hztxt.shx",其余采用默认状态。单击"应用"按钮,关闭窗口,回到"新建标注样式"对话框中。

在"文字颜色"复选框选择"Bylayer";"文字高度"输入 2.8;"文字对齐"选择"ISO 标准"。其余采用默认状态,如图 11-81(b)所示。

(5) 单击"主单位"选项卡,在"精度"下拉列表框选择"0";"小数分隔符"选"."(句点)";"前缀"输入"%%c"("%%c"代表"φ",另外"%%d"代表"°";"%%p"代表"±";%%u 代表"上划线";%%o 代表"下划线")。其余采用默认状态,如图 11-81(c)所示。

(6) 单击"公差"选项卡,在"方式"下拉列表框选择"极限偏差";"精度"选择"0.000";"上偏差"输入"0.039";"下偏差"输入"−0.013"(下偏差默认为负值,若输入负值则为正值);"高度比例"输入"0.6"。其余采用默认状态,如图 11-81(d)所示。

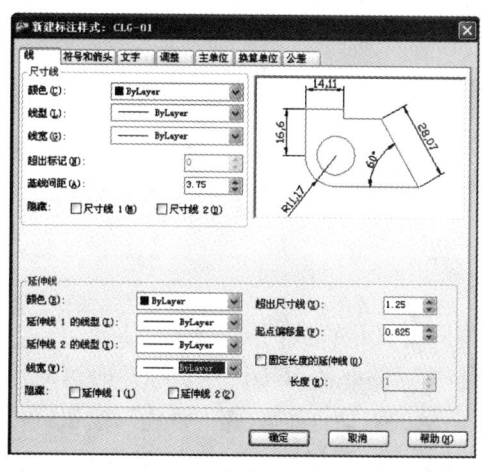

(a)

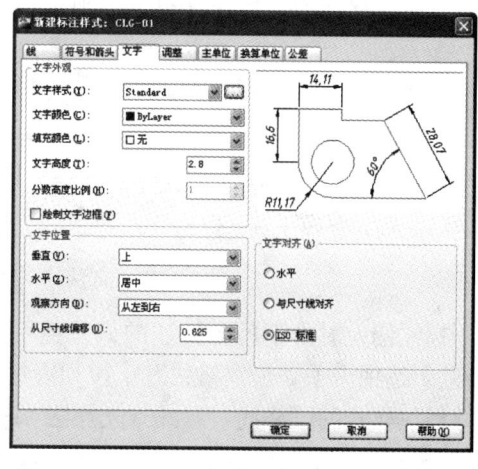

(b)

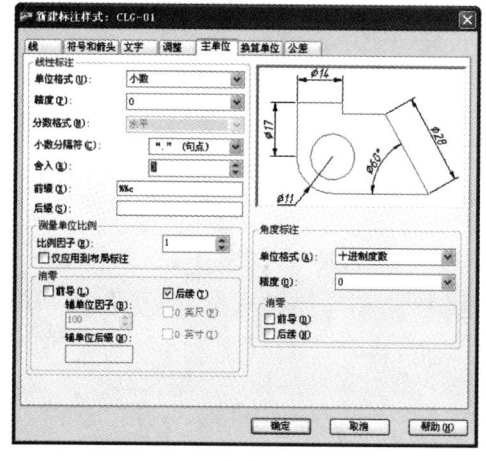

(c)

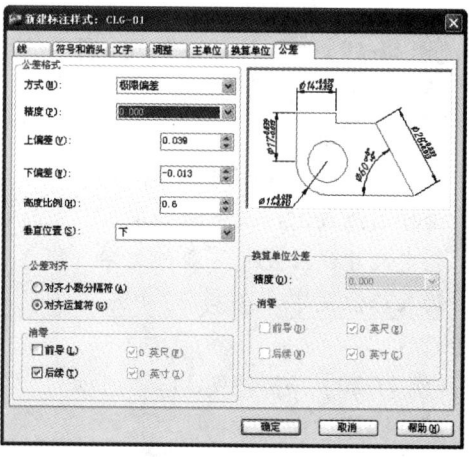

(d)

图 11-81 "新建标注样式"对话框

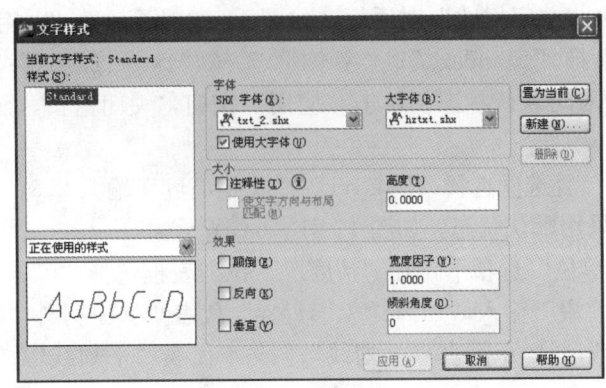

图 11-82 "文字样式"对话框

新建标注样式设定好以后,单击"确定"按钮,回到"标注样式管理器"对话框,将新标注样式"CLG-01"置为当前。

按新设置的"CLG-01 样式"所标注的尺寸,如图 11-83 所示。

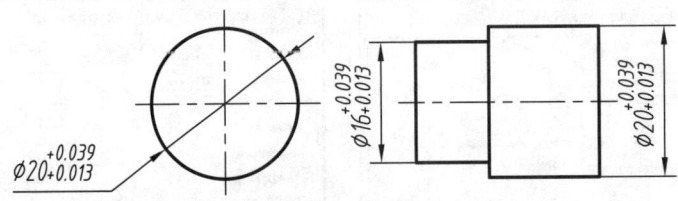

图 11-83 用新设置的尺寸标注样式标注的尺寸

标注偏差时由于每次标注的偏差值可能不同,设定样式时,在图 11-81(d)中的"公差"选项卡下"公差格式"下拉列表框的上、下偏差值可不设定,标注时可使用该尺寸标注样式的"替代"方式(先在图 11-79 所示的对话框中单击"替代"按钮,再在"公差格式"下临时输入上、下偏差值),标注完成后,可删除"替代"方式。

二、尺寸及尺寸公差的标注

[例 11-19] 标注如图 11-84 所示的尺寸,练习手工书写尺寸。

解:操作过程如下:

工具栏按钮◎。

命令:DIMDIAMETER↵

选择圆弧或圆:选中圆弧单击

指定尺寸线位置或 [多行文字(M)/文字(T)/角度(A)]:T↵

输入标注文字<16>:2×%%c16±0.012↵,用光标确定书写位置后单击结束命令。

[例 11-20] 标注图 11-85 所示的尺寸,练习线性尺寸的标注及编辑。

解:操作过程如下:

(1) 手动标注线性尺寸。

工具栏按钮⊢⊣。

命令：DIMLINEAR ↵
指定第一个延伸线原点或<选择对象>：捕捉点 P1
指定第二条延伸线原点：捕捉点 P2
指定尺寸线位置或 [多行文字（M）/文字（T）/角度（A）/水平（H）/垂直（V）/旋转（R）]：T↵
输入标注文字<25>：%%c25H8/f7↵，用光标确定书写位置后单击结束命令。
如图 11-85（a）所示。

（2）分解尺寸。

工具栏按钮 ▦。

命令：EXPLODE ↵
选择对象：在尺寸 ϕ25H8/f7 上单击选中对象↵，结束命令。

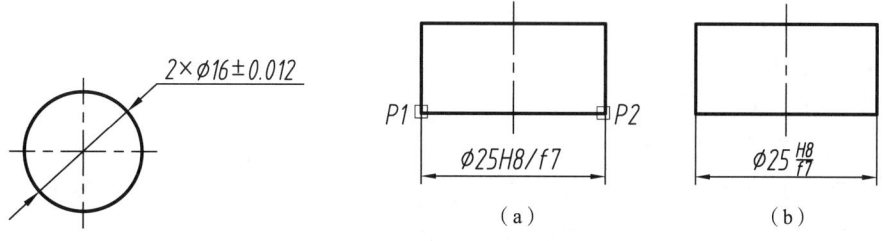

图 11-84　手动尺寸标注　　　　图 11-85　堆叠尺寸标注

（3）堆叠尺寸。

在分解后的尺寸 ϕ25H8/f7 上双击，在出现的图 11-86 所示的"文字格式"工具栏里，选中 H8/f7 后，单击堆叠按钮 ▦，公差带代号堆叠起来，单击"确定"按钮，结果如图 11-85（b）所示。

另外，堆叠按钮可将"+0.052^-0.025"变成 $^{+0.052}_{-0.025}$ 的形式。

图 11-86　堆叠尺寸

三、几何公差的标注

[例 11-21]　标注图 11-87 所示几何公差。

解：操作步骤如下：

（1）设定几何公差框格。

工具栏按钮 ▦。

命令：TOLERANCE ↵

执行命令后弹出"几何公差"对话框，如图 11-88 所

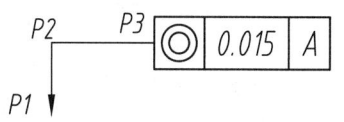

图 11-87　几何公差的标注

示。单击"符号"下的黑框，会出现图 11-89 所示的"特征符号"列表，单击列表中的"同轴度"符号，在"公差 1"下单击黑框出现"ϕ"，在其后输入"0.025"；在"基准 1"下输入"A"，单击"确定"按钮，切换到绘图屏幕，并提示：输入公差位置：（拖动鼠标单击确定公差框格的位置）。

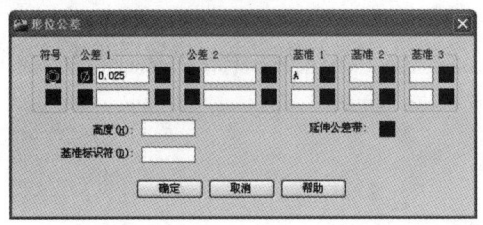 

图 11-88　几何公差对话框　　　　　　　图 11-89　"特征符号"列表

（2）设置多重引线样式。

工具栏按钮。

命令：MLEADERSTYLE ↓

执行命令后弹出"多重引线样式管理器"对话框，如图 11-90 所示。单击"新建"按钮，出现"创建新多重引线样式"对话框，在"新样式名"输入框里输入"CLG－02"，如图 11-91 所示。单击"继续"按钮，此时又出现一个"修改多重引线样式"对话框，如图 11-92 所示。

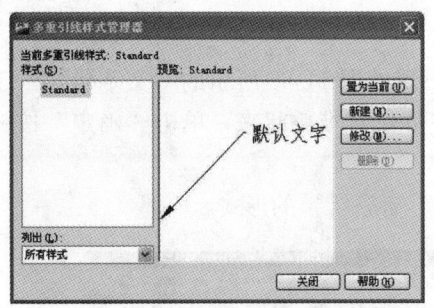 

图 11-90　"多重引线样式管理器"对话框　　图 11-91　"创建多重引线样式"对话框

单击"引线格式"选项卡，在"颜色"、"线型"、"线宽"、"基准线"下拉列表框里都选择"Bylayer"，"箭头"大小输入 3，其余采用默认状态，如图 11-92（a）所示。

单击"引线结构"选项卡，在"最大引线点数"下拉列表框输入 3；"第一段角度"和"第二段"角度输入 90；去掉"基线设置"选项，如图 11-92（b）所示。

单击"内容"选项卡，"文字选项"内容的设置与尺寸标注样式中"文字"设置一样。其余采用默认状态。

（3）标注多重引线。

工具栏按钮。

命令：MLEADER ↓

指定引线箭头的位置或 [引线基线优先（L）/内容优先（C）/选项（O）] ＜内容优先＞：拾取点 $P1$

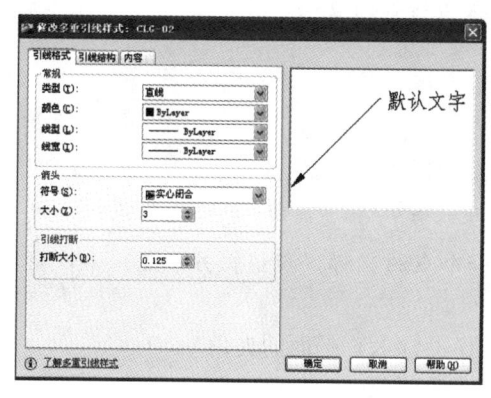 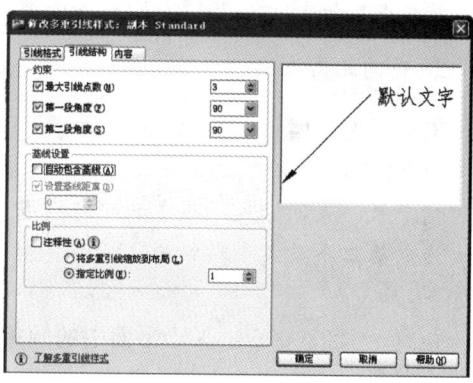

(a)   (b)

图 11-92   "修改多重引线样式"对话框

指定下一点：拾取点 P2

指定引线基线的位置：拾取点 P3。

此时达到了设置的最大引线点数，将自动弹出如图 11-93 所示的文字编辑器。此处无须书写文字。单击"确定"按钮，完成几何公差指引线的标注。

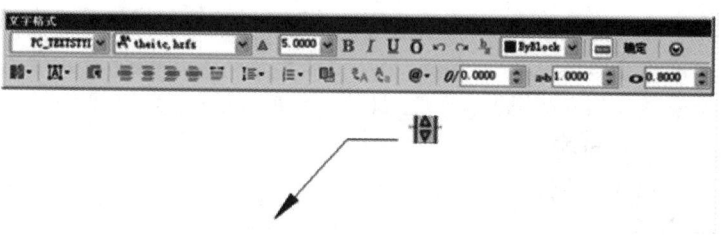

图 11-93   输入文字界面

11.6   图形数据的查询、设计中心、图形打印

  图形数据的查询是指查询图形对象的相关参数，如直线的长度与端点的坐标、圆的圆心坐标等。

  利用 AutoCAD 设计中心还可以将其他图形中定义的图层、文字样式标注样式以及块等直接插入匹配到当前图形，从而提高绘图效率。

  使用 AutoCAD 完成图样的绘制后，最后一步是将图纸打印输出到图纸。

一、图形数据查询

1. 查询点的坐标

工具栏按钮 。

命令：ID ↵

指定点：（捕捉某一特殊点），文本窗口显示出该点的坐标。

2. 查询距离

工具栏按钮▦。
命令：DIST ↵
指定第一点：输入一个点的坐标（或捕捉某一点）↵
指定第二个点或 [多个点（M）]：输入另一个点的坐标（或捕捉另一点）↵，将显示如下：
距离 = 223.6068，XY 平面中的倾角 = 27，与 XY 平面的夹角 = 0
X 增量 = 200.0000，Y 增量 = 100.0000，Z 增量 = 0.0000

3. 查询面积

若要查询三角形的面积，操作步骤如下：
工具栏按钮▦。
命令：AREA ↵
指定第一个角点或 [对象（O）/增加面积（A）/减少面积（S）] <对象（O）>：（捕捉一个顶点）
指定下一个点或 [圆弧（A）/长度（L）/放弃（U）]：（捕捉第二个顶点）
指定下一个点或 [圆弧（A）/长度（L）/放弃（U）]：（捕捉第三个顶点）
指定下一个点或 [圆弧（A）/长度（L）/放弃（U）/总计（T）] <总计>：↵，将显示该三角形的面积与周长如下：
区域 = 3000.0000，周长 = 276.619

二、设计中心

1. 设计中心简介

AutoCAD 设计中心（简称设计中心）类似于 Windows 资源管理器，它不仅可以用来浏览文件，还可以将其他图形中定义的图层、文字样式标注样式以及块等直接插入到当前图形，快速建立新图形。

单击【标准】工具栏上的按钮▦。
命令：ADCENTER ↵
系统自动弹出"设计中心"窗口，如图 11-94 所示。
第一次打开设计中心时，其窗口显示在缺省时的固定位置。拖拽设计中心的窗口的边界可以重新定义窗口的大小和各区的隔栏位置。

1）树状视图区

树状视图区位于左侧的大区域。用于显示用户计算机和网络驱动器上的文件，显示文件夹的层次结构、所打开图形的列表、自定义内容以及上次访问过的位置的历史记录。

2）内容控制区

位于右侧的大区域。用来观察打开文件、图形的内容和其他来源，显示预览图像和说明。根据在树状视图区所选定的内容不同，它可以显示含有图形或含有其他文件的文件夹、图形中包含的命名对象（命名对象指块、布局、图层、表格样式、标注样式和文字样式等）、块图像或图标等。

3）控制按钮

位于设计中心顶部的一行按钮为控制按钮。

"加载"按钮：用于在内容控制区显示指定图形文件的相关内容；

"上一页"按钮：用于返回到历史记录列表中最近一次的位置；

"下一页"按钮：用于返回到历史记录列表中下一次的位置，可用前面的按钮直接返回到以前显示过的某一位置；

"上一级"按钮：用于所激活内容中的上一级内容；

"搜索"按钮：用于快速查找对象；

"收藏夹"按钮：用于在内容控制区显示收藏夹文件的内容；

"主页"按钮：用于返回到固定的文件夹或文件；即在内容控制区显示设置为固定的文件夹或文件夹的内容。系统默认将此文件夹设为 DesignCenter 文件夹，可以设置自己的文件夹为固定文件夹；

"树状图"按钮：用于显示或隐藏树状视图区；

"预览"按钮：用于在内容区打开或关闭预览窗口；打开预览窗后，选中内容控制区的图像或图标，在预览区就会显示相应的图像或图标（见图 11-94 中图形预览窗口）；

"说明"按钮：用于在内容区打开或关闭说明窗口（见图 11-94 中图形说明窗口）；

"视图"按钮：用于控制在内容区所显示内容的格式，可用按钮进行选择。

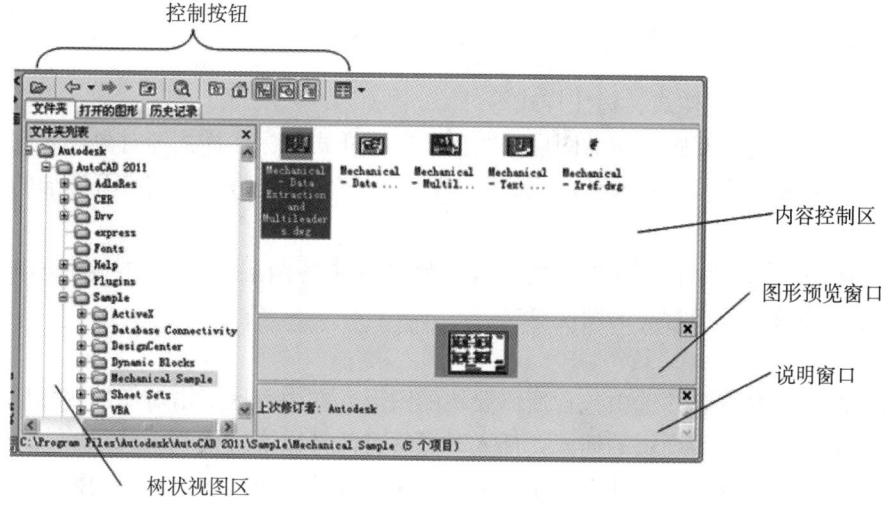

图 11-94 设计中心窗口

2. 设计中心的使用

在设计中心，可以通过内容控制区，按项目的层次顺序显示项目的详细信息。例如，在树状视图中选择一个 DWG 图形文件，则在内容控制区中显示块、布局、图层、标注样式、表格样式和文字样式等的图标，如图 11-95 所示。继续在内容控制区双击"图层"图标将得到图 11-96 所示的形式，表明对应图形拥有的图层。

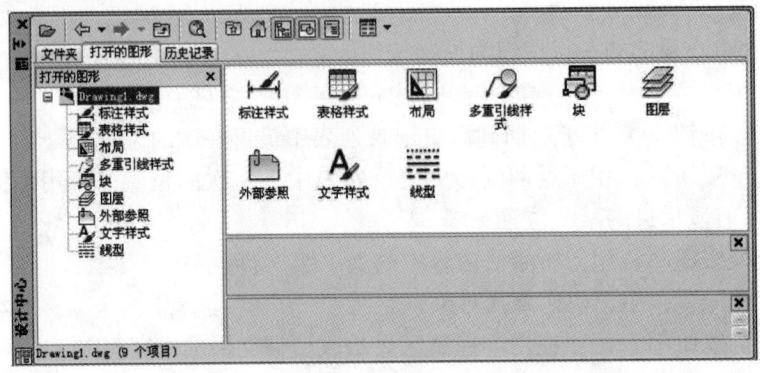

图 11-95　在内容控制区显示命名对象图标

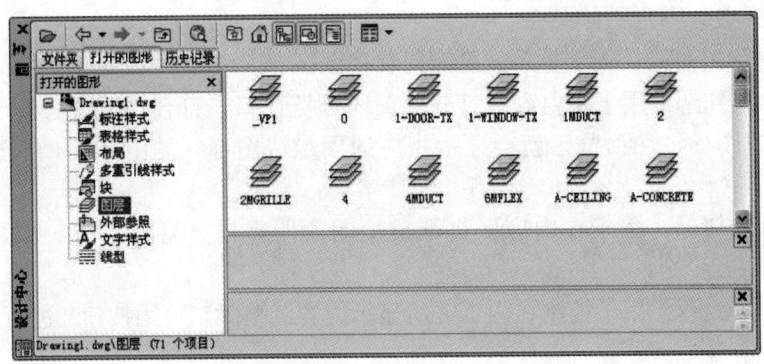

图 11-96　在内容控制区显示图层

1）插入图层、文字样式、标注样式等

利用设计中心将已有图形中的图层、线型、文字样式和标注样式等对象插入到当前图形的方法为：在内容控制区找到对应的内容，然后将它们拖拽至当前打开图形的绘图窗口中即可。

例如，在图 11-96 所示设计中心的内容控制区选中各图层，将它们拖拽至当前图形，当前图形中就会添加对应的图层意义。

2）插入块

通过树状视图区找到并选中包含所需要块的图形，在内容区双击对应的块图标，并找到要插入的块，即可实现块的插入，插入时通常有两种以下方式：

（1）自动换算插入比例。插入时系统按定义块时确定的块插入单位自动换算插入比例，块的插入旋转角度为 0。

（2）按指定插入点、插入比例和旋转角度插入块。双击要插入的图形或右击，从弹出的快捷菜单中选择"插入块"命令，系统打开图 11-97 所示的"插入"对话框。可以利用该对话框定义插入点、插入比例和旋转角度，实现插入。

［例 11-22］ 创建一幅图 11-98 所示的图形（图中没有线型信息），利用设计中心将图 11-77 图中所定义的图层插入到该图中，并将图中的图线更改到对应的图层。

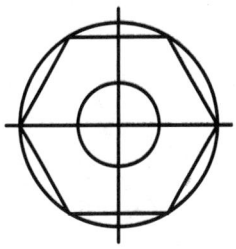

图 11-97　"插入"对话框　　　　　　图 11-98　没有线型信息的图形

解：操作过程如下：

（1）打开图 11-98，在当前图形下打开设计中心窗口，在树状视图区找到图 11-77 并选中，并在内容控制区显示出图层，如图 11-99 所示。选中各图层拖拽到当前图形，即可为当前图形建立图层。

（2）将图中的图线更改到对应的图层。虽然当前图形建立了图层，但必须更改图线的图层。其方法是首先选中图线，再从"图层"工具栏"图层控制"下拉列表中选择对应的图层项。更改结果如图 11-100 所示。

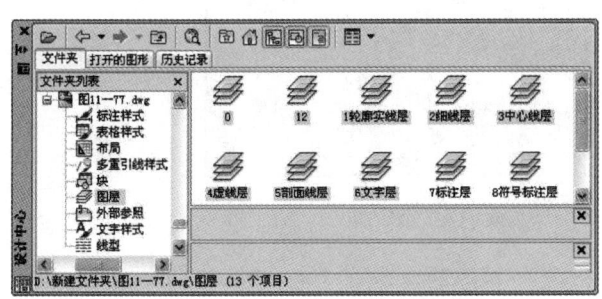
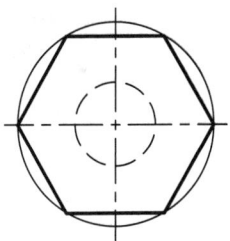

图 11-99　显示选中图形的图层　　　　图 11-100　图线更改后的图形

三、图形打印

1. 打印设置

打印设置称为页面设置，是指设置打印图形时所使用的图纸尺寸、打印设备等。
选择【文件】下的"页面设置管理器"命令。
命令：PAGESETUP ↵

打开图 11-101 所示的"页面设置管理器"对话框，单击该对话框"新建"按钮，又打开图 11-102 所示的"新建页面设置"对话框。在该对话框中选择基础样式，并输入新页面设置名为"CLG－03"，单击"确定"按钮，系统又打开图 11-103 所示的"页面设置"对话框，该对话框设置过程如下：

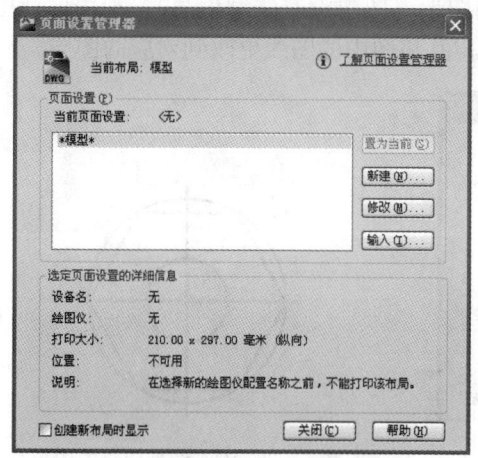
图 11-101 "页面设置管理器"对话框

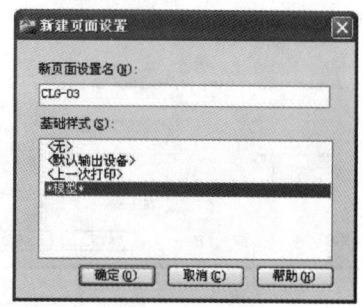
图 11-102 "新建页面设置"对话框

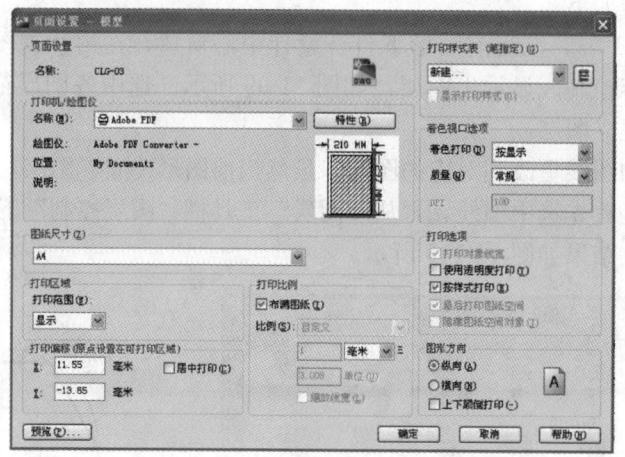
图 11-103 "页面设置"对话框

（1）在"打印机/绘图仪"下"名称"下拉列表框选打印设备，如选择打印机为"Adobe PDF"；"图纸尺寸"选择"A4"。

（2）在"打印范围"下拉列表框的"窗口"、"图形界限""显示"的 3 个选项中选择"窗口"（"窗口"表示打印位于指定矩形窗口中的图形、"图形界限"表示打印位于由 LIMITS 命令设置的绘图范围内的全部图形、"显示"表示打印当前显示的图形）。

（3）在"打印样式表"下拉列表框中选择"新建"（也可选择已有的样式表），此时，系统打开图 11-104 所示的"添加颜色相关打印样式表—开始"对话框，在该对话框中选中"创建新打印样式表"单选按钮；单击"下一步"按钮，打开"添加颜色相关打印样式表—文件名"对话框，输入文件名"CLG－03"，如图 11-105 所示；单击"下一步"按钮，系统又打开"添加颜色相关打印样式表—完成"对话框，如图 11-106 所示，单击该对话框中的"打印样式表编辑器"按钮，系统打开"打印样式表编辑器"对话框，如图 11-107 所示。

（4）"打印样式表编辑器"对话框用于设置打印样式表。如果绘图时设置了颜色，

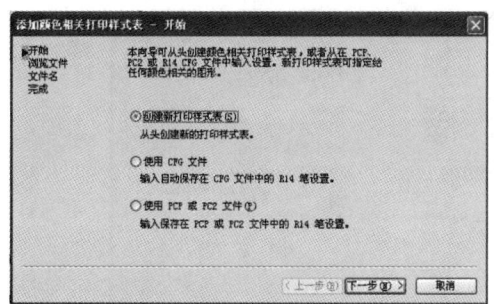
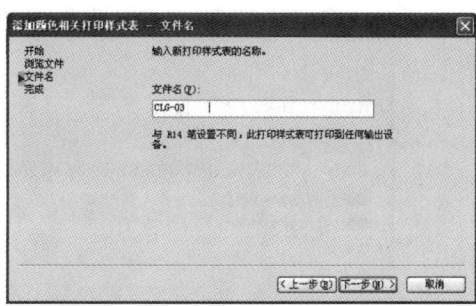

图 11-104　"添加颜色相关打印样式表—开始"对话框

图 11-105　"添加颜色相关打印样式表—文件名"对话框

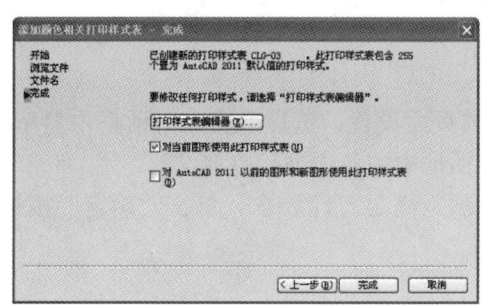

图 11-106　"添加颜色相关打印样式表—完成"对话框

图 11-107　"打印样式表编辑器"对话框

而实际需要用黑颜色打印图形，如果绘图时没有设定线宽，都可以通过该对话框设置不同图层的颜色和线宽等。其设置方法为：在"打印样式"下拉列表中选中对应颜色，在"特性"选项组下，"颜色"选"黑色"；"线型"选"使用对象线型"；"线宽"选下拉表框中对应的线宽；单击"保存并关闭"按钮，返回到"添加颜色相关打印样式表—完成"对话框（图 11-106），单击"完成"按钮，返回到"页面设置"对话框，完成打印样式的建立，"CLG—03"的样式名显示在打印样式列表中。

（5）其他选项可根据需要选择，或采用默认状态。

完成页面设置后，可单击"预览"按钮，预览打印效果。单击"确定"按钮，返回到"页面设置管理器"对话框（图 11-101），新建立的设置名显示在列表中，关闭对话框。

2. 打印图形

工具栏按钮🖨。

命令：PLOT↓

系统打开了"打印"对话框，如图 11-108 所示。如果已进行了页面设置，可在

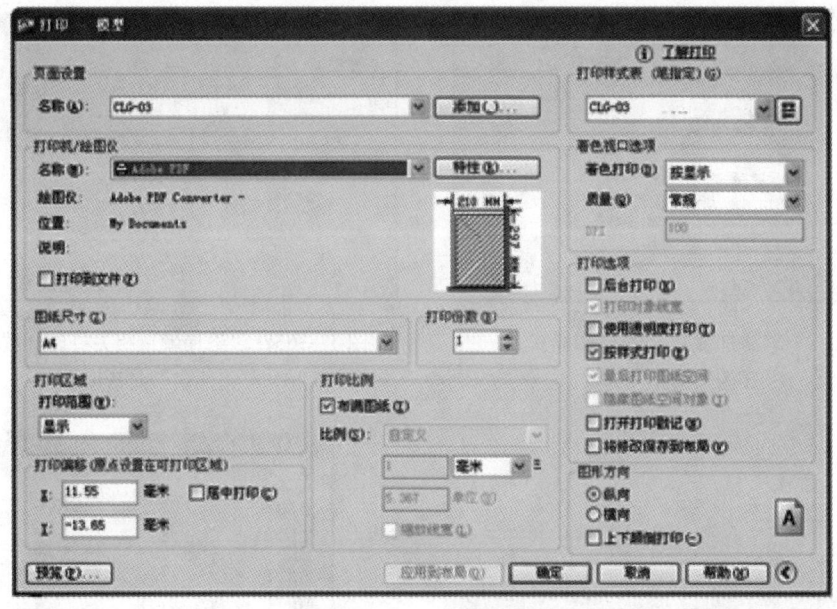

图 11-108 "打印"对话框

"页面设置"下"名称"下拉列表框选择对应的页面设置,选择后会在对话框中显示出与其对应的打印设置。此外,也可以对打印对话框中的各项进行单独设置。

单击"预览"按钮,预览打印效果,如果预览满足打印要求,单击"确定"按钮,即可将图形通过打印机或绘图仪输出在图纸上。

四、创建样板文件

AutoCAD 每新建一个图都要执行定义图层、定义各种样式以及创建块等重复操作。如果采用样板文件,则可以大大提高绘图效率,避免大量重复性操作。

样板文件是扩展名为 dwt 的 AutoCAD 文件,文件中通常除了包含一些通用设置,如绘图单位、图形界限、图层、文字样式、标注样式和表格样式等之外,还包含一些常用的图形对象,如图框、标题栏及各种常用块等。

系统中提供的样板文件有时不能满足绘图的需要,常需要创建样板文件。

[例 11-23] 创建如图 11-109 所示,图幅规格为 A4 竖放的图纸的图纸,文件名为"A4 样板.dwt"。

解: 创建样板文件的一般过程如下。

(1) 建立新图纸。

执行新建(NEW)命令建立新图形(也可以打开已有图形,在其基础上修改)。

(2) 绘图设置。

设置绘图单位、图形界限、图层、文字样式、标注样式和表格样式以及栅格显示、极轴追踪等。有些设置可以

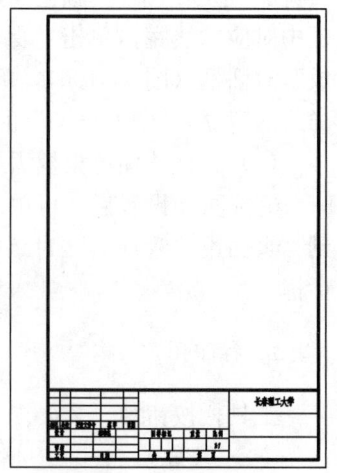

图 11-109 样板图形

通过设计中心完成。

（3）绘制固定图形。

如绘制图框、标题栏，填写固定文字。

（4）定义常用符号块。

（5）打印设置。

设置打印页面、打印设备等。

（6）保存图形为图形样板。

保存图形的过程是：选择【文件】下的"另存为"命令，在打开的"图形另存为"对话框的"文件类型"下拉列表框选择"AutoCAD 图形样板（*.dwt)"；在"文件名"后输入"A4 样板.dwt"，如图 11-110 所示，单击"保存"按钮，系统弹出图 11-111 "样板选项"对话框，在其说明框中输入"A4 样板.dwt"后，单击"确定"按钮，完成样板文件的定义。

图 11-110　"图形另存为"对话框

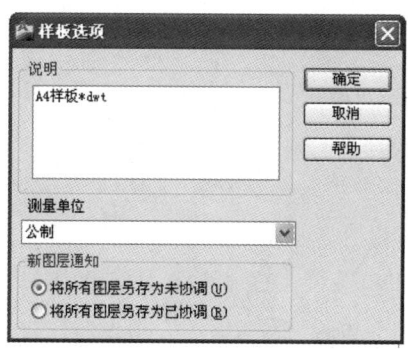

图 11-111　"样板选项"对话框

当需要使用该样板文件时，只要执行 NEW 命令，在弹出的"选择样板"对话框里选择"A4 样板.dwt"文件名，单击"打开"按钮即可，如图 11-112 所示。

图 11-112 "选择样板"对话框

参 考 文 献

大连理工大学工程画教研室.2003.机械制图.北京：高等教育出版社
何铭新，钱可强.2003.机械制图.北京：高等教育出版社
李玉菊，张东梅.2008.工程制图.北京：科学出版社
刘朝儒，彭福阴，高振一.2001.机械制图.北京：高等教育出版社
全国技术产品文件标准化技术委员会，中国标准出版社第三编辑室.2009a.全国产品文件标准汇编 技术制图卷.2版.北京：中国标准出版社
全国技术产品文件标准化技术委员会，中国标准出版社第三编辑室.2009b.全国产品文件标准汇编 机械制图卷.2版.北京：中国标准出版社
王成刚，张佑林，赵奇平.2003.工程图学简明教程.武汉：武汉理工大学出版社
杨裕根.2003.现代工程工程图学.北京：北京邮电大学出版社
赵大兴，李天宝.2001.工程图学.北京：机械工业出版社
周克绳，程军，李玉菊.1996.工程制图.北京：兵器工业出版社

图学基础教程习题集

主编 张东梅 李玉菊

副主编 杨丽婕 王伟冰

科学出版社

北京

内 容 简 介

本习题集以教育部高等学校工程图学教学指导委员会 2004 年提出的"普通高等学校工程图学课程教学基本要求"为依据，结合 21 世纪对高校人才培养的需求，在对工程图学的教学本质和功能再认识和基础上，以培养学生综合素质及创新能力为出发点，结合编者多年教学经验和教改成果编写而成。

本习题集与《图学基础教程》配套使用，内容包括制图的基本知识和技能、投影法、物体几何要素的投影、几何元素间的相对位置、投影变换、基本立体、平面与立体相交、两立体相交、组合体、轴测图、计算机绘图，共 11 章。

本书主要针对普通高等院校的"图学基础"课程编写，作为高等院校教材，主要适合于 38~68 学时的高校工科类各专业本科生作为图学基础教学使用，为下一阶段的专业绘图基础的学习打下牢固的基础，同时也可作为广大工程技术人员业务学习的参考书。

图书在版编目（CIP）数据

图学基础教程（含习题集）/张东梅，李玉菊主编. —北京：科学出版社，2012

ISBN 978-7-03-035197-5

I.①图… Ⅱ.①张… ②李… Ⅲ.①工程制图-教材 Ⅳ.①TB23

中国版本图书馆 CIP 数据核字（2012）第 185264 号

责任编辑：朱晓颖 于俊杰 张丽花 责任校对：宋玲玲
责任印制：徐晓晨/封面设计：谜底书表

科学出版社 出版

北京东黄城根北街 16 号
邮政编码：100717
http://www.sciencep.com

新科印刷有限公司 印刷
科学出版社发行 各地新华书店经销

*

2012 年 8 月第 一 版　　开本：787×1092 1/16
2021 年 8 月第十次印刷　　印张：24 3/4
字数：571 000

定价：59.80 元（含习题集）
（如有印装质量问题，我社负责调换）

前 言

本习题集以教育部高等学校工程图学教学指导委员会2004年提出的"普通高等院校工程图学课程教学基本要求"为依据，结合21世纪对高校人才培养的需求，在对工程图学的教学本质和功能再认识的基础上，以培养学生综合素质及创新能力为出发点，结合编者多年教学经验和教改成果编写而成。与同步出版的《图学基础教程》（张东梅、李玉菊主编）配套使用。各章节配有数量和难易程度适中的习题。

本习题集全部采用最新颁布的《技术制图》与《机械制图》国家标准，坚决维护标准的权威性，贯彻标准化思想。

在编题过程中，编者充分考虑了当前高校师生实际及图学基础课程的特点，突出基本理论、基本方法、基本内容方面的训练，注重了综合能力的训练和培养，题目由浅入深，循序渐进，画读结合，能使学生作业上手快，年年巩固所学知识，也可供广大工程技术人员业务学习使用。

本习题集由长春理工大学张东梅、李玉菊担任主编，杨丽娃、王伟冰担任副主编，参加编写的还有薛娜、赵峻彦、张学优、张宝庆、李俊烨、高伟、朱立峰、弯艳玲。本习题集由主审。

限于编者水平，习题集中难免存在缺点和疏漏之处，恳请有关专家和广大读者批评指正。

编　者

2012 年 5 月

目　录

第一章　制图的基本知识和技能 …………………… 1
第二章　投影法 …………………… 15
第三章　物体几何要素的投影 …………………… 17
第四章　几何元素间的相对位置 …………………… 35
第五章　投影变换 …………………… 43
第六章　基本立体 …………………… 49
第七章　平面与立体相交 …………………… 53
第八章　两立体相交 …………………… 63
第九章　组合体 …………………… 71
第十章　轴测图 …………………… 97
第十一章　计算机绘图 …………………… 103

第一章 制图的基本知识和技能

1-1 字体练习

机械制图校比例数量学专业班级椭圆长度图纸号随层线型
左右前后主俯仰侧投影长宽高尺寸内外厚薄装配均布名称
轴测平立斜环顶底剖切断面局部旋转放大向形螺纹键销零件
毫米厘设计描审共第张系中密封环焊铆联接热处理弹簧齿轮
调质渗碳涂料滑板钻角紧固技术要求钢板锈铁矩形倒例带管柱
青黄铜铝铅锌铬矩明时固定紧密松动焊转轴型比瓦筒理旋技

ABCDEFGHIJKLMNOPQRSTUVWXYZ

abcdefghijklmnopqrstuvwxyz

1234567890 α β γ δ ε η θ

1234567890

I II III IV V VI VII VIII IX X I II III IV

R3 C2 M24-6H

φ80Js(±0.015)

φ85H8/f7 2×1.5

φ20 $^{+0.010}_{-0.023}$ φ15 $^{0}_{-0.011}$

φ65H7($^{+0.046}_{0}$)

1-2 图线练习（一） 在指定位置，照样画出和补全各种图线、图形

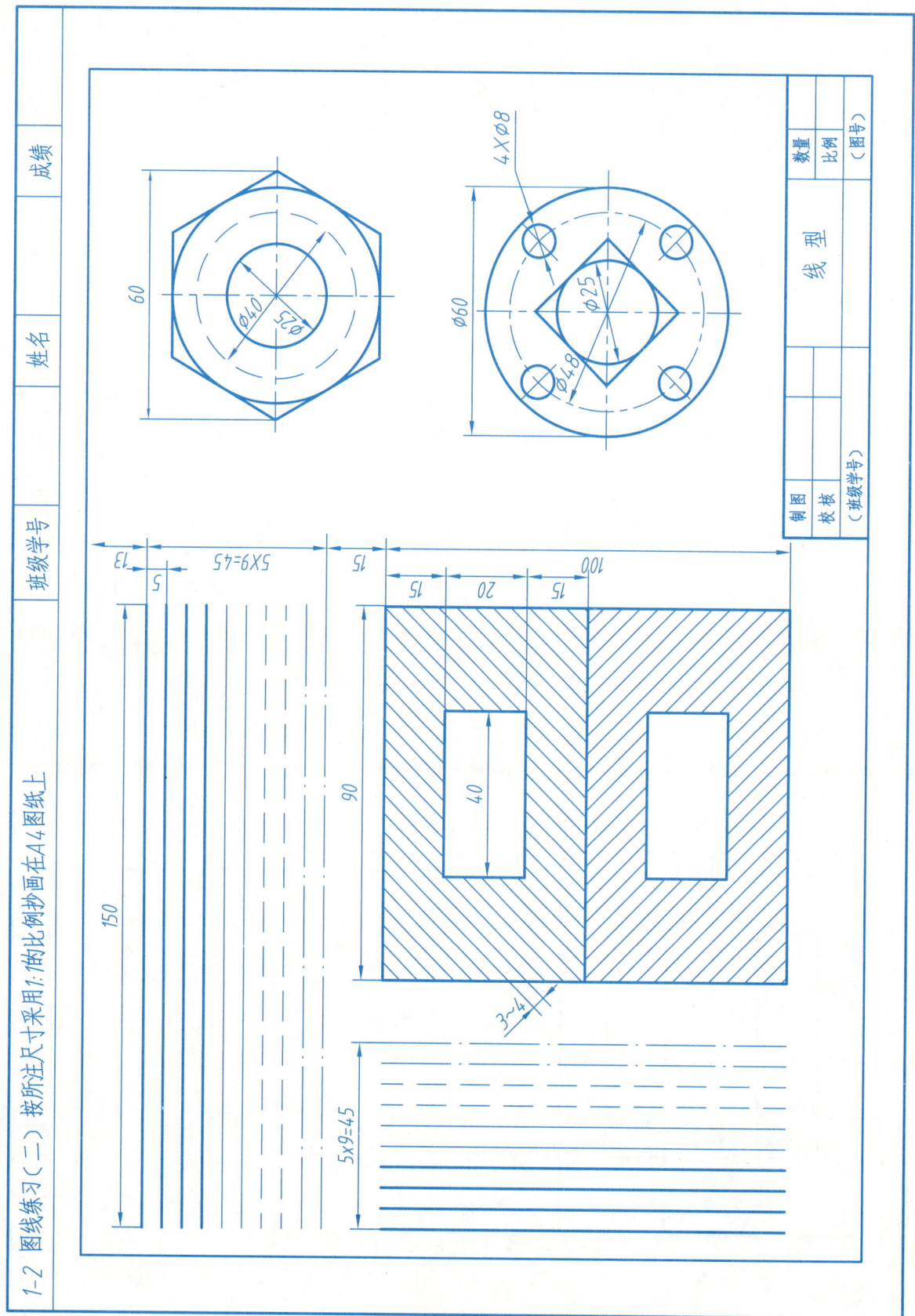

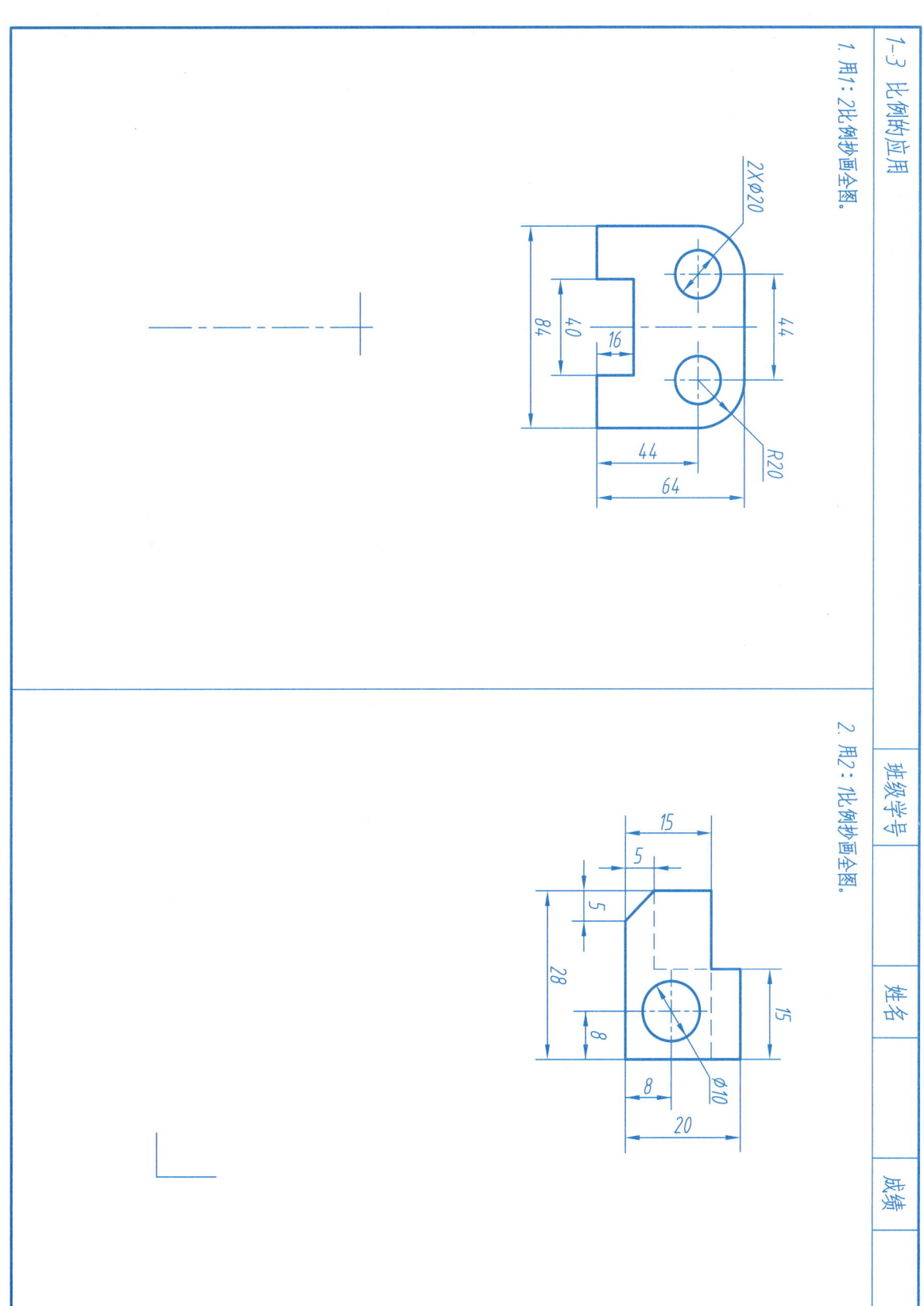

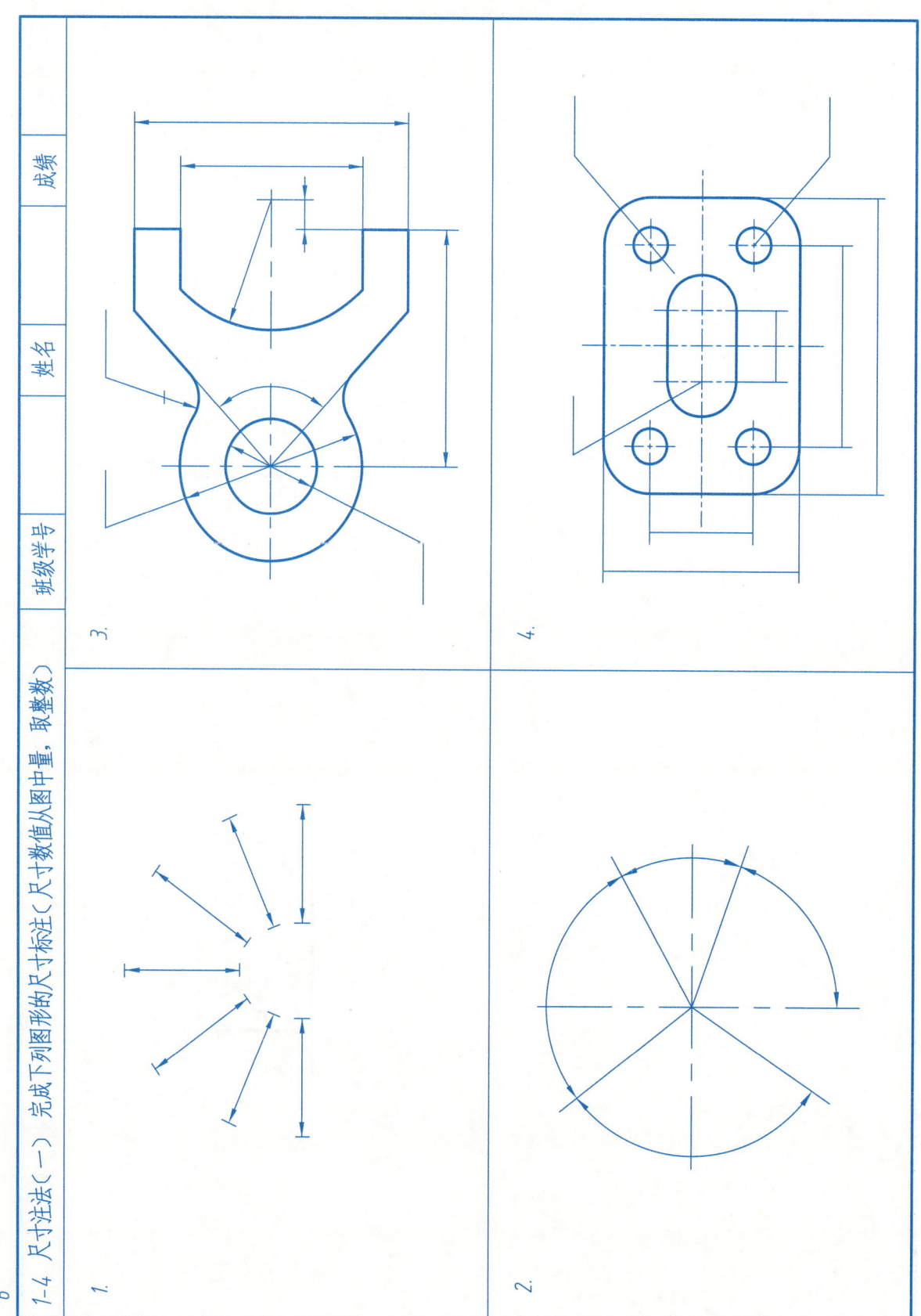

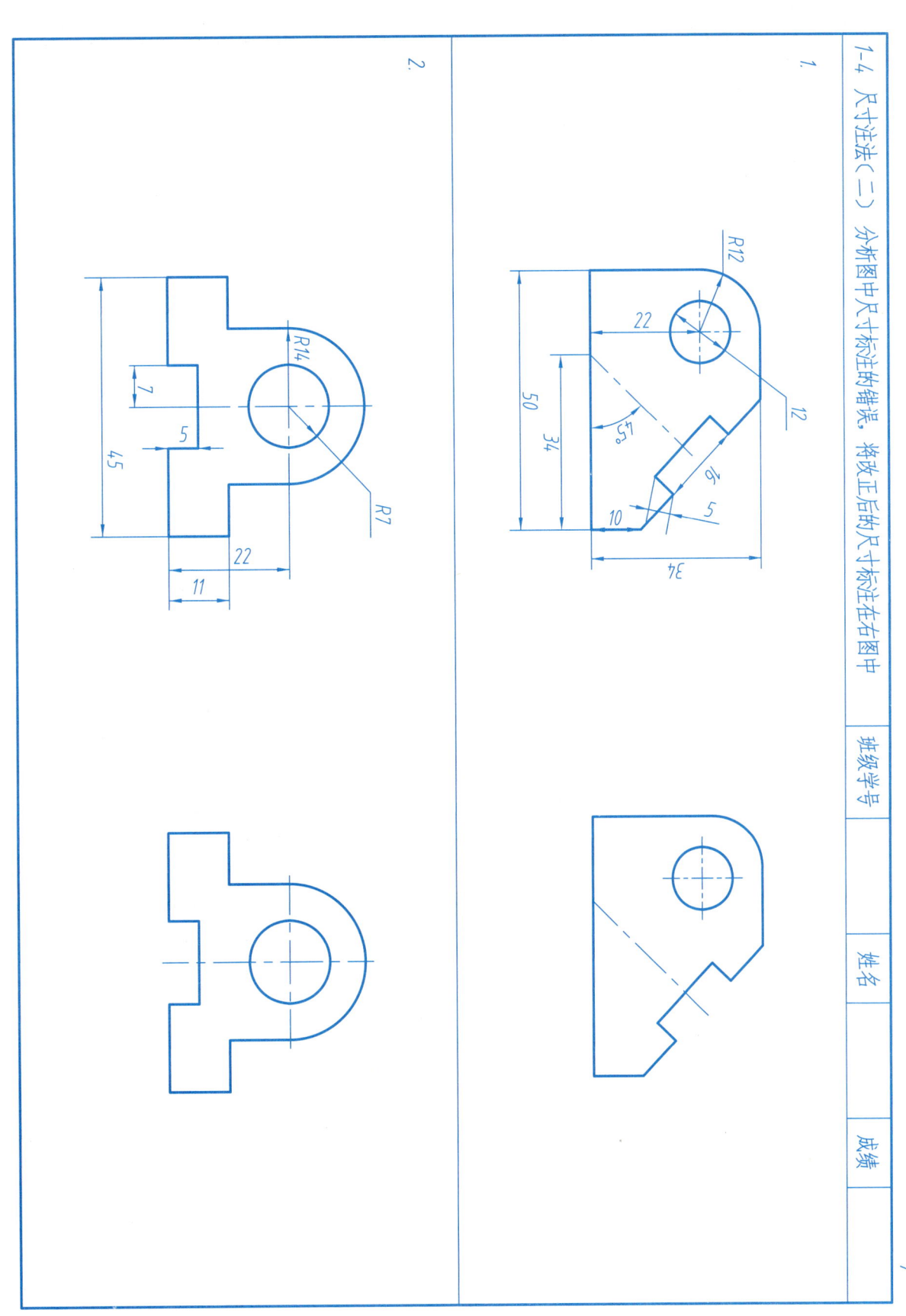

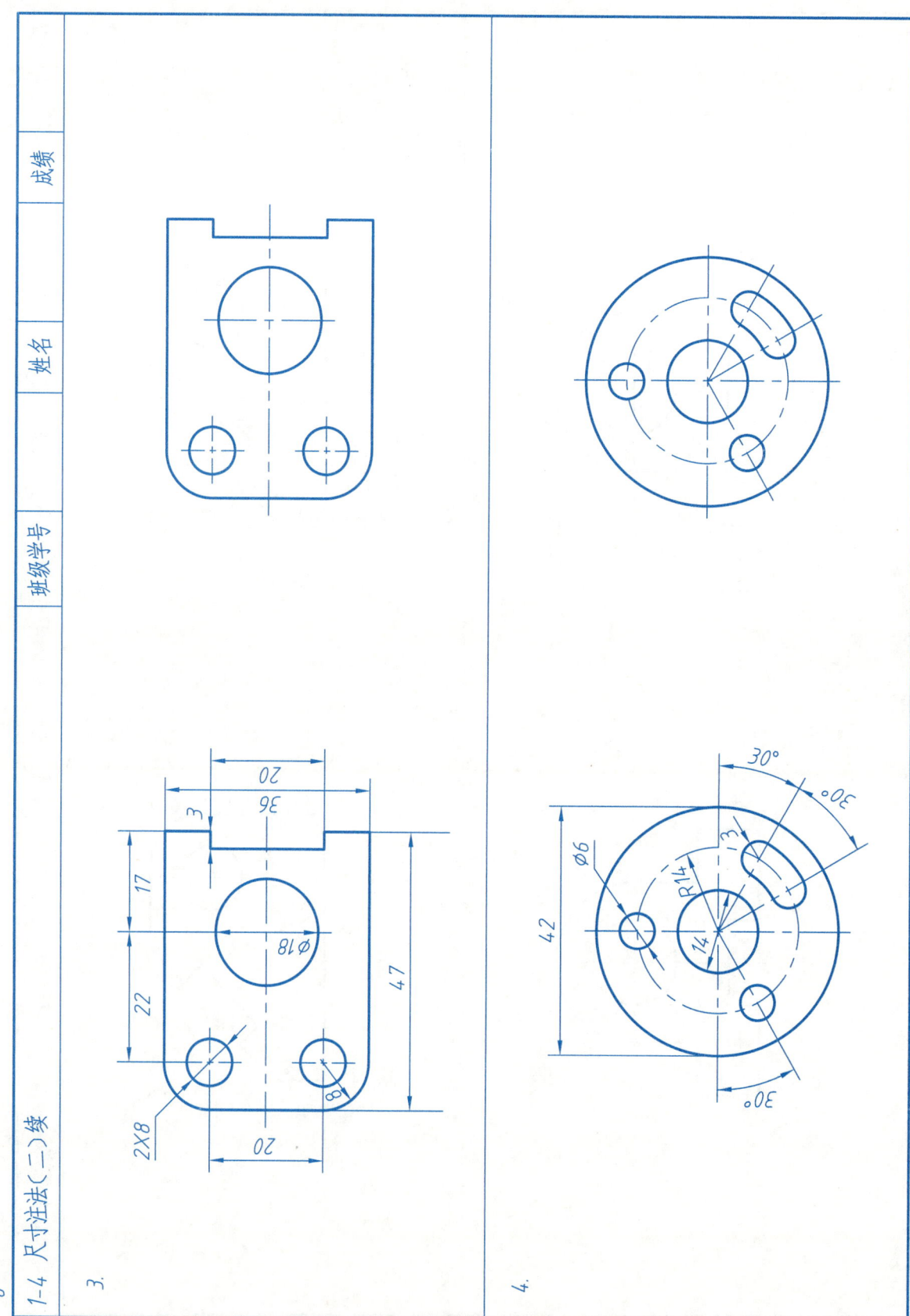

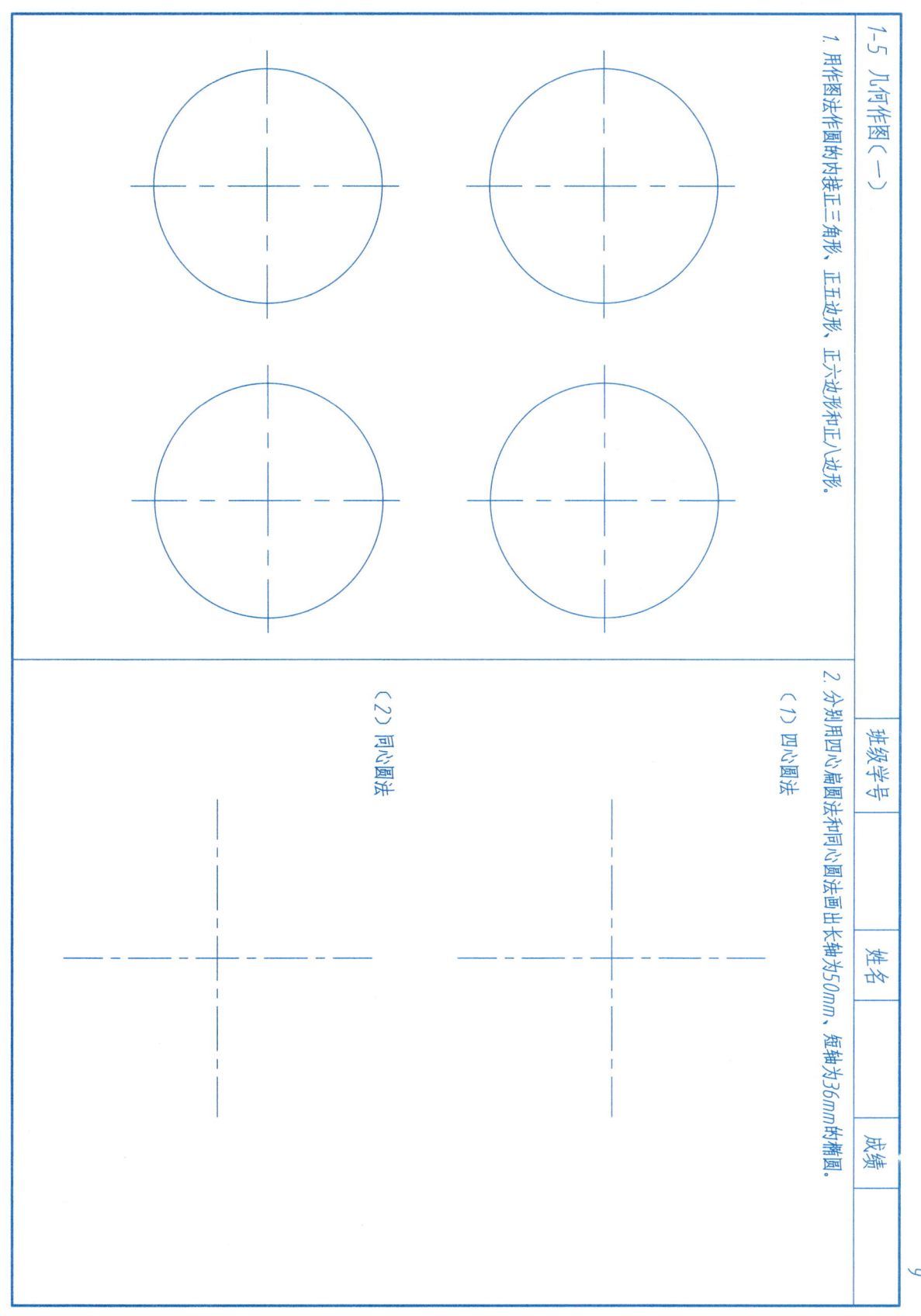

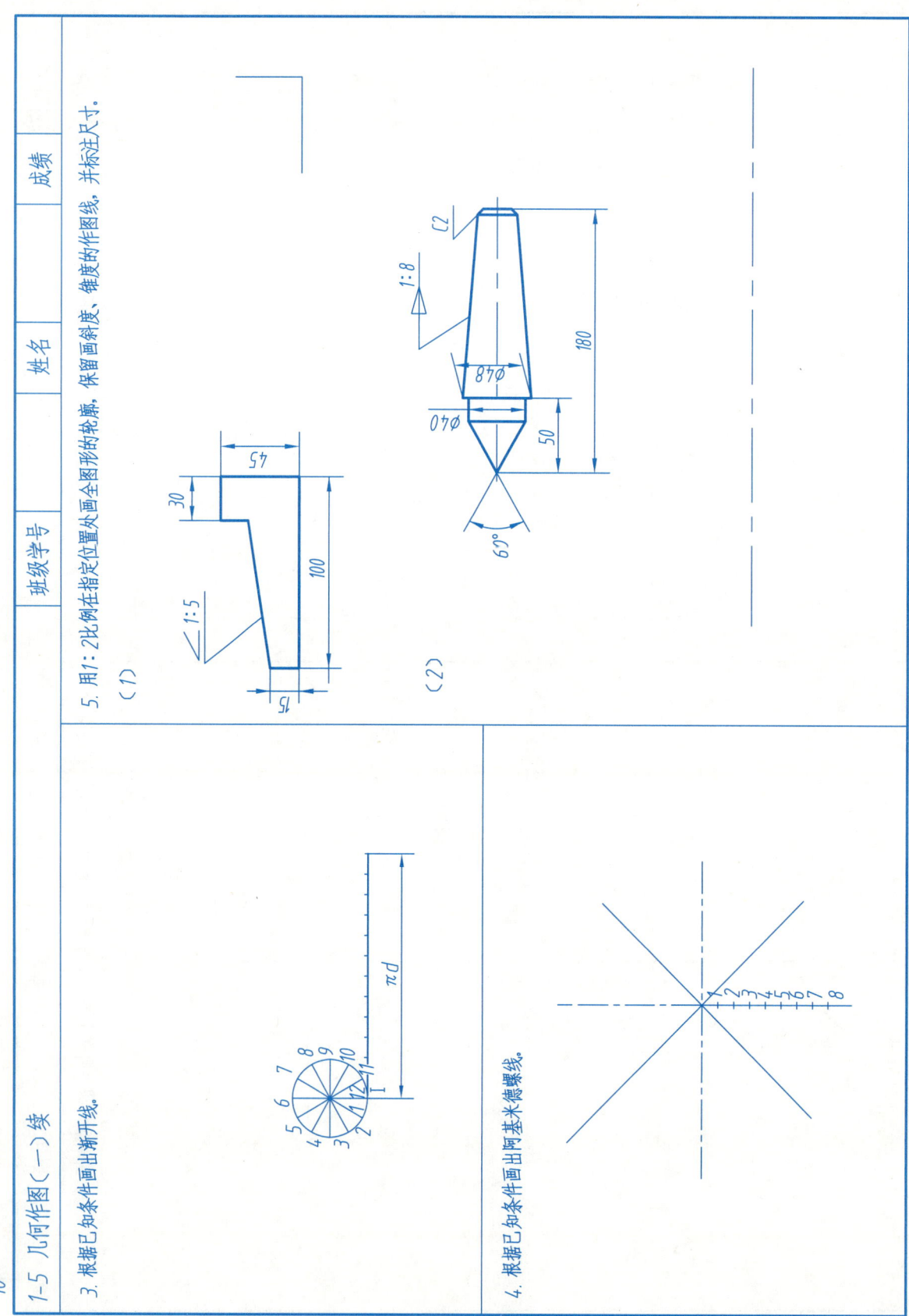

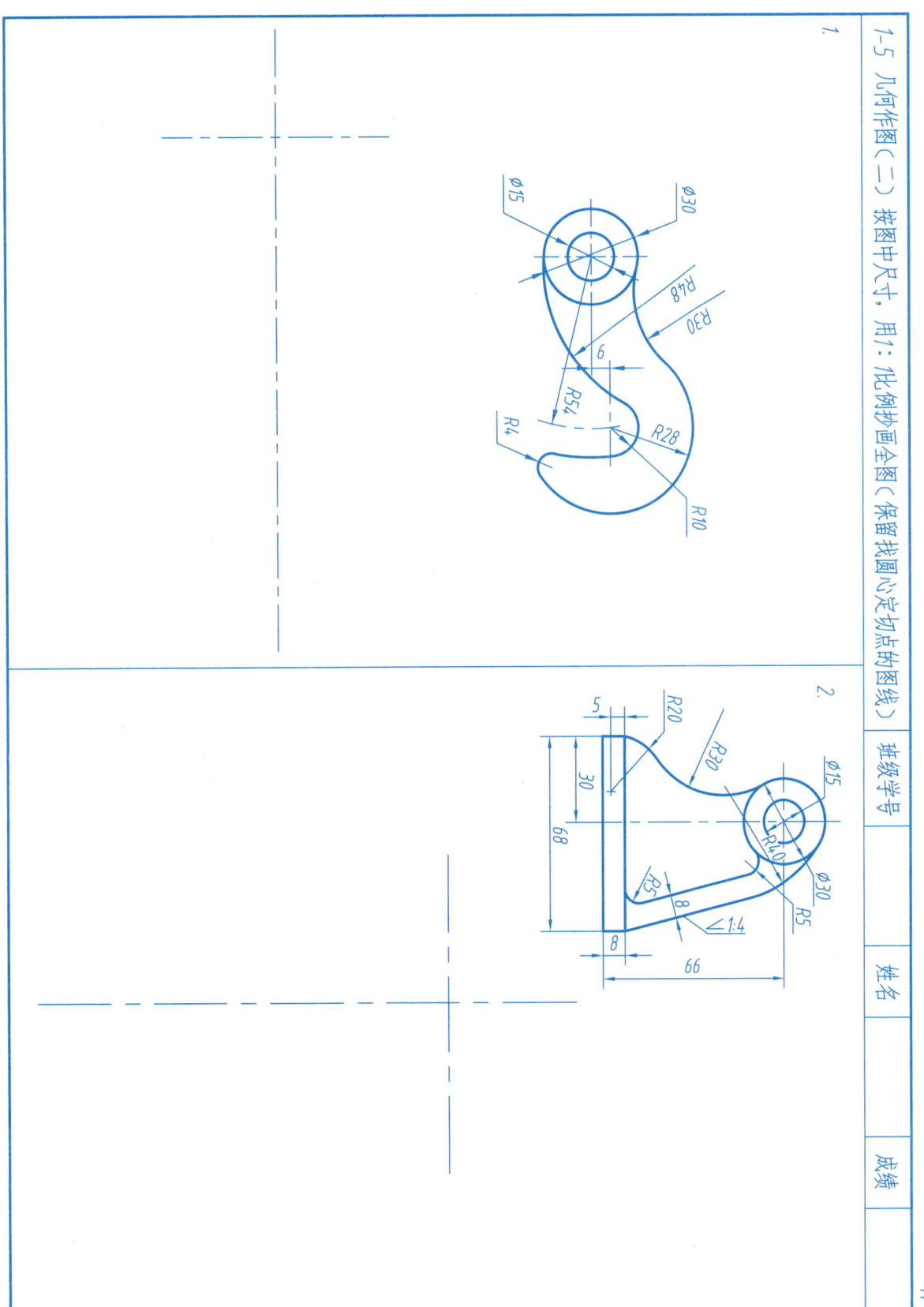

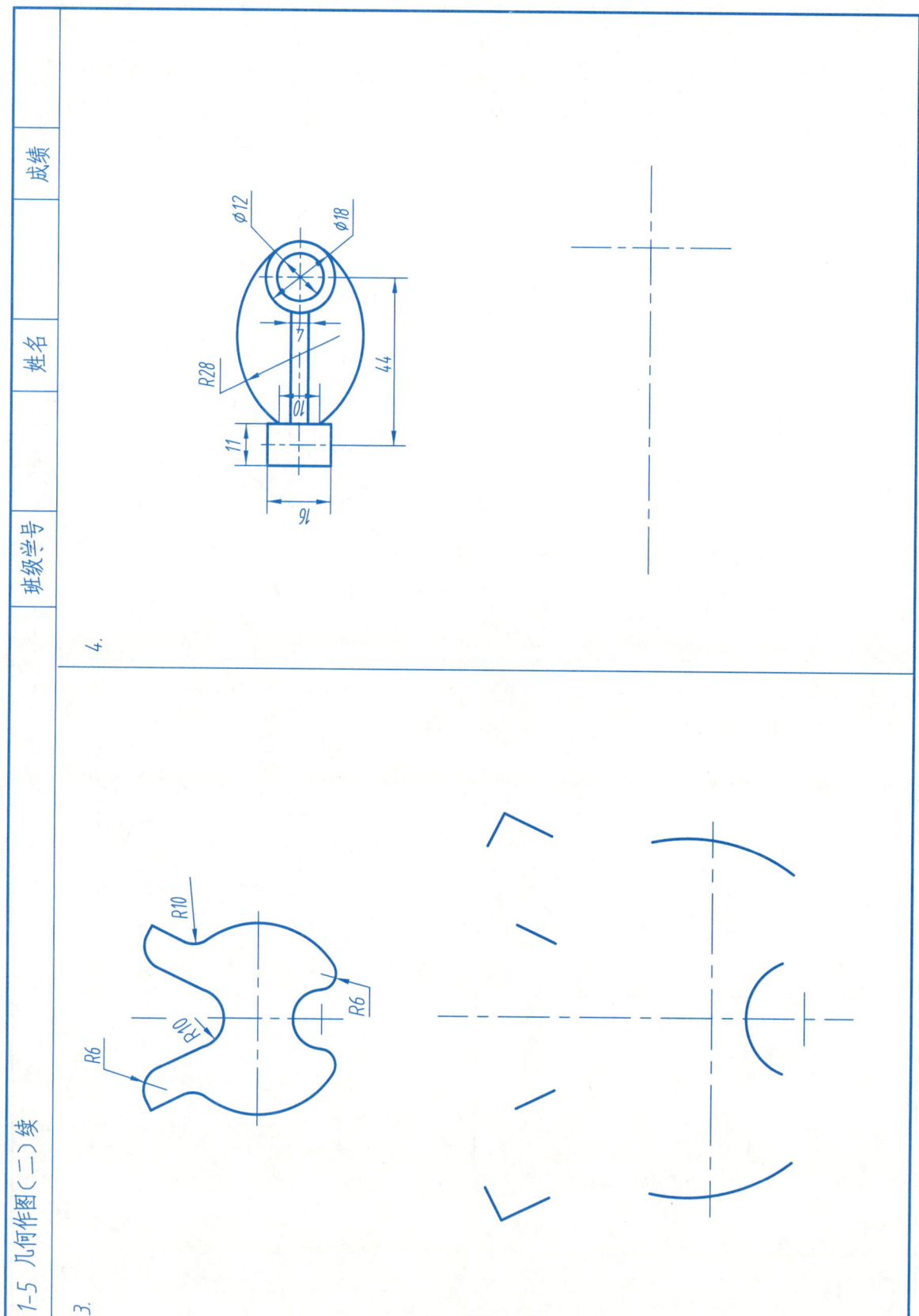

1-6 大作业：画带圆弧连接的平面图形

作业指导

一、作业目的及要求

1. 目的 学习圆弧连接和平面图形画法，进一步练习绘图工具的正确使用方法，提高画图质量，练习尺寸的标注方法。
2. 要求 掌握圆弧连接的作图方法和描深技巧，做到连接光滑，图形正确，布局适当，线型合理，字体工整，符合国标。

二、作业名称 图纸幅面 比例

1. 图名 几何作图 2. 图纸幅面 A4 3. 比例 1:1

三、绘图步骤及注意事项

1. 布图 确定图形的位置，画好中心线，考虑留有标注尺寸的地方，使图形适中。
2. 画底稿 分析图形的线段的性质，先画已知线段，次画中间线段，后画连接线段，特别注意圆弧连接的各切点及圆心位置。
3. 加深 仔细校核后，去掉多余线条方可加深，加深时相切处要光滑。

制图作业零件图用标题栏格式

制图	（姓名）	（日期）	几何作图	比例	数量
审核			（材料）	（图号）	
（班级学号）					

1. 吊钩

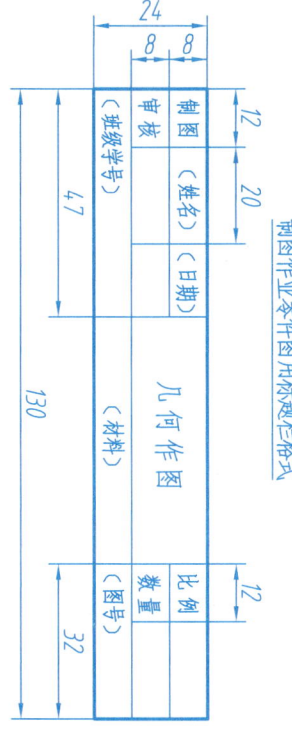

班级学号　　姓名　　成绩

13

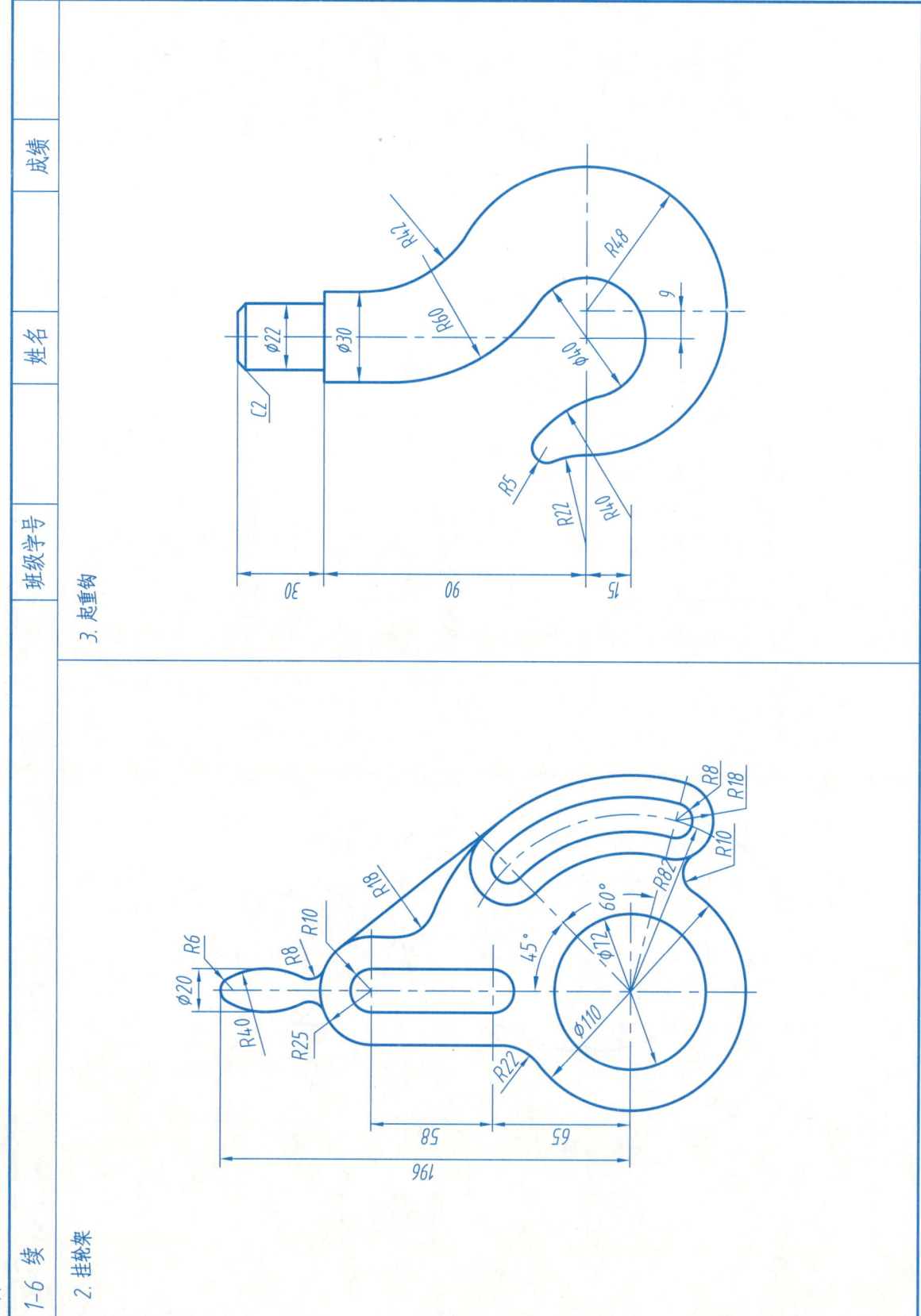

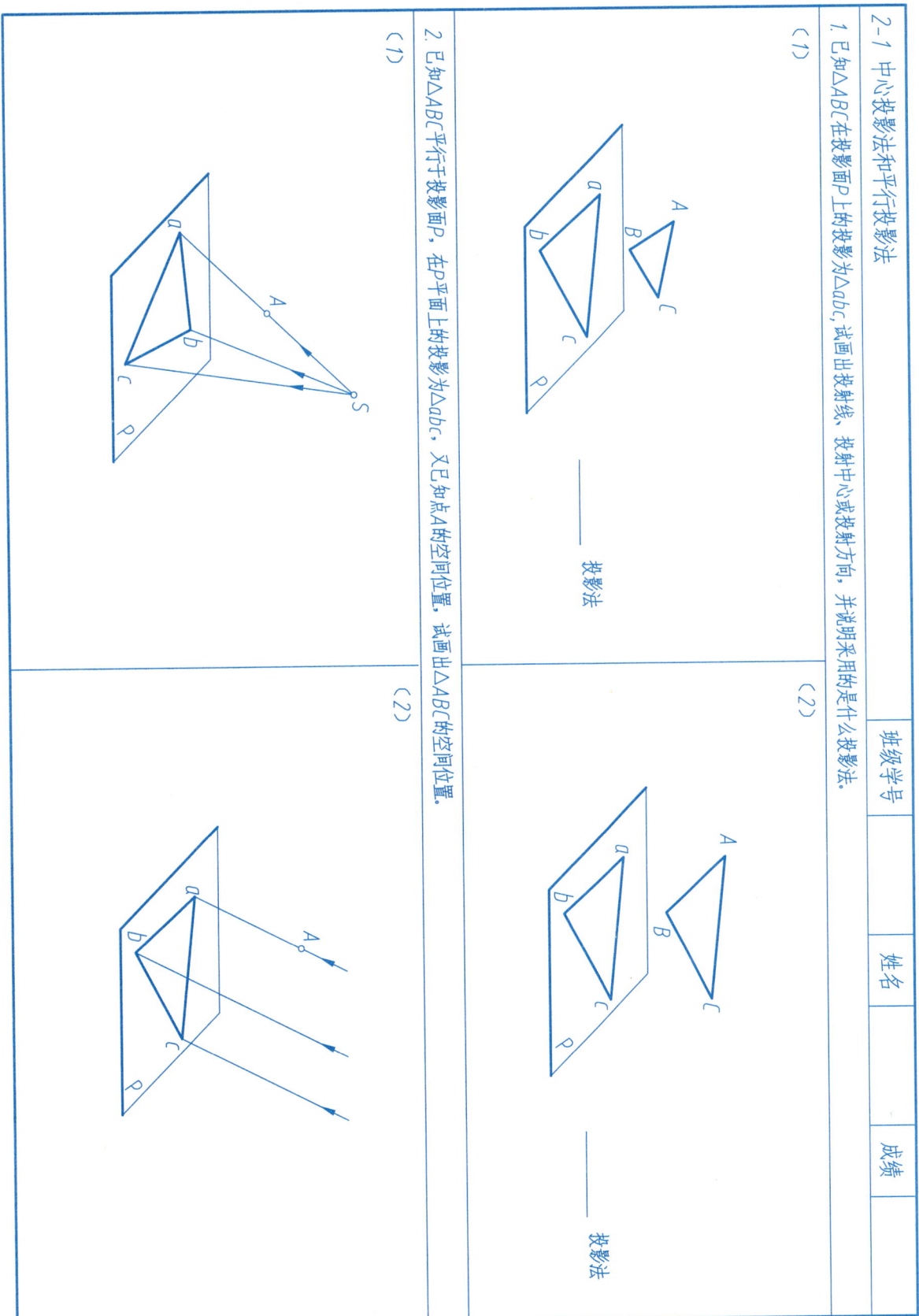

2-2 正投影的基本特性

1. 已知 $AB // CD$,证明 $AB:CD = ab:cd$。

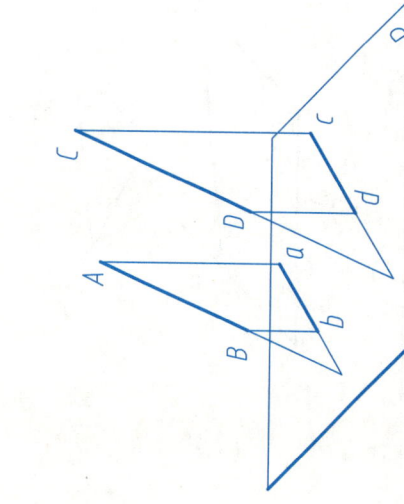

证明:

2. 已知 $ABCD$ 为平行四边形,证明其投影 $abcd$ 仍为一平行四边形。

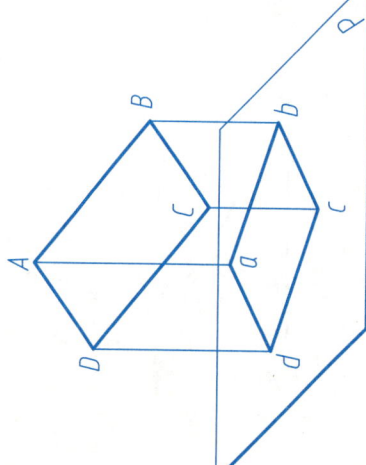

证明:

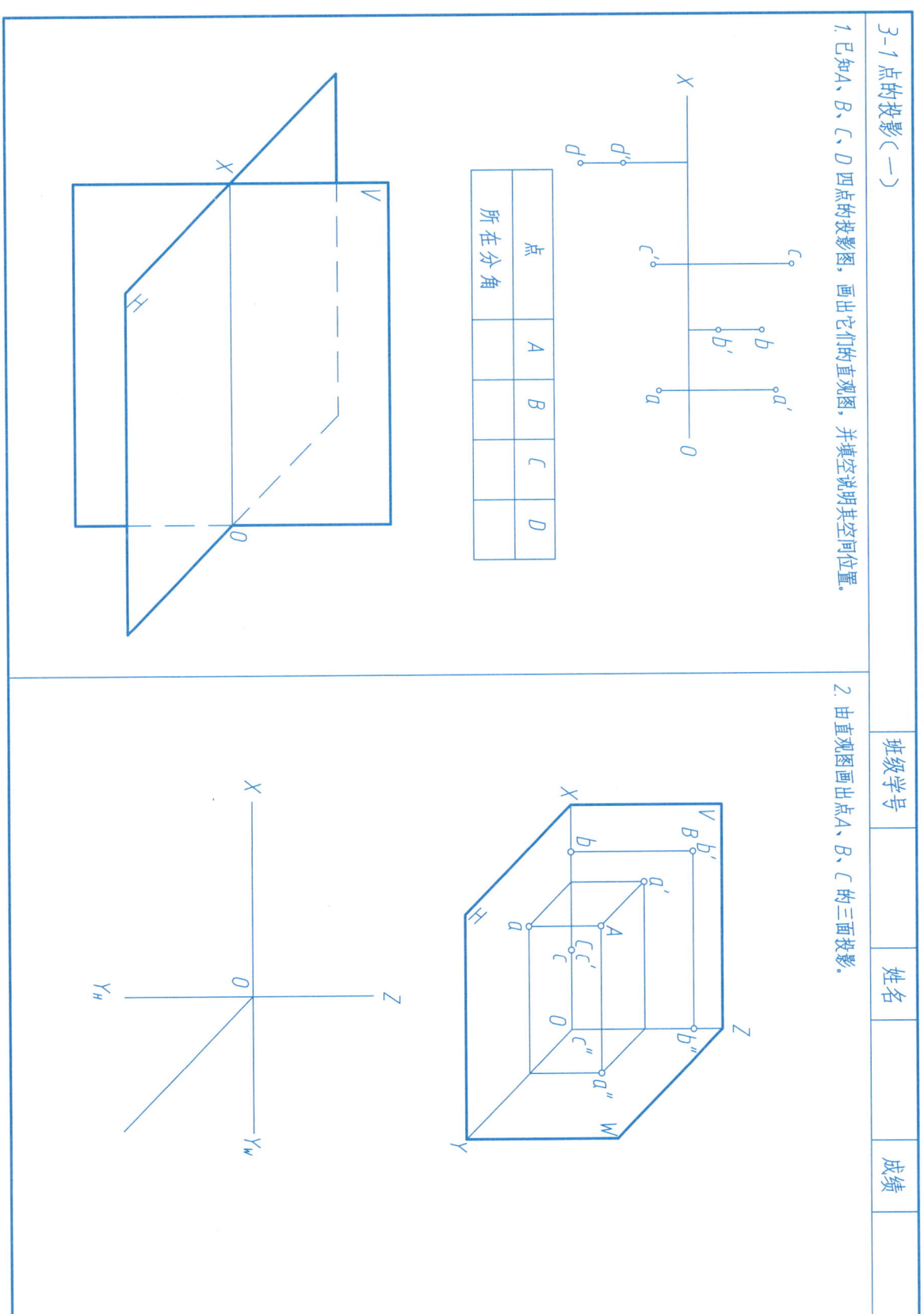

3-1 点的投影（一）续

3. 已知各点的两面投影，作出第三面投影。

(1)

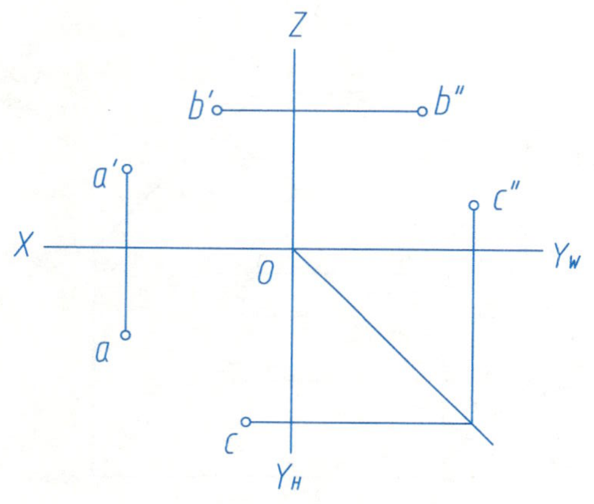

(2)

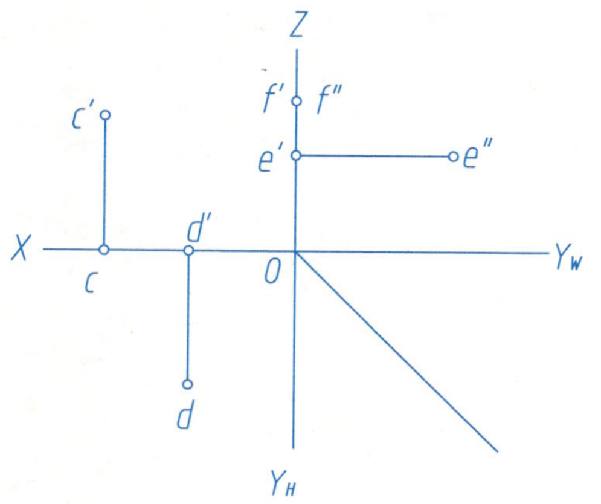

4. 已知点A的坐标为(20, 15, 7), 点B的坐标为(15, 10, 0), 点C的坐标为(0, 0, 20), 作出它们的三面投影和直观图。

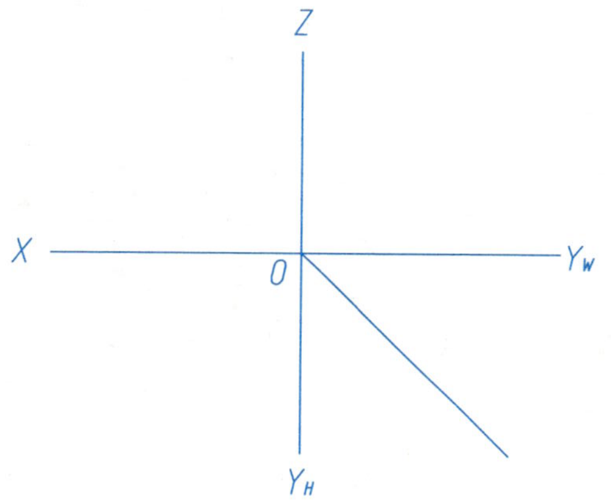

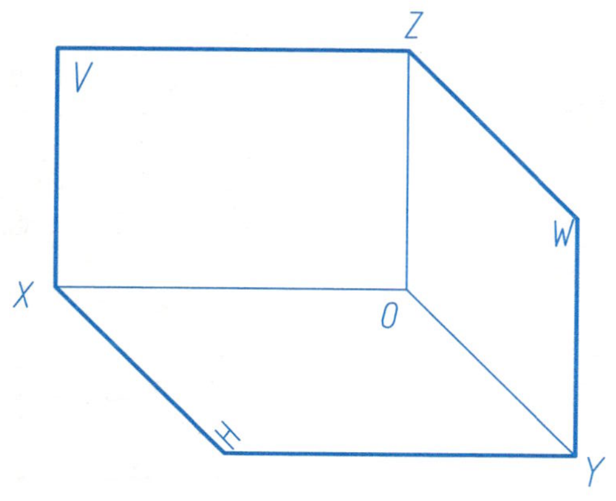

3-1 点的投影（二）

1. 已知点 A、B 的两面投影，在图中量出它们的坐标（取整数），填写在表格中。

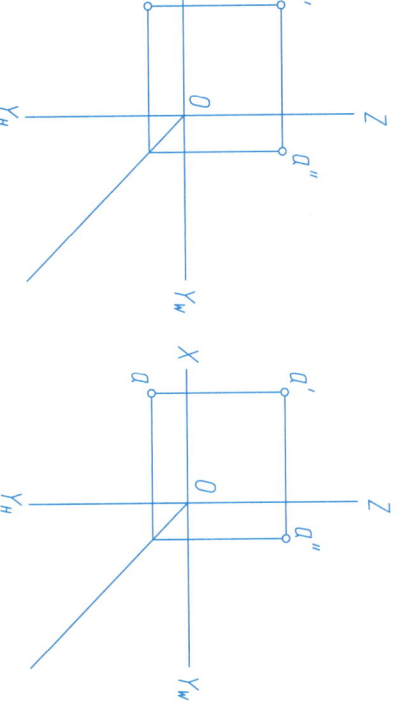

	A	B	C
X			
Y			
Z			

2. 已知点 A 的投影，求点 B 的三面投影。
(1) A、B 点对称于 V、W 两面角的分角面。 (2) A、B 点对称于 V、H 两面角的分角面。

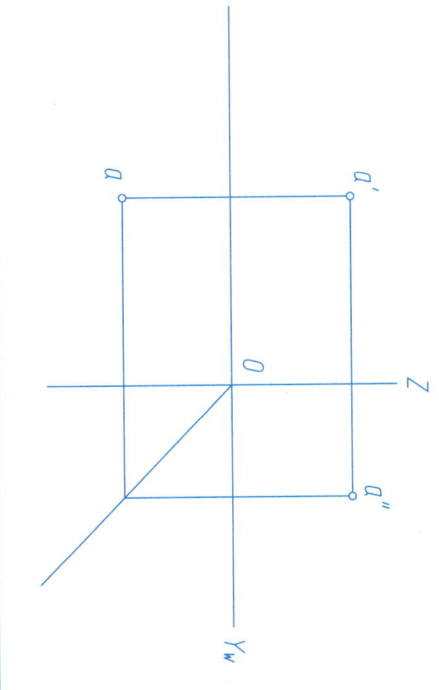

3. 比较 A、B、C 三点的相对位置，填空。

点 B 在点 A 的 ___、___、___ 方；
点 B 在点 C 的 ___、___、___ 方；
点 C 在点 A 的 ___、___、___ 方。

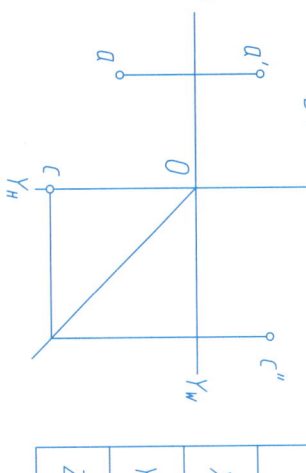

4. 已知点 B 在点 A 之左 20mm，之前 10mm，之下 5mm；点 C 在点 A 的正右方 10mm，作出 B、C 的三面投影，并表明可见性。

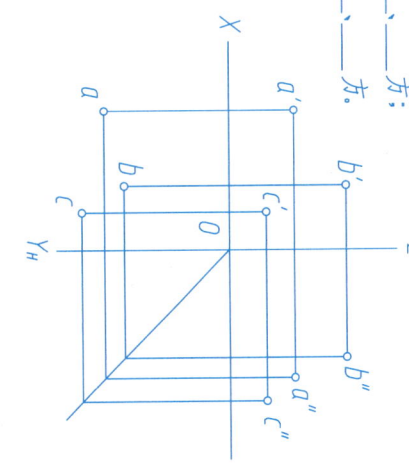

3-1 点的投影（二）续

5. 判断以下各重影点的可见性。

6. 已知点 A 距 W 面 15，点 B 距离点 A 为 20，点 C 与点 A 是对正面投影的重影点，Y 坐标为 25。补全诸点的三面投影，并表明可见性。

7. 在投影图上标明轴测图上所示各点的三面投影。

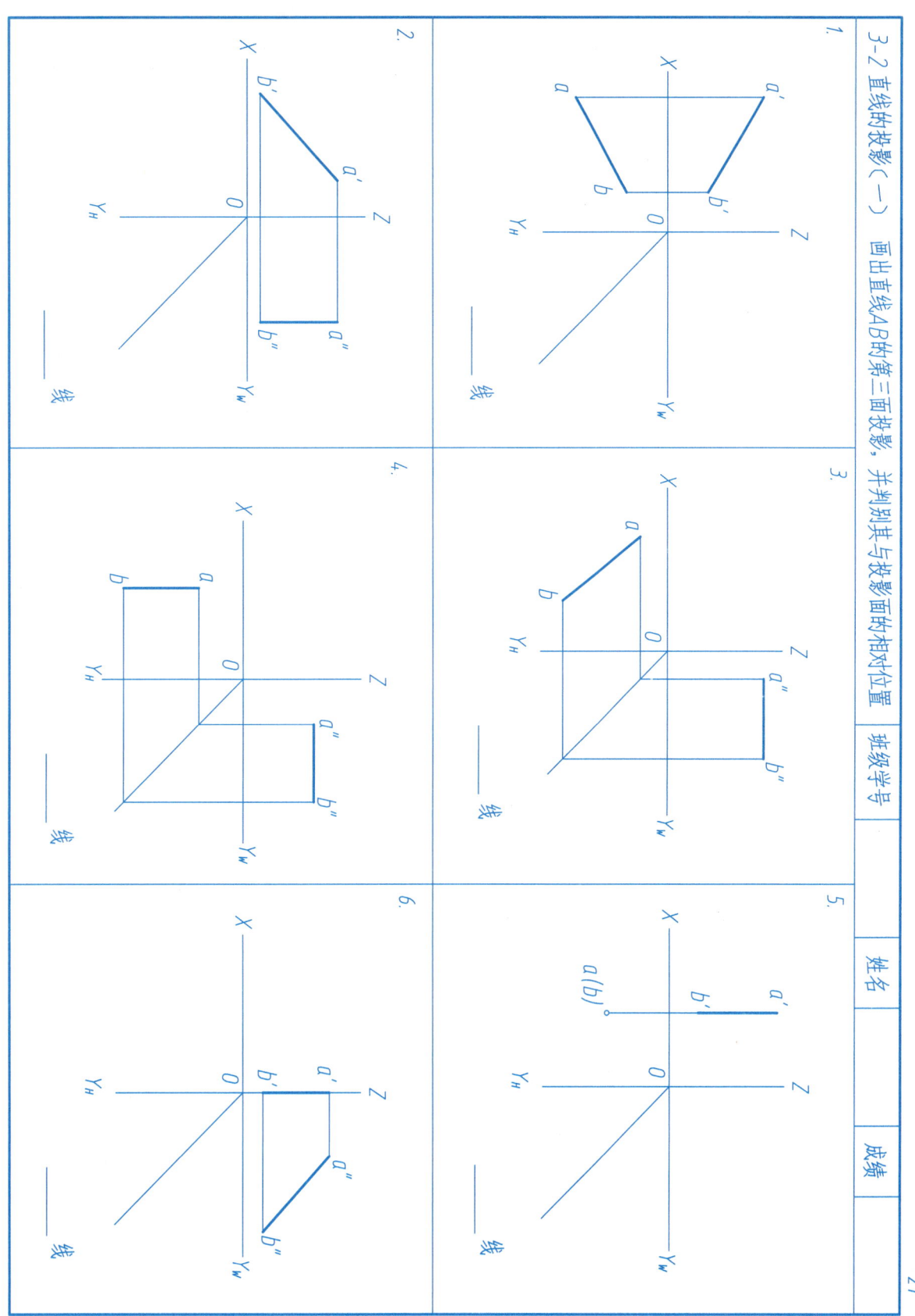

3-2 直线的投影（二）

| 班级学号 | | 姓名 | | 成绩 | |

1. 过点A向右作侧垂线AB，实长为20mm。

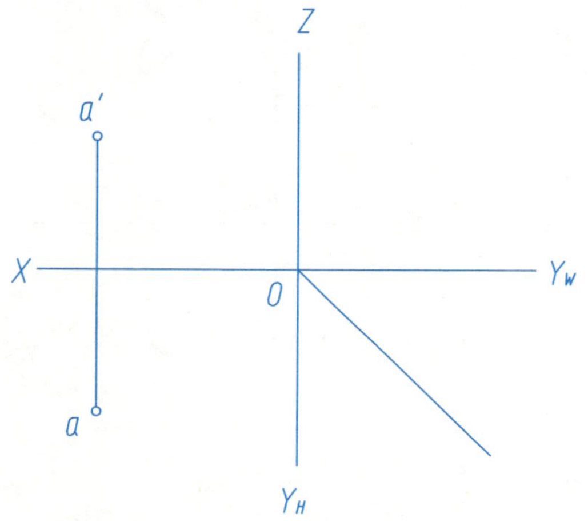

2. 过点A向左、向前作水平线AB，实长为20mm，β=30°。

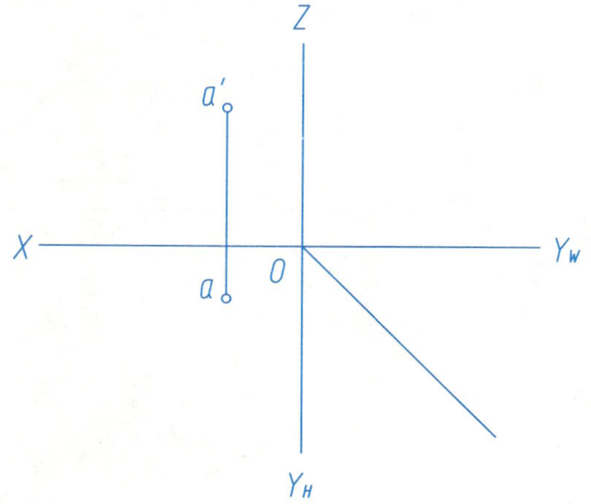

3. 过点A向左作正平线AB，实长为25mm，点B在点A之上15mm。

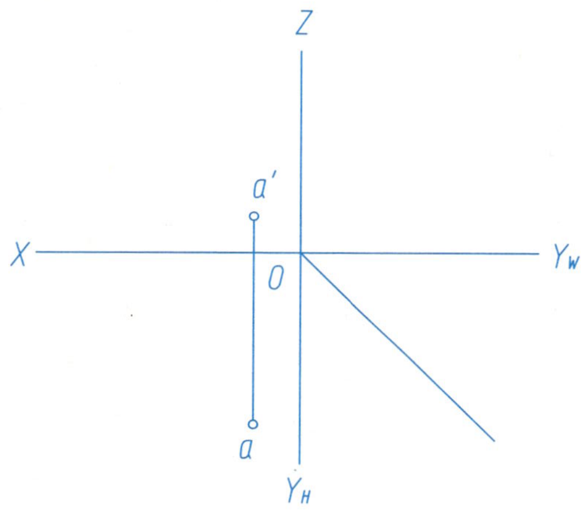

4. 过点A向前、向下作侧平线AB，实长为15mm，α=30°。

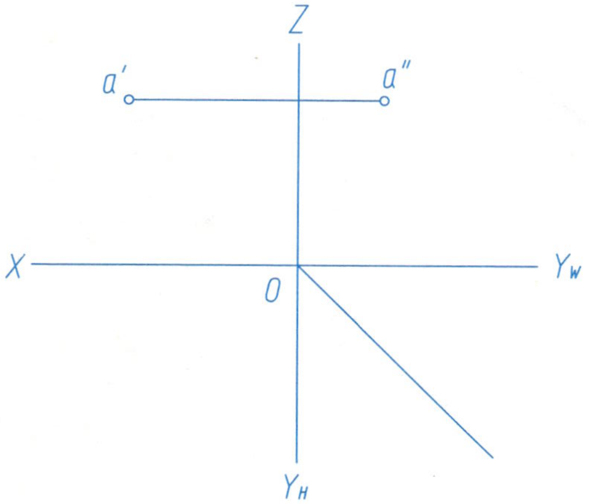

3-3 两直线的相对位置

1. 试判断两直线AB、CD的相对位置（平行、相交、交叉）。

① _____   ② _____   ③ _____   ④ _____

⑤ _____   ⑥ _____   ⑦ _____   ⑧ _____

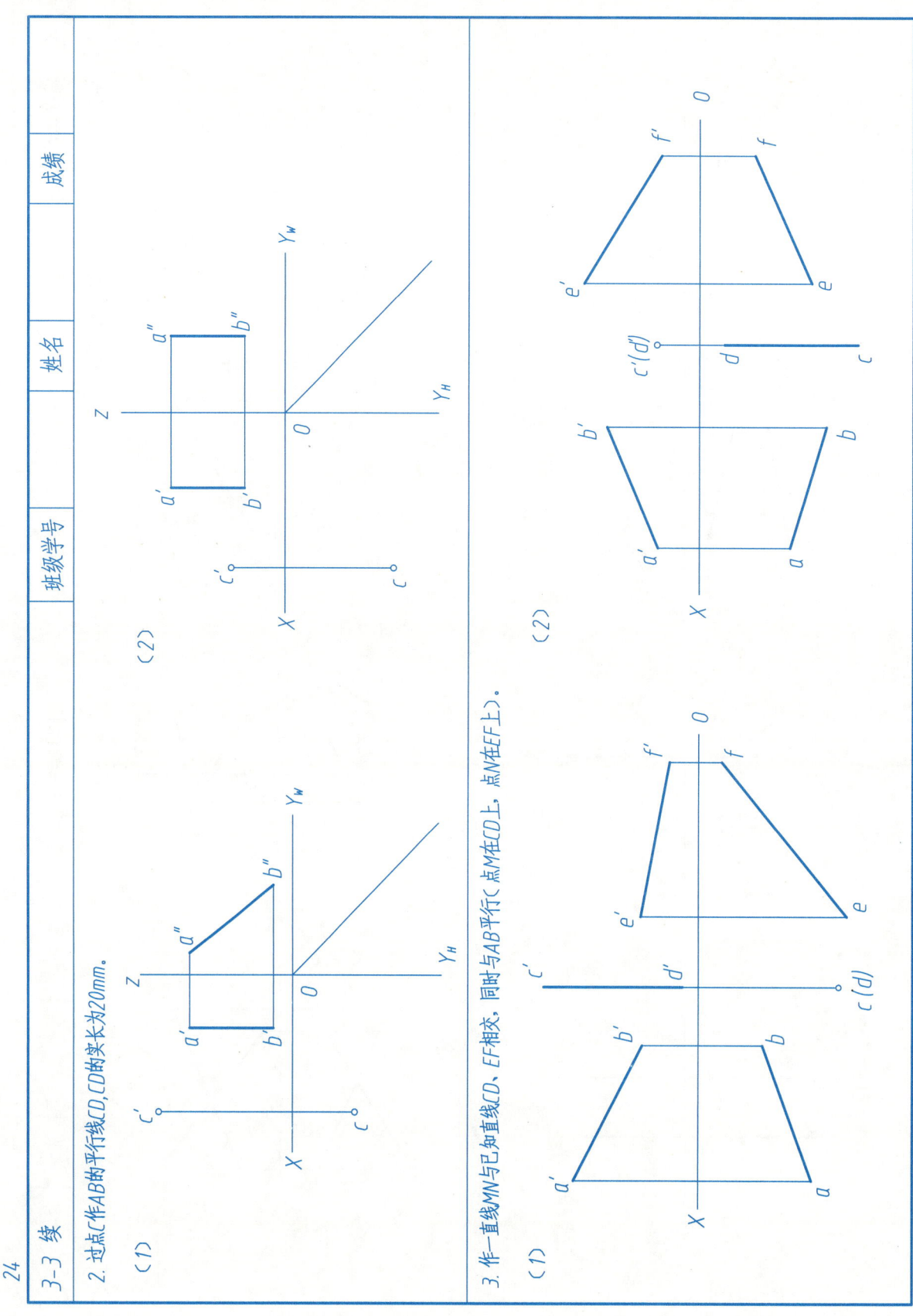

3-4 直角投影定理及其应用

1. 判断线段AB与线段BC是否垂直（垂直或不垂直）。

① _____   ② _____   ③ _____   ④ _____

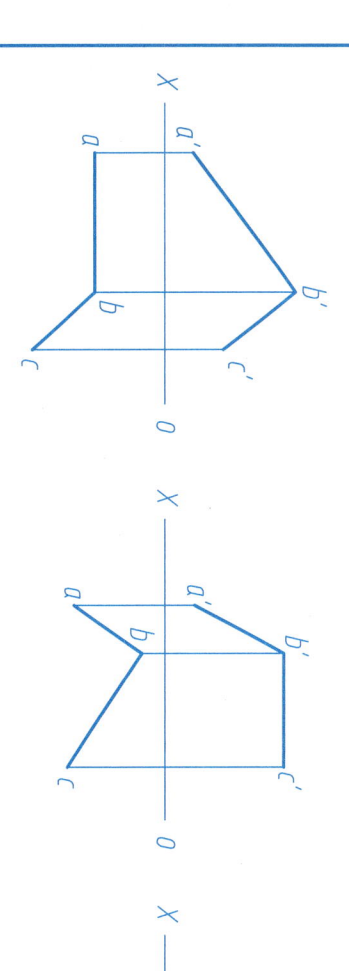

2. 过定点C作线段AB的垂线CM和CN。

（1）作线段CM   （2）作线段CN

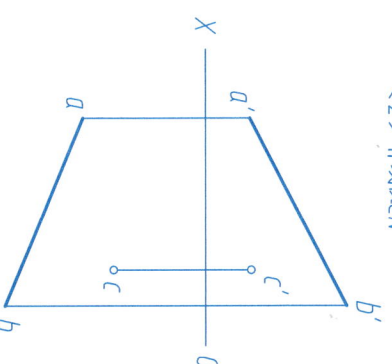
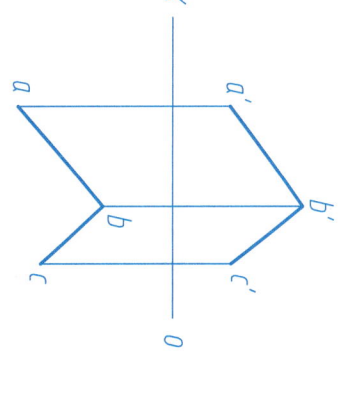

3. 已知AC为等腰三角形ABC的一个腰，底边AB在正平线MN上，求作此等腰三角形。

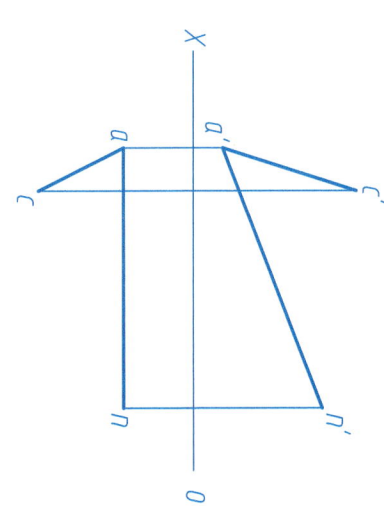
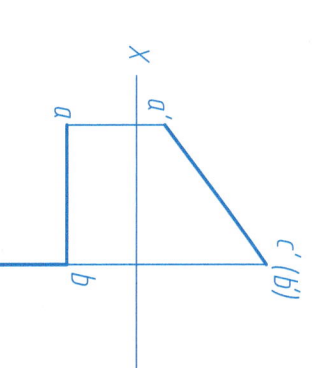

3-5 直角三角形法及其应用

1. 求出线段AB对H面的倾角α和线段CD对V面的倾角β。

(1)　　　　　　　　　(2)

2. 已知线段AB和CD的实长为32mm，求作另一投影。

(1)　　　　　　　　　(2)

3. 已知AB对V面的倾角β=30°，CD对H面的倾角α=45°，求作另一投影。

(1)　　　　　　　　　(2)

4. 已知线段AB=BC，求线段BC的水平投影。

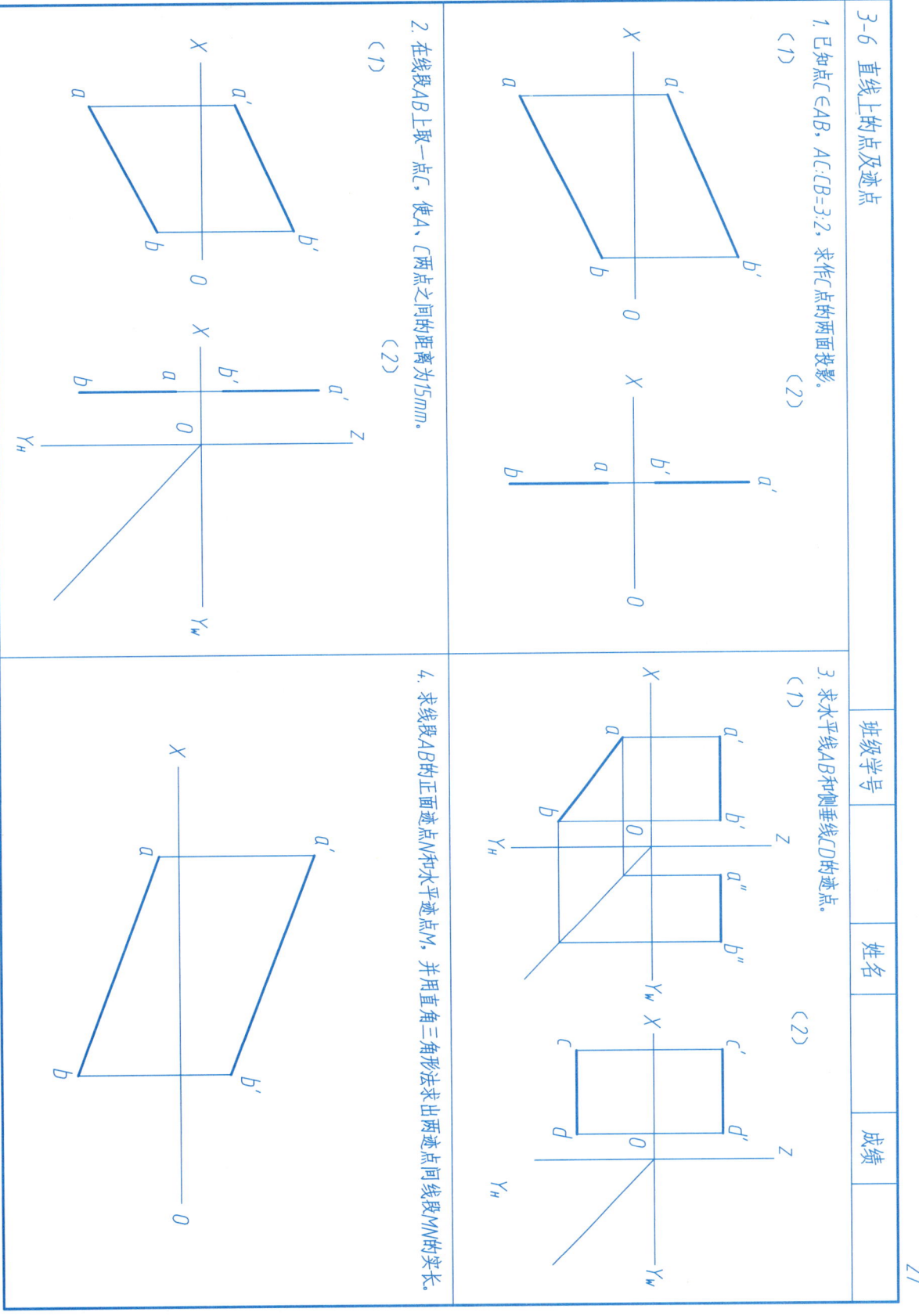

3-7 直线投影的综合题

1. 在线段 AB 上取距 H 面和 V 面相等的点 C，再取一点 D，使它的 Z 坐标与 Y 坐标之比为 2。

2. 过点 C 作一直线与直线 AB 和 OX 轴都相交。

3. 求点 A 到直线 BC 的距离 AD。

4. 试作一正方形 ABCD，其 BC 边在正平线 BE 上。

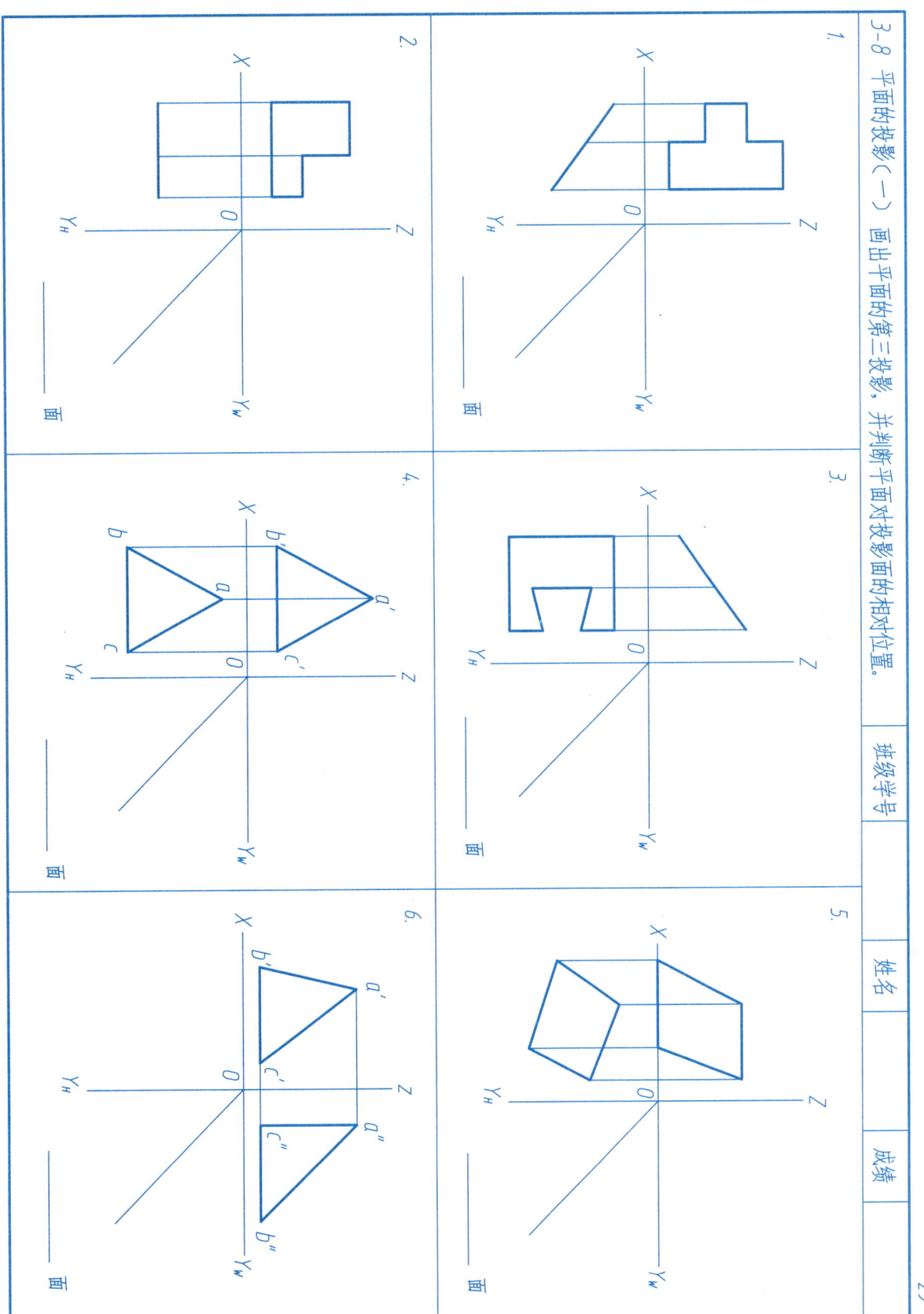

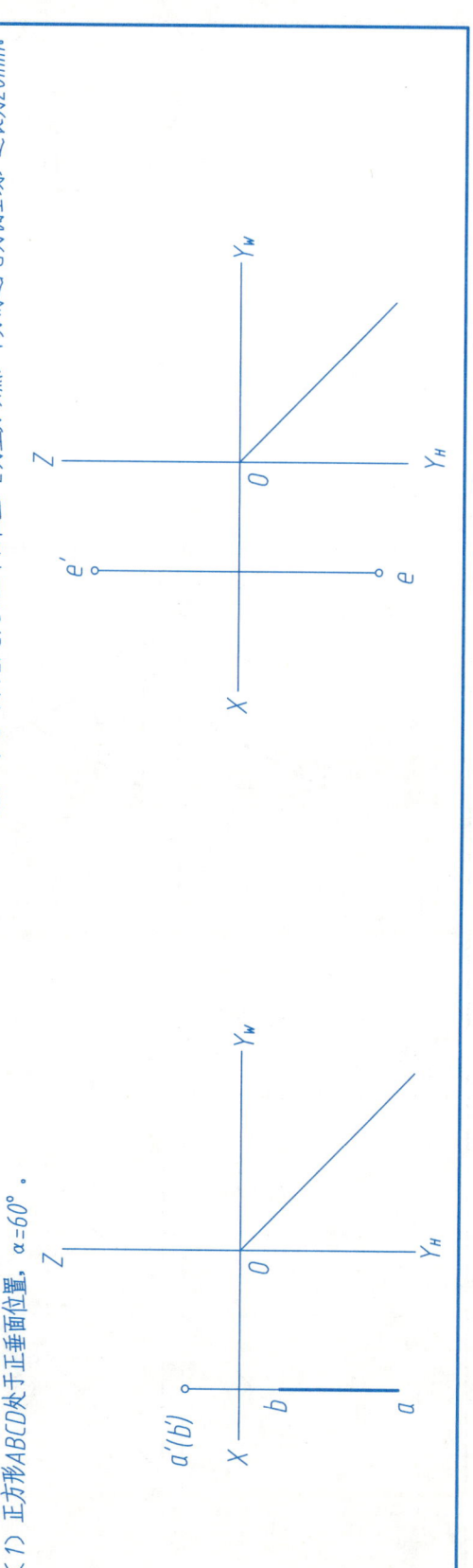

3-8 平面的投影（三）

1. 过直线AB作一平面图形表示的平面，画出它的三个投影。
（1）作用三角形表示的铅垂面。
（2）作用平行四边形表示的一般位置平面。

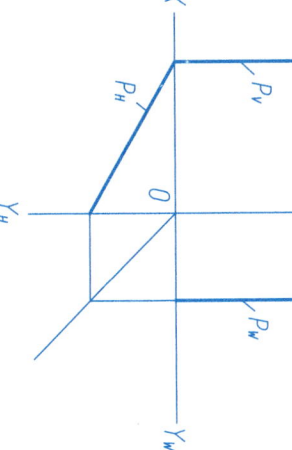

2. 用有积聚性的迹线表示下列平面：过直线AB的正垂面P；过点C的正平面Q；过直线DE的水平面R。

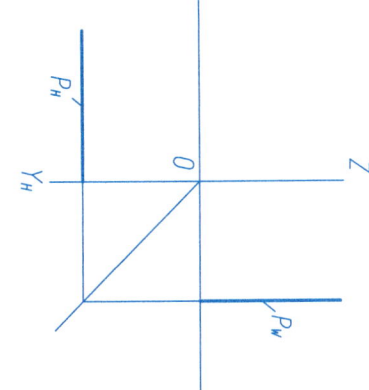

3. 判断P平面对投影面的相对位置，填写它们名称和倾角（0°、30°、45°、60°、90°）。

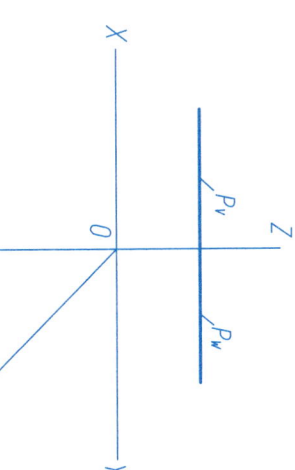

P平面是_____面
α=____ ；β=____ ；γ=____

P平面是_____面
α=____ ；β=____ ；γ=____

P平面是_____面
α=____ ；β=____ ；γ=____

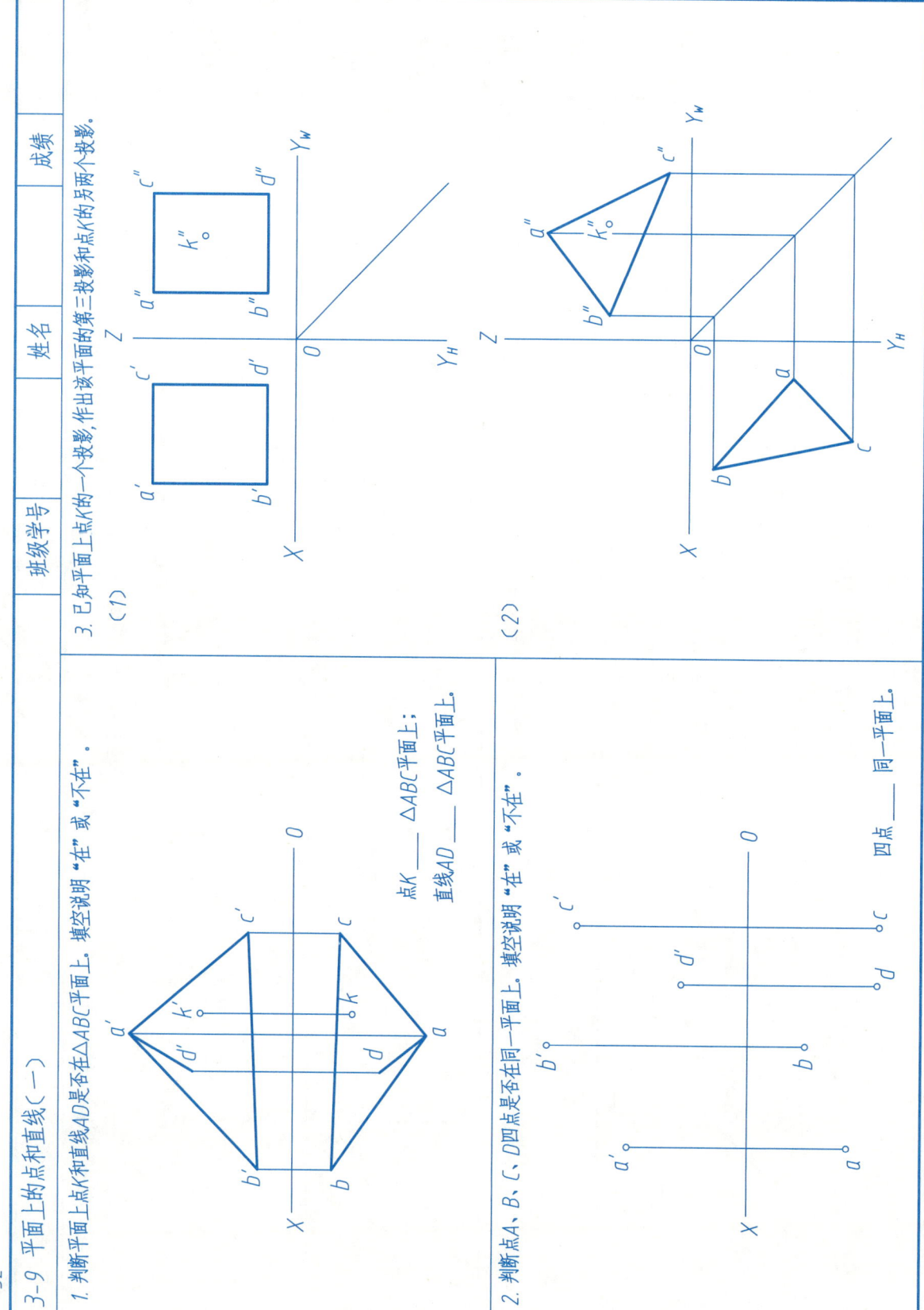

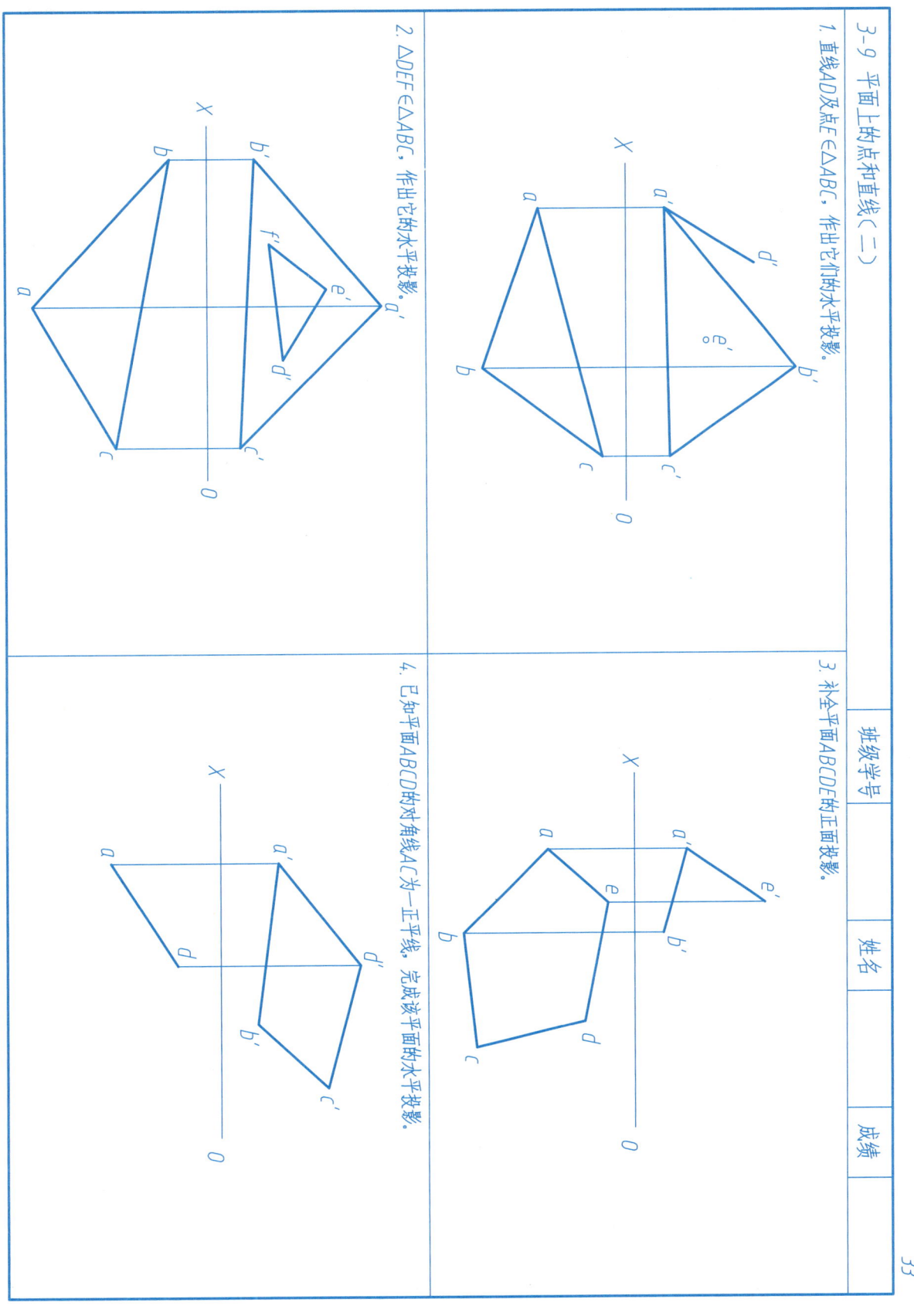

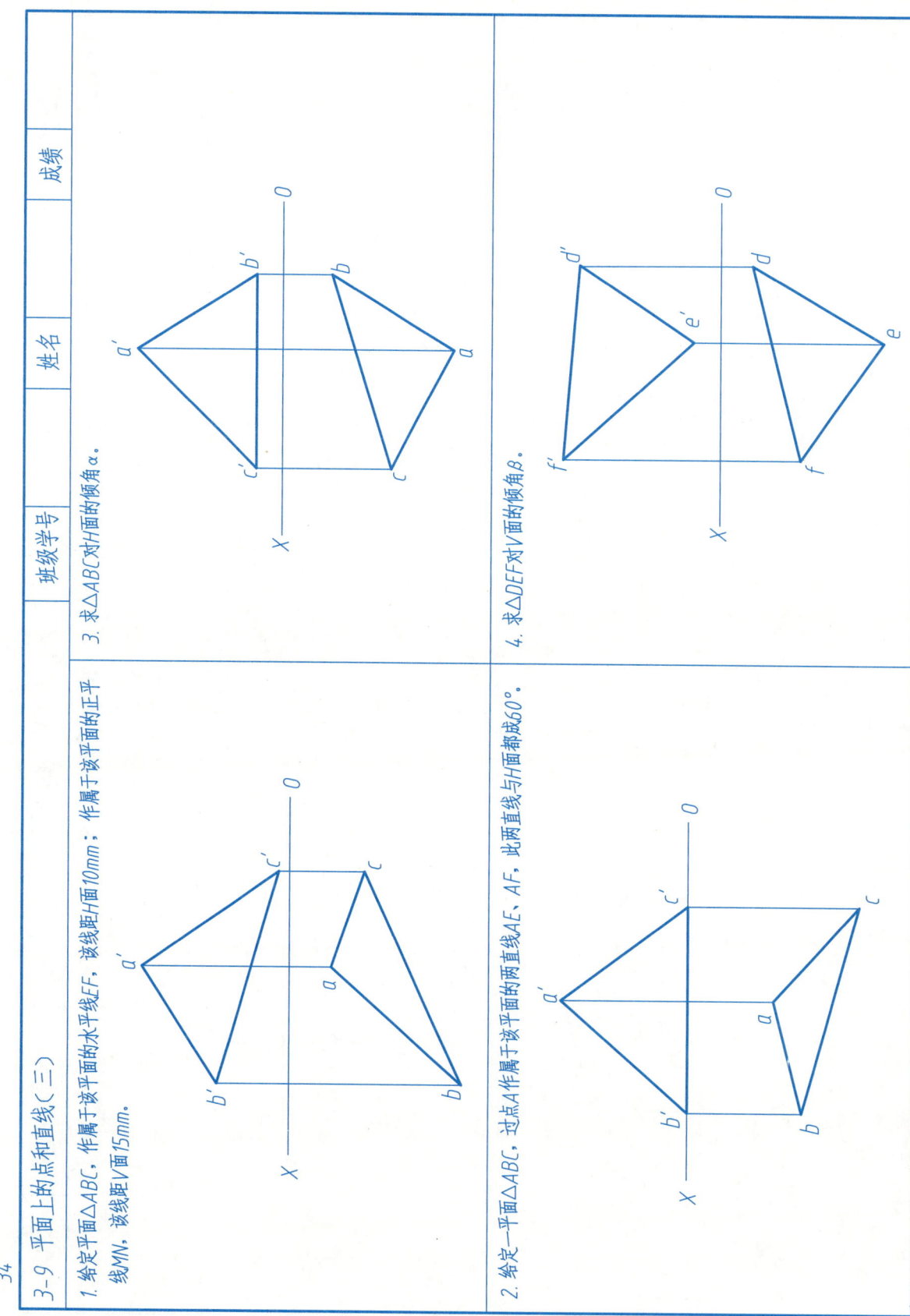

第四章 几何元素间的相对位置

4-1 几何元素间的平行问题

1. 判断直线AB是否平行于△DEF。（判断结果：　　）

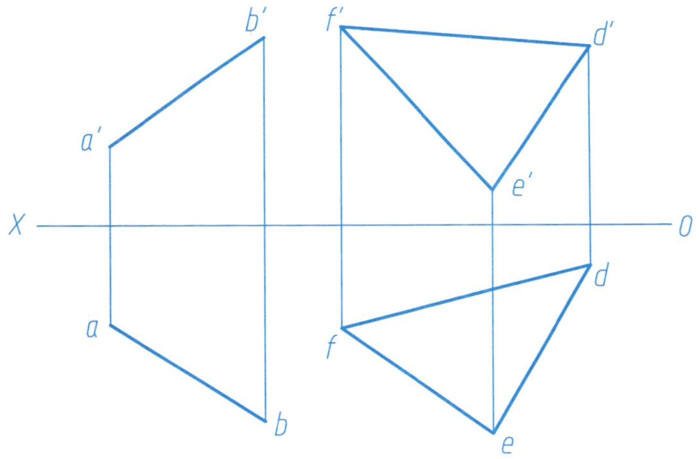

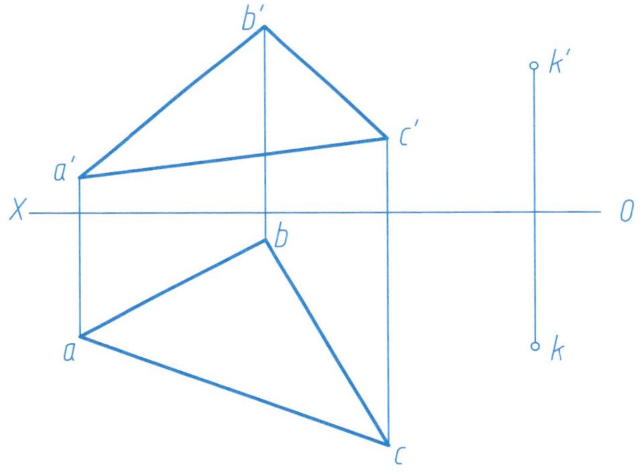

2. 已知直线AB平行于平面P（CD//EF），完成AB的正面投影。

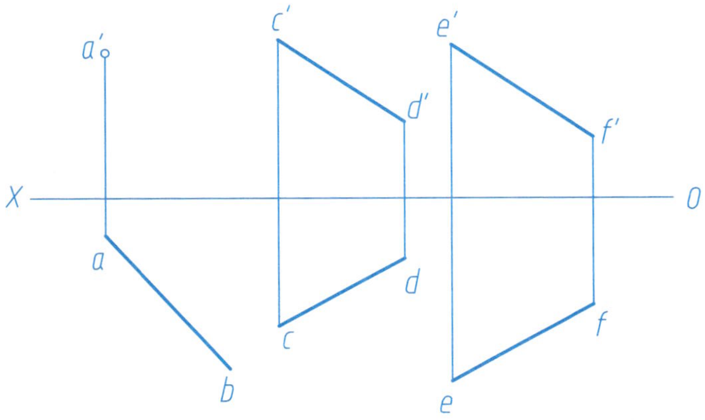

3. 过点K作一长度为15mm且平行于△ABC和V面的直线KN。

4. 已知直线MN和△ABC平行，求此三角形的水平投影。

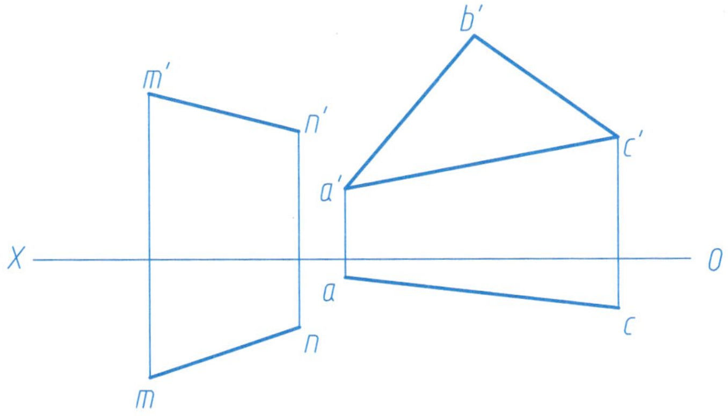

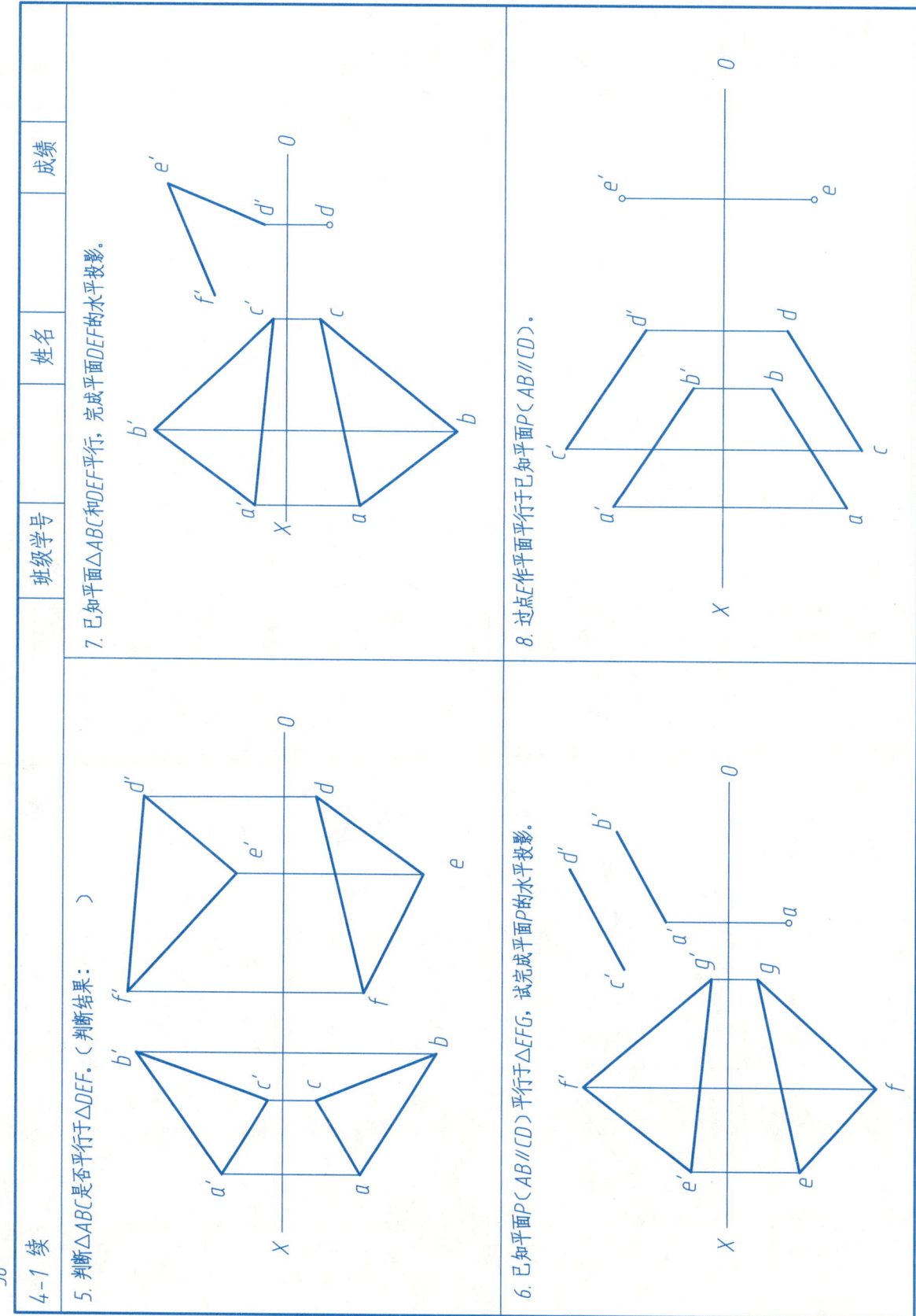

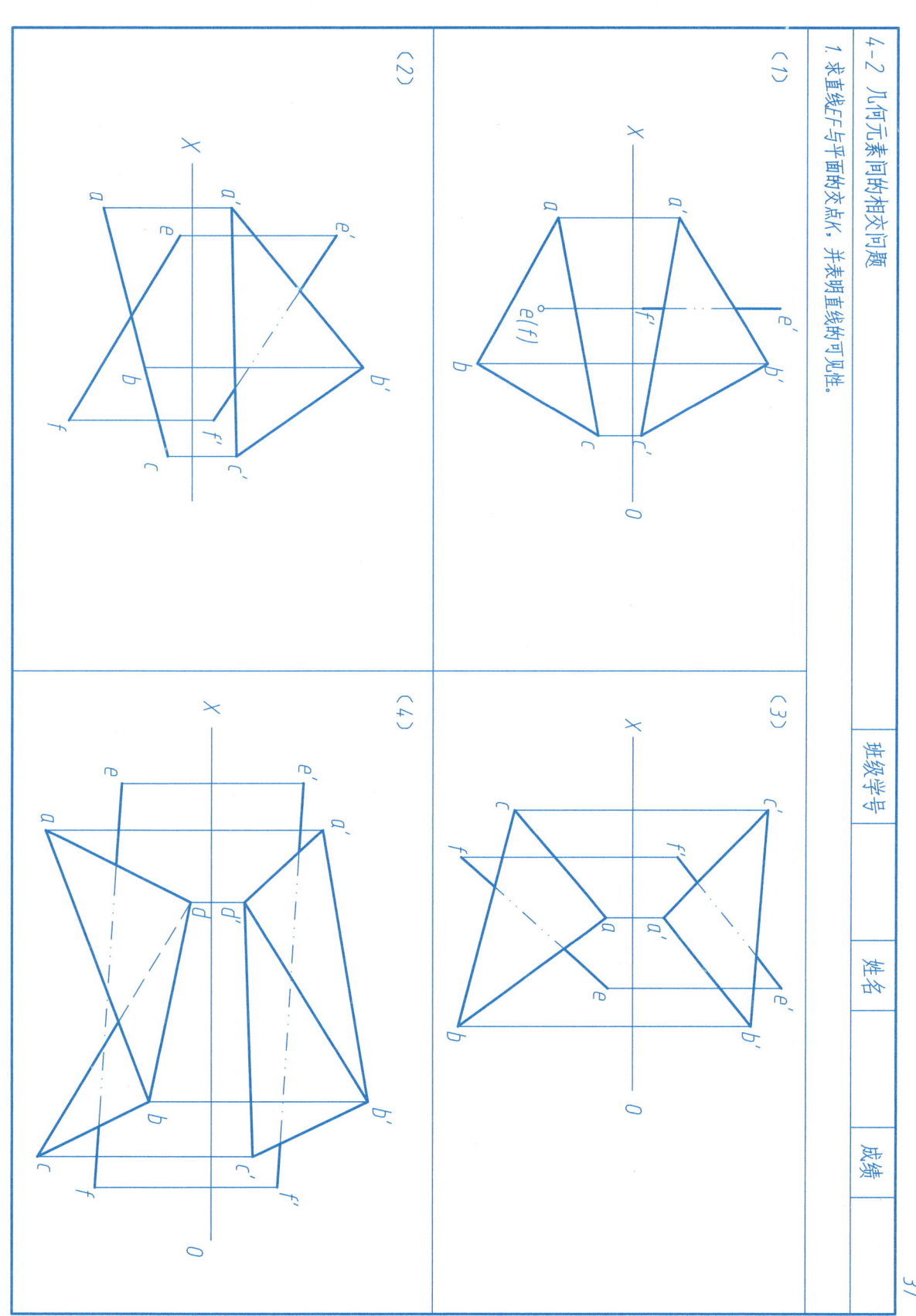

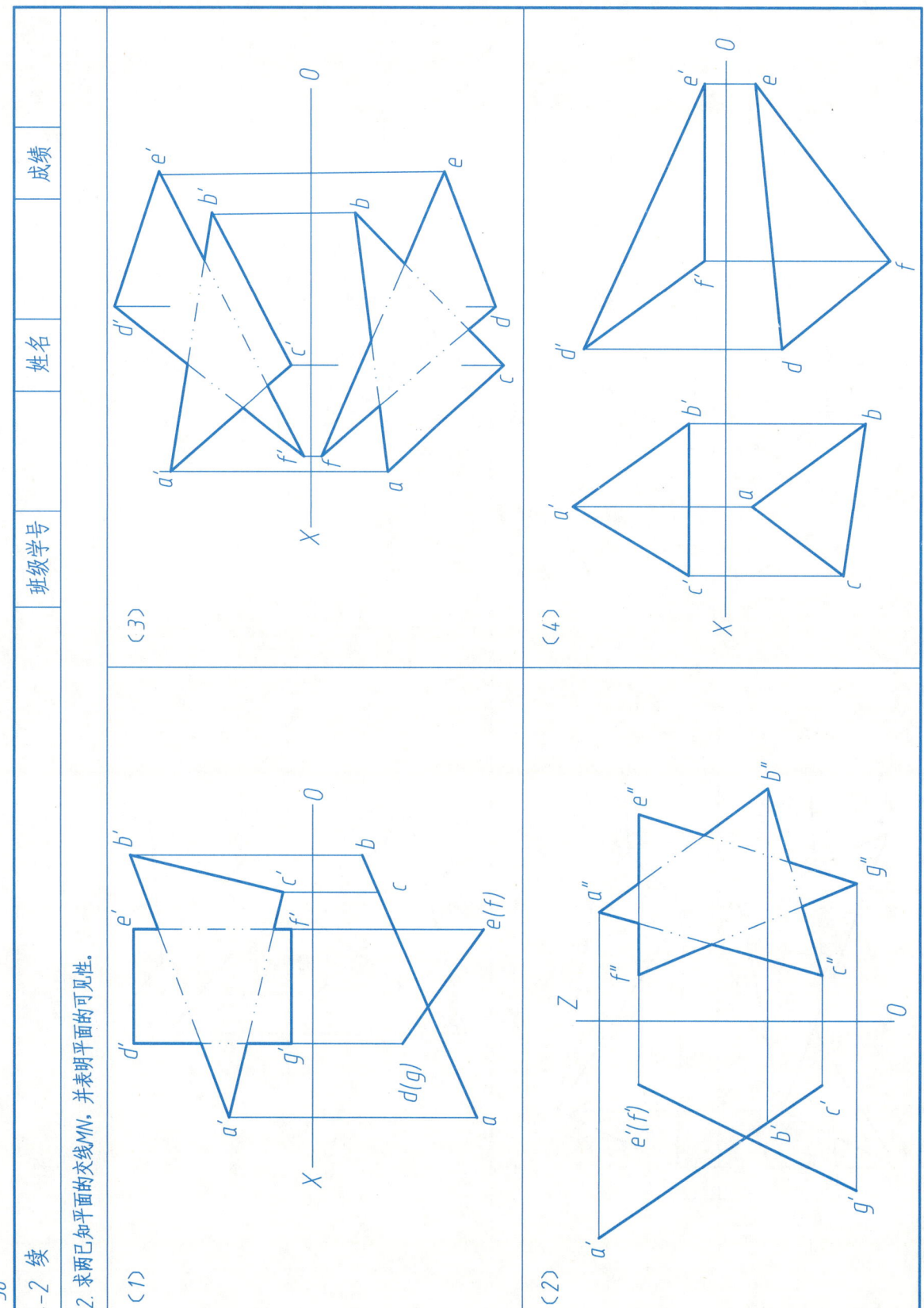

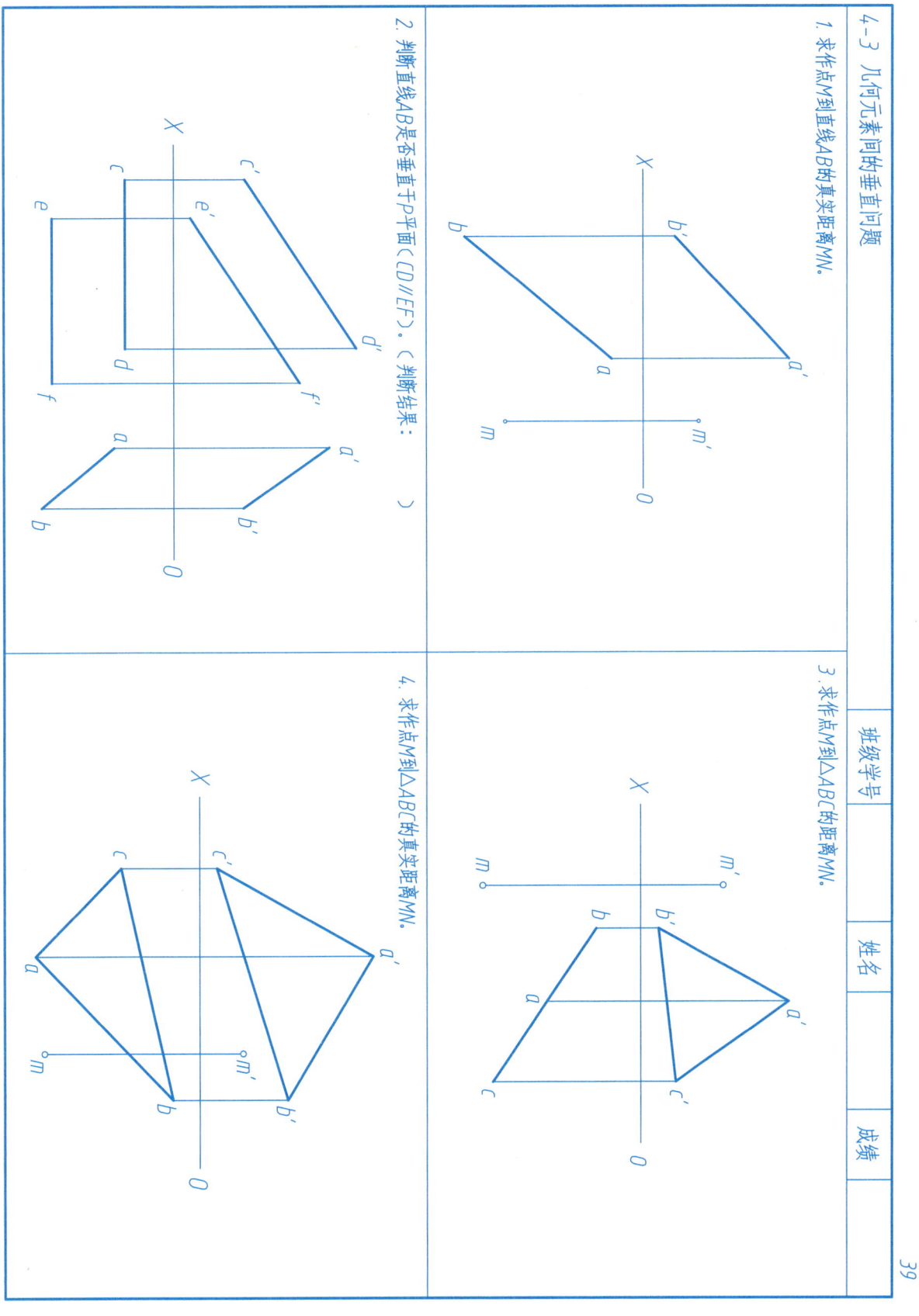

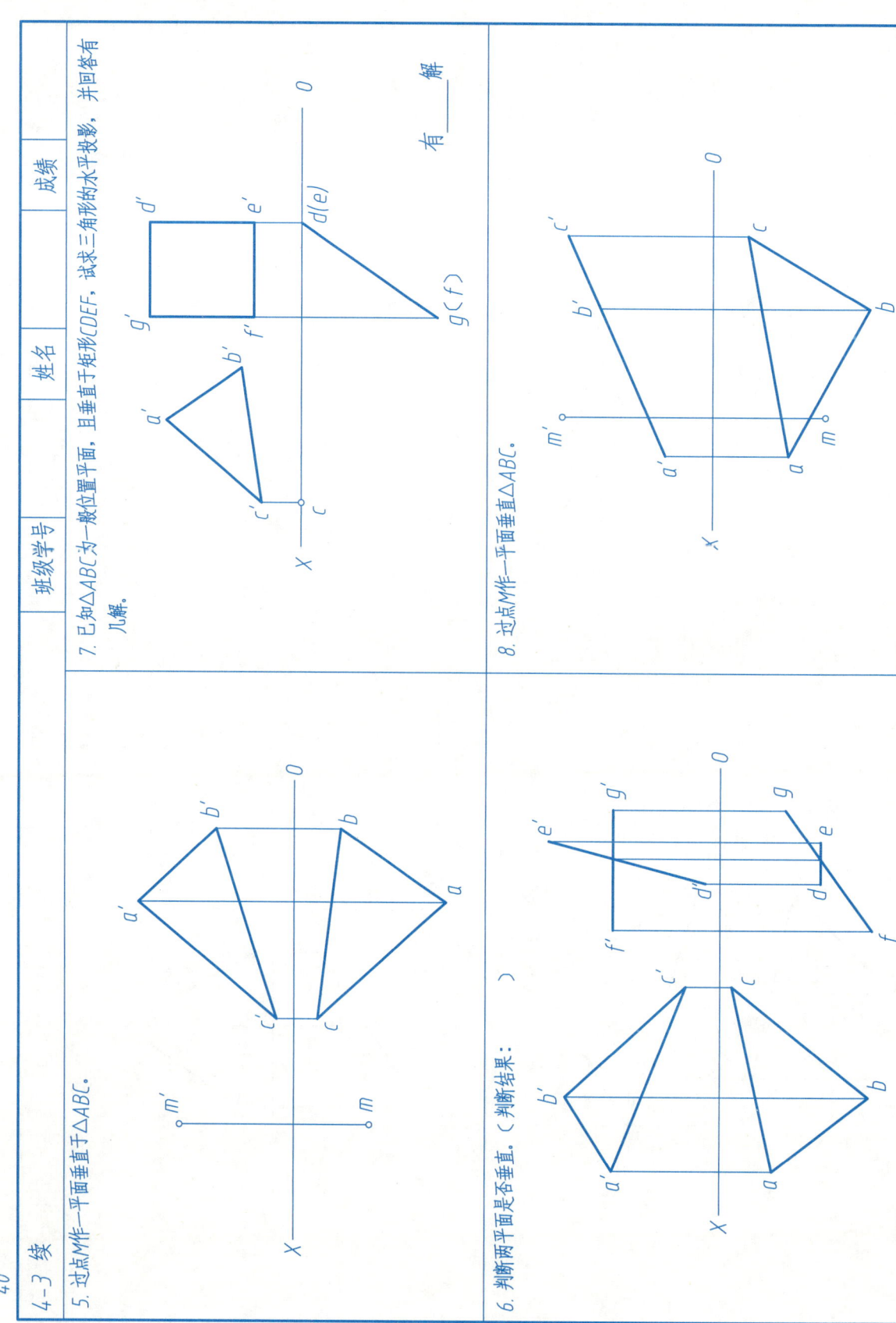

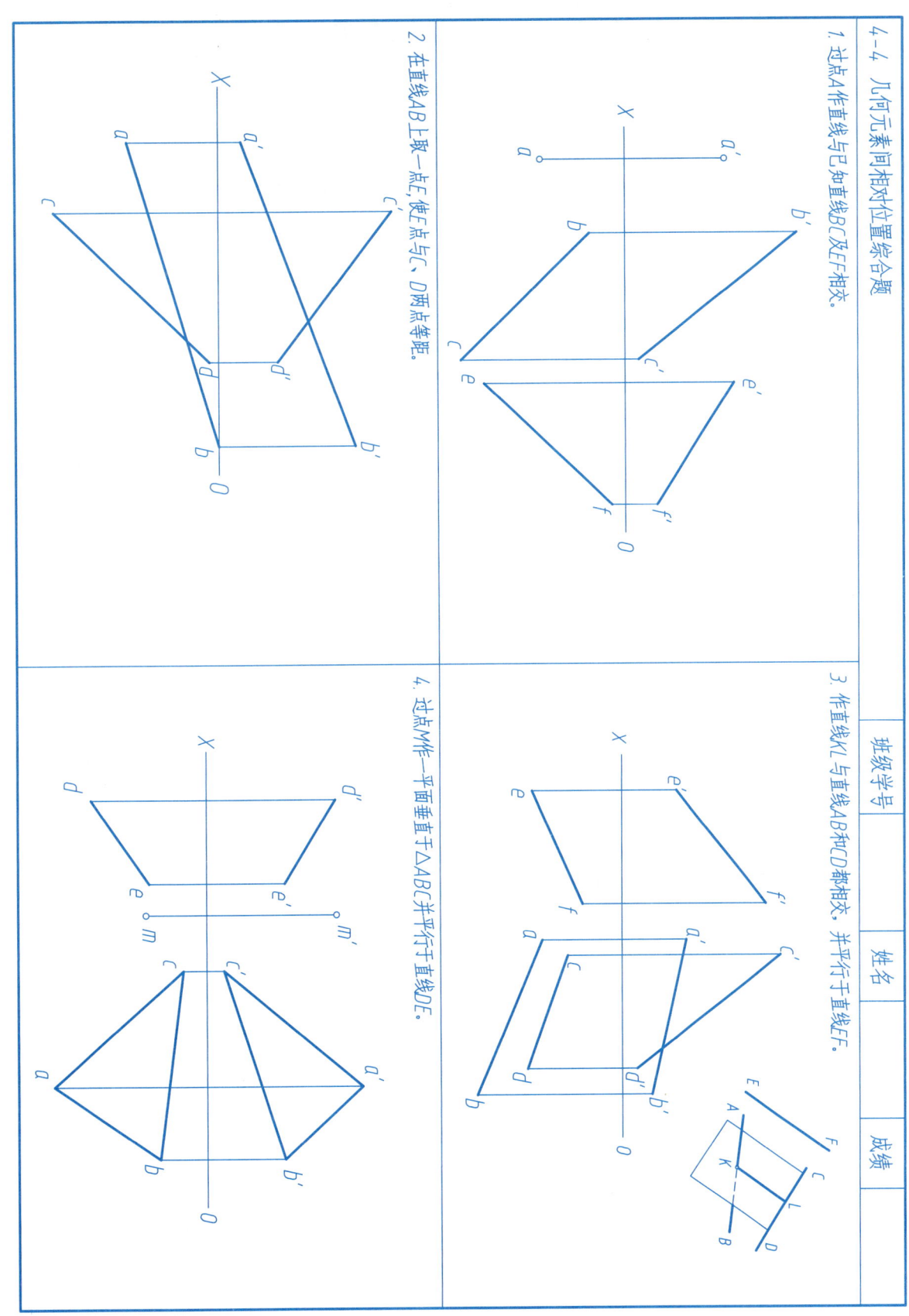

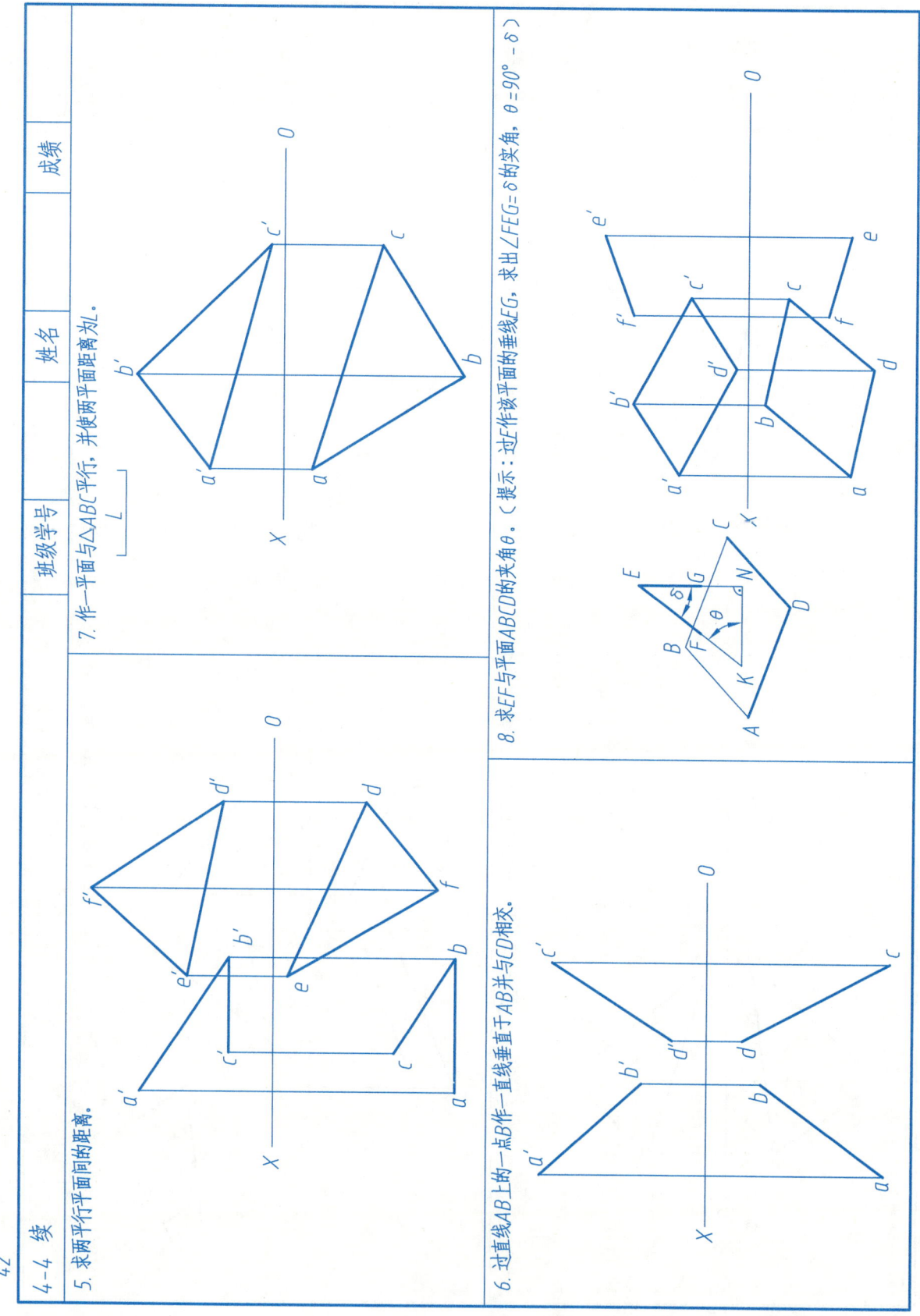

5-1 换面法的基本题

1. 求作点A和点B在V_1、H_2面上的投影。

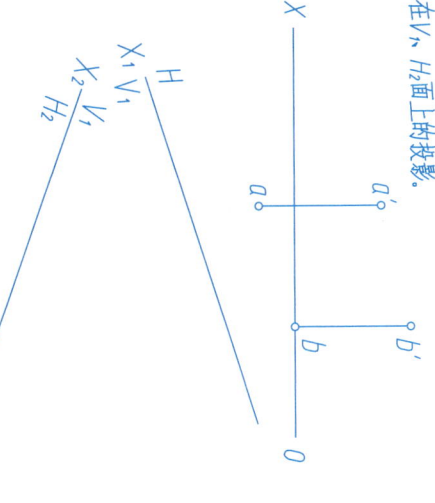

2. 求作点A和点B在H_1、V_2面上的投影。

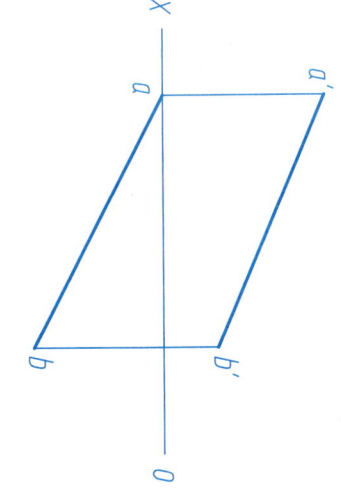

3. 用换面法求线段AB的实长和与H面的倾角α。

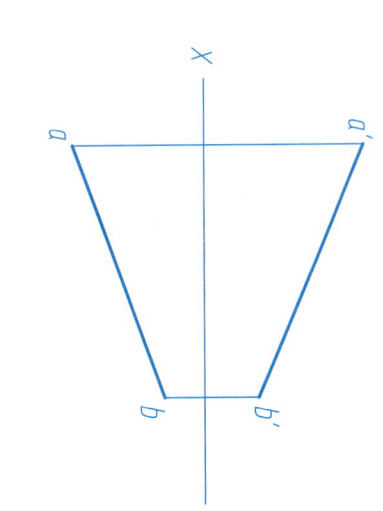

4. 用换面法求线段AB的实长和与V面的倾角β。

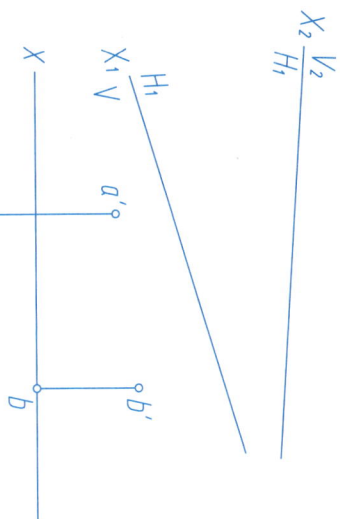

第五章 投影变换

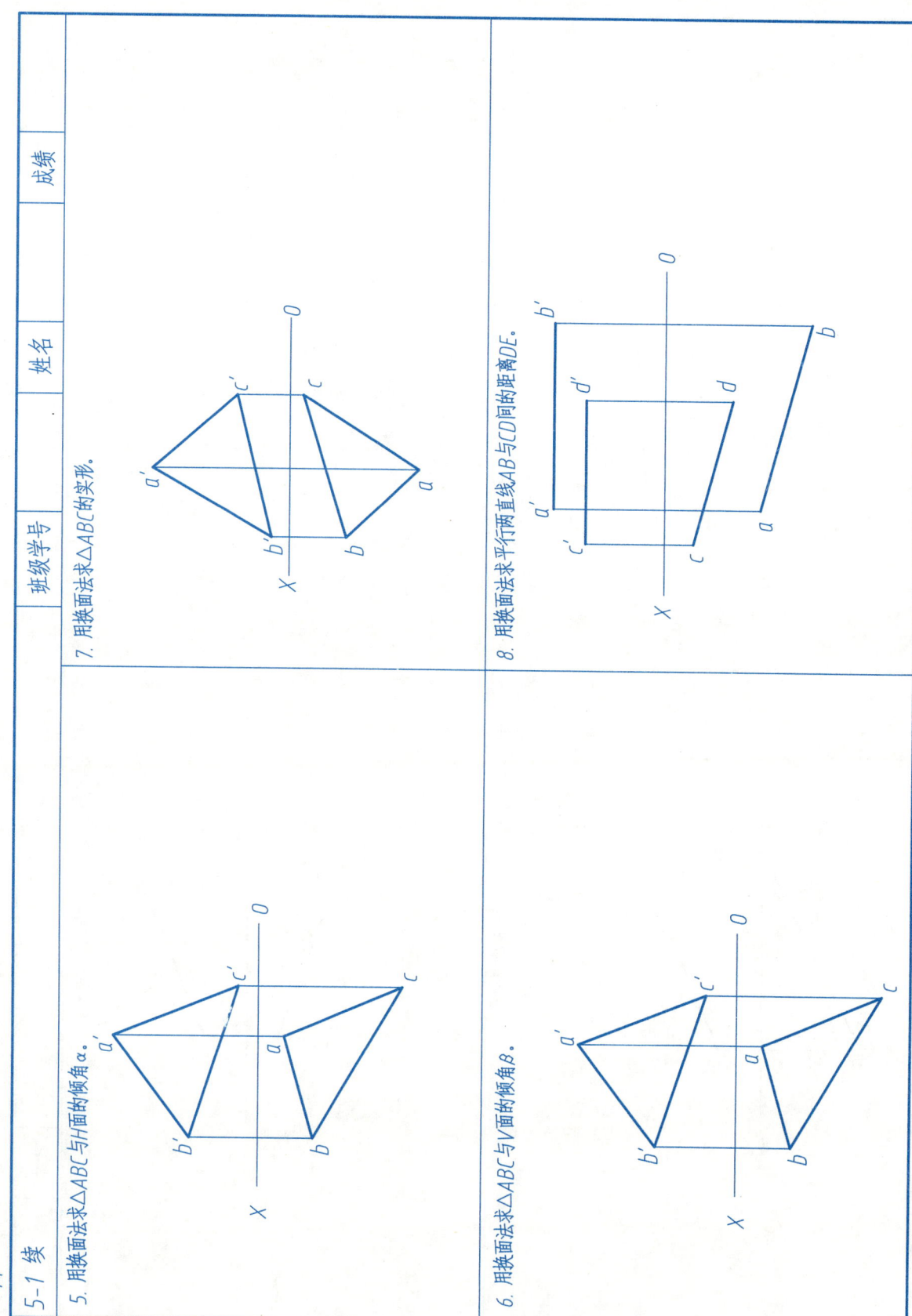

5-2 换面法的应用题

1. 完成以AB为底边的等腰三角形ABC的投影，设三角形的高为25mm，α=45°。

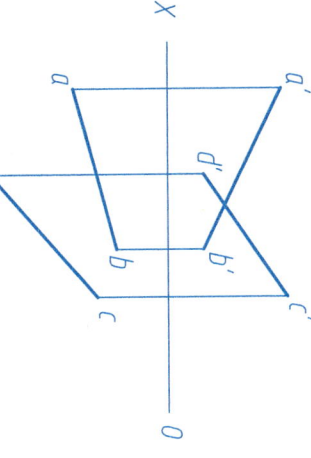

2. 试确定连接管子AB与CD的最短管子EF的位置及长度。

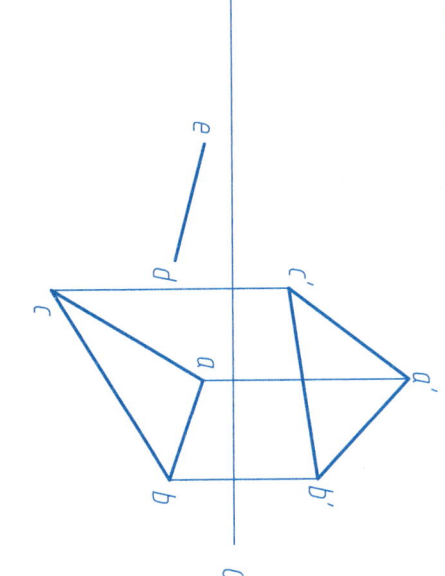

3. 用换面法求点D到△ABC的距离，并画出垂足E的投影。

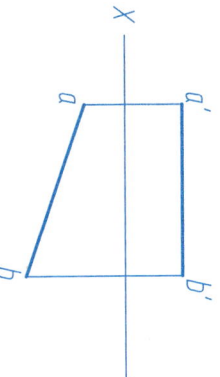

4. 已知DE平行于△ABC，且相距为15mm，用换面法求de。

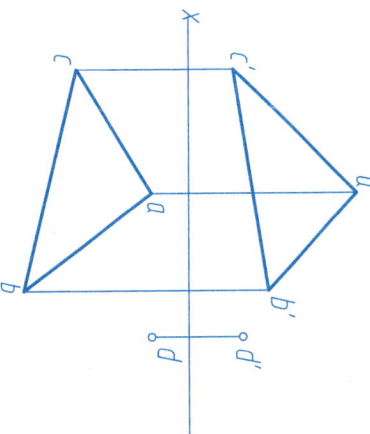

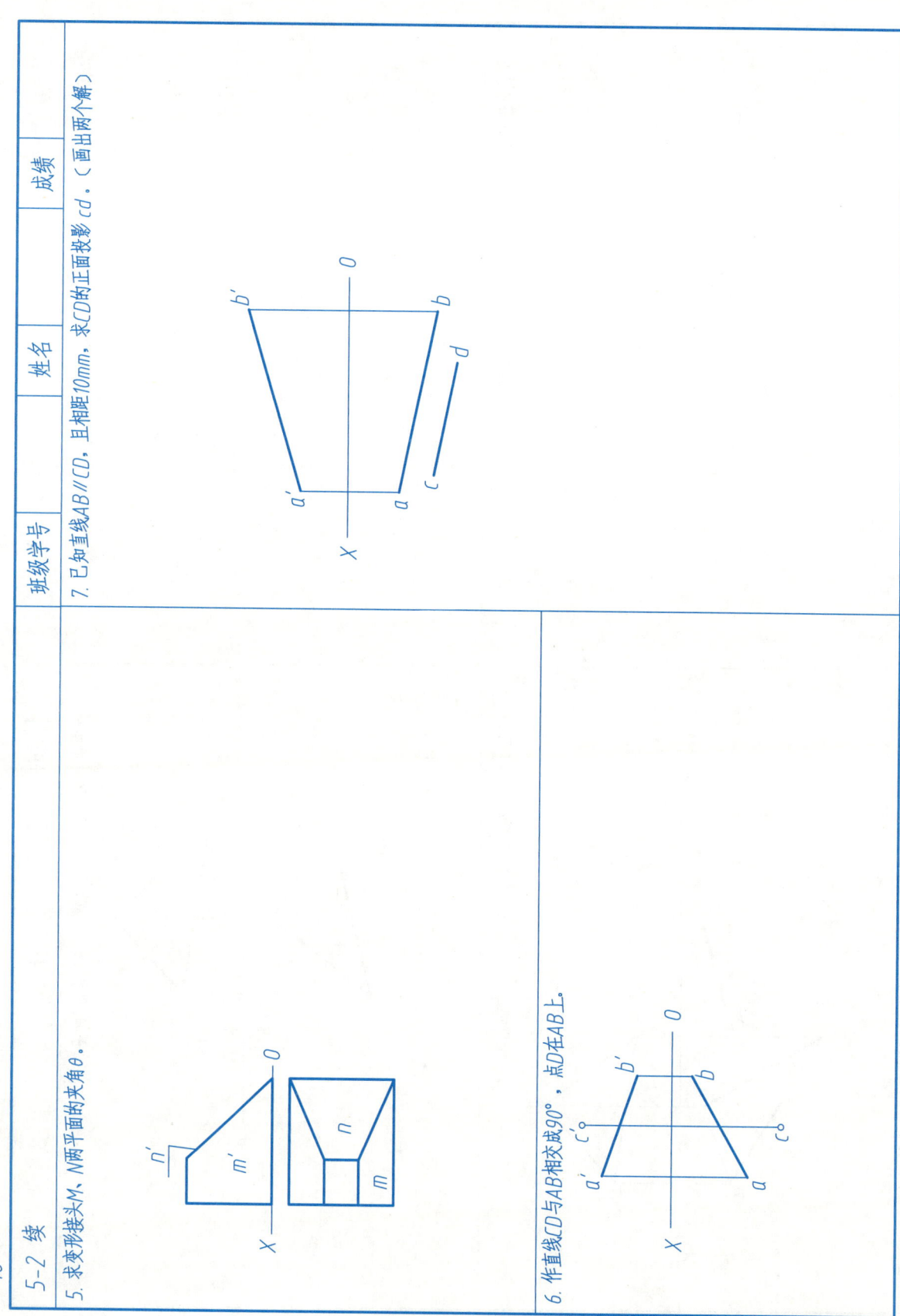

5-3 旋转法及其应用

1. 用旋转法求 AB 的实长与 H 面的夹角 α 及求 CD 的实长和与 V 面的夹角 β。

2. 用旋转法求 AB 的实长和与 H 面的夹角。若 AC 与 AB 对 H 面的夹角相同，画出 AC 的正面投影 ac。

3. 用旋转法求 △ABC 的实形。

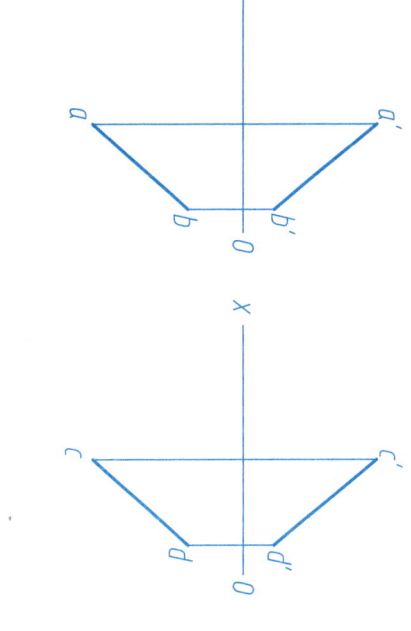

4. 用旋转法求两相交平面 △ABC 和 △DBC 之间的夹角 θ。

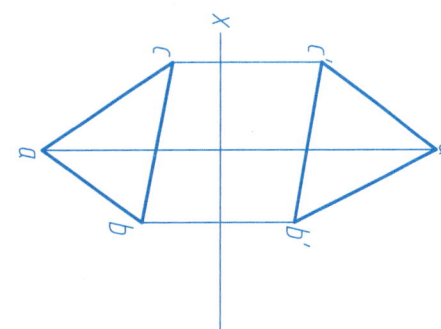

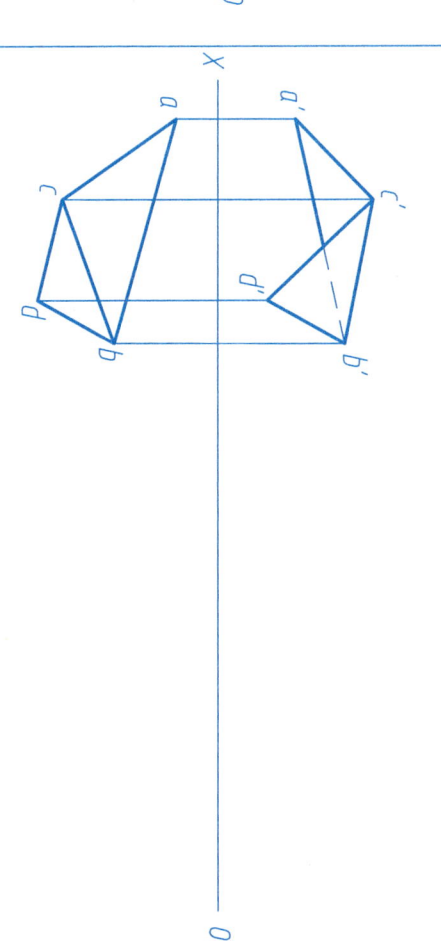

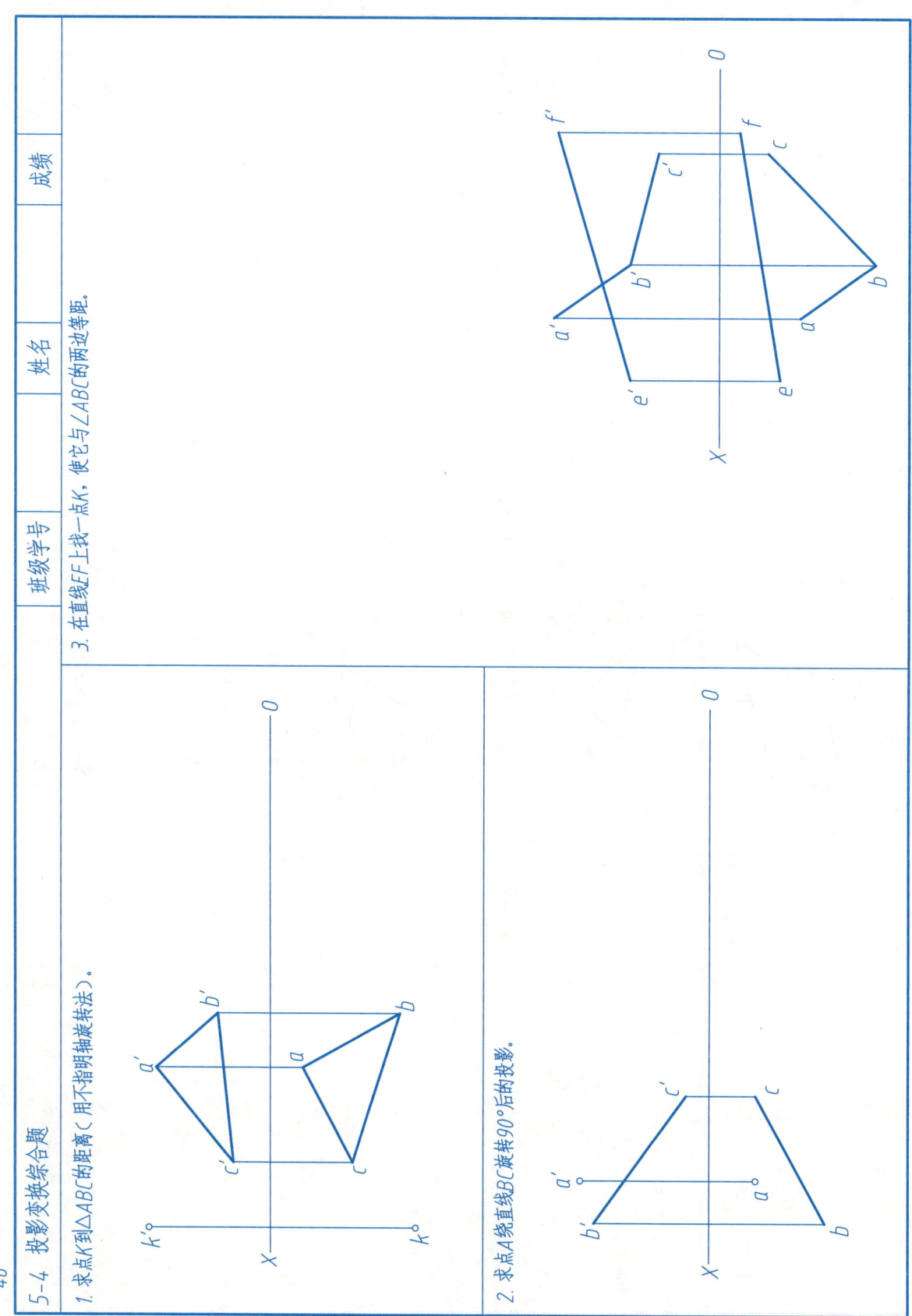

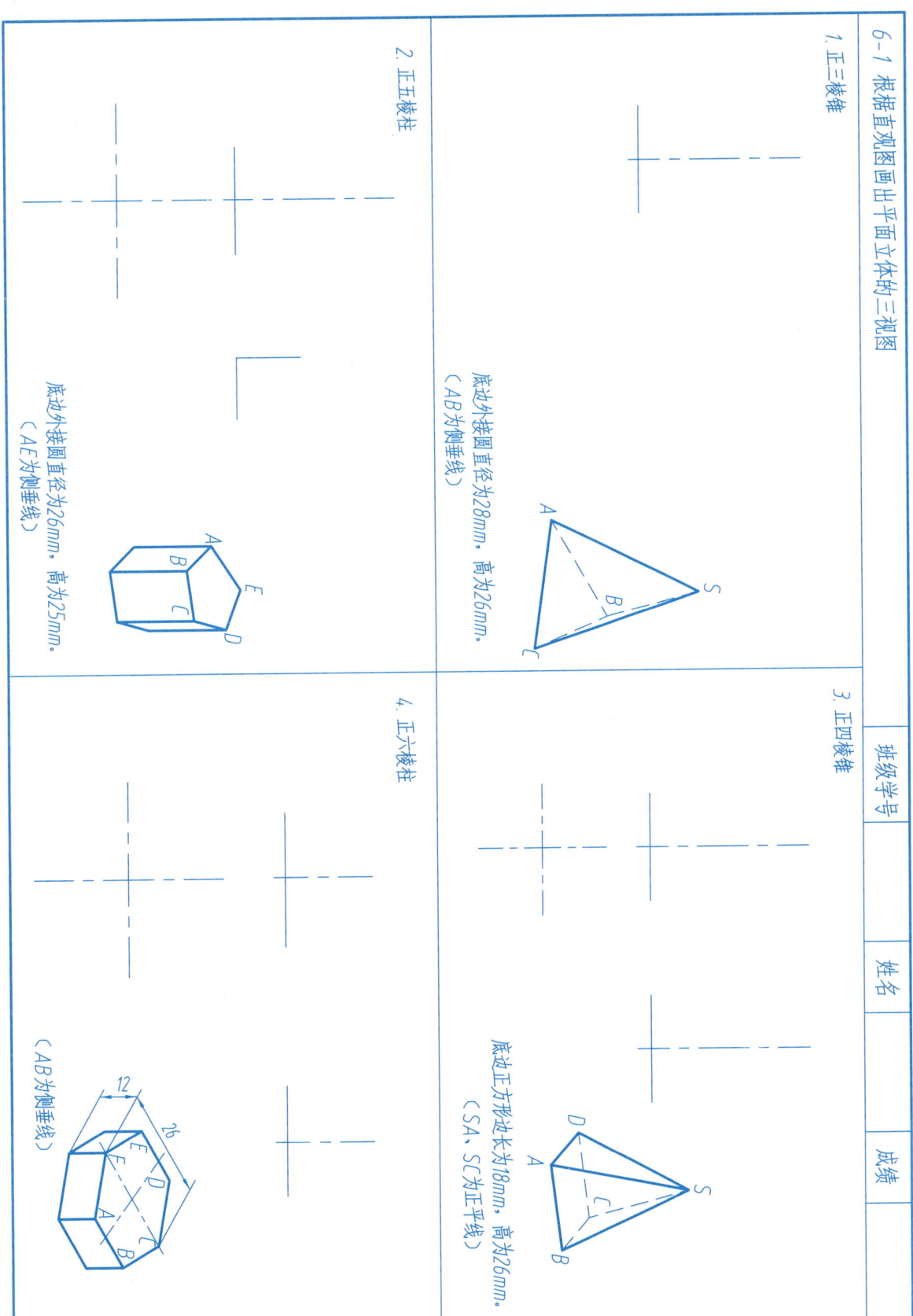

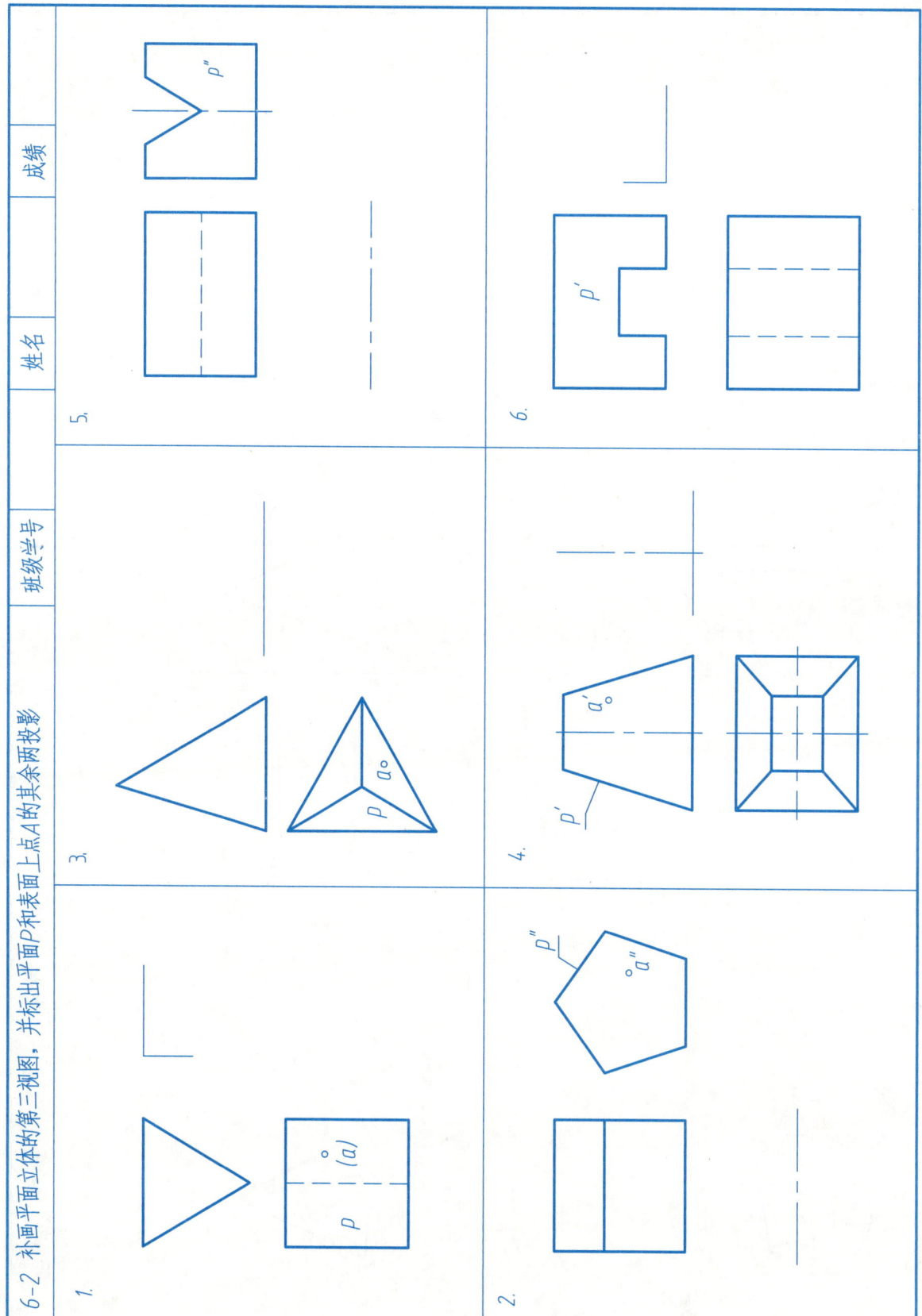

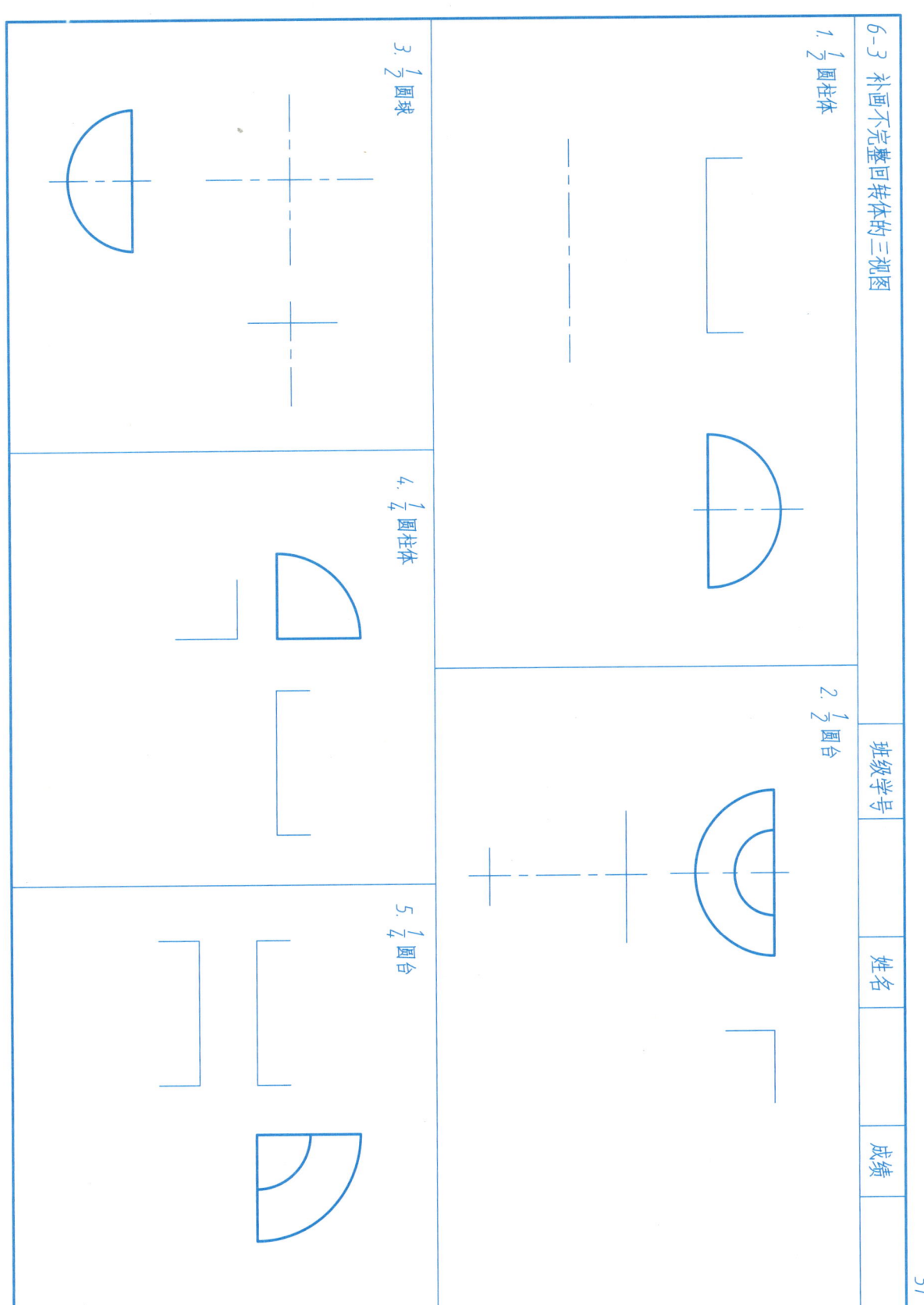

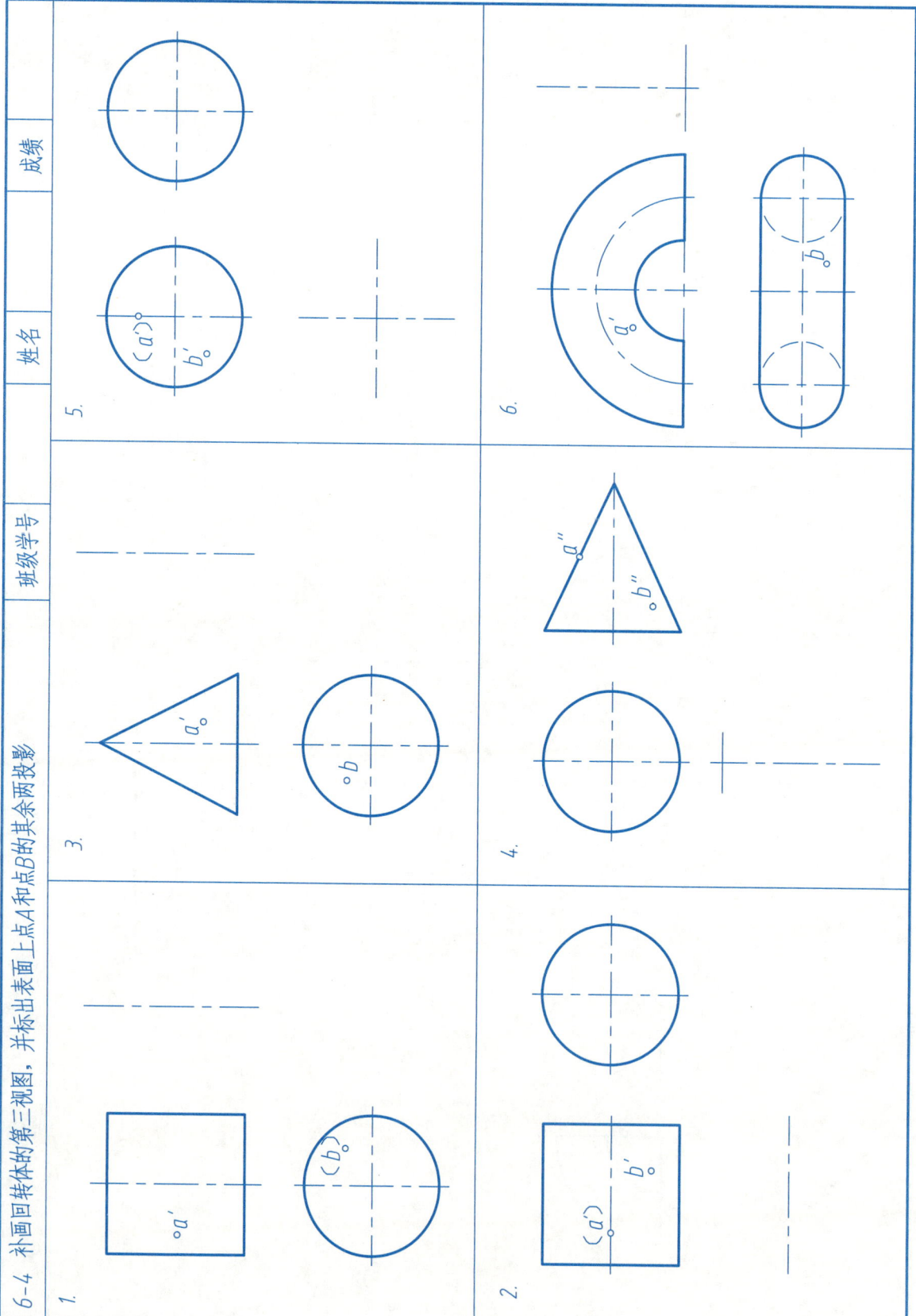

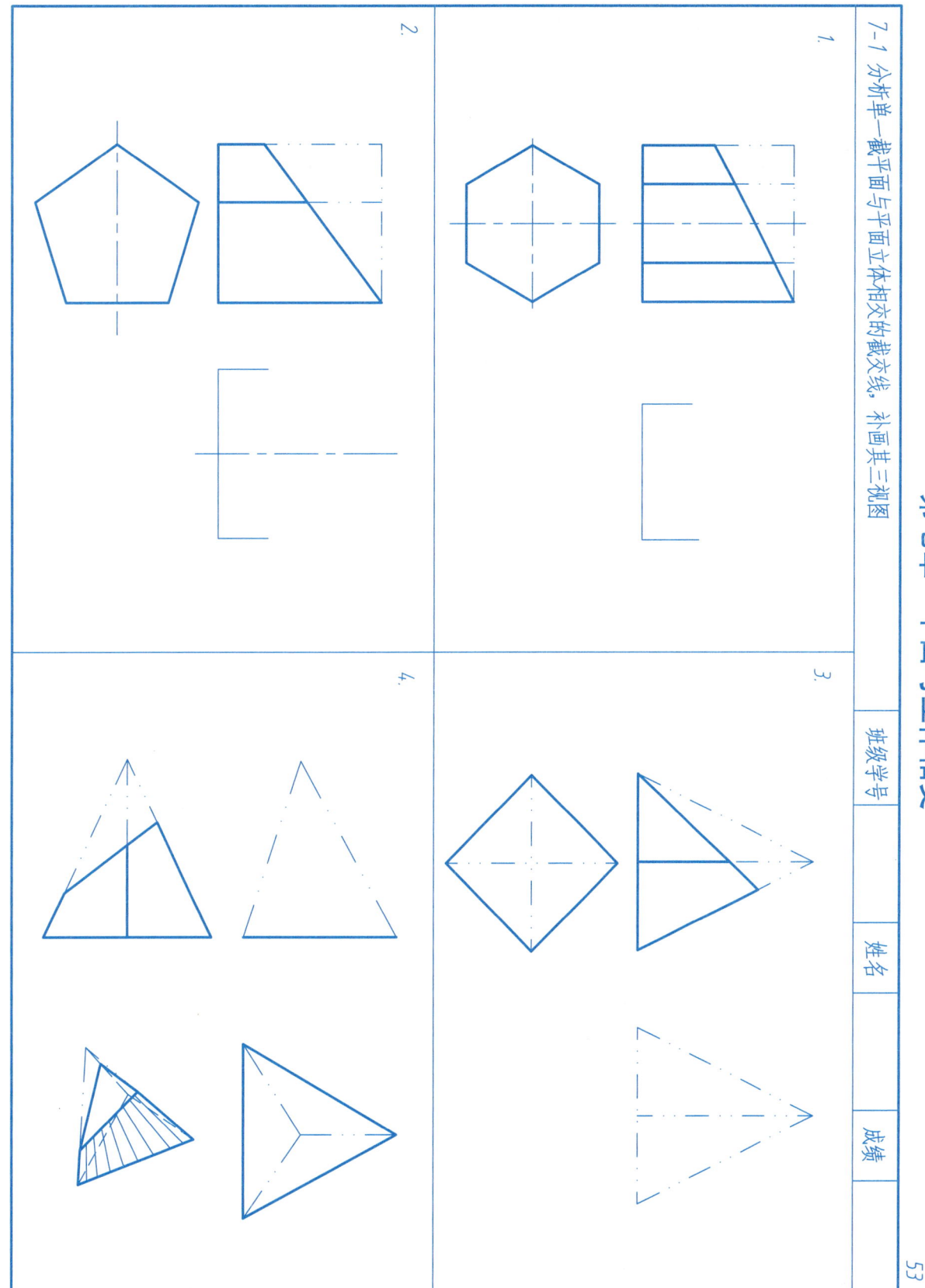

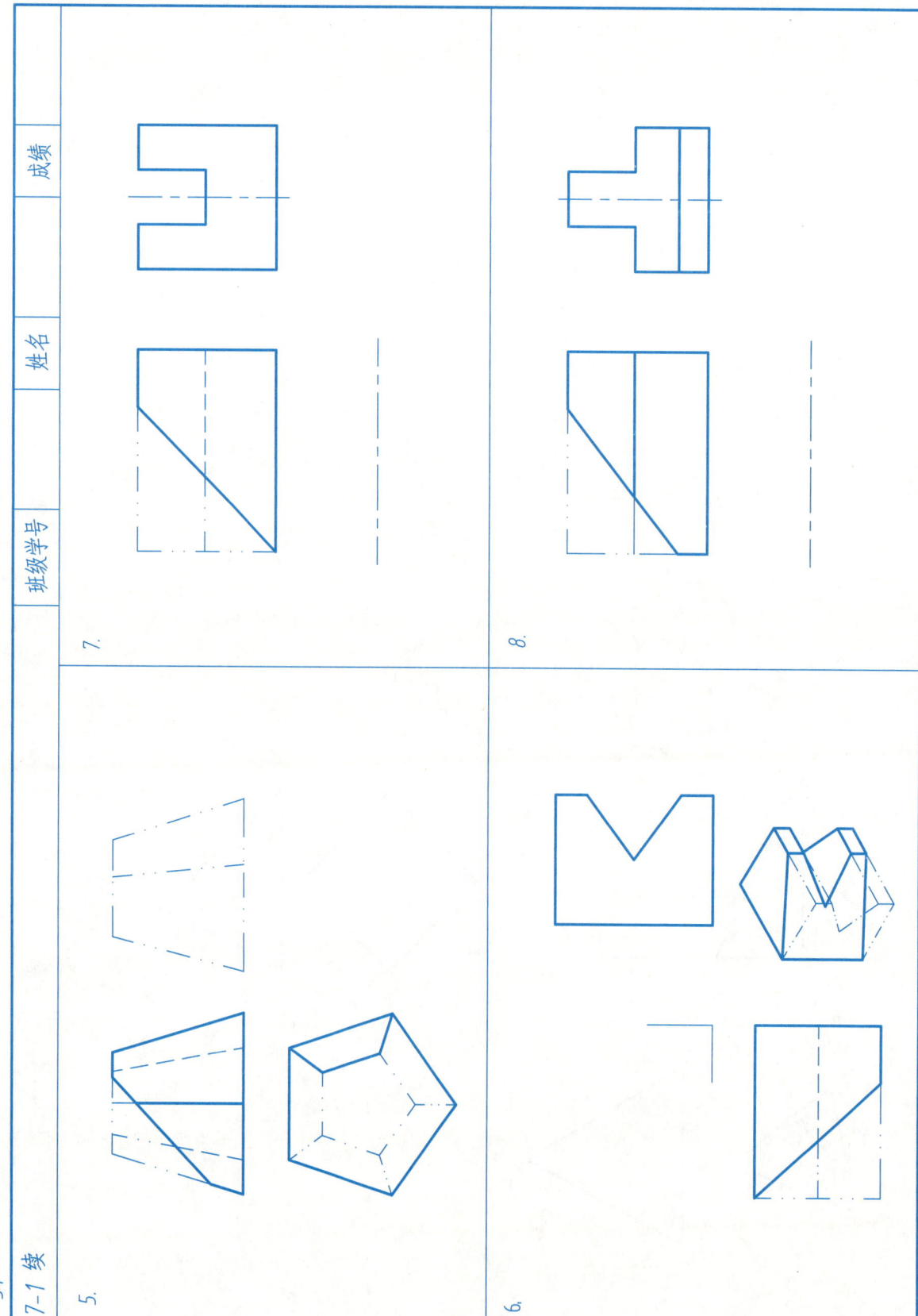

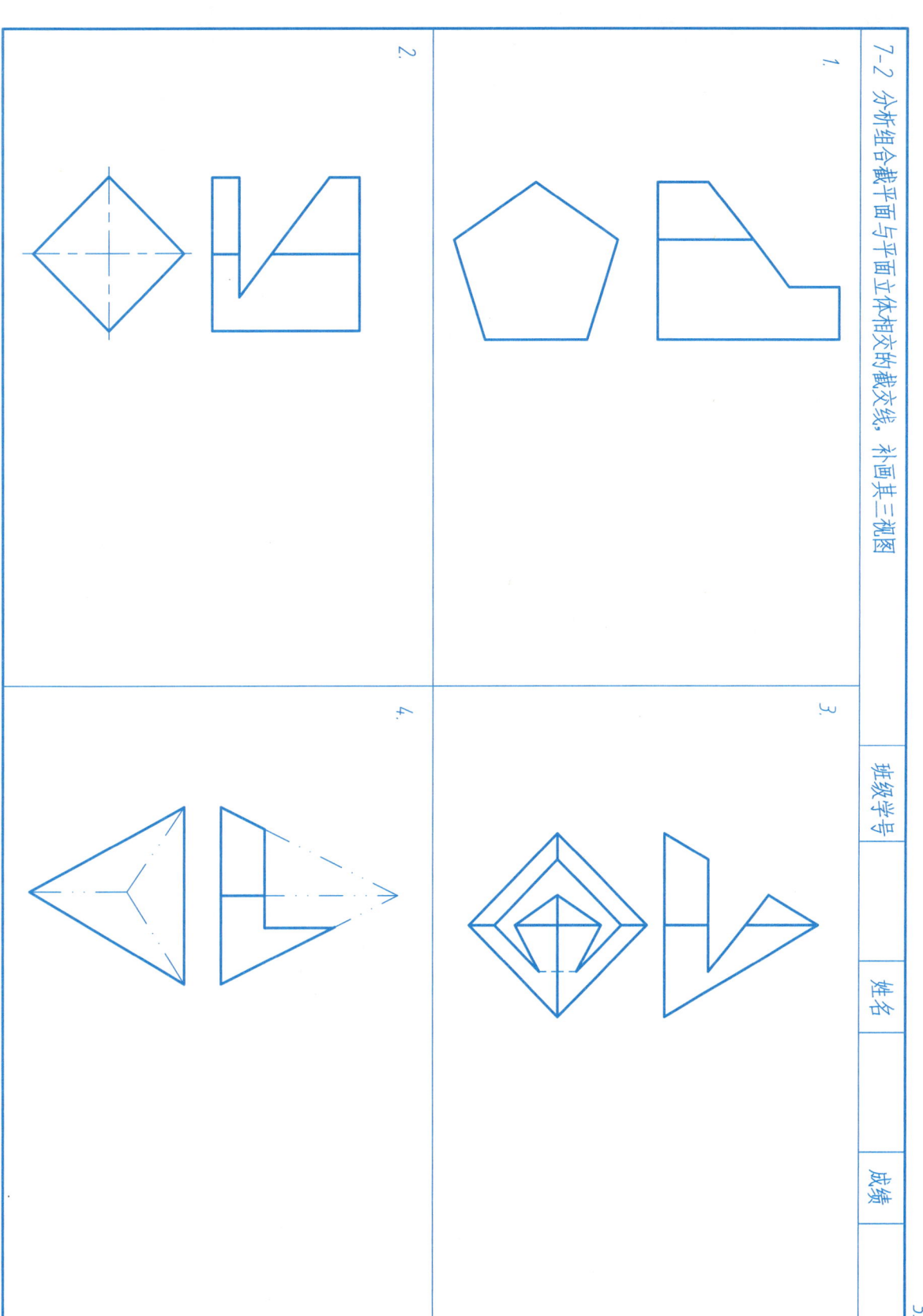

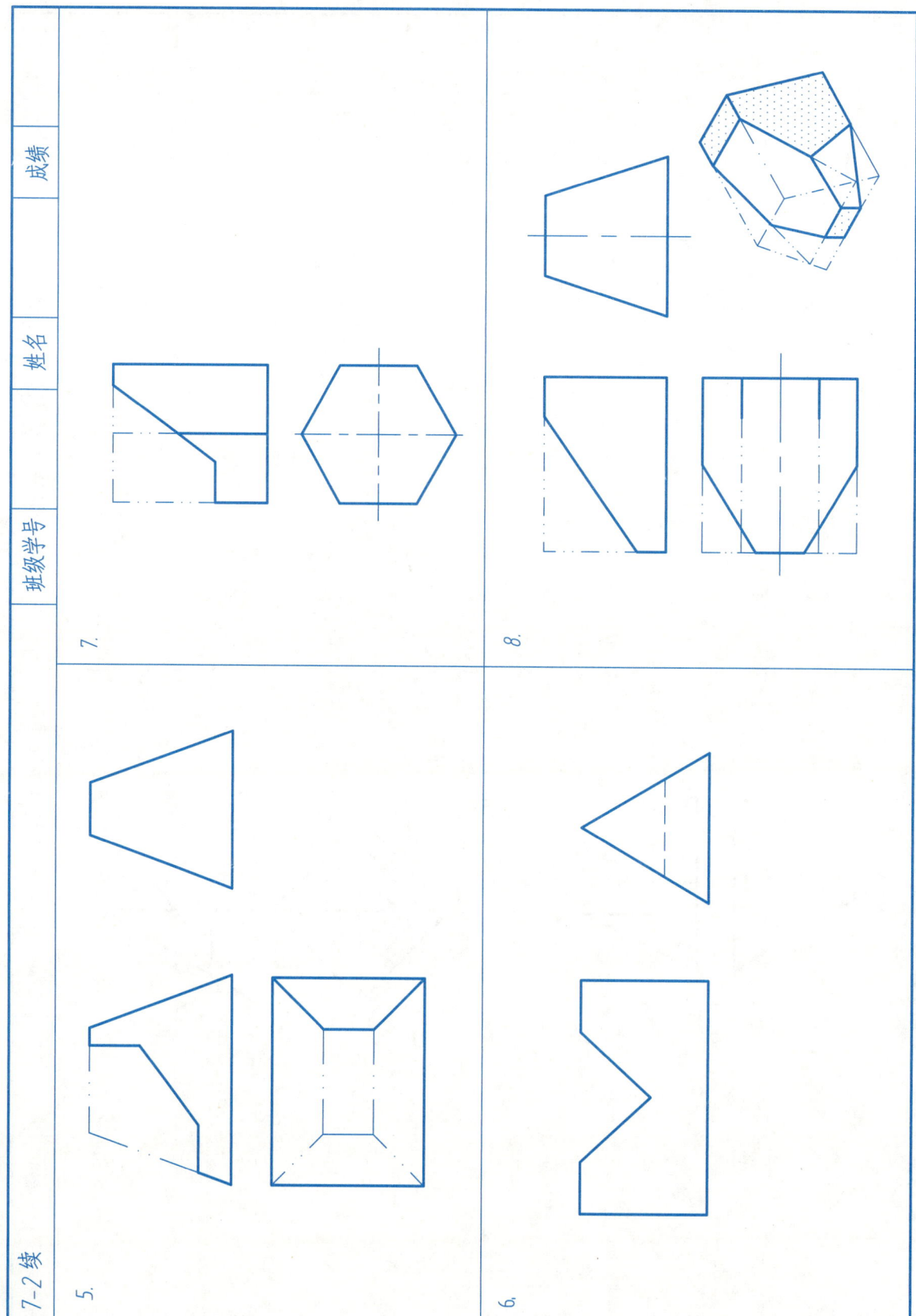

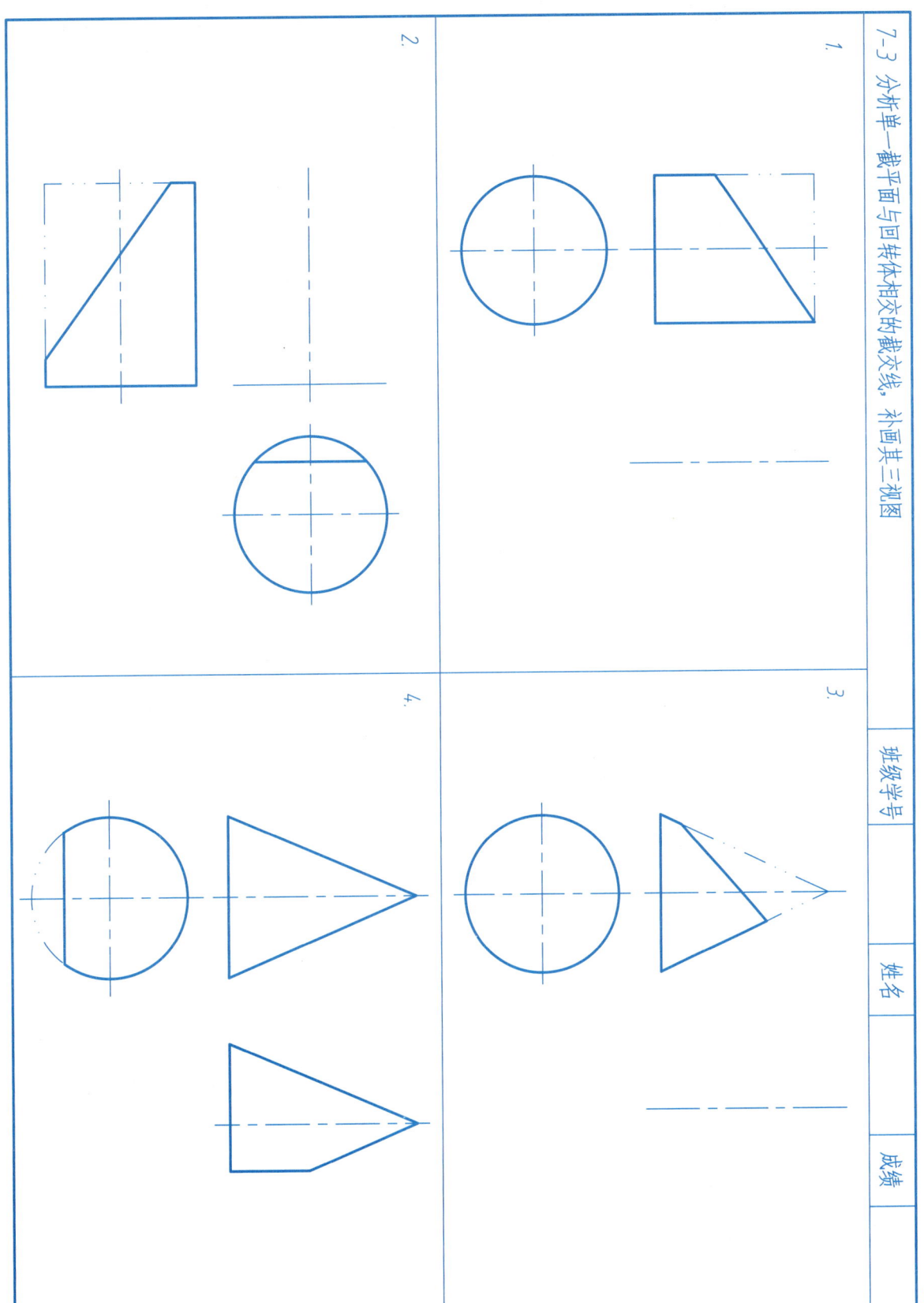

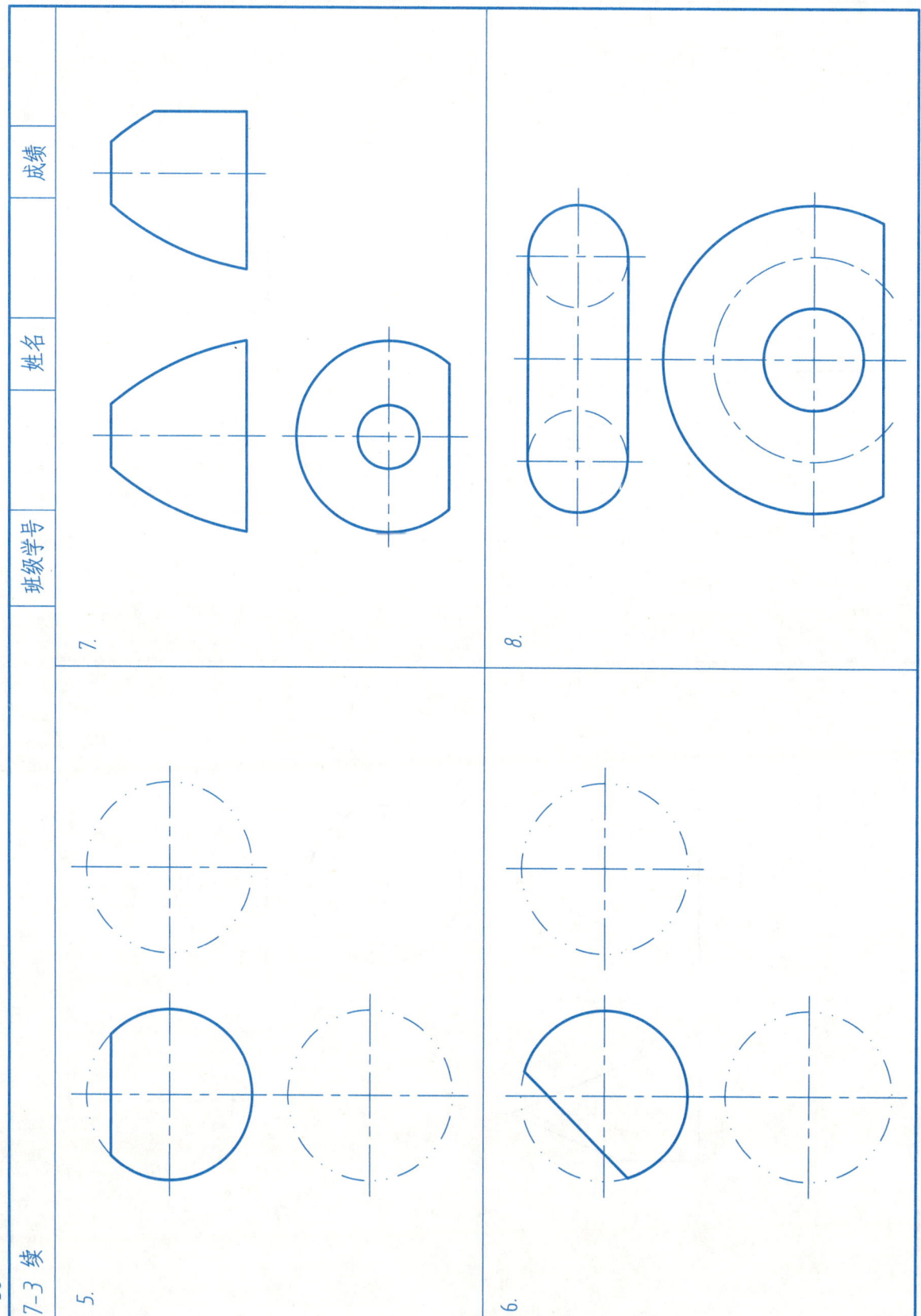

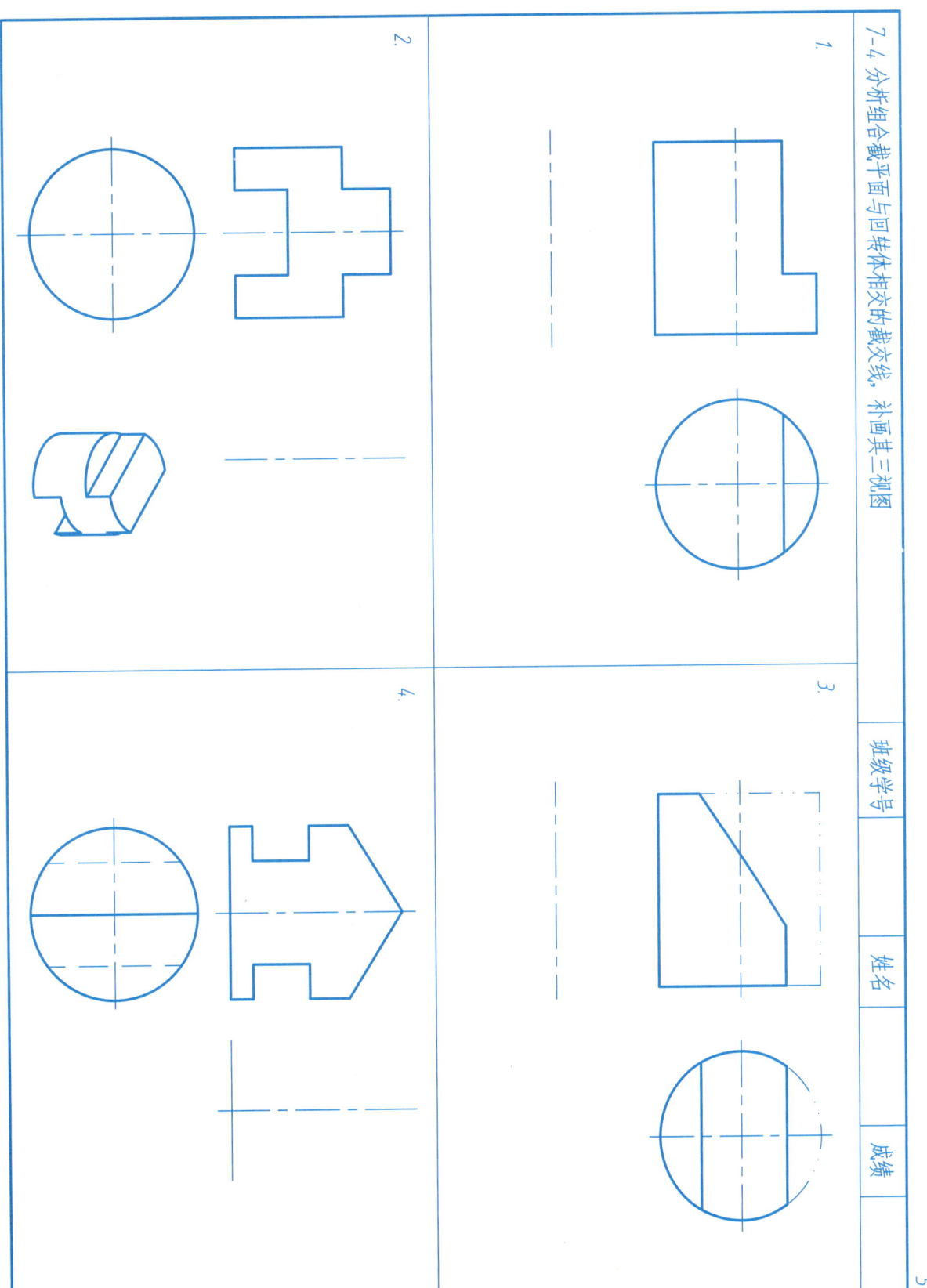

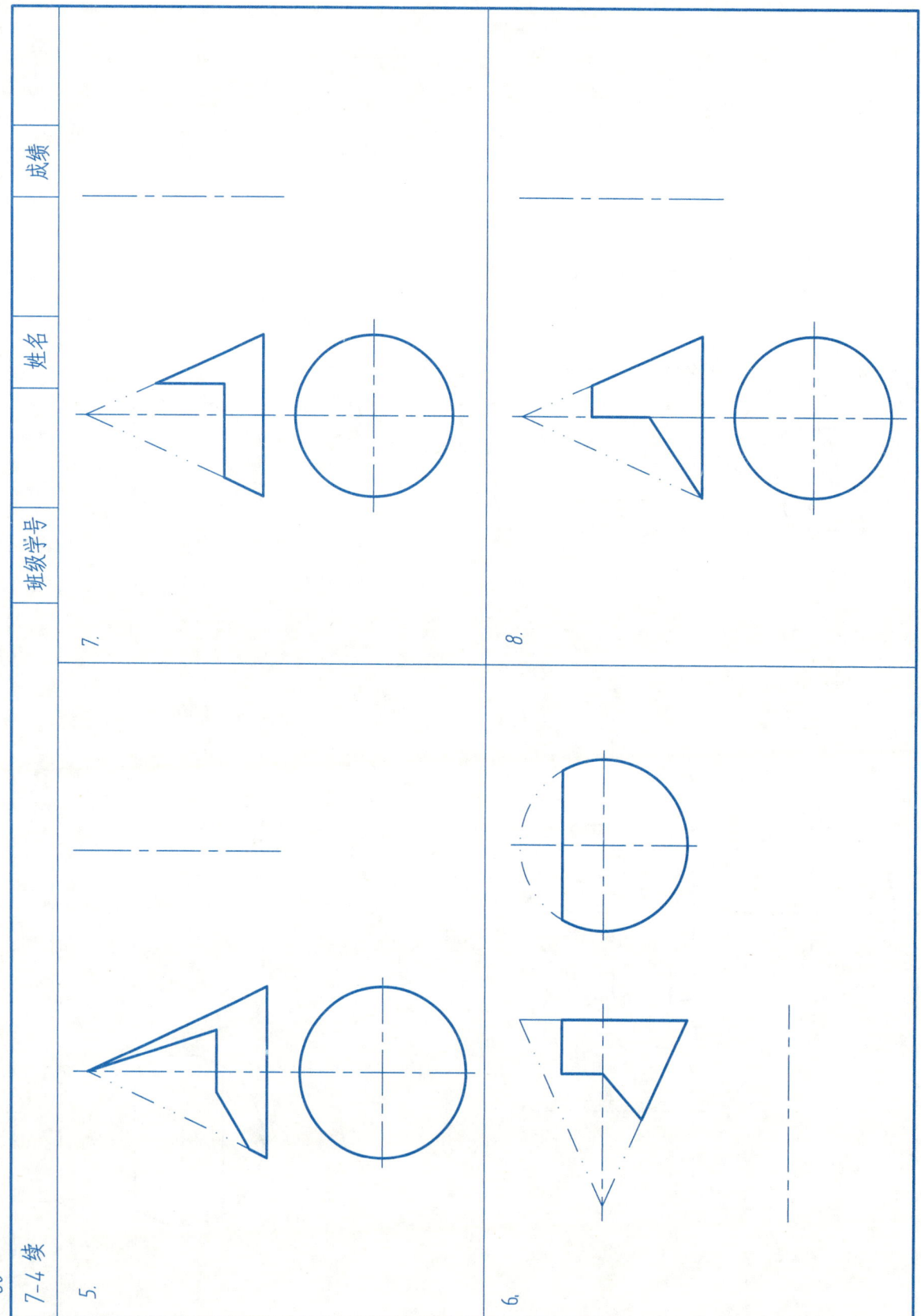

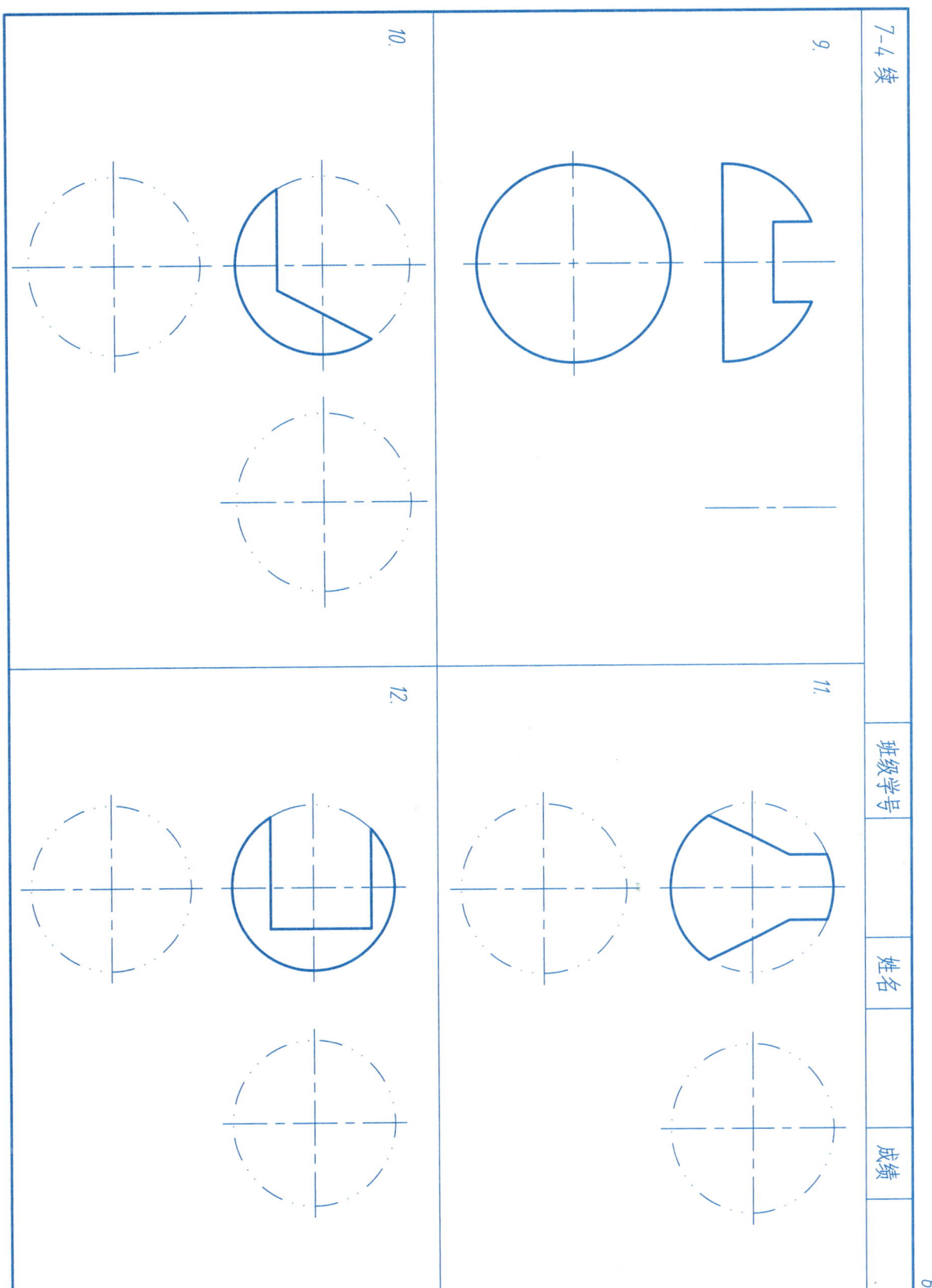

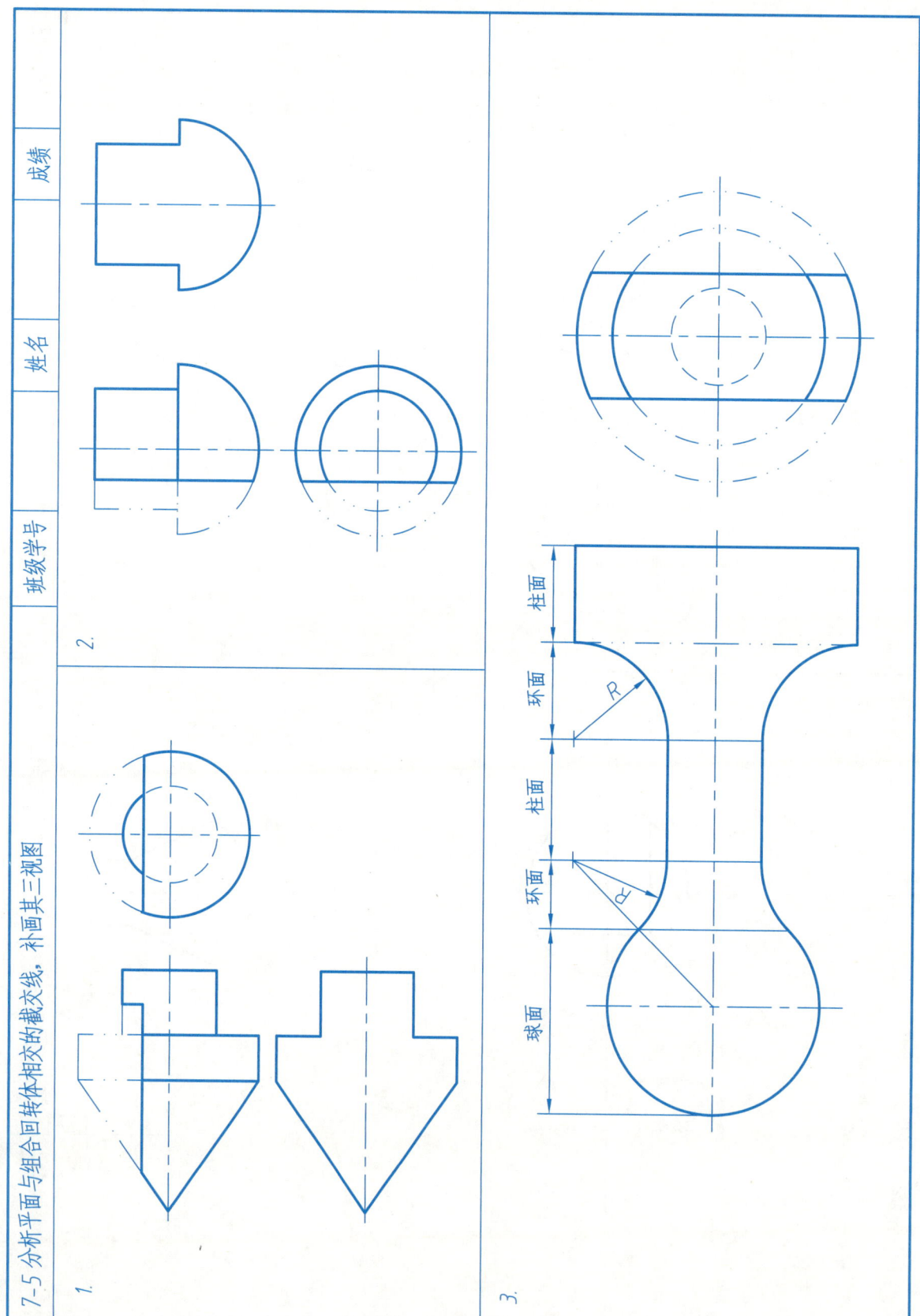

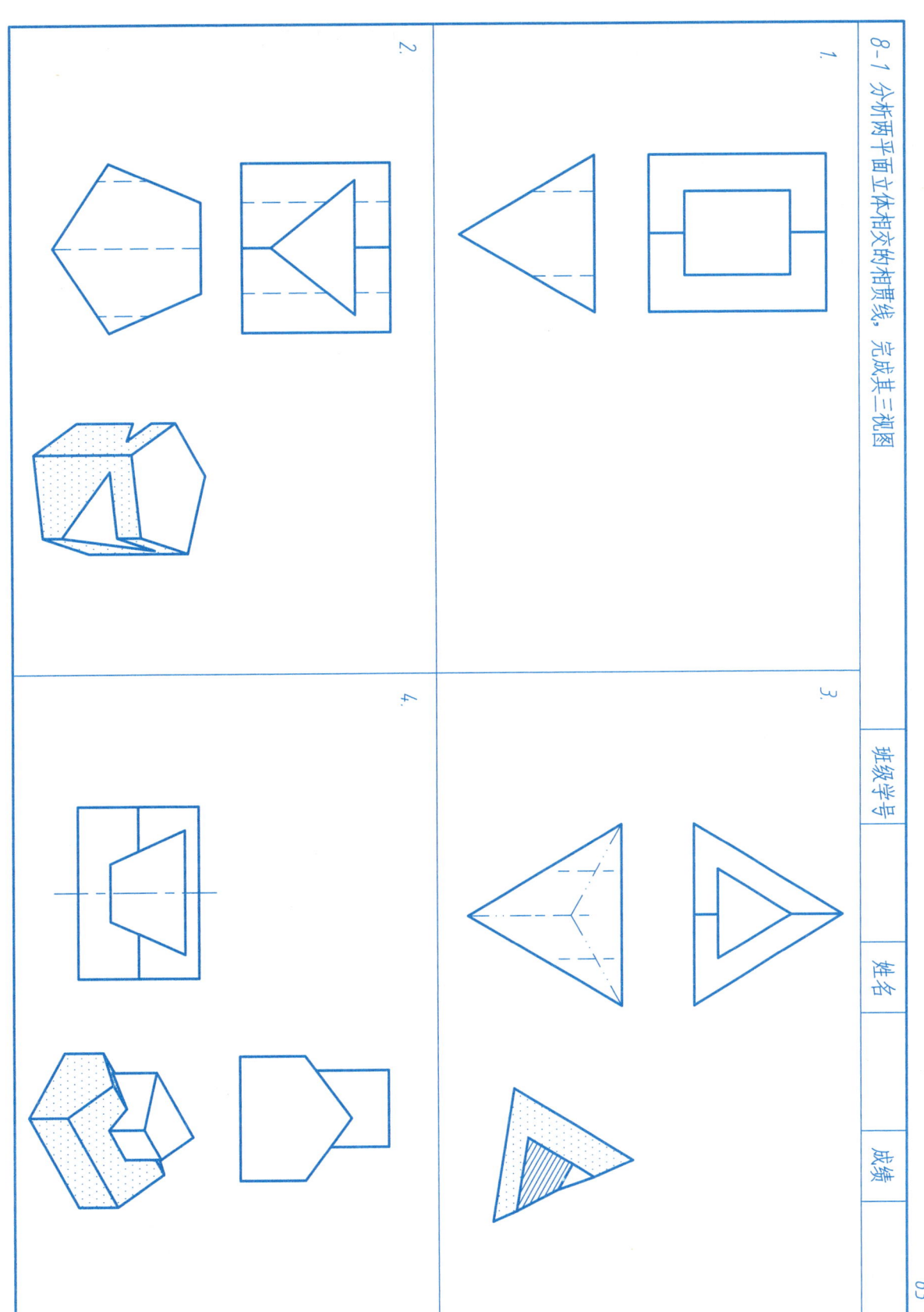

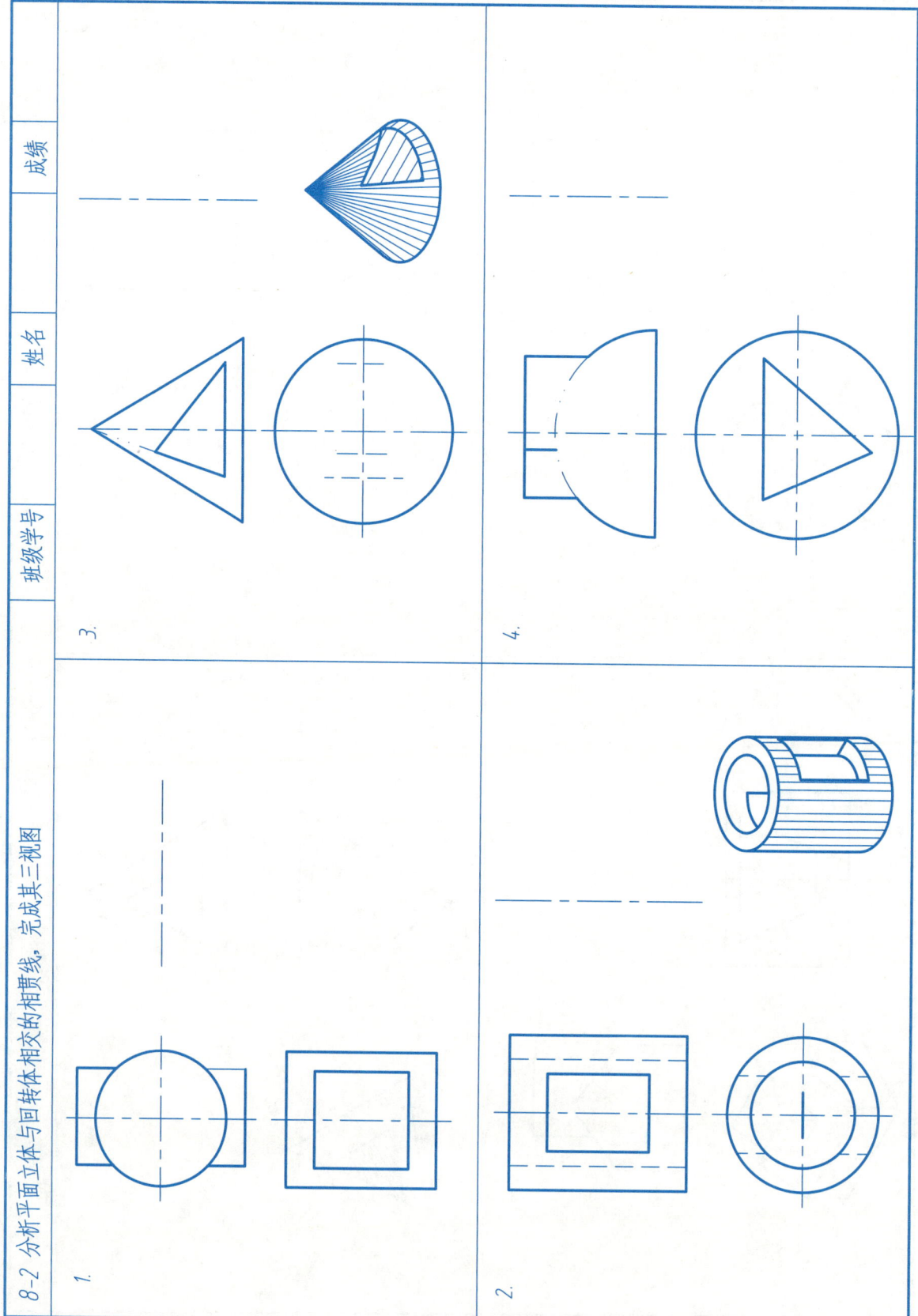

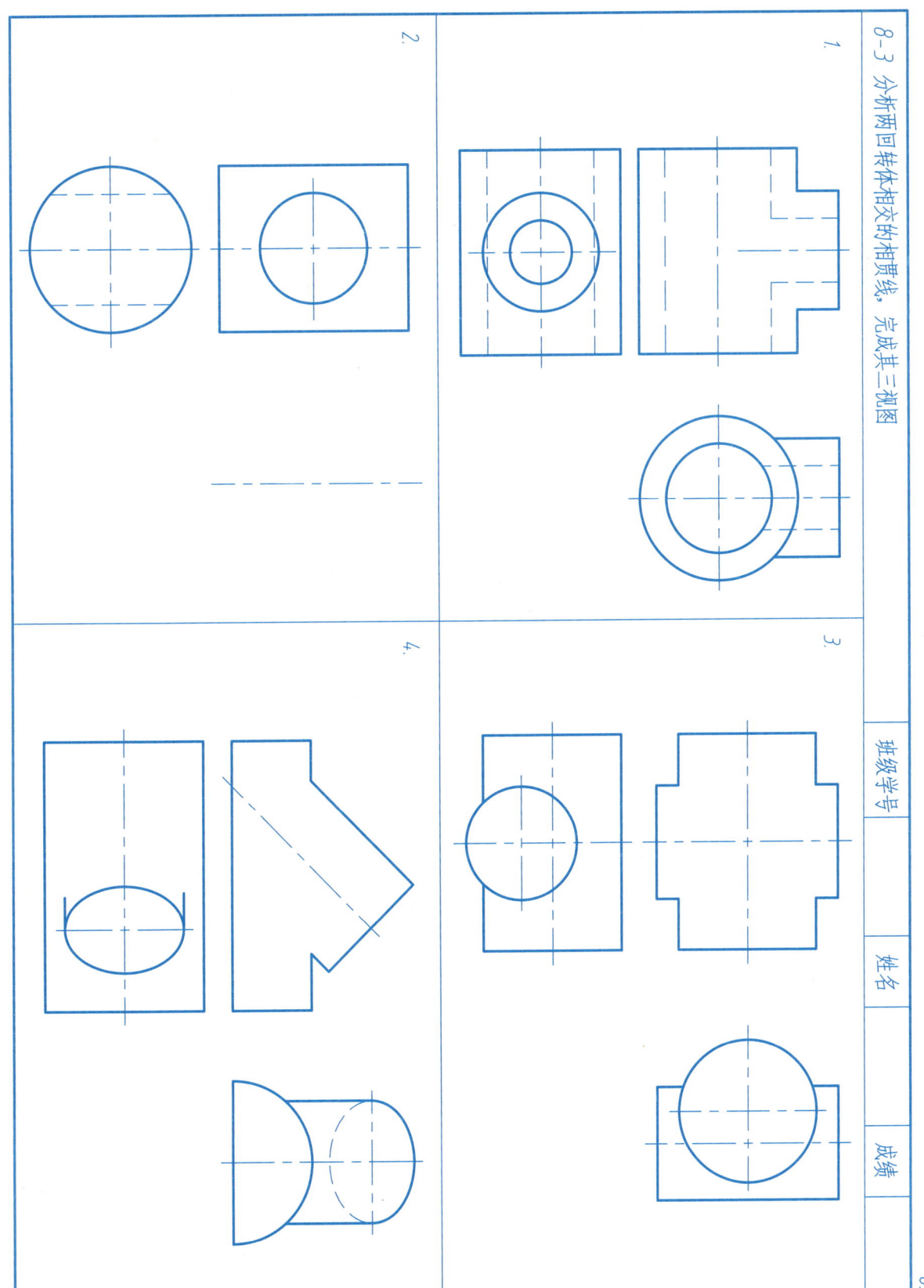

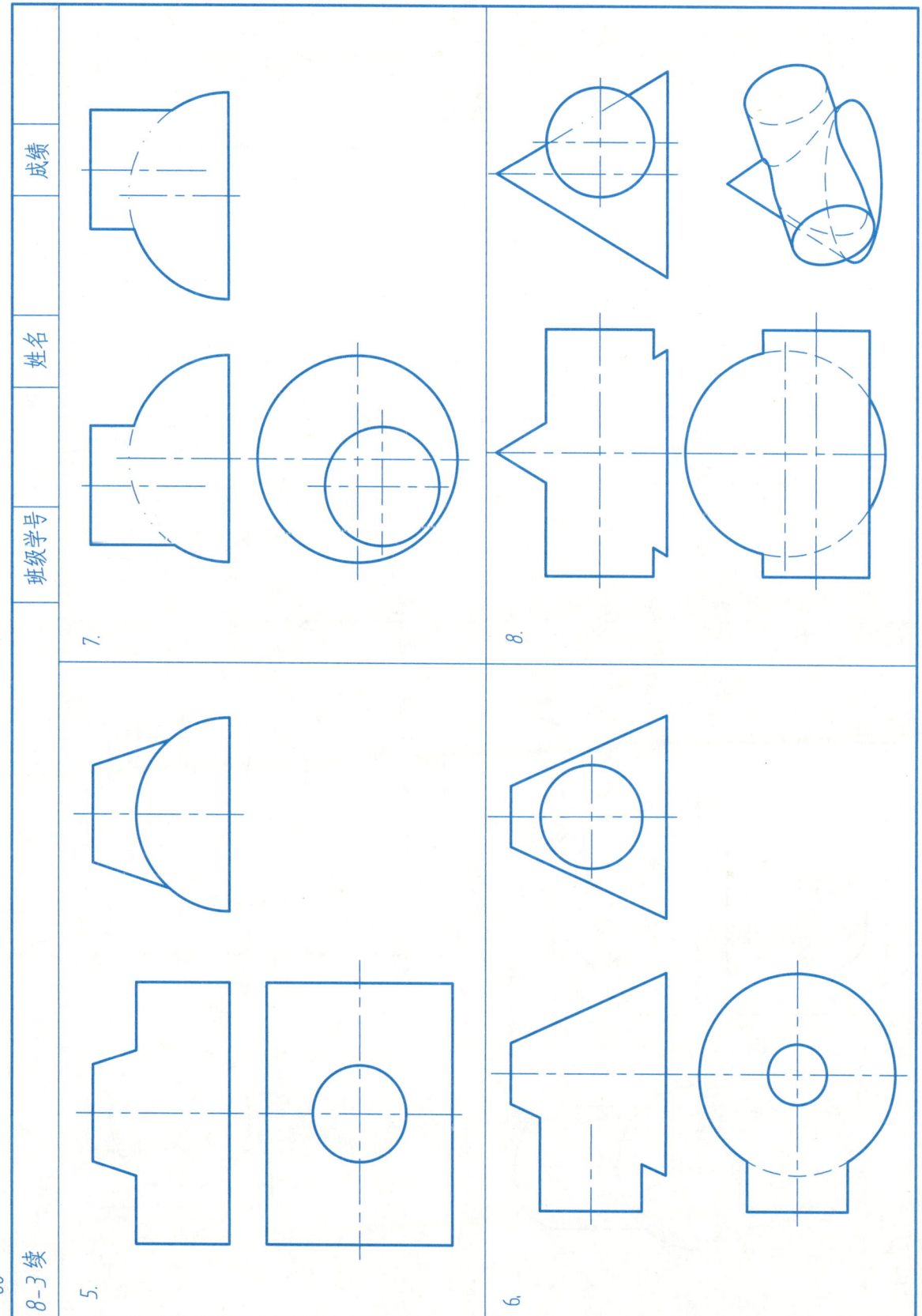

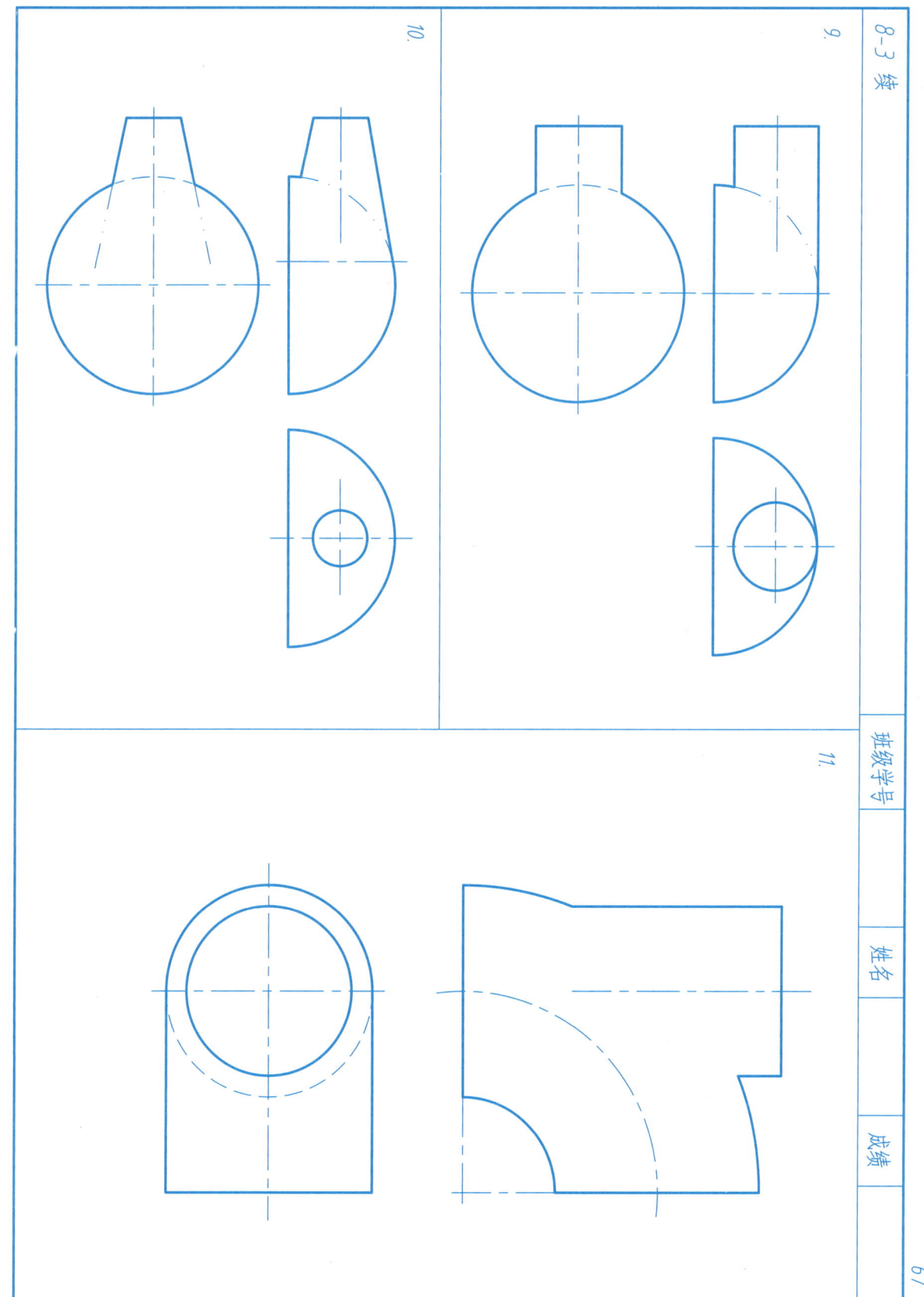

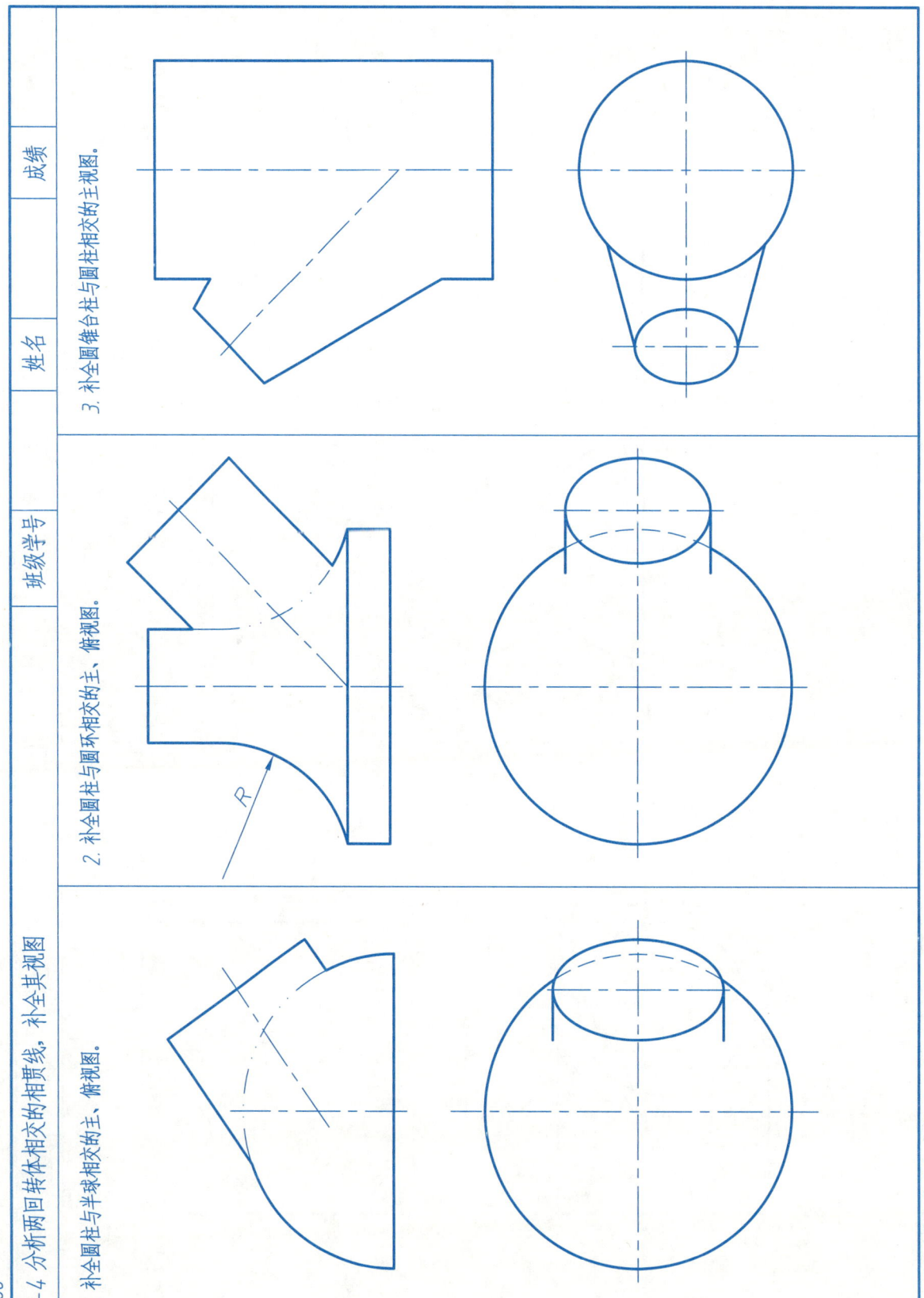

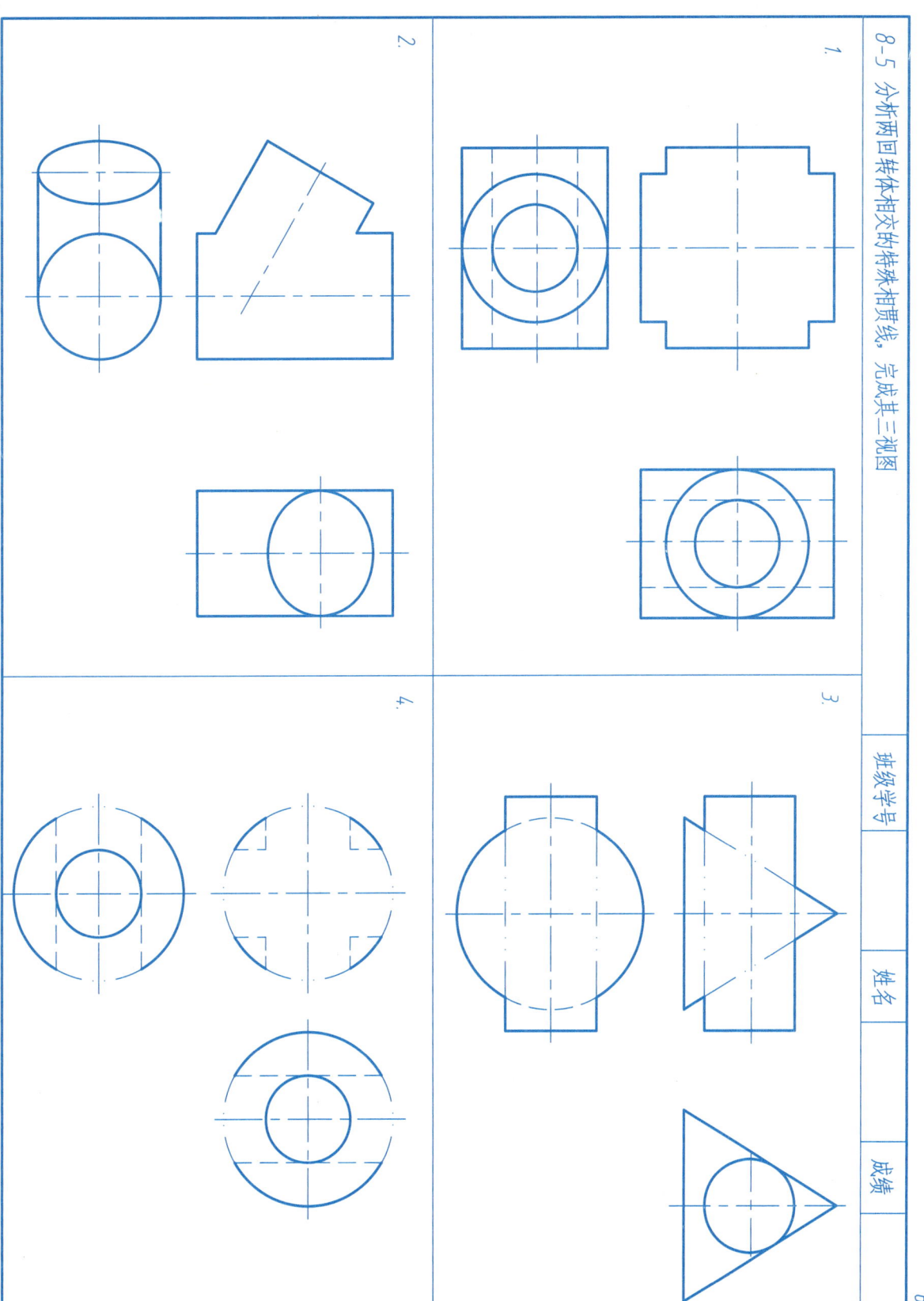

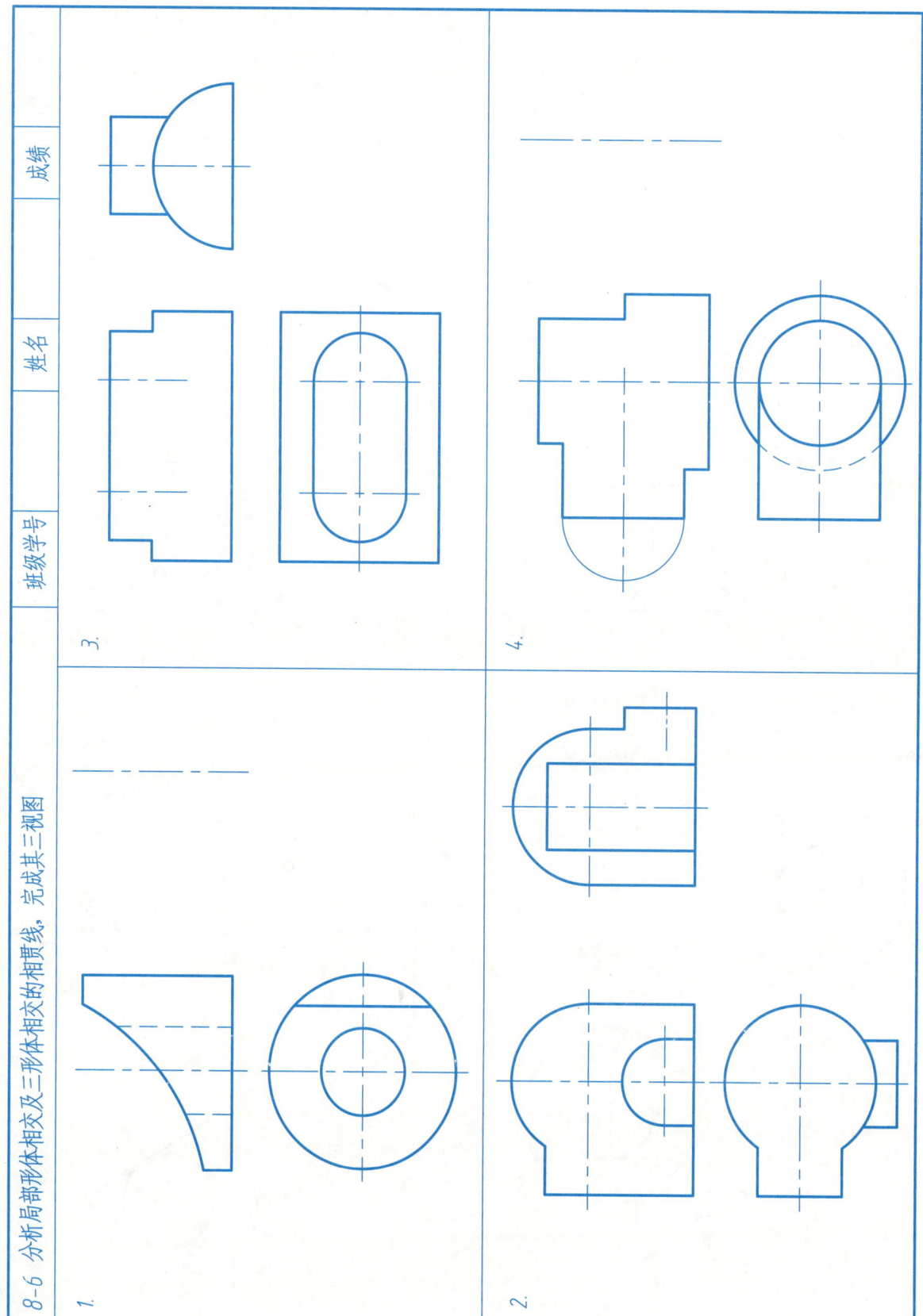

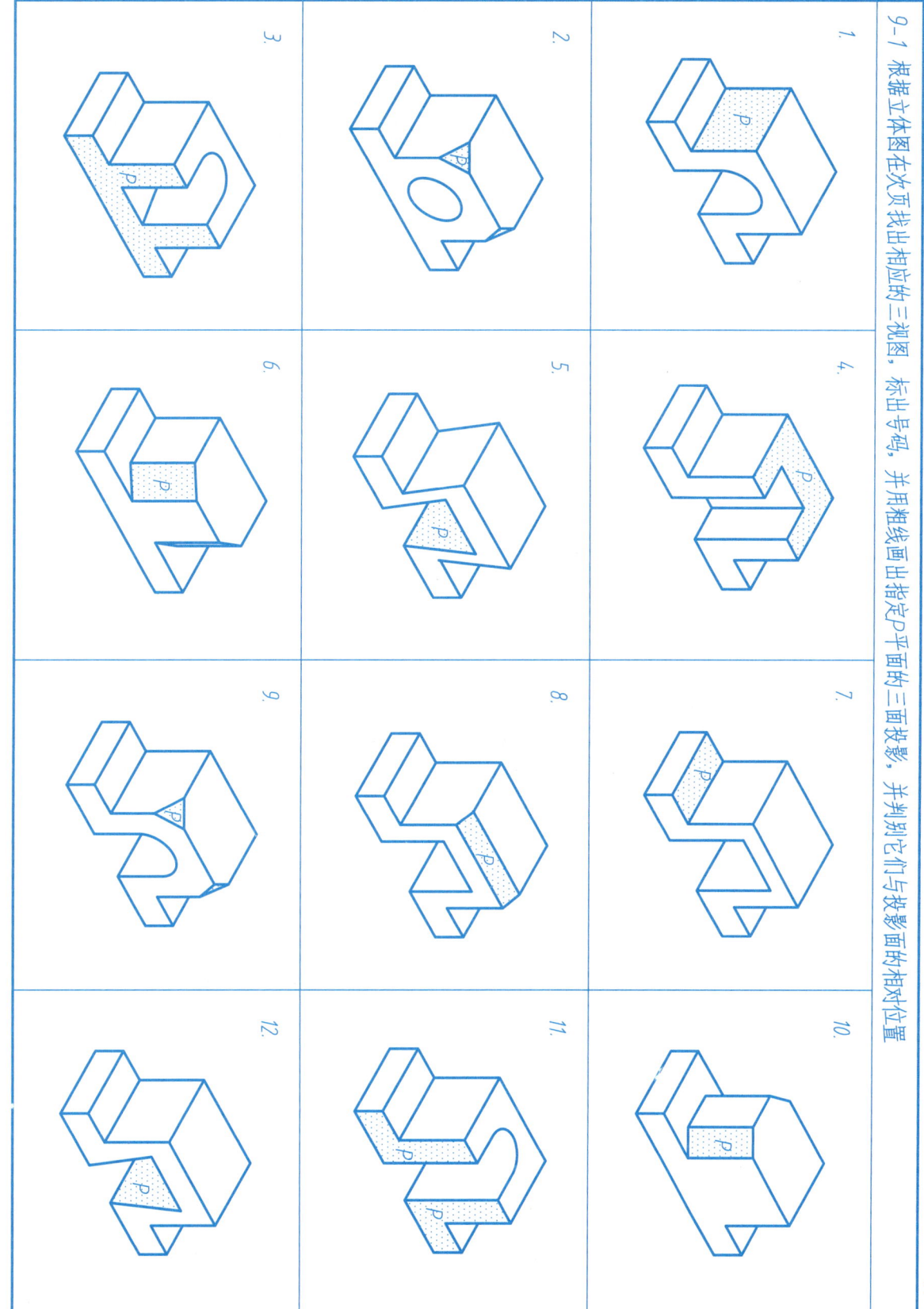

9-1 续

班级学号　姓名　成绩

1/侧平面

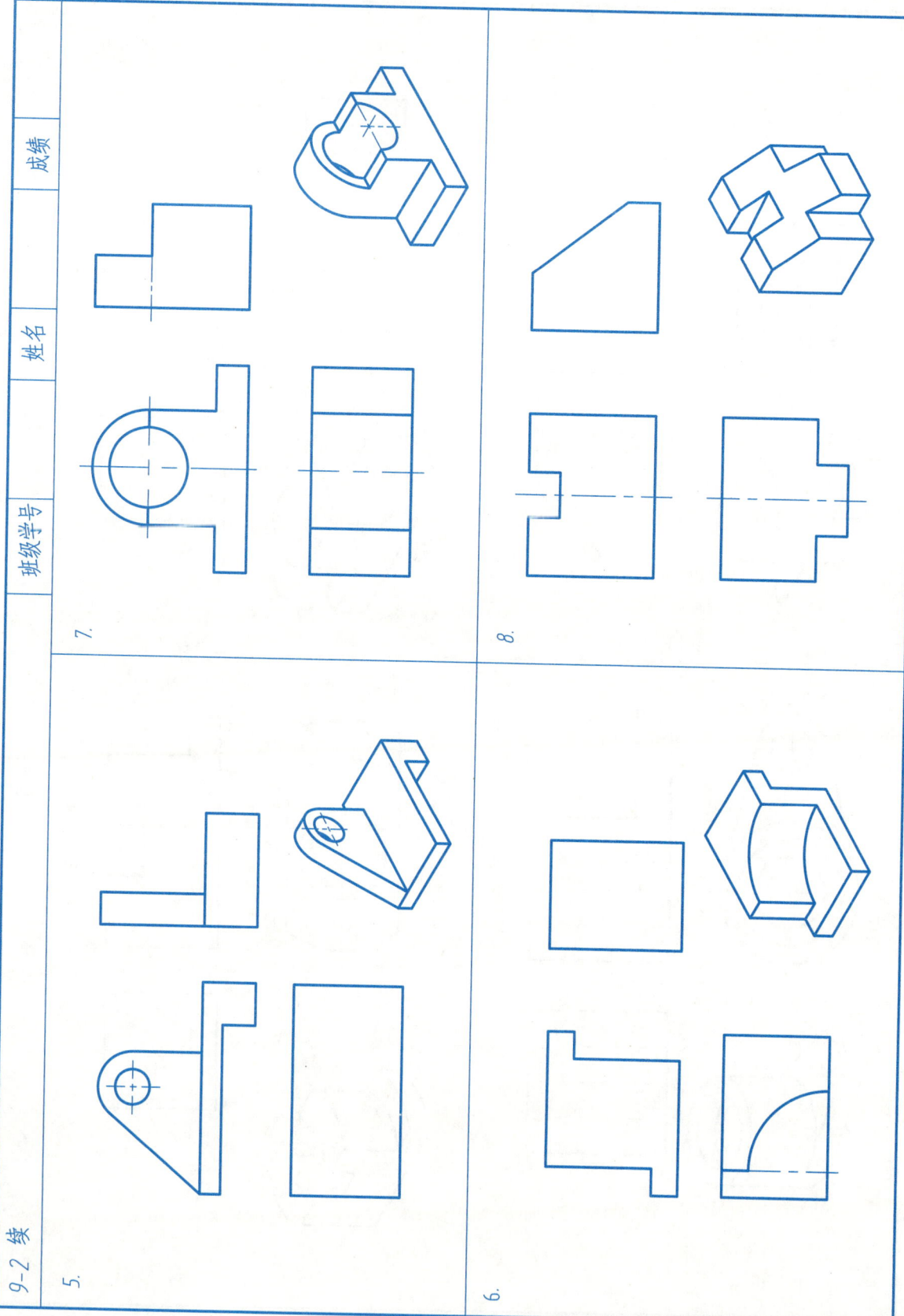

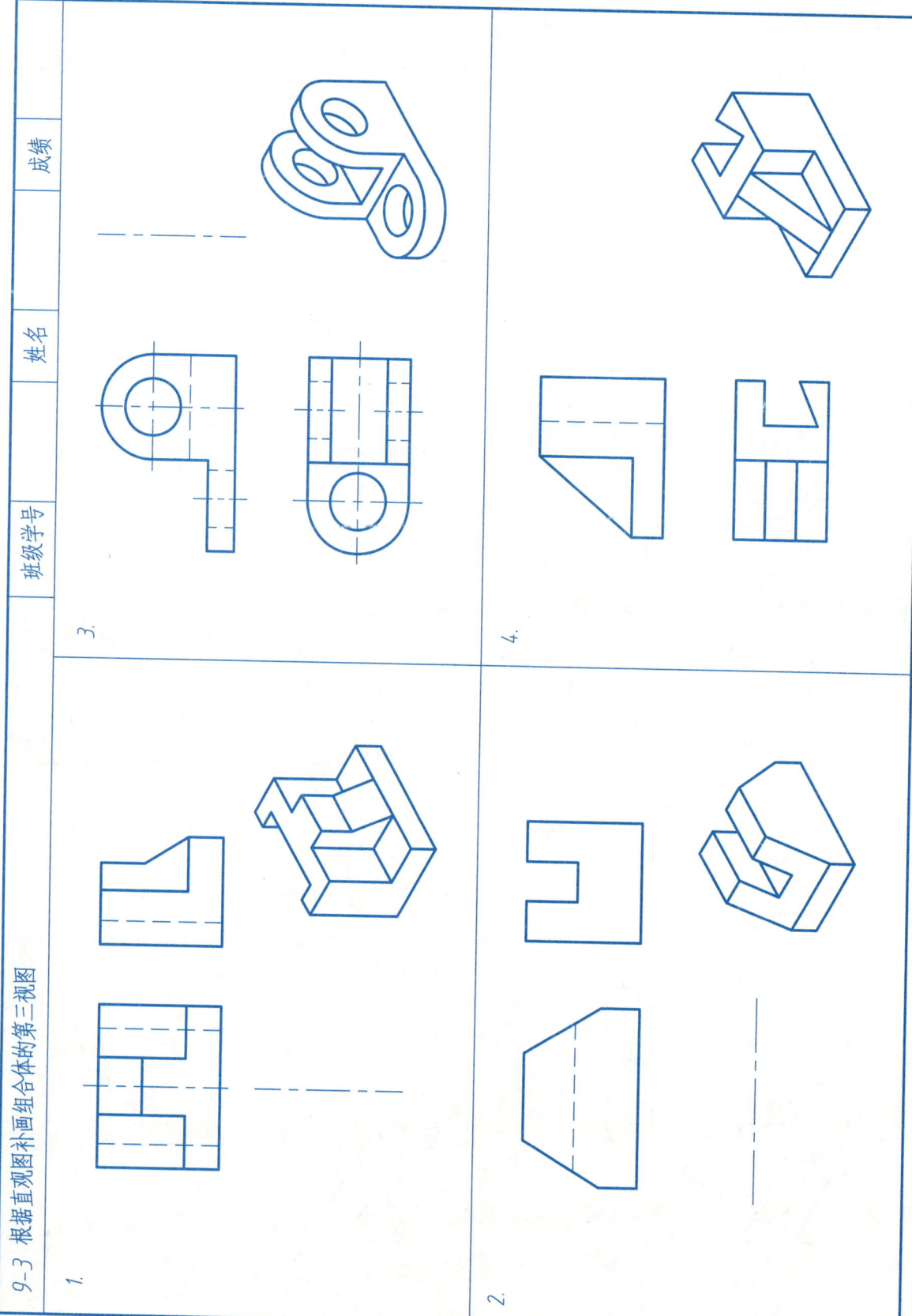

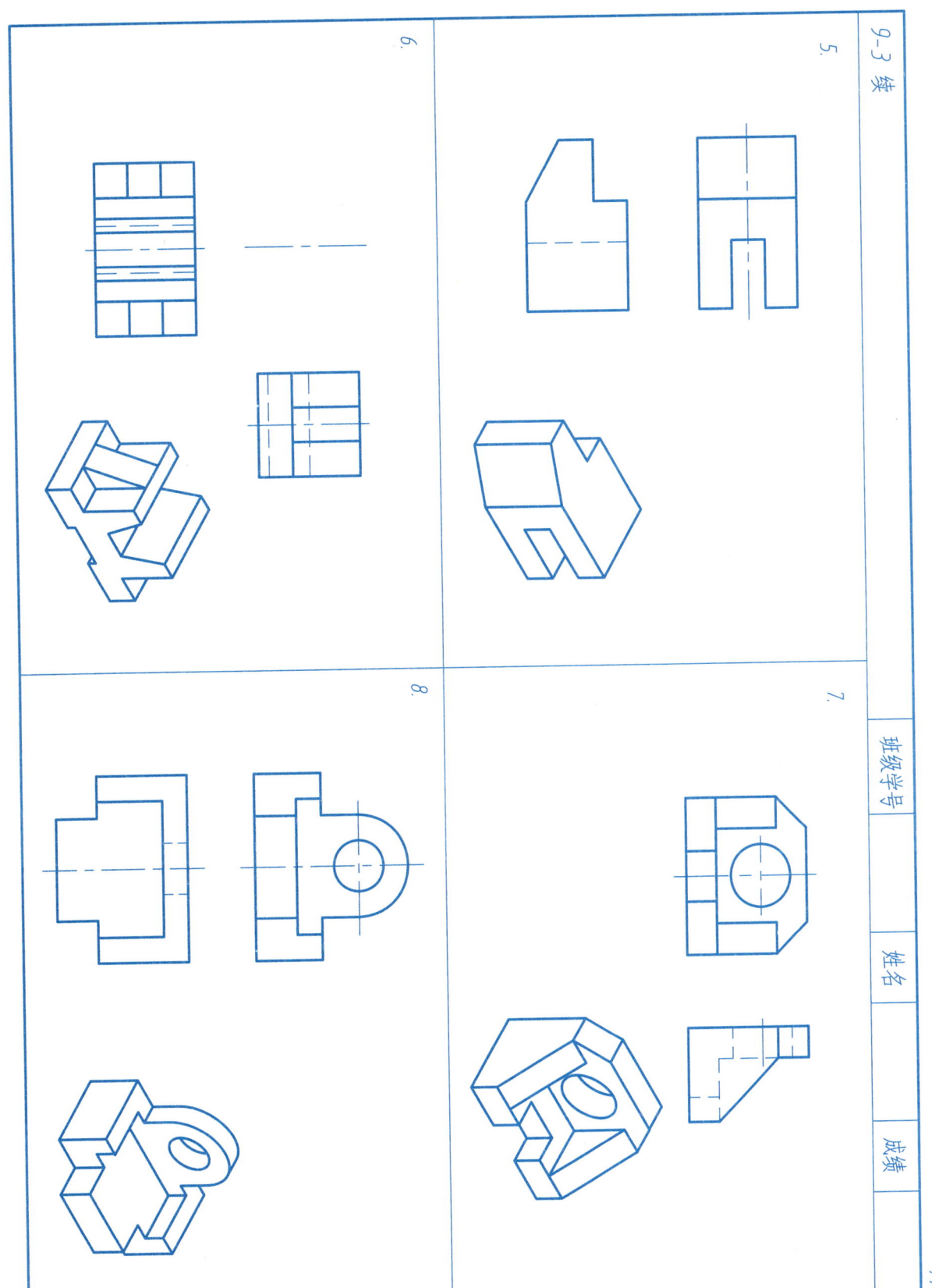

9-4 根据立体图，徒手画组合体三视图的草图

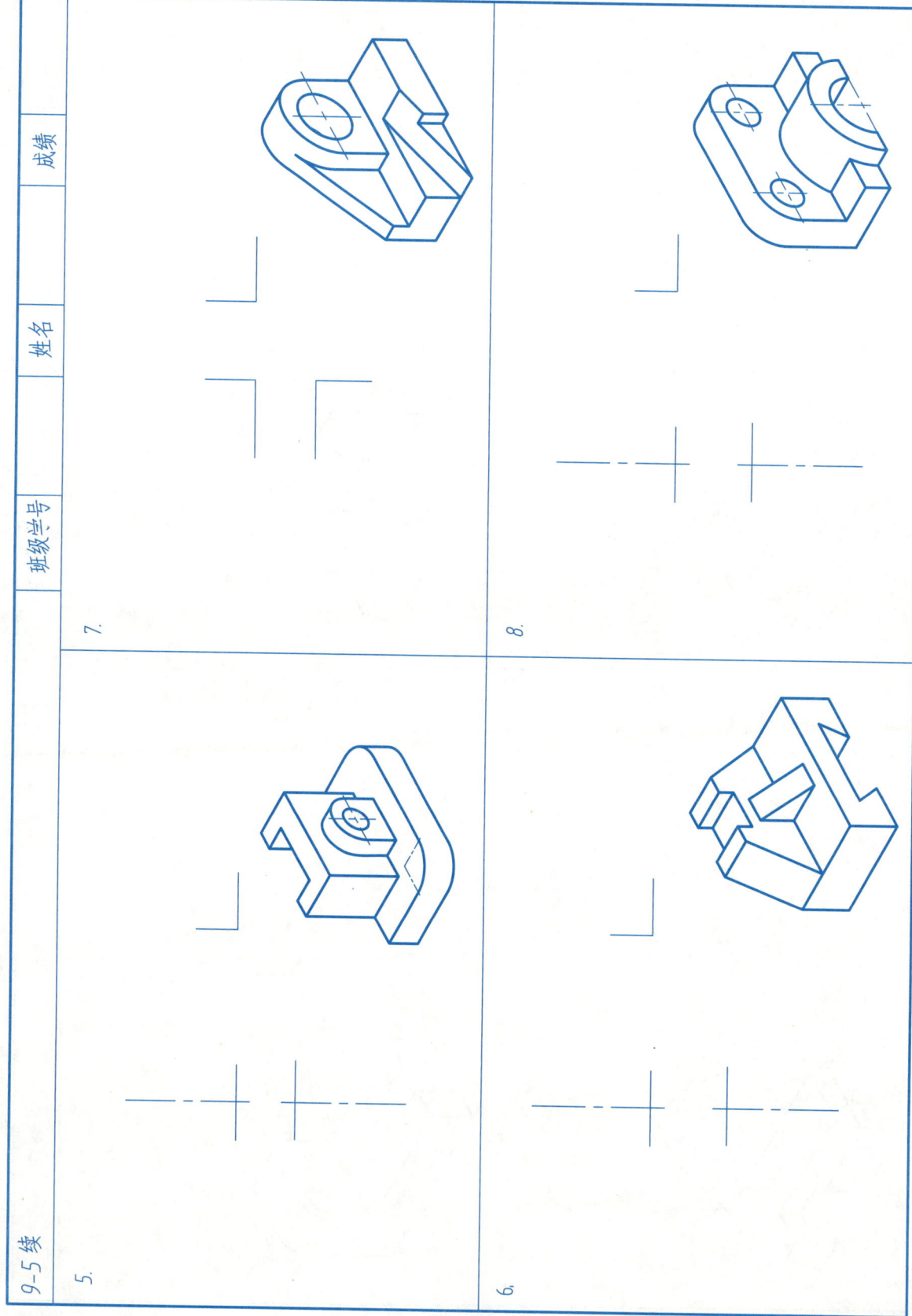

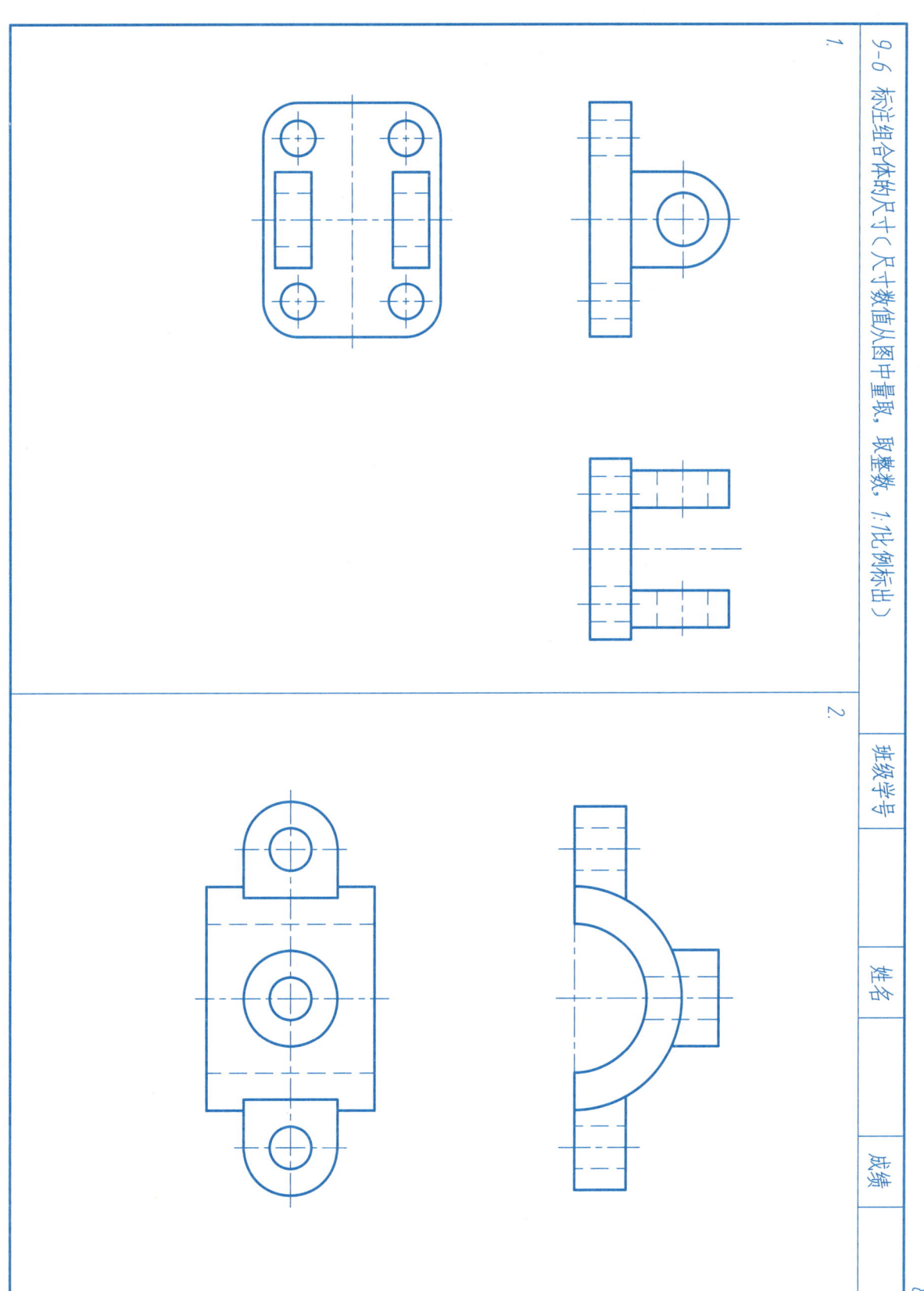

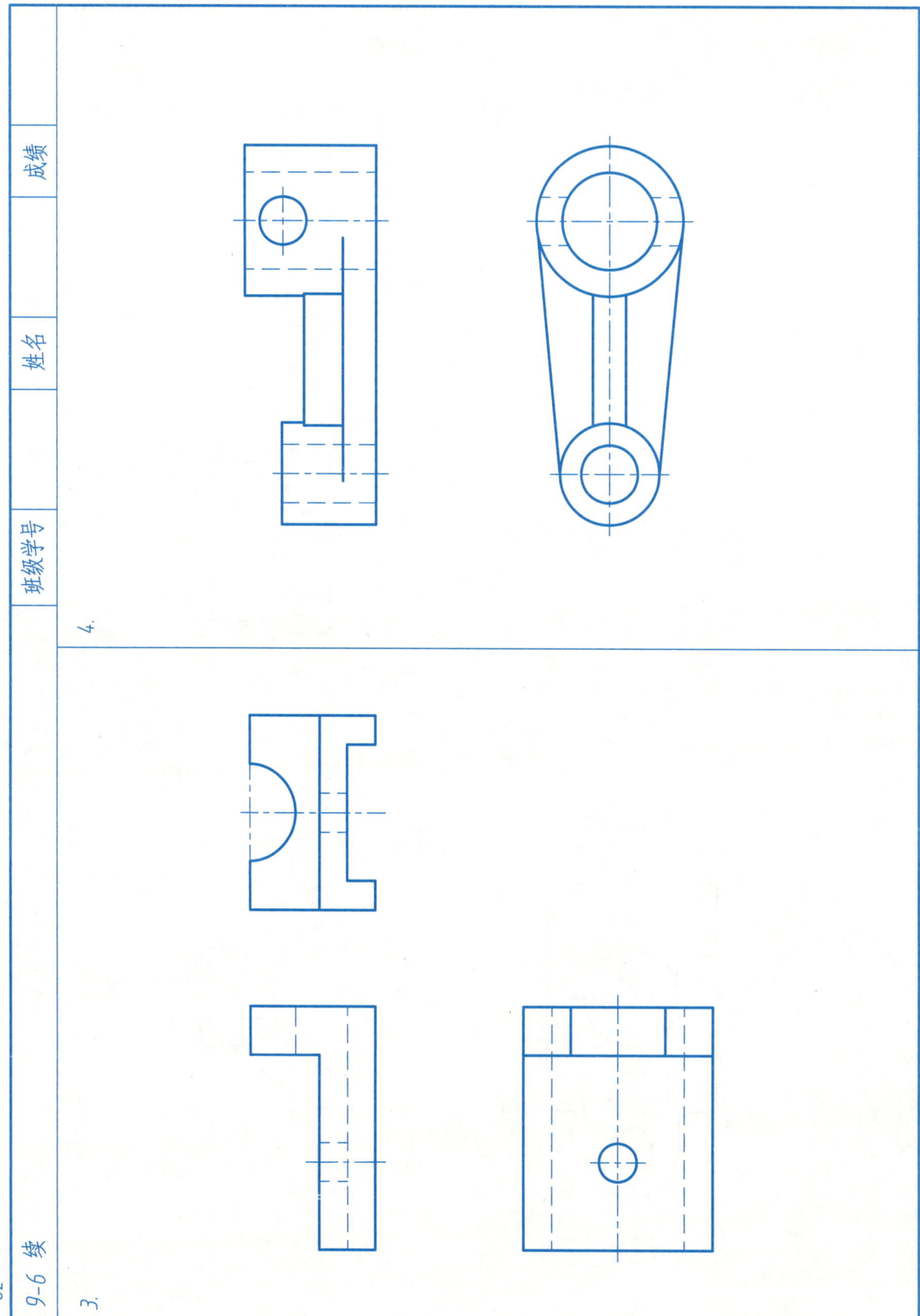

9-7 大作业：画组合体的三视图

画组合体三视图作业指导

一、作业目的和要求
1. 目的 进一步理解物与图之间的对应关系，运用形体分析的方法，根据直观图绘制组合体的三视图，并标注尺寸。
2. 要求 完整清晰表达组合体的外形状。图线要求深一致，粗细一致，标注尺寸要正确、完整、清晰。

二、图名和图幅
1. 图名 组合体三视图
2. 图幅 A3

三、绘图步骤及注意事项
1. 进行形体分析，选择主视图。布置三个视图的位置，画基准线，定位线（视图之间应留标注尺寸的位置）。
2. 逐个画各组成部分的三视图（注意表面交线的画法）。
3. 不要照搬轴测图上的尺寸注法，应重新考虑视图的尺寸标注。
4. 完成底稿，经仔细检查后用铅笔加深。
5. 标题栏参照P13画。

1. 支架

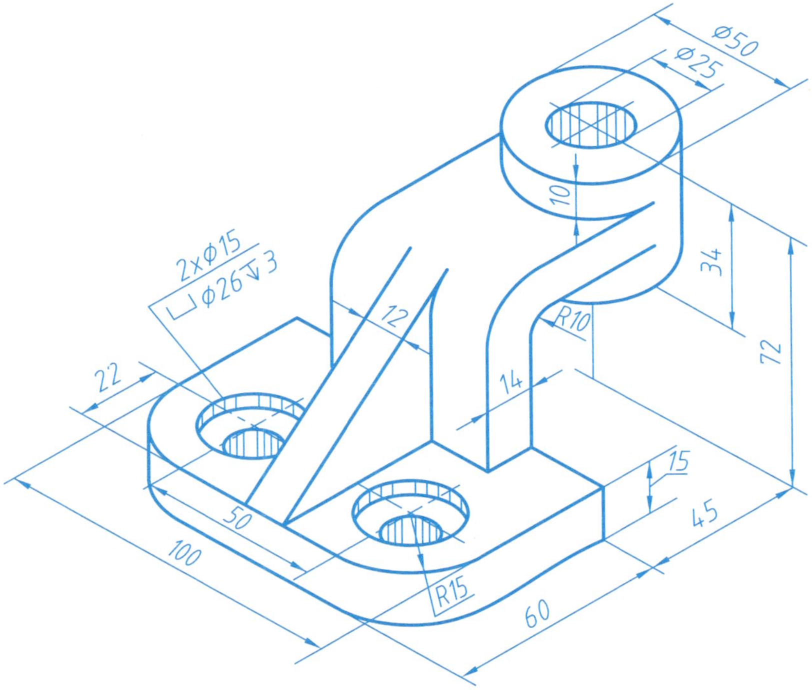

| 班级学号 | 姓名 | 成绩 |

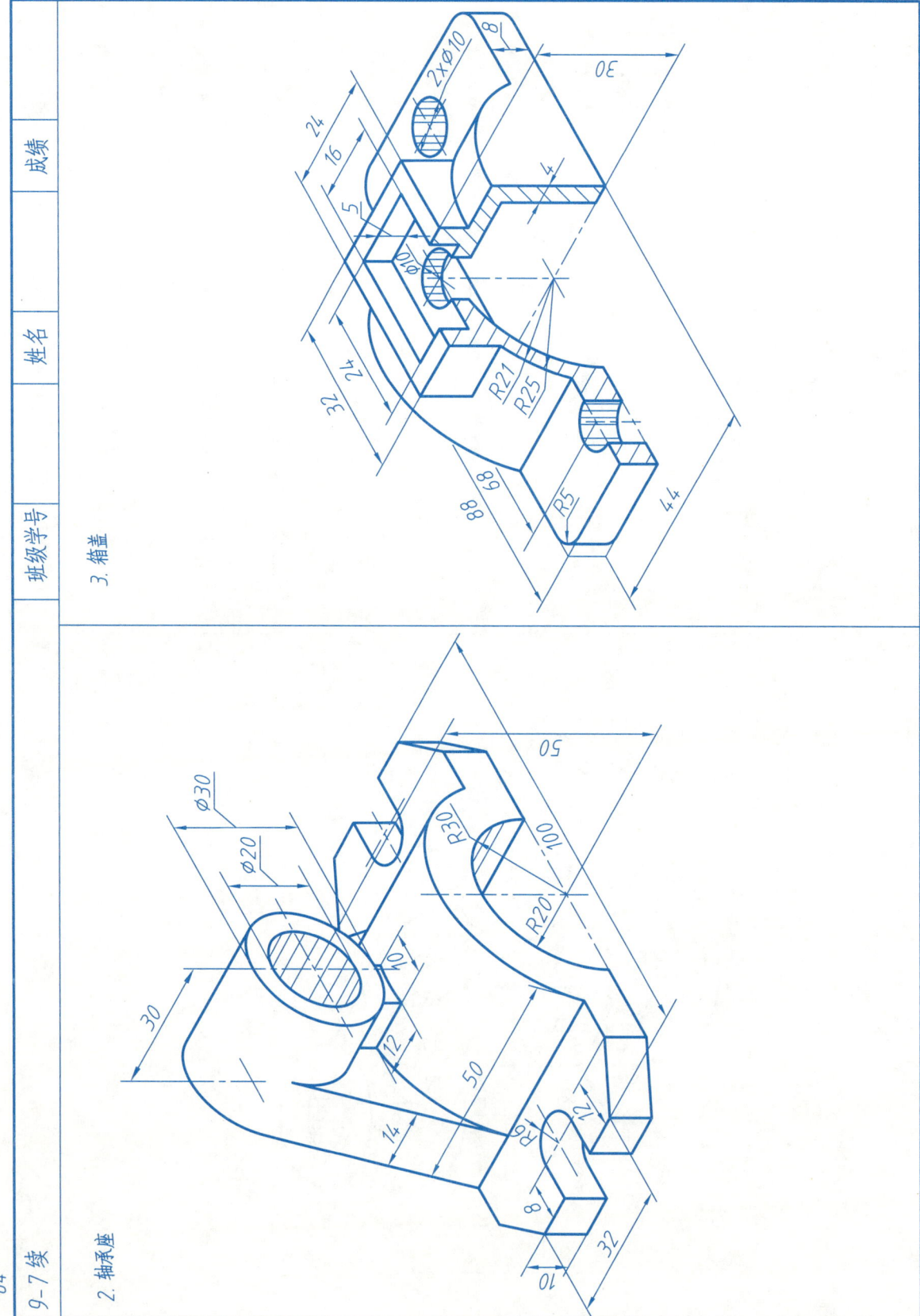

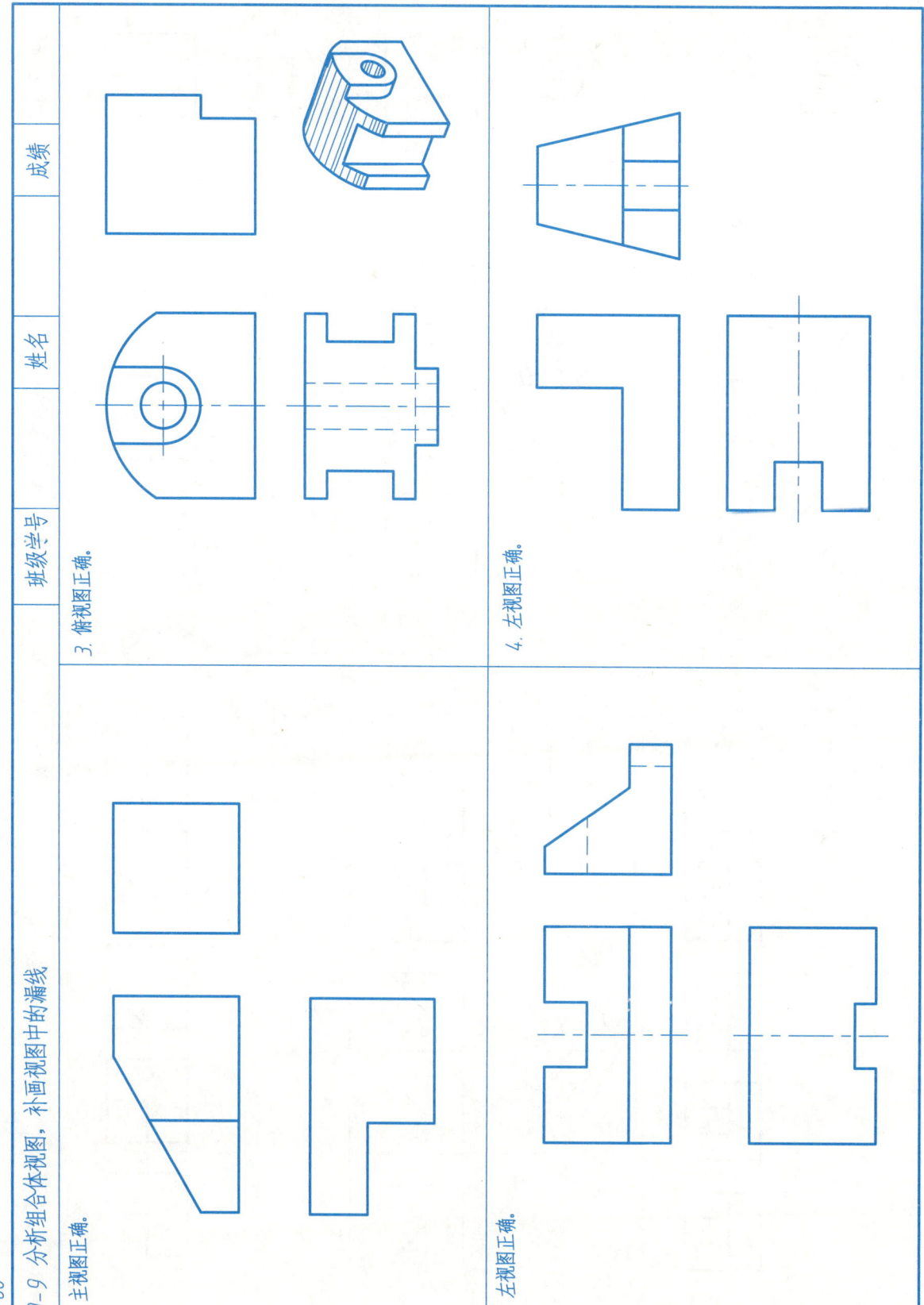

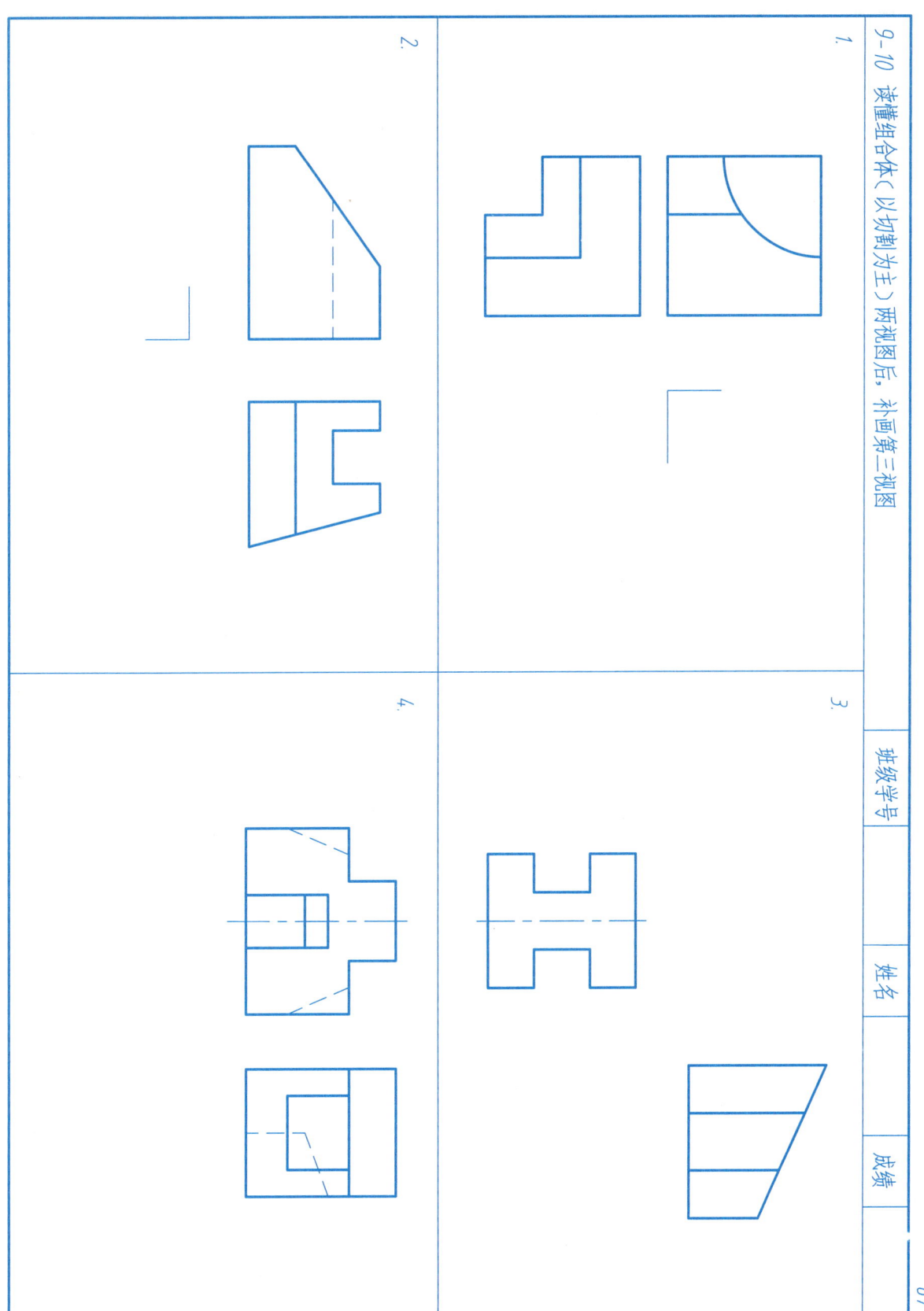

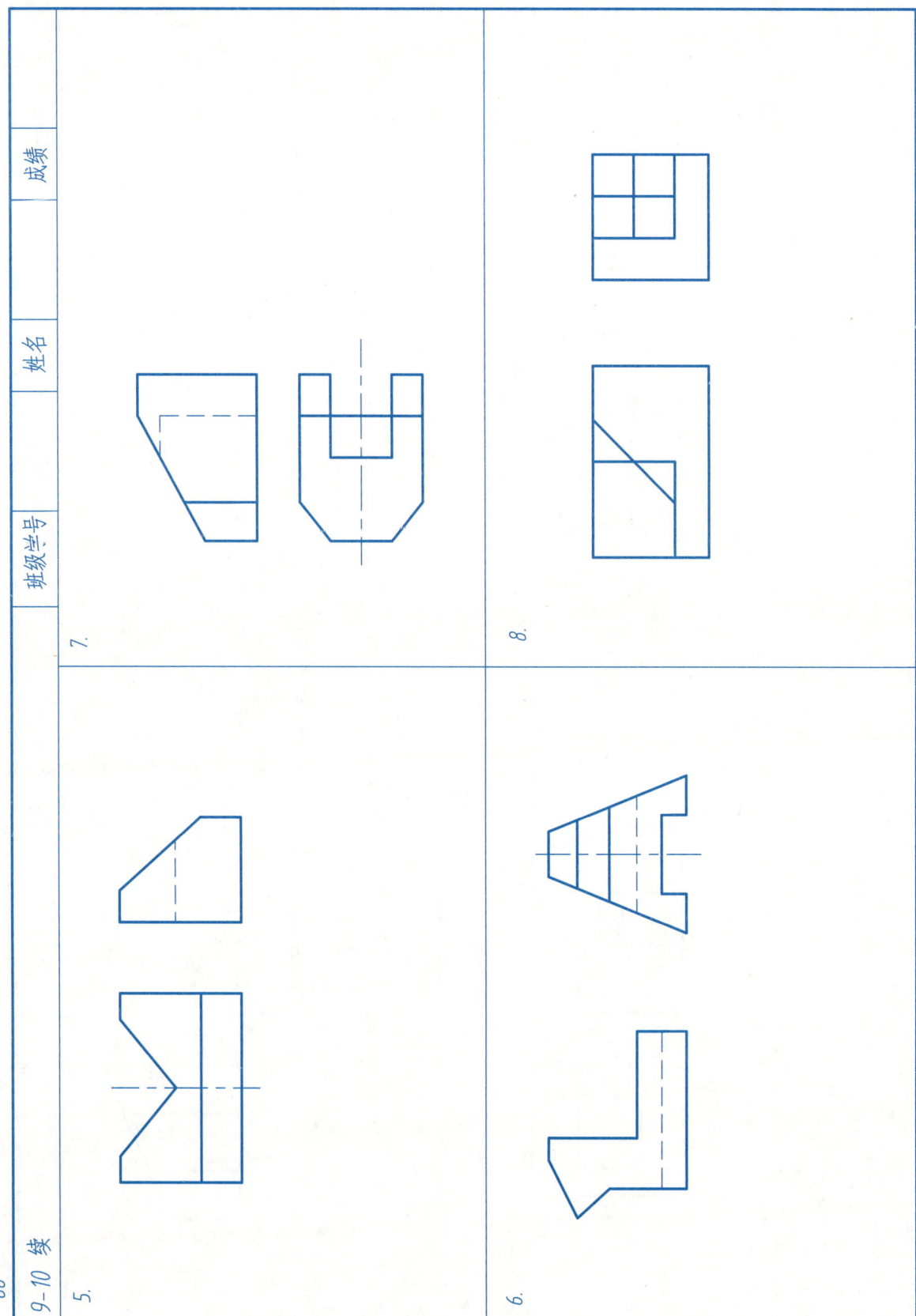

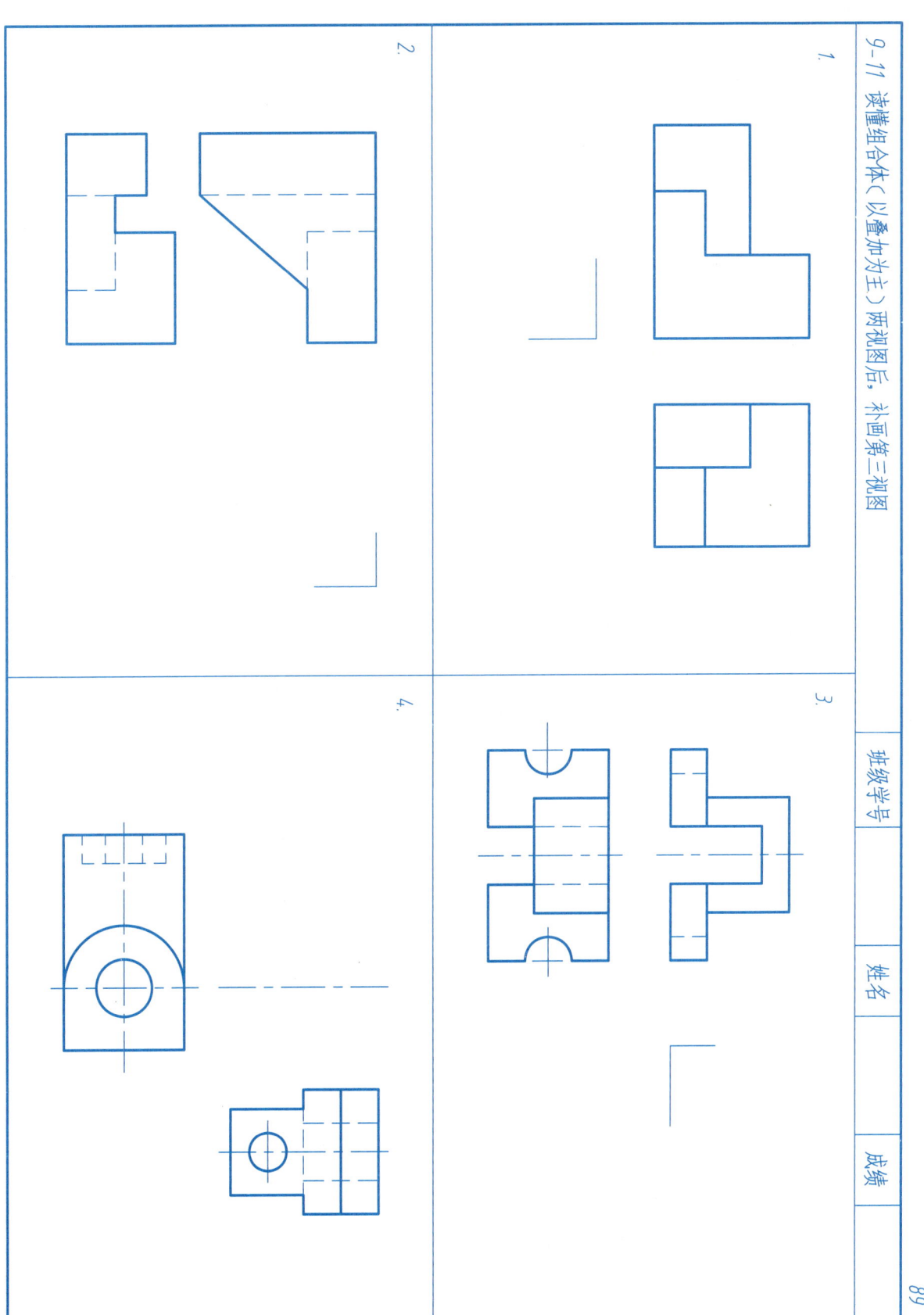

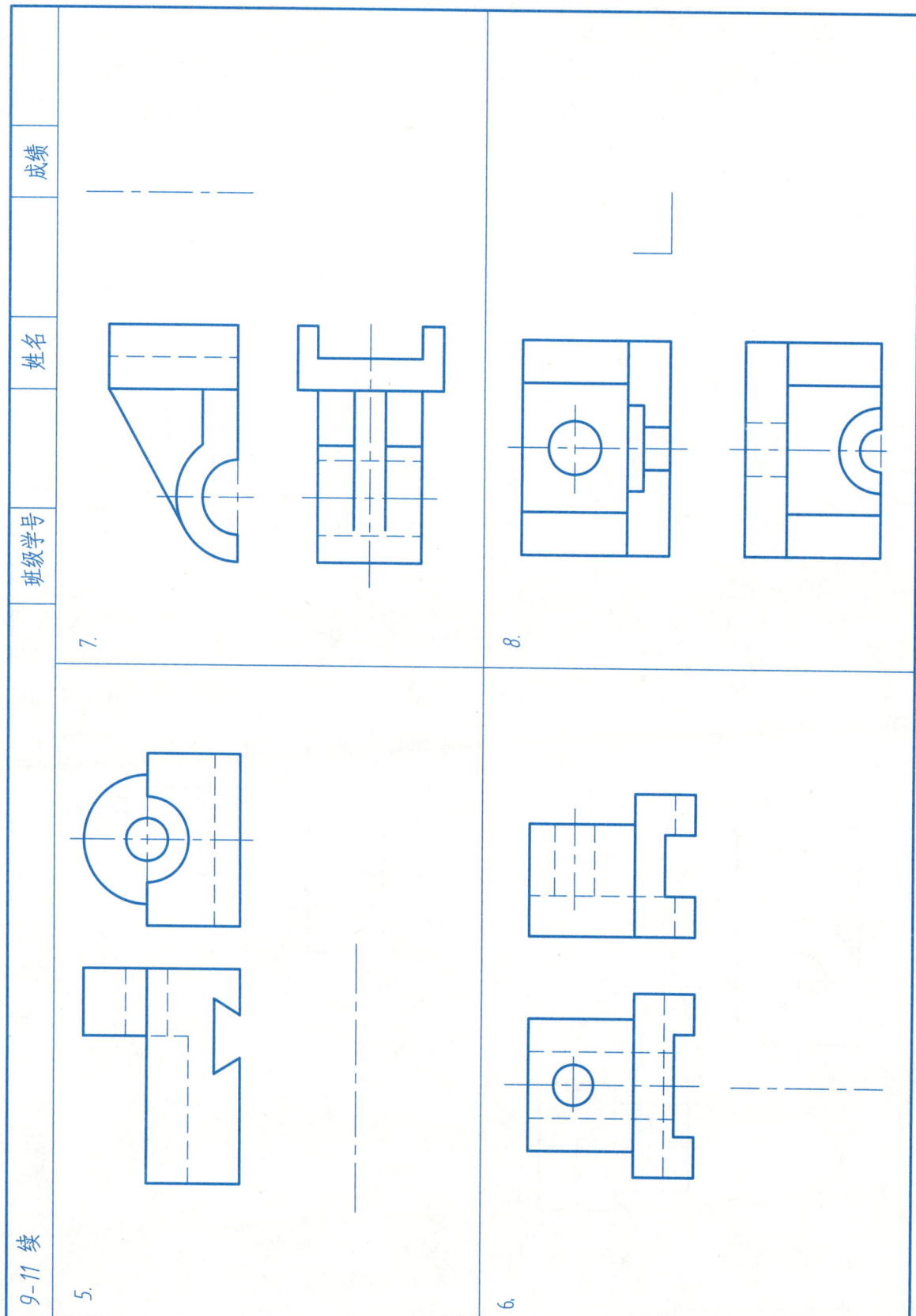

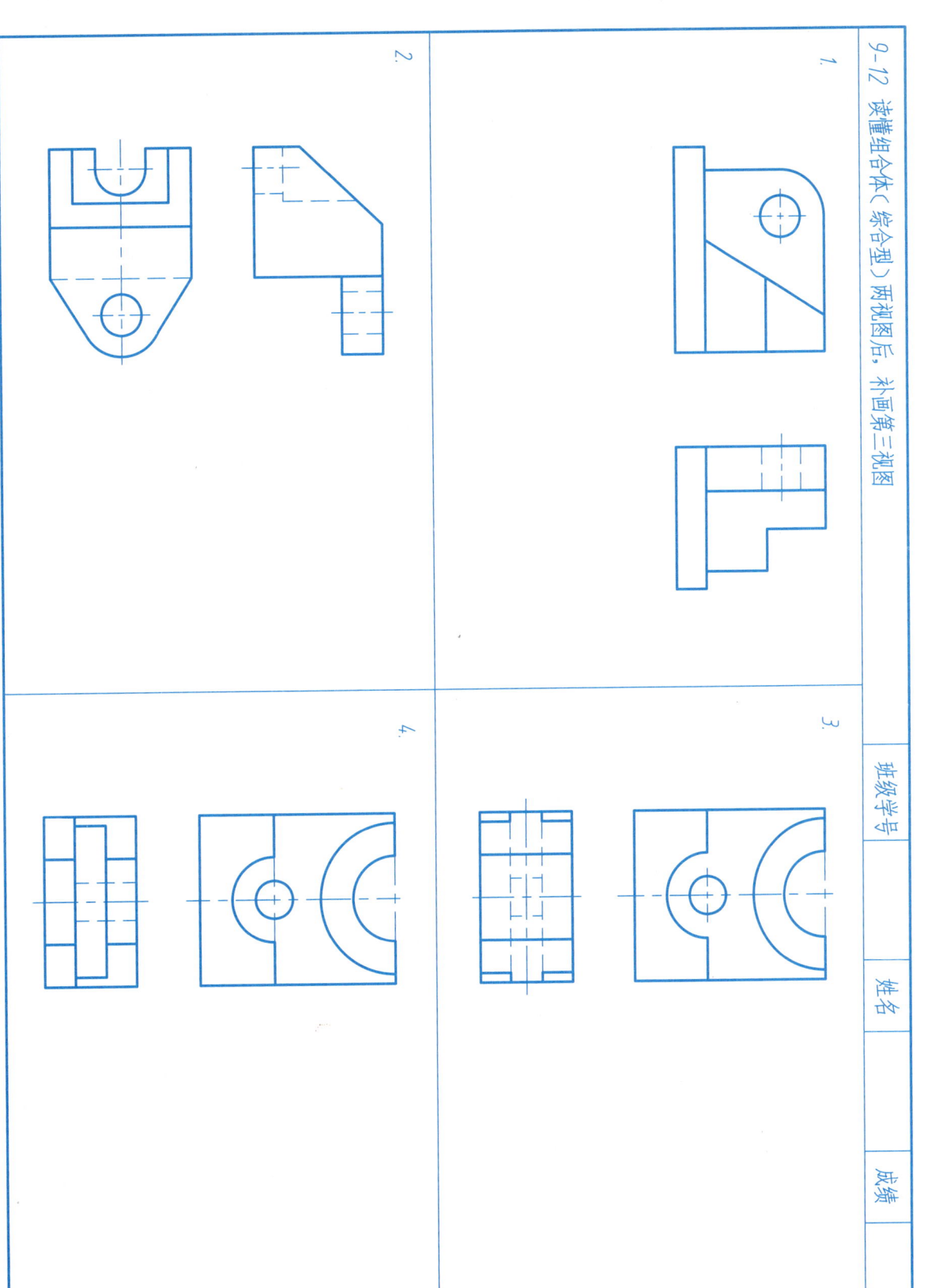

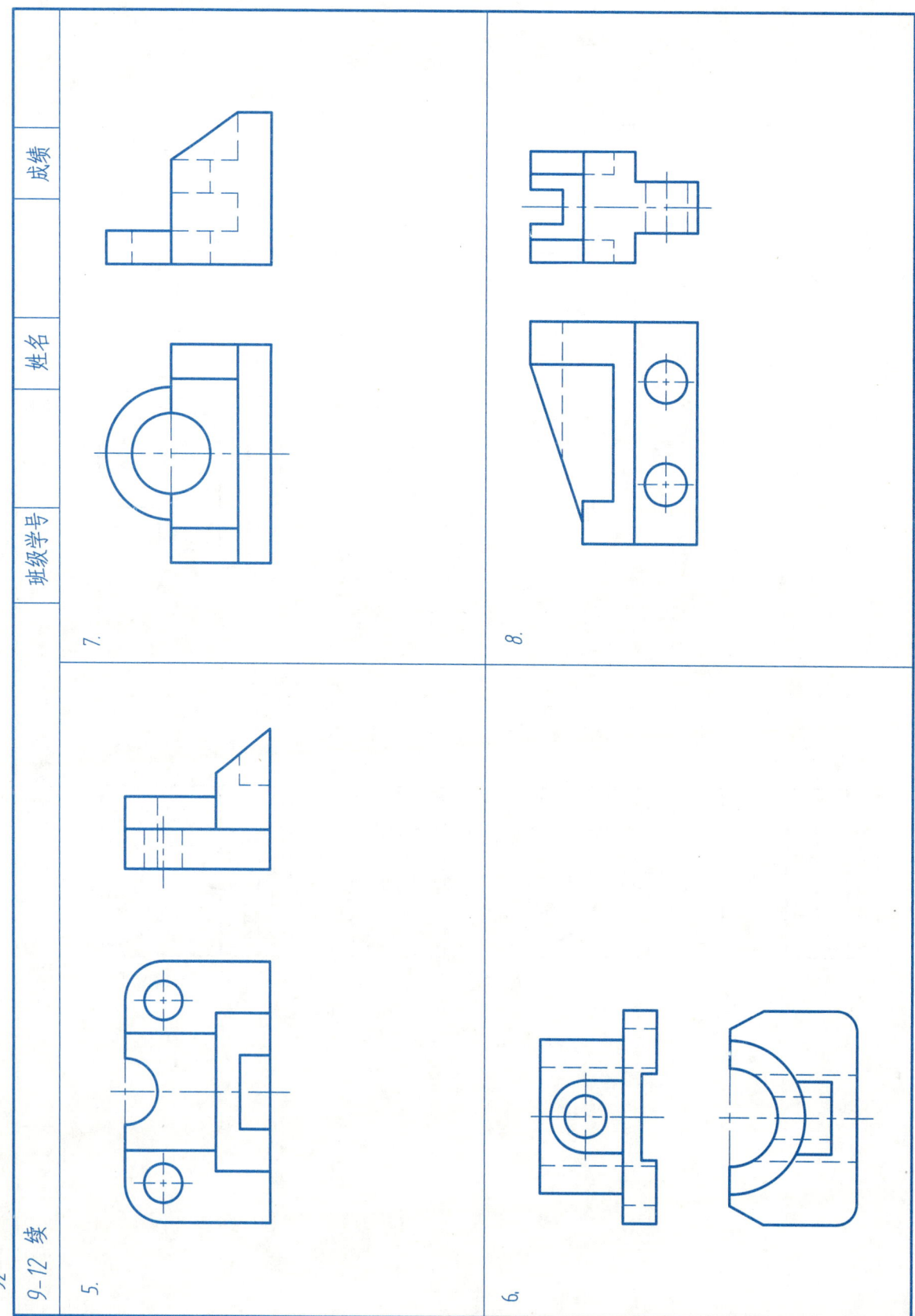

9-14 给定组合体两个视图，构思不同形体后，画出第三视图

9-15 给定组合体的一个视图，构思不同形体后，画出其余两视图

| 班级学号 | 姓名 | 成绩 |

1. 给定俯视图。

2. 给定俯视图。

3. 给定主视图。

4. 给定主视图。

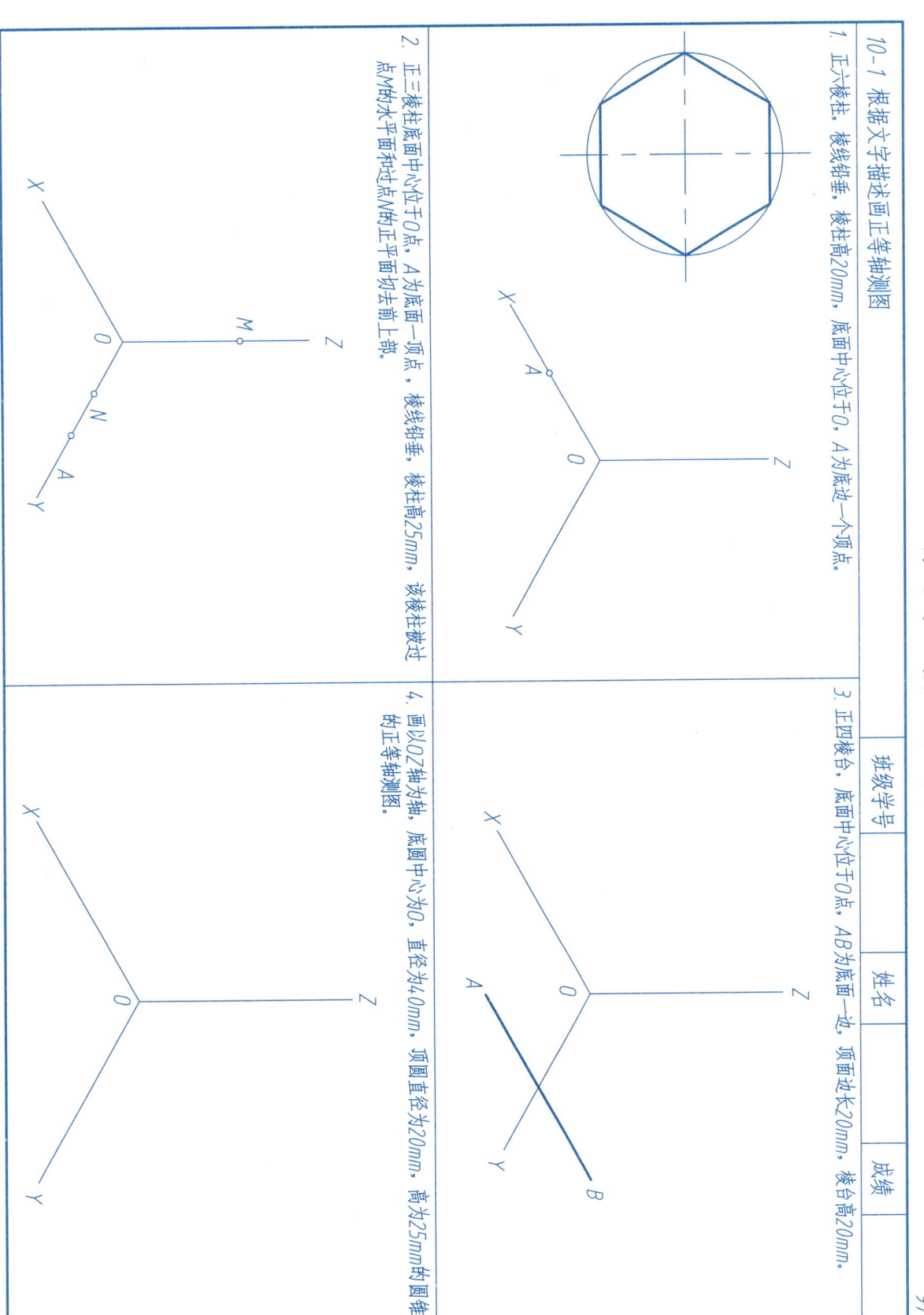

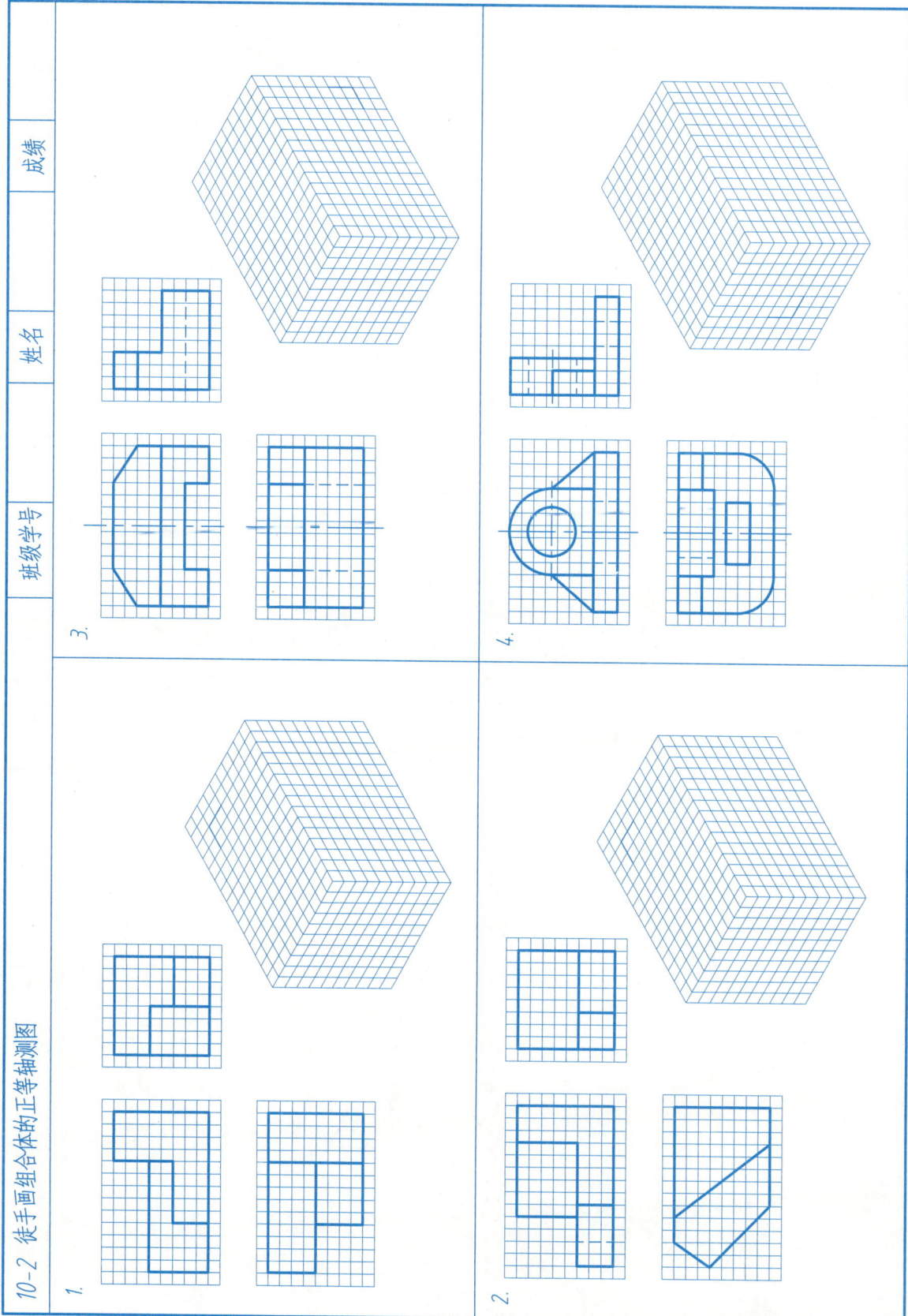

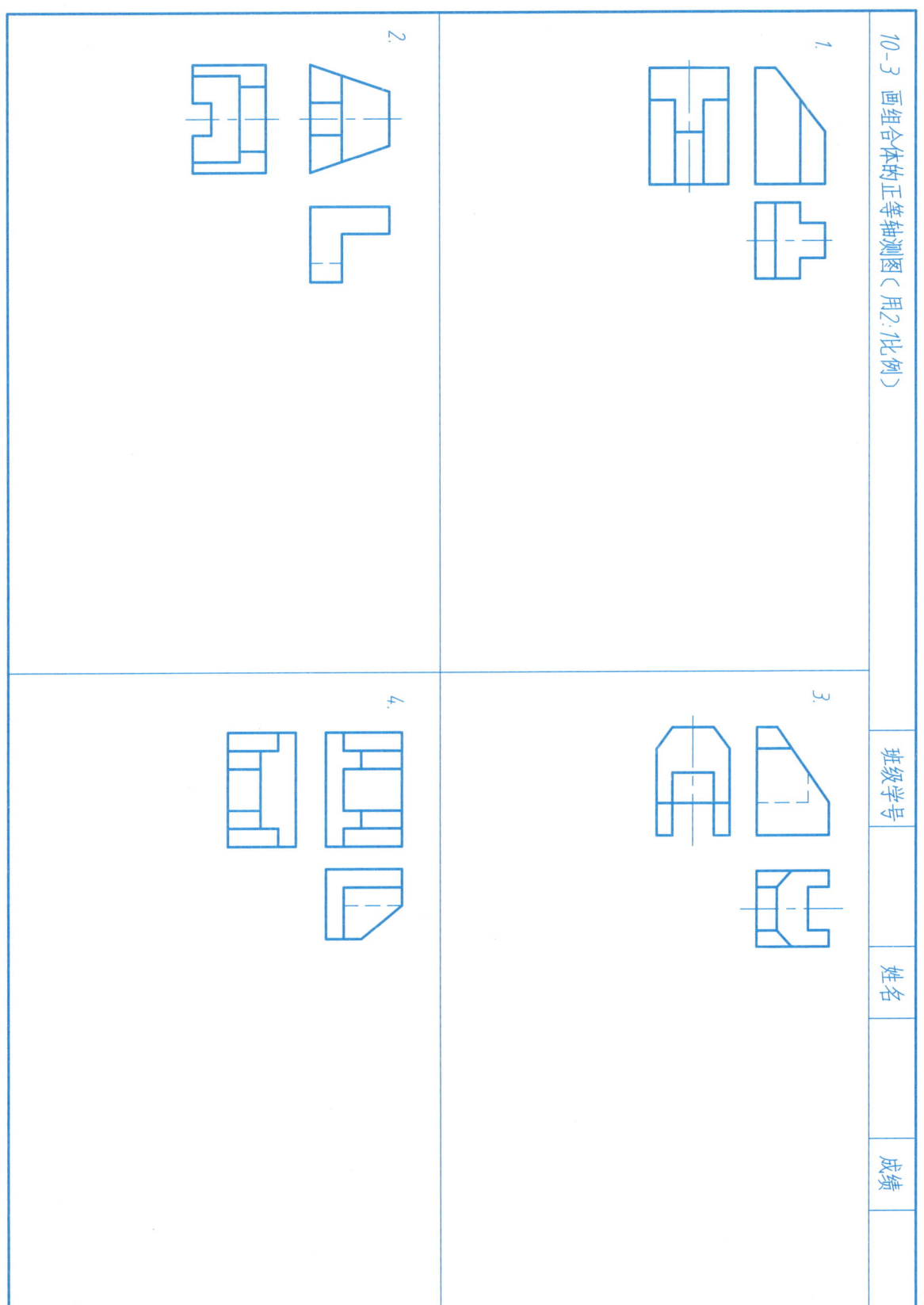

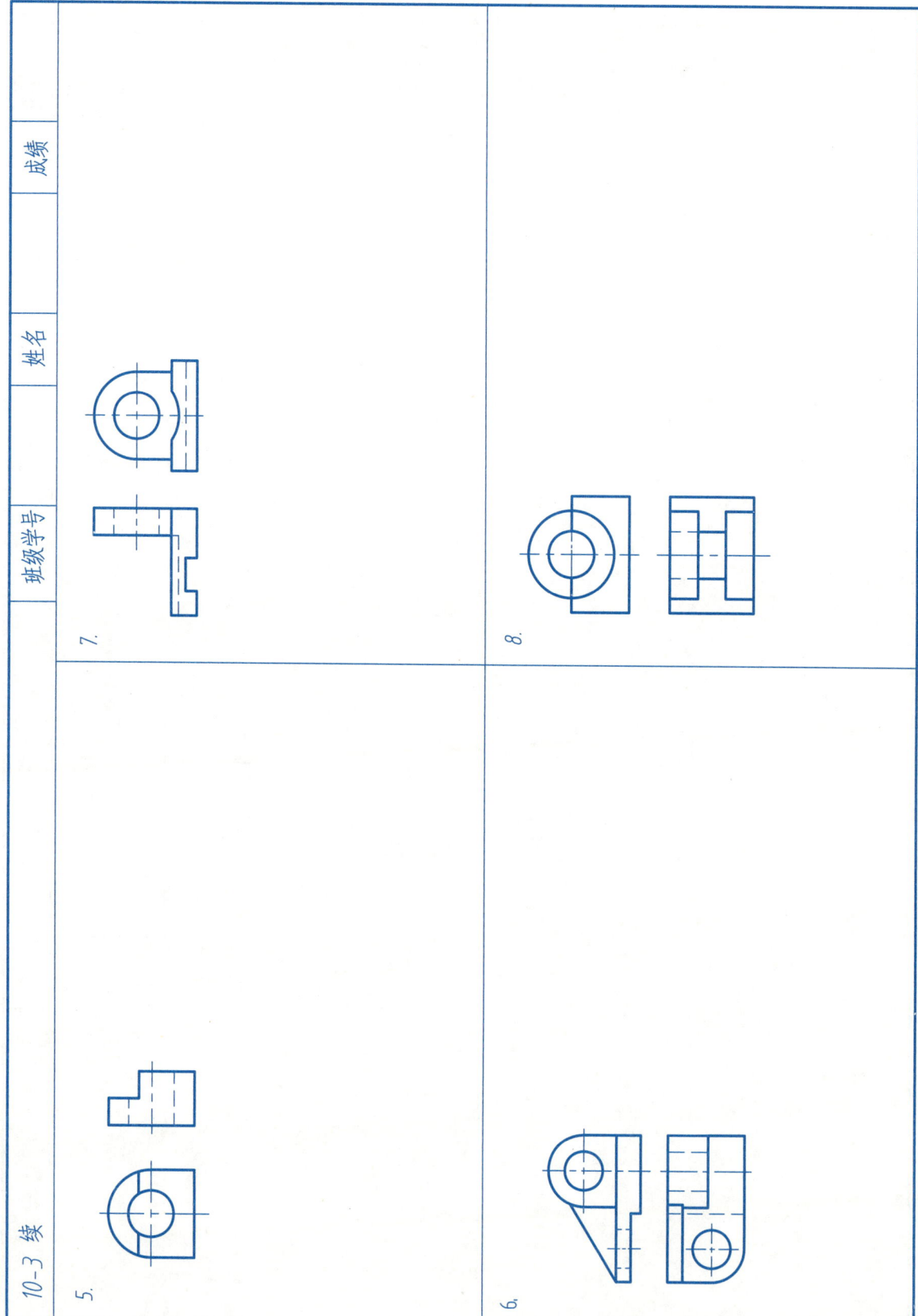

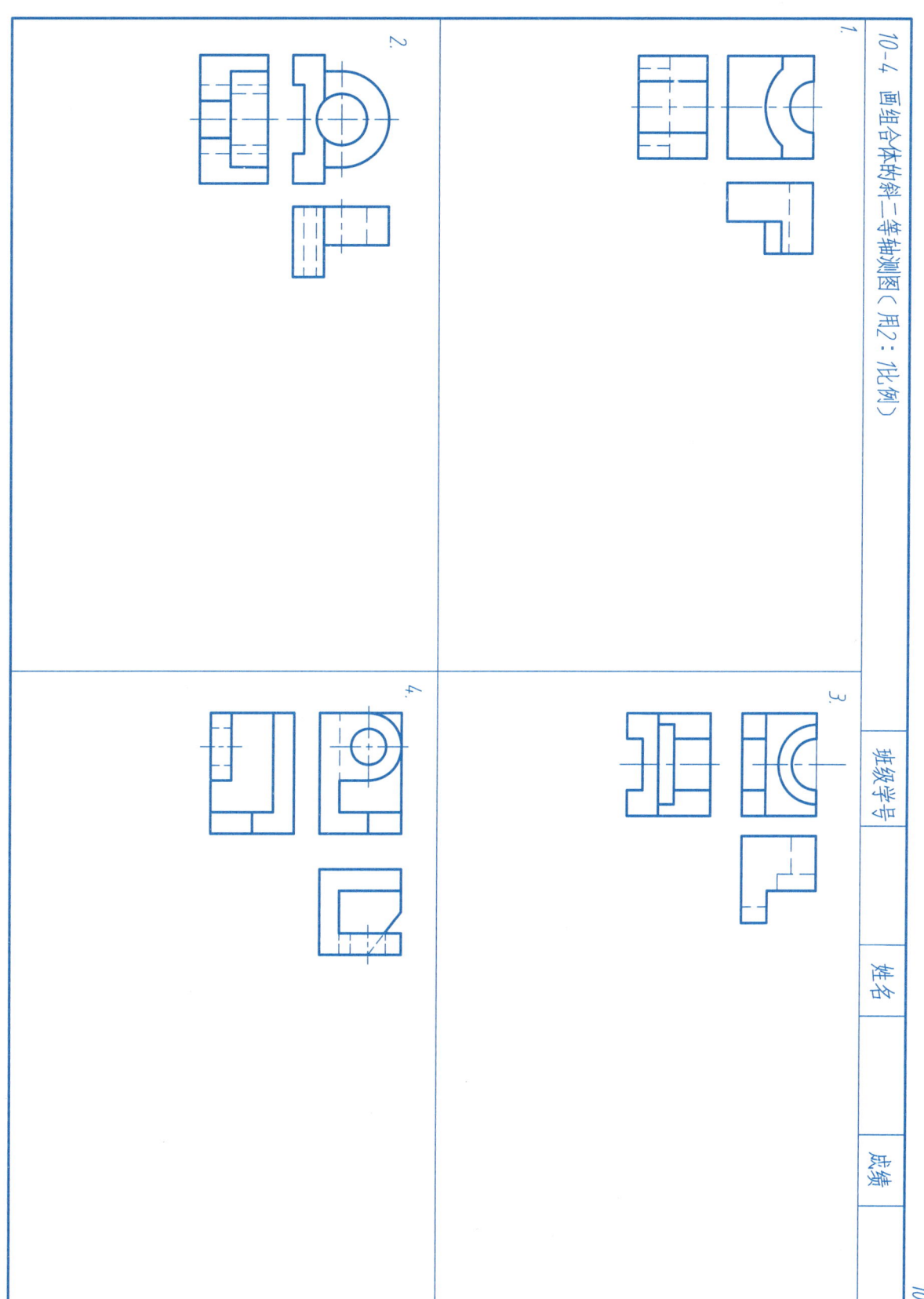

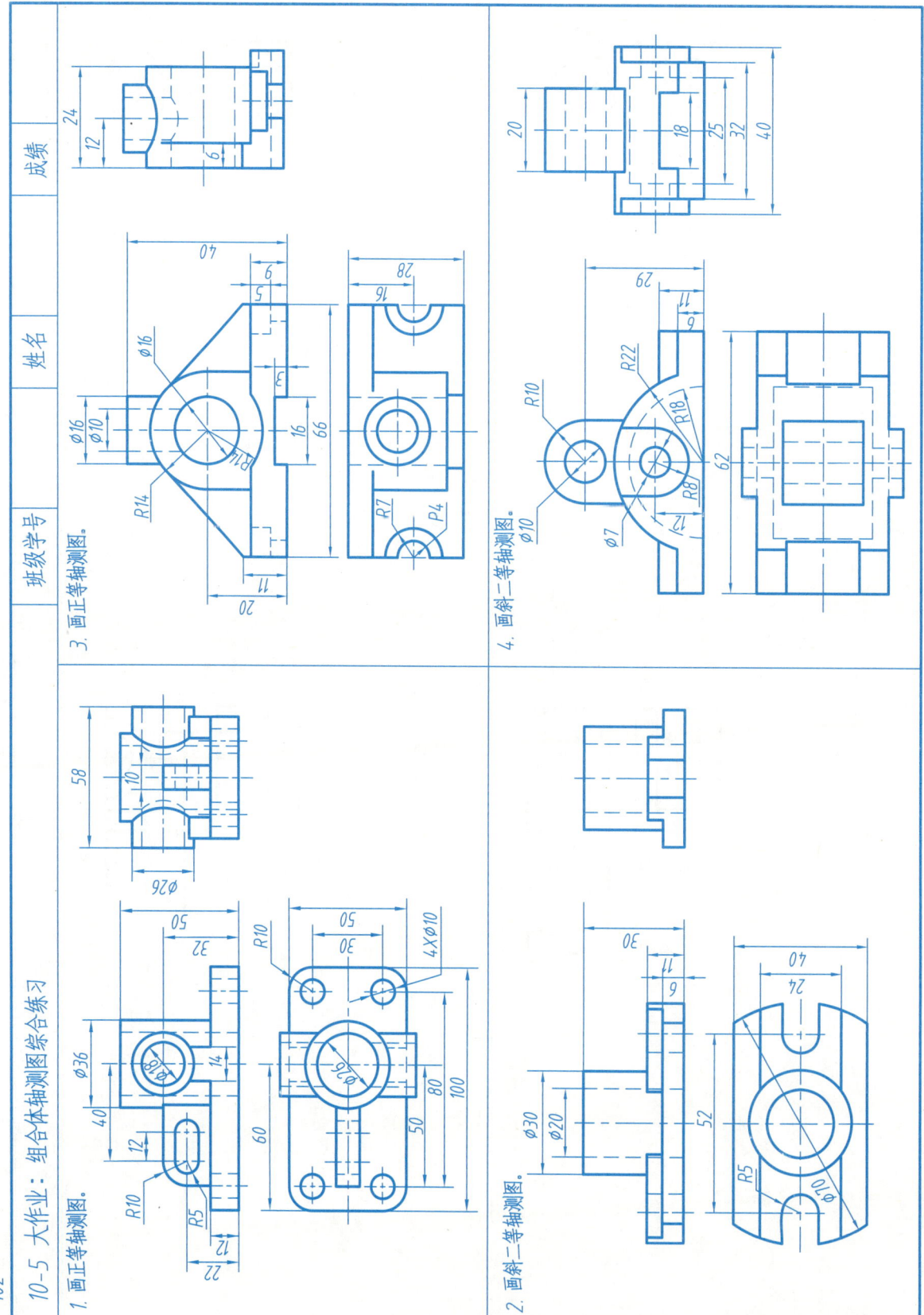

第十一章　计算机绘图

11-1 图形绘制与编辑	班级学号		姓名		成绩	

绘图目的：熟悉和使用AutoCAD的工作界面与软件系统的操作环境，练习图形绘制与编辑的基本命令，掌握用坐标输入方式及光标捕捉方式绘制图形的基本方法。

1. 直线、圆命令的应用。

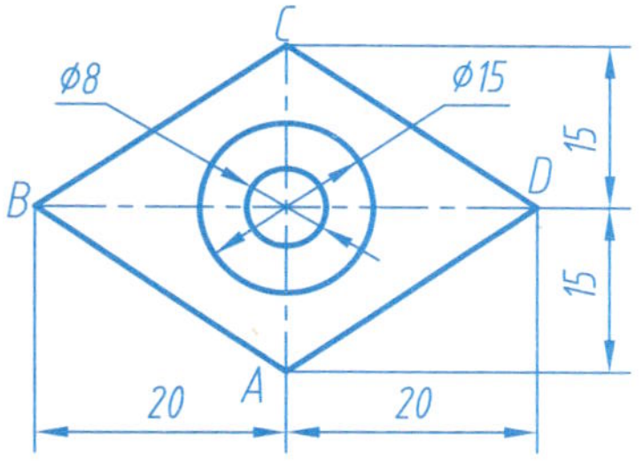

2. 多段线命令的应用。

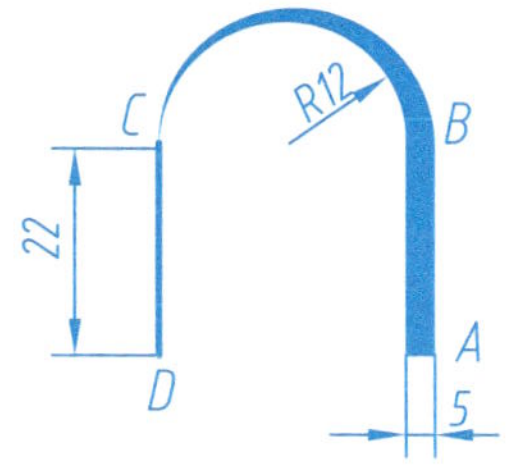

3. 多线的应用。

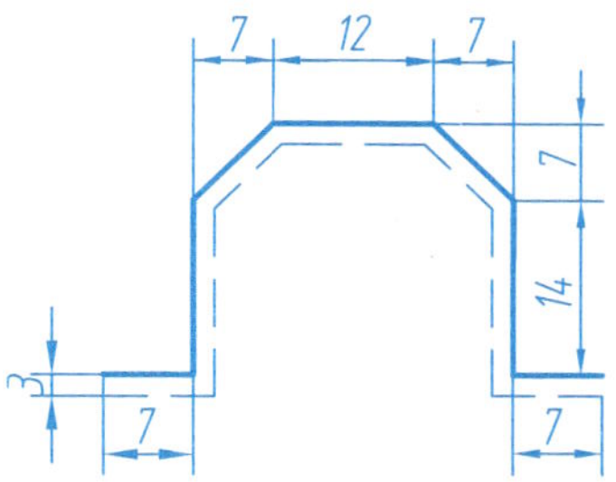

4. 样条曲线命令的应用。

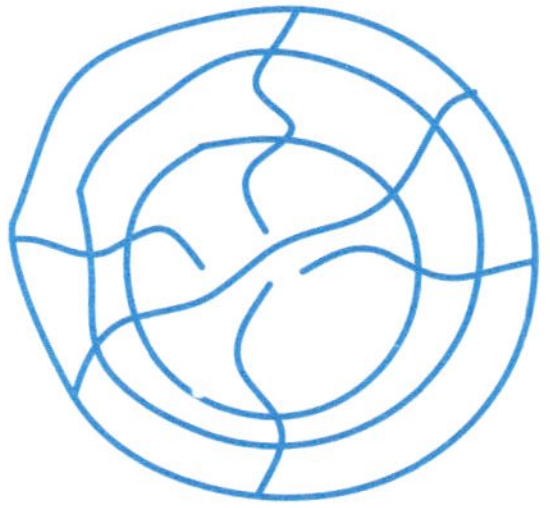

5. 多边形命令的应用。

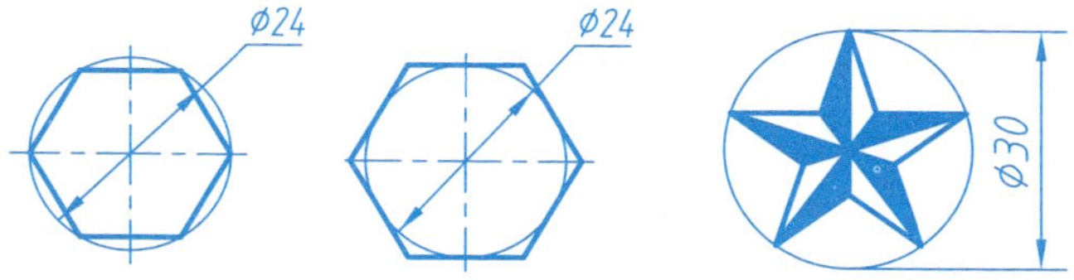

6. 圆弧命令的应用，分别用SCE、SER、SED方式画弧。

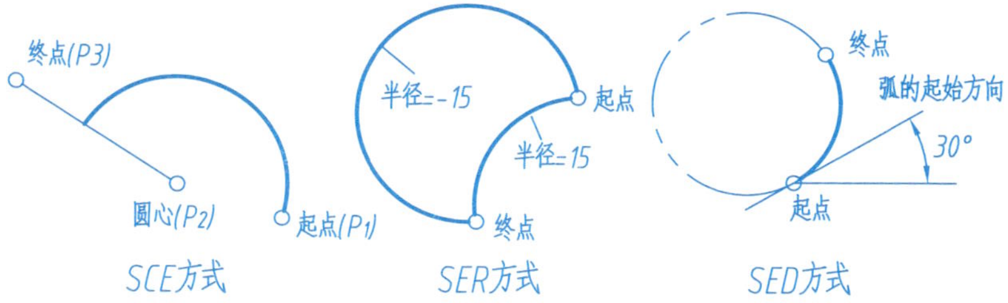

7. 矩形、倒角、倒圆、椭圆命令的应用。

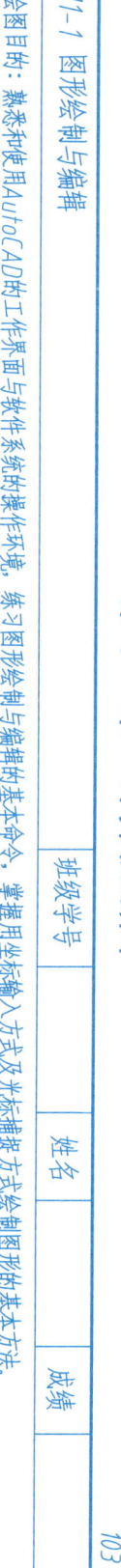

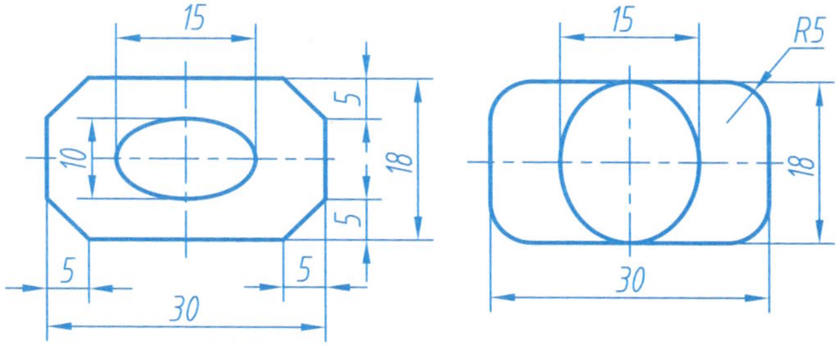

11-1 续

| 班级学号 | 姓名 | 成绩 |

8. 修剪命令的应用。

9. 偏移、延伸命令的应用。

10. 移动命令的应用。

11. 阵列命令的应用。

12. 综合练习。

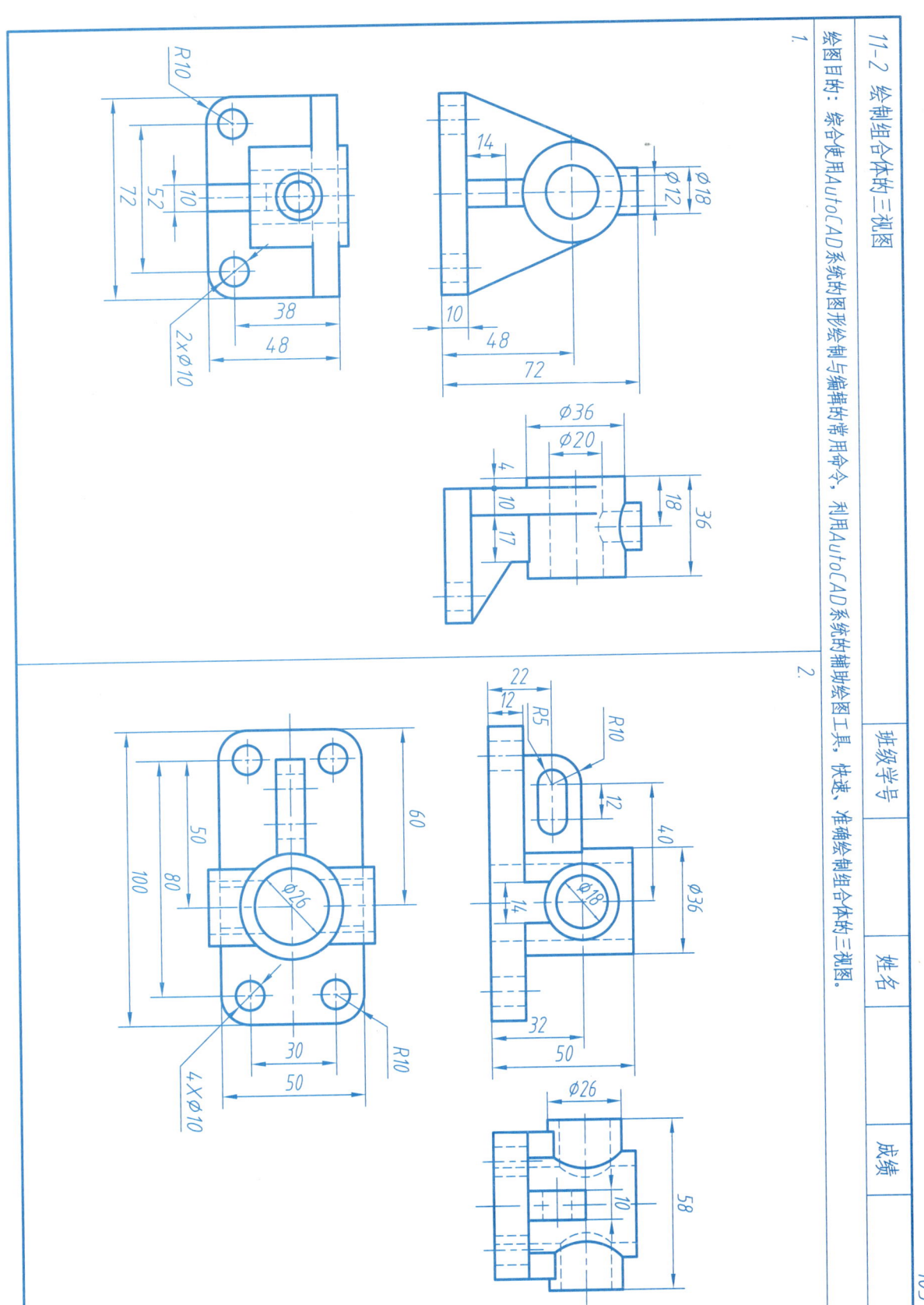

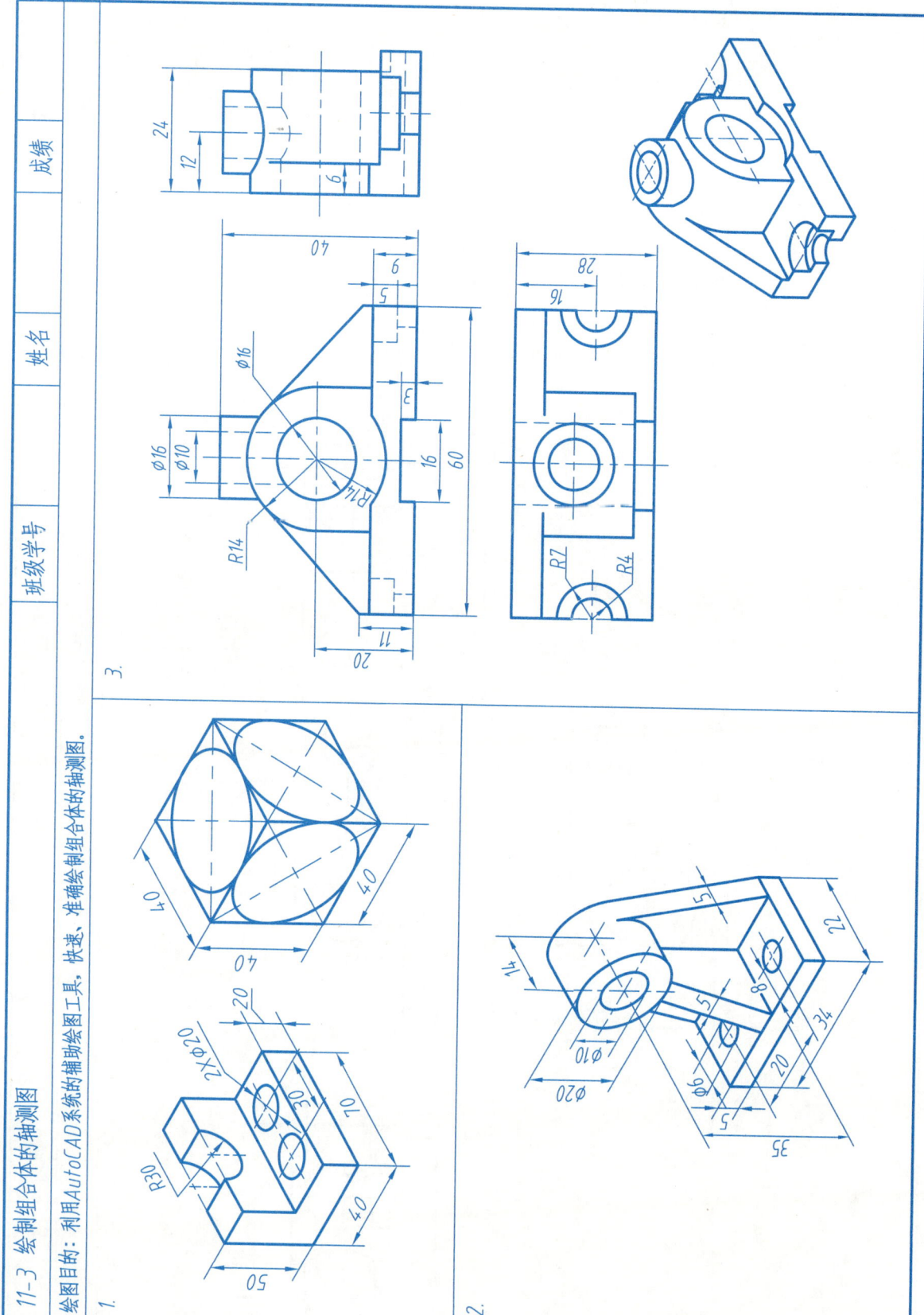

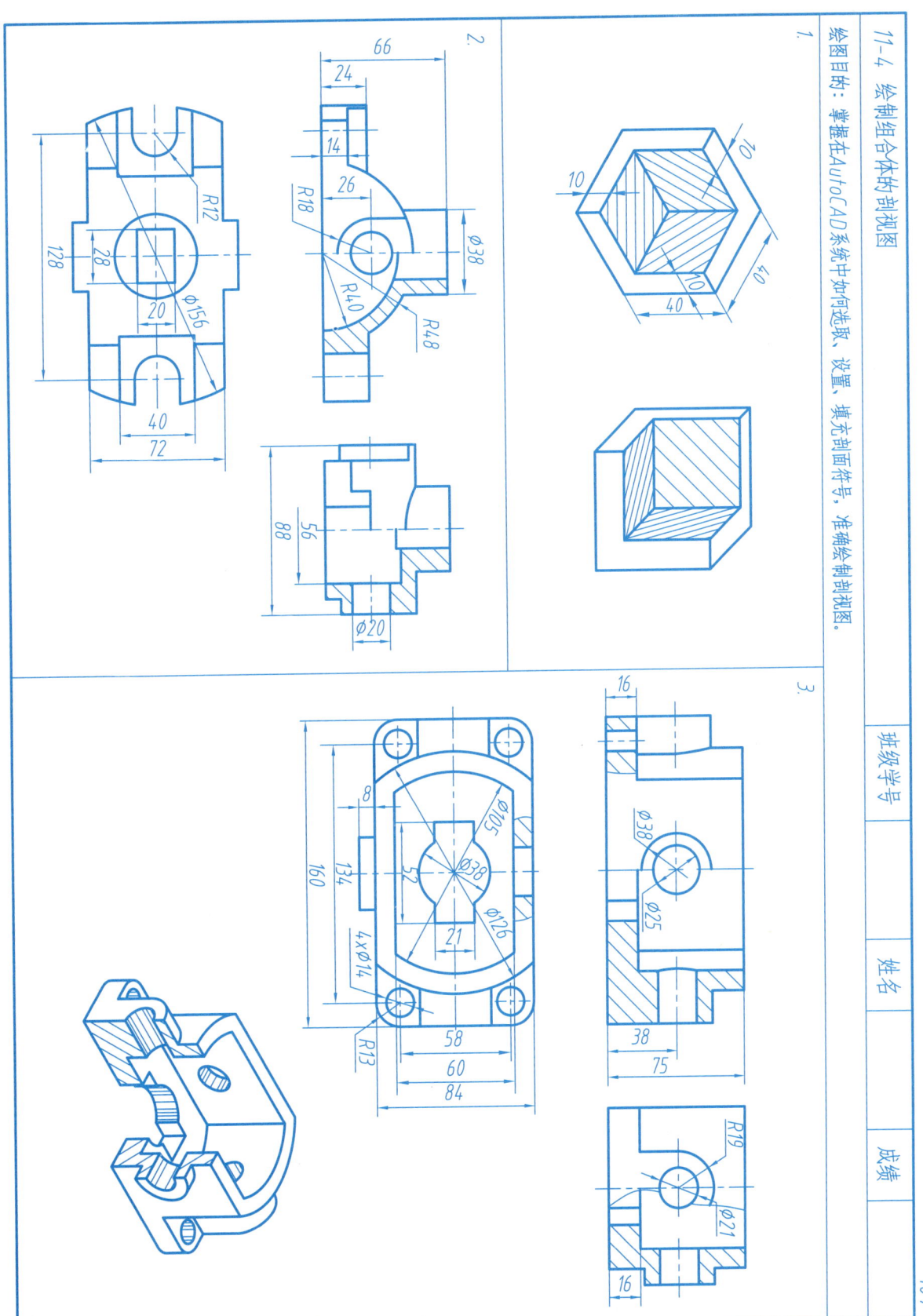

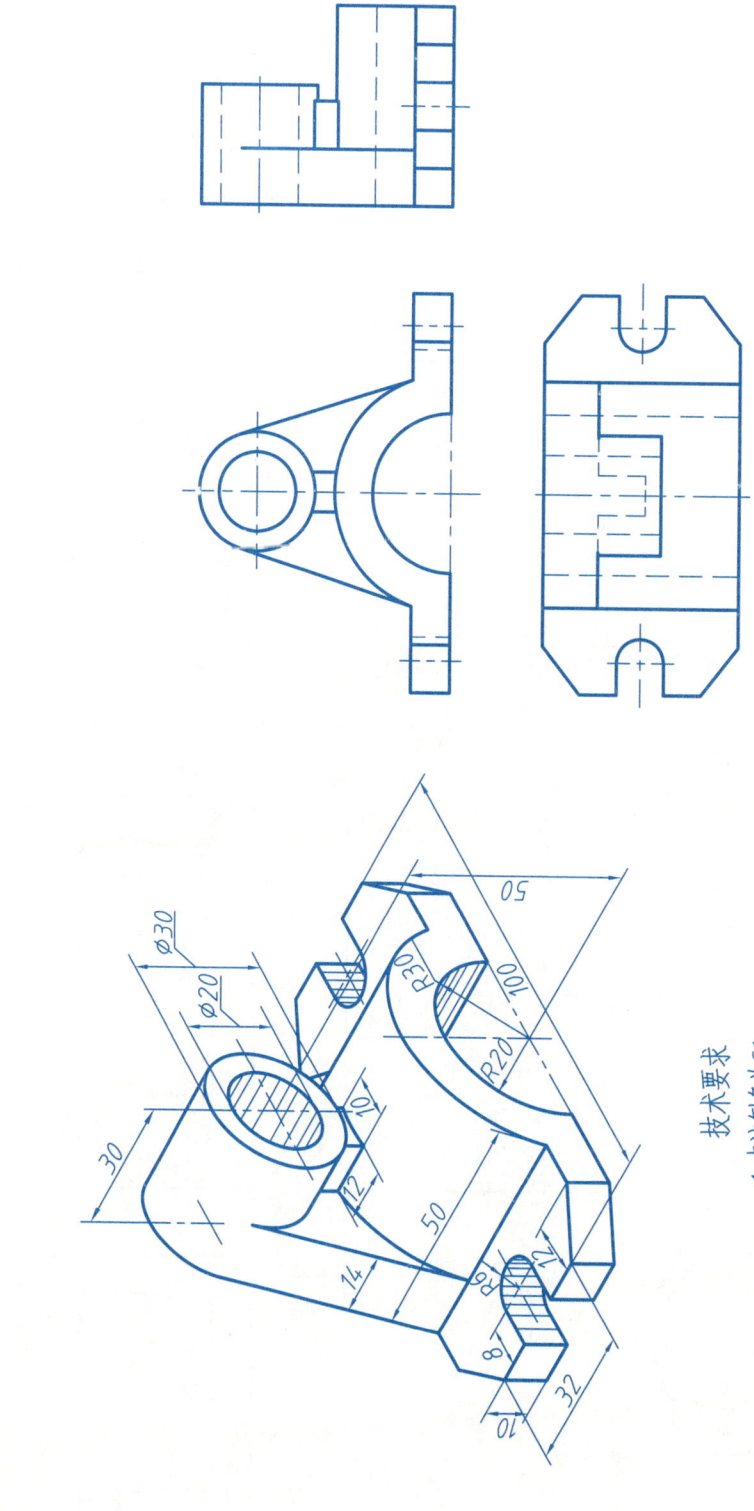

11-6 图块制作与应用

绘图目的：掌握AutoCAD系统中图块的制作与应用，提高绘图效率。

1. 画出表面粗糙度代号和基准代号，分别将其定义为内部块，并插入图中。

   图名为"粗糙度代号.dwg"

   图名为"基准代号.dwg"

2. 画螺栓，将其定义为外部块，并插入图中。

   图名为"螺栓.dwg"

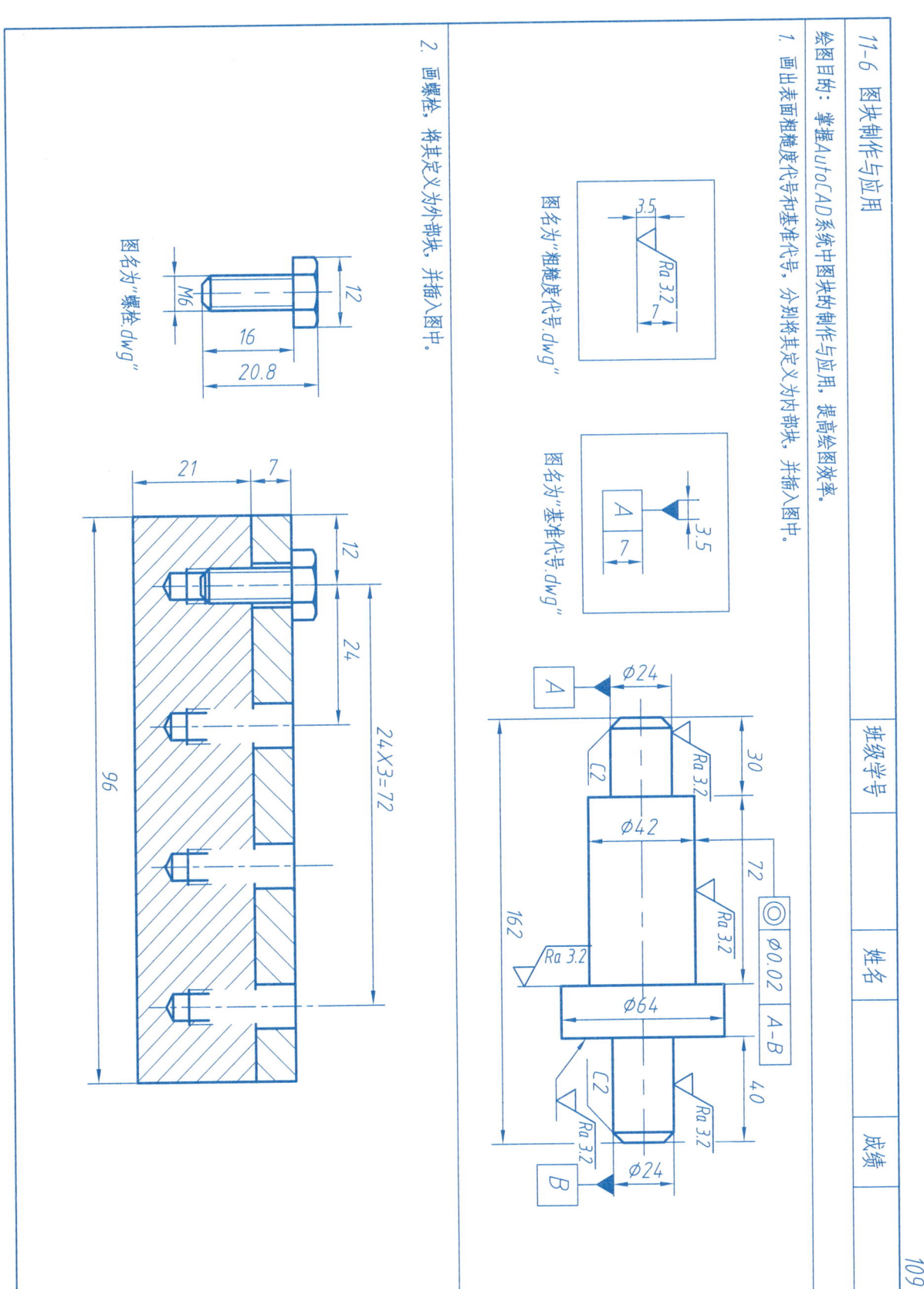

班级学号　　姓名　　成绩

11-7 绘制零件图及对零件图进行工程标注

绘图目的：掌握AutoCAD系统中尺寸标注的方法，编辑符合国家标准的尺寸标注样式，并熟练地对机械工程图样进行工程标注。

模数	m	3
齿轮	Z	14
压力角	α	20°

$\sqrt{Ra\ 12.5}\ (\sqrt{\ })$

技术要求
1. 线性尺寸一般公差为GB/T1804-m。
2. 未注形位公差为GB/T1184-k。
3. 调质处理硬度为HB250~280。

制图（姓名）（日期）	主动齿轮轴	数量
校核		比例
（班级学号）	45	CLB-2

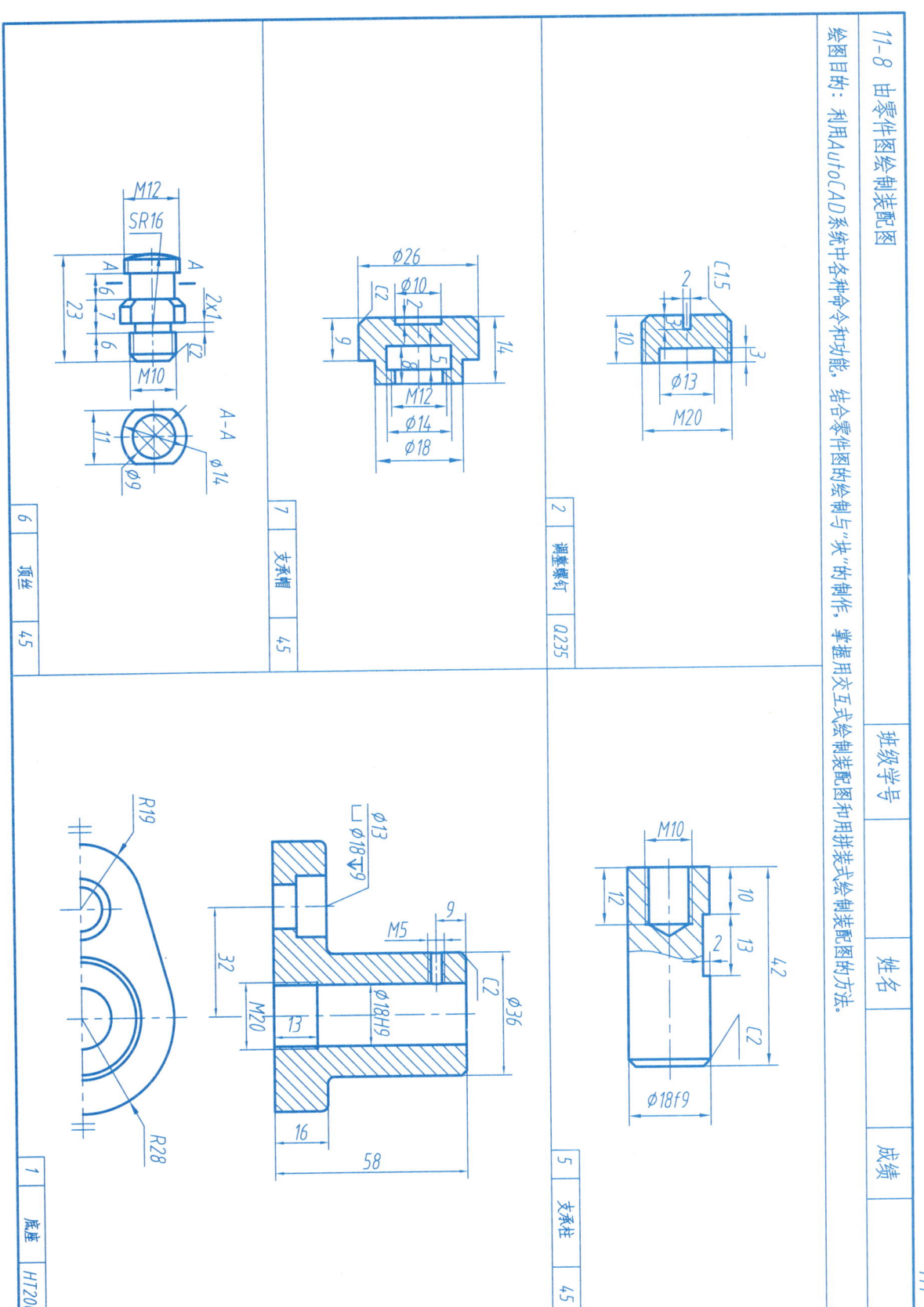

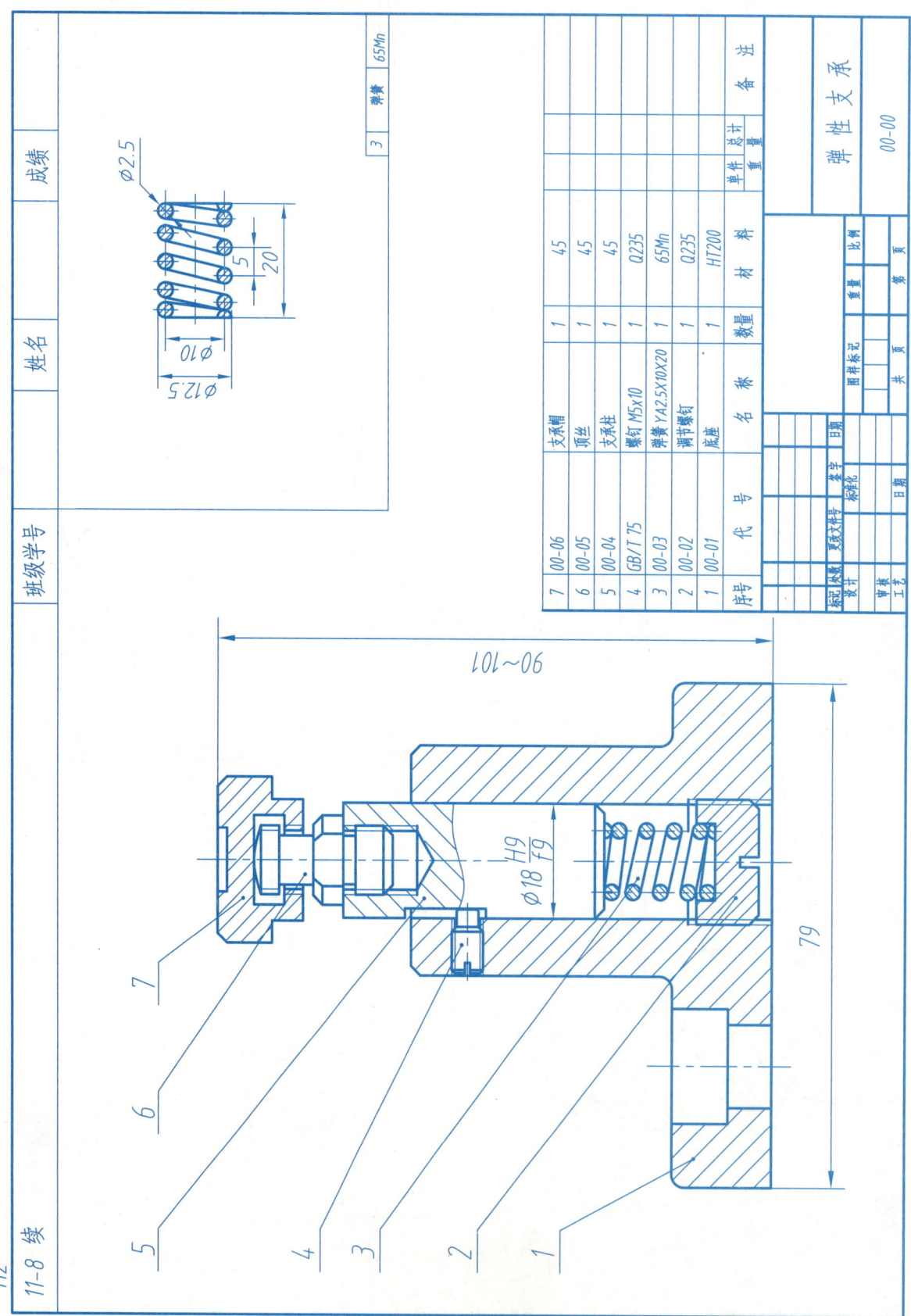